浙江省新高考辅导用书

电子控制技术练习册

主编　严加强

科学出版社

北　京

内 容 简 介

本套书依据《浙江省普通高中学科教学指导意见》（通用技术）（2021 版）进行编写，分为《电子控制技术》和《电子控制技术练习册》两册。

本书为《电子控制技术练习册》，聚焦重点知识和关键能力，选取典型例题、真题、模拟题及预测题，兼顾基础性、应用性和综合性。从电压与电位、电阻器、万用表、电容器与电感器、二极管与三极管及其检测、传感器等基础性习题入手，精选逻辑门、数字集成电路、触发器、继电器、比较器、555 集成电路等重点内容习题，精编电路分析、电子元器件应用、逻辑电路应用和电路综合应用等应用性和综合性的习题。所有习题均配有答案，既便于学生自学提升，又方便教师教学。

本书适合作为浙江省新高考通用技术之电子控制技术的辅导用书。

图书在版编目（CIP）数据

电子控制技术 ： 含练习册 / 严加强主编. -- 北京 ： 科学出版社，2024. 8. --（浙江省新高考辅导用书）. -- ISBN 978-7-03-079300-3

Ⅰ. G634.931

中国国家版本馆 CIP 数据核字第 2024F72S72 号

责任编辑：张振华　刘建山　杨　昕 / 责任校对：马英菊
责任印制：吕春珉 / 封面设计：东方人华平面设计部

科学出版社出版
北京东黄城根北街 16 号
邮政编码：100717
http://www.sciencep.com
三河市中晟雅豪印务有限公司 印刷
科学出版社发行　各地新华书店经销
*
2024 年 8 月第　一　版　开本：787×1092　1/16
2024 年 8 月第一次印刷　印张：33 1/4
字数：787 000

定价：98.00 元（共两册）
（如有印装质量问题，我社负责调换）
销售部电话 010-62136230　编辑部电话 010-62135120-2005

前　言

为了适应浙江省统筹推进普通高中课程改革和高考综合改革的需求，编者依据《中小学教辅材料管理办法》、《浙江省普通高中学科教学指导意见》（通用技术）（2021 版）等相关文件精神，编写了本套书。本套书分为《电子控制技术》和《电子控制技术练习册》两册，本书为《电子控制技术练习册》。

本书具有以下几个方面的特色。

1. 一线名师团队倾力打造，直击新高考

1）名师团队打造。本书由浙江省临安中学特级教师严加强牵头，名师工作室成员阮利峰、夏童、吴张胤、江波、朱亚庭、夏光洲、刑跃芳、章雄风、姜卫松、李乾勇、魏相荣、刘莉和浙江省嘉善高级中学岳娟、浙江省杭州高级中学何天优等一线名师深度参与。

2）真题、真练，直击新高考。在编写过程中，编者紧扣新课标，结合多年的通用技术学科新课程新教材新高考指导经验和教学经验，多维度、多层次、全方位把握命题模型，精编典型例题、真题、模拟题及预测题，将最新考试要求的知识、能力、素养融入教学内容，真题全、模拟新、预测透。

2. 循序进阶，兼顾基础性、应用性和综合性

在习题编排方面，以基础性习题为主，以较高难度、有挑战性的应用性和综合性习题为辅，由易到难、循序进阶。习题设计紧扣考试内容和要求，围绕基本概念、基本原理和基本方法展开，旨在帮助学生巩固所学知识和技能，提升复习效果，增强应考能力。

1）基础性习题。重视“电子控制概述”对电压与电位、电阻器、万用表、电容器与电感器、二极管、三极管、传感器等教学内容的引领作用，依据电子控制系统构成，分功能模块组织基础性习题，使学生从整体上把握电子控制技术大概念。

2）应用性和综合性习题。精编二极管与三极管的检测、555 集成电路应用、电路分析、电子元器件应用、逻辑电路应用和电路综合应用等应用性和综合性的习题，在练习中理解控制电路的工作原理，掌握实践技能，提升核心素养。

本书适用对象主要是浙江省新高考通用技术学科的高二、高三年级学生。为符合图书出版要求，在不改变原意的前提下，对书中历年高考真题的描述与解析进行了适当修改。

在编写本书过程中，得到了省内各地多位技术教研员、浙江师范大学和杭州师范大学的多位教授的指导和帮助，在此一并表示感谢！

由于编者水平有限，书中难免存在不妥之处，敬请广大读者批评指正。

目　　录

电压与电位

一、电位

如图所示，电路中某一点 M 的电位 U_M 就是该点到电位参考点 A 的电压，即 M、A 两点间的电位差，表示为 $U_M = U_{MA} = U_M - U_A$。

电路的参考点可以任意选取，为了便于电位的计算，一般把参考点当成零电位点。通常选择电源负极或公共接地端为电位参考点。

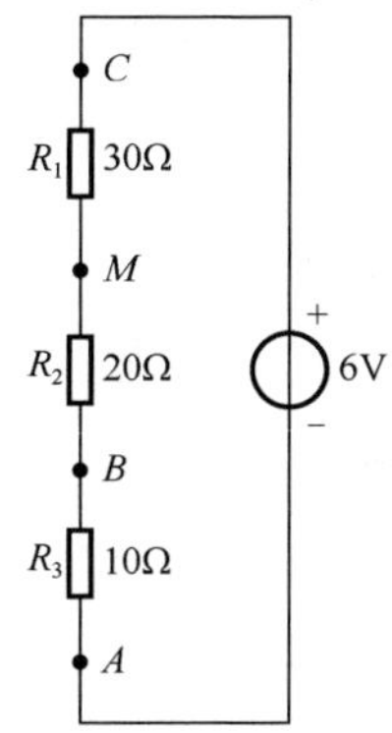

电压与电位示意图

二、电压与电位的关系

电压是电位之差，如 R_2 两端的电压 $U_{MB} = U_M - U_B$。

三、习题

1．如图所示电路，①b 点电位 U_b=________V；②当 a 点断开时，c 点电位 U_c=________V，b 点电位 U_b=________V；③当 c 点断开时，a 点电位 U_a=________V，b 点电位 U_b=________V。

2．如图所示电路，电源电压为 V_{CC} 时，R_1 两端的电压为________；当电源电压为 6V，R_1=10kΩ，R_2=20kΩ 时，A 点的电位为________。

3．如图所示电路，A 点电位的变化范围为________。

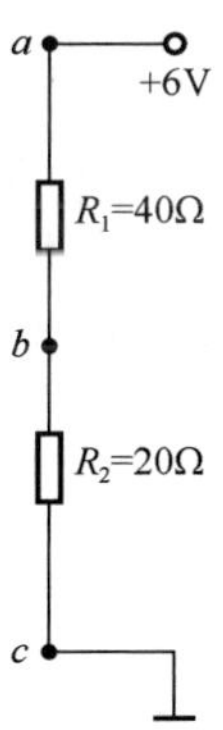

第 1 题图

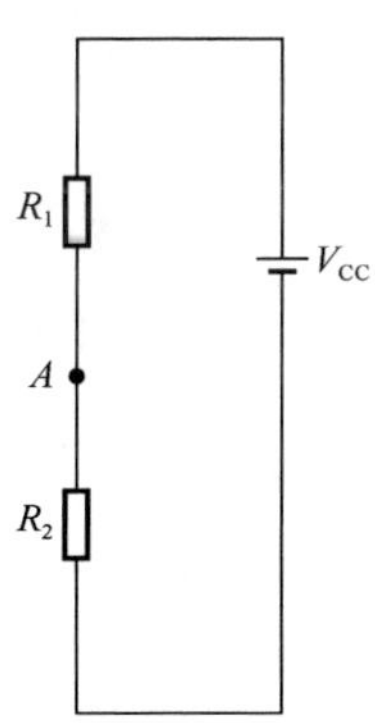

第 2 题图

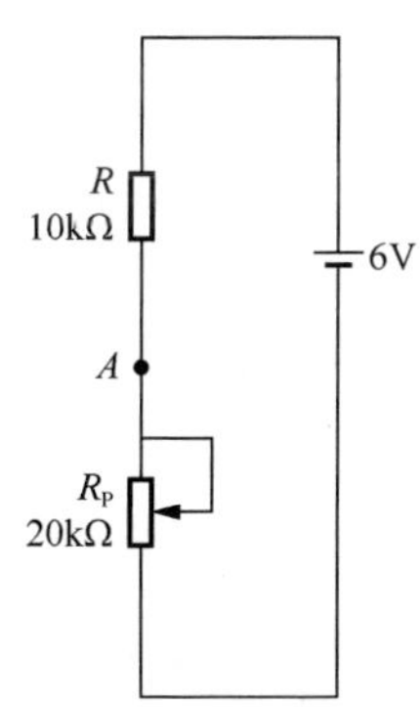

第 3 题图

4．如图所示电路，电源电压为 V_{CC} 时，下列关于电位器 R_{P1}、R_{P2} 的说法中正确的是（　　）。

A．保持电位器 R_{P1} 不变，调节电位器 R_{P2}，使 R_{P2} 变小，则 A 点电位升高

B．保持电位器 R_{P2} 不变，调节电位器 R_{P1}，使 R_{P1} 变大，则 A 点电位升高

C．调节电位器 R_{P1} 和 R_{P2}，使 R_{P1} 变小，R_{P2} 变大，则 A 点电位升高

D．调节电位器 R_{P1} 和 R_{P2}，使 R_{P1} 变小，R_{P2} 变大，则 A 点电位降低

5．如图所示电路，①当 R_{P1} 阻值增大时，b 点电位 U_b________（升高/降低）；②当 R_{P1} 阻值减小时，b 点电位 U_b________（升高/降低）；③当 R_{P2} 阻值增大时，b 点电位 U_b________（升高/降低）；④当 R_{P2} 阻值减小时，b 点电位 U_b________（升高/降低）。

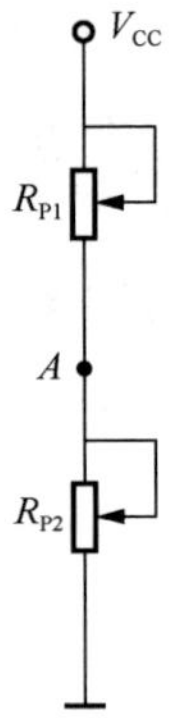

第 4 题图

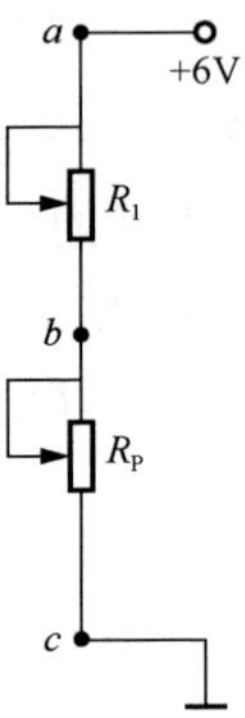

第 5 题图

电　阻　器

1．下列电子元器件的名称错误的是（　　）。

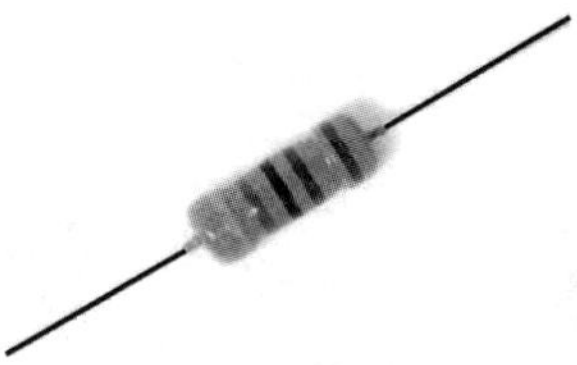

A．定值电阻器

B．滑动变阻器

C．热敏电阻

D．光敏电阻

2．下列电子元器件的名称错误的是（　　）。

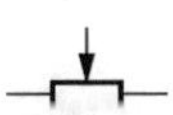

A．电位器

B．滑动变阻器

C．定值电阻器

D．热敏电阻

3．如图所示，下列选项中电子元器件与电路符号不一致的是（　　）。

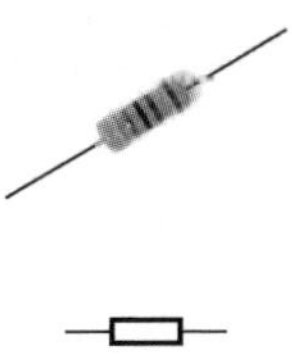

A.

B.

C.

D.

4．如图所示，下列选项中电子元器件与电气简图用图形符号一致的是（　　）。

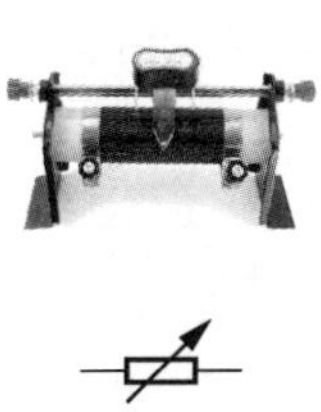

A.

B.

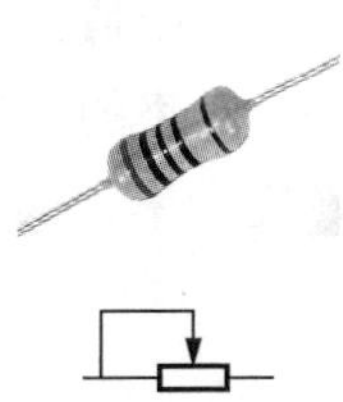

C.

D.

5．如图所示是某电动玩具的部分电路图，电路图中 R_g 应选用的类型是（　　）。

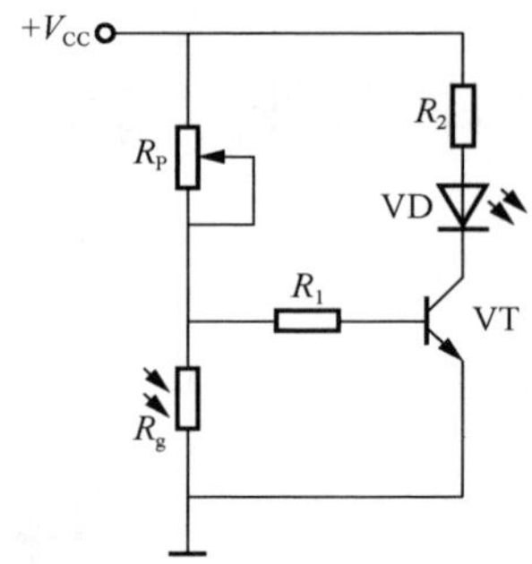

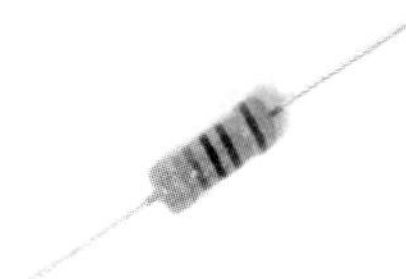

A.

B.

C.

D.

6. 通用技术实践中，与图示图形符号相对应的电子元器件中有三个引脚的是（　　）。

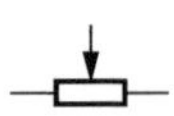

A．电位器

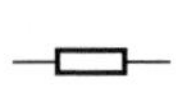

B．定值电阻器

C．光敏电阻

D．热敏电阻

7．下列选项中，a 与 b 功能相同的是（　　）。

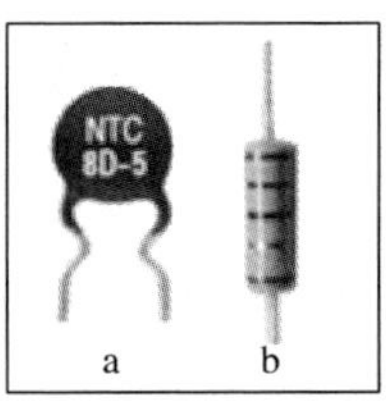

A.

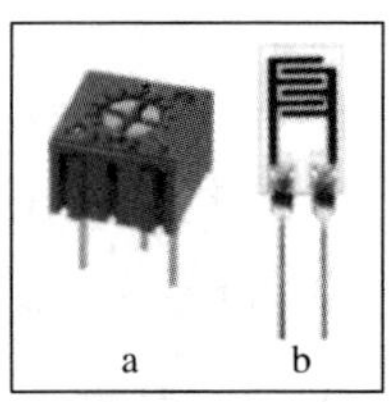

B.

C.

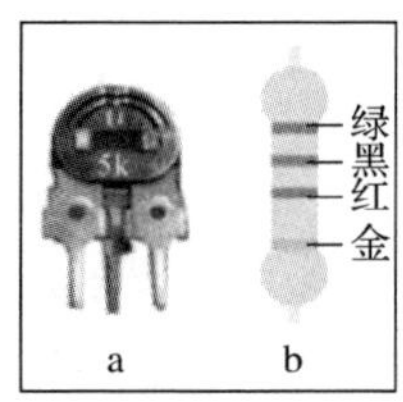

D.

8．关于如图所示的电阻值直标法的说法中正确的是（　　）。

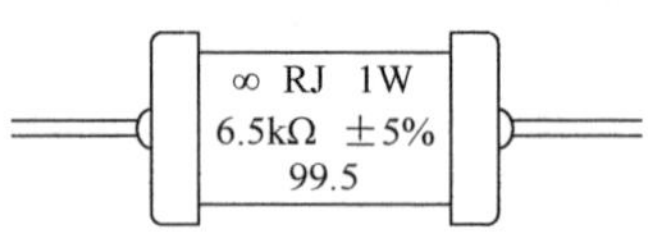

A．该电阻器的标称电阻值为 99.50Ω

B．该电阻器的标称电阻值为 6.5kΩ

C．该电阻器的额定功率的允许偏差为±5%

D．该电阻器的额定功率为 RJ　1W

9．如图所示的色环电阻器上的色环颜色依次为黄、紫、红、棕，则该电阻器的阻值是（　　）。

颜色	有效数字	幂指数	精度/%
黄	4	10^4	—
紫	7	10^7	±0.1
红	2	10^2	±2
棕	1	10^1	±1

A．470Ω±1%　　B．4.7kΩ±1%　　C．470kΩ±5%　　D．4.7kΩ±5%

10．如图所示为色环电阻器及色环颜色，则符合该电阻器的阻值范围的是（　　）。

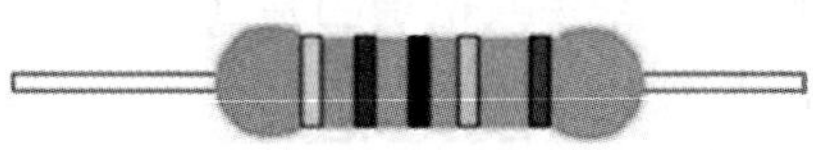

绿棕灰红 银

A．5.18Ω　　B．52kΩ　　C．45kΩ　　D．60kΩ

11．下列电阻器中，阻值最大的是（　　）。

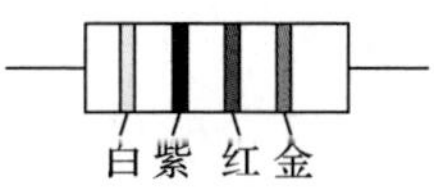

A.

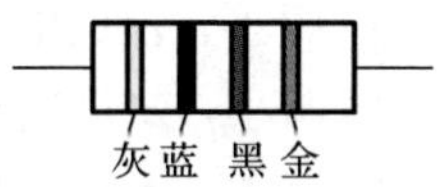

B.

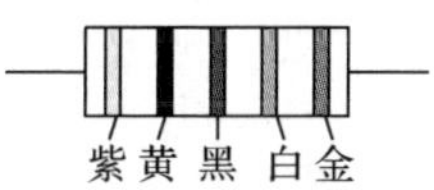

C.

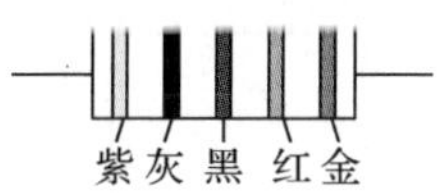

D.

12．如图所示的元器件的名称和阻值范围分别是（　　）。

A．固定电阻器 0～501Ω　　B．固定电阻器 0～500Ω

C．电位器 0～501Ω　　D．电位器 0～500Ω

13．若两个电阻器上分别标有 7K2 和 R36，则两个电阻器的阻值分别为（　　）。

A．7.2Ω，360Ω　　B．7200Ω，0.36Ω

C．7.2Ω，0.36Ω　　D．7200Ω，36Ω

14．如图所示为一个 47kΩ 色环电阻器，其中最右边一环为金色，关于该电阻器的精度及左边三个色环的颜色，下列说法中正确的是金色（　　）。

A．±5%精度，左边三个色环的颜色从左到右依次为蓝、橙、棕

B．±5%精度，左边三个色环的颜色从左到右依次为黄、紫、橙

C．±10%精度，左边三个色环的颜色从左到右依次为黄、蓝、紫

D．±10%精度，左边三个色环的颜色从左到右依次为蓝、紫、橙

第 12 题图

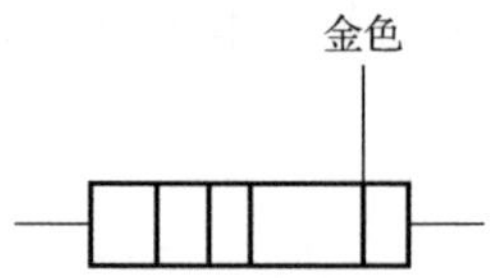

第 14 题图

15．在如图所示的电路图中，当电源电压为V_{CC}时，R_2两端的电压为（　　）。

A．$\frac{R_2}{R_1+R_2}V_{CC}$　　B．$\frac{R_1}{R_1+R_2}V_{CC}$　　C．V_{CC}　　D．$\frac{R_2}{R_1}V_{CC}$

16．在如图所示的电路图中，当电源电压为 6V，R_1=10kΩ，R_2=20kΩ 时，a 点的电位为（　　）。

A．6V　　B．4V　　C．2V　　D．0V

17．在如图所示的电路中，当电源电压为V_{CC}时，光敏电阻 R_2 的阻值随光照强度变化，光线越强，阻值越小，则下列说法中正确的是（　　）。

A．随着光线变强，a 点的电位降低

B．随着光线变强，a 点的电位升高

C．随着光线减弱，a 点的电位降低

D．无论光线如何变化，a 点的电位不变

18．关于如图所示的电路，下列说法中正确的是（　　）。

A．将 R_1 的阻值调小，a 点的电流减小、电位增大

B．将 R_1 的阻值调小，a 点的电流减小、电位减小

C．将 R_1 的阻值调大，a 点的电流减小、电位减小

D．将 R_1 的阻值调大，a 点的电流减小、电位增大

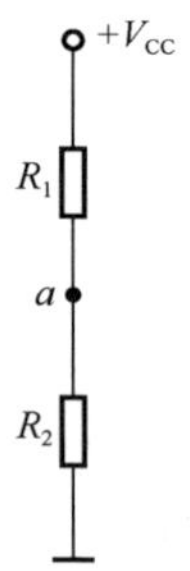

第 15 题图

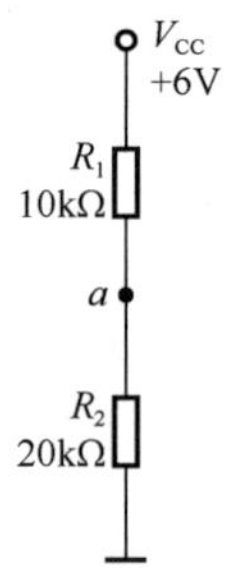

第 16 题图

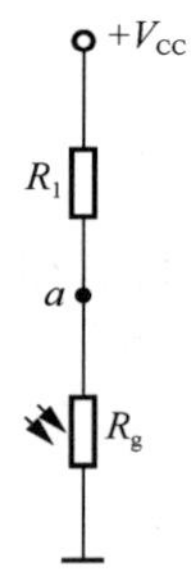

第 17 题图

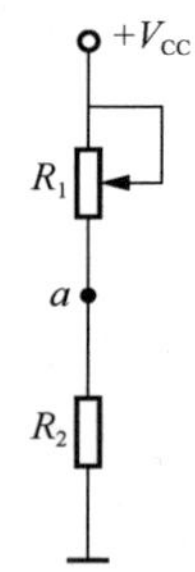

第 18 题图

19．在如图所示的电路中，a 点的电位为（　　）。

A．0V　　B．5V　　C．1.7V　　D．3.4V

20．如图所示的电路，下列说法中错误的是（　　）。

A．当开关 S 置于 a 端时，$U_o=V_{CC}$

B．当开关 S 置于 b 端时，$U_o=\frac{5}{6}V_{CC}$

C．当开关 S 置于 c 端时，$U_o=\frac{1}{2}V_{CC}$

D．当开关 S 置于不同端点时，U_o 始终为 V_{CC}

21．根据如图所示电路，下列说法中正确的是（　　）。

A．图（a）中，$U_a=U_b=U_c$；图（b）中，$I_d=I_e=I_f$

B．图（a）中，$U_a<U_b<U_c$；图（b）中，$I_d>I_e>I_f$

C．图（a）中，$U_a>U_b>U_c$；图（b）中，$I_d<I_e<I_f$

D．图（a）中，$U_a>U_b>U_c$；图（b）中，$I_d>I_e>I_f$

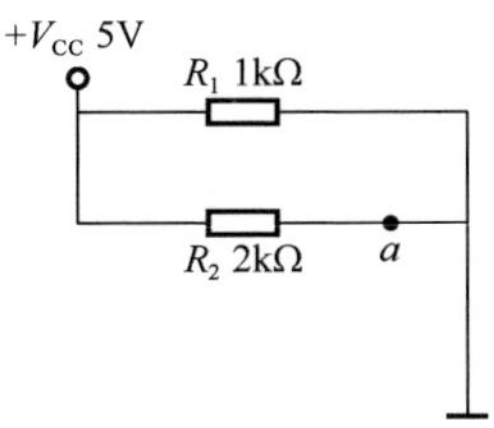

第 19 题图

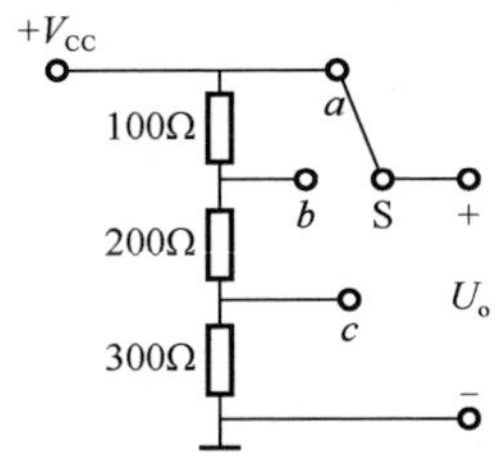

第 20 题图

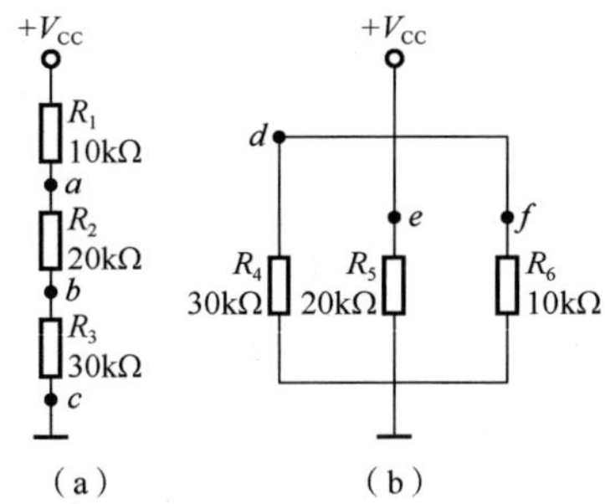

第 21 题图

22．如图所示的电路中，当电阻器 R 取值适当时，发光二极管 VD 正常发光（VD 有正向电流时导通发光），正常发光时，电流为 3～20mA。下列说法中正确的是（　　）。

A．当电阻器 R 的阻值过大时，VD 仍正常发光

B．当电阻器 R 的阻值过小时，VD 不发光

C．当电阻器 R 的阻值过小时，VD 不可能损坏

D．电阻器 R 主要对 VD 起限流保护作用

23．如图所示，已知发光二极管 VD（有正向电流时导通发光）的亮度很暗，此时 $U_A=U_B$，关于增大 VD 亮度的方法，下列说法中正确的是（　　）。

A．调大 R_3　　　B．调大 R_4　　　C．调小 R_3　　　D．调小 R_4

24．如图所示为某传感装置内部部分电路，R_t 为正温度系数热敏电阻，其特性为随着温度的升高，阻值增大；R_g 为光敏电阻，其特性为随着光照强度的增强，阻值减小；R_2 和 R_3 均为定值电阻器，电源电动势为 E，内阻为 r，V 为理想电压表，若发现电压表示数增大，可能的原因有（　　）。

① 热敏电阻温度降低，其他条件不变

② 热敏电阻温度升高，其他条件不变

③ 光照减弱，其他条件不变

④ 光照增强，其他条件不变

A．①③　　　B．①④　　　C．②③　　　D．②④

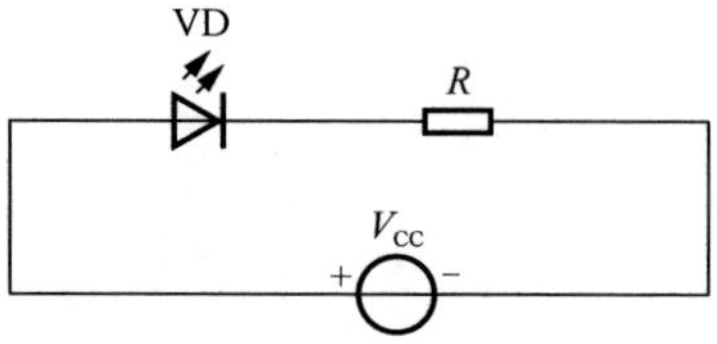

第 22 题图

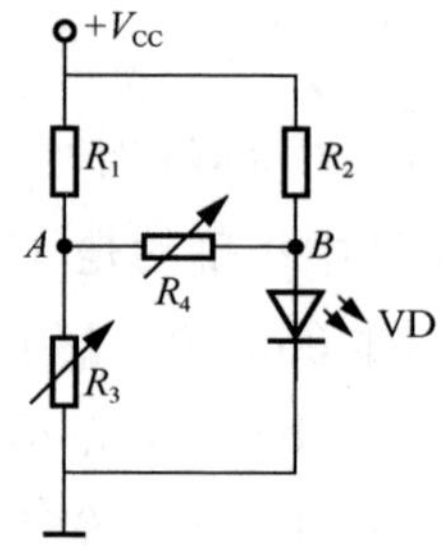

第 23 题图

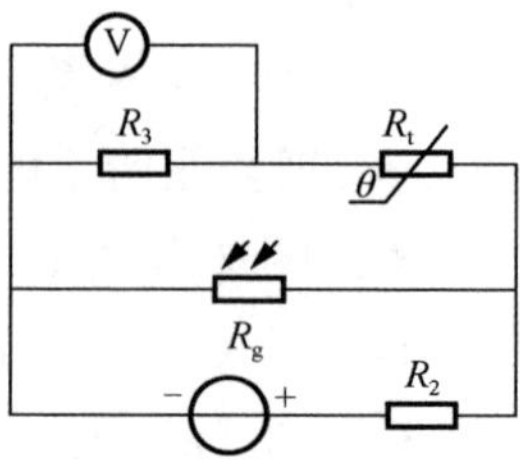

第 24 题图

万　用　表

1．万用表一般能测量的电学基本物理量有________、________、________。

2．用指针式万用表测量电阻时共有×1、×10、×100、×1k 四挡。某学生用这只万用表测量一个电阻器的阻值，他选择×100 挡，并按使用规则正确地调整好了万用表，测量时表针偏转到欧姆刻度线右端 0.8 的位置，说明该电阻值约为________Ω。为了使测量结果尽可能准确，他决定再测量一次，再次测量时，他应选择________挡。

3．某学生测量一个未知阻值的电阻器。先用万用表进行测量，按照正确的步骤操作后，测量的结果如图所示，其阻值大小为________Ω。为了使万用表测量的结果更准确，该学生接下来应该进行哪些操作？

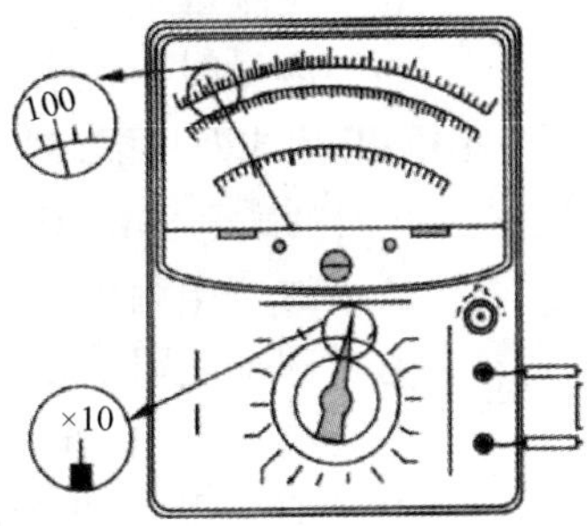

第 3 题图

4．用指针式万用表欧姆挡测电阻时，下列说法中不正确的是（　　）。

A．测量前必须调零，而且每换一次欧姆挡位都要重新调零

B．为了使测量值比较准确，应该用两手分别将两只表笔与待测电阻器两端紧紧捏在一起，以使表笔与待测电阻器接触良好

C．待测电阻器若连接在电路中，应将它与其他元件断开后再测量

D．使用完毕后应拔出表笔，并把量程转换开关旋到 OFF 挡或交流电压最高挡

5．用指针式万用表测直流电压 U 或电阻 R 时，（　　）。

A．前者电流从红表笔流入万用表，后者电流从红表笔流出万用表

B．两者电流都从红表笔流入万用表

C．两者电流都从红表笔流出万用表

D．前者电流从红表笔流出万用表，后者电流从红表笔流入万用表

6．下列关于指针式万用表欧姆挡的说法中正确的是（　　）。

A．每一挡位的测量范围是 0～∞

B．用不同挡位测量同一电阻器的阻值时，误差大小是一样的

C．测电阻器时，指针越接近刻度盘中央，误差越大

D．测电阻选不同挡位时，指针越靠近右边，误差越小

7．用指针式万用表的欧姆挡（×1k）检查性能良好的二极管，发现万用表的表针偏转角极小，这说明（　　）。

A．二极管加正向电压，测得的电阻很大

B．二极管加反向电压，测得的电阻很小

C．此时红表笔接的是二极管的正极

D．此时红表笔接的是二极管的负极

8．关于指针式万用表欧姆挡的使用和连接，下列说法中正确的是（　　）。

A．测电阻前要使红、黑表笔相接，检查表头的指针是否指向“∞”

B．红表笔与表内电池的正极相接，黑表笔与表内电池的负极相接

C．红表笔与表内电池的负极相接，黑表笔与表内电池的正极相接

D．测电阻时，表针偏转角度越大，待测电阻值越大

9．在使用指针式万用表的欧姆挡测电阻时，下列操作中错误的是（　　）。

A．使用前检查指针是否停在欧姆刻度线的“∞”处

B．每次测量前，都要进行一次欧姆调零

C．在测量电阻时，电流从黑表笔流出，经被测电阻器到红表笔，再流入万用表

D．测量时若发现表针偏转的角度很大，应该更换到倍率较小的挡位来测量

10．指针式万用表欧姆调零后，用×10 挡测量一个电阻器的阻值，发现指针偏转角度极小，下列判断或做法中正确的是（　　）。

A．这个电阻值很小，用×10 挡测量不够准确

B．这个电阻值很大，用×10 挡测量比较准确

C．应换用×1 挡，重新进行欧姆调零后进行测量

D．应换用×100 挡，重新进行欧姆调零后进行测量

11．甲、乙两学生使用指针式万用表欧姆挡测同一个电阻器的阻值时，他们都把量程转换开关旋到×100 挡，并能正确操作。他们发现指针偏转角度太小，于是甲就把量程转换开关旋到×1k 挡，乙把量程转换开关旋到×10 挡，但乙重新调零，而甲没有重新调零。下列说法中正确的是（　　）。

A．甲选挡错误，但操作正确

B．乙选挡正确，但操作错误

C．甲选挡错误，操作也错误

D．乙选挡错误，但操作正确

12．用指针式万用表欧姆挡测一个电阻器 R 的阻值时，将量程转换开关置于×10 挡，测量时指针指在 100 与 200 刻度的正中间，可以确定（　　）。

A．R=150Ω　　　　B．R=1500Ω

C．1000Ω<R<1500Ω　　　　D．1500Ω<R<2000Ω

13．下列关于指针式万用表欧姆挡的说法中错误的是（　　）。

A．表盘刻度是均匀的

B．红表笔与表内电源的负极相连

C．测电阻时，首先把红、黑表笔短接后进行欧姆调零，然后测量电阻

D．为了减小误差，应尽量使指针指向表盘中间刻度附近

14. 用指针式万用表的欧姆挡测电阻时有许多注意事项。下列说法中错误的是(　　)。

A．测量前必须进行欧姆调零，而且每测量一次电阻前都要重新进行欧姆调零

B．每次换挡后必须进行欧姆调零

C．待测电阻器如果是连接在电路中，应把它与其他元件断开，再进行测量

D．两个表笔要与待测电阻器接触良好才能测得较准确

15．用指针式万用表测得交流电压值为 1.8V，下列图示中正确的是（　　）。

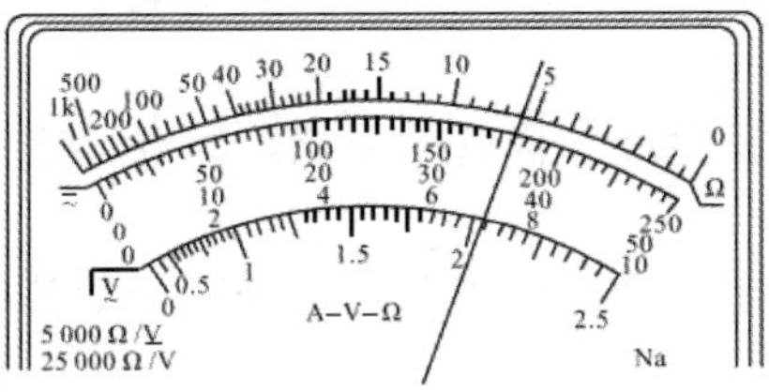

A.

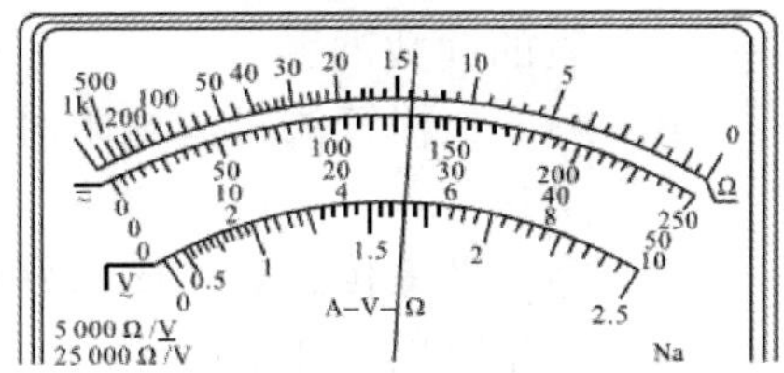

B.

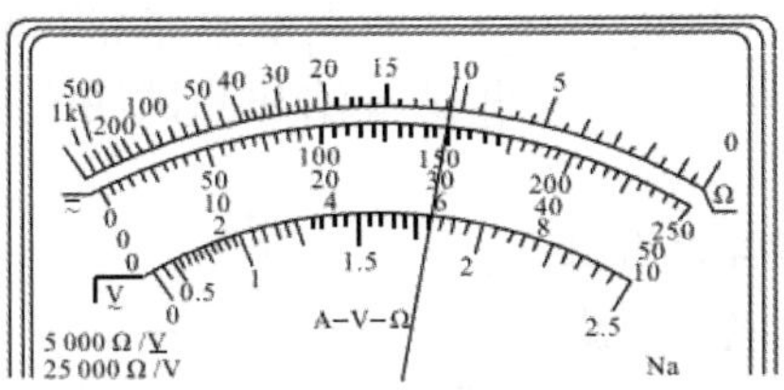

C.

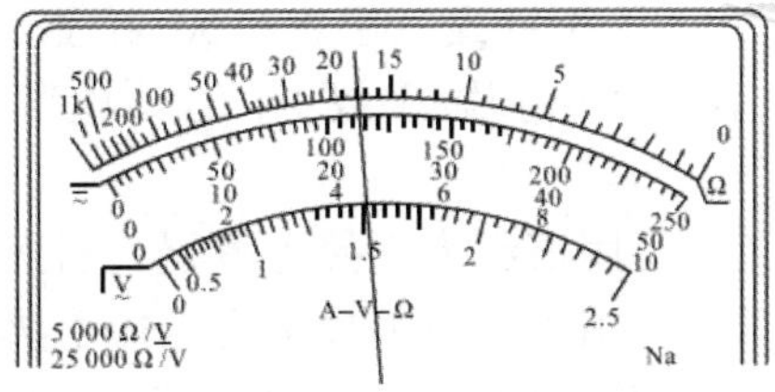

D.

16．用万用表测一电阻器的阻值，欧姆挡位和指针偏转情况如图所示，则该电阻器的测量值为（　　）。

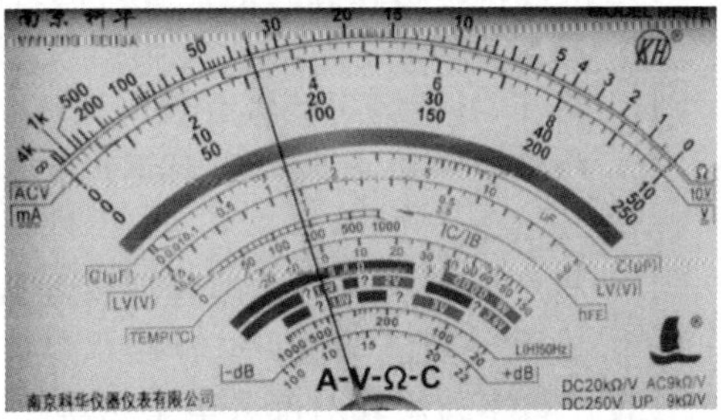

A．36Ω　　B．360Ω　　C．3.6kΩ　　D．36kΩ

17．下列关于万用表的使用中，说法正确的是（　　）。

A．用指针式万用表测量电阻时，电流从红表笔流出，经被测电阻到黑表笔，再流入万用表

B．用数字万用表欧姆挡测量 A 电阻，结束后再去测量 B 电阻，则必须先欧姆调零，再进行测量

C．用指针式万用表欧姆挡测量普通电容器，发现指针先跳到表盘右侧，再渐渐回到最左侧，证明电容良好

D．用数字万用表测某电阻时，读数为倍率×示数

18．使用指针式万用表测量直流电路元件电压时，下列说法中不正确的是（　　）。

A．必须将万用表并联在被测电路两端

B．红表笔接电源正极方向引脚，黑表笔接电源负极方向引脚

C．若不知被测电压的大小，可先选择最小的量程挡位来进行测量

D．测量结束后，应将量程转换开关置于 OFF 挡或交流电压最高挡

19．下列关于使用万用表进行测量的说法中，不正确的是（　　）。

A．测量电阻器的阻值前应先选择量程，再将两表笔短路，转动调零旋钮将万用表的读数调零

B．测量二极管的正向电阻时，应将红表笔接二极管的正极，黑表笔接二极管的负极

C．确定光敏传感器的质量好坏时，应在不同的光照条件下分别测量其电阻值和通电时的电压值

D．测量直流电压时，红表笔应接高电位，黑表笔应接低电位

20．用指针式万用表×100 挡测试一标有“1000μF/16V”的电解电容器，测试前电解电容器两引脚短接放电。若该电容器质量正常，则下列测试方法和测试现象都合理的是（　　）。

① 万用表红表笔接电容器长引脚，黑表笔接短引脚

② 万用表红表笔接电容器短引脚，黑表笔接长引脚

③ 测试时指针迅速向“0”方向偏转至某值，然后缓慢回退至“∞”处

④ 测试时指针缓慢向“0”方向偏转至某值，然后迅速回退至另一欧姆值处

A．①③　　　　B．①④　　　　C．②③　　　　D．②④

21．用指针式万用表检测电容器 C 的好坏，下列操作中错误的是（　　）。

A．将量程转换开关置于欧姆挡×1k 挡，将两表笔短接，进行欧姆调零

B．将 a、b 两脚短接进行放电处理

C．将红表笔接 b 脚，黑表笔接 a 脚，若指针向右偏转并停在某一阻值，则说明电容器 C 已坏

D．将红表笔接 a 脚，黑表笔接 b 脚，若指针先向右偏转，然后向左偏转，并停在某一阻值，说明电容器 C 良好

22．使用数字万用表对部分电子元器件进行测试，下列说法中不正确的是（　　）。

A．测试电子元器件前，须先进行机械调零，再进行欧姆调零

B．用万用表测电压时，表盘可能显示为负数

C．用×2k 欧姆挡测一电阻时，表盘显示 1.2，则该电阻器的阻值为 1.2kΩ

D．测试电位器时转动转轴，示数从接近 0 到接近标称阻值连续变化，说明该电位器正常

23．如图所示是用指针式万用表检测热敏电阻特性的实验装置示意图。下列关于该实验的叙述中不合理的是（　　）。

A．将开关 S 断开，把万用表接在 a、b 两测量点间，可以测量 R_t 在不同温度下的电阻

B．将开关 S 闭合，把万用表接在 a、b 两测量点间，可以测量 R_t 两端的电压

C．为了提高实验效果，固定电阻器 R_2 的阻值应该越大越好

D．若随温度的升高，R_t 两端的电压降低，则 R_t 为负温度系数热敏电阻

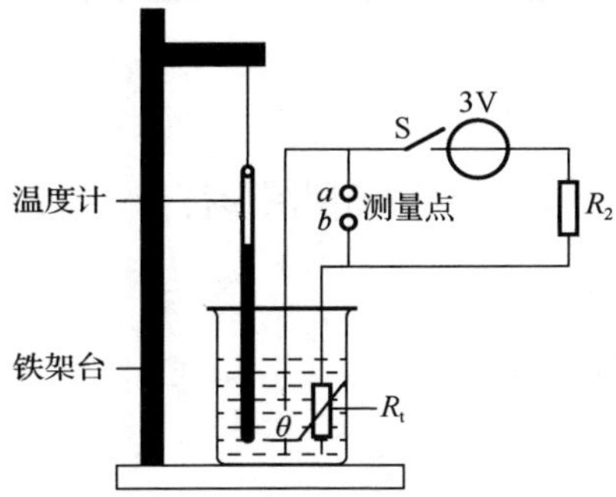

第 23 题图

24．如图（a）所示电路，当磁铁靠近干簧管时，干簧管闭合，发光二极管 VD 不亮，用数字万用表测量发光二极管两端的电压，图（b）为显示的数据。如果所有实验操作都无误，则下列分析中正确的是（　　）。

A．说明干簧管损坏　　　　B．说明电阻器 R 断路

C．说明发光二极管损坏　　D．说明电源电压过低

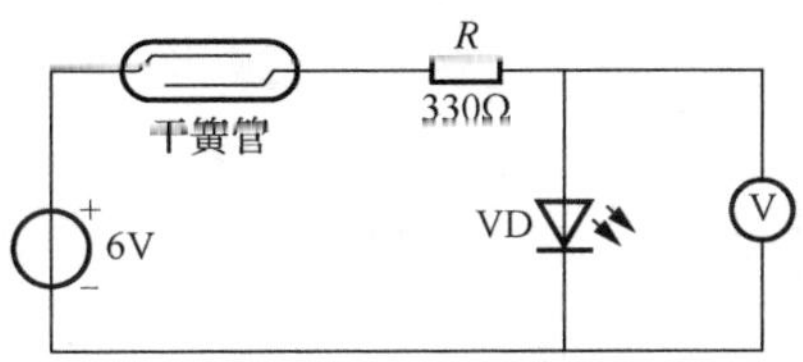

（a）

（b）

第 24 题图

电容器与电感器

1．如图所示是四种常用元件的电气简图用图形符号，其中表示可调电容器的是（　　）。

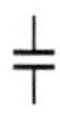
A．

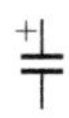
B．

C．

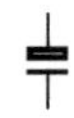
D．

2．电感器的图形符号是（　　）。

A．

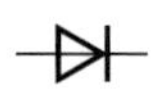
B．

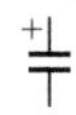
C．

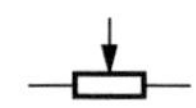
D．

3．下列电子元器件中，实物图和名称不对应的是（　　）。

A．电解电容器

B．可调电容器

C．电感器

D．微调电位器

4．如图所示为一个灯光延时控制的实验电路，由发光二极管模拟电灯。电路图中电容器 C 应选用的类型是（　　）。

A．可调电容器

B．微调电容器

C．普通电容器

D．电解电容器

5．如图所示的电容器上标有数值“104”，则该电容器的电容量是（　　）。

A．104pF　　B．1×10^5pF　　C．$1\times10^5\mu$F　　D．10pF

6．如图所示有 a、b、c 三个瓷介电容器，其中电容量最大、最小的分别是（　　）。

A．a，c　　B．b，a　　C．c，a　　D．c，b

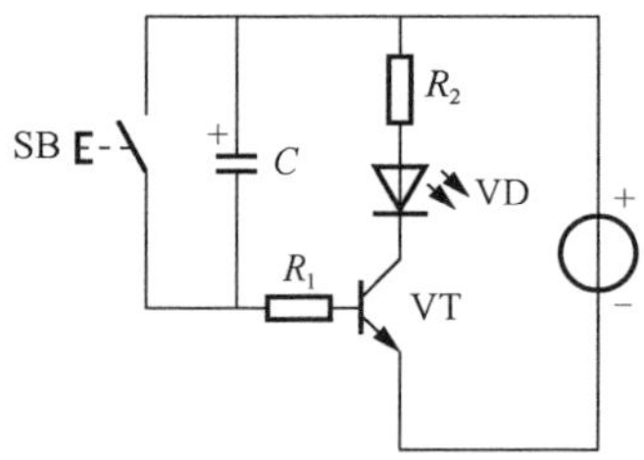

第 4 题图

第 5 题图

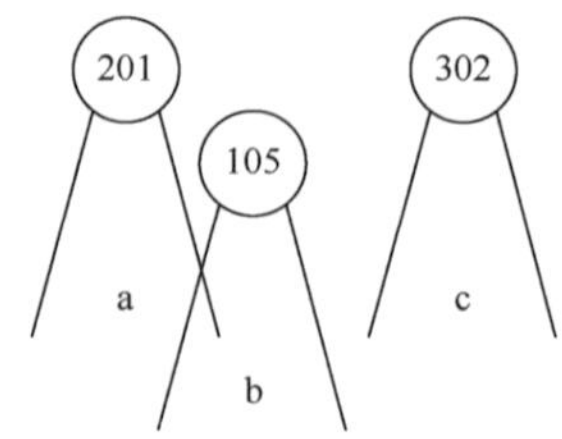

第 6 题图

7．关于电容量的标注方式，下列分析中正确的是（　　）。

A. 两个电容器上分别标注“103”和“229”，表示电容量分别为 10000pF 和 22×10^{9}pF

B. 两个电容器上分别标注“101”和“0.047”，表示电容量分别为 101pF 和 0.047μF

C. 两个电容器上分别标注“3300”和“471”，表示电容量分别为 3300pF 和 470pF

D. 两个电容器上分别标注“μ45”和“4m7”，表示电容量分别为 45μF 和 4700pF

8．如图所示是一只电容器，下列说法中错误的是（　　）。

A．这只电容器的耐压值为 25V

B．这只电容器的工作电压是 25V

C．这只电容器的电容量为 3300μF

D．这只电容器的短引脚为负极

第 8 题图

9．下列关于电容器的说法中正确的是（　　）。

A．电容器可以用色标法标示电容量，默认单位为μF

B．电容器具有“通直流阻交流”的作用

C．电容器只能在直流电路中使用，不能在交流电路中使用

D．某电容器上标注“470μF 25V”，表示该电容器的电容量为 470μF，额定工作电压为 25V

10．下列关于电容器的说法中正确的是（　　）。

A．将╪接入电路时，正极接低电位端，负极接高电位端

B．⊬这 电容器的电容量是固定的，直流电能通过该电容器

C．电容量表示电容器储存电荷的能力，单位是 H

D．电容器在交流电路中，交流电压的峰值不能超过电容器的额定直流工作电压

11．下列关于电感器的说法中不正确的是（　　）。

A．电感器可以把电能转换成磁场能并储存在磁场中

B．电感量用来衡量电感线圈储存磁场能力的大小，单位是亨

C．电感器是无电阻的

D．常用 Q 值表示电感器在电路中的性能好坏，Q 值越大，电感器的电阻值越小，性能越好

12．下列关于电子元件的说法中正确的是（　　）。

A．电感器品质因数 Q 与电感器储存能量无关

B．电容器用在 220V 的交流电路中，其耐压值不能超过 220V

C．电感器是用金属裸导线绕制成的

D．电阻器的额定功率是指电阻器长期连续正常工作时所允许的最大耗散功率

13．某一电路中 10μF/16V 的电解电容器损坏，现需要选择一只电容器去替换它，下列选项中较合适的是（　　）。

A．10μF/10V　　B．25μF/16V　　C．8μF/10V　　D．10μF/25V

14．如图所示的电路，闭合开关 S，按下按钮 SB，发光二极管 VD 发光。现要在 a、b 间接入元件，当松开按钮 SB 后，VD 能延时发光一段时间，则延时发光时间最长的元件（参数标在元件下方）是（　　）。

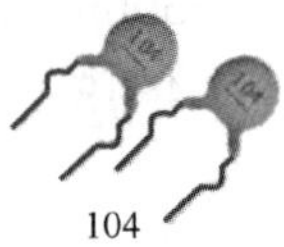

104

A.

16V 100μF

B.

450V 470μF

C.

205J 400V

D.

15．根据如图所示的电路，下列说法中不正确的是（　　）。

A．在开关闭合前，a 点的电位为 0

B．在开关闭合瞬间，a 点的电位为 0

C．在开关闭合后，最终 a 点的电位为 V_{CC}

D．在开关闭合前后，a 点的电位保持不变

16．根据如图所示的电路，下列说法中正确的是（　　）。

A．在图（a）中，开关闭合前，灯 HL_1 灭；开关闭合后，灯 HL_1 发光且保持亮度不变

B．在图（a）中，开关闭合前，灯 HL_1 灭；开关闭合的瞬间，灯 HL_1 发光亮度最高，一段时间后灯 HL_1 逐渐熄灭

C．在图（b）中，开关闭合前，灯 HL_2 灭；开关闭合后，灯 HL_2 发光亮度缓慢变暗

D．在图（b）中，开关闭合前，灯 HL_2 灭；开关闭合的瞬间，灯 HL_2 不发光，一段时间后灯 HL_2 始终不发光

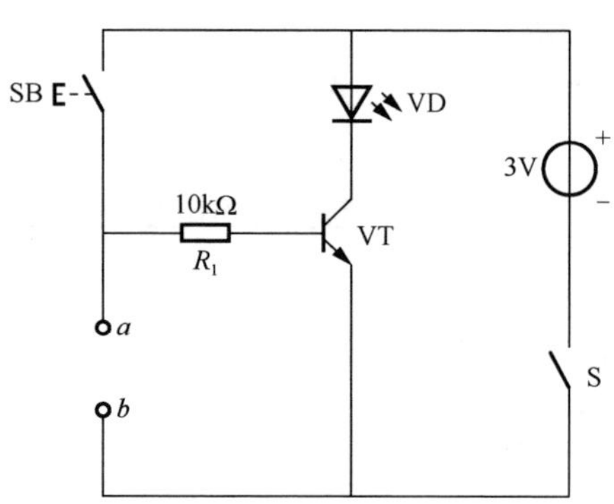

第 14 题图

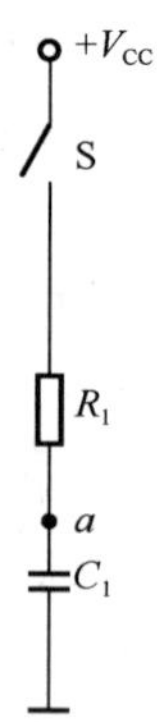

第 15 题图

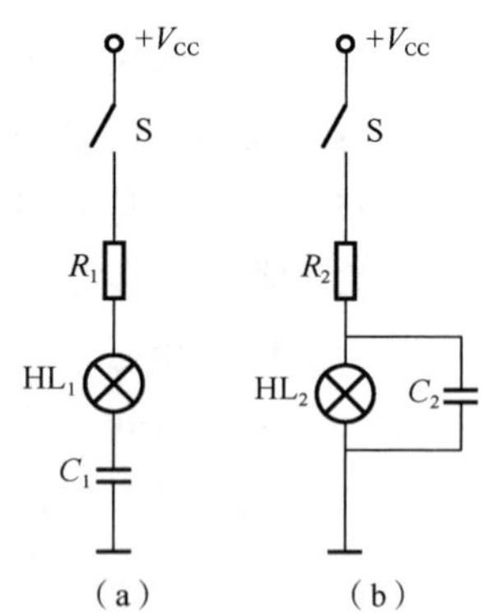

第 16 题图

17．如图所示电路，开关 S 闭合，一段时间后再断开并按下按钮 SB，电容器 C 两端的电压 U_C 的变化情况为（　　）。

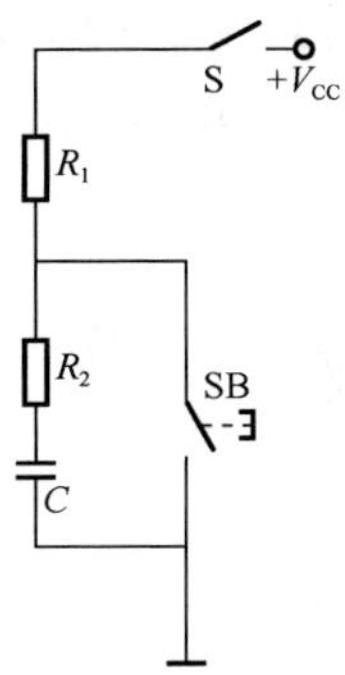

第 17 题图

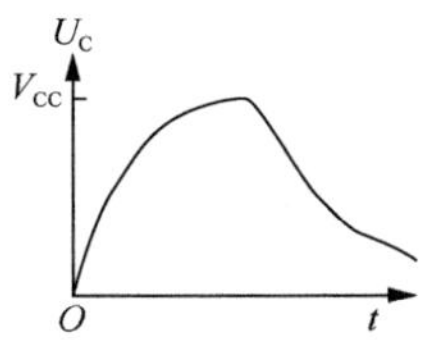

A.

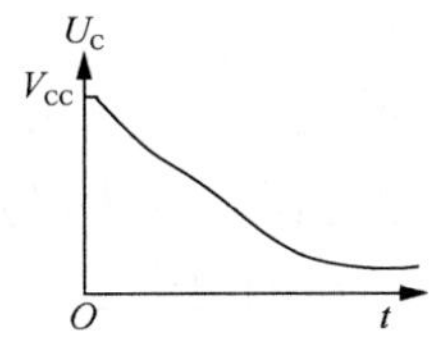

B.

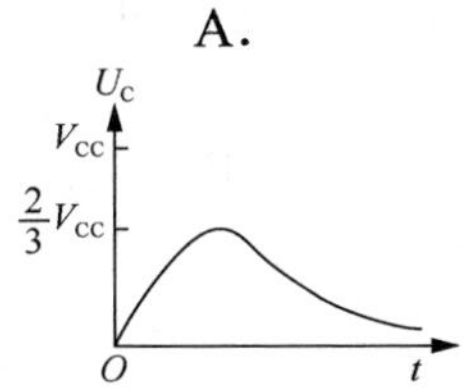

C.

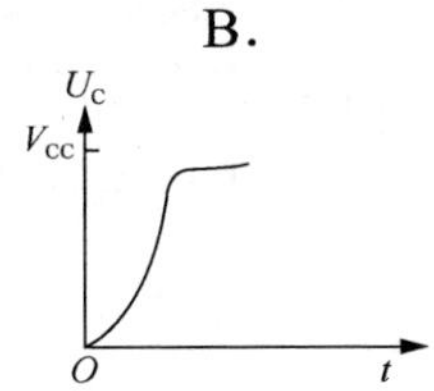

D.

18. 如图所示的电路，初始状态为 S_1、S_2 都断开，灯 IIL 的额定电压为 3V，现在断开 S_2，闭合 S_1。下列说法中错误的是（　　）。

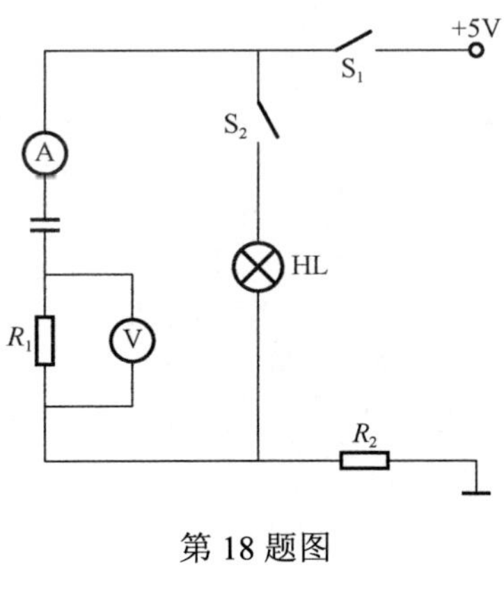

第 18 题图

A．当电流表示数为 0 时，断开 S_1，再闭合 S_2，电流表又有示数

B．保持 S_2 断开，闭合 S_1，电压表示数由小变大，最终显示 5V

C．保持 S_2 断开，闭合 S_1，电流表示数由大变小，最终显示 0A

D．当电流表示数为 0 时，保持 S_1 闭合，再闭合 S_2，电流表又有示数

19．如图所示，电路中 VD_1、VD_2 有正向电流时导通发光。下列说法中错误的是（　　）。

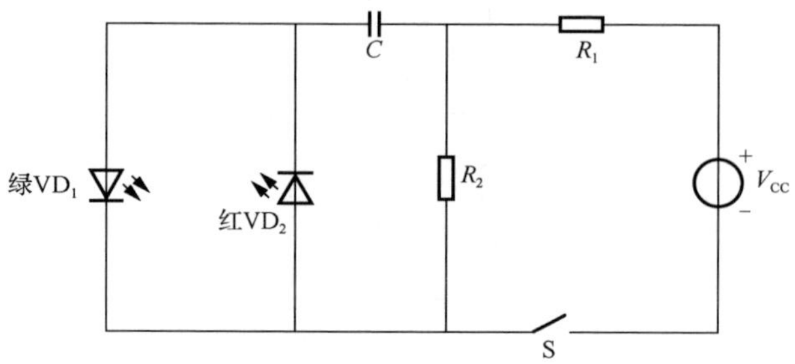

第 19 题图

A．闭合开关 S，VD_1 亮，一段时间后逐渐熄灭

B．断开开关 S，VD_2 亮，一段时间后逐渐熄灭

C．VD_1 是在电容器 C 充电时点亮，VD_2 是在电容器 C 放电时点亮

D．增大电容器 C 的电容量，VD_1、VD_2 亮的时间没有影响

20．手机来电闪光贴，轻薄小巧且不带电源。将其贴在手机上，手机来电时会发出闪烁的灯光。在这个过程中，将电磁波转换成电能的电子元件是（　　）。

A．电容器　　B．电感器　　C．电阻器　　D．电位器

二　极　管

1．下列四个电气简图用图形符号中，属于稳压二极管的是（　　）。

A.

B.

C.

D.

2．利用不同特性的半导体材料，可制成各种二极管，下列元器件属于发光二极管的是（　　）。

A.

B.

C.

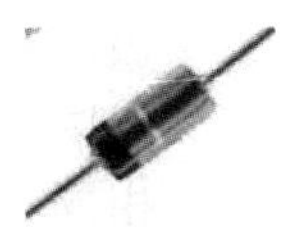
D.

3．下列属于二极管的是（　　）。

①

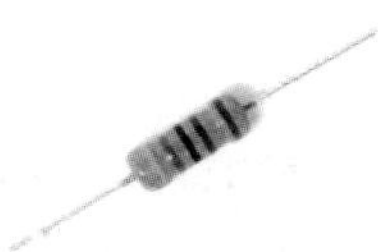
②

③

④

A．①②　　B．③④　　C．①④　　D．②③

4．下列判断二极管正负电极不合理的是（　　）。

A．左引脚是负极

B．左引脚是正极

C．长引脚是正极

D．左引脚是负极

5．下列可根据元器件引脚的长短来判断正负极的是（　　）。

①

②

③

④

A．①②　　B．③④　　C．①③　　D．②④

6．如图所示，电阻右侧带箭头的电子元件及其工作状态分别是（　　）。

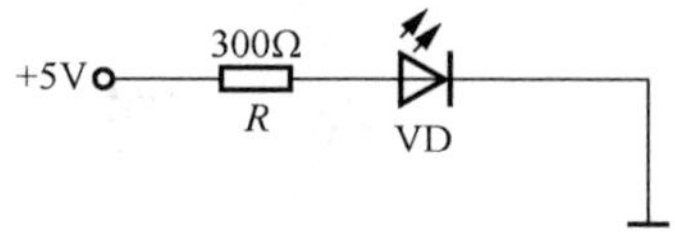

第 6 题图

A．光敏传感器接收信号　　B．光敏传感器释放信号

C．发光二极管发光　　D．发光二极管不发光

7．硅二极管的正极电势是-10V，负极电势是-9.3V，则该二极管处于（　　）。

A．正偏　　B．零偏　　C．反偏　　D．断路

8．下列关于二极管的说法中正确的是（　　）。

A．二极管由两个半导体 PN 结、两个电极引线和管壳组成

B．用万用表欧姆挡检测二极管时，把红表笔接二极管负极，黑表笔接二极管正极，所测电阻值较小，则二极管良好

C．普通二极管、发光二极管和光电二极管在电气简图中的图形符号和作用都相同

D．二极管的单向导电性是指正向导通时电阻值较小，反向截止时电阻值较大

9．下列关于二极管的说法中不正确的是（　　）。

A．二极管具有单向导电性

B．二极管必须加正向电压才能正常工作

C．使用二极管时一定不能超过二极管的额定参数，否则会损坏二极管

D．用指针式万用表测二极管，当测得的电阻值较大时，与红表笔相连的是二极管的正极

10．在如图所示的电路图中，*A*、*B* 两点的电位分别是（　　）。

A．4.3V，0V　　B．0.7V，0.7V　　C．0.7V，1.4V　　D．5V，4.3V

11．在如图所示的电路中，二极管均为硅管。下列关于电位的分析中正确的是（　　）。

A．*M* 点电位约为 0.7V，*N* 点电位约为 1.5V

B．*M* 点电位约为 1.5V，*N* 点电位约为 0.7V

C．图（b）中 VD_2 反接，*N* 点电位会增大

D．图（a）中 VD_1 反接，*M* 点电位基本不变

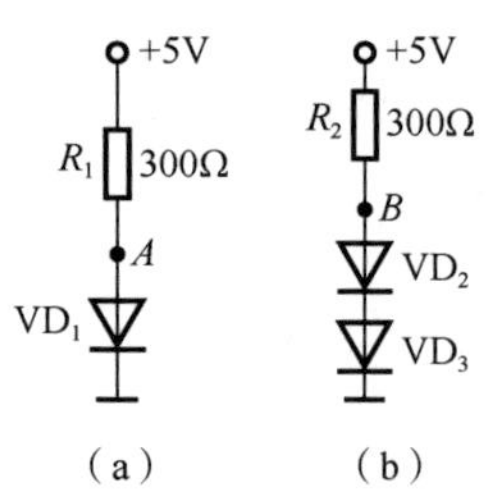

第 10 题图

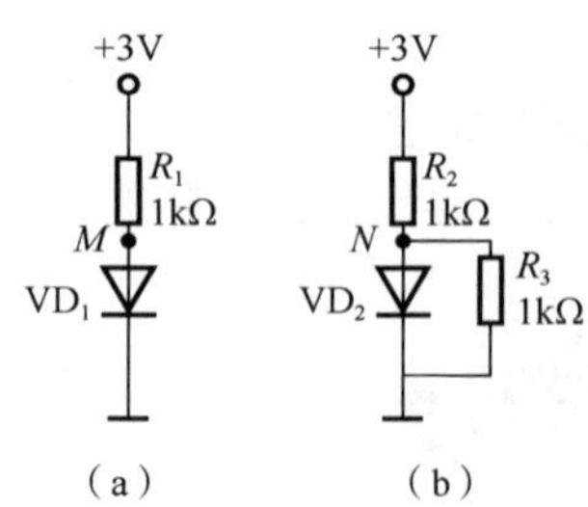

第 11 题图

12．在如图所示的电路中，设二极管导通电压为 0.7V，则电压 U_{AB} 为（　　）。

A．−3V　　B．5V　　C．2.3V　　D．−7.3V

13．在如图所示的电路中，所有二极管均为理想元件，则 VD_1 与 VD_2 的工作状态为（　　）。

A．VD_1 与 VD_2 均导通　　B．VD_1 导通，VD_2 截止

C．VD_1 截止，VD_2 导通　　D．VD_1 与 VD_2 均截止

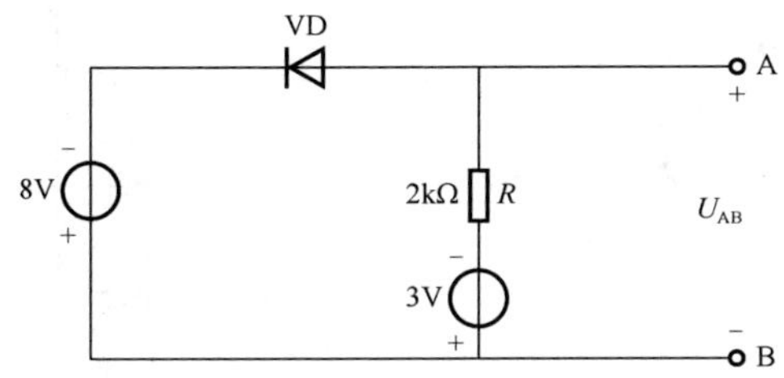

第 12 题图

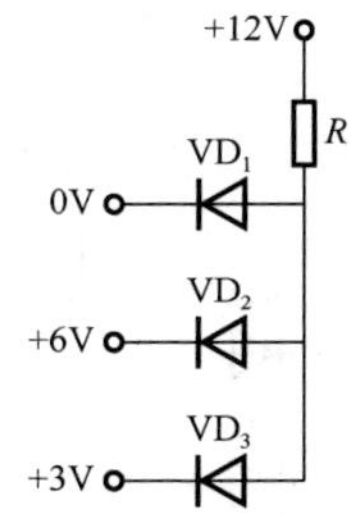

第 13 题图

14．如图所示为 LED 照明电路，其中电源为直流 3.7V，VD 为白色高亮发光二极管，它的工作电压为 3V，电流为 20mA 左右，为保证电路稳定工作，须串联一个电阻器 R，下列选项中，合适的电阻值为（　　）。

A．10Ω　　B．35Ω　　C．350Ω　　D．3500Ω

15．下列电路中能使发光二极管正常发光的是（　　）。

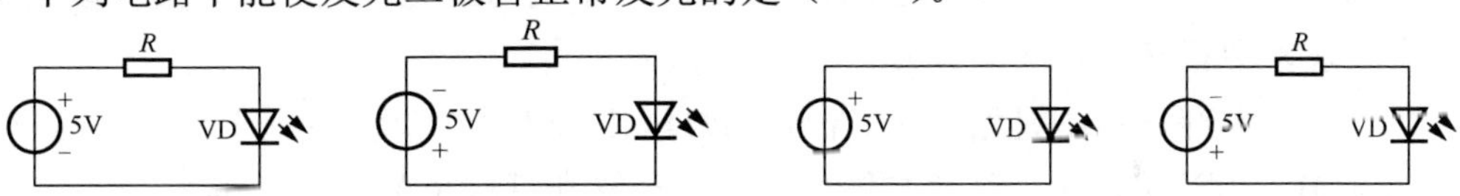

A．　　B．　　C．　　D．

16．假定二极管均为理想元件，根据如图所示的电路，则 VD_1、VD_2、VD_3 的工作状态为（　　）。

A．VD_1 导通，VD_2、VD_3 截止　　B．VD_1、VD_2 截止，VD_3 导通

C．VD_1、VD_3 截止，VD_2 导通　　D．VD_1、VD_2、VD_3 均截止

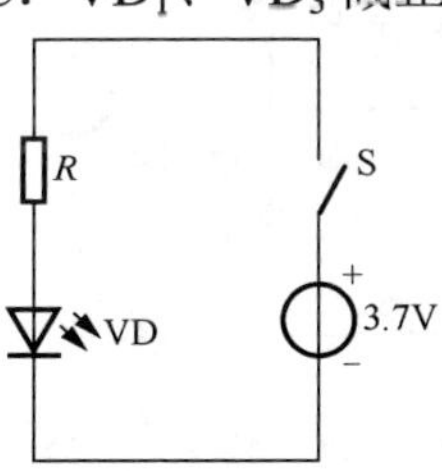

第 14 题图

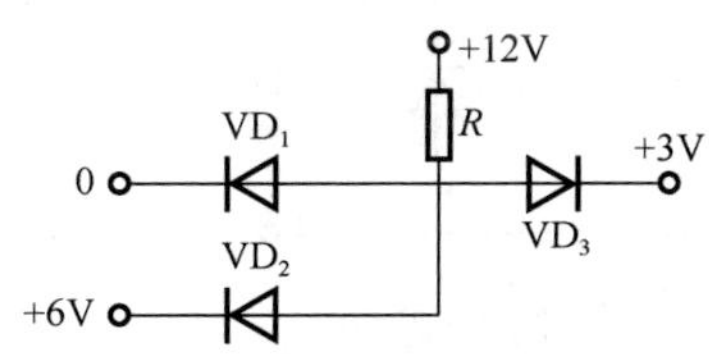

第 16 题图

17．如图所示的由普通二极管、电阻器组成的电路，当 A 点电位为 0V、B 点电位为 5V 时，F 点输出的电位为①；当 A 点电位为 0V、B 点电位为 0V 时，F 点输出的电位为②，下列最合理的选项是（　　）。

A．①=0.7V，②=0.7V　　B．①=0.7V，②<0.7V

C．①=0V，②>0.7V　　D．①=4.3V，②=0.7V

18．分析如图所示的两个电路，下列关于图中 A 点电位的说法中正确的是（　　）。

A．图（a）中 A 点的电位为 5.3V，图（b）中 A 点的电位为-4.3V

B．图（a）中 A 点的电位为 2.3V，图（b）中 A 点的电位为-2.3V

C．图（a）中 A 点的电位为 5.3V，图（b）中 A 点的电位为 10V

D．图（a）中 A 点的电位为 0V，图（b）中 A 点的电位为-4.3V

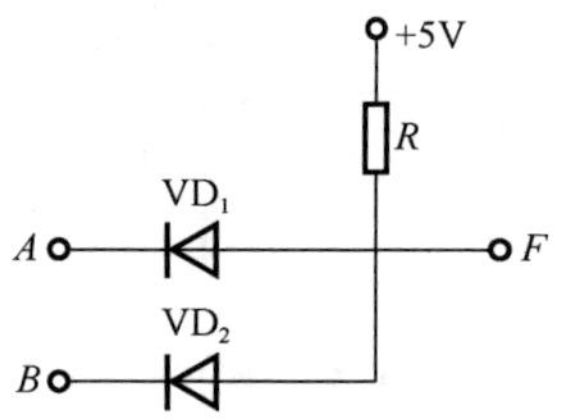

第 17 题图

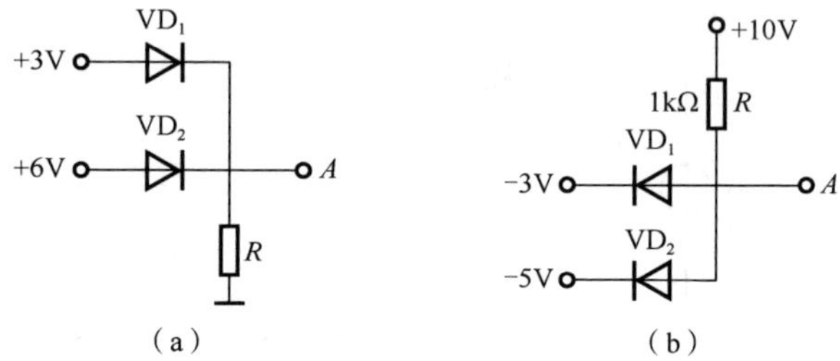

第 18 题图

19．根据如图所示的电路，下列说法中正确的是（　　）。

A．当 U_i 变大时，U_o 变大　　　　B．当 U_i 变大时，U_o 基本不变

C．当 U_i 变小时，U_o 变小　　　　D．当 U_i 变小时，U_o 变大

20．如图所示，灯泡的额定电压为 2.5V，SB_1 与 SB_2 为按钮。下列关于该电路调试时的实验现象中正确的是（　　）。

A．按下 SB_1，绿色发光二极管与灯泡正常工作

B．电源接通时，红色与绿色发光二极管和灯泡全部正常工作

C．同时按下 SB_1 与 SB_2，红色与绿色发光二极管和灯泡全部正常工作

D．按下 SB_2，红色发光二极管正常工作，其他的不能正常工作

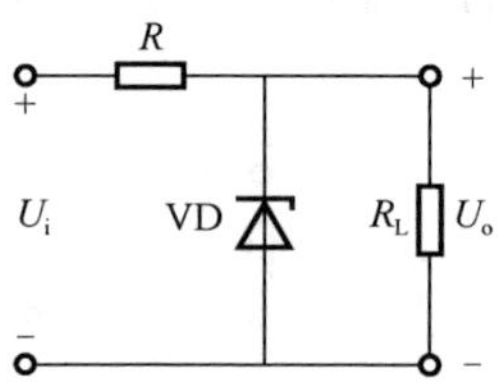

第 19 题图

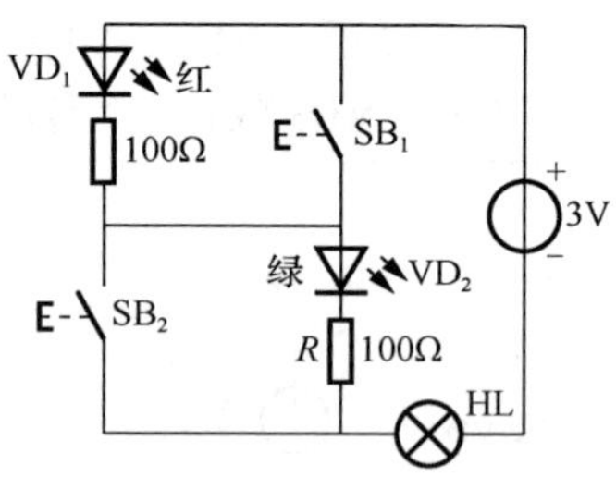

第 20 题图

21．如图所示的两个电路，下列关于流过电阻器 R_1、R_2 电流方向的判断中正确的是（　　）。

A．由 a 到 b，由 c 到 d　　　　B．由 a 到 b，由 d 到 c

C．由 b 到 a，由 c 到 d　　　　D．由 b 到 a，由 d 到 c

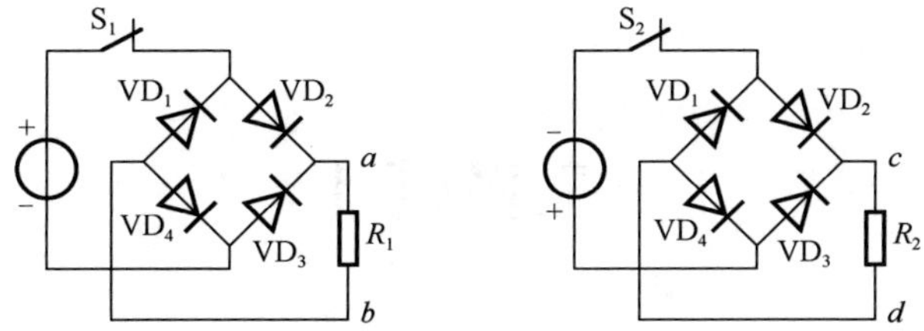

第 21 题图

22. 如图所示电路，所有二极管均为理想元件，导通压降为 0.7V，当 u_i 输入为 5V（上正下负）时，R_L 两端的电压为________；当 u_i 输入为−5V（上负下正）时，R_L 两端的电压为________。（　　）

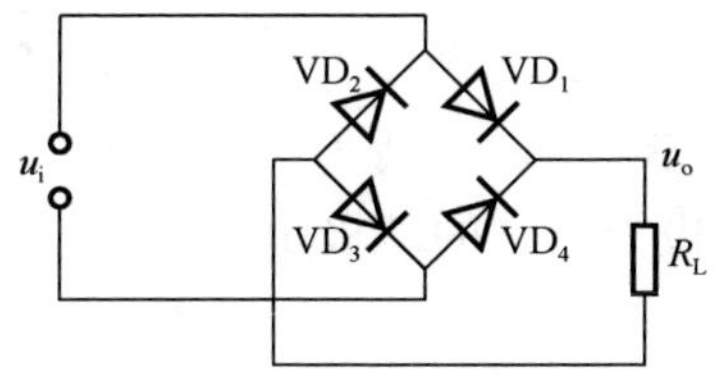

第 22 题图

A．5V，−5V　　B．5V，5V　　C．3.6V，−3.6V　　D．3.6V，3.6V

三极管 1

1. 在如图所示的电气简图用圆形符号中，NPN 型三极管的图形符号为（　　）。

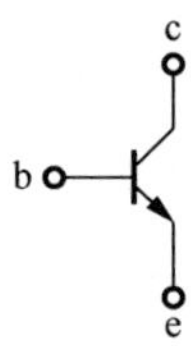

A.

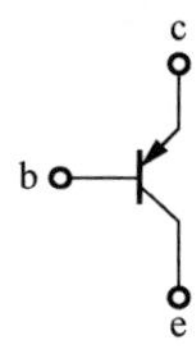

B.

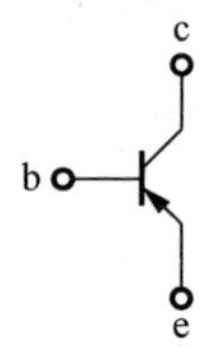

C.

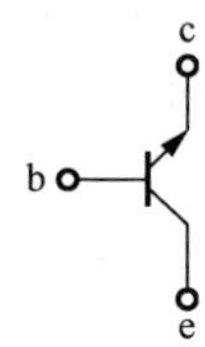

D.

2. 如图所示为 9013 型三极管，它的基极是（　　）。

A．1　　B．2　　C．3　　D．无

第 2 题图

3. 下列属于三极管的是（　　）。

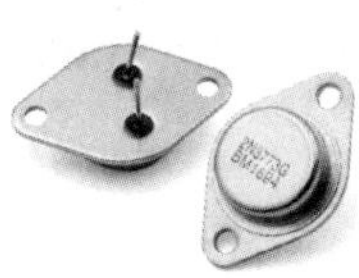

①

②

③

④

A．①②　　B．③④　　C．①④　　D．②③

4. 下列关于三极管的说法中不正确的是（　　）。

A．PNP 型三极管和 NPN 型三极管的区别是掺入的杂质元素不同

B．三极管工作在放大状态时，发射结正向偏置，集电结反向偏置

C．三极管工作在饱和状态时，发射结正向偏置，集电结正向偏置

D．三极管工作在饱和和截止状态时，可作为开关使用

5. 下列关于三极管的说法中不正确的是（　　）。

A．三极管具有两个 PN 结

B．三极管的开关作用，主要工作在饱和和截止状态

C．三极管的开关作用在数字电路中得到了广泛应用

D．在饱和工作区，三极管的发射结正向偏置，集电结反向偏置

6. 三极管的发射结反向偏置，集电结反向偏置时，三极管所处的状态是（　　）。

A．放大状态　　B．饱和状态　　C．截止状态　　D．充电状态

7. 作为开关使用的三极管，在相当于开关断开状态时，三极管所处的状态是（　　）。

A．放大　　B．饱和　　C．截止　　D．无法确定

8．下列选项中，a 与 b 功能相同的是（　　）。

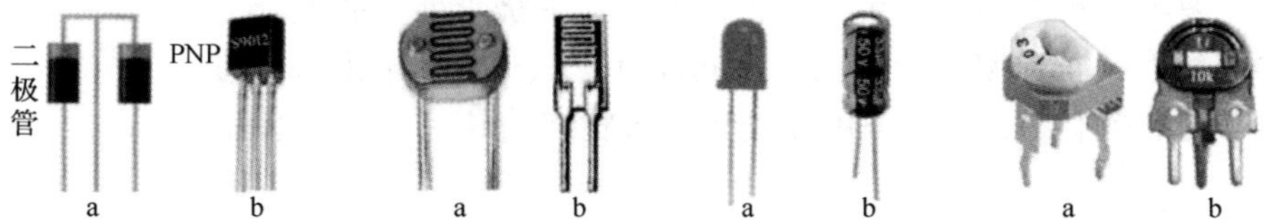

A.　　　　B.　　　　C.　　　　D.

9．三极管在放大状态时，下列说法中不正确的是（　　）。

A．NPN 三极管是集电结反向偏置，PNP 三极管是集电结正向偏置

B．发射结正向偏置，集电结反向偏置

C．集电极电流受到基极电流控制

D．发射极电流等于集电极、基极电流之和

10．三极管在饱和导通状态时，下列说法中不正确的是（　　）。

A．发射结和集电结均处于正向偏置状态

B．小功率管的饱和压降小于 0.6V，锗管的饱和压降小于 0.3V

C．集电极与发射极之间相当于一个接通的开关

D．集电极电流受基极电流的控制

11．三极管在截止状态时，下列说法中正确的是（　　）。

A．发射结加上正向电压，集电结加上反向电压时，三极管处于截止状态

B．集电极电流受基极电流的控制

C．此时三极管 U_{ce} 的值称为饱和压降

D．集电极和发射极相当于一只断开的开关

12．关于三极管的三种工作状态，下列说法中正确的是（　　）。

A．三极管的 I_b、I_c 都为 0 时，其集电极和发射极相当于一只接通的开关

B．三极管的 I_c 不受 I_b 控制时，其集电极和发射极相当于一只接通的开关

C．三极管的 $I_c=\beta I_b$ 时，三极管具有电流放大作用

D．三极管的 $I_c-\beta I_b$ 时，三极管具有开关作用

13．如图所示 NPN 型三极管，当 $U_b>U_e$，$U_b>U_c$ 时，该管工作在（　　）。

A．饱和状态　　B．放大状态

C．截止状态　　D．倒置状态

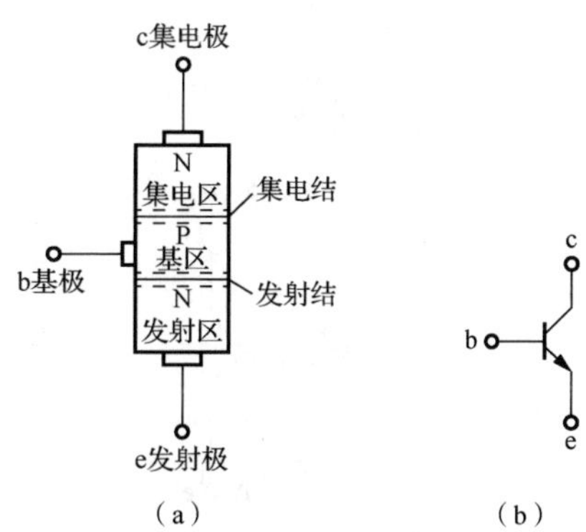

第 13 题图

14．小明同学在检修某电路时，用万用表测得 NPN 型三极管各电极的对地电位分别是：集电极电位 U_c=5.5V，基极电位 U_b=5.9V，发射极电位 U_e=5.2V。下列判断中正确的是（　　）。

A．发射结正向偏置，集电结反向偏置，三极管处于放大状态

B．发射结正向偏置，集电结反向偏置，三极管处于饱和状态

C．发射结正向偏置，集电结正向偏置，三极管处于放大状态

D．发射结正向偏置，集电结正向偏置，三极管处于饱和状态

15．下列电路中的三极管不可能处于放大状态的是（　　）。

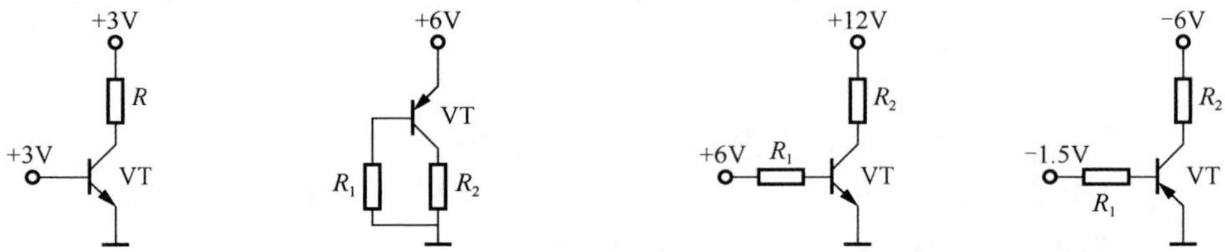

A.　　B.　　C.　　D.

16．在电路上测得三极管的三个电极的电位如图所示，下列图中三极管处于饱和状态的是（　　）。

A.　　B.　　C.　　D.

17．如图所示为两只三极管的类型和工作状态，分析正确的是（　　）。

A．图（a）：NPN，放大；图（b）：PNP，放大

B．图（a）：NPN，饱和；图（b）：PNP，饱和

C．图（a）：PNP，饱和；图（b）：NPN，放大

D．图（a）：NPN，饱和；图（b）：PNP，放大

18．如图所示是放大电路中三极管的各极电位，其管型和材料正确的是（　　）。

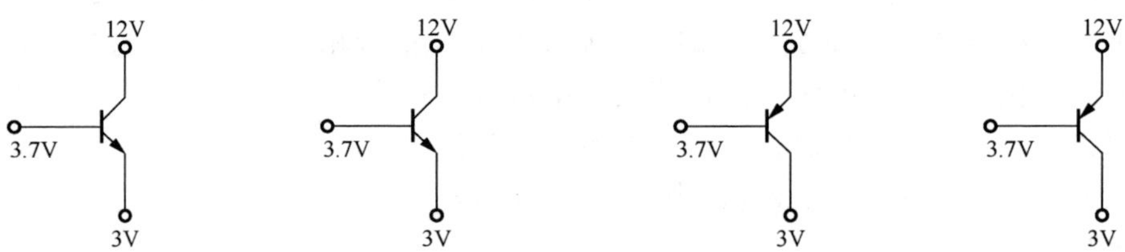

A．锗管　　B．硅管　　C．硅管　　D．锗管

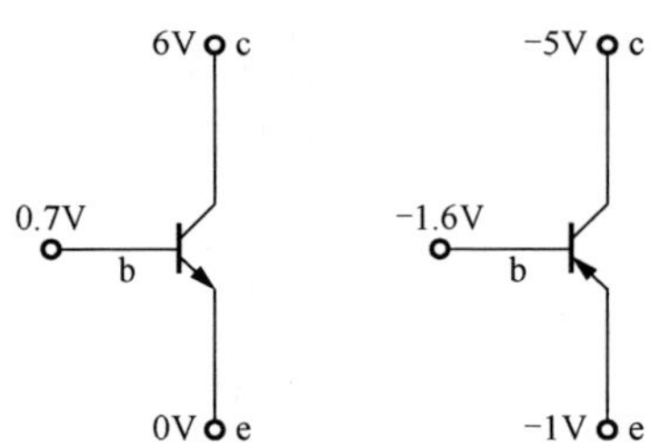

（a）　　（b）

第 17 题图

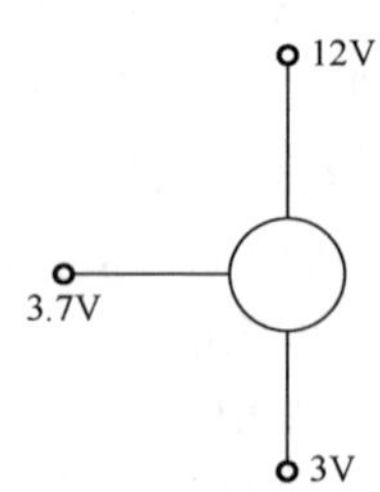

第 18 题图

19．测得某正常放大电路中，三极管三个引脚的电压分别为 6.7V、2.4V、1.7V，可判断出三个引脚分别为三极管的________极、________极、________极，此三极管处于________状态。下列分析中正确的是（　　）。

A．b、c、e，饱和　　　　B．e、b、c，放大

C．e、c、b，截止　　　　D．c、b、e，放大

20．在某一正常电路中，测得某三极管三个引脚的电流依次为：脚①，流出三极管，大小为 120mA；脚②，流出三极管，大小为 3mA；脚③，流进三极管，大小为 123mA。请判断三极管的类型及三个引脚依次为该三极管的________极、________极、________极（　　）。

A．NPN 型，e、b、c　　　　B．PNP 型，e、b、c

C．NPN 型，c、b、e　　　　D．PNP 型，c、b、e

21．已知某三极管工作在放大状态，测得其三个引脚的直流电位如图所示，则 1、2、3 三个引脚和三极管的类型分别为（　　）。

A．基极、发射极、集电极，NPN　　　　B．基极、发射极、集电极，PNP

C．发射极、基极、集电极，NPN　　　　D．发射极、基极、集电极，PNP

22．小明在放大电路中测得三极管 VT 的直流电位如图所示。下列说法中不正确的是（　　）。

A．三极管 VT 的类型是 PNP 型　　　　B．集电极的电位是 12V

C．基极电位是 11.3V　　　　D．三极管 VT 属于硅管

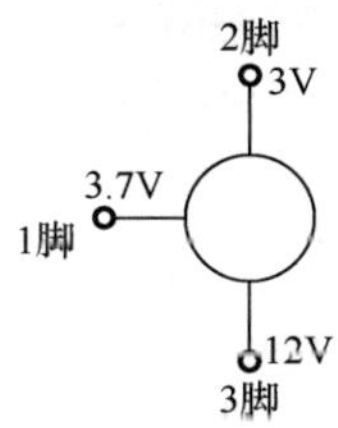

第 21 题图

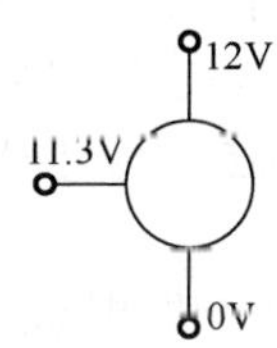

第 22 题图

23．NPN 型三极管三个电极的电位分别是 $U_c=0.3V$，$U_e=0V$，$U_b=0.7V$，则该管工作在（　　）。

A．饱和区　　B．截止区　　C．放大区　　D．击穿区

24．下列关于三极管在饱和状态时的说法中不正确的是（　　）。

A．发射结和集电结均处于正向偏置状态

B．硅管的饱和压降小于 0.6V

C．集电极电流受基极电流的控制

D．集电极与发射极之间相当于一个接通的开关

25．判断图示各三极管的工作状态。

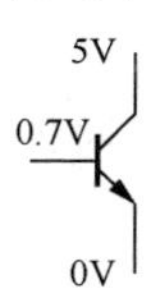

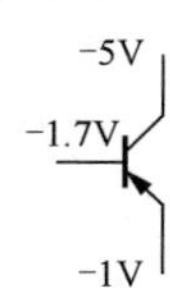

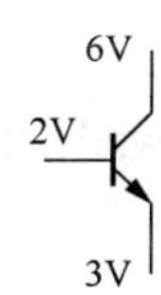

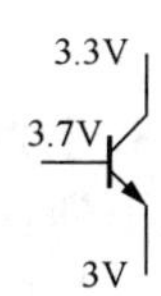

（1）________　　（2）________　　（3）________　　（4）________

三极管 2

1．三极管工作在放大区，两个 PN 结的状态为（　　）。

A．发射结正向偏置，集电结正向偏置　　B．发射结反向偏置，集电结正向偏置

C．发射结反向偏置，集电结反向偏置　　D．发射结正向偏置，集电结反向偏置

2．三极管工作在截止区，两个 PN 结的状态为（　　）。

A．发射结正向偏置，集电结正向偏置　　B．发射结正向偏置，集电结反向偏置

C．发射结反向偏置，集电结正向偏置　　D．发射结反向偏置，集电结反向偏置

3．三极管工作在饱和区，两个 PN 结的状态为（　　）。

A．均为正向偏置

B．均为反向偏置

C．发射结正向偏置，集电结反向偏置

D．发射结反向偏置，集电结正向偏置

4．工作于放大状态的 PNP 型三极管，各电极的电位必须满足（　　）。

A．$U_c > U_b > U_e$　　B．$U_c < U_b < U_e$　　C．$U_b > U_c > U_e$　　D．$U_c > U_e > U_b$

5．三极管在截止状态时，下列说法中不正确的是（　　）。

A．集电结处于反向偏置状态

B．$I_c \approx 0$

C．集电极与发射极之间相当于一个断开的开关

D．基极电流从三极管流出

6．在电路中测得三极管的三个电极上的电位如图所示，处于放大状态的是（　　）。

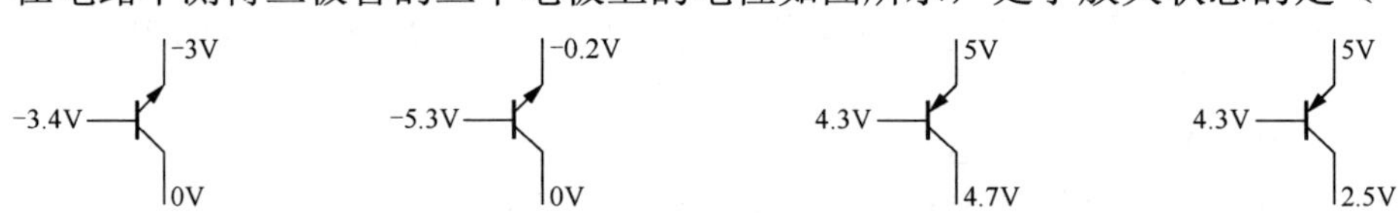

A.　　B.　　C.　　D.

7．在电路中测得三极管的三个电极上的电位如图所示，处于饱和状态的是（　　）。

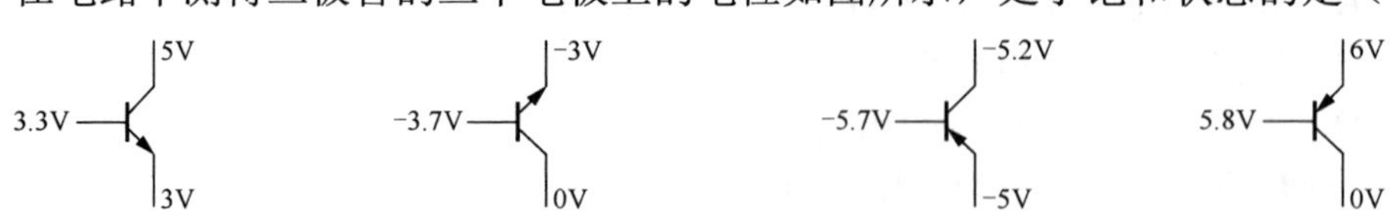

A.　　B.　　C.　　D.

8．若测得处于放大状态的三极管电路中，三个电极的对地电压分别为 3.7V、8V、3V，完成下列各题。

（1）该三极管为（　　）。

A．PNP 型硅管　　B．NPN 型硅管　　C．PNP 型锗管　　D．NPN 型锗管

（2）可判断三个电极分别为（　　）。

A．b、c、e　　B．c、b、e　　C．e、b、c　　D．b、e、c

（3）可判断三极管的工作状态为（　　）。

A．截止状态　　B．放大状态　　C．饱和状态　　D．无法判断

9．若测得处于放大状态的三极管电路中，三个电极的对地电压分别为9V、8.4V、4V，完成下列各题。

（1）该三极管为（　　）。

A．PNP型硅管　　B．NPN型硅管　　C．PNP型锗管　　D．NPN型锗管

（2）可判断三个电极分别为（　　）。

A．b、c、e　　B．c、b、e　　C．e、b、c　　D．b、e、c

（3）可判断三极管的工作状态为（　　）。

A．截止状态　　B．放大状态　　C．饱和状态　　D．无法判断

10．在放大电路中，测得某三极管三个电极的对地电压分别为9V、4V、3.7V，完成下列各题。

（1）该三极管为（　　）。

A．PNP型硅管　　B．NPN型硅管　　C．PNP型锗管　　D．NPN型锗管

（2）可判断三个电极分别为（　　）。

A．b、c、e　　B．c、b、e　　C．e、b、c　　D．b、e、c

11．下列电路中，虚线框内等效为一个NPN型三极管的是（　　）。

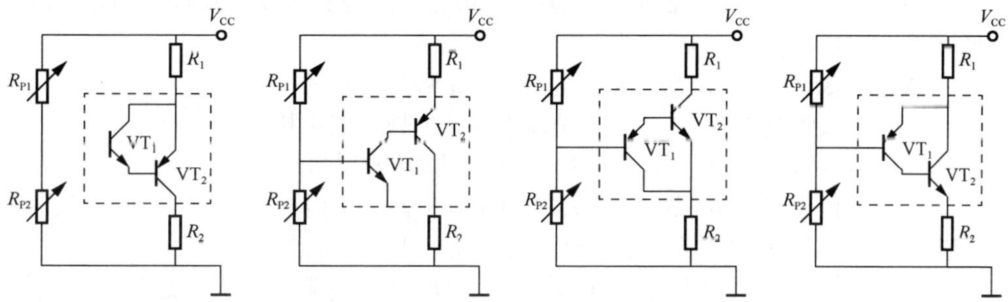

12．如图所示的光控灯电路，电流表A_1和A_2的读数分别为0.5mA和10mA，已知三极管VT的电流放大倍数是100。此时VT的工作状态是（　　）。

A．饱和　　B．放大

C．截止　　D．无法判断

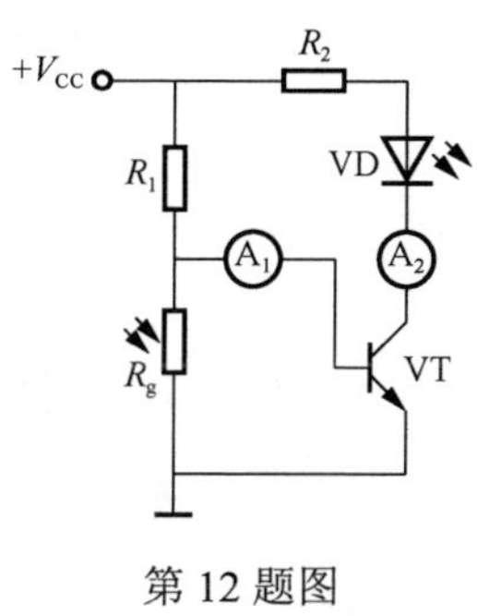

第12题图

13．如图所示电路，经测量U_{ce}=0.3V, U_{be}=0.7V，此三极管的工作状态是（　　）。

A．放大状态　　B．截止状态

C．不确定　　D．饱和状态

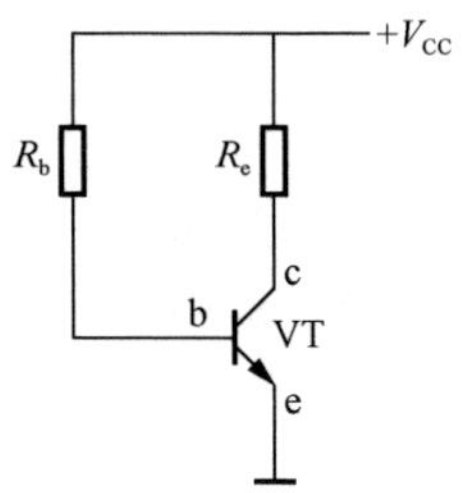

第 13 题图

14. 三极管工作在放大状态时，下列说法中不正确的是（　　）。

A．发射极电流等于集电极、基极电流之和

B．此时基极输入为高电平

C．集电极电流受到基极电流控制

D．发射结正向偏置，集电结反向偏置

15. 已知某一电路中三极管的电流流向如图所示，引脚 1 电流流出三极管，引脚 3 电流流进三极管，通过改变引脚 1 的电流，使用直流电表测量引脚 1 和引脚 2 的电流大小如表所示。下列说法中正确的是（　　）。

电流大小	测量 1	测量 2	测量 3	测量 4	测量 5
引脚 1	0.01mA	0.04mA	0.05mA	0.1mA	0.2mA
引脚 2	0.72mA	2.88mA	3.6mA	3.6mA	3.6mA

A．该三极管是 NPN 型，引脚 2 为集电极

B．电路正常工作时，可以使用万用表欧姆挡（机械表）的黑表笔接 1 脚、红表笔接 2 脚，通过指针偏转情况判断三极管的极性

C．在“测量 5”状态时，使用万用表电压挡测引脚 3 和引脚 2 之间的电压，测量值约为 0.3V

D．从已有数据可以推测该三极管的电流放大倍数为 18

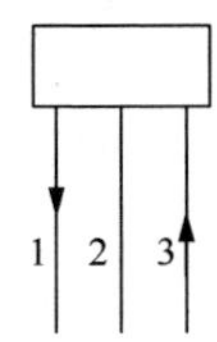

第 15 题图

16. 用万用表检测工作在放大状态的三极管，测得其工作电流如图所示。以下判断正确的是（　　）。

A．三极管是 NPN 型，1 脚是基极，3 脚是发射极

B．三极管是 NPN 型，1 脚是发射极，3 脚是集电极

C．三极管是 PNP 型，1 脚是基极，3 脚是发射极

D．三极管是 PNP 型，1 脚是发射极，3 脚是集电极

17. 对于如图所示的灯光延时开关的描述，不正确的是（　　）。

A．串接在基极的电阻器可以控制延时时间，电阻值变大，延时时间变长

B．电容器充满电的时候三极管处于导通状态

C．串联在发光二极管上的电阻器是限制流过发射极的电流的

D．三极管的放大率太低会使延时时间变短

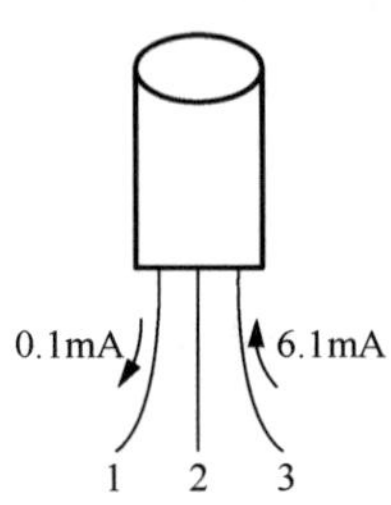

第 16 题图

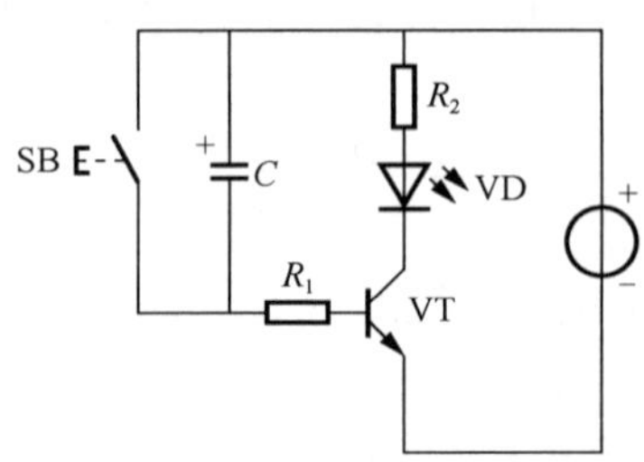

第 17 题图

小明同学设计了一个报警装置。通过干簧管和磁铁来判断窗户是否被打开，一旦窗户

被打开，发光二极管就会亮起。请完成第 18～20 题。

18．窗户没有打开时，三极管的工作状态为（　　）。

A．截止状态　　B．饱和状态　　C．放大状态　　D．不确定

19．对报警装置进行测试时，发现窗户打开时发光二极管不亮。用万用表直流电压 5V 挡对三极管各极进行测量，测得基极电位为 0.7V，发射极电位为 0V，集电极电位为 0V，据此可以判断（　　）。

A．三极管断路　　B．干簧管短路

C．发光二极管断路　　D．R_1 断路

20．对报警装置进行测试时，发现窗户不打开时发光二极管也亮。用万用表直流 5V 挡对三极管各极进行测量，测得基极电位为 0.7V，发射极电位为 0V，集电极电位为 0.3V，据此可以判断（　　）。

A．三极管断路　　B．干簧管断路

C．发光二极管断路　　D．R_1 断路

21．如图所示为简单的三极管触发实验电路，硅三极管工作在开关状态，发光二极管的额定电压为 1.5V，分析电路工作过程并回答下列问题。

（1）拨动开关 3 连接触点 1 时，发光二极管 VD________，*a* 点电位为________，*b* 点电位为________，此时流过三极管的电流 I_c 约为________。

（2）拨动开关 3 连接触点 2 时，发光二极管 VD________，*a* 点电位为________，*b* 点电位为________，此时流过三极管的电流 I_c 约为________。

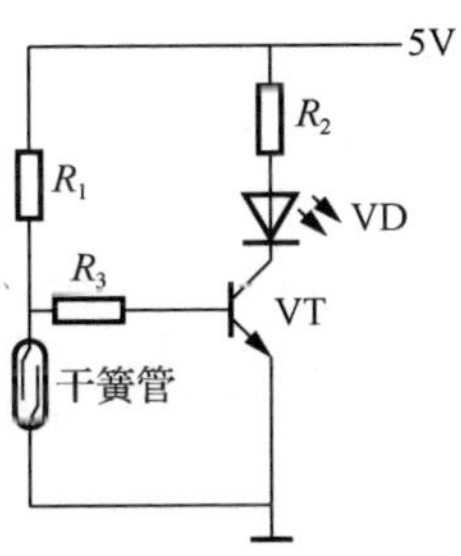

第 18～20 题图

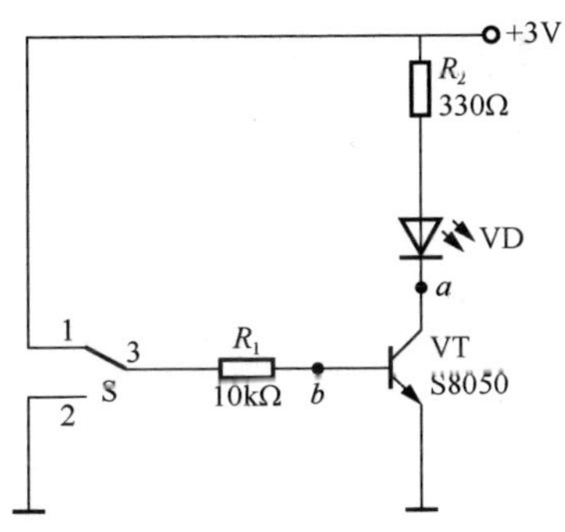

第 21 题图

22．如图所示为简单的三极管触发实验电路，硅三极管工作在开关状态，发光二极管的额定电压为 1.5V，分析电路工作过程并回答下列问题。

（1）拨动开关 3 连接触点 1 时，发光二极管 VD________，*a* 点电位为________，*b* 点电位为________，此时流过三极管的电流 I_c 约为________。

（2）拨动开关 3 连接触点 2 时，发光二极管 VD________，*a* 点电位为________，*b* 点电位为________，此时流过三极管的电流 I_c 约为________。

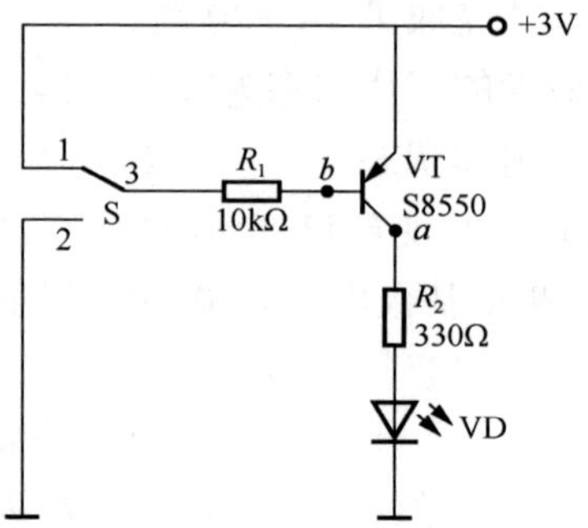

第 22 题图

三极管 3

1．用万用表测量电路中一个三极管各个引脚对接地端的电位，引脚 1 为 5V，引脚 2 为 2.4V，引脚 3 为 2.1V。根据以上测量结果，下列判断错误的是（　　）。

A．此时三极管处于截止状态　　　　B．该三极管为锗三极管

C．该三极管的引脚 3 为发射极　　D．该三极管的引脚 2 为基极

2．如图所示电路，用万用表测量的结果已显示在图中，下列关于 VT 工作状态的判断中正确的是（　　）。

A．饱和状态　　　　B．放大状态

C．截止状态　　　　D．条件不足，无法判断

3．如图所示是探究 PNP 三极管工作状态的实验电路，电路采用共射极接法，其中 V_{CC}=+6V，通过调节电位器 R_P，改变基极电流 I_b，测得多组数据，从而分析三极管的工作状态。若在某状态下读取各个电表的数据如下：I_b=52μA，I_c =6.5mA，U_{ec}=4.9V，则三极管的工作状态为（　　）。

A．饱和状态　　　　B．放大状态

C．截止状态　　　　D．条件不足，无法判断

4．如图所示是小明在电子控制技术实践课上搭建的电路，经测量 VT 的 U_{be}=0.7V，U_{ce}=3V。下列关于 VT 工作状态的判断中正确的是（　　）。

A．饱和状态　　　　B．放大状态

C．截止状态　　　　D．条件不足，无法判断

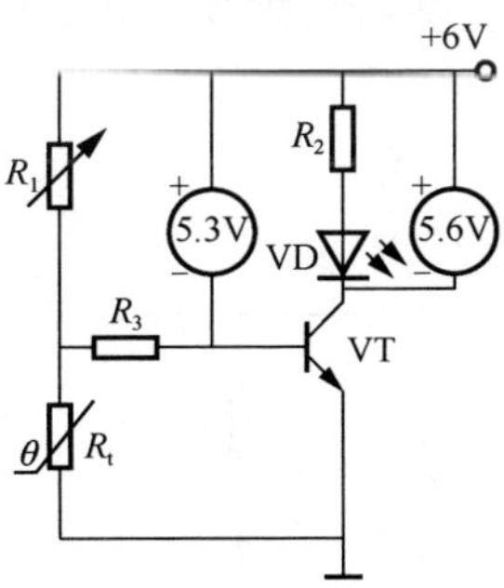

第 2 题图

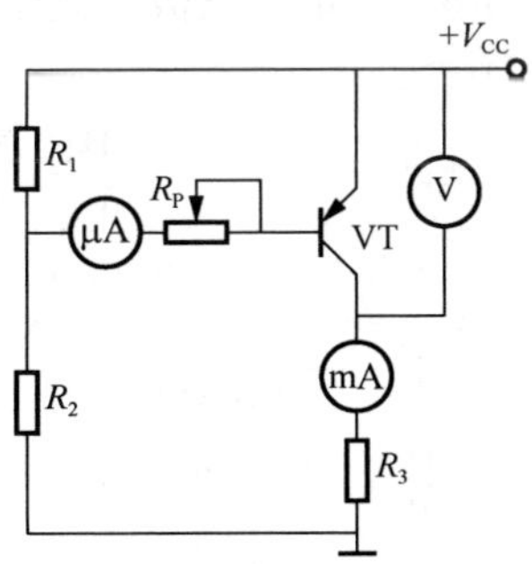

第 3 题图

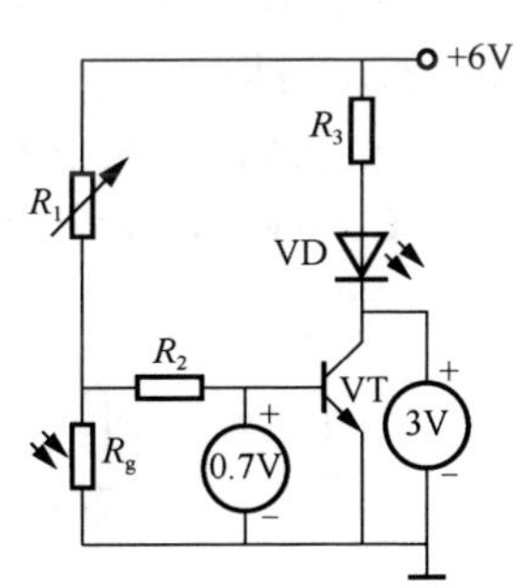

第 4 题图

5．小明同学设计了如图所示的光控灯电路，当光线暗时，发现发光二极管 VD 不亮，此时用万用表测得 U_{ab}=1.8V，则三极管 VT 的工作状态为（　　）。

A．截止状态　　B．放大状态　　C．饱和状态　　D．无法判断

6．在如图所示的两个电路中，三极管能工作在放大状态的是（　　）。

A．图（a）　　B．图（b）

C．图（a）和图（b）　　D．都不能

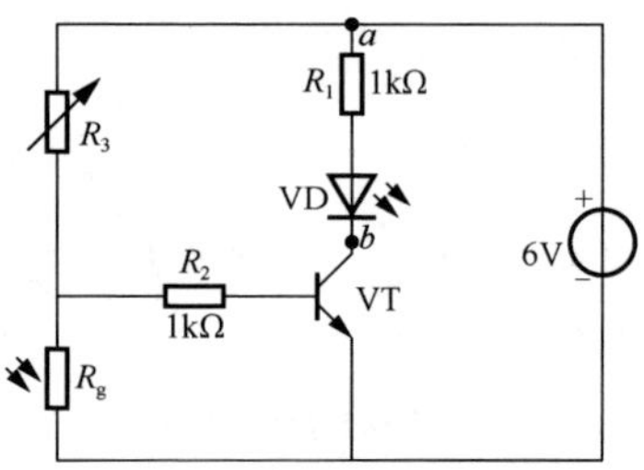

第 5 题图

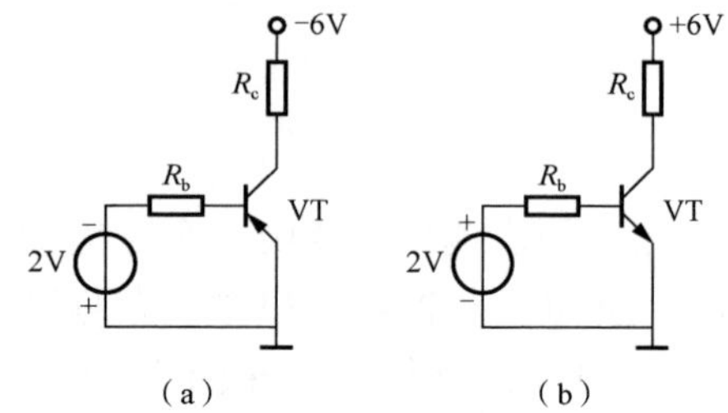

第 6 题图

7．在下列电路中，三极管均为硅管。当发光二极管发光时，A 点电位约为 0.7V 的是（　　）。

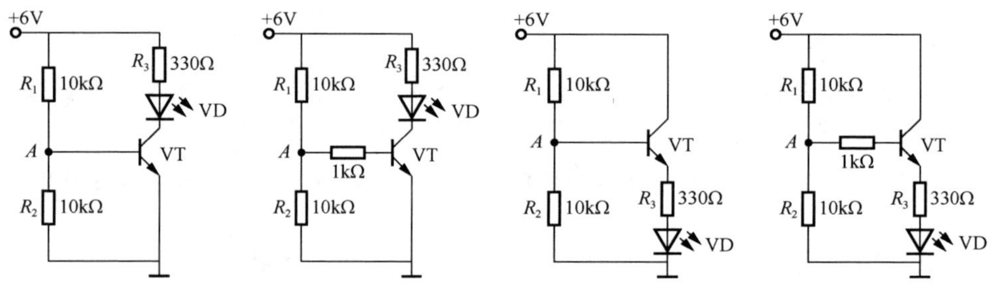

A.　　B.　　C.　　D.

8．在如图所示的两个电路中，三极管为硅管。下列关于发光二极管发光时，M、N 点电位分析正确的是（　　）。

A．M 点约为 0.7V，N 点约为 0.7V　　B．M 点约为 0.7V，N 点约为 3V

C．M 点约为 2.7V，N 点约为 3V　　D．M 点约为 2.7V，N 点约为 0.7V

9．如图所示电路，测得 U_c 为 6V，此时三极管处于________状态；要使三极管处在放大状态，可以________。（　　）

A．截止，减小 R_2　　B．截止，减小 R_1

C．饱和，减小 R_2　　D．饱和，减小 R_1

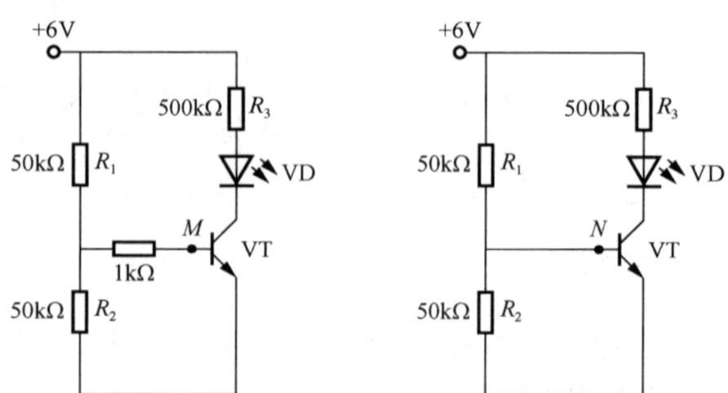

第 8 题图

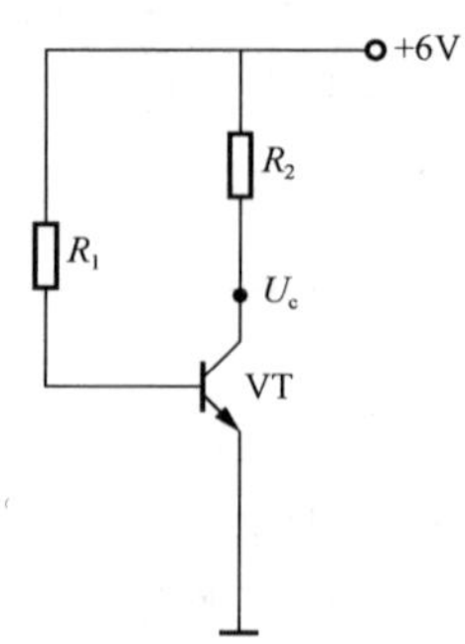

第 9 题图

10. 如图所示的控制电路，VT 为硅材料三极管，发光二极管灯发光时的压降为 1.8V。当该电路中的发光二极管灯发光时，下列说法中正确的是（　　）。

A. N 点电位约为 4.3V　　B. P、Q 两点的电位差约为 4.3V

C. Q 点的电位不可能高于 N 点　　D. N 点的电位不可能高于 M 点

11. 小明在学习了电子控制技术中三极管的相关知识后设计了如图所示的电路，测量数据如表所示，下列分析中不正确的是（　　）。

项目	基极电流 I_b/μA	集电极电流 I_c/mA	发射极电流 I_e/mA	I_c/I_b	基极电位 U_b/V	发射极电位 U_e/V	(U_b-U_e) /V	集电极电位 U_c/V
1	0	0	0	0	0	0	0	6
2	55.1	2.36	2.42	42	3.18	2.42	0.76	3.64
3	63.8	2.56	2.62	40	3.41	2.62	0.79	3.44
4	85.9	2.88	2.97	33	3.80	2.97	0.83	3.12

A. 第 1 行数据表明，I_b 为 0 时，三极管处于截止状态

B. U_b-U_e 这列数据说明，三极管导通时，发射极的电压基本不变

C. 三极管处于放大状态时，三极管放大系数约为 40

D. 第 3 行数据表明，此时三极管处于饱和状态

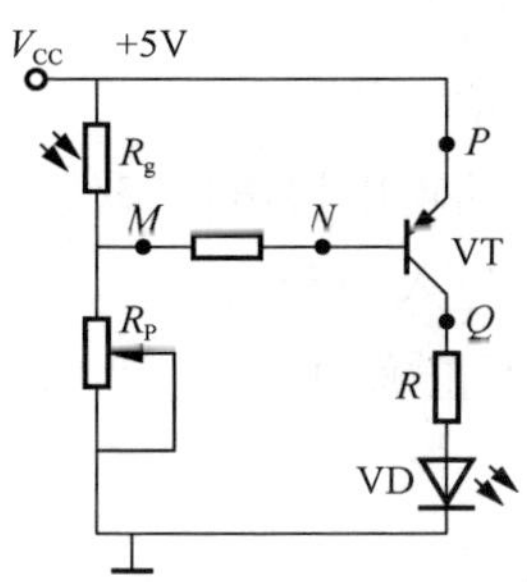

第 10 题图

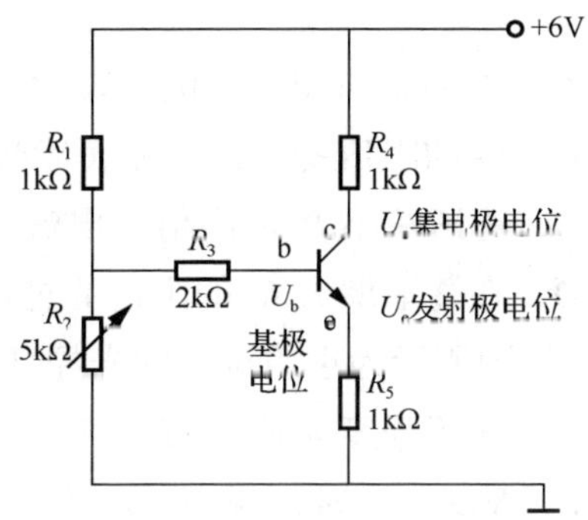

第 11 题图

12. 如图所示是小夜灯的电路图，环境较暗时 VD 亮起。下列分析中不正确的是（　　）。

A. 外界光线不是很暗时灯亮，可以向上移动 R_P 滑动端来调节

B. VD 微亮时，三极管 VT 处于放大状态

C. VD 不亮时，三极管的集电极与发射极之间的电压为 0V

D. 如果 R_P 活动触点断路，则 VD 一定不亮

13. 如图所示是小明搭建的三极管实验电路，电压表读数为 3V。下列关于该电路的分析中正确的是（　　）。

A. R_1 阻值变小，电压表读数变大

B. 逐渐调大 R_4 的阻值，三极管会进入饱和状态

C. 逐渐调小 R_4 的阻值，电压表读数变小

D. 改变 R_4 的阻值，集电极电流不变

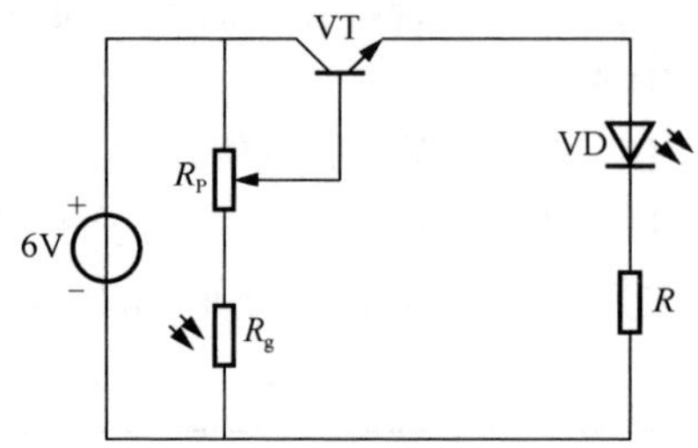

第 12 题图

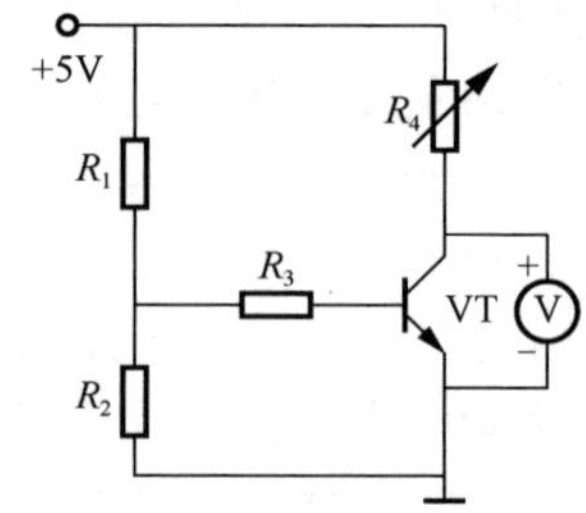

第 13 题图

14．如图所示是小明同学搭建的三极管实验电路，V_{CC} 为 6V，闭合开关 S，调节可变电阻 R_P，下列说法中不正确的是（　　）。

A．R_P 的滑片在上端 a 处时，发光二极管 VD 不亮，可能三极管 VT 处于截止状态

B．R_P 的滑片向下移时，发光二极管 VD 的亮度在增加

C．R_P 的滑片向上移时，三极管 VT 的 U_{ce} 压降在增大

D．R_P 的滑片可向下移至 b 处，观察到发光二极管 VD 能一直发光

15．如图所示的三极管电路，电压表读数为 2V，下列关于该电路分析中正确的是（　　）。

A．R_2 的阻值变大，电流表读数变小，电压表读数变小

B．R_3 的阻值变大，电流表读数变小，电压表读数可能变大

C．逐渐减小 R_3 的阻值，电流表读数变小，三极管的集电极电位降低

D．在逐渐增大 R_4 的阻值的过程中，三极管不可能进入饱和状态

16．如图所示为小明设计的光控灯电路。下列分析中不正确的是（　　）。

A．光照强度大时，VD 不亮

B．VD 发光时，减小 R_{P2} 阻值可能会提高 VD 的亮度

C．逐渐减小 R_{P1} 阻值，VT 可能会进入饱和状态

D．改变 R_{P1} 阻值，VD 的亮度可能会变化

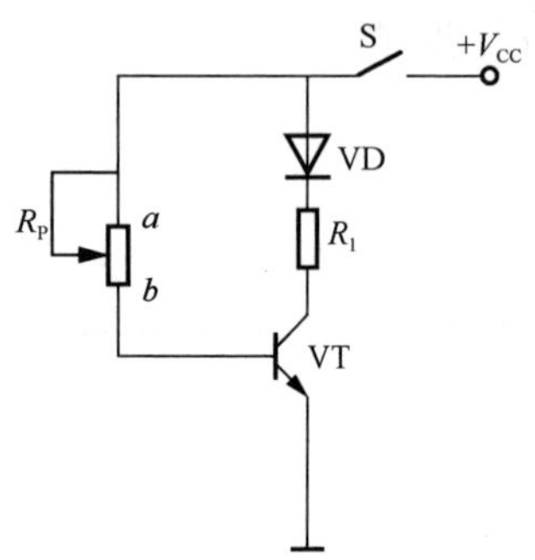

第 14 题图

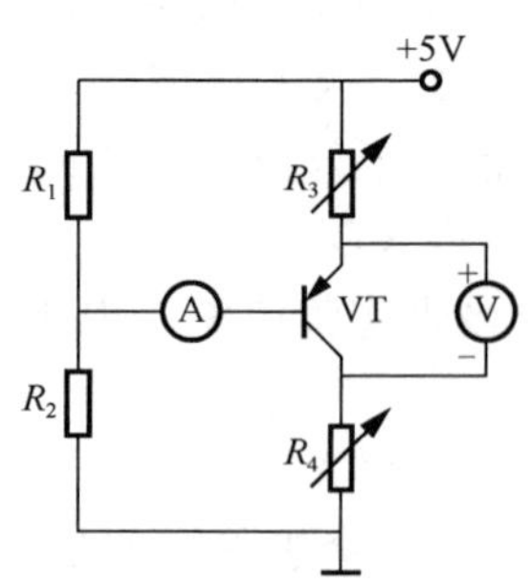

第 15 题图

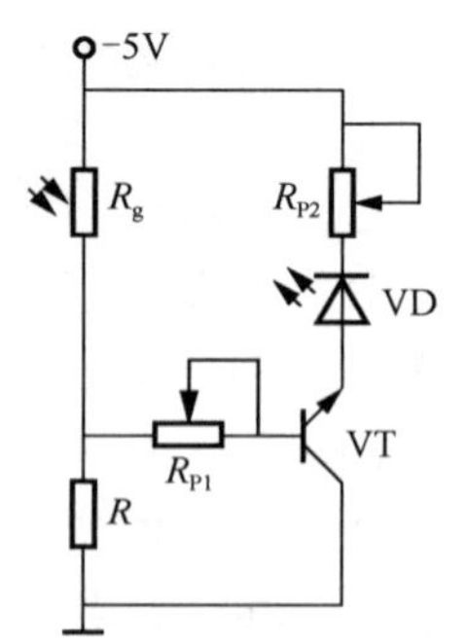

第 16 题图

17．如图（a）所示是某三极管的测试电路，图（b）为三极管的输出特性曲线，当 K 点电压为 0.1V 时，下列说法中正确的是（　　）。

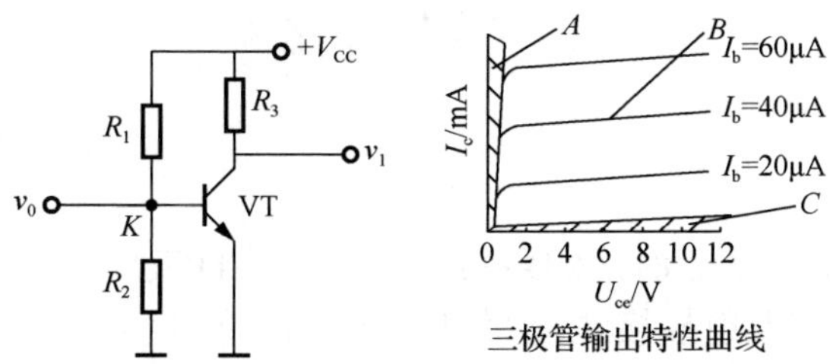

（a）　（b）

第 17 题图

A．该三极管工作在 A 区　　B．该三极管工作在 B 区

C．该三极管工作在 C 区　　D．该三极管的工作状态无法判断

18．如图（a）所示为三极管 VT 的测试电路，图（b）为三极管 VT 的测试结果曲线图，分析曲线图，下列关于测试结果的分析中不正确的是（　　）。

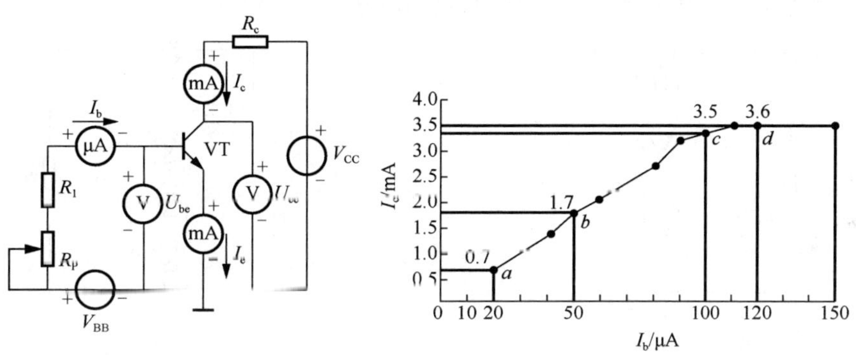

（a）　（b）

第 18 题图

A．c 点位置说明 VT 仍然处于放大状态，其放大系数 β 约为 35

B．d 点位置说明 VT 已处于深度饱和状态，U_{ce} 约为 0.3V

C．从 a 到 b 直至 d 点的过程中，I_c 逐渐上升但 U_{ce} 逐渐下降

D．a 点位置 VT 发射结与集电结同时正向偏置

三极管 4

1．如图所示电路，当天暗时，VD 亮；天亮时，VD 灭。若将 NPN 型三极管 VT 换成 PNP 型三极管，并采用共发射极接法，要保证电路的功能不变，下列措施可行的是（　　）。

A．增大 R_2 的阻值　　B．增大 R_3 的阻值

C．R_1 与 R_g 并联接入电路　　D．R_1 与 R_g 互换位置接入电路

2．如图所示是小明设计的稳压电路，当输入电压 U_i 在适当范围内变动时，R_2 两端输出电压 U_o 保持基本不变；当输入电压 U_i 变高时，下列分析中正确的是（　　）。

A．VT 基极电压升高，VT 的 U_{ce} 减小

B．VT 基极电压基本不变，VT 的 U_{ce} 增大

C．VT 基极电压升高，VT 的 U_{ce} 增大

D．VT 基极电压基本不变，VT 的 U_{ce} 减小

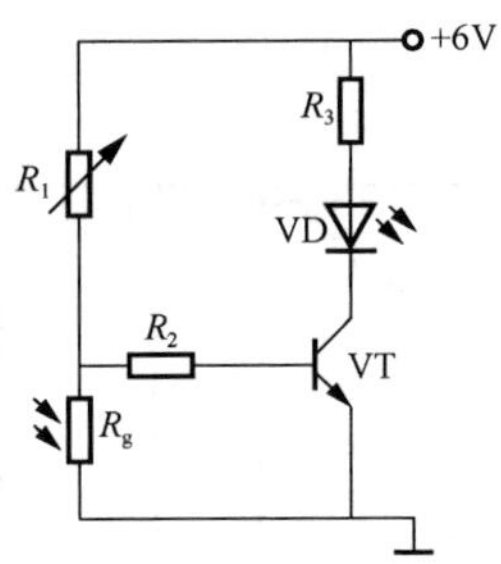

第 1 题图

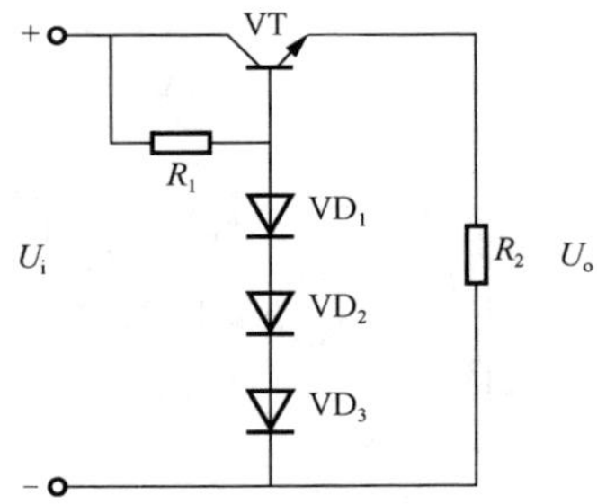

第 2 题图

3．如图所示是两个高温报警控制电路，当温度高于设定温度值时，VD 发光报警，电路中对应位置的电子元件参数相同，三极管为小功率三极管。下列关于这两个电路的分析中正确的是（　　）。

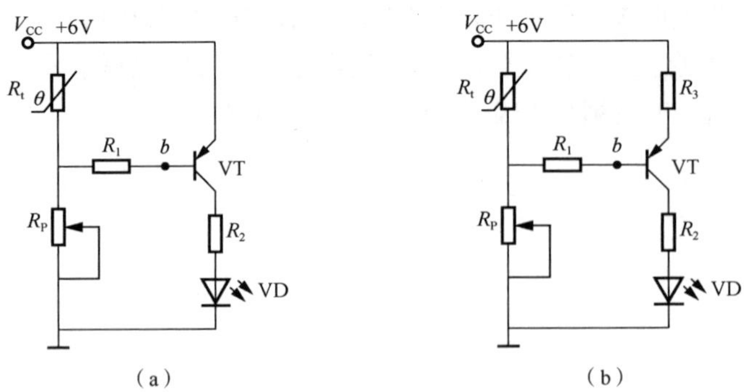

第 3 题图

A．当温度升高时，图（a）、（b）中 b 点电位均降低

B．当 VD 熄灭时，三极管一定处于截止状态

C．图（a）、（b）中 VD 发光的最大亮度相同

D．图（a）的设定报警温度值要低于图（b）

4．如图（a）所示电路，当水将 A、B 两个电极式探头都淹没时，发光二极管 VD 亮，电压表测得的数据为 0.02V。下列操作中，使三极管 VT 集电极电位可能升高的是（　　）。

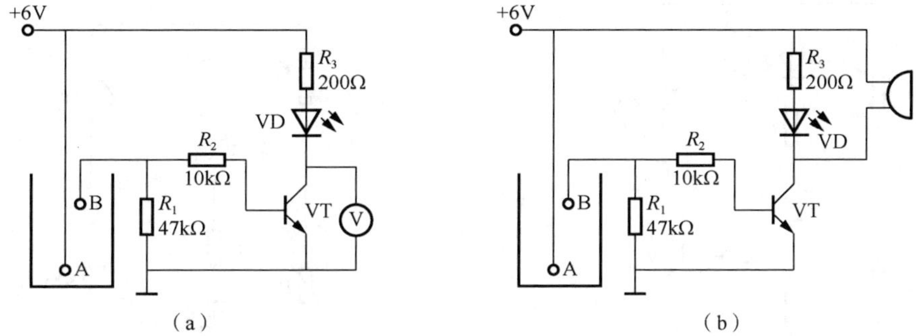

第 4 题图

A．在图（a）所示的电路中，将 R_1 更换为电阻值更大的电阻器

B．在图（a）所示的电路中，将 R_2 更换为电阻值更小的电阻器

C．在图（a）所示的电路中，将 R_3 更换为电阻值更大的电阻器

D．将图（a）所示的电路更改为图（b）所示的电路

5．如图所示电路，若 VT_1、VT_2 都处于放大状态，当将 R_3 调小时，下列关于该电路的分析中正确的是（　　）。

A．流过 VD_1 的电流变大，流过 VD_2 的电流变小

B．流过 VD_1 的电流变小，流过 VD_2 的电流变小

C．流过 VD_1 的电流变大，流过 VD_2 的电流变大

D．流过 VD_1 的电流不变，流过 VD_2 的电流变小

6．如图所示是小明设计的花盆湿度显示电路，可根据指示灯 VD_1、VD_2 的亮度大致判断花盆湿度。若在某一湿度下，小明测得 A、B、C 点的对地电压分别为 3.4V、2.7V、4.7V，三极管 VT_1、VT_2 均为硅管。下列对 VT_1、VT_2 的工作状态的分析中正确的是（　　）。

A．VT_1、VT_2 均饱和　　B．VT_1、VT_2 均放大

C．VT_1 饱和、VT_2 放大　　D．VT_2 饱和、VT_1 放大

7．如图所示是一个简易的光控灯电路。合上开关 S，电路工作，当外界光线暗到一定程度时，R_g 阻值很大，VD 灯亮；当外界光线亮到一定程度时，R_g 阻值很小，VD 灯灭。下列分析中错误的是（　　）。

A．图中三极管 VT_2 的型号是 PNP 型

B．图中的 C 是电解电容器

C．外界光线很亮时，三极管 VT_1 应处于饱和状态

D．电路正确安装后，调试时发现外界光线很亮，VD 灯没灭，可以增大 R_1 的电阻值

8．如图所示是光控路灯电路，下列分析中正确的是（　　）。

A．VD 发光时，C 点的对地电压一定小于 0.7V

B．R_1 调小时，环境光线将变得更暗才能点亮 VD

C．R_2 调大时，B 点的对地电压将降低

D．VD 发光时，VT_1、VT_2 可能都处于饱和状态

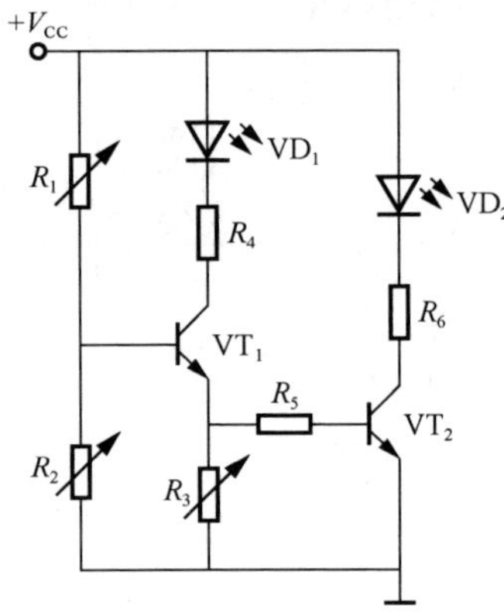

第 5 题图

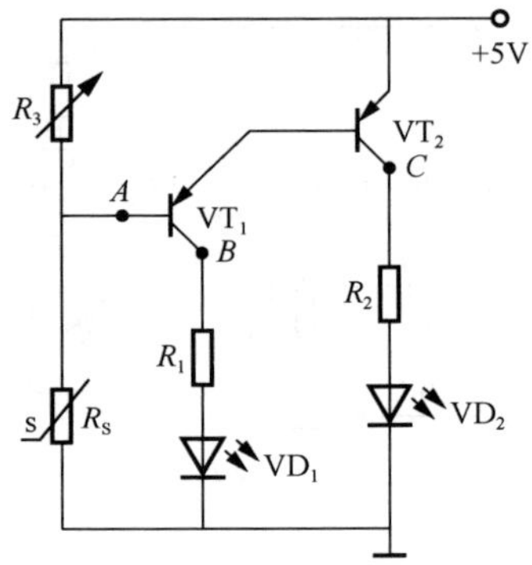

第 6 题图

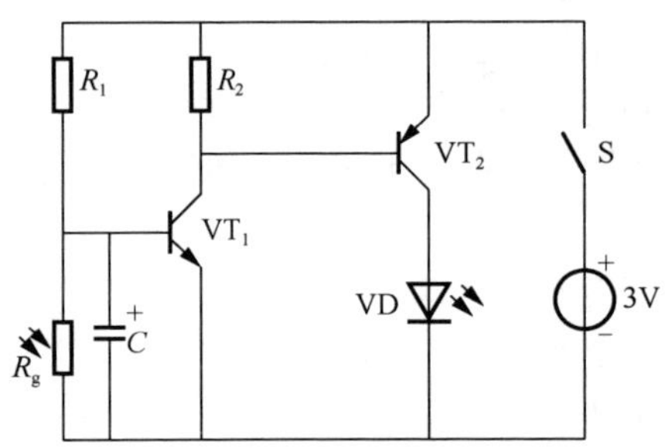

第 7 题图

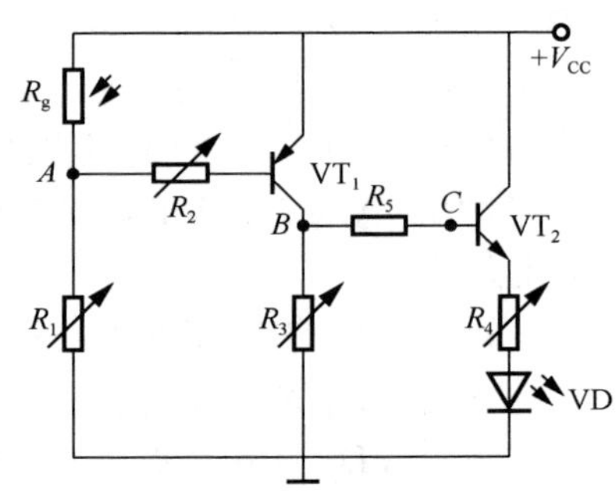

第 8 题图

9．如图所示的磁控电路，当 S 闭合，电路正常工作时，下列分析中错误的是（　　）。

A．当磁铁靠近干簧管时，电容 C 充电

B．当磁铁靠近干簧管时，发光二极管 VD 熄灭

C．当磁铁远离干簧管时，三极管 VT_2 处于导通状态

D．当磁铁远离干簧管时，扬声器 BP 会发出声音

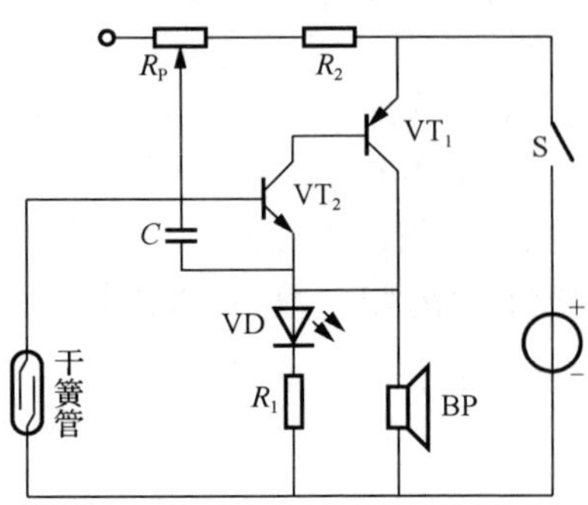

第 9 题图

10．在如图所示的对称电路中，三极管 VT_1、VT_2 工作在放大状态。下列分析中不正确的是（　　）。

A．流过 VD_1、VD_2 的电流相同

B．增大 R_3 的电阻值后，流过 VD_1、VD_2 的电流变小

C．增大 R_1 的电阻值后，流过 VD_1 的电流变小，流过 VD_2 的电流变大

D．减小 R_1 的电阻值后，流过 VD_1 的电流变大，流过 VD_2 的电流不变

11．如图所示为温度指示对称电路，当温度升高到 35℃时，VT_1 和 VT_2 开始进入饱和状态，VD_1、VD_2 正常发光。下列分析中不正确的是（　　）。

A．若 R_t 断路，VT_1、VT_2 始终处于饱和状态

B．调小 R_5 降低了指示的温度

C．在 40℃时，调小 R_1，VD_1 变亮

D．R_t 为正温度系数热敏电阻

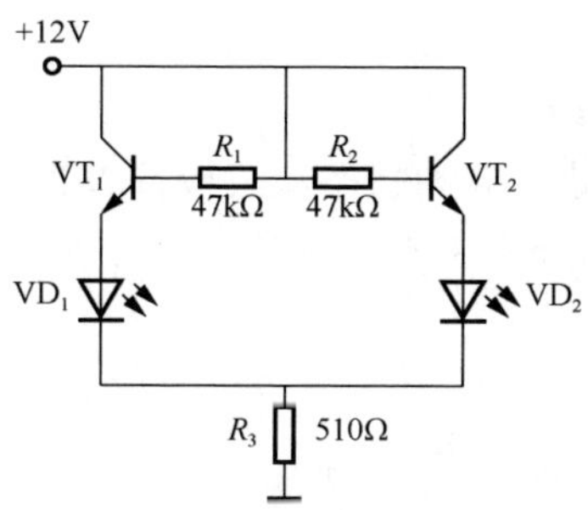

第 10 题图

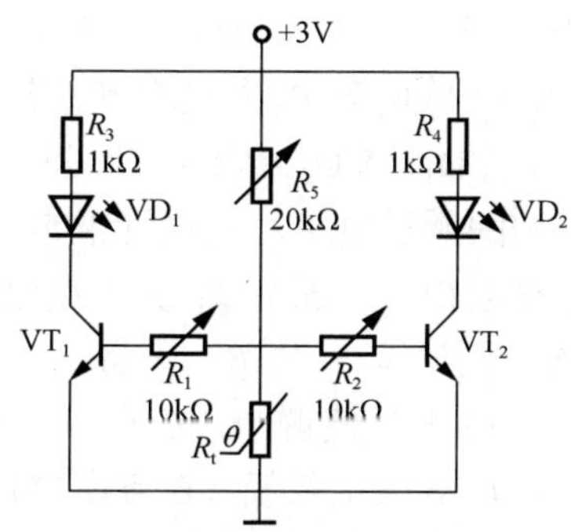

第 11 题图

12．如图所示电路，三极管工作在放大状态，且 VT_1 和 VT_2 的电流放大系数一样，VD_1 与 VD_2 参数一样。下列说法中正确的是（　　）。

A．流过 VD_1 和 VD_2 的电流相同

B．增大 R_3 的阻值后，流过 VD_1 的电流变小，流过 VD_2 的电流变大

C．增大 R_4 的阻值后，流过 VD_1 和 VD_2 的电流都变大

D．增大 R_1 的阻值后，流过 VD_1 的电流变小，流过 VD_2 的电流不变

13．如图所示为充电电池自动充电电路，E 为待充电电池。当充电电池 E 达到 1.5V 的上限电压时，该电路能自动停止充电，已知三极管和二极管为硅管。下列关于该电路的分析中正确的是（　　）。

A．电池 E 从充电到充满电的过程中，VT_1 经历了饱和、放大和截止状态

B．当电池充满电以后，三极管 VT_2 处于截止状态

C．若要提高充电电池的上限电压，可以将 R_P 的滑动触点往下移

D．电池 E 在充电的过程中，发光二极管一直亮

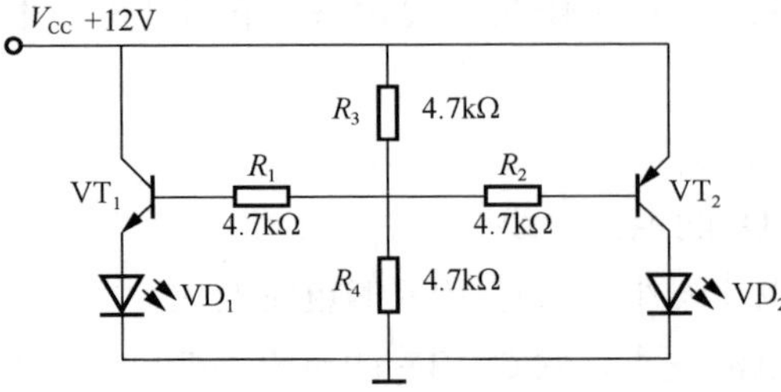

第 12 题图

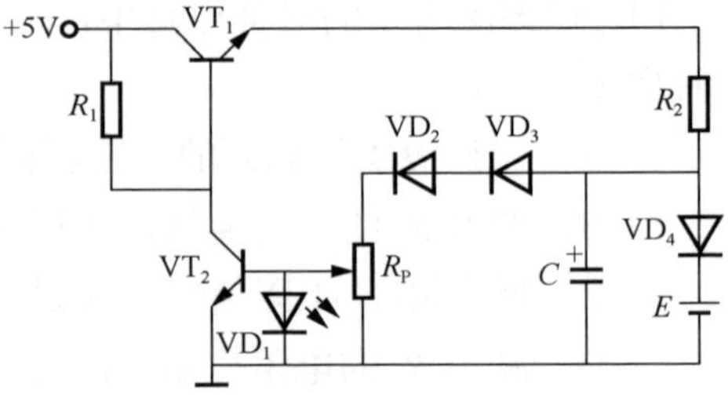

第 13 题图

14．如图所示为小明设计的光照强度报警电路，当检测到光照强度低于设定值后，单个发光二极管发光；当光照强度继续降低，直到低于最低值时，VD_1、VD_2、VD_3 同时发光，其中 R_5、R_6、R_7 和 VD_1、VD_2、VD_3 为相同参数的电阻器和发光二极管。关于该电路，下列说法中错误的是（　　）。

A．随着光照强度降低，VD_1 先于 VD_2 和 VD_3 发光

B．当 VD_2 刚亮起时，三极管 VT_2 处于放大状态

C．光敏电阻 R_g 为正亮度系数光敏电阻

D．VD_1、VD_2、VD_3 同时发光后，VD_3 亮度最弱

15．如图所示电路，三极管 VT_1、VT_2、VT_3 都处于放大状态，三极管 VT_2 与 VT_3 极性相反，参数相同，调节 R_P 使 A 点电位为 0V。下列分析中不正确的是（　　）。

A．要使 VD_3 发光，需将 R_P 电阻值调大

B．R_P 电阻值调小，C 点电位降低

C．C 点电位降低，B 点电位也降低，而且降低的数值相同

D．R_3 电阻值增大后，VD_4 有可能亮

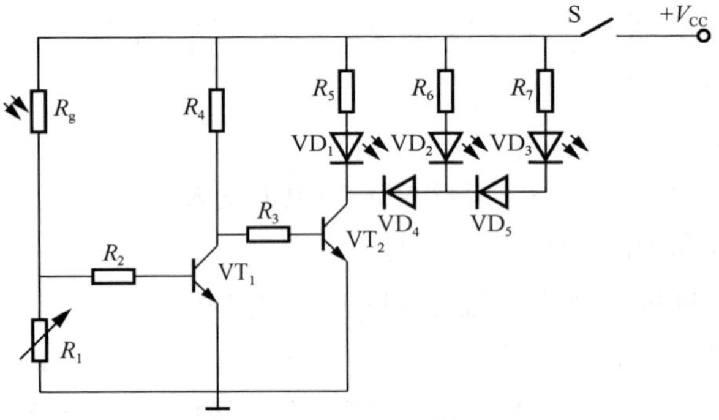

第 14 题图

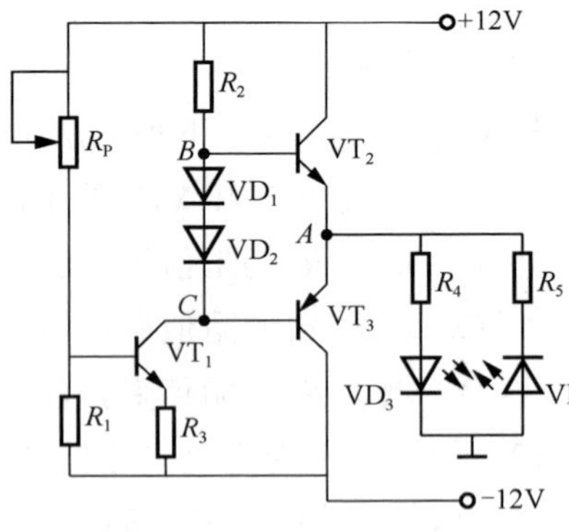

第 15 题图

16．如图所示是小明设计的电路，当温度低于设定值时，VD 发光。已知三极管工作在开关状态，R_t 为热敏电阻。下列分析中不正确的是（　　）。

A．R_t 应选用负温度系数热敏电阻

B．S 闭合时，VT_3 导通后，VT_2 导通

C．闭合 S 后，温度下降到设定值以下时，VD 发光；温度升高到设定值以上时，VD 熄灭

D．S 断开，当 VT_1 截止时，VT_2 截止

17．小明设计了如图所示的照明电路，SB_1、SB_2 是按钮，按下时接通，松开时断开。VT_1、VT_2 和 VT_3 都是硅材料的三极管，饱和压降约为 0.1V，且工作在开关状态。VD_1、VD_2 和 VD_3 都是硅材料的二极管。下列分析中正确的是（　　）。

A．SB_1 按下后松开，a 点电位约为 1.4V

B．SB_2 按下后松开，VD_4 不发光

C．同时按下 SB_1 和 SB_2，VD_4 发光

D．VD_4 发光时，增大 R_5 的阻值，b 点电位明显升高

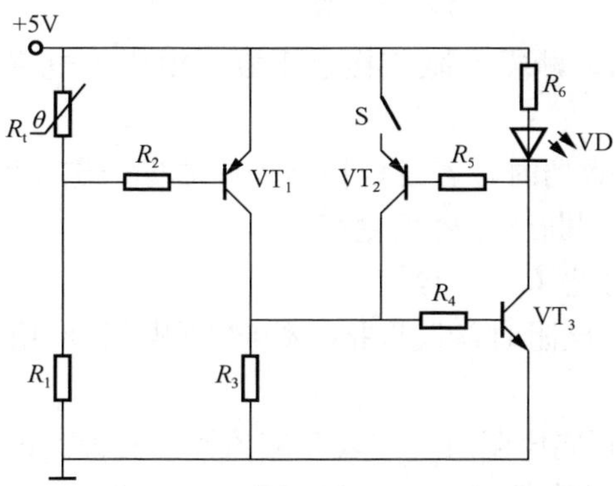

第 16 题图

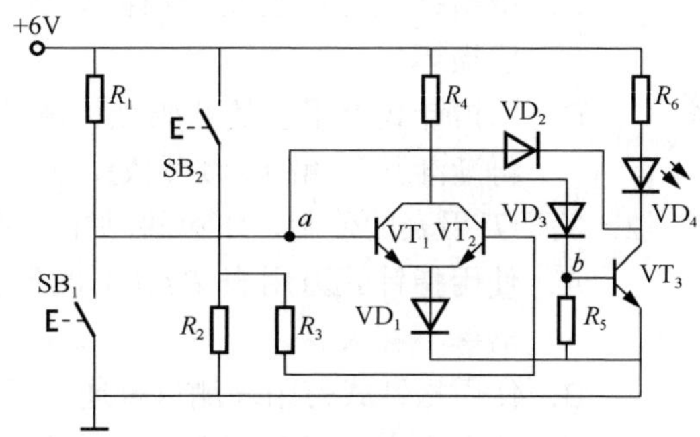

第 17 题图

二极管、三极管的检测

1．下列关于万用表的使用描述中正确的是（　　）。

A．用数字万用表的二极管挡位检测某普通二极管，黑表笔接阳极，红表笔接阴极，测得二极管导通，说明该二极管是好的

B．用指针式万用表欧姆挡测量完 A 电阻器的阻值后，必须先进行欧姆调零，再去测量 B 电阻器的阻值

C．用指针式万用表欧姆挡检测某电感器，测得其阻值接近于零，说明此电感器已损坏

D．用指针式万用表的欧姆挡检测普通电容器时，若发现指针先向右偏一定角度，再渐渐回到阻值无穷大处，则可大致判断该电容器是好的

2．关于万用表的使用，下列说法中不正确的是（　　）。

A．使用指针式万用表 $R\times100$ 挡测量某一电阻时，发现指针偏向左侧，说明所选倍率不够大

B．使用指针式万用表测量普通二极管的正向电阻时，黑表笔应该接二极管的正极

C．使用数字万用表测量干电池电压时，黑表笔接电池正极或负极都可以

D．使用数字万用表×200 挡测量某电阻时，数值显示“100”，则被测电阻器的阻值是 20kΩ

3．关于电子器件的检测和使用，下列说法中正确的是（　　）。

A．用万用表 $R\times1$k 挡检测某电容器时，在表笔搭上的瞬间，指针迅速打到最右边，说明该电容器一定是坏的

B．用万用表 $R\times1$k 挡检测某电位器，将表笔搭在电位器两引脚，无论怎样调节电位器，读数始终不变，说明该电位器一定是坏的

C．二极管内部有一个 PN 结，三极管内部有两个 PN 结，三极管可用多个二极管通过适当的连接替代

D．在电子电路中，二极管、三极管、干簧管等均可作为开关器件使用

4．下列关于常用电子元器件的识别与测试，以及万用表的使用操作中错误的是（　　）。

A．标有“100uF，16V”的某一电容器测试前须先将两引脚短接放电，再用万用表欧姆挡测试

B．标有“红红紫金”的色环电阻用×1 挡测量其标称阻值，不如×100 挡准确

C．标有“1N4007”质量正常的二极管可判定色环端为负极

D．标有“3DG201”的器件是国产三极管，导通时电流最大的总是发射极电流

5．下列关于用指针式万用表检测元器件操作及判断的说法中，错误的是（　　）。

A．色环电阻颜色标记为：棕黑红金（黑 0，棕 1，红 2，金±5%），用合适的欧姆挡测得的阻值可能为 980Ω

B．检测发光二极管，选择 R×10k 欧姆挡，测量正向电阻时，发光二极管会发出微弱的光线；测量反向电阻时，反向电阻为无穷大，说明发光二极管可以正常使用

C．用 R×1k 欧姆挡检测光电二极管时，红表笔接负极，黑表笔接正极，无光照时电阻值会接近无穷大，强光照射时万用表的指针会大幅度向右偏转

D．用 R×10k 欧姆挡检测电解电容器时，发现一开始指针大幅度向右偏转，然后向左偏转到“∞”处，说明该电容器可以正常使用

6．如图所示为用指针式万用表检测二极管的示意图，此时万用表置于欧姆挡。关于检测时的现象与二极管的特性，下列说法中正确的是（　　）。

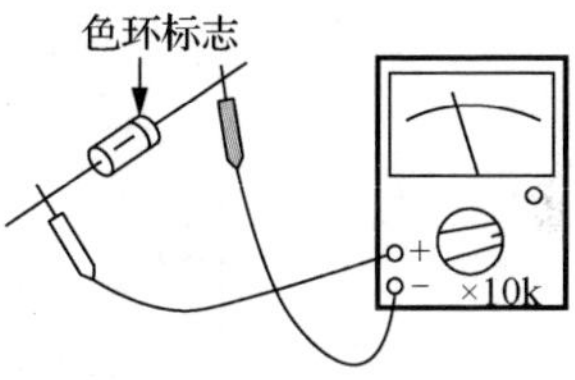

第 6 题图

A．此时测量的是二极管的正向阻值

B．“色环标志”处为二极管的正极

C．二极管处于导通状态时，PN 结正偏

D．黑表笔接二极管负极，红表笔接正极，若所测阻值较小，则可判定二极管良好

7．小明用万用表检测元器件或电路，下列测量方法不正确的是（　　）。

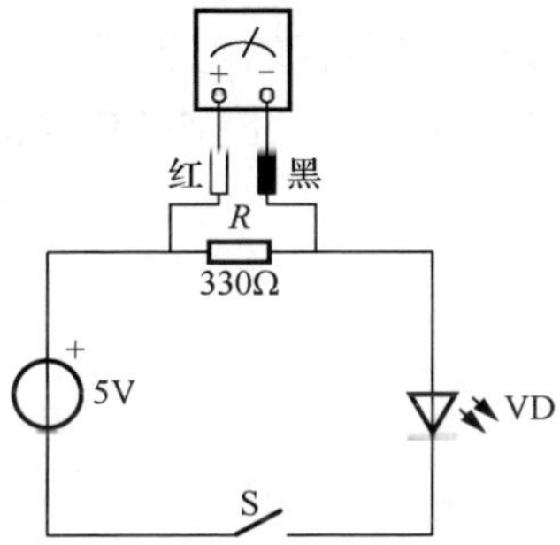

A．测量电阻器的电阻

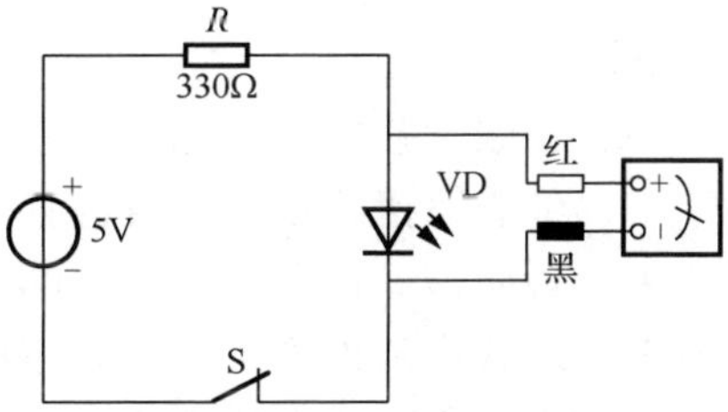

B．测量二极管的电压

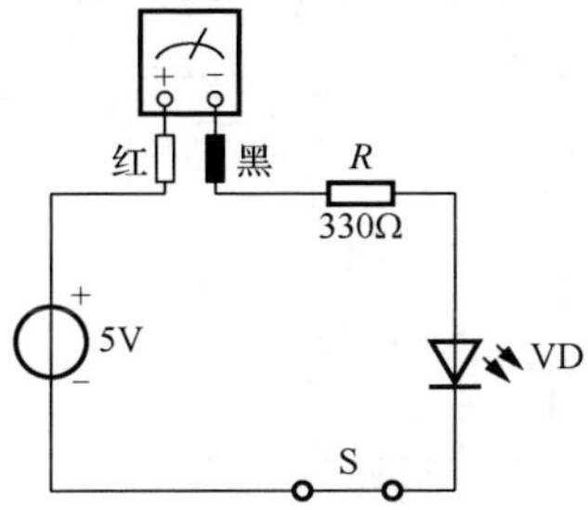

C．测量电路的电流

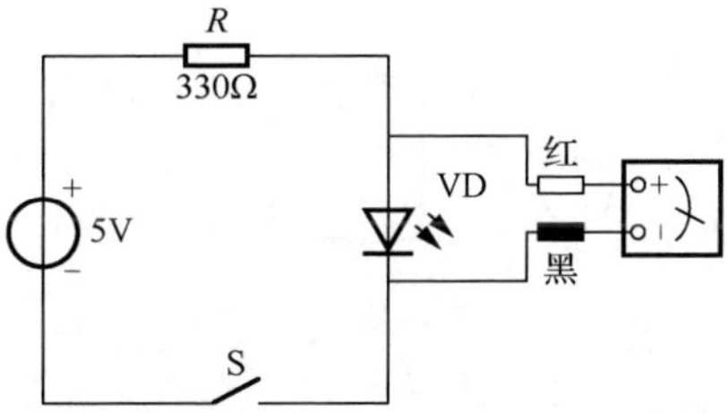

D．测量二极管的正向电阻

8．如图所示电路，发光二极管的导通电压约为2V，使用数字万用表测量电路中的相关参数时，下列操作中正确的是（　　）。

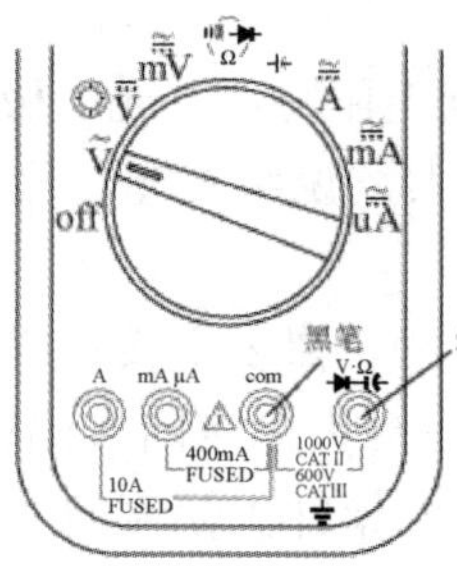

A．闭合开关S，测量发光二极管的导通电压

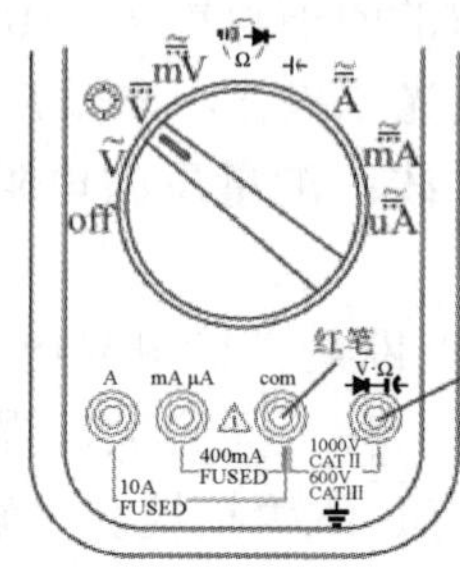

B．闭合开关S，测量发光二极管的导通电压

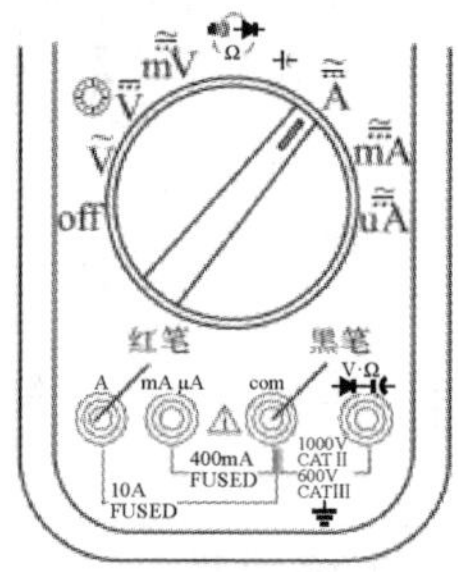

C．闭合开关S，测量流过发光二极管的电流

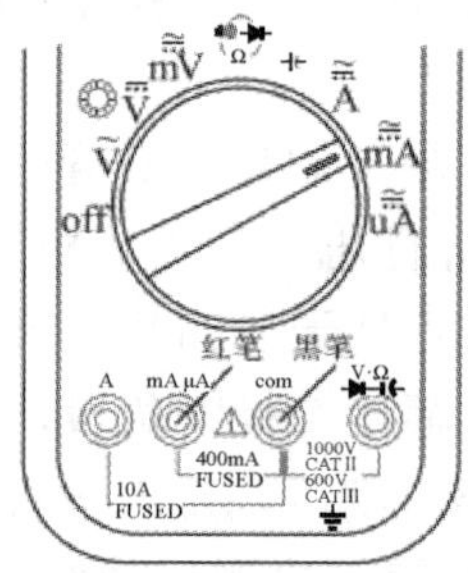

D．闭合开关S，测量流过发光二极管的电流

9．如图所示是用万用表检测三极管的示意图，其中，以人手代替 50kΩ 电阻，下列说法中不正确的是（　　）。

A．黑表笔接的是万用表内置电源的正极

B．红表笔接的是万用表内置电源的负极

C．说明该三极管一定是坏的

D．基极电流的方向是流入三极管

10．如图所示是温度报警电路，当温度达到上限时灯 L 亮进行报警。用指针式万用表测量质量完好的元器件，下列指针位置与实际测量时指针的位置偏差最大的是（　　）。

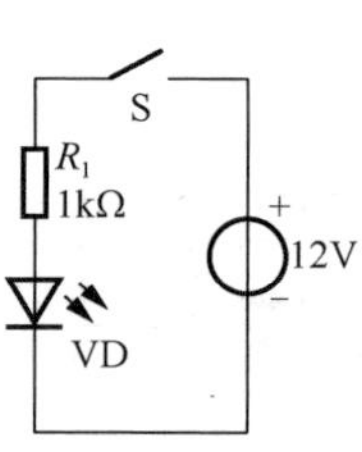

第8题图

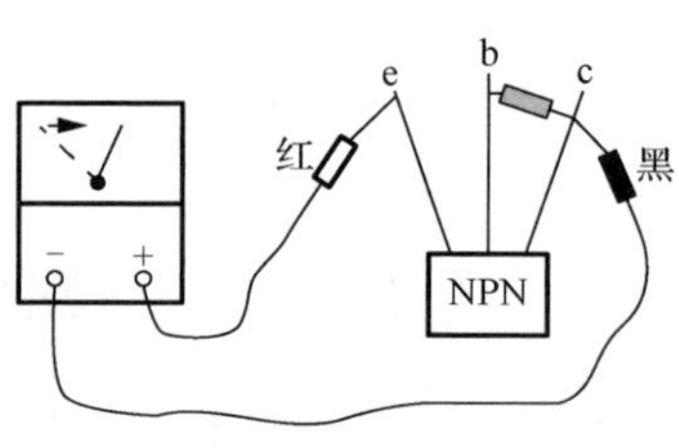

第9题图

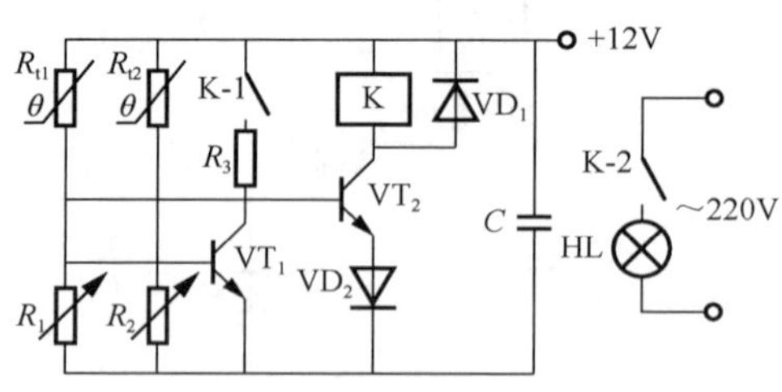

第10题图

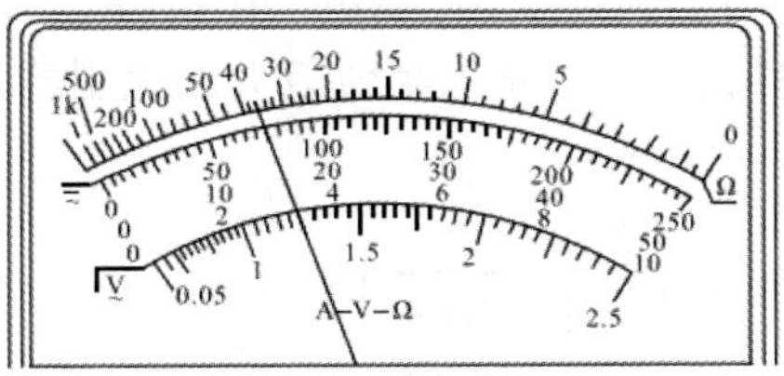

A．用 $R\times1k$ 挡测量电阻值为36kΩ的 R 电阻器

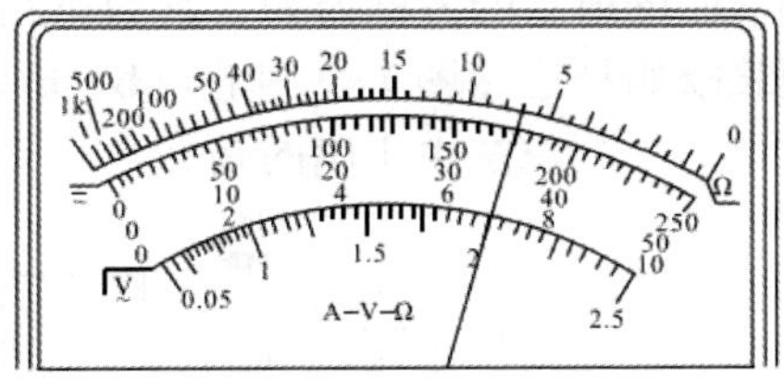

B．用 $R\times1k$ 挡测量 VD_1 的正向电阻

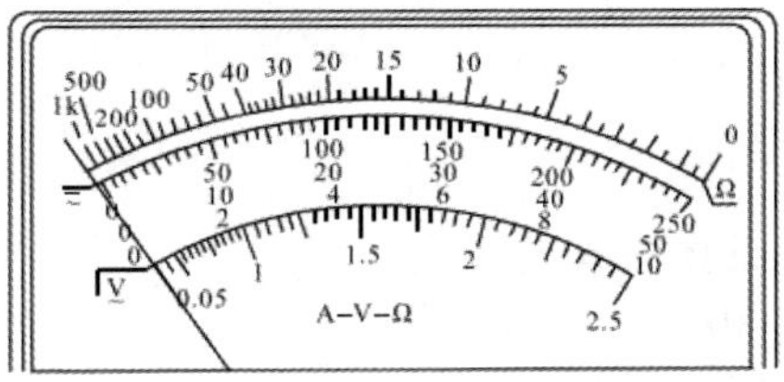

C．用 $R\times100$ 挡测量电容器 C

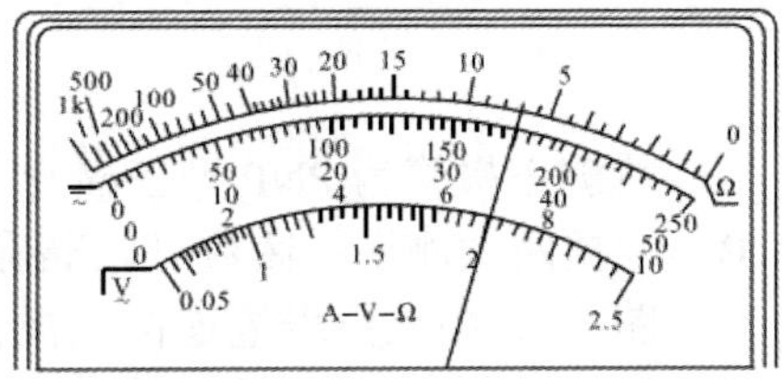

D．用 $R\times100$ 挡测量 VT_2 的集电极与发射极之间的电阻

11．在通用技术实践室中，小明用万用表欧姆挡测量质量完好的硅三极管发射结正向电阻和反向电阻。下列指针位置与测量时的指针位置偏差最大的是（　　）。

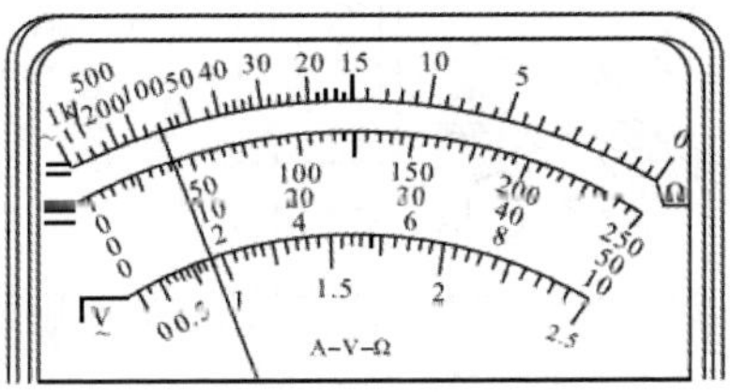

A．用 $R\times100$ 挡测量正向电阻

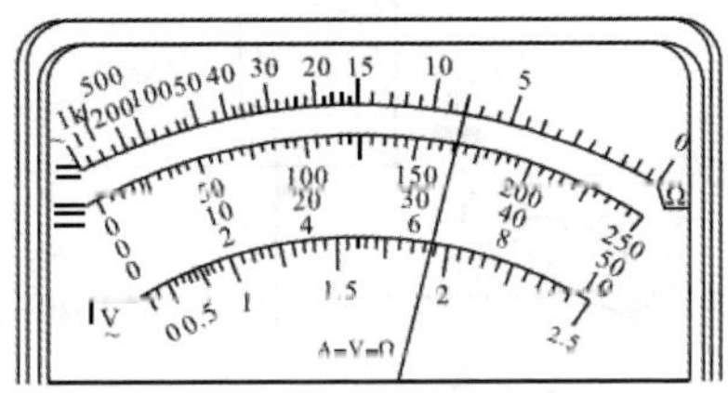

B．用 $R\times1k$ 挡测量正向电阻

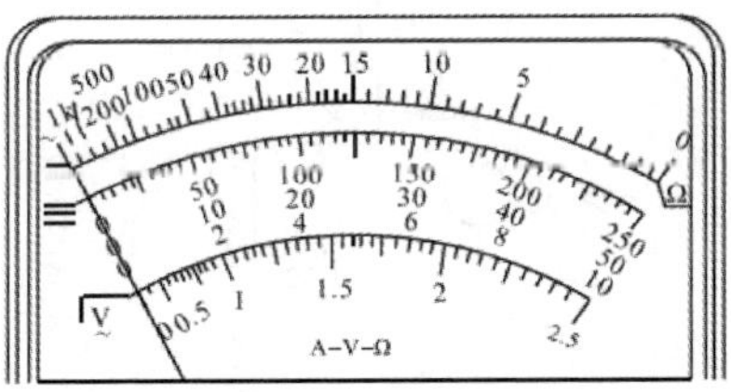

C．用 $R\times100$ 挡测量反向电阻

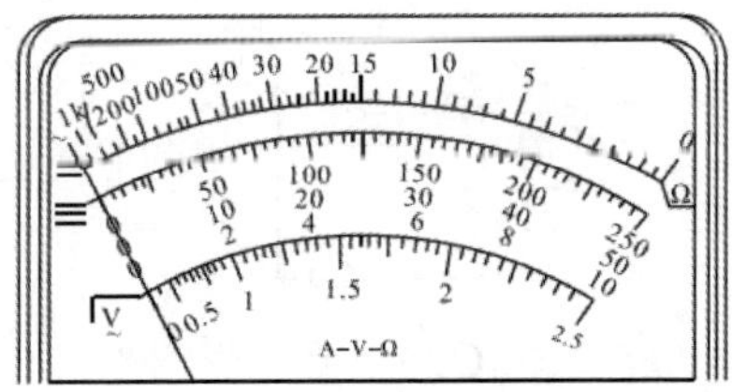

D．用 $R\times1k$ 挡测量反向电阻

12．小黄同学用指针式万用表检测某三极管，将万用表欧姆挡置于 $R\times1k$ 挡，把黑表笔接三极管的其中一个引脚“J1”，将红表笔分别接在其余两个引脚上，两次测得的电阻值都很小（约 500Ω）；再把红表笔接三极管的引脚“J1”，将黑表笔分别接在其余两个引脚上，两次测得的电阻值都很大（约为 100kΩ）。根据以上检测结果，下列判断中错误的是（　　）。

A．该三极管为NPN型管　　B．该三极管的引脚“J1”为基极

C．该三极管的引脚“J1”为发射极　　D．该三极管的两个PN结没有损坏

13．如图所示的方框内为正常的待测三极管，已知该三极管基极所在引脚 b，用指针式万用表欧姆挡连接图（a）和图（b）电路进行测试，其中 R 为阻值较大的电阻器。根据测试结果，下列说法中正确的是（　　）。

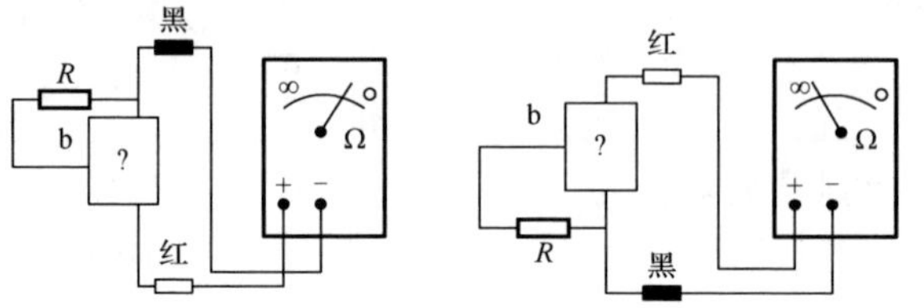

（a）　　（b）

第 13 题图

A．待测三极管为 PNP 型三极管

B．根据两次测量的读数可以准确算出三极管的放大倍数

C．图（a）中，黑表笔连接三极管的集电极

D．图（b）中，红表笔连接万用表内电源的正极

14．如图所示是用万用表 $R\times1k$ 挡检测三极管的示意图，三极管为 NPN 型三极管，其中①、②、③分别是集电极 c、基极 b 与发射极 e。其中，接法与万用表指针偏转相符合的是（　　）。

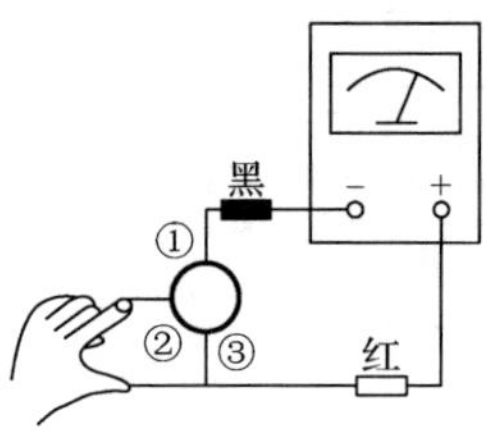

A.

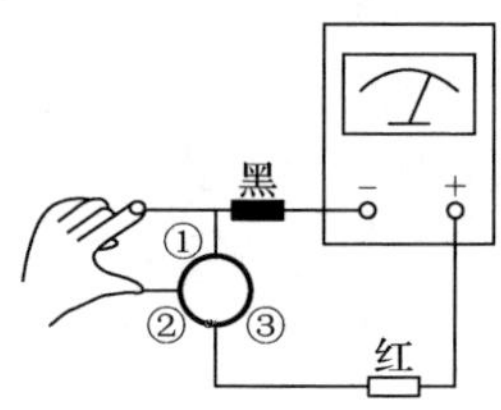

B.

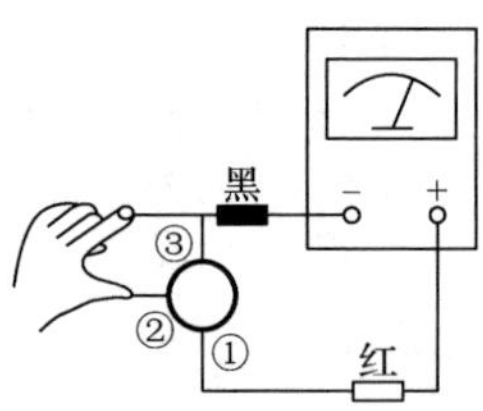

C.

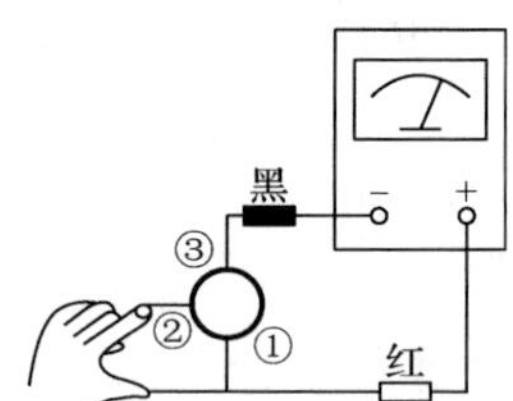

D.

15．用指针式万用表的 $R\times1k$ 挡检测三极管，共测试了四次，测试时表笔的跨接及指针的偏转情况如图所示。根据测试结果，下列说法中正确的是（　　）。

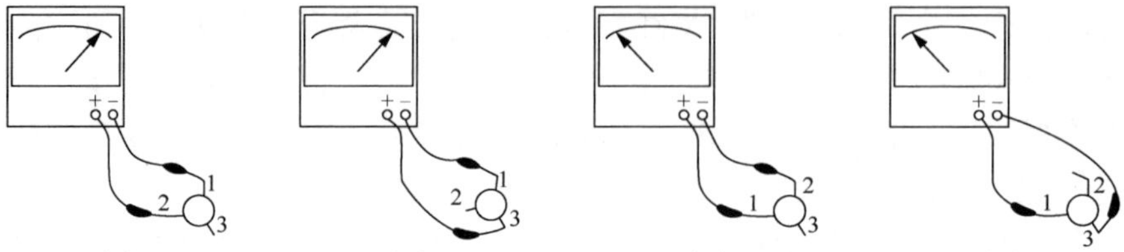

（a）　（b）　（c）　（d）

第 15 题图

A．1 脚是基极，是 PNP 型三极管　　B．1 脚是基极，是 NPN 型三极管

C．2 脚是基极，是 NPN 型三极管　　D．2 脚是基极，是 PNP 型三极管

16．小明用万用表判断电子元器件的好坏，下列测试结果表明电子元器件已损坏的是（　　）。

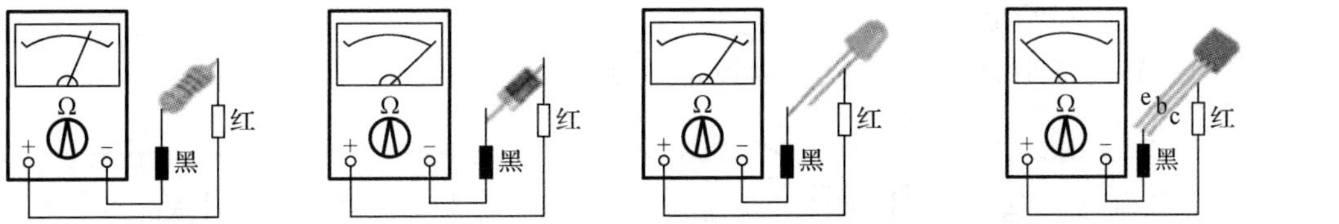

A．测量电阻　B．测量二极管　C．测量发光二极管　D．测量 PNP 三极管

17．下列关于用指针式万用表测试元器件的说法中，正确的是（　　）。

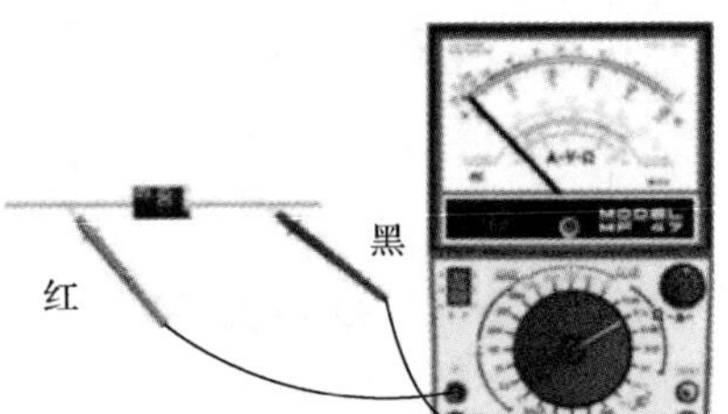

A．测试二极管，此时若偏转角度小，则说明二极管是坏的

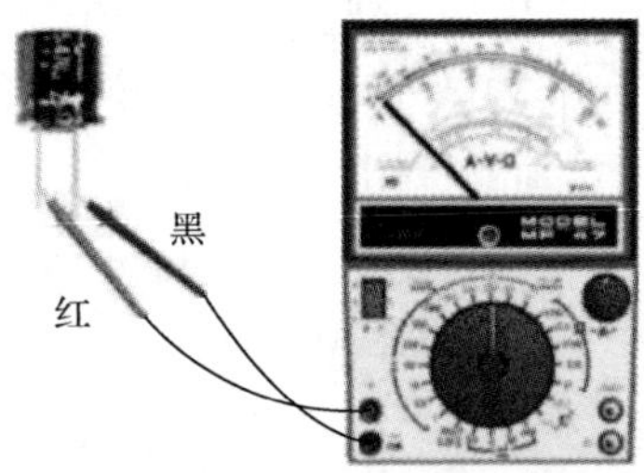

B．测试电容器，若指针不动，则说明电容器是坏的

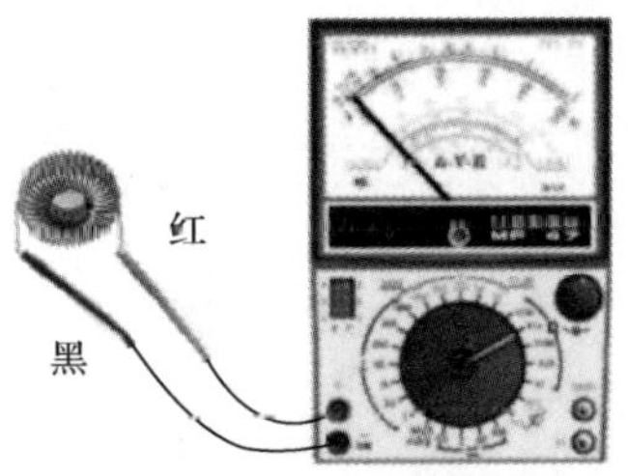

C．测试电感器，若指针偏转小，则说明电感器是好的

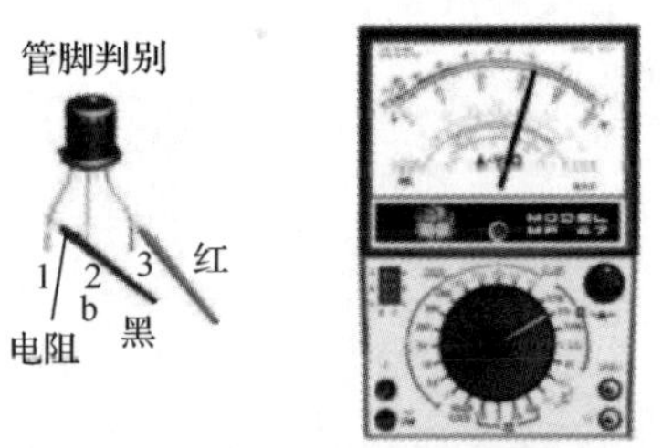

D．测试 NPN 三极管，若指针偏转大，则说明与红表笔相连的是 c 极

18．如图所示为小明设计的光照强度报警电路，当光照强度较低时，单个发光二极管发光，当光照强度继续降低时，VD_1、VD_2 同时发光，其中 R_5、R_6 和 VD_1、VD_2 参数相同。调试时发现发光二极管始终不亮，小明用指针式万用表排查电路故障，下列说法中错误的是（　　）。

A．若测得三极管 VT_1 的 U_{c1e1} 较大，则故障有可能是 R_3 的阻值过大导致

B．若测得三极管 VT_2 的 U_{c2e2} 较小，则故障有可能是 R_5、R_6 的阻值过大导致

C．断开 S，用 $R\times100$ 挡测量 a、b 间的电阻，若发现指针偏转较小，则故障是 R_L 断路导致的

D．断开 S，用 $R\times100$ 挡测量 a、b 间的电阻，若发现指针偏转过大，则故障有可能是 VT_1 短路击穿导致的

19．如图所示为低温报警电路，当数字万用表显示为-3V 时开始报警。下列分析中正确的是（　　）。

A．R_t是负温度系数热敏电阻

B．开始报警时，若 R_3 阻值减小一半，则 VD 发光亮度增大一倍

C．开始报警时，VT 一定工作在放大状态

D．减小 R_1 阻值，报警的设定温度变高

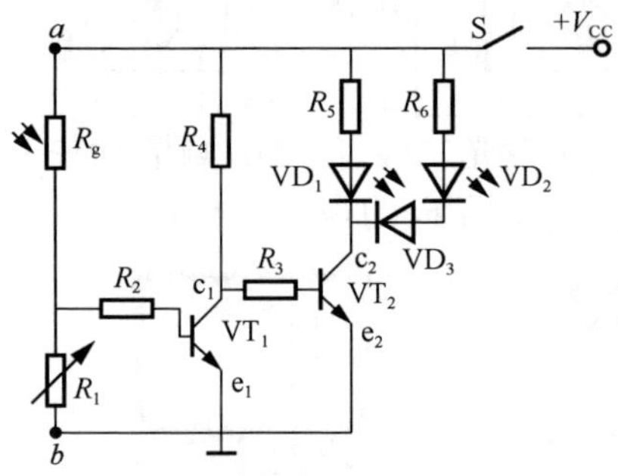

第 18 题图

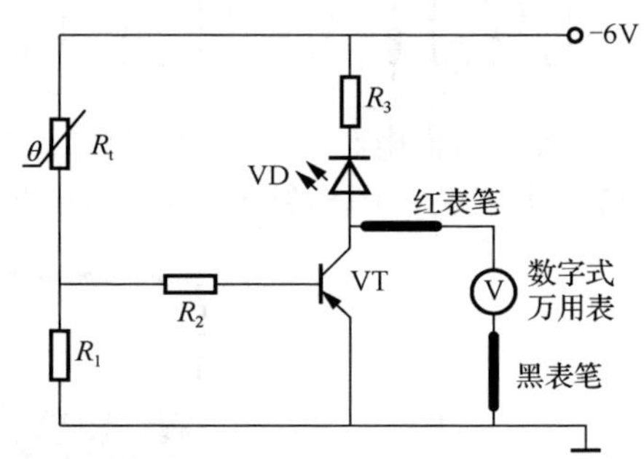

第 19 题图

传　感　器

1．传感器担负着信息采集的任务，下列说法中错误的是（　　）。

A．将力学量（如形变量）转换成电学量

B．将热学量转换成电学量

C．将光学量转换成电学量

D．将电学量转换成力学量

2．下列电气简图用图形符号中，表示热敏传感器的是（　　）。

A.　　B.　　C.　　D.

3．下列传感器实物中属于湿敏传感器的是（　　）。

A.　　B.　　C.　　D.

4．传感器是将非电量转换为与之有确定对应关系的电量并输出的装置。下列传感器中非电量连续变化而电量不连续变化的是（　　）。

A.　　B.　　C.　　D.

5．下列电子元器件和图形符号相对应且属于传感器的是（　　）。

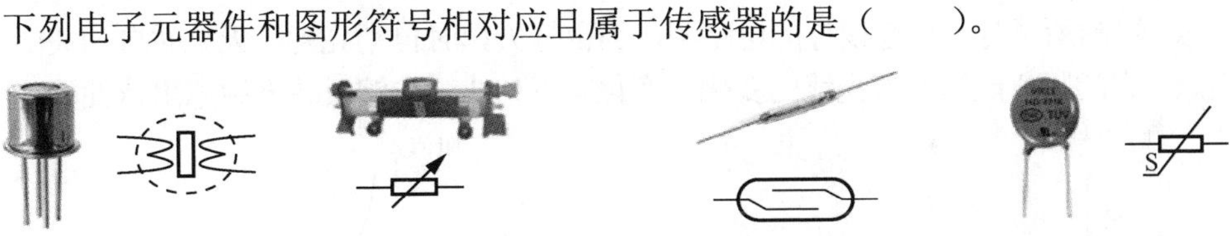

A.　　B.　　C.　　D.

6．智能手机之所以功能强大，其中很多地方要归功于多种多样的传感器。关于手机中的传感器，下列说法中不正确的是（　　）。

A．喇叭是传感器，能将声信号转换为电信号

B．光电传感器能将光信号转换为电信号，让手机拍照时能获得实时光照数据

C．压力传感器能将压力转换为电信号，可以检测手指按压屏幕的力度

D．指南针利用的是磁敏传感器，可以检测磁场强度和方向

7．小明同学使用指针式万用表对如图所示的电子元器件进行检测，下列操作及判断不恰当的是（　　）。

A．将万用表置于 R×1k 挡并进行欧姆调零

B．将两只表笔分别接在 a 脚和 b 脚，分别测量不同光照时的数值，如果越暗，指针的偏转角度越小，则表明该元件是好的

C．将两只表笔分别接在 c 脚和 d 脚，分别测量不同湿度时的数值，如果越干燥，指针的偏转角度越大，则表明该元件是负特性湿敏电阻器

D．万用表使用完毕后，应该把开关拨到交流最高挡或“OFF”处，并拔出表笔

8．如图所示是某光控灯的电路图，当外界光线暗到一定程度时，发光二极管 VD 灯亮；当外界光线亮到一定程度时，VD 灯灭。分析该控制电路，下列电子元器件在该光控灯控制系统中有采用的是（　　）。

A.

B.

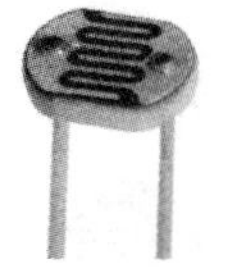

C.

D.

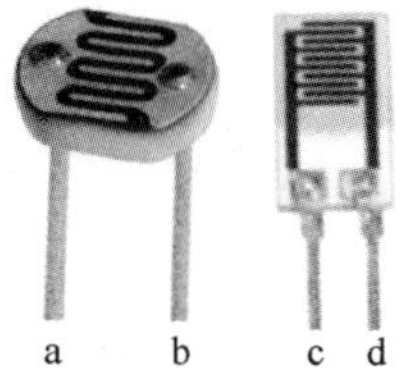

第 7 题图

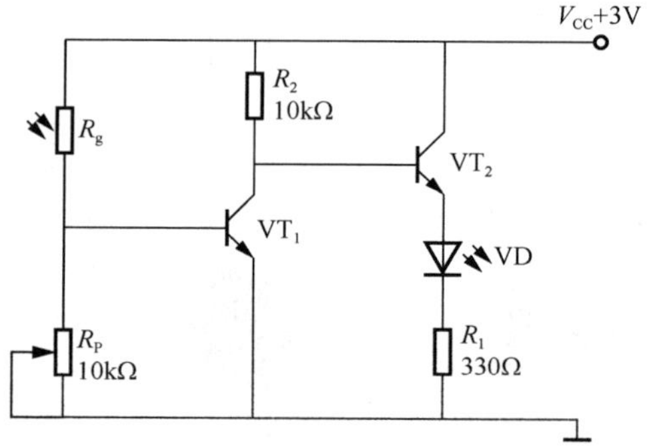

第 8 题图

9．如图所示是一个小夜灯的电路图，小夜灯天黑时自动亮起，天亮时自动关闭。R_g 为光敏电阻，它的阻值能够随着光线的变化而变化。下列曲线能够反映光敏电阻特性的是（　　）。

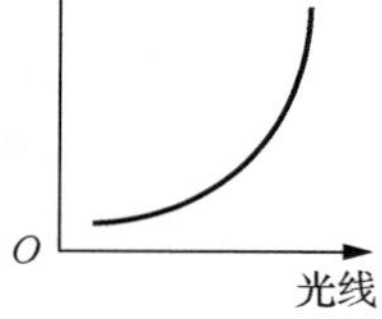

A.

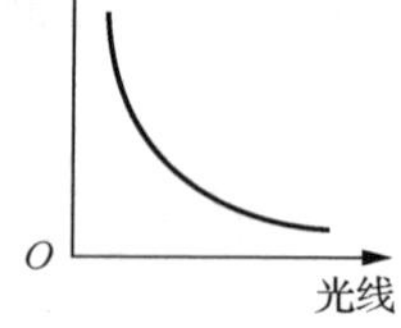

B.

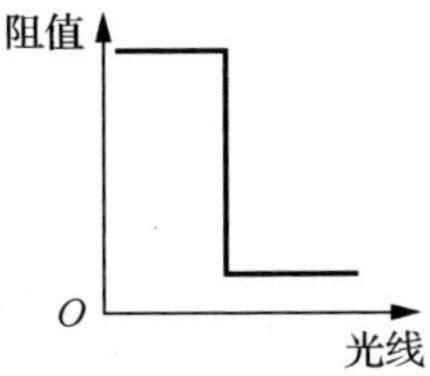

C.

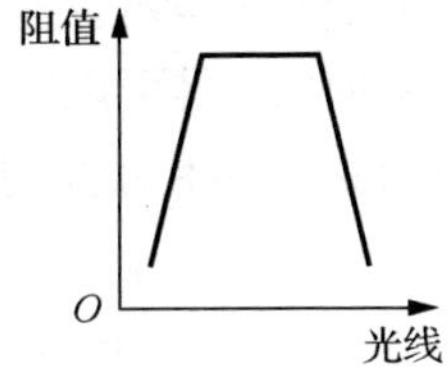

D.

10．如图所示电路图，下列说法中正确的是（　　）。

A．有磁铁靠近干簧管时，HL 马上亮　　B．有磁铁靠近干簧管时，HL 马上灭

C．有磁铁靠近干簧管时，HL 慢慢变亮　　D．有磁铁靠近干簧管时，HL 慢慢变暗

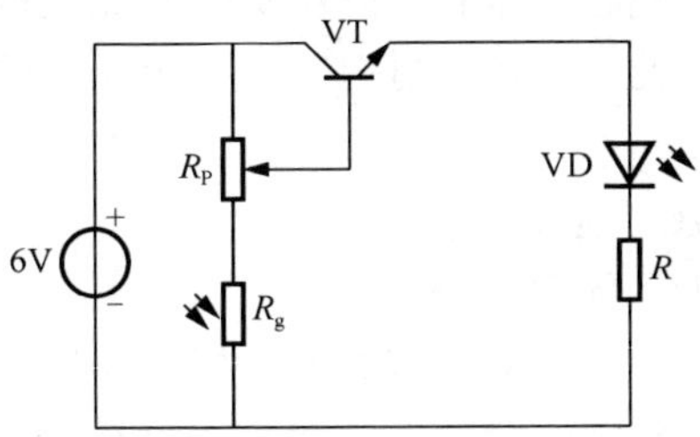

第 9 题图

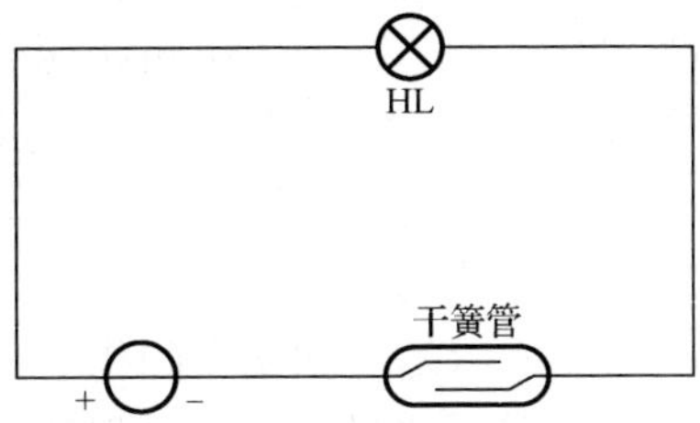

第 10 题图

11．下列传感器最适合用在预防煤气泄漏报警系统中的是（　　）。

A．光敏传感器　　B．热敏传感器

C．红外传感器　　D．气敏传感器

12．有种汽车刮水器在雨下得较大时刮水的频率较高，而在雨下得较小时刮水的频率稍低，这是因为装了雨量感应器。其发射部分中有一个发光二极管，它会发出一束锥形光线，这束光线穿过前风窗玻璃。当风窗玻璃上没有雨水、处于干燥状态的时候，几乎所有的光线都会被反射到一个传感器上；当下雨的时候，风窗玻璃上会存在雨水，一部分光线就会发生漫反射、折射等偏离，从而检测到雨水的存在。这里的传感器最可能是下面中的（　　）。

A.

B.

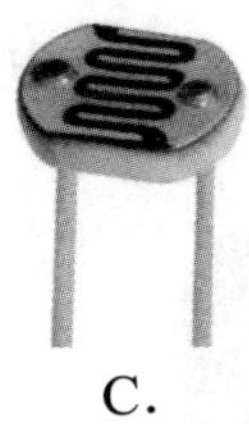

C.

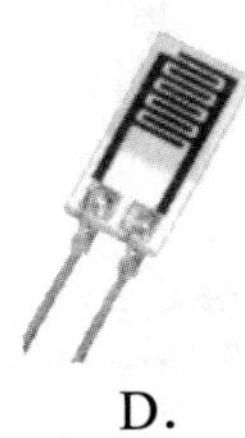

D.

13．电容式传感器是用来将各种非电信号转换为电信号的装置。由于电容器的电容 C 取决于极板正对面积 S、极板间距离 d，以及极板间的电介质这几个因素，因此当某一物理量发生变化时就能引起上述某个因素的变化，从而又可推出另一个物理量的值的变化。如图所示为四种电容式传感器的示意图，关于这四种传感器的作用，下列说法中不正确的是（　　）。

A．图（a）中的传感器可以用来测量角度

B．图（b）中的传感器可以用来测量液面的高度

C．图（c）中的传感器可以用来测量压力

D．图（d）中的传感器可以用来测量速度

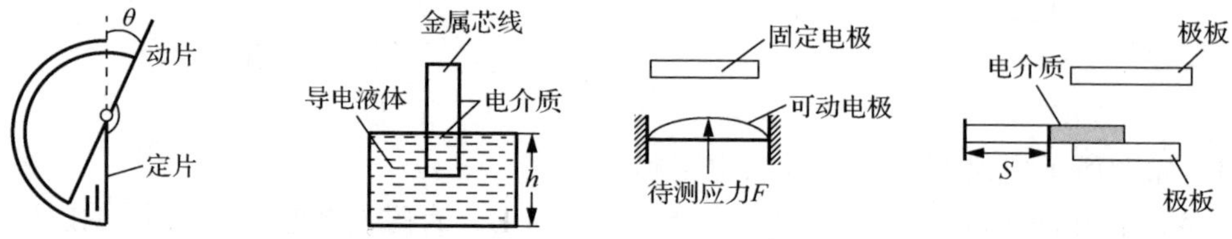

（a）　　（b）　　（c）　　（d）

14．如图所示是一种插在耳机接口处的感应器，它能够为手机提供实时光照数据和推荐照相机设定参数，这样用手机拍照时就像用傻瓜相机一样，不用担心会拍出模糊的照片了。该外接感应器的传感器应采用的是（　　）。

A．压力传感器　　B．温度传感器

C．光敏传感器　　D．湿度传感器

15．如图所示是一款视觉障碍者白天或黑夜出行时使用的智能拐杖。拐杖通过手柄上的触摸板感应使用者的手势，并以声音或振动的方式反馈给使用者。手柄内置传感器，探测到障碍物时会持续振动提示变道。下列适合用在手柄内传感器的是（　　）。

A．红外传感器　　B．热敏传感器

C．超声波传感器　　D．湿度传感器

如图所示是用三极管控制发光二极管的电路，根据三极管 VT 基极的输入情况控制发光二极管 VD 发光或不发光。根据电路图及描述，完成第 16～17 题。

16．电路图中电容器应选用的类型是（　　）。

A．可调电容器　　B．微调电容器　　C．普通电容器　　D．电解电容器

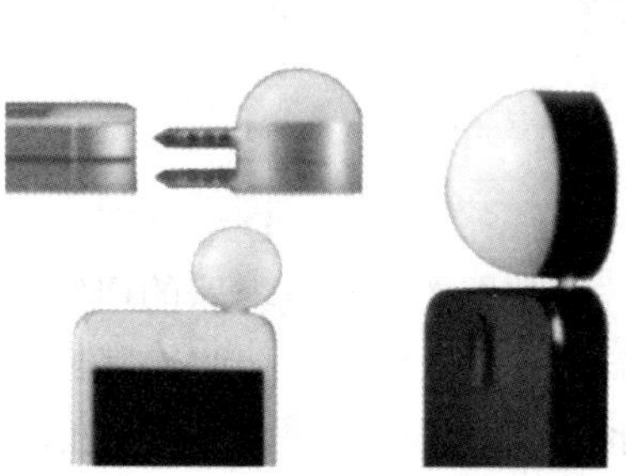

第 14 题图

第 15 题图

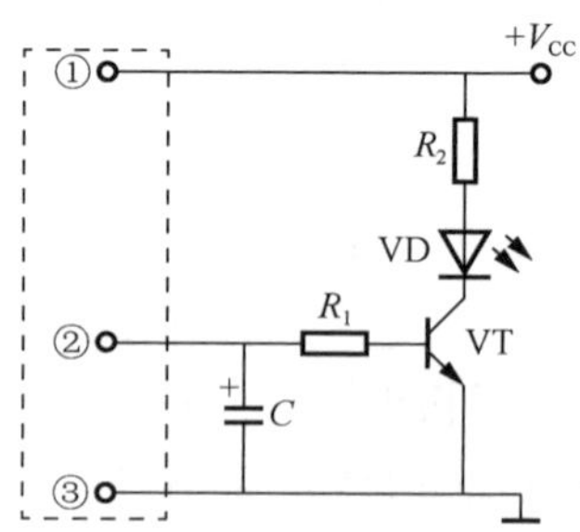

第 16～17 题图

17．现要将该电路用于下雨提示，当湿敏传感器 R_S 检测到雨水时，②的电位较高，使 VT 导通，接通电路，使 VD 发光。下列元器件与电路的连接中正确的是（　　）。

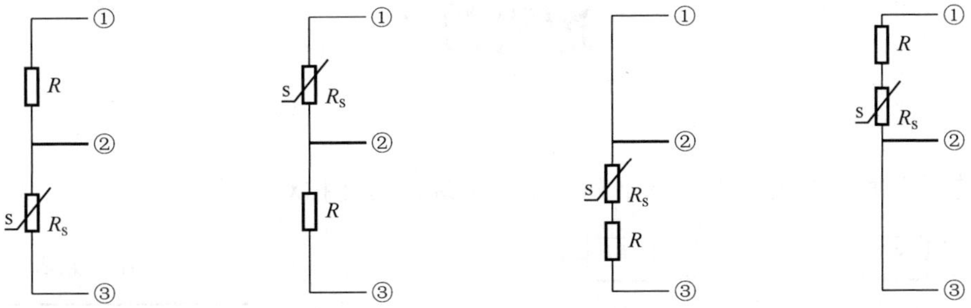

A.　　　　B.　　　　C.　　　　D.

18．如图所示是利用光敏电阻设计的自动计数器，图（a）是实物图，图（b）是其电路原理图，下列说法中不正确的是（　　）。

A．当激光照射到 R_g 上时，其电阻值将变小

B．传送带上没有物品时，计数器将停止计数

C．当 R_g 上无光照时，其电阻值将变大

D．计数器的计数结果与 R_g 无关

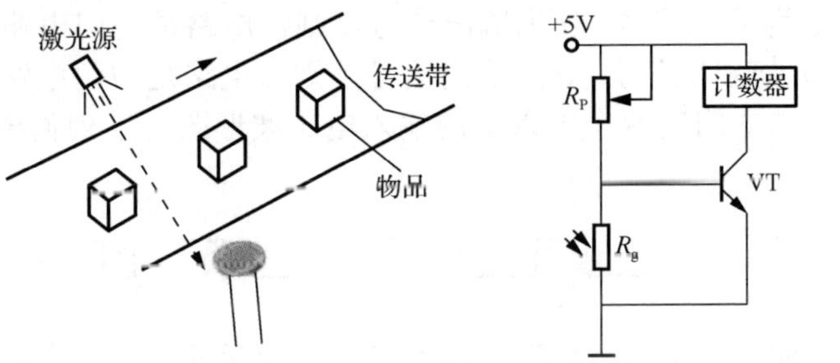

（a）　　（b）

第 18 题图

19．如图所示是由光敏电阻、电位器、发光二极管、三极管及电阻器等组成的光控灯电路模型，当 A 点的电位较高时，三极管 VT 导通，VD 发光，下列关于该电路的分析中，合理的是（　　）。

A．当外界光线变弱时，光敏电阻 R_g 的阻值变小

B．当外界光线变强时，光敏电阻 R_g 的阻值变大

C．当外界光线足够暗时，A 点的分压大

D．要实现外界光线足够暗时 VD 发光，可交换 R_g 与 R_3 的位置

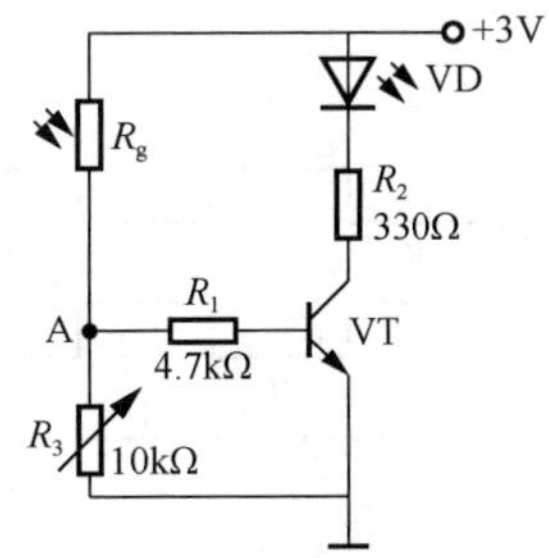

第 19 题图

逻辑门 1

1．请根据所列的真值表，从下列四张图中选出与之相对应的一个门电路。（　　）

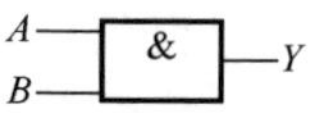

A.

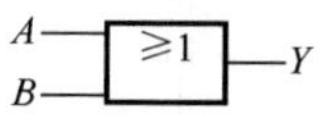

B.

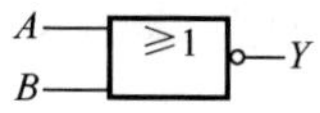

C.

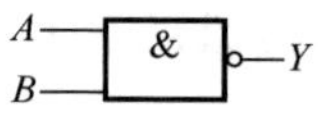

D.

第 1 题表

输入		输出
A	*B*	*Y*
0	0	1
0	1	0
1	0	0
1	1	0

2．如图所示，*a*、*b*、*c* 分别表示或门、与门、非门的输入信号或输出信号，下列说法中正确的是（　　）。

A．若 *a*、*c* 为输入信号，*b* 为输出信号，则该电路是或门电路

B．若 *a* 为输入信号，*b* 为输出信号，则该电路是非门电路

C．若 *b*、*c* 为输入信号，*a* 为输出信号，则该电路是与门电路

D．若 *a*、*b* 为输入信号，*c* 为输出信号，则该电路是与门电路

3．如图所示是与非门的两个输入端的输入电压波形图，下列输出端电压波形图中正确的是（　　）。

A.

B.

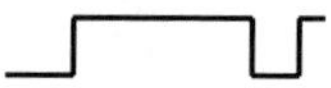
C.

D.

4．如图所示电路，u_A 和 u_B 是两个输入端，u_Y 是输出端，该电路能实现的逻辑关系是（　　）。

A．与　　B．或　　C．非　　D．与非

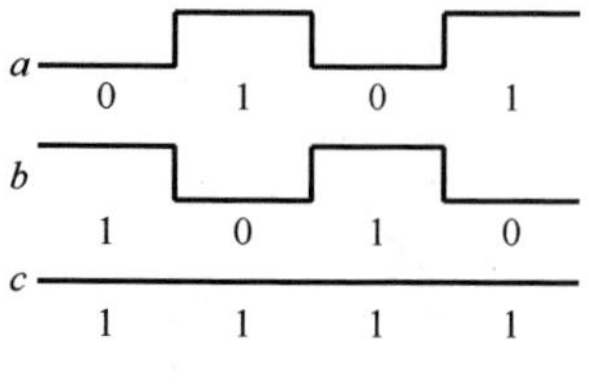

第 2 题图

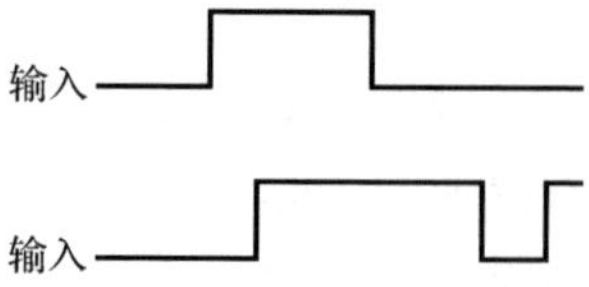

第 3 题图

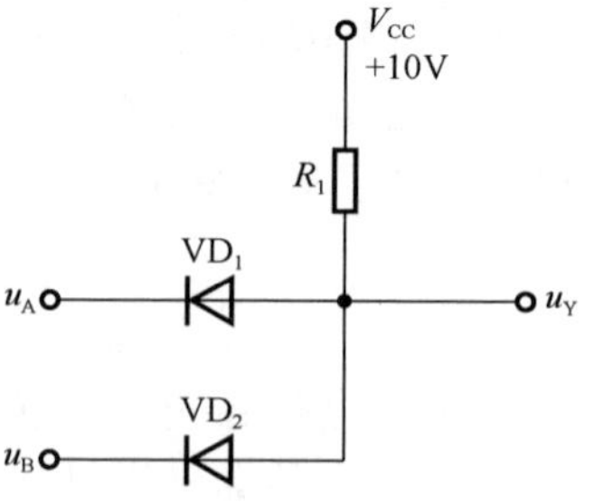

第 4 题图

5．如图所示电路，*A*、*B* 为输入端，*F* 为输出端，其实现的逻辑运算功能相当于下列选项中的（　　）。

A．与门　　B．或门　　C．与非门　　D．或非门

6．如图所示电路，A、B 是电路的输入端，F 是电路的输出端。以“0”表示低电平，“1”表示高电平，则下列真值表中正确的是（　　）。

输入		输出
A	B	F
1	1	1
1	0	1
0	1	0
0	0	1

A.

输入		输出
A	B	F
1	1	0
1	0	1
0	1	1
0	0	1

B.

输入		输出
A	B	F
1	1	1
1	0	0
0	1	0
0	0	1

C.

输入		输出
A	B	F
1	1	1
1	0	1
0	1	1
0	0	0

D.

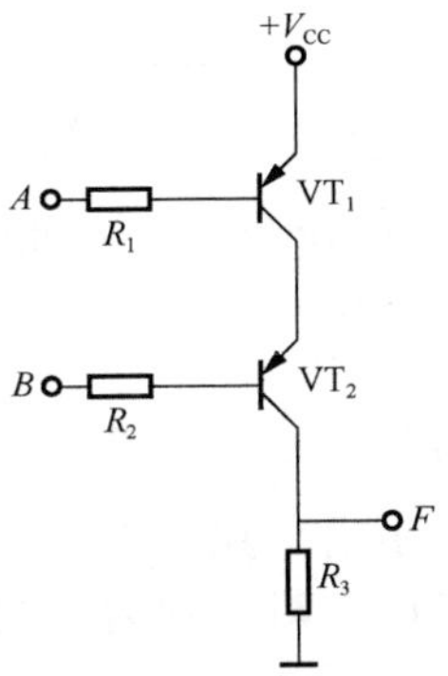

第 5 题图

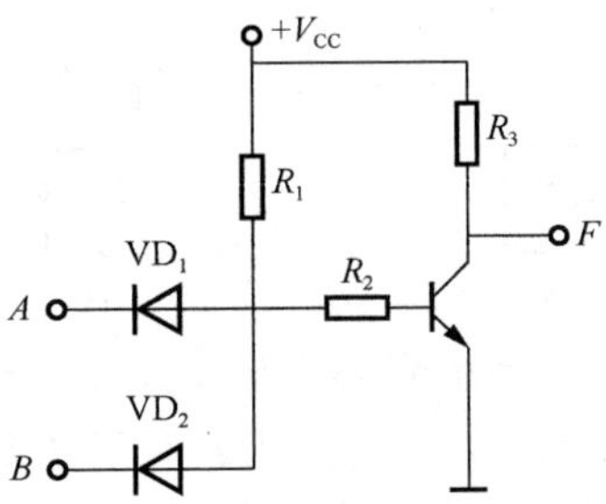

第 6 题图

7．下列真值表符合表达式 $F=\overline{A}+B$ 的是（　　）。

输入		输出
A	B	F
0	0	1
0	1	1
1	0	0
1	1	1

A.

输入		输出
A	B	F
0	0	0
0	1	0
1	0	0
1	1	1

B.

输入		输出
A	B	F
0	0	0
0	1	0
1	0	1
1	1	0

C.

输入		输出
A	B	F
0	0	1
0	1	1
1	0	1
1	1	0

D.

8．逻辑运算与集合论有相似的地方。如图所示是表示 A、B、C 集合的维恩图。如果用维恩图来表示逻辑运算，则下列选项图中阴影部分表示 $F=\overline{\overline{AB}+C}$ 的是（　　）。

A.

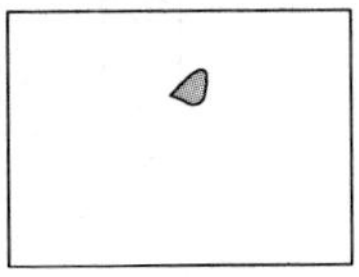

B.

C.

D.

9．在如图所示的逻辑电路中，当 A 端输入为 1，B 端输入为 0 时，在 C 端和 D 端的输出分别为（　　）。

A．0，0　　B．0，1　　C．1，0　　D．1，1

10. 如图所示是一个由基本逻辑门组成的逻辑电路，下列关于该电路的说法中错误的是（　　）。

A. 当 B 的信号为“1”时，F 的输出和 A 的输入相反

B. 当 A 的信号为“0”时，F 的输出和 B 的输入相反

C. 当 B 的信号为“0”时，不管 A 的信号是什么，F 的输出都不会改变

D. 当 A 的信号为“1”时，不管 B 的信号是什么，F 的输出都不会改变

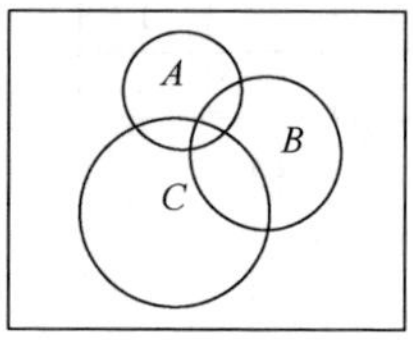

第 8 题图

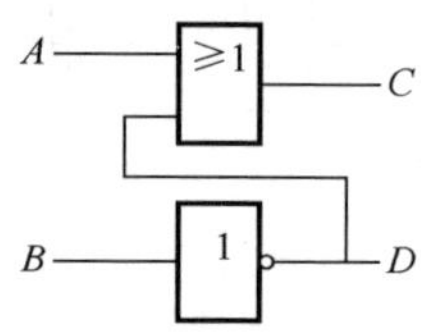

第 9 题图

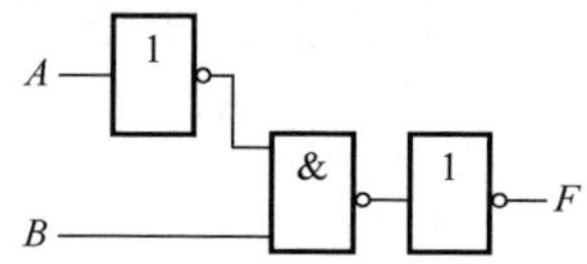

第 10 题图

11. 在下列 4 个电路中，无论输入信号 A、B 为何值，输出 Y 恒为 0 的电路是（　　）。

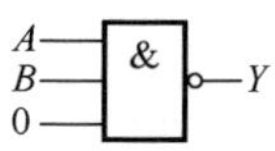

A.

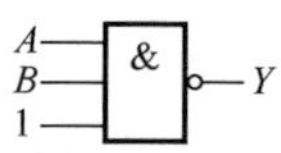

B.

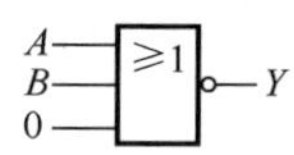

C.

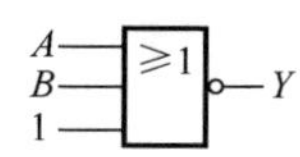

D.

12. 以下是小明关于参加某项活动的意向表述：若 A 去，我就不去；若 B 去，我也不去；若 C 不去，我也不去。若定义去为“1”，不去为“0”，用 F 代表小明，则小明与 A、B、C 之间的逻辑关系正确的是（　　）。

A. $F=\overline{A}\cdot\overline{B}+C$　　　　B. $F=\overline{A\cdot B}\cdot C$

C. $F=\overline{A\cdot B}+C$　　　　D. $F=A+B\cdot C$

13. 如图所示，设开关闭合为“1”，灯亮为“1”，则该电路的表达式为（　　）。

A. $Y=ABC$　　　　B. $Y=AC+BC$

C. $Y=AB+AC$　　　　D. $Y=A+BC$

14. 如图所示的组合逻辑电路，与其等效的逻辑表达式是（　　）。

A. $F=\overline{A}+B$　　　　B. $F=A+B$

C. $F=\overline{A}\cdot B$　　　　D. $F=A\cdot\overline{B}$

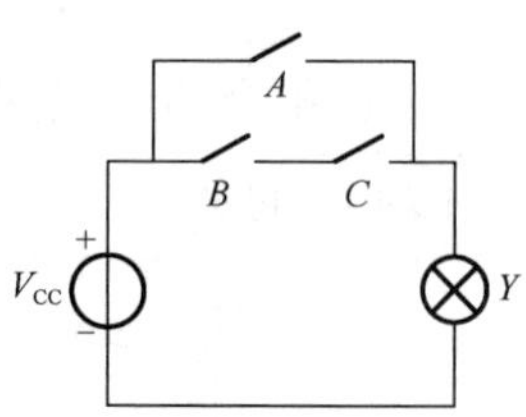

第 13 题图

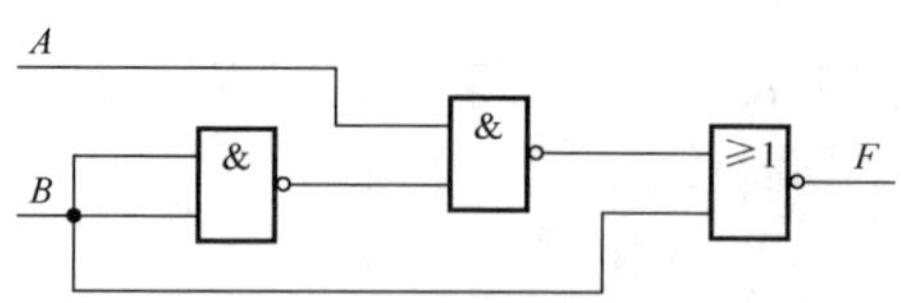

第 14 题图

15. 如图所示电路，F 端与 A 端、B 端的逻辑关系正确的是（　　）。

A. $F=\overline{\overline{A}+B}$　　　　B. $F=\overline{A\cdot\overline{B}}$

C. $F=\overline{A+\overline{B}}$　　　　D. $F=\overline{\overline{A}\cdot B}$

16．如图所示为楼道照明灯的控制电路。用 A 和 B 分别表示两个单刀双掷开关的状态，“1”表示开关向上，“0”表示开关向下。用 F 表示灯的状态，“1”表示灯亮，“0”表示灯不亮。关于该电路的逻辑关系，下列真值表中正确的是（　　）。

A.

输入		输出
A	B	L
0	0	1
0	1	0
1	0	0
1	1	1

B.

输入		输出
A	B	L
0	0	0
0	1	0
1	0	0
1	1	1

C.

输入		输出
A	B	L
0	0	0
0	1	0
1	0	1
1	1	0

D.

输入		输出
A	B	L
0	0	0
0	1	1
1	0	0
1	1	1

17．如图所示为某个开关 A、B、C 控制灯 F 亮灭的电路。关于该电路的逻辑关系，下列门电路中可以实现的是（　　）。

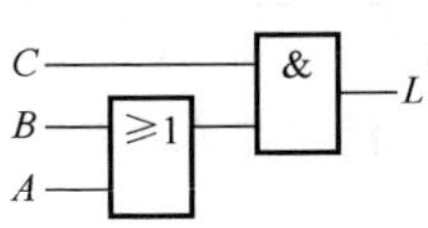

A.

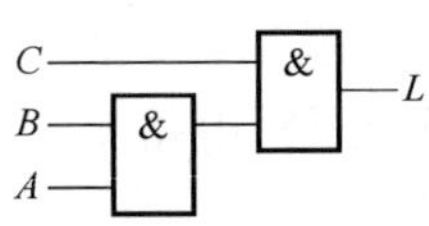

B.

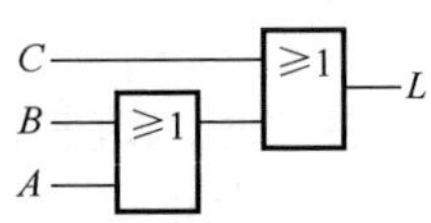

C.

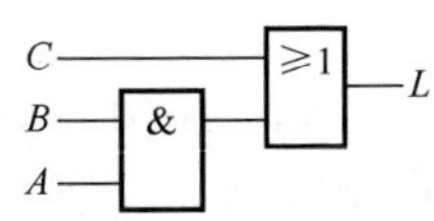

D.

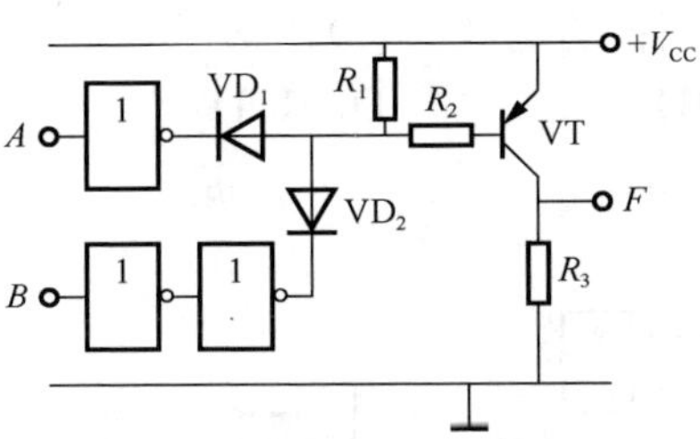

第 15 题图

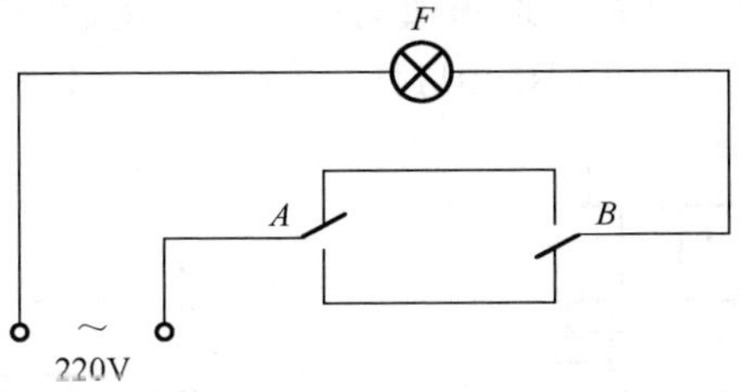

第 16 题图

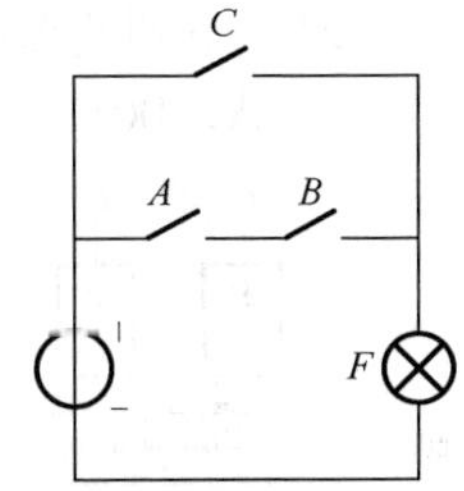

第 17 题图

18．某等级考试中，有 A、B、C 三个考核项目，要求 A 必须通过，同时 B、C 中至少有一项通过，等级考试（F）才能通过。用高电平表示通过，低电平表示不通过，下列选项中能实现上述逻辑关系的是（　　）。

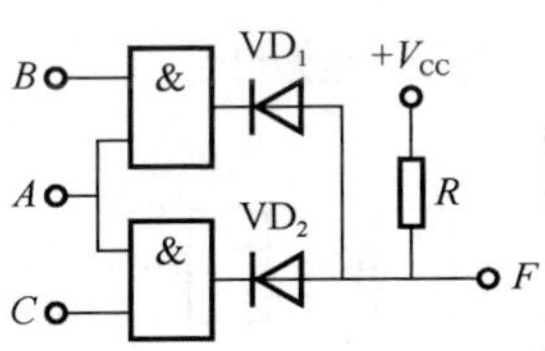

A.

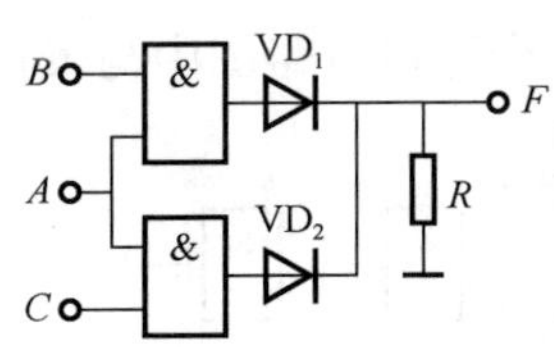

B.

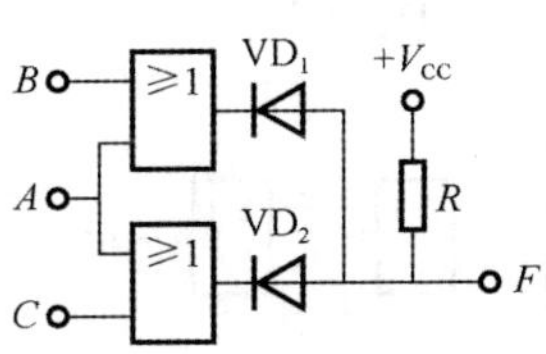

C.

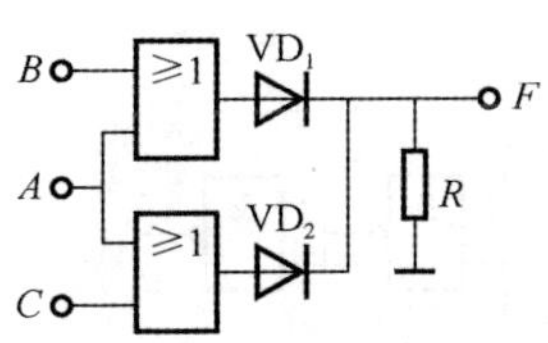

D.

19．如图所示逻辑电路，请用二输入与非门或者或非门代替三输入与门，下列方案中合理的是（　　）。

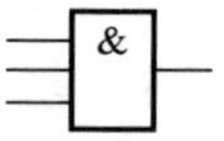

第 19 题图

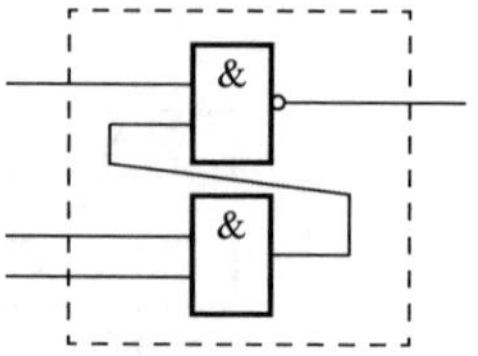

A.

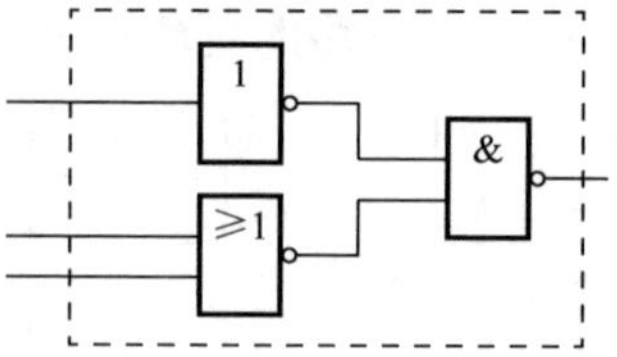

B.

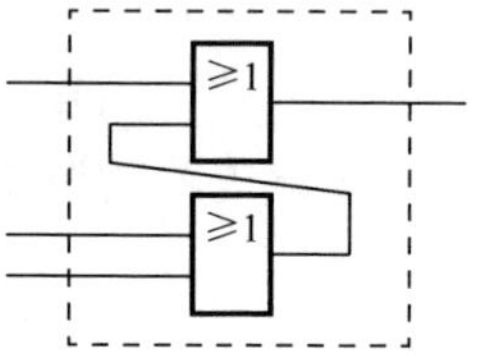

C.

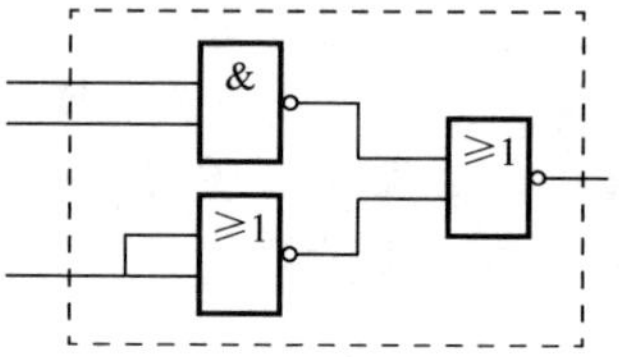

D.

20．如图所示是一种 2 位二进制译码器的逻辑电路图，X、Y 表示输入，F_1、F_2、F_3、F_4 表示输出。当 X 为 1，Y 为 0 时，$F_1F_2F_3F_4$ 为（　　）。

A．0000　　B．0100　　C．0010　　D．0001

21．下列选项中，$ABCF$ 逻辑值与如图所示逻辑电路相符的是（　　）。

A．0011　　B．0111　　C．1011　　D．1111

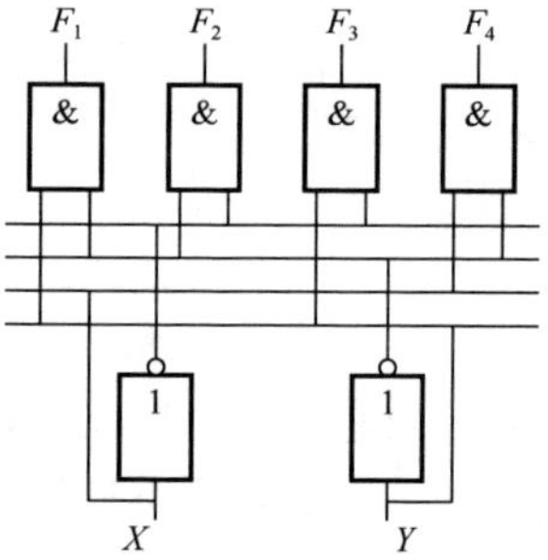

第 20 题图

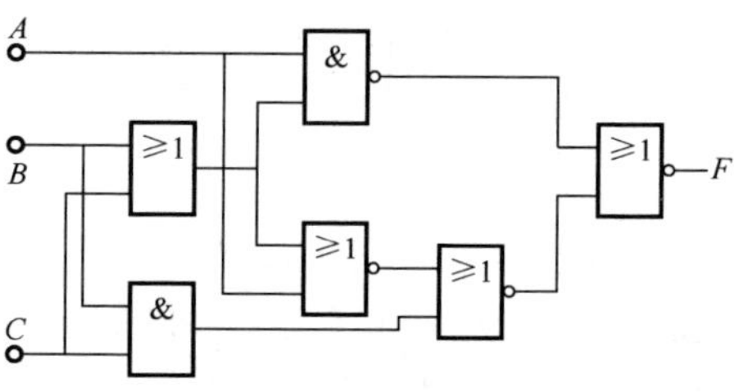

第 21 题图

22．下列 4 个逻辑电路图中与表达式 $Y=\overline{A+B}$ 的逻辑关系不一致的是（　　）。

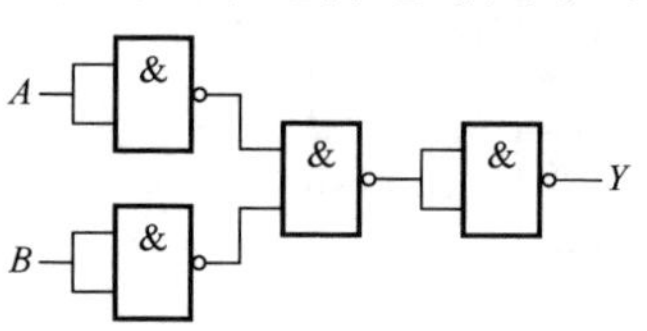

A.

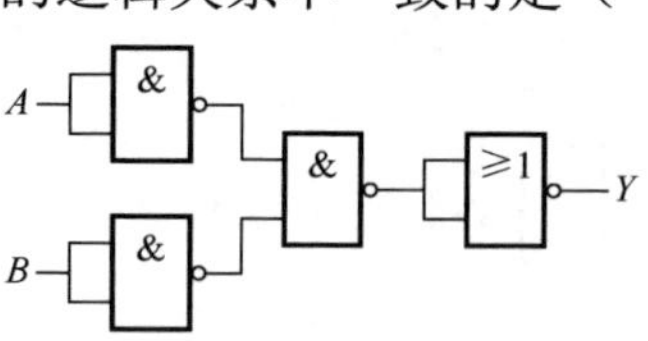

B.

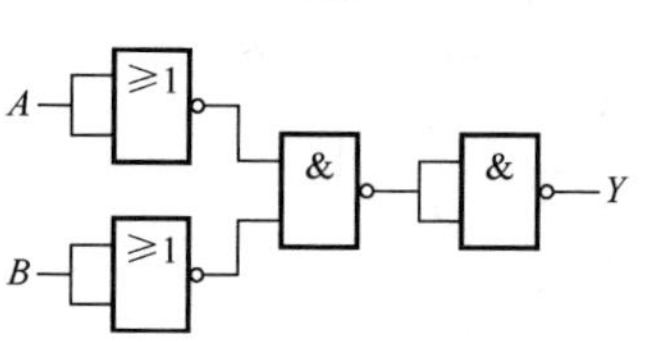

C.

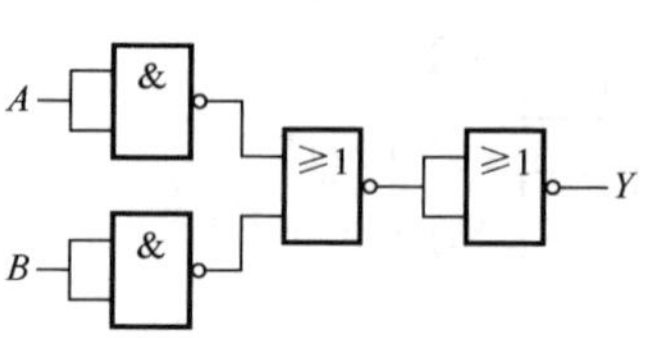

D.

23．将十进制数 0～9 对应的 4 位二进制编码输入电路，如果数字在 0～4 范围内，输出 0，否则输出 1。例如，数字 5 的二进制编码是 0101，分别从 *A*、*B*、*C*、*D* 端口中输入，*F* 输出 1，下面电路不符合要求的是（　　）。

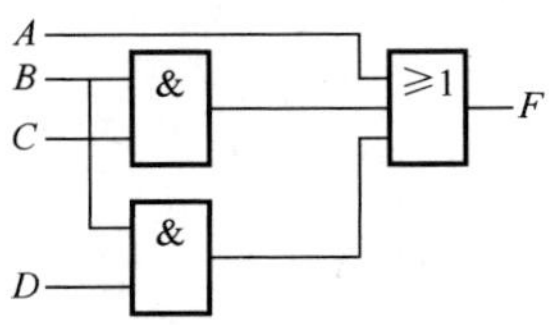

A.

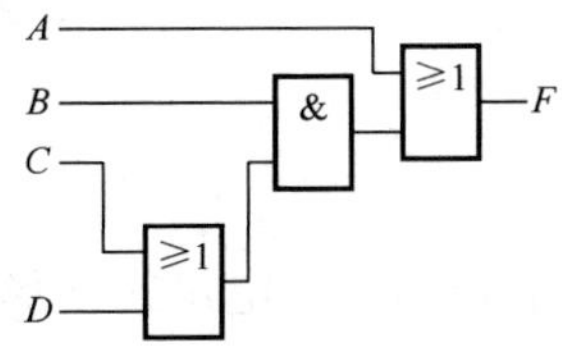

B.

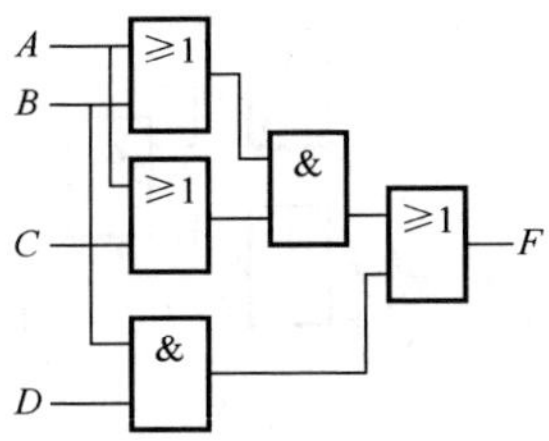

C.

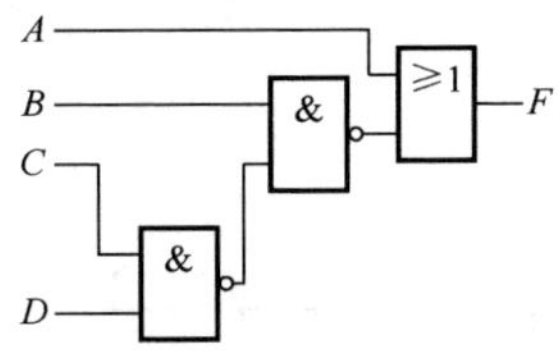

D.

24．如图所示为两个逻辑电路，下列关于这两个逻辑电路的说法中正确的是（　　）。

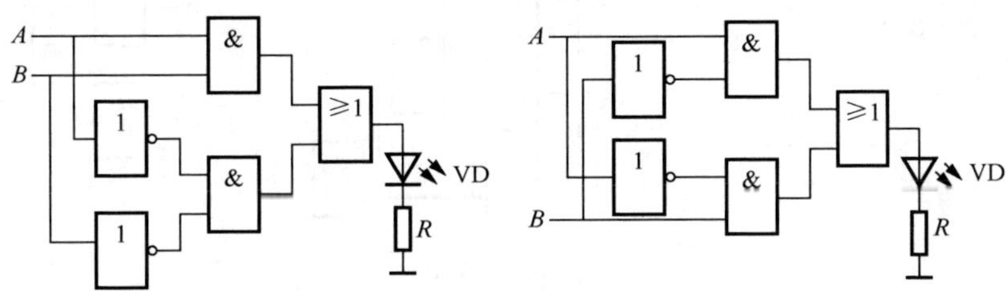

（a）　　（b）

第 24 题图

① 图（a）的逻辑电路可依据灯亮判断输入信号 *A*、*B* 相同

② 图（a）的逻辑电路可依据灯亮判断输入信号 *A*、*B* 相异

③ 图（b）的逻辑电路可依据灯亮判断输入信号 *A*、*B* 相异

④ 图（b）的逻辑电路可依据灯亮判断输入信号 *A*、*B* 相同

A．①③　　B．②③　　C．①④　　D．②④

逻辑门2

1．如图所示为某逻辑电路的波形图，在下列逻辑电路中，输入、输出情况与该波形图一致的是（　　）。

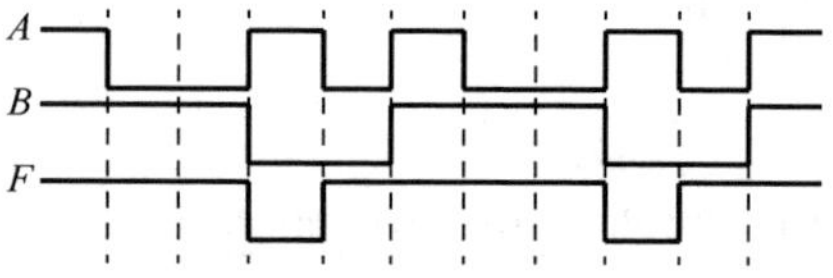

第1题图

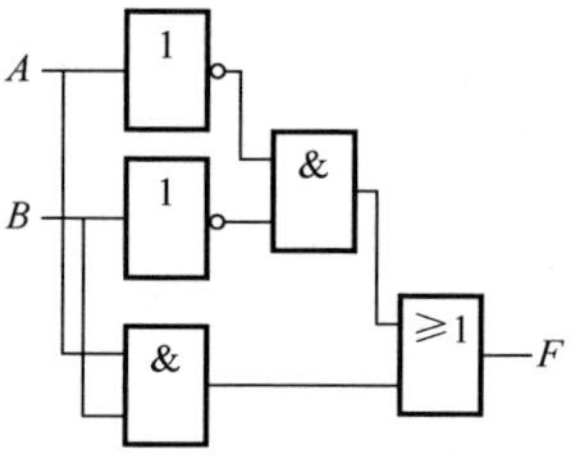

A.

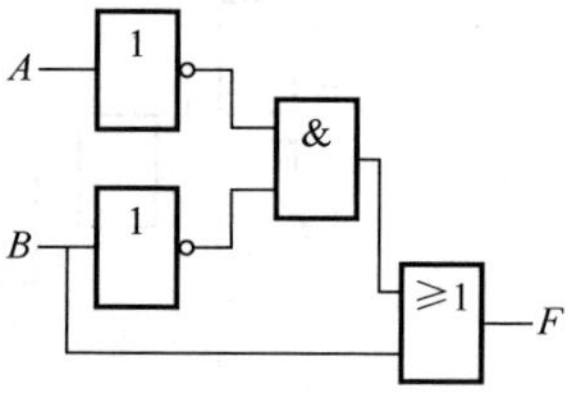

B.

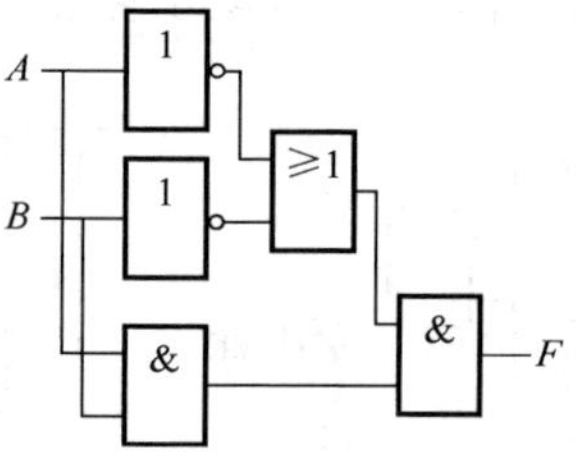

C.

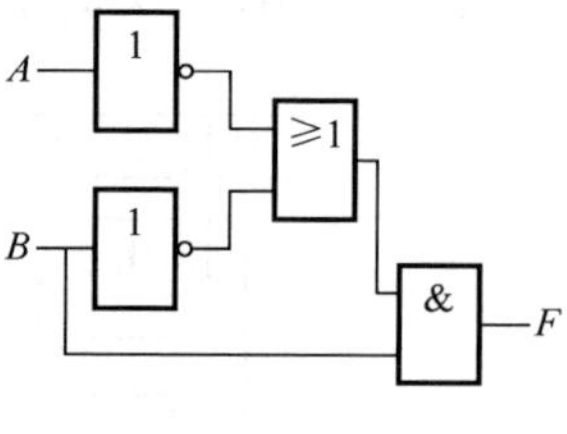

D.

2．如图所示为某三人表决器的逻辑电路图。下列选项中能实现同样功能的逻辑电路图是（　　）。

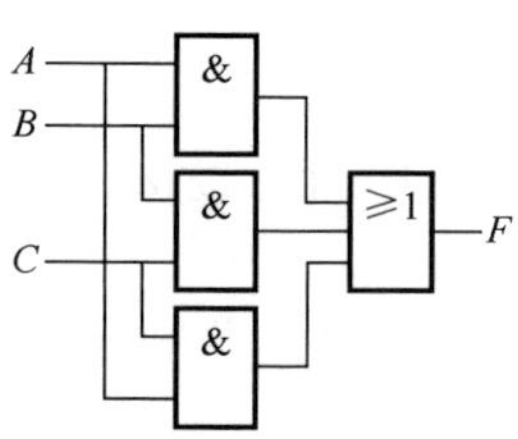

第2题图

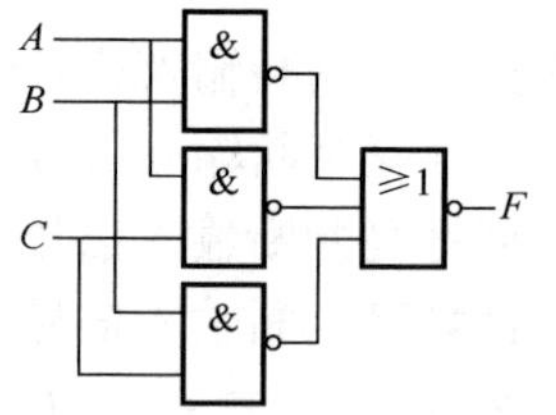

A.

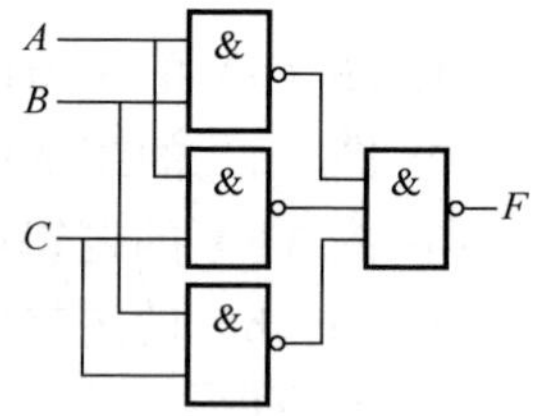

B.

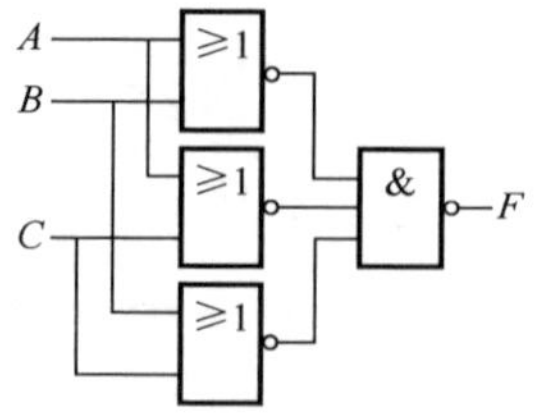

C.

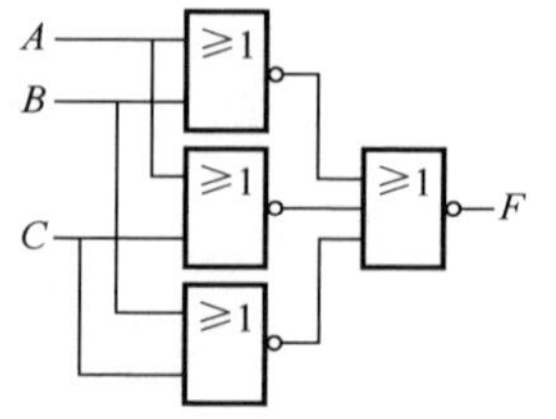

D.

3．开启某重要档案室门锁需要满足以下条件，*A*、*B*、*C* 三人在场或两人在场，但其中 *A* 必须在场，在场和门锁开启用“1”表示，否则用“0”表示。下列选项中能够实现上述逻辑关系的是（　　）。

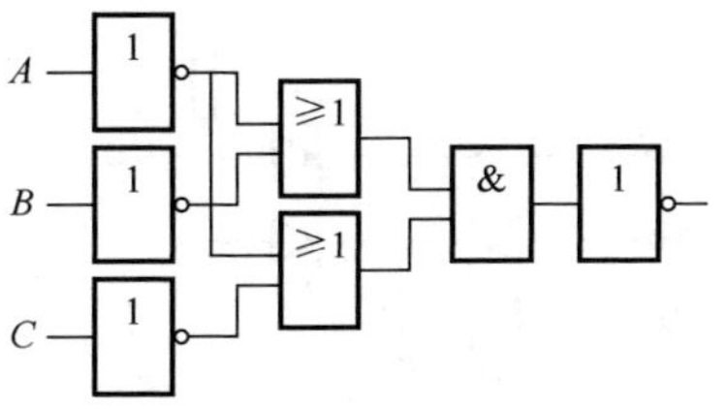

A.

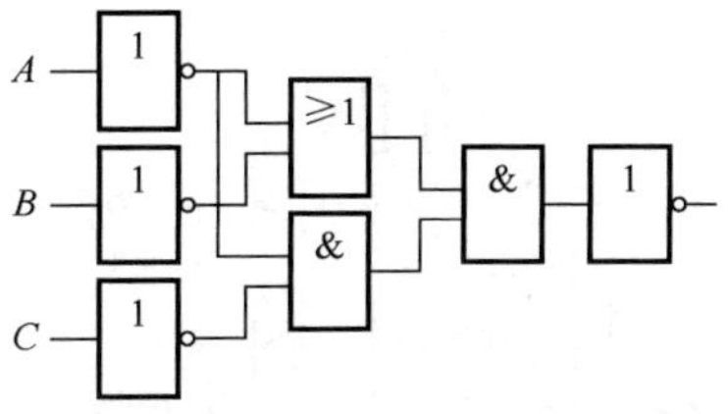

B.

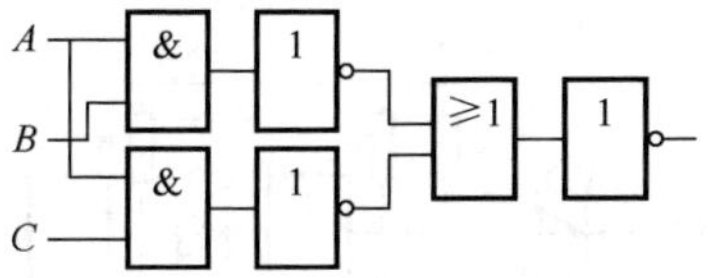

C.

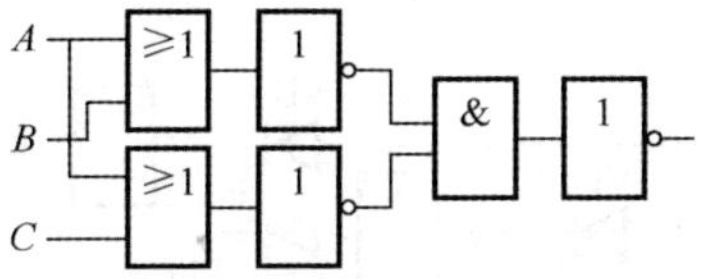

D.

4．小明设计了交通信号灯故障报警控制电路，工作时红、绿、黄灯只有一种信号灯亮起属于正常情况，其他情况均属于故障，故障时报警电路发出报警信号。假设 *A*、*B*、*C* 分别表示红、绿、黄三种信号灯的状态，灯亮为“1”，灯灭为“0”，*F* 表示报警信号，报警为“1”，不报警为“0”。下列选项中能满足设计需求的是（　　）。

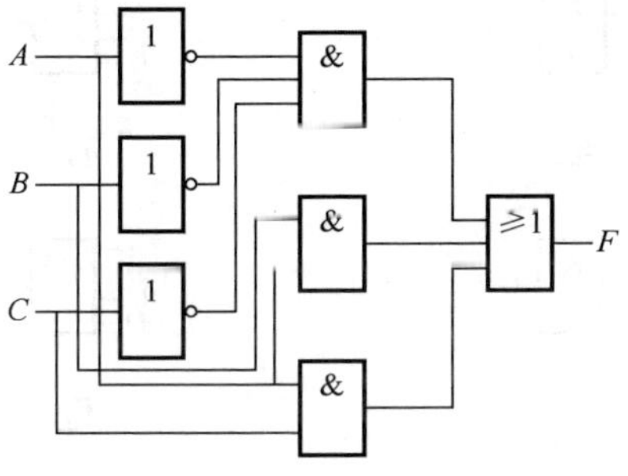

A.

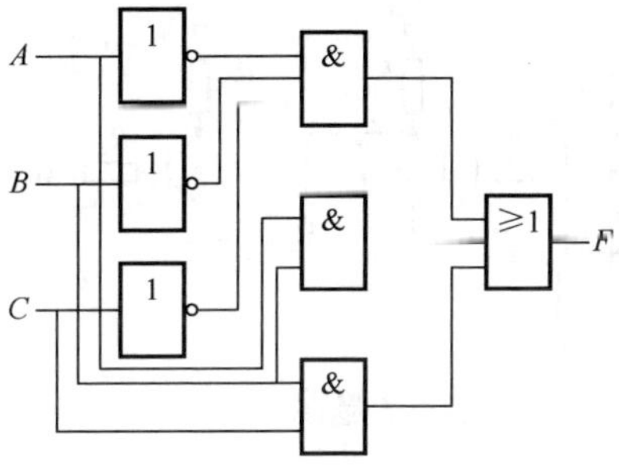

B.

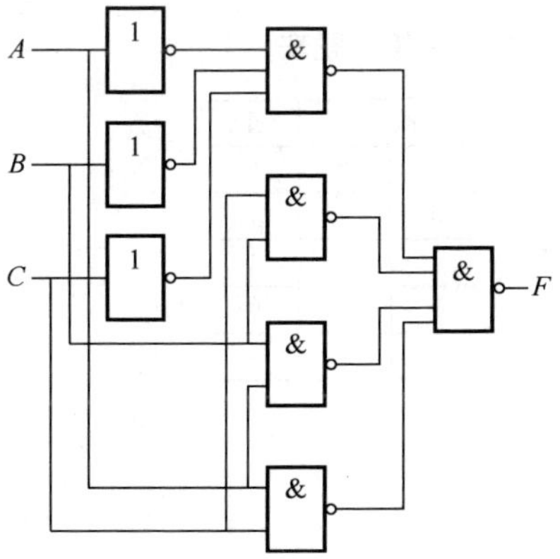

C.

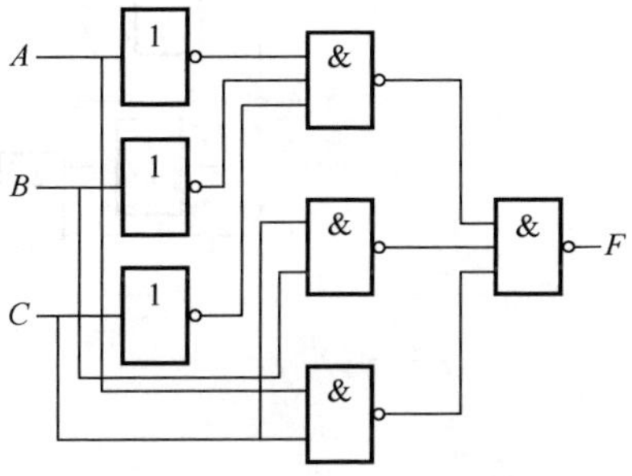

D.

5．举重比赛有 A、B、C 三个裁判，A 裁判必须判定成绩有效，同时 B 裁判和 C 裁判中至少有一个判定成绩有效，举重成绩（F）才有效。用高电平表示有效，低电平表示无效。下列选项中不能实现上述逻辑关系的是（　　）。

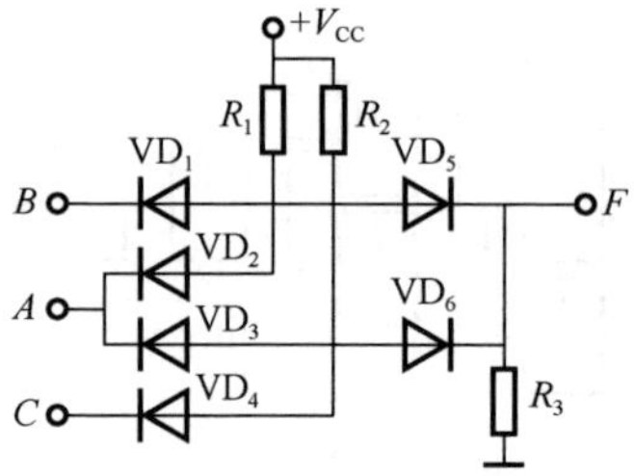

A.

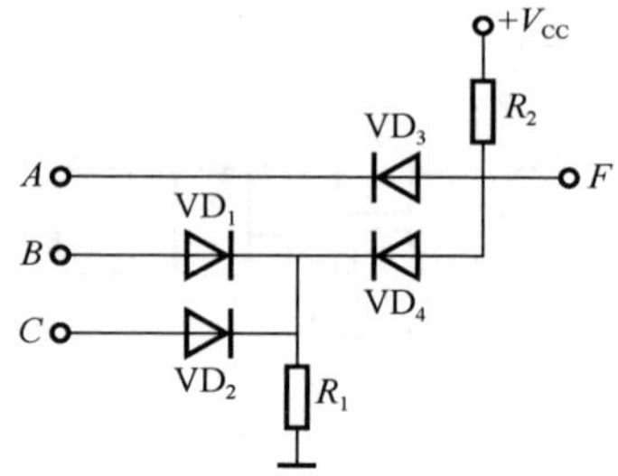

B.

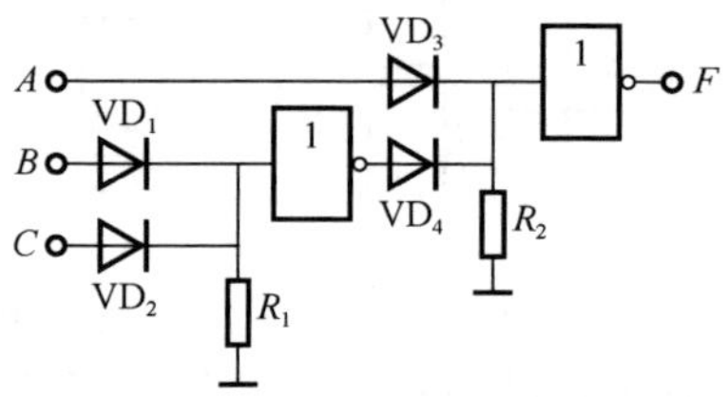

C.

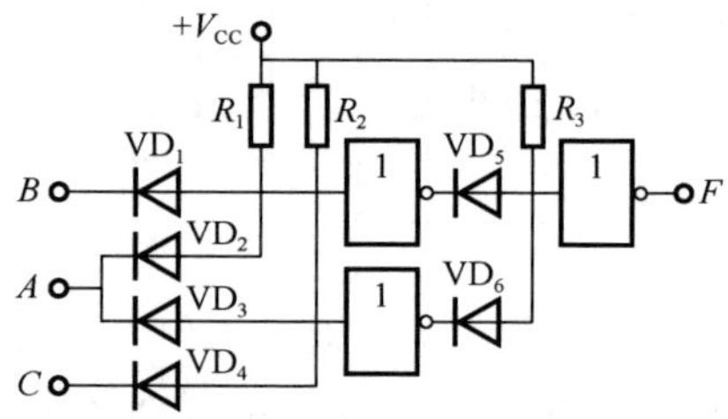

D.

6．下列选项中与如图所示的逻辑电路逻辑关系一致的是（　　）。

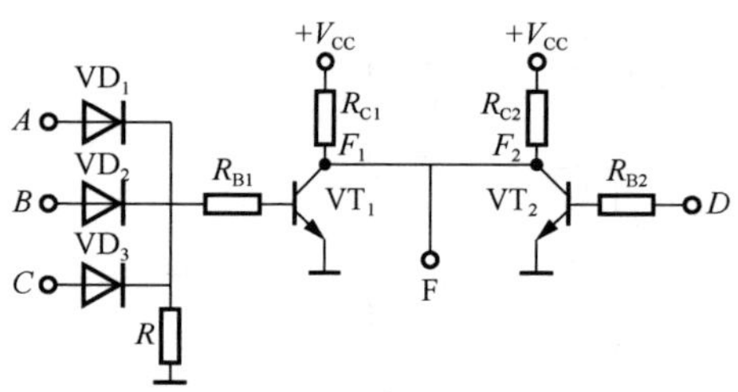

第 6 题图

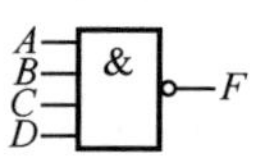

A.

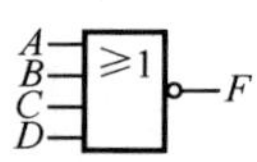

B.

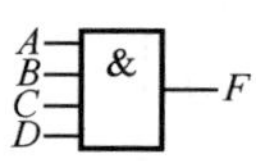

C.

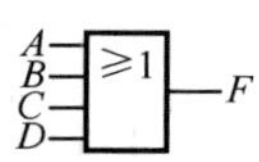

D.

7．如图所示是某一逻辑电路及其真值表，则图中虚线框中所缺的电路可能是（　　）。

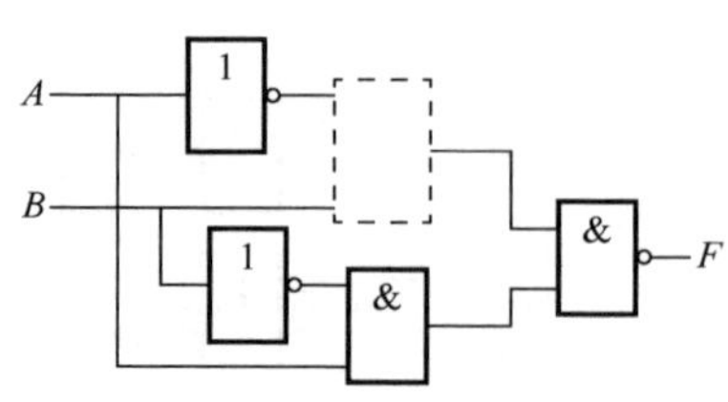

第 7 题图

第 7 题表

输入		输出
A	B	F
0	0	1
0	1	1
1	0	0
1	1	1

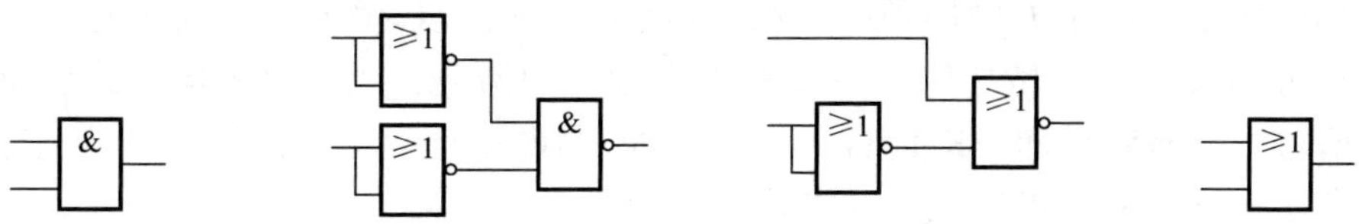

A.　　B.　　C.　　D.

8．小明发现蔬菜大棚在光线弱且湿度高和光线强且湿度低这两种情况下会不利于蔬菜生长，因此设计了如图所示的报警电路，其中 R_g 为光敏电阻，R_S 为负特性湿敏电阻。为了实现上述功能，虚线框处应选用的逻辑门是（　　）。

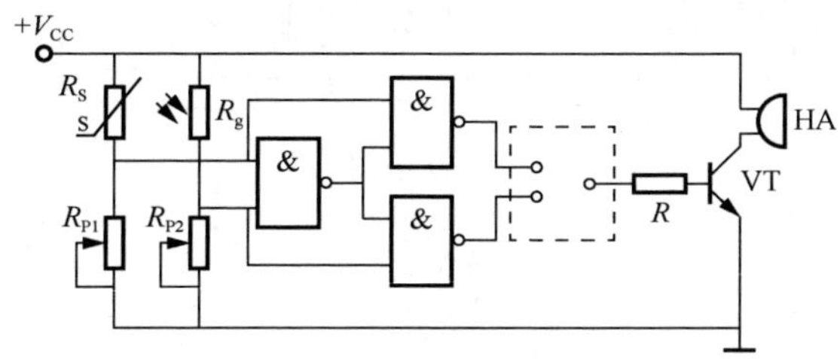

第 8 题图

A.　　B.　　C.　　D.

9．如图所示是三人表决器电路图。三人表决的判定规则是：有三名裁判，其中 B 是主裁判，并且 A、C 中至少有一位按下按钮才算成功，此时发光二极管亮。为实现上述功能，虚线框内应选择的逻辑门电路是（　　）。

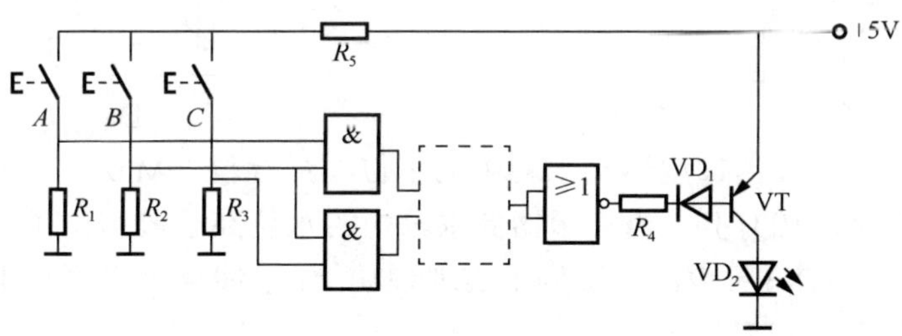

第 9 题图

A.　　B.　　C.　　D.

10．如图所示是蔬菜大棚棚顶电子控制电路图。R_S 是湿敏电阻，用来检测大棚内的湿度；R_t 是正温度系数热敏电阻，用来检测大棚内的温度。当大棚内湿度或者温度高于某个设定值时，三极管导通，K 闭合，电动机 M 通电运行，将大棚顶部打开进行除湿和降温。为了实现该功能，虚线框中的逻辑电路应为（　　）。

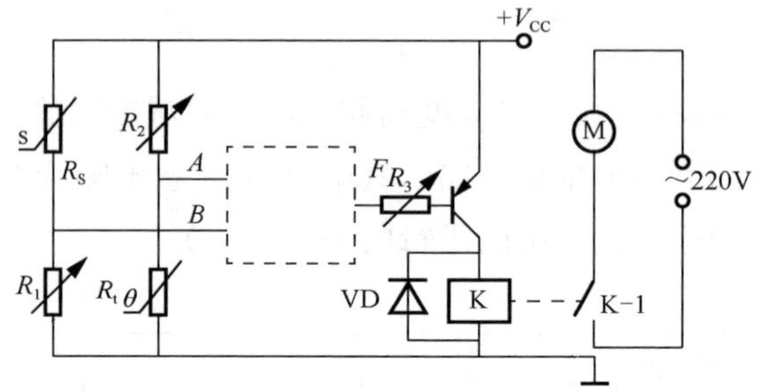

第 10 题图

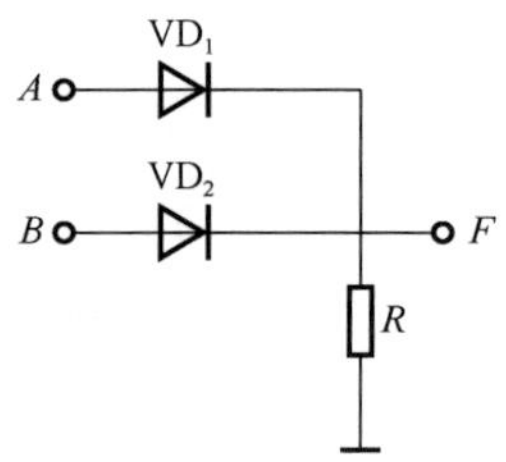

A.

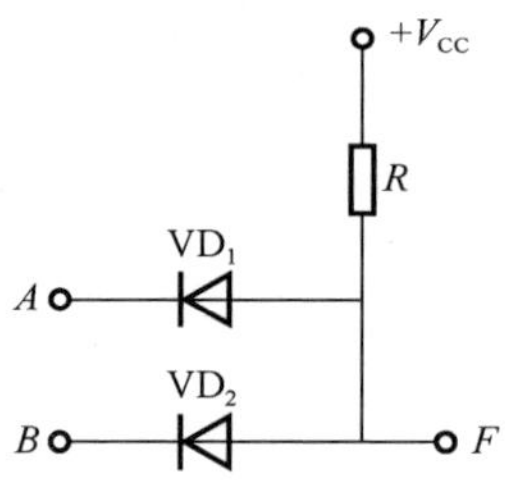

B.

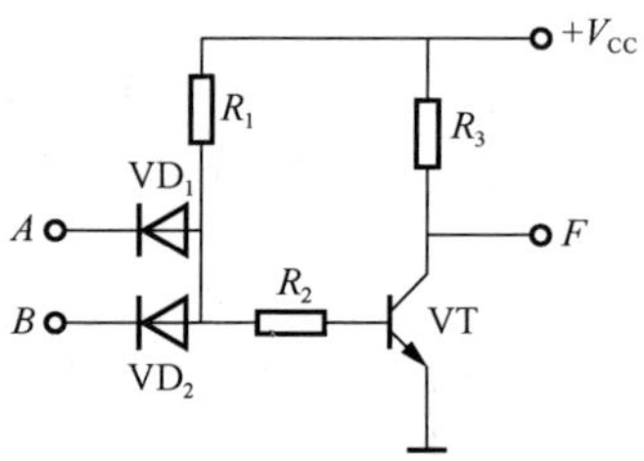

C.

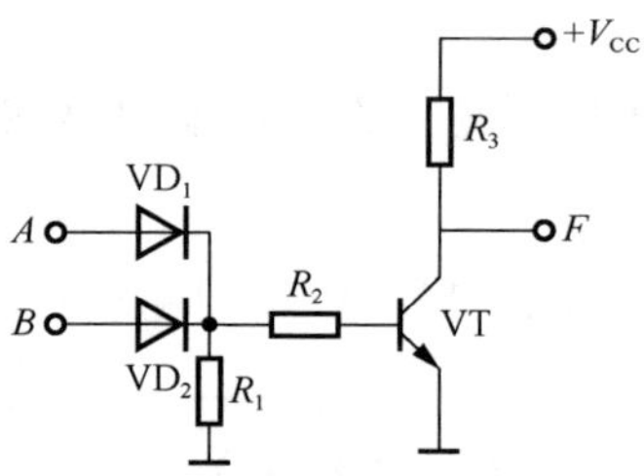

D.

11．如图所示电路，当加湿器储水箱中的水位在最高位（Max）与最低位（Min）之间时，指示灯 VD_1 灭、VD_2 亮；当加湿器储水箱中的水位高于最高位（Max）或低于最低位（Min）时，指示灯 VD_1 亮、VD_2 灭。为了实现该功能，虚线框中的逻辑电路应为（　　）。

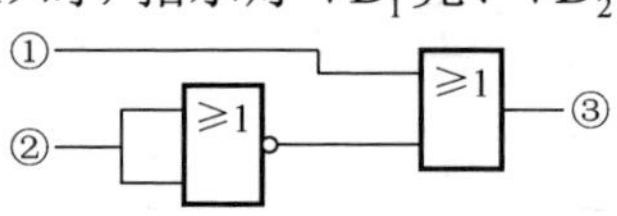

A.

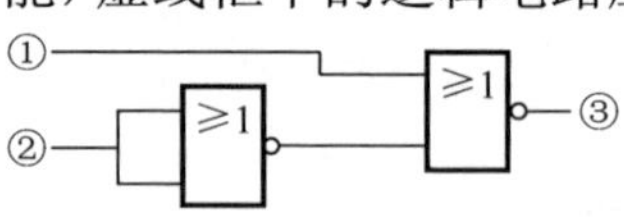

B.

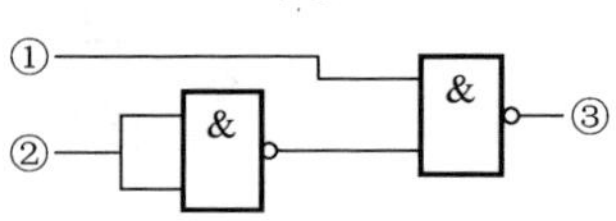

C.

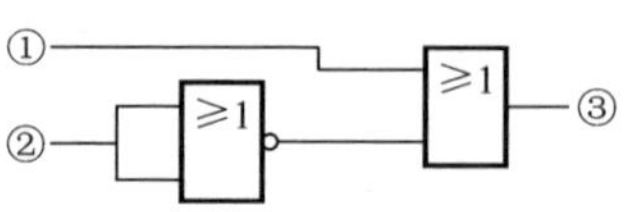

D.

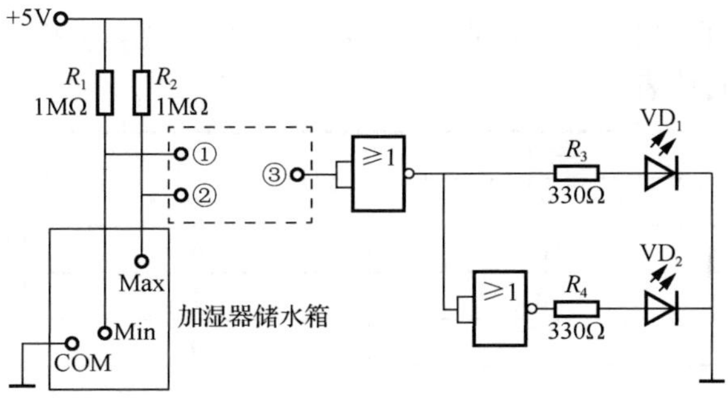

第 11 题图

12．在如图所示的表决电路中，评委表决通过，输入高电平，否则输入低电平。两名评委都表决通过时，VD_1 亮，VD_2 不亮；两名评委都不通过时，VD_1 不亮，VD_2 不亮；两名评委意见不一致时，VD_1 不亮，VD_2 亮。若 VD_2 亮，则须提交评委会仲裁。为实现该功能，虚线框内选用的单个逻辑门应是（　　）。

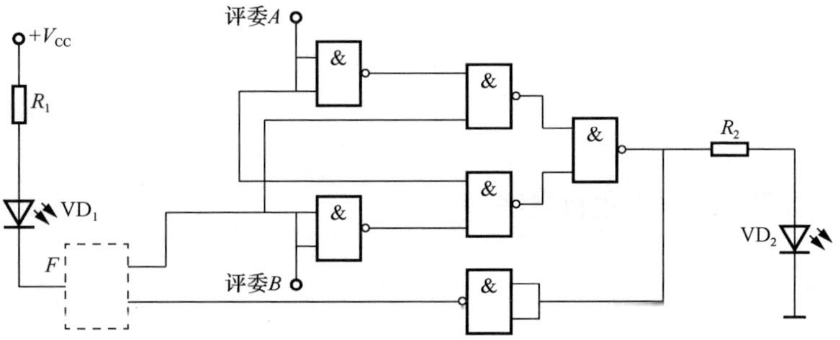

第 12 题图

A．与门　　　　B．或门　　　　C．与非门　　　　D．或非门

13．如图所示是某电视选秀节目用三人表决器的电路示意图。比赛设有三名评委，分别为评委甲、乙、丙，分别控制电键 A、B、C（电键为双刀式）。比赛规定，只有当两名或两名以上评委认可（闭合电键）时，指示灯才会点亮，表示该选手晋级成功。请完成以下任务。

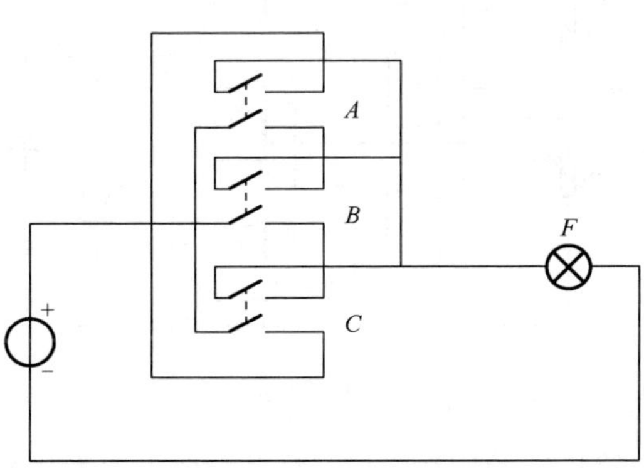

第 13 题图

（1）设 F 为指示灯，“1”表示灯点亮，“0”表示灯不亮。电键 A、B、C 闭合为“1”，打开为“0”。请填写真值表。

输入			输出
A	B	C	F
0	0	0	
0	0	1	
0	1	0	
0	1	1	
1	0	0	
1	0	1	
1	1	0	
1	1	1	

（2）根据真值表写出逻辑表达式。

（3）根据逻辑表达式画出逻辑电路。

14．如图所示是小明设计的保温箱温度指示电路。图中 R_{t1} 和 R_{t2} 是负温度系数热敏电阻，R_{t1} 用于检测上限温度，R_{t2} 用于检测下限温度，请完成以下任务。

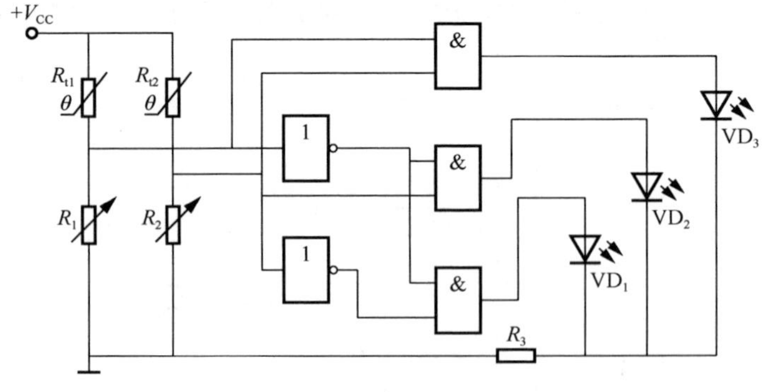

第 14 题图

（1）现要提高指示电路指示的醒目程度，将控制要求改为如表所示。请你帮助小明根据控制要求，将虚线框内的电路连接完整。

控制要求

输入	输出
保温箱内的温度低于下限值	发光二极管VD_1亮
保温箱内的温度在下限值与上限值之间	发光二极管VD_1、VD_2亮
保温箱内的温度高于上限值	发光二极管VD_1、VD_2、VD_3亮

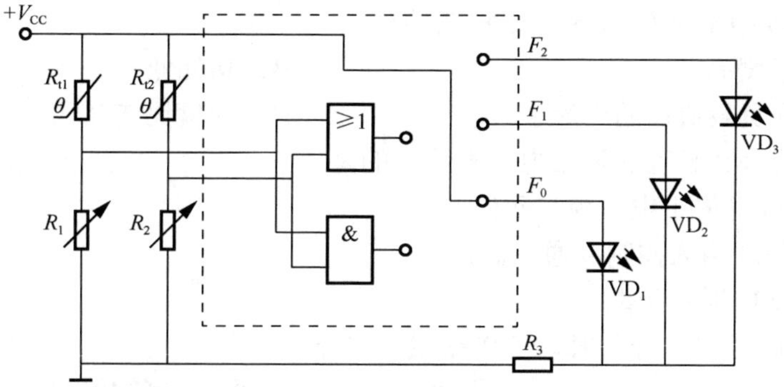

（2）小明要对电路增加报警功能，当保温箱内的温度低于下限值（VD_1亮）或高于上限值（VD_1、VD_2、VD_3都亮）时，有源蜂鸣器 HA 发出报警声，请你帮助小明根据要求在虚线框中补画一个门电路，并与电路连接。

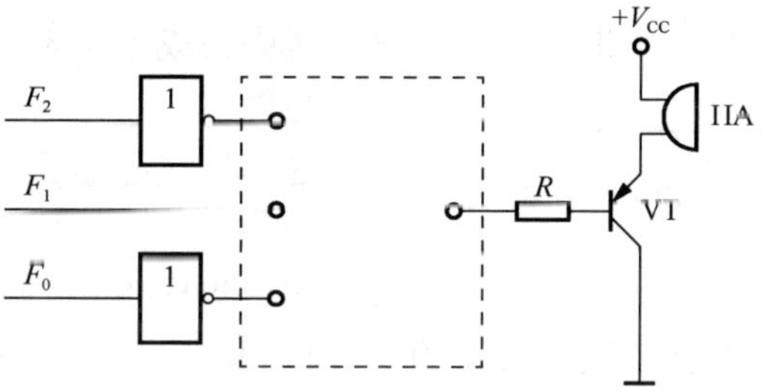

数字集成电路

1．下列选项中不是 CMOS 电路特点的是（　　）。

A．集成度高　　B．功耗低

C．允许负载流过的电流小　　D．速度比 TTL 电路快

2．下列关于 MOS 管的说法中，不恰当的是（　　）。

A．MOS 管属于电压控制元件

B．栅极 G 用来控制导通与截止

C．漏极 D 通常接地

D．MOS 管作为开关时，工作在截止与导通状态

3．下列关于如图所示的数字集成电路的说法中正确的是（　　）。

A．这块集成电路表示的逻辑关系是四二输入与非门

B．这块集成电路表示的逻辑关系是四二输入与门

C．这块集成电路表示的逻辑关系是二四输入与门

D．这块集成电路的类型为 CMOS 管

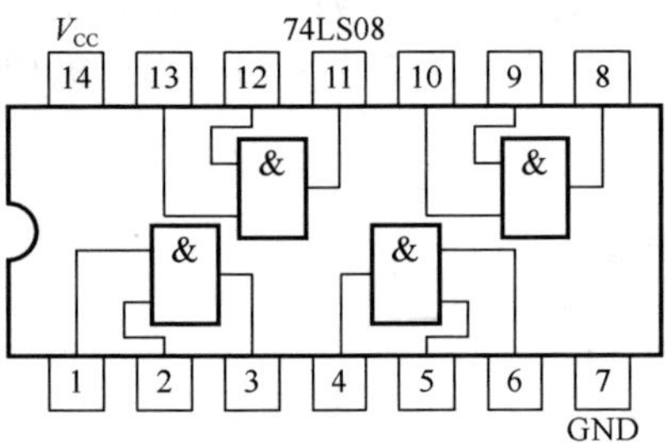

第 3 题图

4．数字集成电路有多种类型，常用的有 TTL 和 CMOS 两种。如图所示为某集成门电路的实物图及逻辑门引脚图。关于该类型的集成电路，下列说法中不正确的是（　　）。

A．在 5V 电源电压下工作

B．用普通三极管构成

C．该集成电路为二四输入或门

D．通常不能与另一种常用类型的集成电路在同一电路中使用

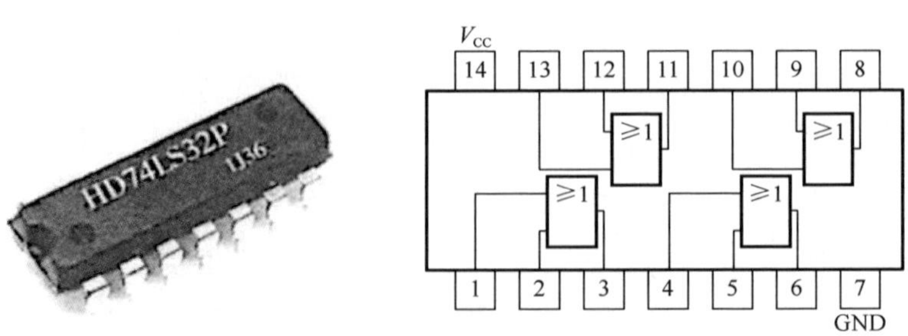

第 4 题图

5．如图所示是小明用集成逻辑门电路设计的水质探测仪，用探头检测水的纯净度，根据指示灯的亮灭情况可推测水质情况。已知纯净的水电阻很大，有杂质的水电阻很小。下列分析中不正确的是（　　）。

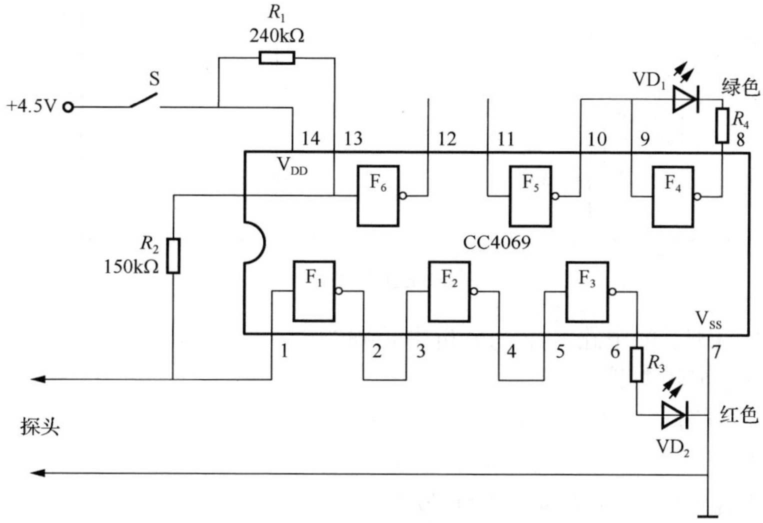

第 5 题图

A．小明选用的这块集成电路为 CMOS 型

B．当水质非常纯净时，红灯亮，绿灯不亮

C．红灯和绿灯可能同时亮

D．该集成电路实现了模拟信号与数字信号的转换

6．如图所示是电子元器件引脚示意图，其中能实现非门逻辑功能的有（　　）个。

A．3　　　B．4　　　C．5　　　D．6

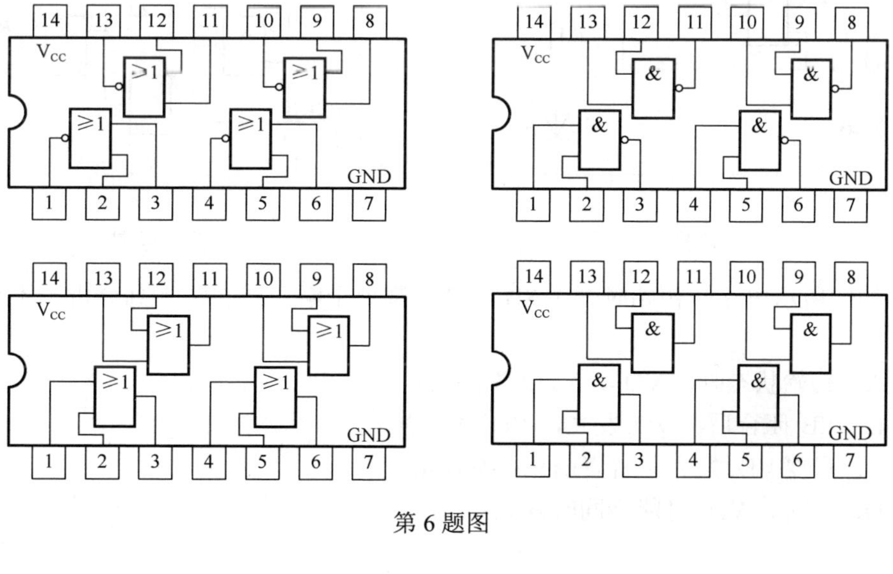

第 6 题图

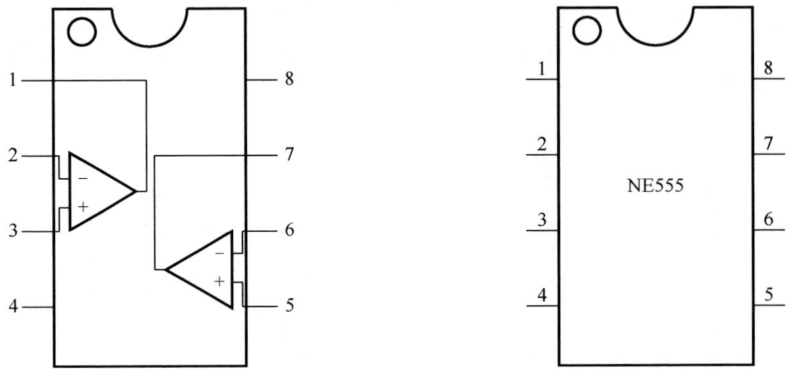

第 6 题图（续）

7．根据如图所示的电路，下列分析中正确的是（　　）。

A．VD_2 始终不发光

B．S 断开时，VD_1 不发光，VD_2 发光

C．S 断开时，VD_1 发光，VD_2 不发光

D．S 闭合时，VD_1 发光，VD_2 发光

8．根据如图所示的电路，下列分析中不正确的是（　　）。

A．S_1 接地，S_2 接电源，VD 发光　　B．S_1 接地，S_2 接地，VD 不发光

C．S_1 接电源，S_2 接地，VD 发光　　D．S_1 接电源，S_2 接电源，VD 发光

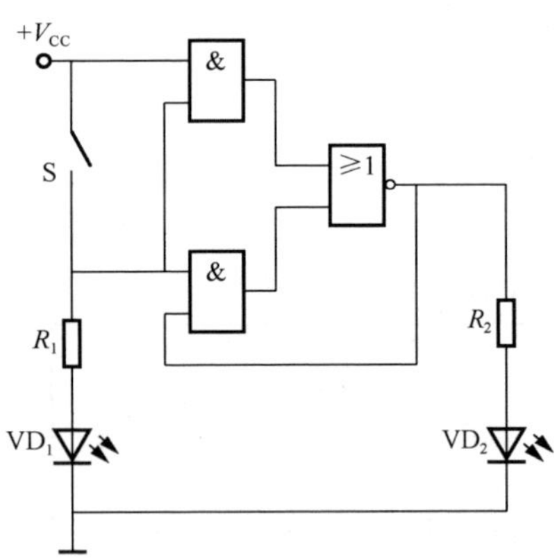

第 7 题图

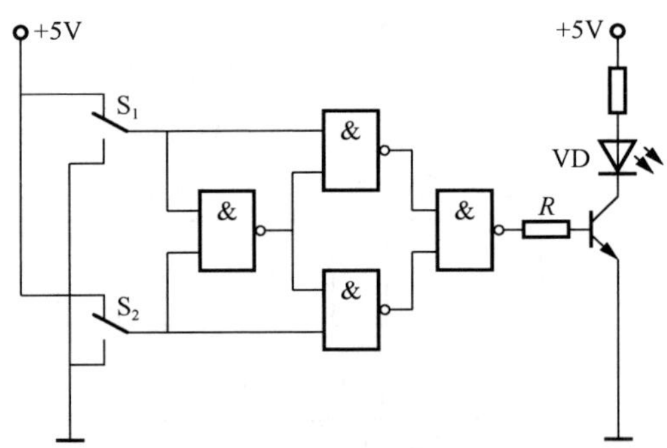

第 8 题图

9．如图所示电路，初始时开关 SB_1、SB_2 都处于断开状态，下列分析中不正确的是（　　）。

A．初始状态时，VD_1、VD_2 都不发光

B．SB_1 闭合后，VD_1 发光，VD_2 不发光

C．只要 VD_2 发光，就表明 SB_2 被首先按下

D．VD_1、VD_2 可能会同时发光

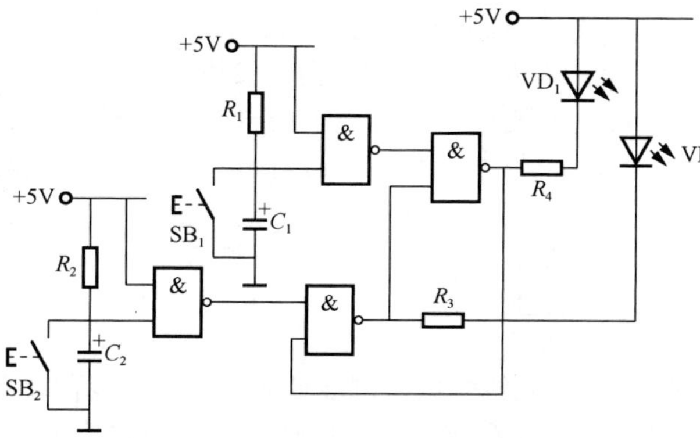

第 9 题图

10．如图所示为光控灯实验电路，SB 被按下时接通，松开后断开。下列分析中正确的是（　　）。

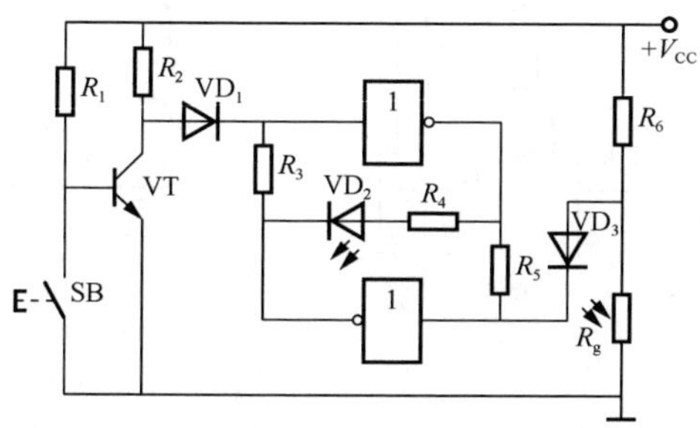

第 10 题图

A．光线足够强，按下 SB 时 VD_2 发光，松开 SB 时 VD_2 不发光

B．光线足够暗，按下 SB 时 VD_2 不发光，松开 SB 时 VD_2 发光

C．SB 松开且 VD_2 不发光时，光线变化不会改变 VD_2 的发光情况

D．VD_2 发光时，按下 SB 不会改变 VD_2 的发光情况

11．如图所示为一个光控电路，下列关于该电路的说法中不正确的是（　　）。

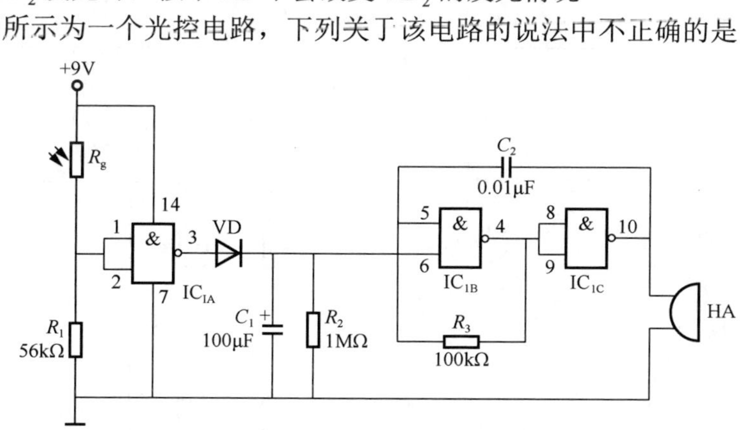

第 11 题图

A．当光敏电阻检测到外界光照弱时，HA 鸣叫报警

B．该电路中的与非门集成电路为 TTL

C．IC_{1B}、IC_{1C}、C_2、R_3 构成振荡电路，当 6 脚输入高电平时，HA 鸣叫报警

D．若将 R_3 减小，则 HA 发出的鸣叫声会更尖锐

12．如图所示是小明设计的蔬菜大棚自动报警电路示意图，R_t 是负温度系数热敏电阻。当光线暗并且温度低于设定值时，蜂鸣器发声报警。为实现上述功能，图中虚线框处应选用的逻辑门是（　　）。

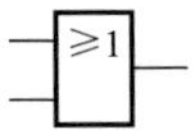

A.

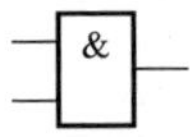

B.

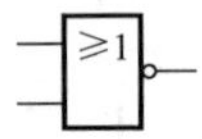

C.

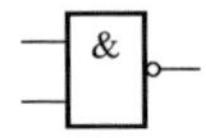

D.

13．如图所示电路，要求在光线强或者湿度低时，发光二极管发光，请在虚线框中利用一块集成电路实现上述功能。下列选项中，电路连线正确的是（　　）。

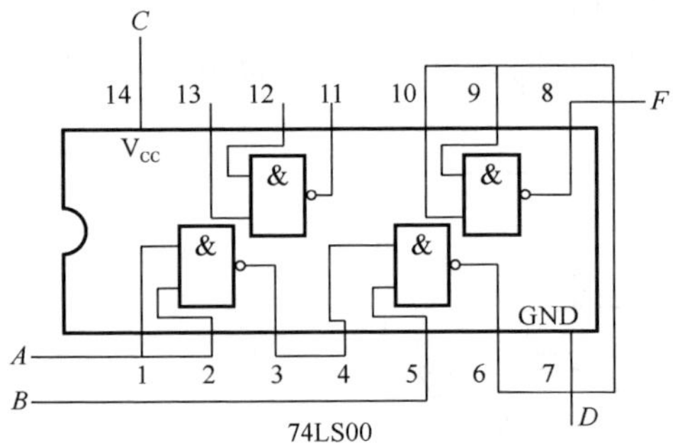
74LS00

A.

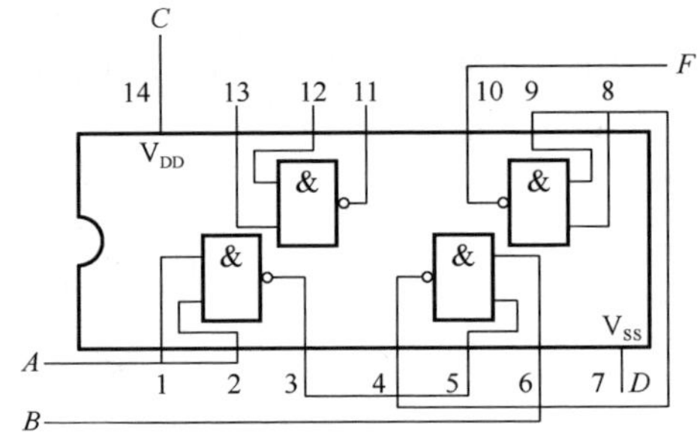
CC4011

B.

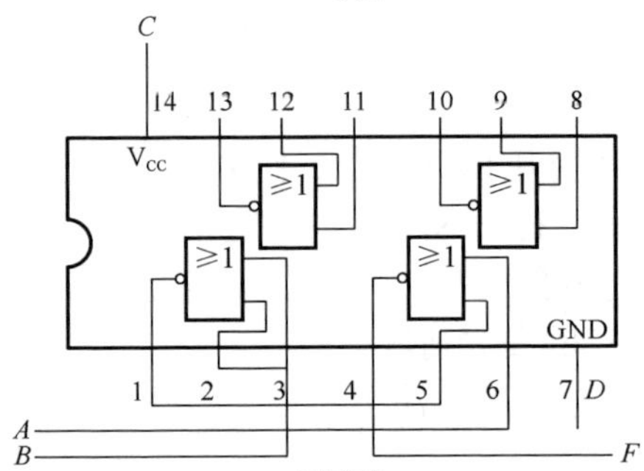
74LS02

C.

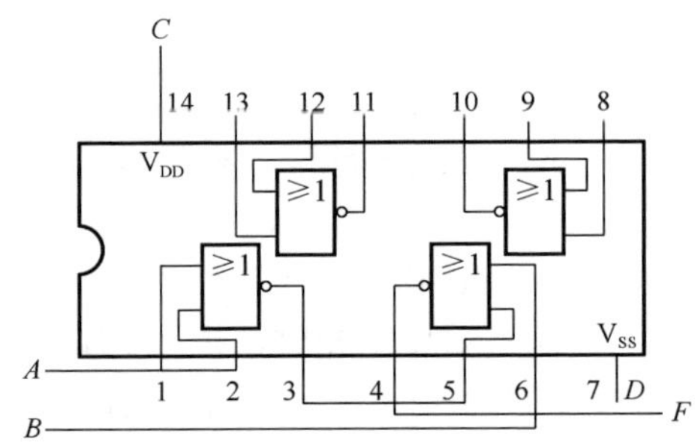
CC4011

D.

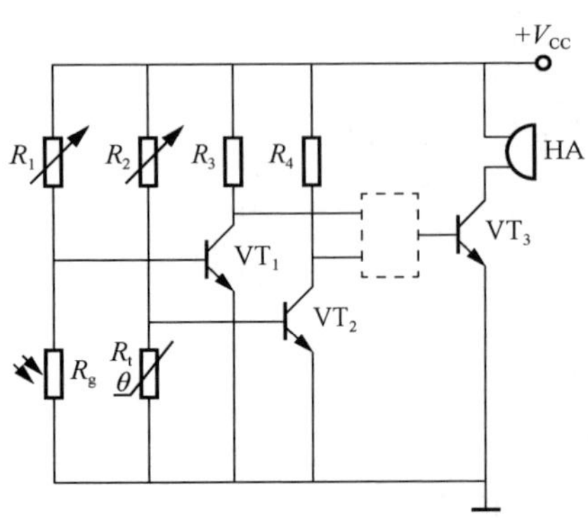

第 12 题图

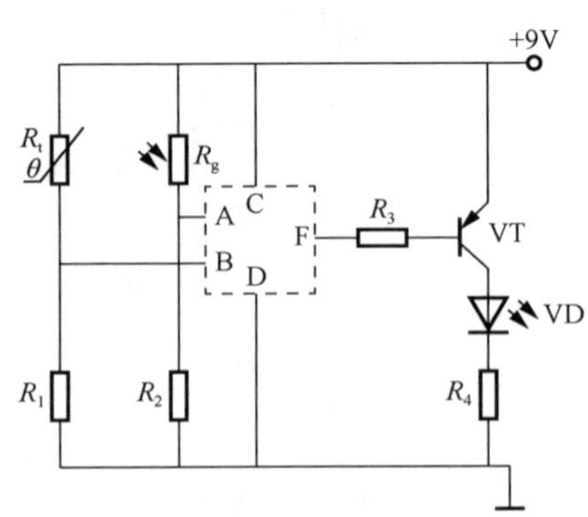

第 13 题图

如图所示是一盏声控灯的电路图，在晚上有声音时灯亮，白天无论有没有声音灯都不亮。根据电路图及描述，完成第 14～15 题。

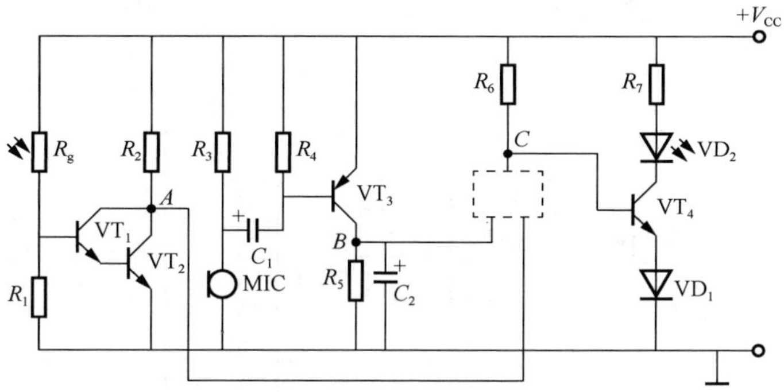

第 14～15 题图

14．白天且有人经过这盏灯时，A、B、C 点的电位分别为（　　）。

A．A=0、B=1、C=1　　B．A=0、B=1、C=0

C．A=1、B=0、C=1　　D．A=1、B=1、C=0

15．C 点与 A 点、B 点之间只能选择一块集成电路（虚线框处）进行连接，下列集成电路中可以选择的是（　　）。

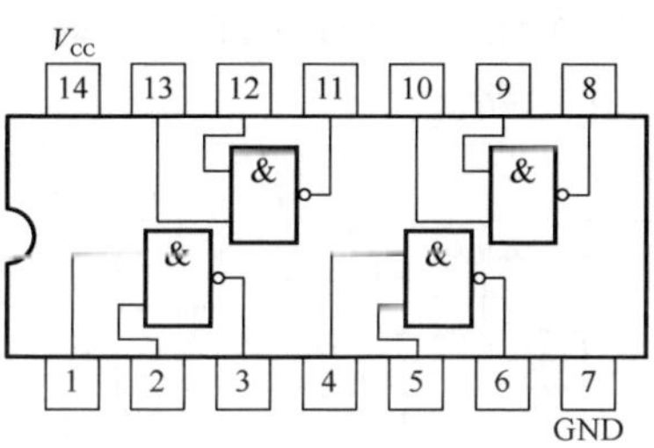

①

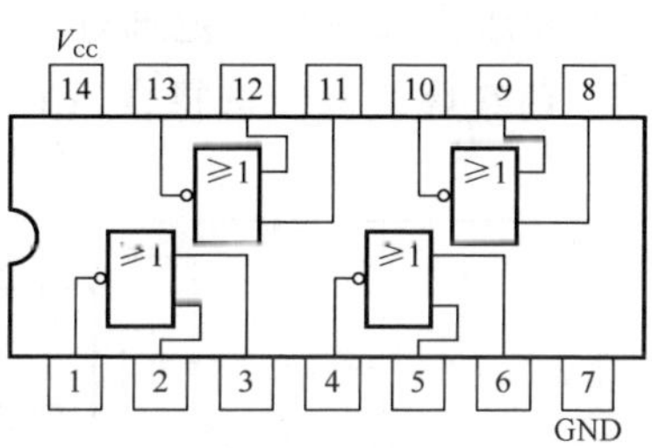

②

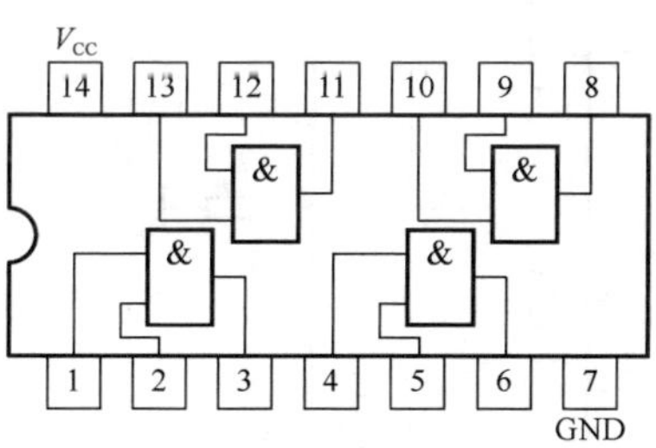

③

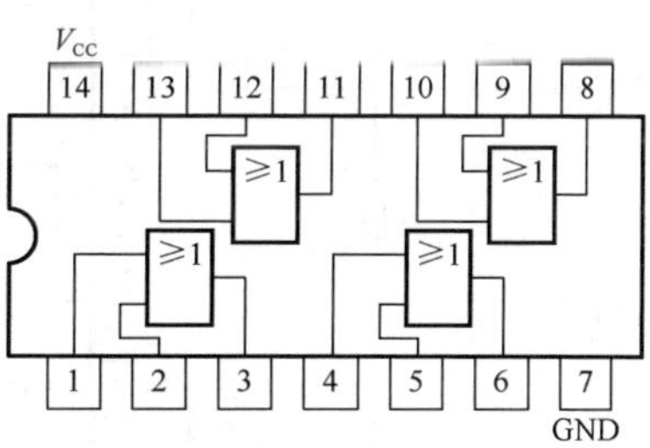

④

A．③　　B．①③　　C．①③④　　D.①②③

16．如图所示是一个简易报警电路，当负温度系数热敏电阻检测到温度高于设定值或压力传感器检测到压力高于设定值时，蜂鸣器发出报警声。其中，压力传感器由滑动变阻器和弹簧组成，当压力较小时，弹簧压缩量较小，滑片在滑动变阻器上方；当压力变大时，弹簧压缩量增加，滑片向下滑动。请完成以下任务。

（1）测试电路时发现温度已到达设定值，但是蜂鸣器仍未报警，以下调节措施中合理的是________（在“A．增大 R_2 的阻值；B．减小 R_2 的阻值；C．增大 R_{P2} 的阻值；D．减小 R_{P2} 的阻值”中选择合适的选项，将序号填入“________”处）。

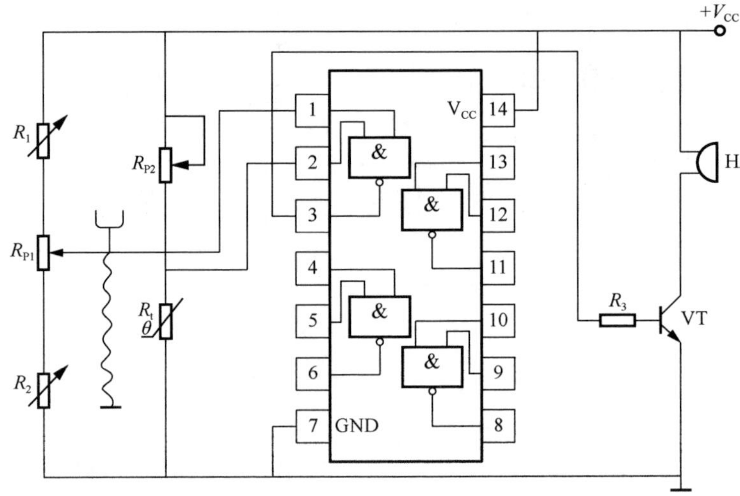

第 16 题图

（2）当温度和压力都在设定范围时，需增加灯光提示功能，现有一个绿色发光二极管和一个电阻器，请在虚线框内选择合适的端子连接电路。

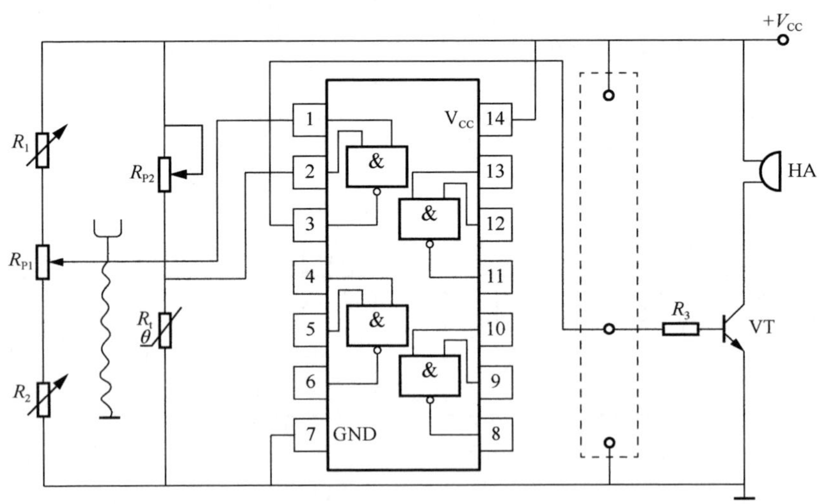

（3）现需要改变装置功能，设计为当负温度系数热敏电阻检测到温度低于设定值并且压力传感器检测到压力低于设定值时，蜂鸣器发出报警声。请使用一块集成电路实现该功能，以下最方便且合适的集成电路是________（在“A．CT74LS02；B．CT74LS20；C．CT74LS04”中选择合适的选项，将序号填入“________”处）。

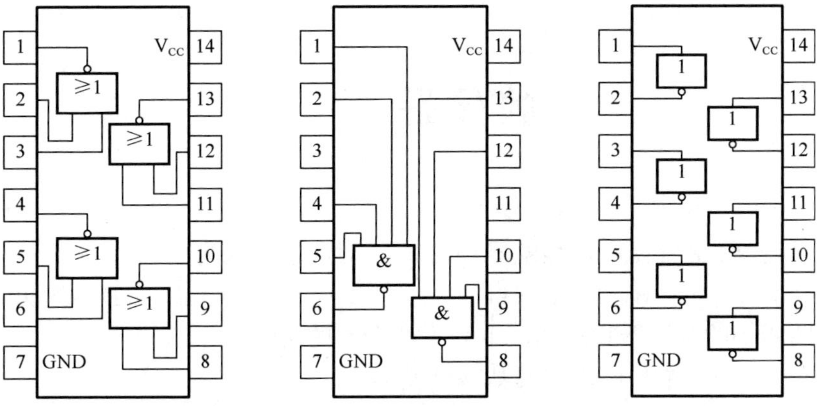

A．CT74LS02　　B．CT74LS20　　C．CT74LS04

（4）使用一段时间后，集成电路损坏了，现改成如图所示的电路，要求实现当负温度系数热敏电阻检测到温度高于设定值并且压力传感器检测到压力高于设定值时，蜂鸣器发出报警声的功能。请在虚线框内将电路图补充完整。

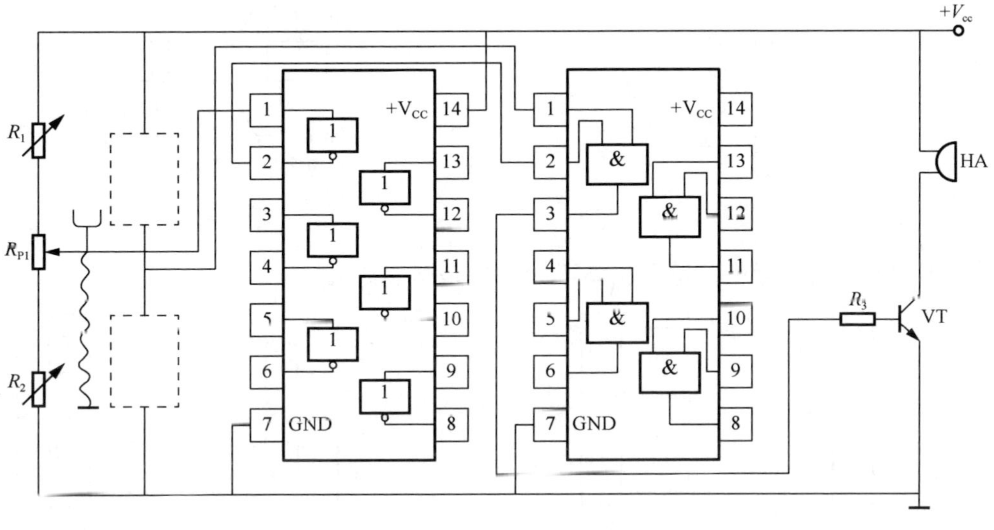

触发器 1

1．如图所示为 RS 触发器，当触发器 Q=1 时，对应的输入为（　　）。

A．S=1，R=0　　B．S=0，R=1　　C．S=0，R=0　　D．无法确定

2．观察如图所示的触发器状态图，下列说法合理的是（　　）。

A．这是一个由两个与门构成的基本触发器

B．当前状态为保持状态

C．之前的状态为置 0 状态

D．若要 Q 端为低电平，则 $\overline{R}$=0，$\overline{S}$=1

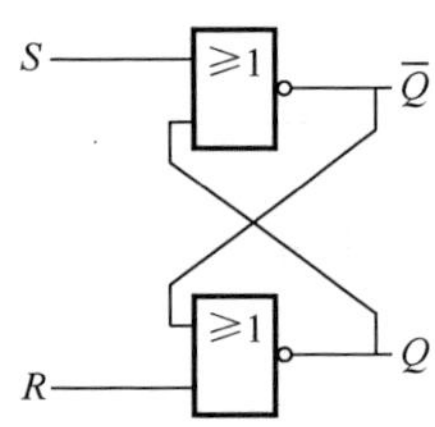

第 1 题图

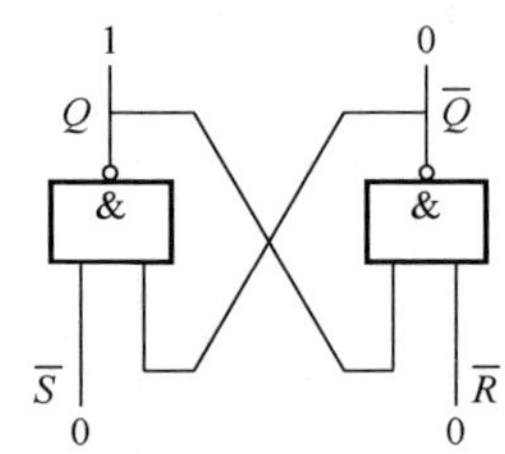

第 2 题图

3．下列基本触发器中，输入状态不允许的是（　　）。

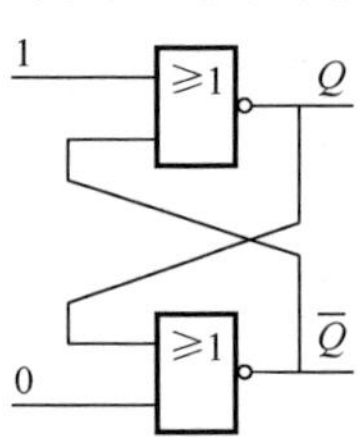

A.

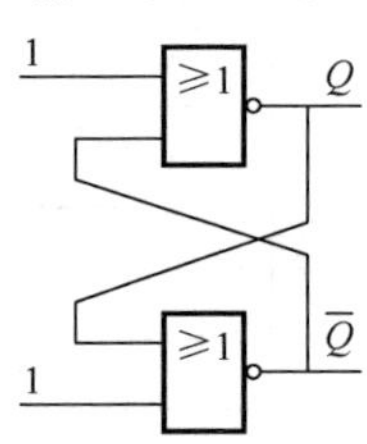

B.

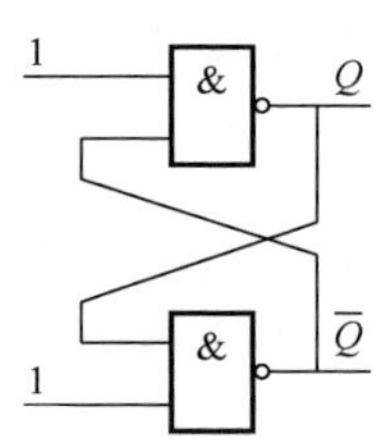

C.

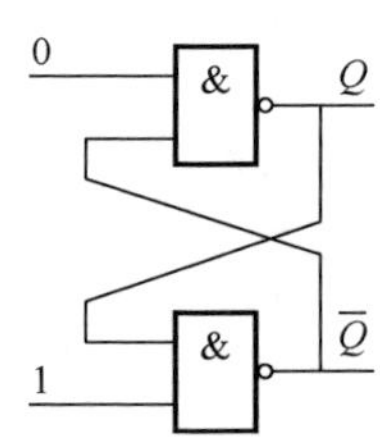

D.

4．下列选项中为与非门触发器的功能表的是（　　）。

A.

$\overline{S}$	$\overline{R}$	Q	$\overline{Q}$
0	0	保持	
0	1	0	1
1	0	1	0
1	1	不使用	

B.

$\overline{S}$	$\overline{R}$	Q	$\overline{Q}$
0	0	不使用	
0	1	1	0
1	0	0	1
1	1	保持	

C.

$\overline{S}$	$\overline{R}$	Q	$\overline{Q}$
0	0	保持	
0	1	1	0
1	0	0	1
1	1	不使用	

D.

$\overline{S}$	$\overline{R}$	Q	$\overline{Q}$
0	0	不使用	
0	1	0	1
1	0	1	0
1	1	保持	

5．如图所示，用与非门构成的基本 RS 触发器处于置 1 状态时，其输入信号 $\overline{R}$、$\overline{S}$ 应为（　　）。

A．$\overline{R}\,\overline{S}$=10　　B．$\overline{R}\,\overline{S}$=00　　C．$\overline{R}\,\overline{S}$=11　　D．$\overline{R}\,\overline{S}$=01

6．如图所示为基本触发器，在我们观察的时刻之前，曾加过高电平“1”的那一端是（　　）。

A．S 端　　B．R 端　　C．$\overline{Q}$ 端　　D．Q 端

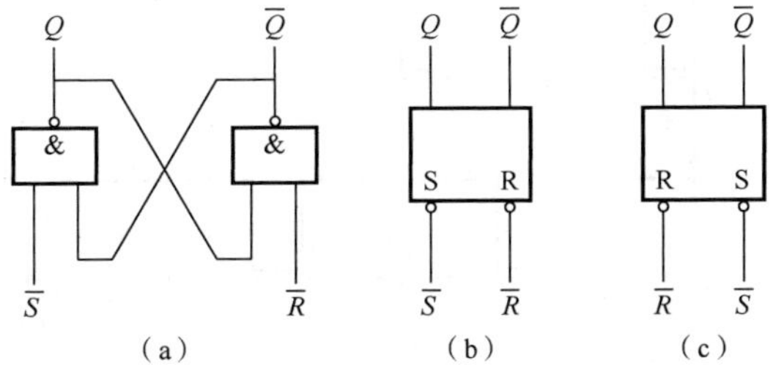

第 5 题图

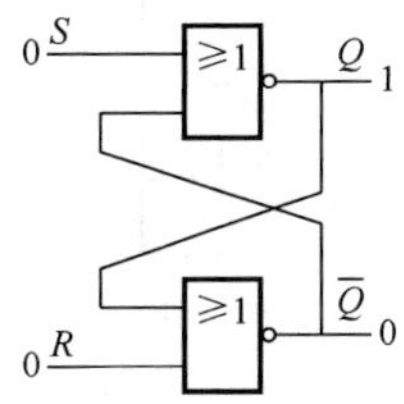

第 6 题图

7．如图所示为两个或非门交叉连接构成的基本触发器，下列说法中错误的是（　　）。

A．触发器是数字电路中能将二进制数据记住的基本单元电路

B．任何触发器都有两个输入端和两个输出端，正常情况下 S 为置位端或置 1 端，R 为复位端或置 0 端，两个输出端总是反相

C．触发器两个输入端都加触发信号（高电平）时，触发器的输出状态与两个输入端都不加触发信号（低电平）相同

D．输入端无论置 1 还是置 0，当触发信号结束（S、R 都是低电平）后，基本触发器的状态保持不变，即具有记忆作用

8．如图所示电路，初始状态输入 Y=1、X=0、Z=1，接下来输入的状态是 Y=0、X=0、Z=1，最后输入的状态是 Y=0、X=0、Z=0，这三种状态对应的 Q 输出分别是（　　）。

A．000　　B．001　　C．010　　D．111

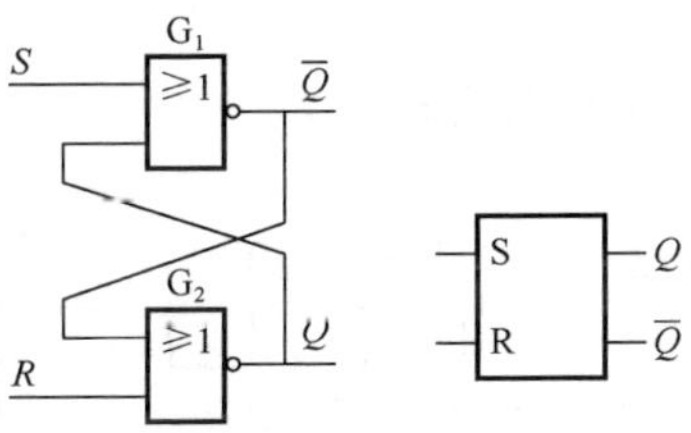

第 7 题图

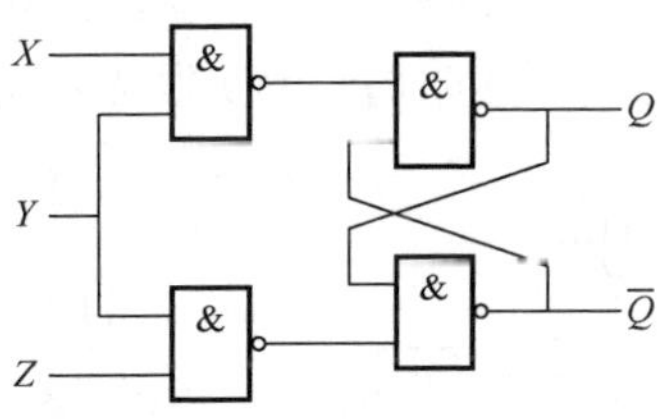

第 8 题图

9．如图所示电路，初始状态 S 断开，下列关于该电路的分析中，正确的是（　　）。

A．初始状态时，VD 发光

B．S 闭合时，VD 不发光

C．不管 S 闭合还是断开，VD 都发光

D．该电路的或非门触发器无法工作在保持状态

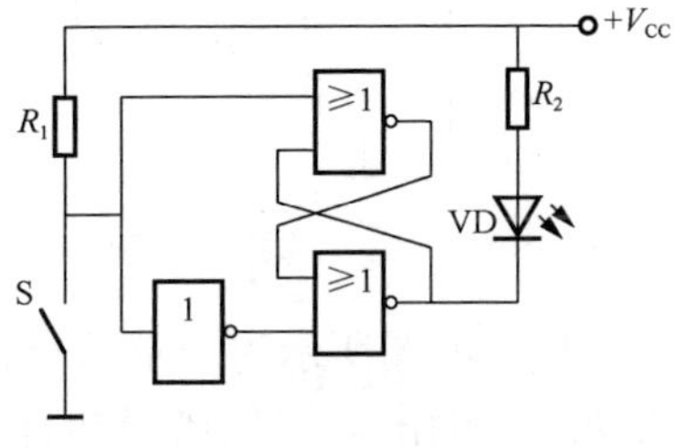

第 9 题图

10. 如图（a）所示是由两个与非门组成的基本 RS 触发器电路，当输入端加载如图（b）所示的信号时，在 0～12s 时间段内，VD 点亮的总时长约为（　　）。

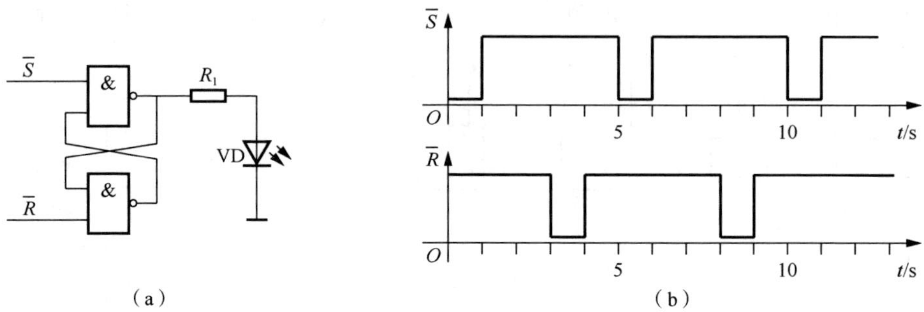

第 10 题图

A. 3s　　B. 8s　　C. 9s　　D. 11s

11. 如图所示是小明设计的光控电路图，针对该电路，下列关于发光二极管状态的说法中，正确的是（　　）。

A. 发光二极管白天一定不亮，晚上一定亮

B. 发光二极管白天一定亮，晚上一定不亮

C. 发光二极管晚上肯定亮

D. 发光二极管白天肯定不亮

12. 如图所示电路，SB 为按钮，初始状态 VD 不发光。下列关于该电路的说法中正确的是（　　）。

A. 该电路为光控路灯电路，光线暗时 VD 发光，反之不发光

B. 光线亮时，VT 截止，VD 不发光

C. 光线暗时，VT 导通，VD 发光

D. 光线暗时，VD 发光；光线亮时，VD 仍保持发光状态

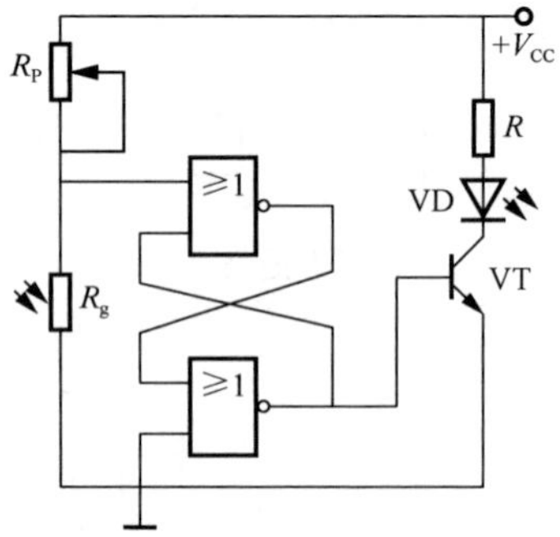

第 11 题图

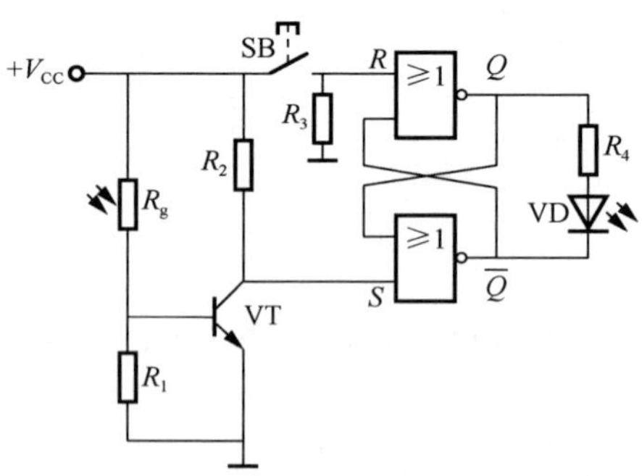

第 12 题图

13. 如图所示为一个组合逻辑电路，输入端 A、B 按顺序输入①②③④四组信号，如表所示，输出端 F 的错误共有（　　）处。

A. 1　　B. 2　　C. 3　　D. 4

14．如图所示电路，两个三极管都工作在开关状态。当发光二极管 VD_1 不发光，VD_2 发光时，A、B 的输入情况是（　　）。

A．A 输入 0，B 输入 0　　　　B．A 输入 0，B 输入 1

C．A 输入 1，B 输入 0　　　　D．A 输入 1，B 输入 1

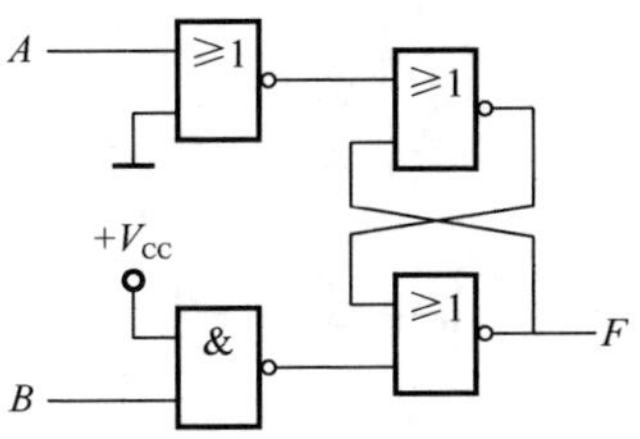

第 13 题图

第 13 题表

信号	输入		输出
	A	B	F
①	1	0	0
②	0	1	0
③	1	1	1
④	1	0	0

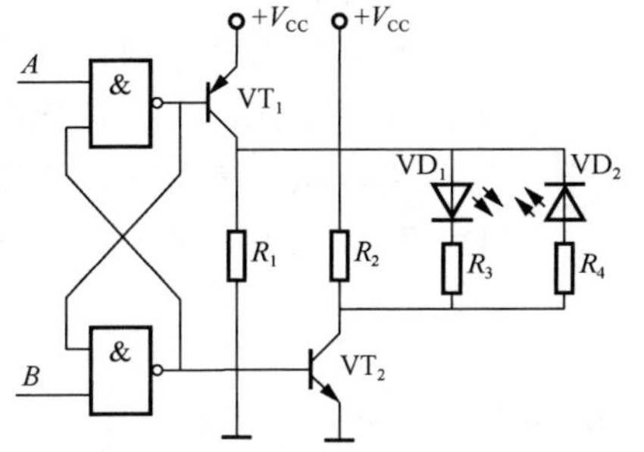

第 14 题图

15．如图所示是光控指示灯电路，已知开关 S 是电键，按下后会自动弹起，初始状态 VD_1 点亮，VD_2 熄灭，下列关于该电路的说法中正确的是（　　）。

A．当光线变暗时，VD_1 逐渐变暗，VD_2 逐渐变亮

B．当光线变亮时，VD_1 熄灭，VD_2 点亮

C．光线亮，按下并松开电键 S 后，VD_1 点亮，VD_2 熄灭

D．光线暗，按下并松开电键 S 后，VD_1 逐渐变暗，VD_2 逐渐变亮，并保持这一状态

16．如图所示电路，下列分析中正确的是（　　）。

A．SB_1 闭合、SB_2 断开，蜂鸣器不发声

B．按下 SB_2 后断开，再按下 SB_1 后断开，蜂鸣器发声

C．SB_1 闭合、SB_2 闭合，蜂鸣器发声

D．按下 SB_1 后断开，再按下 SB_2 后断开，蜂鸣器发声

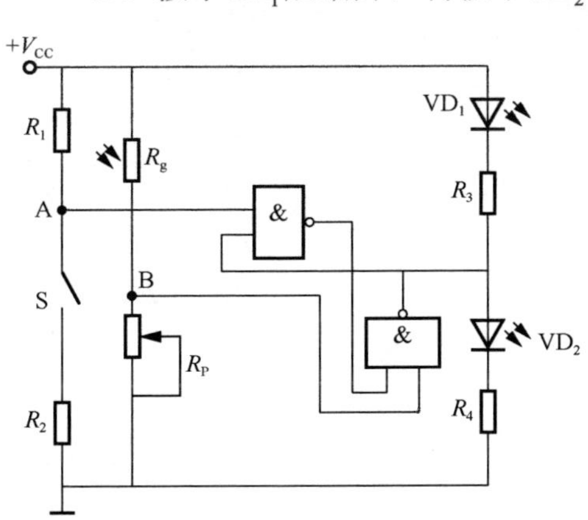

第 15 题图

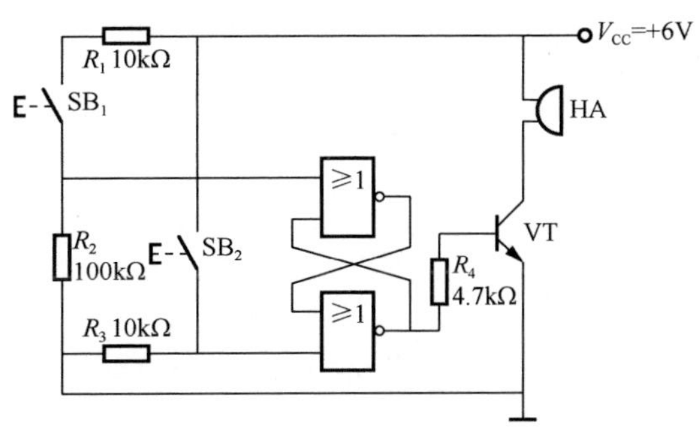

第 16 题图

17．如图所示电路中，三极管 VT 工作于开关状态，S_1、S_2 闭合后，再断开 S_1。关于发光二极管的状态，下列分析中正确的是（　　）。

A．VD_1 发光，VD_2 发光　　　　B．VD_1 不发光，VD_2 发光

C．VD_1 发光，VD_2 不发光　　　D．VD_1 不发光，VD_2 不发光

18．分析如图所示的电路，下列说法中正确的是（　　）。

A．S_1、S_2 都闭合时，先断开 S_2，再断开 S_1，则 VD_1 亮，VD_2 不亮

B．S_1、S_2 都闭合时，先断开 S_2，再断开 S_1，则 VD_1 不亮，VD_2 亮

C．S_1、S_2 都断开时，先闭合 S_2，再闭合 S_1，则 VD_1 亮，VD_2 不亮

D．S_1、S_2 都断开时，先闭合 S_2，再闭合 S_1，则 VD_1 不亮，VD_2 亮

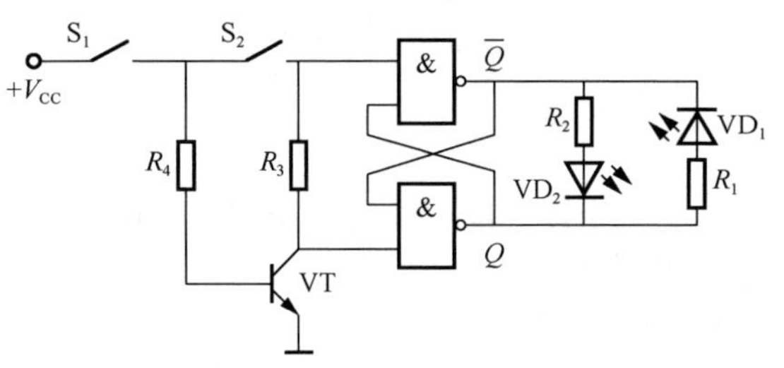

第 17 题图

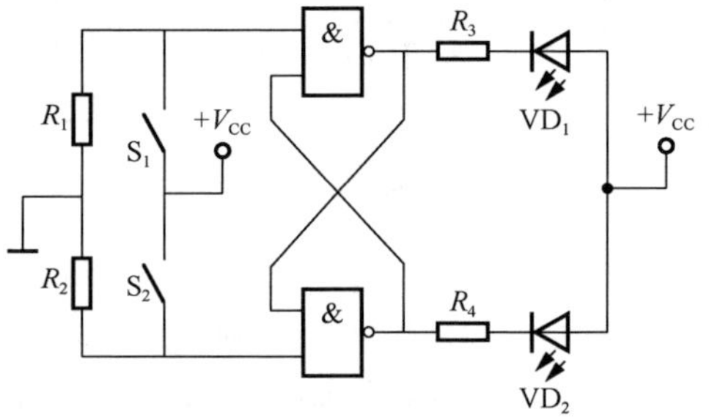

第 18 题图

19．如图所示为基本触发器，请用 CC4001 集成电路进行连接。

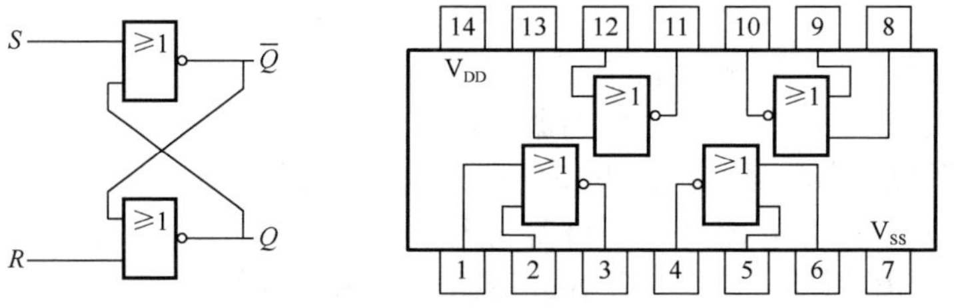

第 19 题图

触发器 2

1．下列关于如图所示电路的分析中，正确的是（　　）。

A．S 断开时 VD 不发光，S 闭合时 VD 发光

B．S 断开时 VD 发光，S 闭合时 VD 不发光

C．不管 S 闭合还是断开，VD 都发光

D．因为电路的初始状态未知，所以不能确定 VD 是否发光

2．如图所示是小明在实验室中建立的电路图，下列分析中正确的是（　　）。

A．按下 SB，当光线变暗时，VD_1 灯亮，VD_2 灯灭

B．按下 SB，当光线由暗变亮后，VD_1 灯亮，VD_2 灯灭

C．在光线暗的情况下，VD_1 灯灭，VD_2 灯亮

D．在光线亮的情况下，VD_1 灯亮，VD_2 灯灭

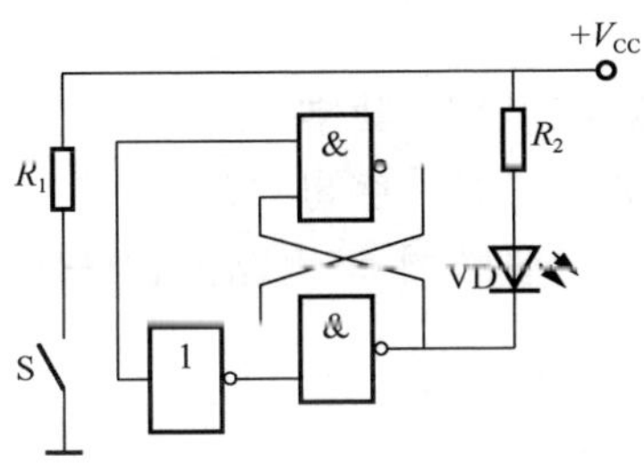

第 1 题图

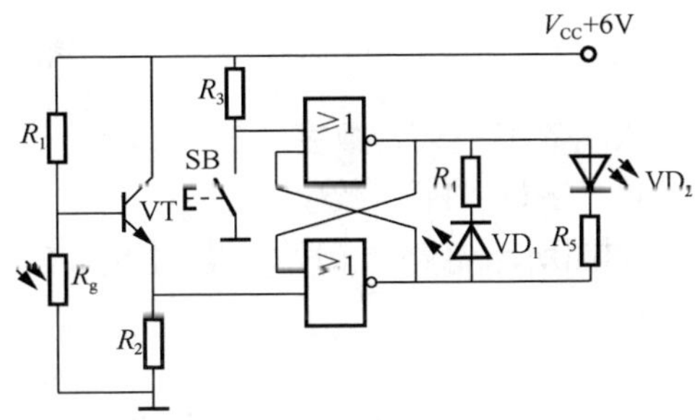

第 2 题图

3．如图所示电路，当按下 S_1 后放开，再按下 S_2 后放开，VD_1 与 VD_2 的状态分别是（　　）。

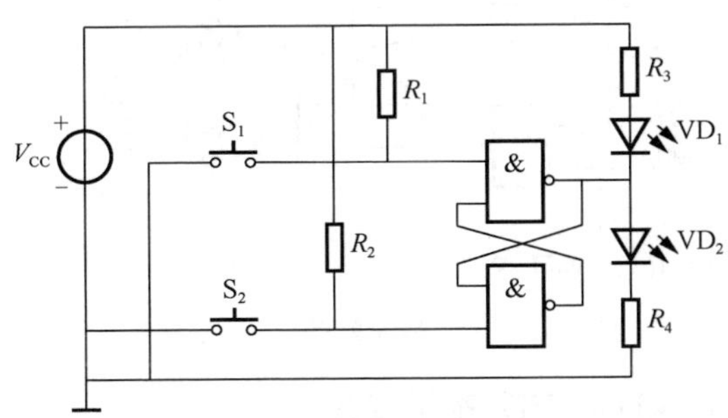

第 3 题图

A．S_1 按下时 VD_1 亮，放开后 VD_1 灭；S_2 按下时 VD_2 亮，放开后 VD_2 灭

B．S_1 按下时 VD_2 亮，放开后 VD_2 灭；S_2 按下时 VD_1 亮，放开后 VD_1 灭

C．S_1按下时VD_1亮，放开后VD_2亮、VD_1灭；S_2按下时VD_2亮，放开后VD_1亮，VD_2灭

D．S_1按下时VD_2亮，放开后继续亮；S_2按下时VD_1亮，放开后继续亮

4．如图（b）所示，共阴极七段 LED 数码管是分段式半导体显示器件。若数码管的七个发光二极管的阳极连接如图（a）所示且两输入端的输入变化（按时间顺序）如下：初始t_0时刻输入为A=0，B=1；在t_1时刻变为A=0，B=0；在t_2时刻变为A=0，B=1；在t_3时刻变为A=1，B=0；在t_4时刻变为A=0，B=0；最后在t_5时刻变为A=0，B=1。分析电路并判断在t_1～t_2及t_4～t_5这两段时间内，数码管的显示分别是（　　）。

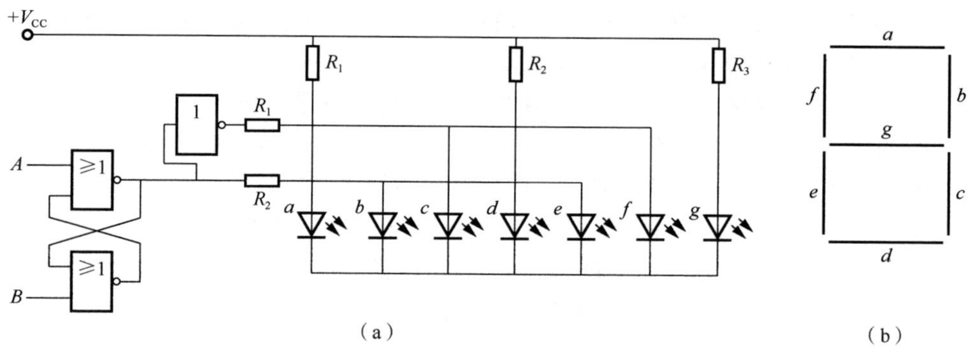

第 4 题图

A．数字“5”、数字“2”　　B．数字“2”、数字“5”

C．字母“E”、数字“3”　　D．数字“3”、字母“E”

5．如图所示电路，初始状态时S_1、S_2都未被按下，下列关于该电路的说法中错误的是（　　）。

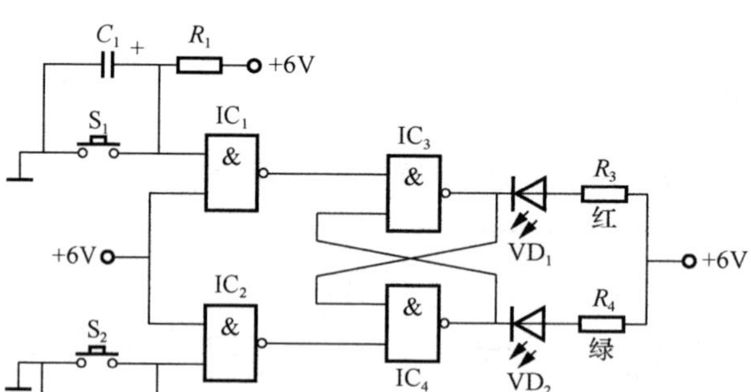

第 5 题图

A．初始状态时，VD_1、VD_2都不发光

B．IC_3和IC_4组成了与非门触发器

C．S_1按下、S_2断开时，红灯亮

D．S_1断开、S_2按下时，红灯亮

6．如图所示的逻辑电路，当 X、Y 分别输入 1、0 时，下列说法中正确的是（　　）。

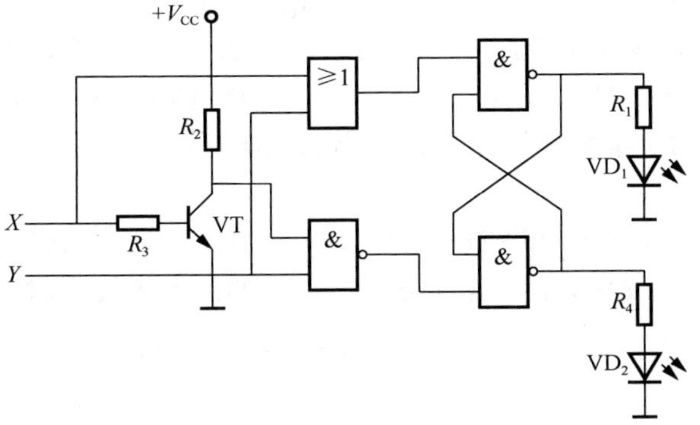

第 6 题图

A．VD_1亮，VD_2亮　　　　B．VD_1亮，VD_2灭

C．VD_1灭，VD_2亮　　　　D．无法确定

7．如图所示为小明设计的由与门和非门构成的逻辑电路，初始时 S_1、S_2 均处于断开状态，三极管 VT_1、VT_2 工作在开关状态，下列分析中正确的是（　　）。

A．S_1、S_2 都闭合后，M_1、M_2 均不转

B．初始状态，M_1 不转，M_2 转

C．S_1 断开、S_2 闭合后，触发器保持原有状态

D．无论哪种状态，M_2 始终不转

8．如图所示电路，先闭合开关 S_2，再闭合开关 S_1，则发光二极管 VD_1、VD_2 的状态分别为（　　）。

A．VD_1亮，VD_2灭　　　　B．VD_1灭，VD_2亮

C．VD_1亮，VD_2亮　　　　D．VD_1灭，VD_2灭

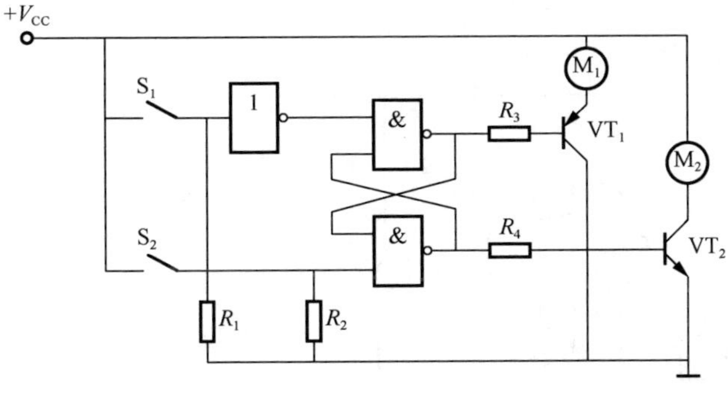

第 7 题图

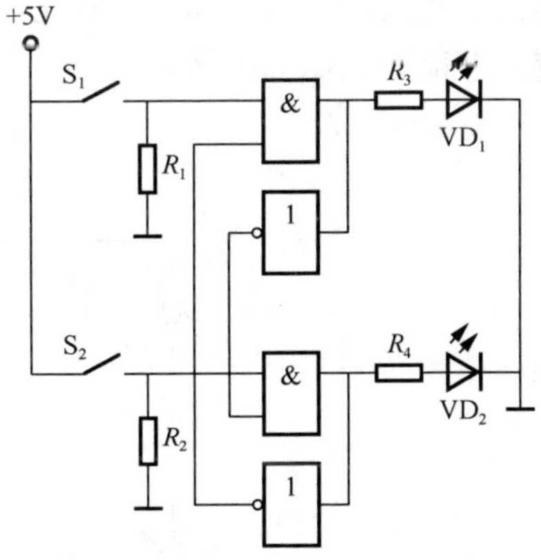

第 8 题图

9．如图所示电路，初始状态时 VD_1 不发光，VD_2 发光。若先按下 S_1 后释放，再按下 S_2 后释放，则下列关于发光二极管的状态分析中正确的是（　　）。

A．VD_1 发光，VD_2 发光　　B．VD_1 发光，VD_2 不发光

C．VD_1 不发光，VD_2 发光　　D．VD_1 不发光，VD_2 不发光

10．小明根据自己所学知识设计了如图所示的电路，下列关于该电路的说法中正确的是（　　）。

A．当光线暗时，VD_1 和 VD_2 都亮　　B．当光线暗时，VD_1 亮，VD_2 灭

C．当光线暗时，VD_1 灭，VD_2 亮　　D．当光线强时，VD_1 和 VD_2 都灭

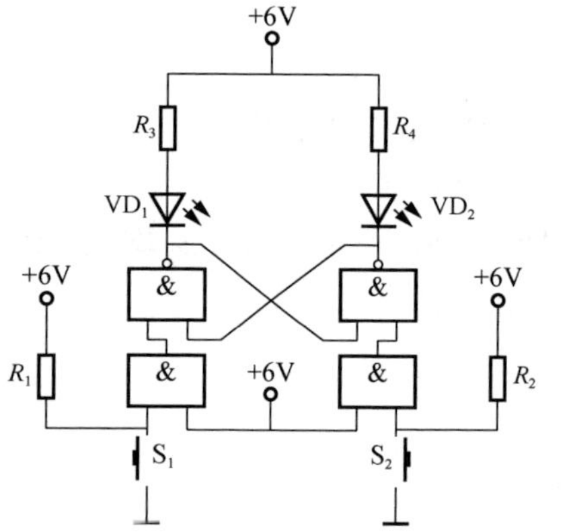

第 9 题图

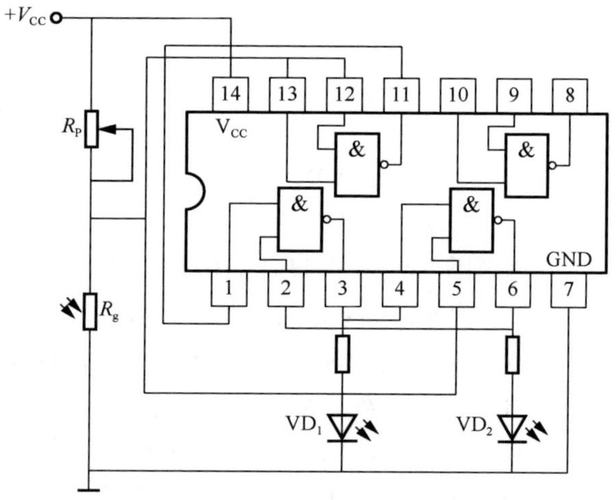

第 10 题图

11．如图所示为小明设计的湿度报警控制电路图，其工作过程为：通过调节 R_5，预先设置下限湿度和上限湿度，当湿度低于下限时，触发器 Q 端输出高电平，蜂鸣器响；当湿度高于上限时，触发器 Q 端输出低电平，蜂鸣器不响。图中湿敏电阻是负系数特性，即湿度越大，其阻值越小。若无基本触发器芯片（CT74LS18），则可用（　　）连接后代替，并能连接以上电路。

A．①　　B．②　　C．③　　D．④

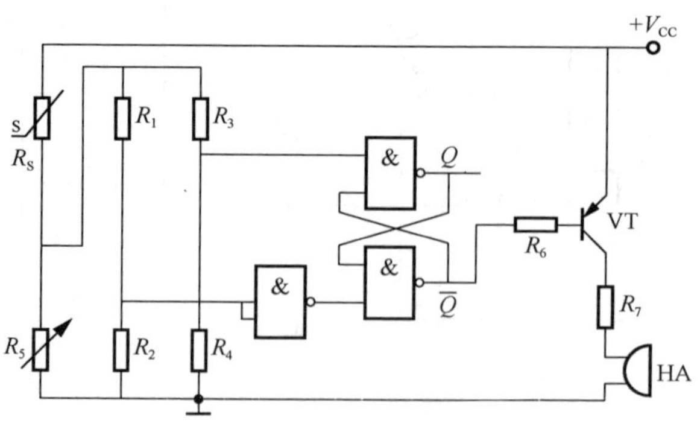

第 11 题图

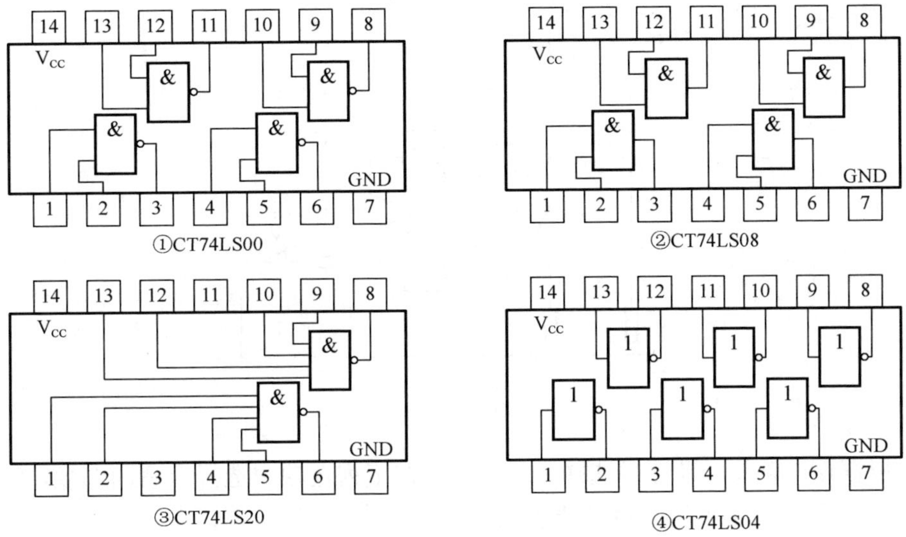

第 11 题图（续）

12．如图所示的温控电路，可将温度保持在 70～80℃，其中 R_{t1} 和 R_{t2} 均为负温度系数热敏电阻。组装时若仅有与非门芯片，则下列虚线框内的替换方案中可行的是（　　）。

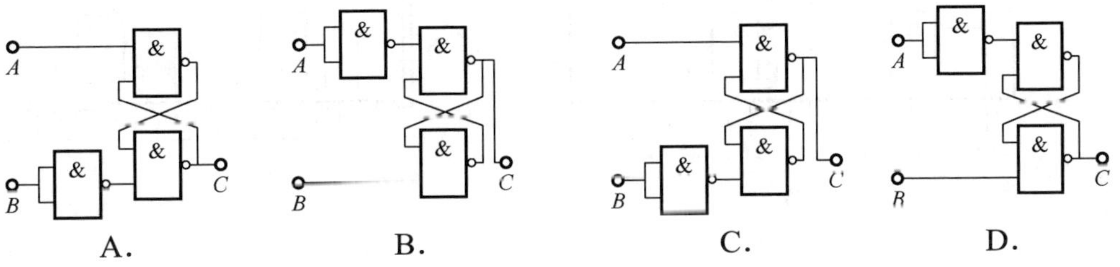

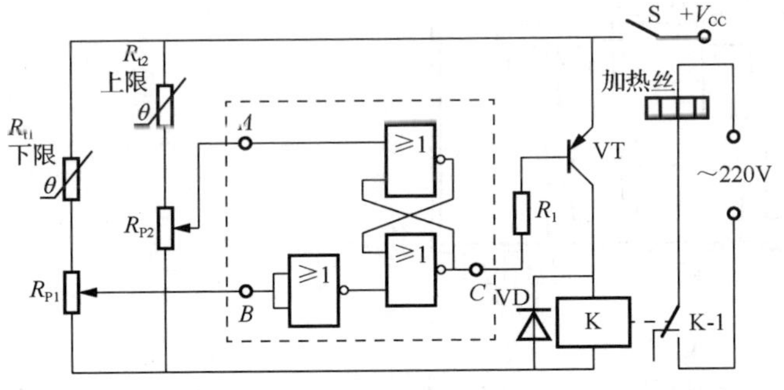

第 12 题图

13．小明根据《电子控制技术》书中所学知识设计了一个如图所示的奶箱提示电路，当送奶工在奶箱中放入牛奶时，按一下按钮 SB_1（按下 SB_1 接通，手抬起断开），指示灯 VD 亮，提醒用户奶箱中已放入牛奶；用户拿走牛奶后，按一下 SB_2，指示灯 VD 灭，说明奶箱中的牛奶已被取走，请完成以下任务。

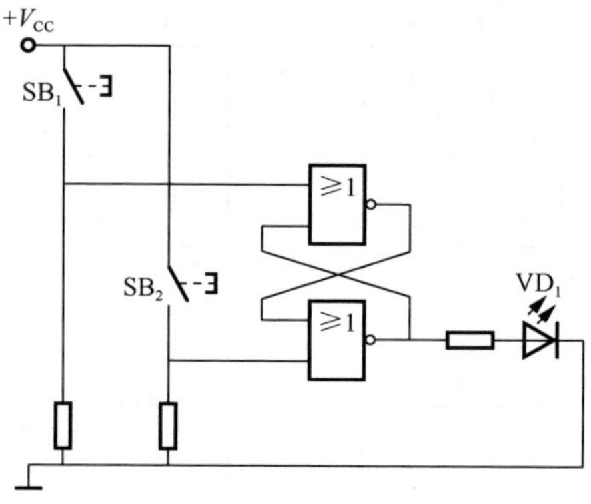

第 13 题图

（1）根据该电路图，设计时选择________（在下列选项中选择合适的选项，将序号填入“________”处）能实现电路设计要求。

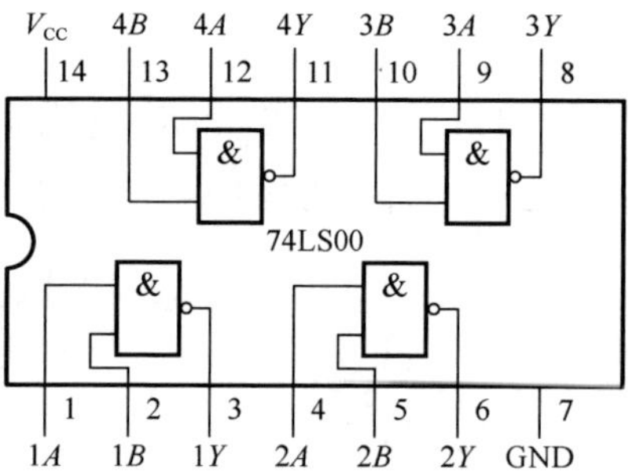

A.

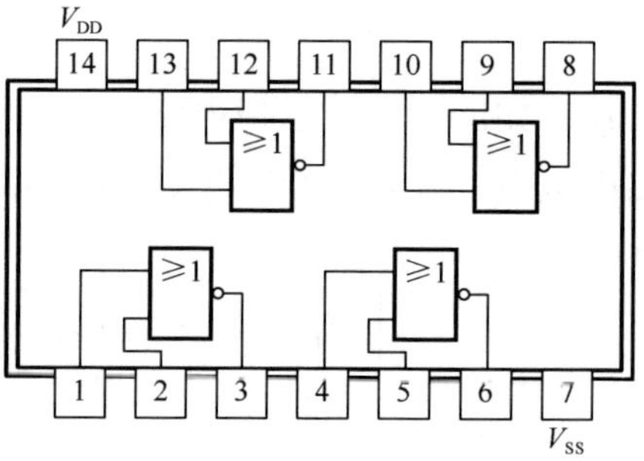

B.

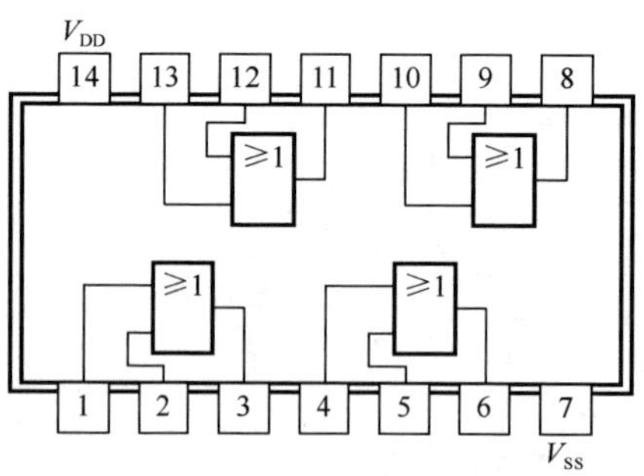

C.

（2）按钮SB_1、SB_2最合适的安装位置为________（在“A．SB_1在奶箱内，SB_2在奶箱内；B．SB_1在奶箱外，SB_2在奶箱内；C．SB_1在奶箱内，SB_2在奶箱外；D．SB_1在奶箱外，SB_2在奶箱外”中选择合适的选项，将序号填入“________”处）。

(3) 为了防止送奶工将牛奶放入奶箱而忘记按一下SB_1按钮，未起到告知用户的作用，在奶箱底部增加一个压力开关S_t。当有牛奶放在奶箱中时，牛奶压住压力开关S_t，使得压力开关S_t接通；无牛奶放入时，压力开关S_t断开。请根据该功能的描述，在虚线框中补全电路图。

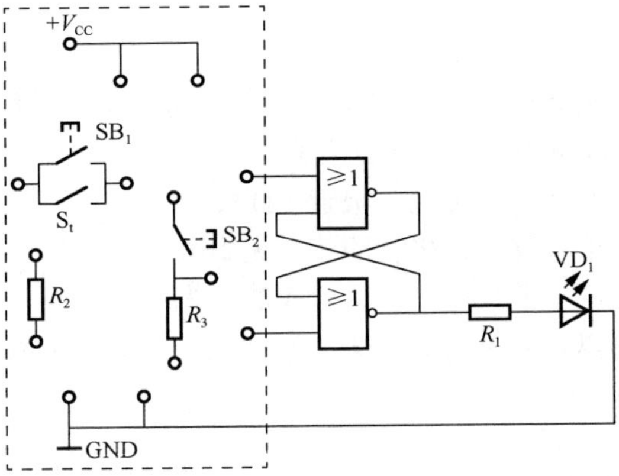

(4) 为了能够及时实现牛奶放入奶箱时就能告知用户，将在家中增加一个发光二极管VD_2和蜂鸣器进行告知。当送奶工按下按钮SB_1时，要求VD_2一直亮，蜂鸣器发出提示音，一段时间后蜂鸣器才不响。根据该电路的功能描述，请在虚线框内补全该电路图。

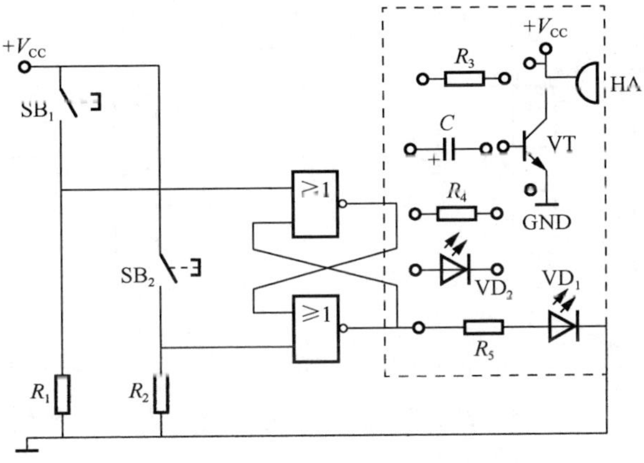

触发器3

1．如图所示电路，初始时S_1、S_2都处于断开状态，下列分析中正确的是（　　）。

A．初始状态时，发光二极管VD发光

B．闭合S_1后再闭合S_2，发光二极管VD发光

C．闭合S_2后，S_1对发光二极管的状态无影响

D．闭合S_1或S_2，都能使发光二极管VD发光

2．如图所示电路用以控制VD_1、VD_2。初始时，S_1、S_2都处于断开状态，下列分析中不正确的是（　　）。

A．只按下S_1时，VD_1亮

B．只按下S_2时，VD_2亮

C．S_1、S_2都按下时，VD_1、VD_2都亮

D．S_1、S_2都不按时，VD_1、VD_2都不亮

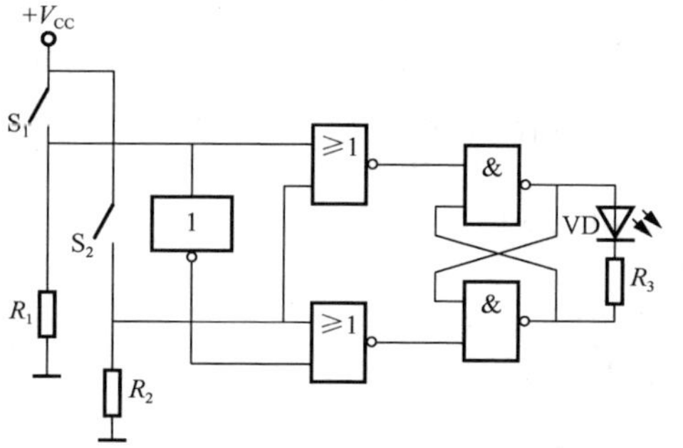

第1题图

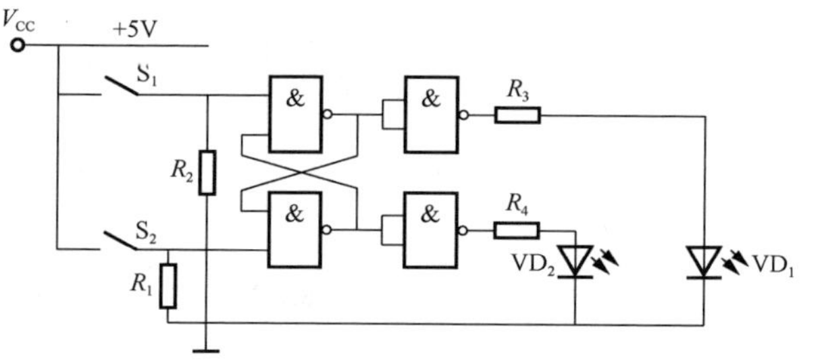

第2题图

3．如图所示电路，通过A、B两端输入的电平控制发光二极管VD_1和VD_2的亮灭。关于该电路，下列分析中正确的是（　　）。

A．A输入高电平、B输入低电平时，VD_1亮，VD_2灭

B．A、B都输入高电平时，VD_1和VD_2都不亮

C．VD_1和VD_2有可能同时亮

D．A、B都输入低电平时，VD_1可能亮，也可能不亮

4．如图所示电路，初始时S_1、S_2都处于断开状态，下列分析中正确的是（　　）。

A．初始状态，VD_1、VD_2不发光

B．S_1闭合、S_2断开，VD_1不发光，VD_2发光

C．S_2闭合后，S_1对VD_1、VD_2不起作用

D．S_1、S_2都闭合后，VD_1、VD_2发光

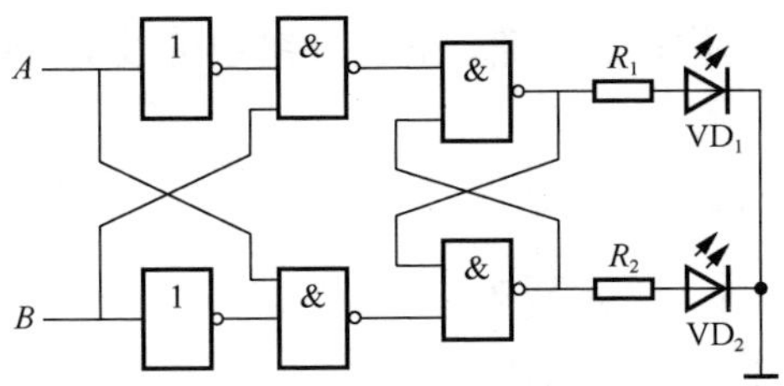

第 3 题图

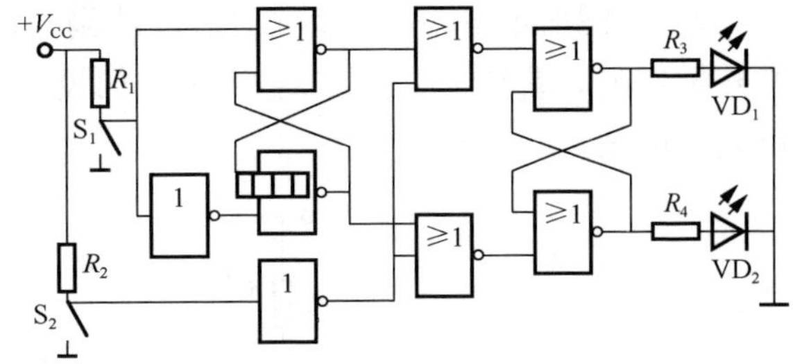

第 4 题图

5．如图所示电路，S 为四挡拨动选择开关。将旋钮按顺时针方向拨动，则先后拨至 A、B、C、D 四个挡位时，所点亮的发光二极管依次为（　　）。

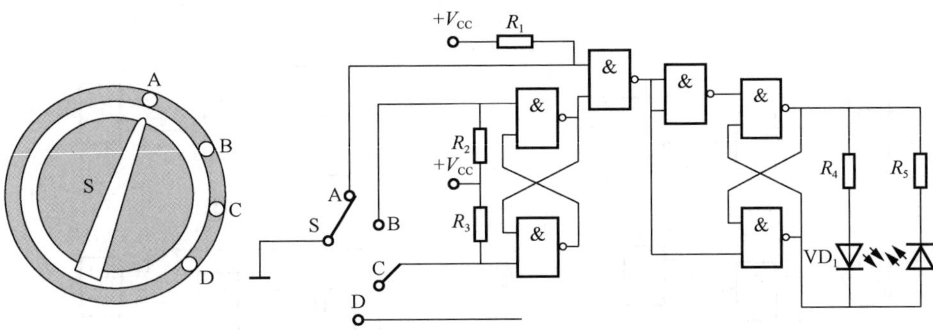

第 5 题图

A．VD_1、VD_2、VD_1、VD_1　　　　B．VD_1、VD_2、VD_2、VD_2

C．VD_2、VD_1、VD_2、VD_2　　　　D．VD_2、VD_1、VD_1、VD_1

6．如图所示电路，初始时 S_1、S_2 都处于断开状态，下列分析中正确的是（　　）。

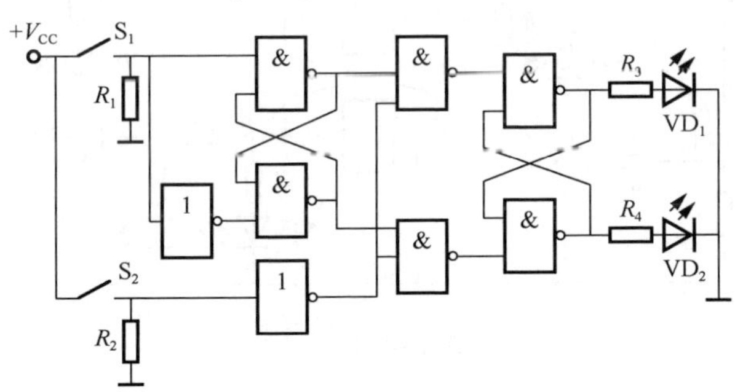

第 6 题图

A．初始状态，VD_1、VD_2 不发光

B．S_2 闭合后，S_1 对 VD_1、VD_2 不起作用

C．S_1 闭合、S_2 断开后，VD_1 发光，VD_2 不发光

D．S_1、S_2 都闭合后，VD_1、VD_2 发光

7．如图所示电路，当有光且温度达到一定值时，VD 发光报警，其中 R_t 为负温度系数热敏电阻。要求只用 3 个二输入或非门设计虚线框位置的电路，下列方案中可以实现电路功能的是（　　）。

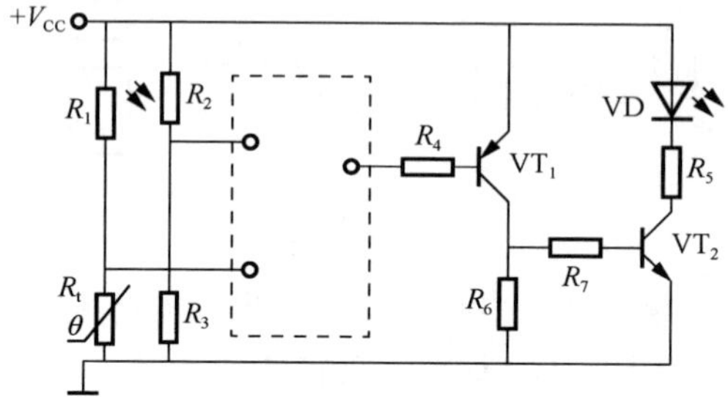

第 7 题图

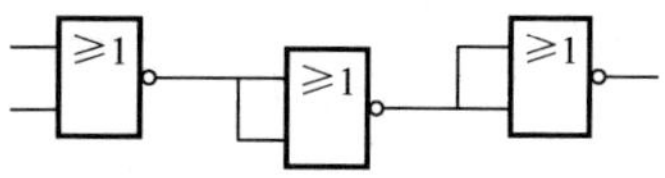

A.

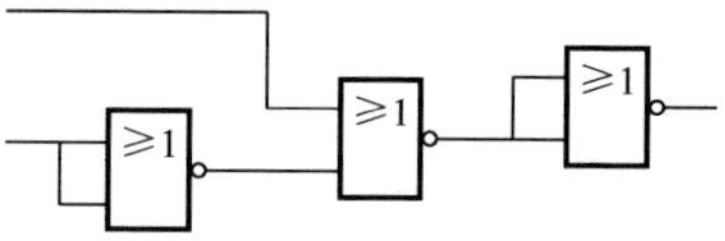

B.

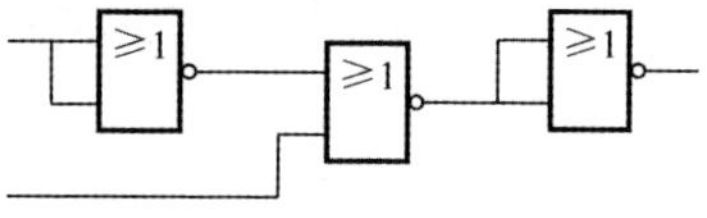

C.

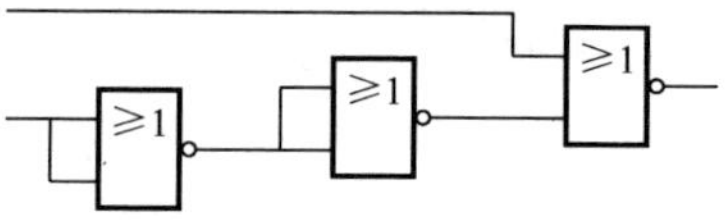

D.

8．如图所示为光控试验电路，下列分析中正确的是（　　）。

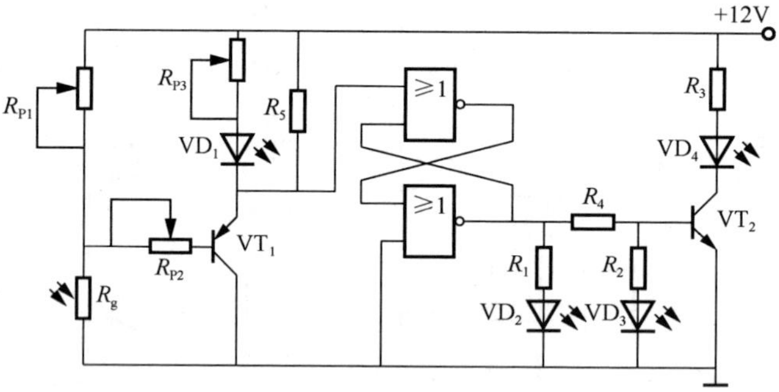

第 8 题图

A．无论如何改变光的强弱，VD_1 都不发光，很可能是 R_{P1} 调太小或 R_{P2} 调太小

B．电路调试成功后，反复调节光的强弱，可能会观察到 VD_2 一直发光

C．当 VD_2 发光时，VD_3、VD_4 一定同时发光

D．在 VD_1 由灭到最亮的过程中，三极管 VT_1 会依次经历截止、放大和饱和三个状态

9．如图所示的温控电路，可将温度保持在 37～39℃，其中 R_{t1} 为正温度系数热敏电阻，R_{t2} 为负温度系数热敏电阻；当 VT 导通时，加热丝加热。经测试发现电路有问题，此时若仅有与非门芯片，则虚线框内能实现电路功能的方案是（　　）。

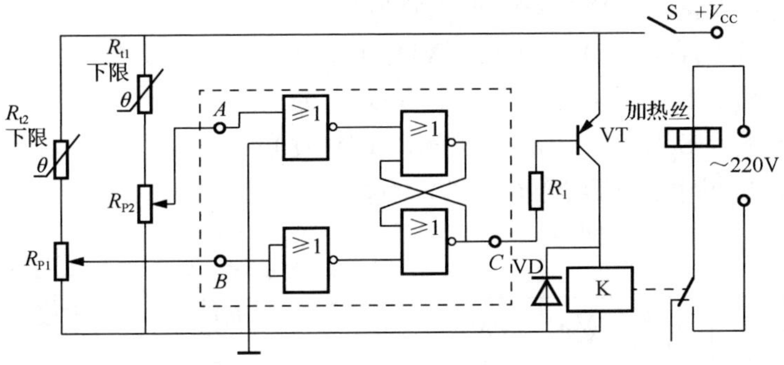

第 9 题图

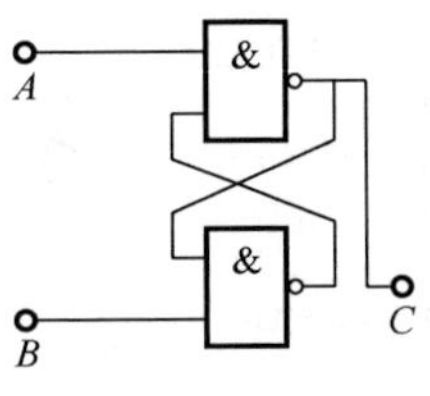

A.

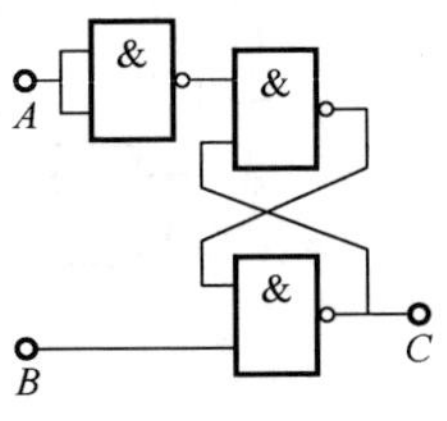

B.

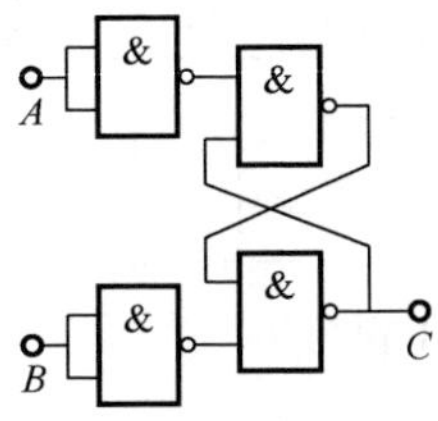

C.

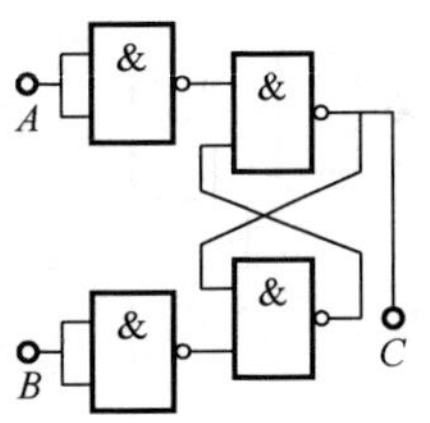

D.

10．如图所示电路，初始时 S_1、S_2 都处于断开状态，下列分析中正确的是（　　）。

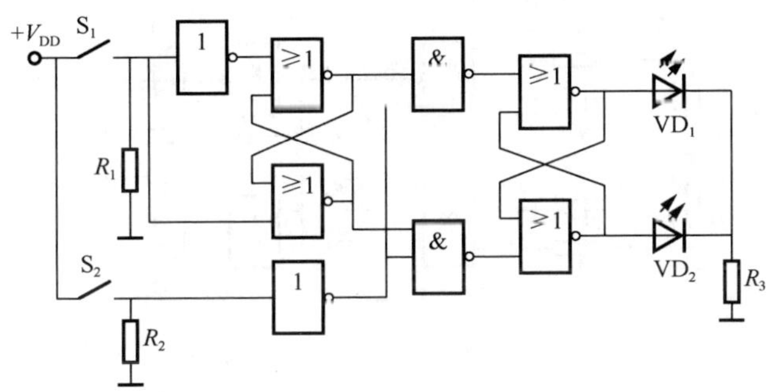

第 10 题图

A．初始状态下，VD_1、VD_2 不发光

B．S_1 闭合、S_2 断开，VD_1 发光，VD_2 不发光

C．先闭合 S_1，再闭合 S_2，VD_1 发光，VD_2 不发光

D．S_2 闭合后，VD_1 和 VD_2 的状态无法判断

11．如图所示的电路中包含一个基本触发器，A、B 为输入端，当电路接通电源后，静候一段时间，下列关于该电路的说法中正确的是（　　）。

A．当 A 输入 0 时，不管 B 输入 0 还是 1，均是 VD_1 不亮，VD_2 亮

B．当 B 输入 1 时，不管 A 输入 0 还是 1，均是 VD_1 亮， VD_2 不亮

C．如果接通电源时， VD_1 亮且触发器处于保持状态，则 VD_1 将始终亮

D．不管 A、B 的输入，均是 VD_1 不亮， VD_2 亮

12．如图所示电路，下列分析中正确的是（　　）。

A． S_1、S_2 闭合， VD_1 不发光， VD_2 不发光

B． S_1 闭合、S_2 断开， VD_1 发光， VD_2 发光

C． S_1 断开、S_2 闭合， VD_1 不发光， VD_2 发光

D． S_1、S_2 断开， VD_1 发光， VD_2 不发光

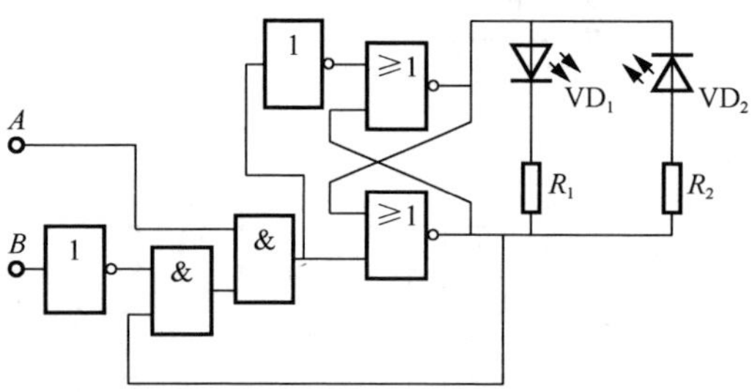

第 11 题图

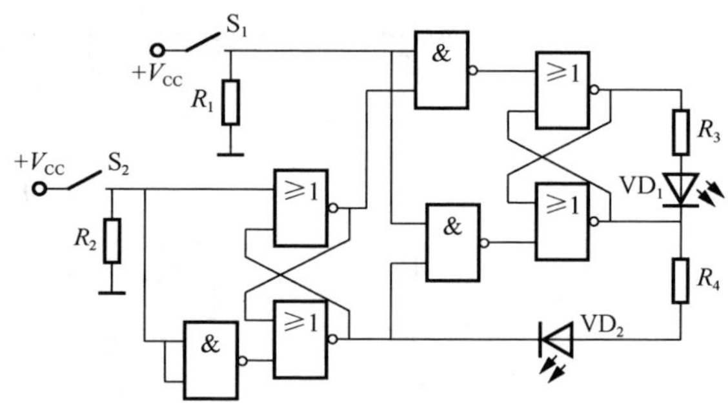

第 12 题图

13．如图所示电路，R_t 为负温度系数热敏电阻。温度在设定范围内时，A 点为高电位，B 点为低电位。下列分析中正确的是（　　）。

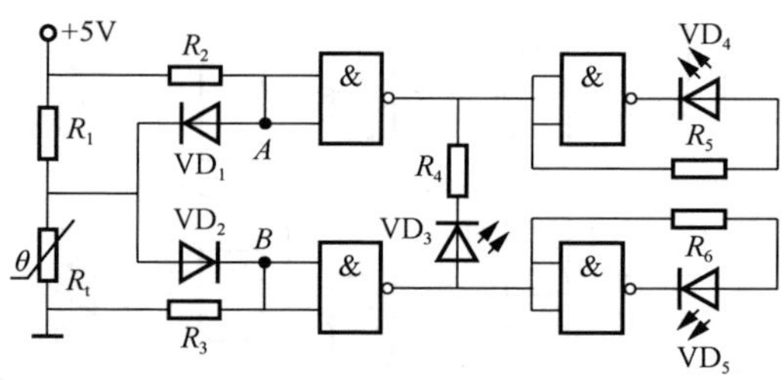

第 13 题图

A．温度低于设定范围下限时，VD_5 不发光

B．温度在设定范围内时，VD_3 不发光

C．温度高于设定范围上限时，VD_4 不发光

D．温度在设定范围内时，VD_4、VD_5 都不发光

14．如图（a）所示是小明设计的副驾驶座安全带提醒模型的简易电路，有人入座而较长时间未系安全带时，蜂鸣器发声提醒。其中，R_P 是压力传感器，其阻值随压力的增大而减小；VT_1 工作在开关状态；S 是触点开关，系好安全带后开关断开。请完成以下任务。

（1）为实现上述功能，图（a）中的 c 点应与________（在“A．a 点；B．b 点”中选择合适的选项，将序号填入“________”处）相接。

（2）小明设计时使用的是四二输入与非门 CC4011。因逻辑门集成电路多余输入端不能悬空，否则容易受外界干扰，破坏正常的逻辑关系，甚至损坏，所以小明决定用 CC4011 中空余的与非门替代三极管 VT_1，请在图（b）的虚线框中补全电路。

（3）小明在测试时发现在副驾驶座上加 10kg 的重物就能触发提醒电路工作，现希望在副驾驶座上加 20kg 的重物才会触发电路工作。为此可________（在“A. 减小 R_1；B. 减小 R_2；C. 增大 R_1；D. 增大 R_2”中选择合适的选项，将序号填入“________”处）。

（4）现欲在蜂鸣器发声的同时增加发光二极管发光提醒，请根据电路的逻辑关系在图（c）中的 *a*、*b*、*e*、*f* 四点中选择合适的点连接好发光二极管和电阻器。

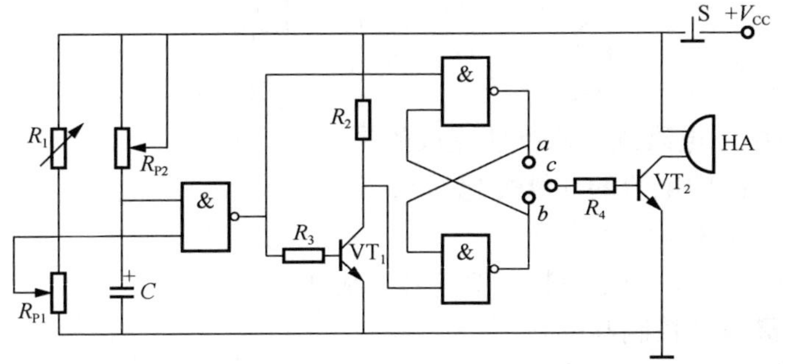

（a）

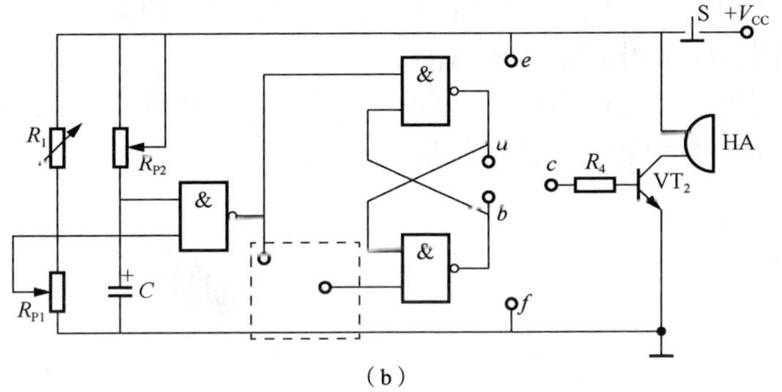

（b）

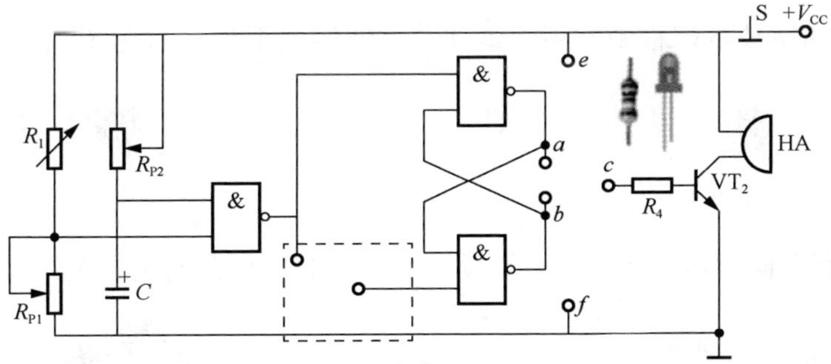

（c）

第 14 题图

继电器 1

1．下列选项中，表示继电器的电气简图用图形符号的是（　　）。

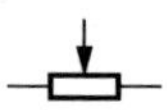

A．

B．

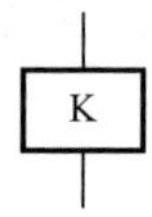

C．

D．

2．下列功能中，电磁继电器不能完成的是（　　）。

A．控制电路中电流的连续变化

B．控制电路中电流的有无

C．利用低电压、弱电流控制高电压、强电流

D．远距离自动控制与操作

3．下列不属于继电器作用的是（　　）。

A．开关作用　　B．以低控高　　C．以小控大　　D．放大作用

4．用电磁继电器控制电路的主要目的是（　　）。

A．节约用电　　B．保护用电器　　C．避免危险　　D．操作简单

5．下列电子元器件中属于传感器的是（　　）。

A．

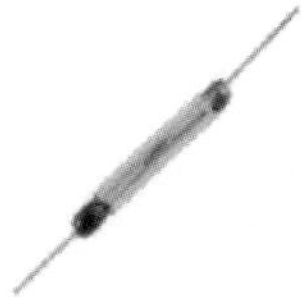

B．

C．

D．

6．下列对通用技术课程中常用元器件的特性描述不正确的是（　　）。

A．具有单向导电性

B．具有电流放大作用

C．阻值随光线强弱而变化

D．能用小电流控制大电流

7．电子元器件的封装往往包含了一定的信息，下列解读正确的是（　　）。

A．继电器上标注 DC 24V，表示只要接在线圈上的电压不超过 24V，继电器都能正常工作

B．电容器上标注 250V，说明电容器两端的电压必须达到 250V 才能正常工作

C．电阻器的色环颜色为红红黄金，它的电阻值可能为 215kΩ

D．黑色色环一端，是二极管的正极

8．如图所示为某电磁继电器接线图，其中属于线圈引脚的是（　　）。

A．①②　　B．③④　　C．③⑤　　D．⑦⑨

9．如图所示是某继电器的外观及在外侧印刷的接线图。下列对该继电路的理解中合理的是（　　）。

A．1 与 2 之间是常闭触点　　B．4 与 5 之间是常闭触点

C．3 与 4 之间是常开触点　　D．3 与 5 之间是常闭触点

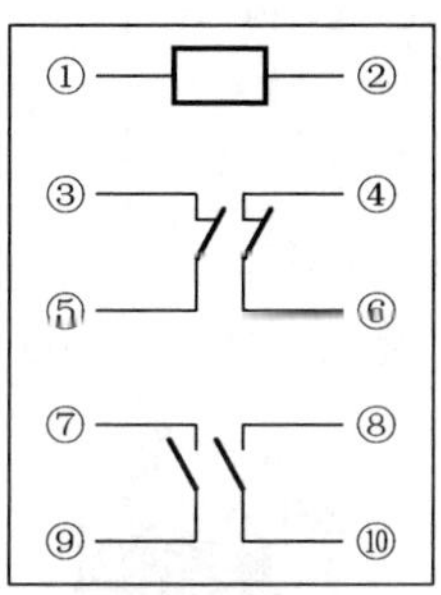

第 8 题图

第 9 题图

10．观察如图所示的直流电磁继电器，读出主要参数，下列描述中正确的是（　　）。

A．线圈的额定工作电压是交流 24V

B．该继电器有 8 个引脚，内有 1 个线圈、1 组转换触点

C．直流 30V 电压下允许流经触点的最大电流为 2A

D．工作在交流 125V 电压下允许流经线圈的最大电流为 1A

11．如图所示为某一电路的部分电路，此时继电器可正常工作，下列说法中不正确的是（　　）。

A．4、5 为线圈引脚　　B．1、2 为常闭触点

C．1、3 为转换触点　　D．该继电器的线圈电压为 6V

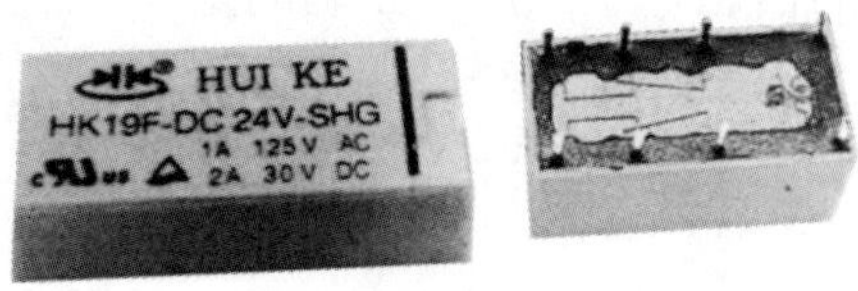

第 10 题图

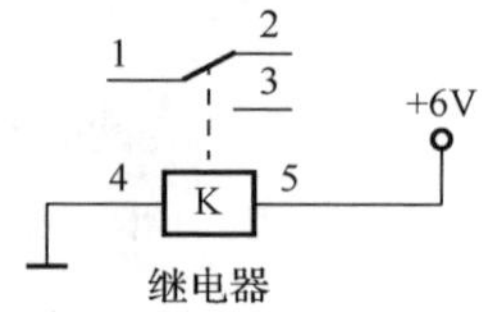

第 11 题图

12．在接 220V 市电的情况下，考虑触点的负载能力越强越好，则下列继电器中最合理的选择是（　　）。

A.

B.

C.

D.

13．下列规格中的直流继电器适合如图所示的电路的是（　　）。

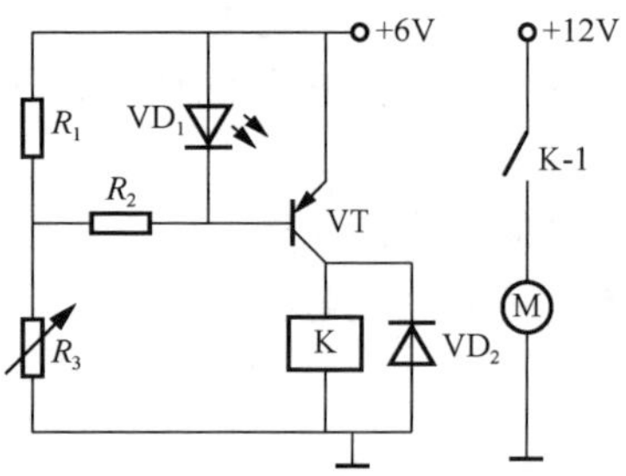

第 13 题图

COIL：DC 12V	
1A	250V AC
5A	300V DC

A.

COIL：DC 6V	
2A	250V AC
2A	14V DC

B.

COIL：DC 6V	
1A	125V AC
5A	30V DC

C.

COIL：DC 3V	
1A	250V AC
5A	30V DC

D.

14. 已知灯泡的功率为 5W，要制作如图所示的电路，下列继电器中可选用的是（　　）。

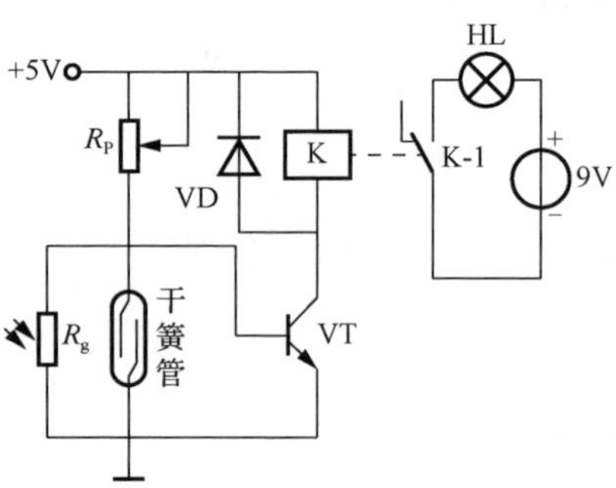

第 14 题图

A.

B.

C.

D.

15．如图所示，当工作电路因发生故障而断开时，铃响报警。故障排除后，工作电路接通时绿灯和白灯亮，铃不响，则图中（　　）。

A．a 为电铃　　B．b 为电铃　　C．c 为电铃　　D．a 为绿灯

16. 如图所示为一种温度自动报警原理图，温度计的上方有一段金属丝，当温度升高到 72℃时，接通电路，此时（　　）。

A. 电灯亮、电铃不响　　B. 电灯灭、电铃响

C. 电灯亮、电铃响　　D. 电灯灭、电铃不响

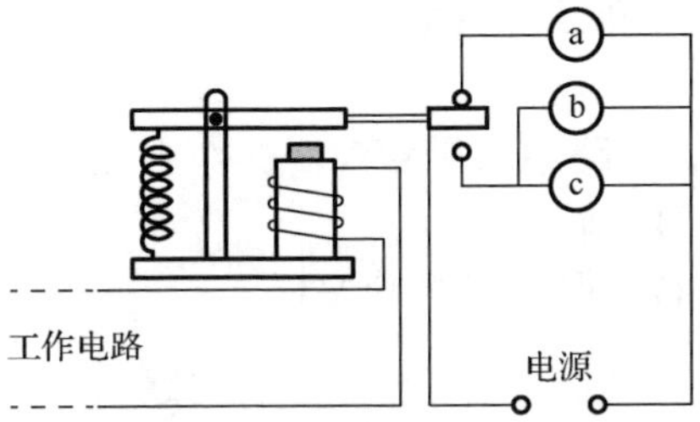

第 15 题图

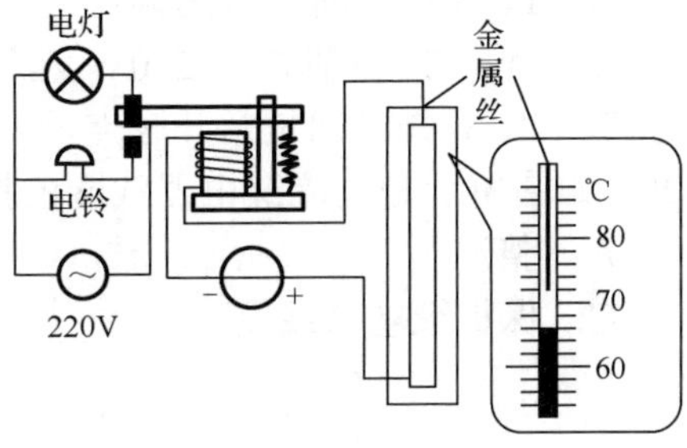

第 16 题图

17. 型号为 JQC-3FF 的小型直流电磁继电器如图所示。它共有 5 个引脚，其中 2 个引脚连接线圈，另外 3 个引脚分别连接常开触点、常闭触点和动触点。已知继电器完好，用万用表测量各引脚之间的电阻，下列判断中不正确的是（　　）。

A. 若测得某 2 个引脚之间的电阻约为 400Ω，则这 2 个引脚连接的必定是线圈

B. 若测得某 2 个引脚之间的电阻为无穷大，则 2 个引脚中必定有一个连接常闭触点

C. 若测得某 2 个引脚之间的电阻为零，则 2 个引脚中必定有一个连接动触点

D. 若测得某引脚和引脚之间的电阻均为无穷人，则该引脚连接的必是常开触点

18. 如图所示是某品牌继电器正面的参数标识，用该继电器设计如图所示的光控电路，则①和②处的电压设计合理的是（　　）。

A. ①处为直流 12V，②处为交流 110V

B. ①处为直流 12V，②处为交流 250V

C. ①处为直流 9V，②处为交流 110V

D. ①处为直流 9V，②处为交流 250V

第 17 题图

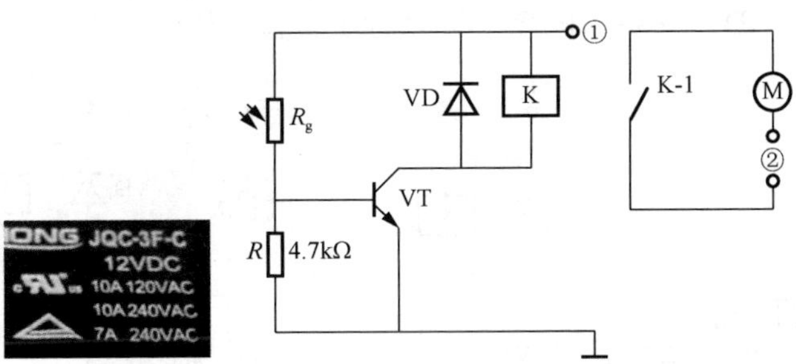

第 18 题图

19．如图所示是一个继电器的正面视图和底部视图，已知 1、2 脚连接的是继电器的动触点，用万用表欧姆挡测得 3 脚和 4 脚之间的电阻为 100Ω，1 脚和 5 脚之间的电阻为 0，2 脚和 6 脚之间的电阻为无穷大。下列说法中错误的是（　　）。

A．3、4 脚应接控制电路输出部分，电压应小于 5V

B．1、5 脚之间是常闭触点

C．利用 2、6 脚控制 220V 交流电器时电流不能大于 3A

D．2、6 脚之间是常开触点

20．如图所示是直流继电器线圈的控制电路图，电路中二极管 VD 的作用是（　　）。

A．整流　　B．限压

C．保护继电器线圈　　D．保护三极管 VT

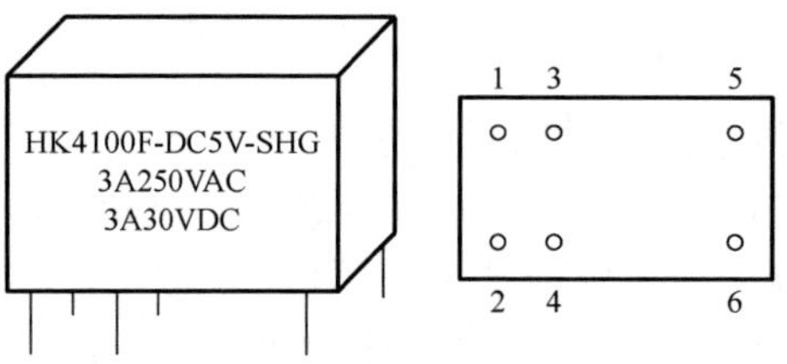

第 19 题图

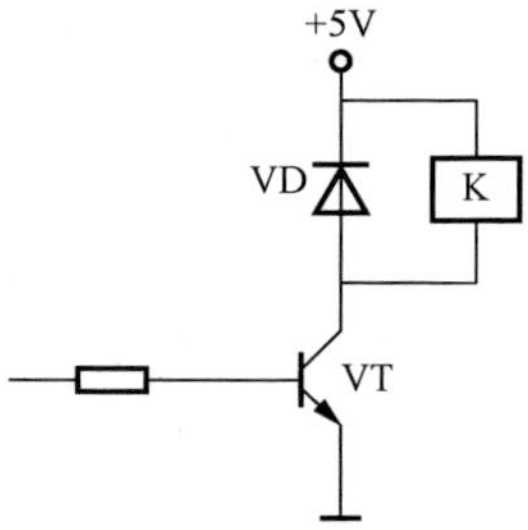

第 20 题图

21．如图所示是一个由继电器控制的电路，下列说法中错误的是（　　）。

A．继电器是执行部件

B．三极管 VT 的型号是 NPN 型

C．当 V_i 为低电平时，三极管 VT 截止，继电器吸合

D．当 V_i 为高电平时，三极管 VT 导通，继电器吸合

22．如图所示为某一功能电路图。关于该电路的功能，下列说法中正确的是（　　）。

A．继电器线圈未通电时，蜂鸣器不会发出声音

B．图中所用继电器的额定电压为直流 5V

C．继电器线圈通电后，VD_2 不会亮

D．安装二极管 VD_1 是为了保护三极管 VT

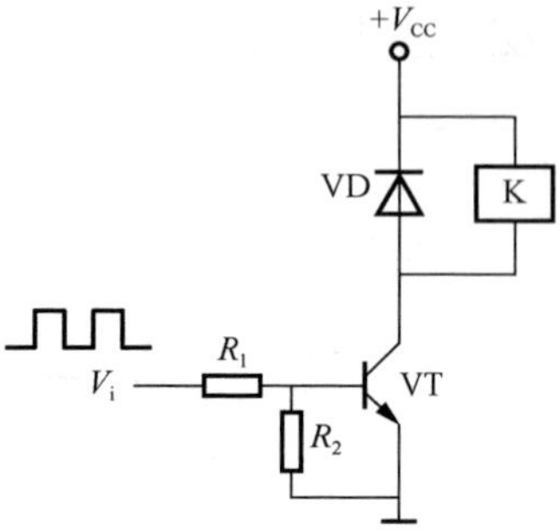

第 21 题图

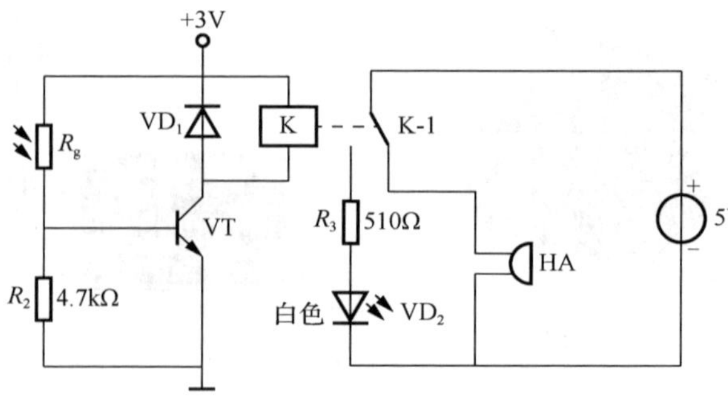

第 22 题图

23．如图所示，为了防止粮仓里的谷物缓慢氧化积聚热量过多而发生火灾，用带金属丝的水银温度计和电磁继电器安装成自动报警器，正常情况下绿灯亮，当仓内温度升高时红灯亮，同时电铃也响，以此来报警。请按上述要求把各元器件连成电路。

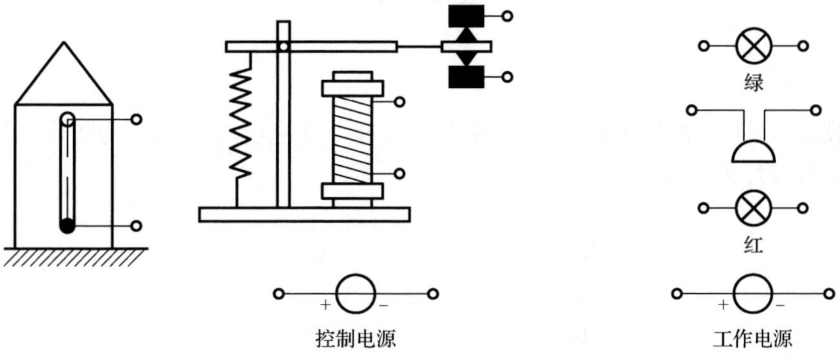

第 23 题图

继电器 2

1．如图所示为光控灯电路，当环境光线暗时，灯泡自动亮起，为实现上述功能，E、F 间应该选用的开关（触点）为（　　）。

A.

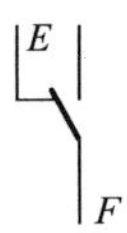

B.

C.

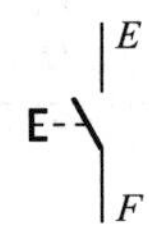

D.

2．如图所示是一种光控开关电路，该电路当光敏电阻 R_2 上的光照达到某一值时，三极管导通，继电器动作，但实际对该电路进行安装调试时发现，光照达到某一值时继电器没有动作，造成该现象的不可能的原因是（　　）。

A．R_1 的阻值太大　　B．R_3 的阻值太大

C．三极管损坏（开路）　　D．继电器线圈断路

3．如图所示为小明设计的光控路灯模型，在调试过程中发现无论光线如何变化，路灯 L 一直不亮，下列原因不可能的是（　　）。

A．电阻 R_2 的阻值过大

B．电阻 R_3 的阻值过大

C．选用的继电器的额定工作电压过大

D．选用了触点负载较大的继电器

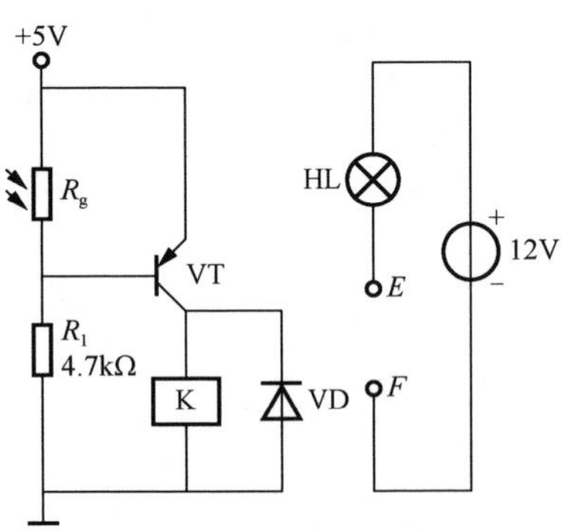

第 1 题图

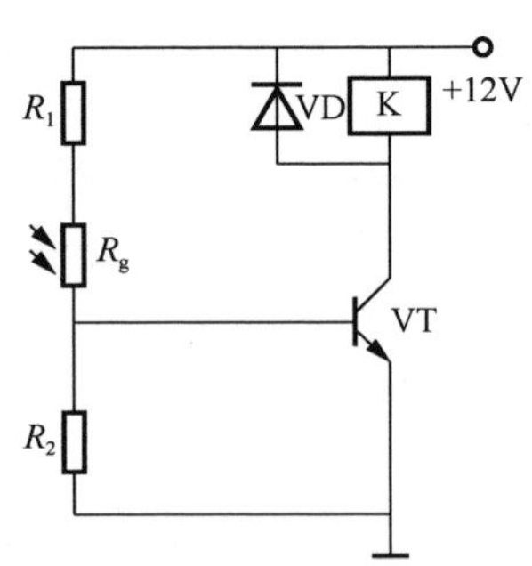

第 2 题图

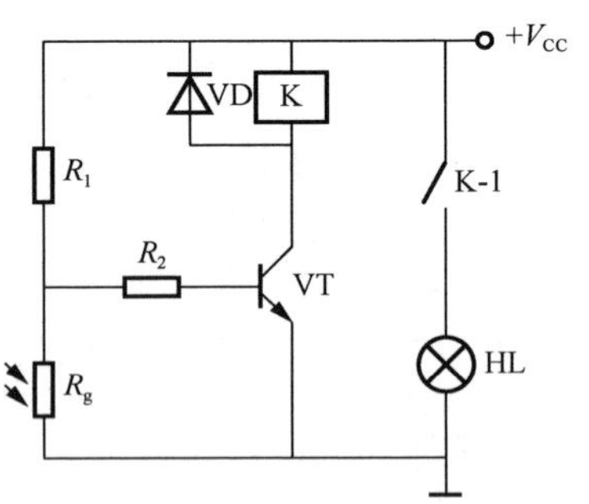

第 3 题图

4．如图所示是一个自动关灯电路，当按钮 SB 被按下后，继电器的触点开关闭合，40W 的照明灯 HL 发光，经过一段时间自动熄灭，关于该电路的分析，下列说法中正确的是（　　）。

A．按下按钮 SB 时，三极管 VT 导通；松开按钮 SB，VT 截止

B．继电器的额定工作电压可以选择大于 6V 的直流电压

C．二极管 VD 在电路中的作用是保护继电器

D．电解电容器 C 有正负极之分，在电路中不能接反，较大的电容量可以延长亮灯时间

5．如图所示是某电动玩具的电路图，下列对该电路的分析中不正确的是（　　）。

A．三极管 VT 在电路中起开关作用

B．电动机 M 工作时，三极管 VT 的集电结和发射结都处于正向偏置状态

C．二极管 VD 主要用于保护三极管 VT

D．R_2 换用阻值小一点的电阻器，更容易触发电动机 M 启动

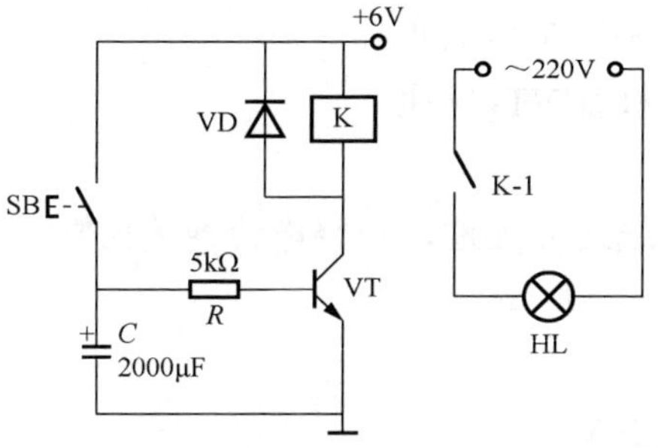

第 4 题图

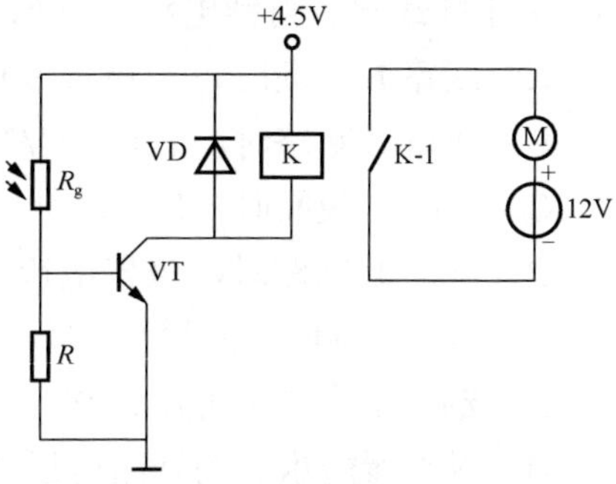

第 5 题图

6．如图所示电路，开关 S 控制灯 HL 是否发光。下列分析中正确的是（　　）。

A．灯 HL 发光时减小 R_1 的阻值，电压表 V 读数增大

B．S 断开时减小 R_2 的阻值，电压表 V 读数减小

C．S 闭合的瞬间，VD 有保护三极管的作用

D．S 断开的瞬间，VD 有保护三极管的作用

7．小明为自己家的制冷风扇设计了如图所示的自动控制电路。当温度上升到 30℃时，继电器工作，制冷风扇启动，温度随即下降；当温度下降到 26℃时，风扇停止工作。下列分析中正确的是（　　）。

A．R_t 是负温度系数热敏电阻

B．在温度从 26℃上升到 30℃的过程中，三极管 VT_1 和 VT_2 处于导通状态

C．调小 R_{P1}，其控制的下限温度下降

D．如果 K-2 损坏无法工作，温度可能会上升到 40℃

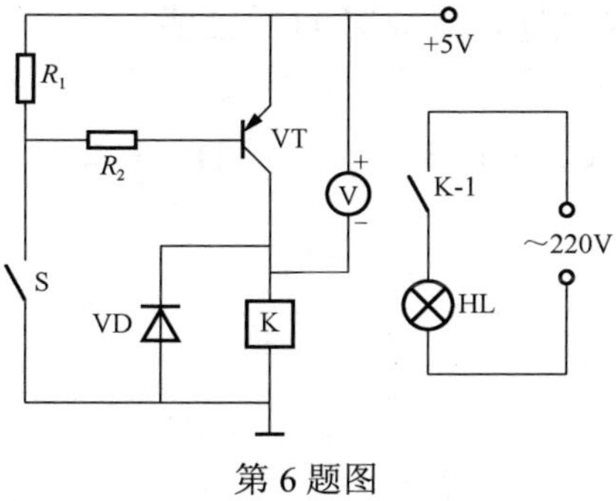

第 6 题图

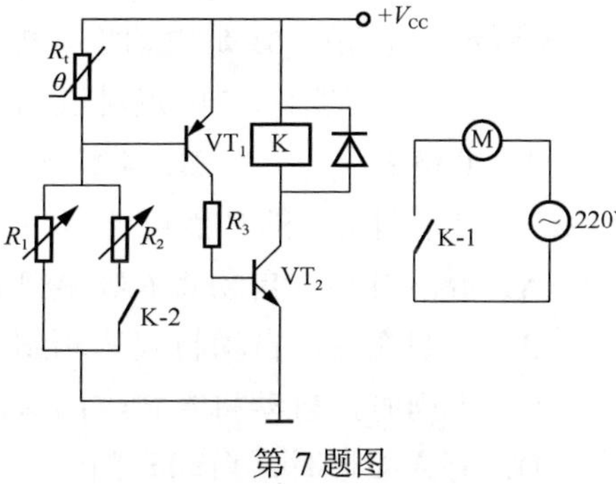

第 7 题图

8．如图所示是小明设计的具有延时功能的光控电路。下列分析中正确的是（　　）。

A．当 R_g 受到光照时，VT_1 和 VT_2 处于截止状态

B．调节 R_{P1}，可以改变发光二极管的发光亮度

C．继电器始终不能吸合，有可能是 VD_1 的正极接电源，负极接三极管集电极

D．如需延长延时时间，可增大 C_1 的电容量或把 R_1 更换为阻值较小的电阻器

小明设计了如图所示的断线报警自锁电路，线路 L 断路时，报警电铃会报警。根据电路图及描述，完成第 9～10 题。

9．关于断线报警自锁电路，下列说法中正确的是（　　）。

A．线路 L 没断时，三极管 VT_1 截止，三极管 VT_2 截止

B．线路 L 断路时，三极管 VT_1 导通，三极管 VT_2 导通

C．线路 L 没断时，K-1 闭合，K-2 断开

D．线路 L 断路时，报警电铃报警，再把线路 L 连通，报警电铃继续报警

10．下列关于继电器的说法中不正确的是（　　）。

A．额定工作电压可以为 9V

B．触点所能承受的开路电压要大于 AC 220V

C．K-1 和 K-2 两个触点可用一个转换触点来替换

D．至少有 6 个引脚

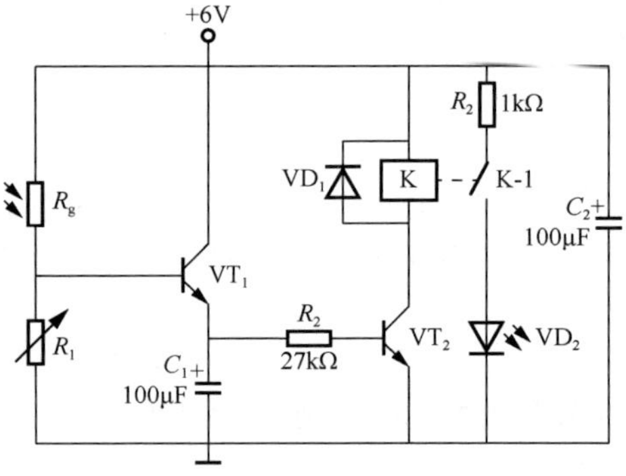

第 8 题图

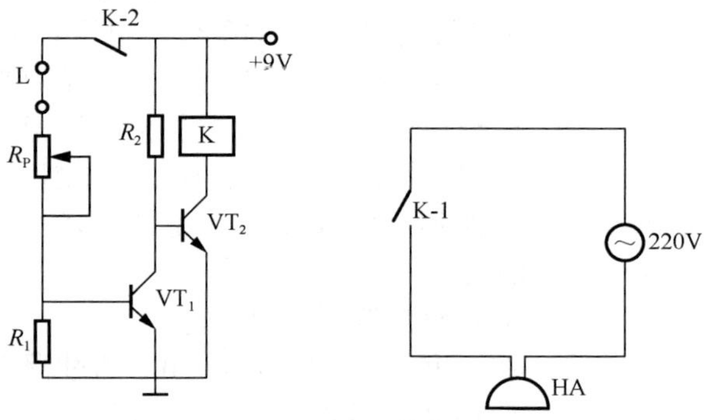

第 9～10 题图

如图所示，电路中 M 是电动机。根据电路图及描述，完成第 11～12 题。

11．图（a）中的 A、B 两点对应图（b）中的（　　）。

A．1 和 2　　B．4 和 5　　C．3 和 5　　D．3 和 4

12．该电路图实现的功能可能是（　　）。

A．温度升高，自动将衣物晒到窗外

B．光线充足，自动将衣物晒到窗外

C．下雨时，自动将衣物收回室内

D．有人靠近时，自动开门

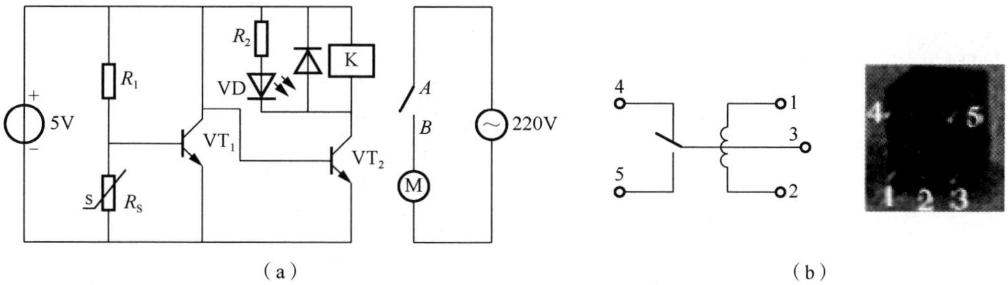

第 11～12 题图

如图所示为汽车后风窗玻璃自动除湿装置电路图。R_S 为设置在后风窗玻璃上的湿度传感器，R_L 为嵌入玻璃中的加热电阻丝。根据电路图及描述，完成第 13～14 题。

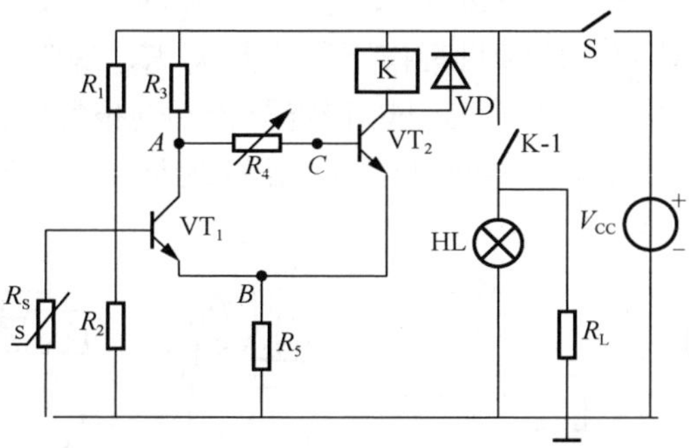

第 13～14 题图

13．用指针式万用表对电路及元件进行检测，下列测试方法和测试结果中正确的是（　　）。

A．继电器吸合时，测得 C 点的对地电位值为 0.7V

B．闭合开关 S 测量 R_1 电阻值时，不需要考虑红、黑表笔的接触位置

C．继电器吸合时，测量 R_4 电压，红表笔接 A 点，黑表笔接 C 点

D．电路焊接前，检测二极管正向电阻值时，红表笔接正极，黑表笔接负极

14．分析汽车后风窗玻璃自动除湿装置的工作原理，下列说法中不正确的是（　　）。

A．R_H 随着湿度变大，电阻值变小

B．随着湿度变大，A、B 点之间的电位差变小

C．改变 R_4 的值，可改变湿度设定值

D．VT_1 截止时，A 点处于高电位

15．如图所示为小明设计的自动伸缩晾衣架控制电路图。按下按键 S_1，电动机 M 正转，晾衣架伸出阳台，天黑时，电动机反转，将晾衣架缩回阳台；白天下雨时，晾衣架也会自动缩回阳台，已知 R_s 为负特性湿敏电阻。下列说法中正确的是（　　）。

A．若要实现在傍晚时早一点收衣服，则须将 R_{P2} 适当调大

B．当电动机 M 反转时，继电器工作在释放状态

C．三极管 VT_1 导通时，基极电位为 0V

D．若要实现上述功能，则 A、B 两点与 F 点的逻辑关系合理的是或非门

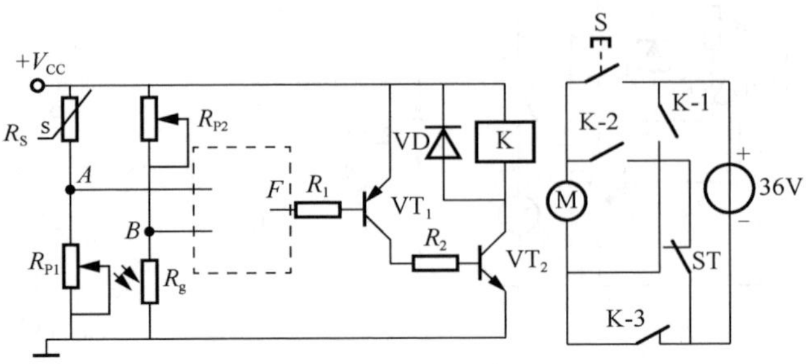

第 15 题图

16．如图所示为某家庭防盗报警电路。当家中无人值守时，按下设防开关 S，报警电路发挥报警作用。当有人从窗户闯入时，安装在窗户上的干簧管断开（窗户关闭时，干簧管闭合），蜂鸣器发出报警声，此时只有按下复位开关 R，蜂鸣器才停止报警；当家中有人值守时，按下不设防开关 R，窗户打开时蜂鸣器也不会报警。K_x-1 和 K_y-1 是由继电器 K_1 和继电器 K_2 控制的常开触点。下列说法中不正确的是（　　）。

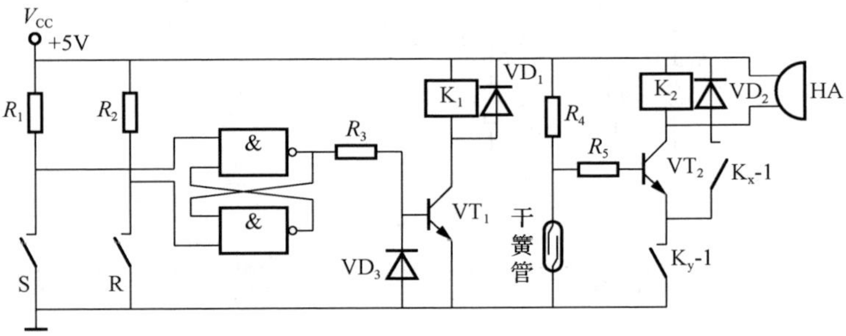

第 16 题图

A．当蜂鸣器响起时，硅三极管 VT_2 的基极电位为 0.7V

B．K_x-1 由 K_1 控制，K_y-1 由 K_2 控制

C．当 S 被按下后再断开，三极管 VT_1 的工作状态保持不变

D．当蜂鸣器响起时，继电器 K_2 的线圈电流不经过 VT_2

如图所示为小明同学设计的液位自动控制电路。交流 220V 电源电路经变压器 T、整流桥 UR 和滤波电容器 C 后，输出直流电源，为继电器 K 和后续电路提供直流电压。液位检测控制电路由液位电极 A、B、C，以及各种元器件组成。该电路可以自动控制储液池内的液位，并将其保持在电极 A 与电极 B 之间。根据电路图及描述，完成第 17～18 题。

17．适用该电路的继电器是（　　）。

5A 120 VAC 24 VDC SRS-12VDC-SL	10A 250 VAC 30 VDC SRS-12VDC-SL	10A 250 VAC 30 VDC SRS-24VDC-SL	5A 120 VAC 24 VDC SRS-24VDC-SL
A.	B.	C.	D.

18．以下关于该液位自动控制电路的分析中不正确的是（　　）。

A．图中电容器 C 的电容量是 10000pF

B．低水位电极 B 的位置不能低于电极 C

C．连接电路可以选用四二输入与非门集成电路

D．当储液池内的液位在电极 A、B 之间时，此时与非门 D_2 输出高电平，D_1 输出低电平

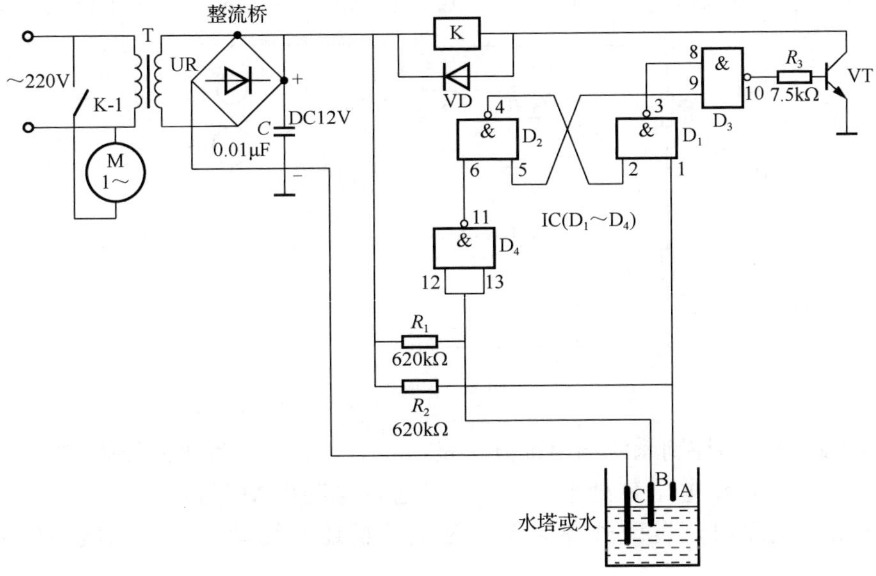

第 17～18 题图

三极管应用提高 1

如图所示是光控玩具电动机电子控制电路图。分析该电路，完成第 1～2 题。

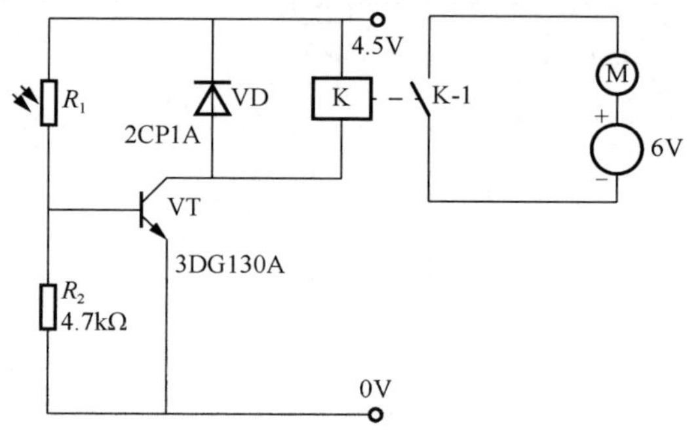

第 1～2 题图

1．该电路中作为控制系统输出部分的是________。当外界光照较强时，三极管 VT 处于________状态，继电器 K 处于________状态，电动机 M 转动。

2．使用该电路时，发现外界无光照时电动机还在转动，发生该故障的原因可能是（　　）。

A．电阻器 R_2 两端短路　　B．光敏电阻 R_1 与电路虚焊

C．二极管 VD 接反　　D．三极管 VT 内部击穿

如图所示是由三极管组成的水箱闭环电子控制系统电路图。根据该电路图，完成第 3～5 题。

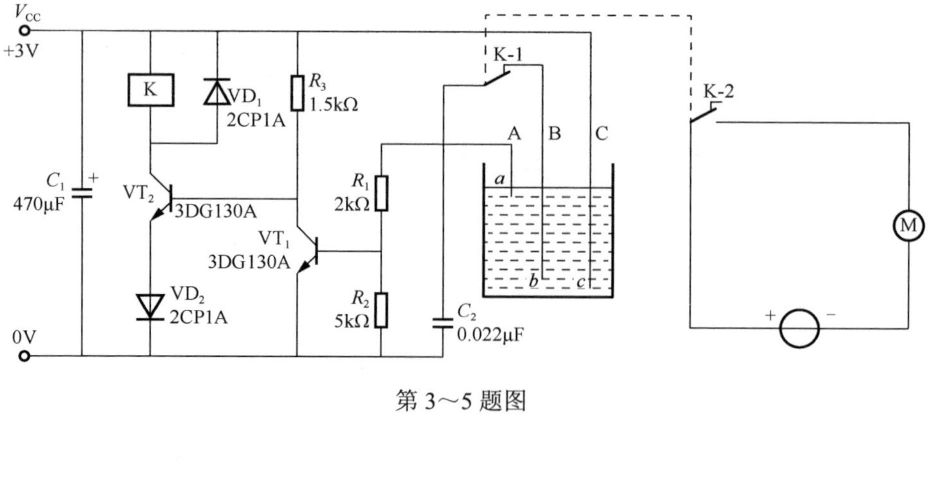

第 3～5 题图

3．该电路中作为控制系统被控对象的是________，水箱的水位从 a 点降到 b 点的过程中，三极管 VT_1 处于________状态，三极管 VT_2 处于________状态，继电器触点 K-1________。

4．安装好电路后调试时，将 A、B、C 3 个水位探头按图中的高低放入空玻璃杯中，如果电路正常，电路通电后，继电器 K________；向玻璃杯中加水，到达 a 点时，继电器 K________；接着将玻璃杯中的水排出，水位降到 b 点以上时，继电器 K________；水位降到 b 点以下时，继电器 K________。

5．调试时发现，玻璃杯中的水位加到 b 点时，继电器 K 释放；水位降到 b 点以下时，继电器 K 吸合。出现该故障现象的原因是（　　）。

A．继电器 K 没用

B．三极管 VT_1 损坏

C．二极管 VD_1 接反

D．电路没接 K-1 触点，b 点直接接到了电阻器 R_1

如图所示是温室大棚湿度电子控制电路，当温室大棚内的湿度低于设定值时，通过该电路的电动机转动带动水泵运行，大棚上方的喷头喷出水雾以提高湿度。根据该电路图，完成第 6～9 题。

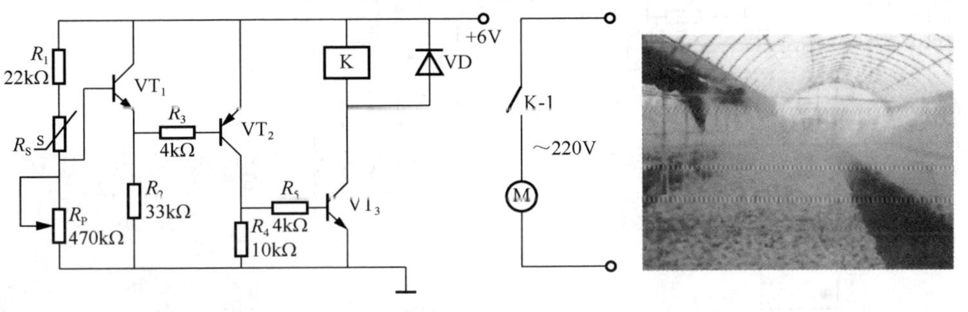

第 6～9 题图

6．该电路中作为控制系统检测装置的是________。当温室大棚内的湿度高于设定值时，三极管 VT_1 处于________状态，三极管 VT_3 处于________状态，继电器 K 释放，电动机停转，水泵不运行。

7．要降低温室大棚内的湿度设定值，应该________________________________。

8．使用该电路时发现温室大棚内的湿度已经低于设定值了，水泵还不运行，发生该故障的可能的原因是（　　）。

A．电阻器 R_1 一端虚焊　　B．三极管 VT_2 内部断路

C．三极管 VT_1 内部断路　　D．三极管 VT_3 内部短路

9．安装该电路时，发现三极管 VT_1 只有 PNP 型。请用原图中的元器件设计控制电路，使其功能与原控制电路相同，并在如图所示虚线框中补全电路。

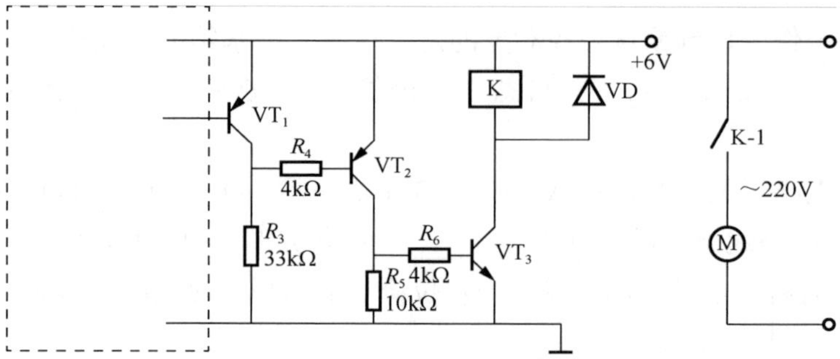

第 9 题图

如图所示是水塔水池水位电子控制电路图，3 个水位探头 A、B、C 检测水塔水池中的水位，当水塔水位低于 *b* 点时，电动机 M 转动并带动水泵运行，水位上升；当水塔水位达到 *a* 点时，电动机 M 停转，水泵不运行；当外界用水时，水塔水位下降，下降到 *b* 点以下时，电动机 M 重新转动并带动水泵运行，水塔水位上升。通过这样的设计，该水位电子控制电路能将水塔水位控制在 *a* 点与 *b* 点之间。根据该电路图，完成第 10～12 题。

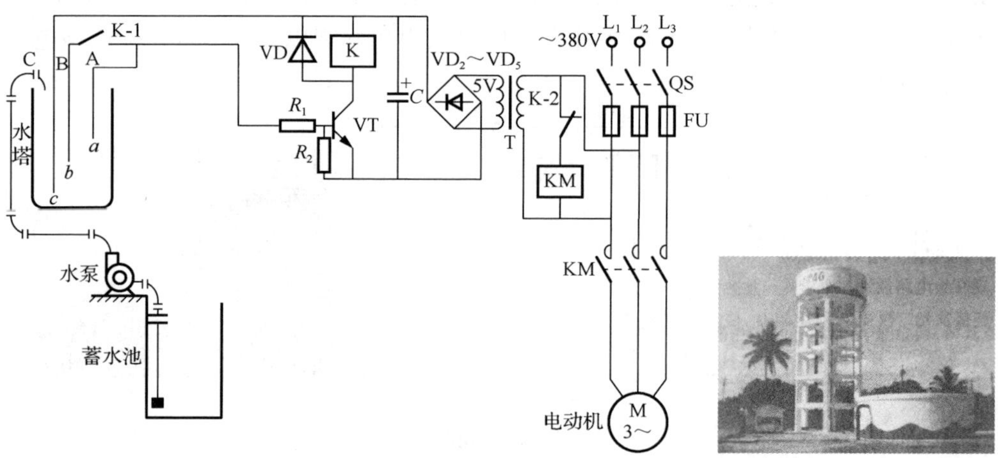

第 10～11 题图

10. 该电路中作为控制系统输入部分的是________________________。当水位上升达到 *a* 点时，三极管 VT 处于________状态，继电器 K 处于________状态，交流接触器 KM 处于________状态，电动机 M 停转。

11. 使用该电路时，发现水从水塔上不断溢出，导致该故障现象的原因不可能是（　　）。

A. 电阻器 R_1 与电路虚焊　　B. 三极管 VT 内部断路

C. 继电器 K 线圈损坏　　D. 三极管 VT 内部短路

12. 水塔中的水是用电动机带动水泵从蓄水池抽上来的，如果蓄水池没水了，电动机还在转动，电动机将会烧坏。为了保护电动机，在蓄水池中安装了两个如图所示的水位探头 D、E。当蓄水池中有足够的水时，D、E 相通，*G* 点为高电平，不影响电路的控制过程。当蓄水池中没有足够的水时，D、E 不通，G 点为低电平，不管水塔水位处于何位置，电动机将停转，水泵不运行，从而保护电动机。

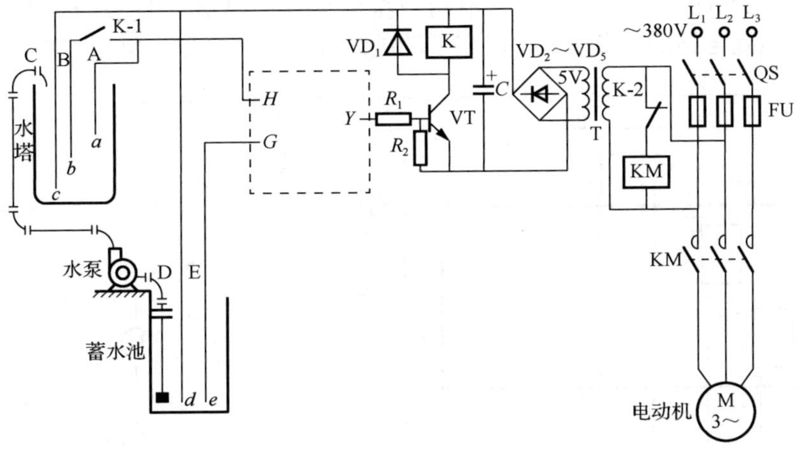

真值表

输入		输出
H	G	Y
0	0	
0	1	
1	0	
1	1	

第 12 题图

（1）根据以上条件分析 H、G、Y 三点的逻辑关系（高电平为“1”，低电平为“0”），并填写真值表。

（2）根据真值表，用基本门电路在虚线框内补全电路。

13．如图所示是下雨自动关窗控制系统电路图（湿度传感器 R_S 未连接），湿度传感器 R_S（负系数）用于检测是否下雨，如果检测到下雨，电动机 M 转动，带动窗户关闭。分析该电路，完成第（1）～（4）小题。

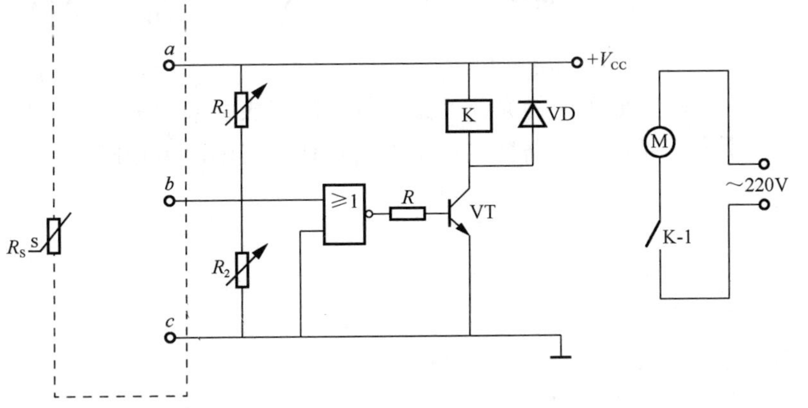

第 13 题图

（1）调大可调电阻器 R_2 的电阻值，b 点电位将________。

（2）请根据电路的控制目的在 a、b、c 三点中选择合适的点连接湿度传感器 R_S。

（3）实际制作该电路时采用了 CD4012 双四输入与非门 CMOS 集成电路（下图中的 14 脚集成电路），要达到电路的控制目的，请在下图虚线框中补画出驱动继电器的三极管。

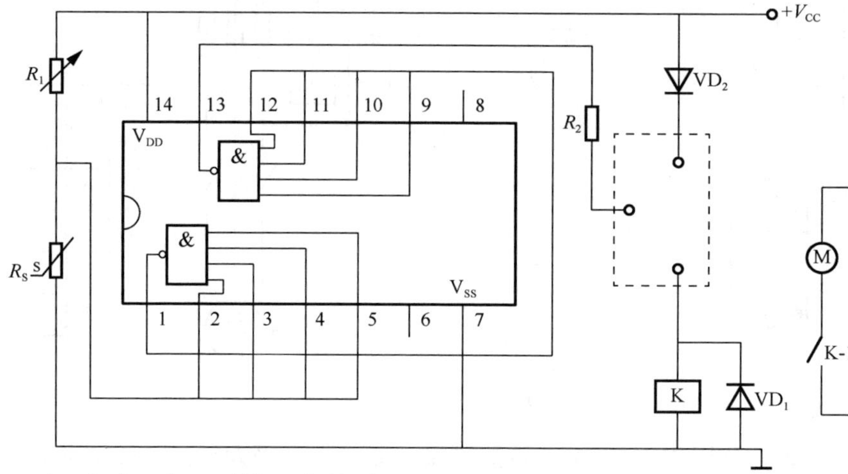

（4）调试时，发现不管湿度传感器 R_S 上是否有雨水，集成电路 13 脚用万用表测得的电位都是高电平，可能的原因是（　　）。

A．湿度传感器 R_S 与电路虚焊　　B．湿度传感器 R_S 两引脚被短路

C．集成电路 7 脚与电路虚焊　　D．可调电阻器 R_P 与电路虚焊

14．如图所示是一种简易的光控模拟路灯。电路部分由三极管、发光二极管、电位器、光敏电阻、电源连接而成。当外界光线很暗时，VD 灯亮；当外界光线较亮时，VD 灯灭。

（1）根据光控路灯的原理，用铅笔将下列元器件符号连接成光控模拟路灯电路图（可参照简易光控路灯模拟电路制作视频）。

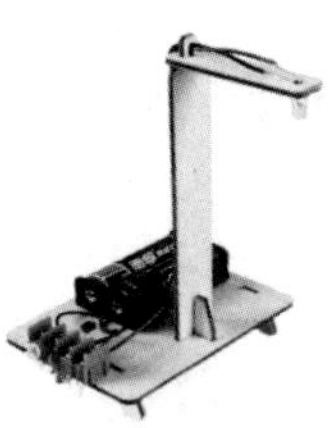

第 14 题图

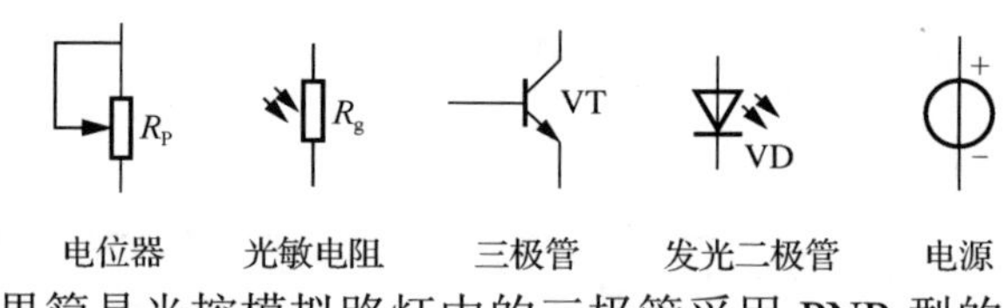

（2）如果简易光控模拟路灯中的三极管采用 PNP 型的，其他元器件不变，光控模拟路灯电路将如何设计，请画出电路图。

比较器（集成运算放大器）

1．如图所示电路，R_{t1}、R_{t2}是同型号的热敏电阻。对于IC_1、IC_2，若输入$V_+>V_-$，则输出高电平；若输入$V_+<V_-$，则输出低电平。当温度降低至37℃时，继电器K吸合控制电热丝加热（电热丝工作电路未给出）；当温度升温至39℃时，电热丝停止加热。下列对电路的分析中正确的是（　　）。

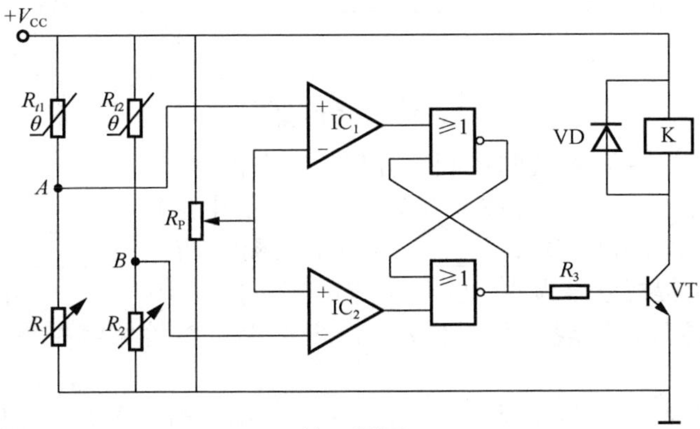

第1题图

A．R_{t1}、R_{t2}是负温度系数热敏电阻

B．R_1用于调节上限温度，R_2用于调节下限温度

C．为使电路功能符合要求，A点电位需调至比B点电位高

D．若将R_P的触点向上移动，则电路的上、下限温度都降低

2．小明设计了如图所示的温度指示电路，其中IC_1、IC_2为比较器，其特性如表所示。当检测到的温度过高时，仅VD_1绿灯亮；温度过低时，仅红灯VD_2亮。在调试过程中，当发现温度过高时，发光二极管VD_1不亮，VD_2反而亮，温度过低时则相反。造成该现象可能的原因是（　　）。

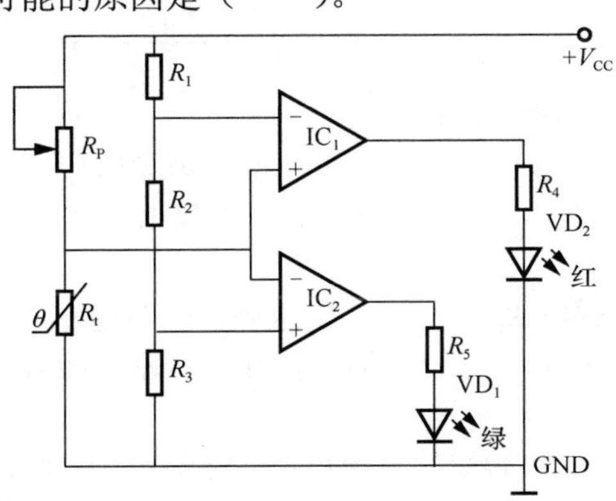

第2题图

比较器的特性表

输入	输出
$V_+>V_-$	高电平
$V_+<V_-$	低电平

A．R_4电阻值偏小　　　　B．R_5电阻值偏大

C．IC_1与IC_2位置接反了　　　　D．VD_1和VD_2位置接反了

如图所示是花盆土壤湿度过低提醒装置电路图。分析该电路，完成第3～5题。

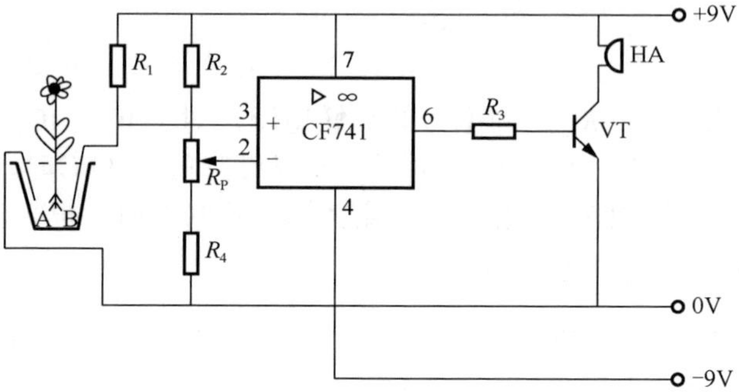

第3～5题图

3．该电路中作为控制系统的控制（处理）部分的是________。当花盆土壤湿度过低时，A、B间电阻很大，集成运算放大器输入端3脚的电位将________输入端2脚的电位，集成运算放大器输出端6脚输出________电平，三极管VT处于________状态，电铃报警。

4．现要将设定提醒湿度调高，电位器R_P的中间触点向________滑。

5．调试该电路时，发现不管电位器R_P怎么调，电铃始终报警，该故障可能的原因是（　　）。

A．电阻器R_1与电路虚焊　　　　B．电阻器R_2与电路虚焊

C．电位器R_P与电路虚焊　　　　D．电阻器R_4与电路虚焊

如图所示是运算放大器鸡蛋孵化温度控制器电路图。根据该电路图，完成第6～8题。

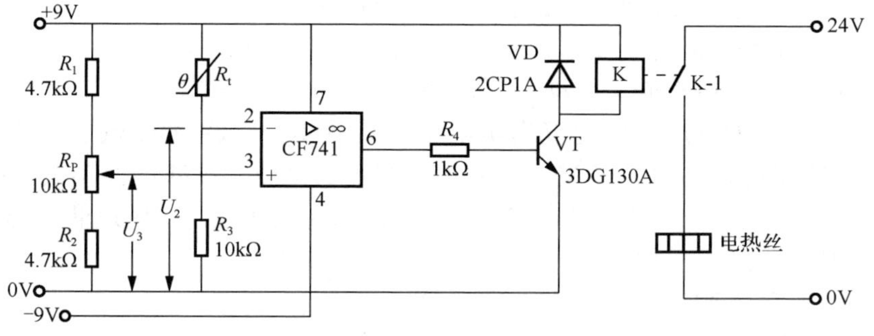

第6～8题图

6．该电路中作为控制系统的输出部分的是________。当电路中集成运算放大器2脚的电位________3脚的电位时，三极管VT处于________状态，继电器K吸合，电热丝通电加热。

7．电路安装好后进行调试，将温度传感器R_t放入39℃的水中，电路通电以后，继电器没有吸合，应将可调电位器R_P的滑动触点向________调，使继电器刚好吸合，电路调试为39℃单点温度控制。

8．调试时发现，将温度传感器R_t放入高于39℃的水中后，继电器吸合；将温度传感器R_t放入低于39℃的水中后，继电器释放。出现该故障现象的原因可能是（　　）。

A．集成运算放大器 2 脚与 3 脚接反　　　　B．二极管 VD 接反

C．电阻器 R_2 断路　　　　　　　　　　D．三极管 VT 损坏

9．小明设计了如图所示的温度报警电路。当检测到的温度高于设定值后，VD_1 随温度升高逐渐变亮；如果温度继续上升到一定值后，VD_2、VD_3 开始变亮，最后蜂鸣器 HA 发出报警声。根据电路图和功能要求完成下列任务。

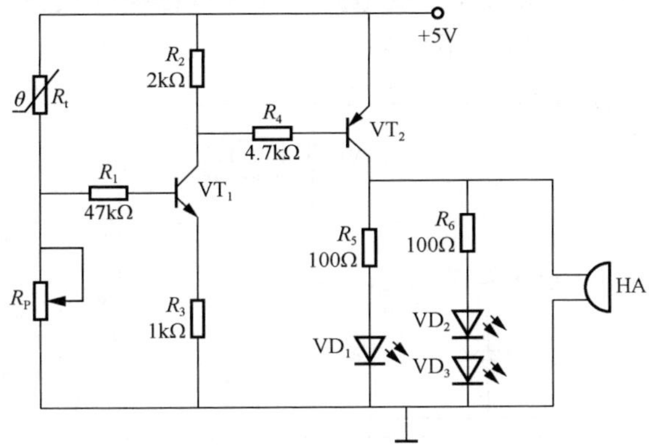

第 9 题图

（1）R_t 应选择________（在“A. 正温度系数热敏电阻；B. 负温度系数热敏电阻；C. 可调电阻器；D. 定值电阻器”中选择合适的选项，将序号填入“________”处）。

（2）从 VD_1 变亮到 VD_2、VD_3 变亮的过程中，VT_1 集电极 c 和发射极 e 之间的电压________（在“A. 降低；B. 升高；C. 保持不变”中选择合适的选项，将序号填入“________”处）。

（3）小明搭建了测试电路，测试时，先固定 R_P，然后改变温度，发现发光二极管 VD_1、VD_2、VD_3 在温度高时不亮，温度低时反而亮。造成该现象的原因不可能是________（在“A. VT_1 误用了 PNP 型；B. R_t 与 R_P 位置接反了；C. R_P 阻值偏小”中选择合适的选项，将序号填入“________”处）。

（4）小明在调试电路时，不小心损坏了三极管 VT_1，准备用电压比较器代替三极管 VT_1 来实现温度过高报警，比较器的特性如表所示，请帮助小明在电路图虚线框中将比较器连接好。

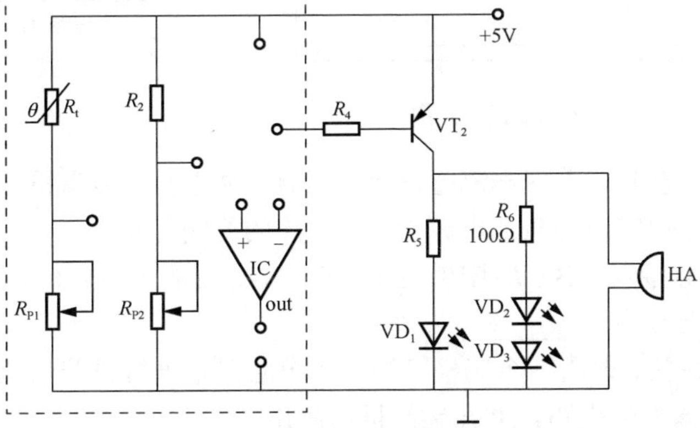

比较器的特性

输入	输出
$V_+>V_-$	高电平
$V_+<V_-$	低电平

第 9 题（4）图

（5）修改后的电路相比原电路________（在“A．功能完全一样；B．VD_1、VD_2、VD_3同时亮灭；C．R_{P1}和R_{P2}能分别设定报警温度的上限和下限”中选择合适的选项，将序号填入“________”处）。

10．小明设计了如图所示的过载保护实验电路，调整负载电阻器R_H的阻值，当流过R_H的电流超过允许值时，自动断开负载电源，并保持在断开状态。比较器的特性如表所示。请根据电路图及其描述完成以下任务。

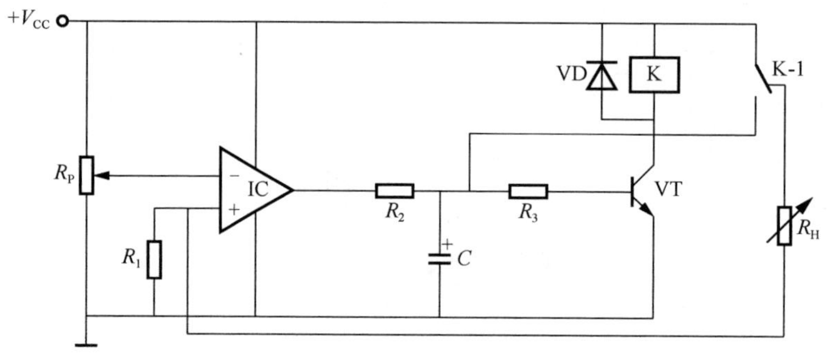

比较器的特性

输入	输出
$V_+ > V_-$	高电平
$V_+ < V_-$	低电平

第10题图

（1）要增大流过R_H的电流允许值，以下调整可行的是________、________（在“A．R_P的滑动触点向上移；B．R_P的滑动触点向下移；C．减小R_1的阻值；D．增大R_1的阻值；E．减小R_2的阻值”中选择合适的选项，将序号填入“________”处）。

（2）小明准备搭建测试电路，请帮他完成比较器的连接。

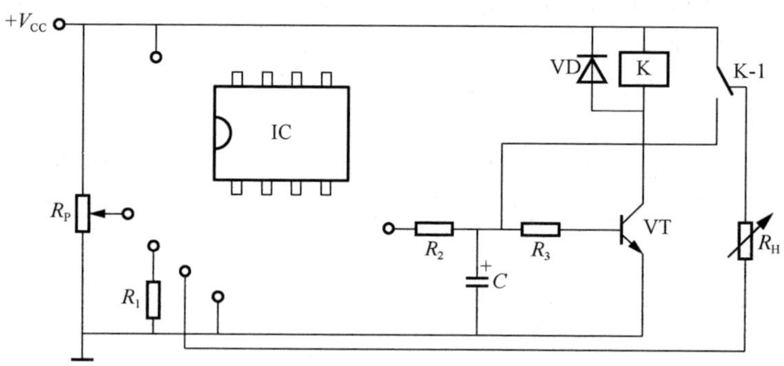

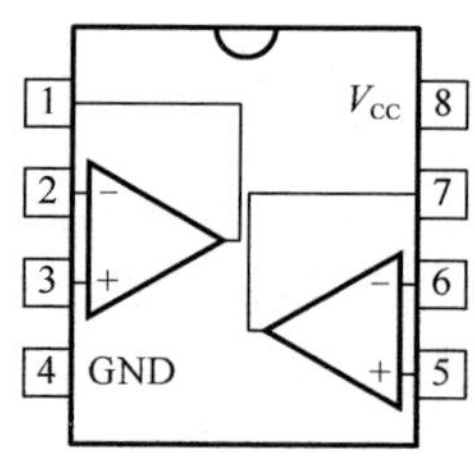

IC引脚图

第10题（2）图

（3）小明搭建好电路后进行测试，发现电流超过允许值时，继电器不能保持在吸合状态，出现反复吸合、释放，不能稳定地将负载电源断开。故障的原因可能是________（在“A．K-1的常开触点和常闭触点接反；B．R_3阻值过小；C．K-1的常开触点和R_3之间断路”中选择合适的选项，将序号填入“________”处）。

（4）小明对电路做了部分调整，改用一个三极管和一个电阻器来维持过载后负载电源的断开状态。请帮助小明设计该部分电路，并在虚线框内画出。

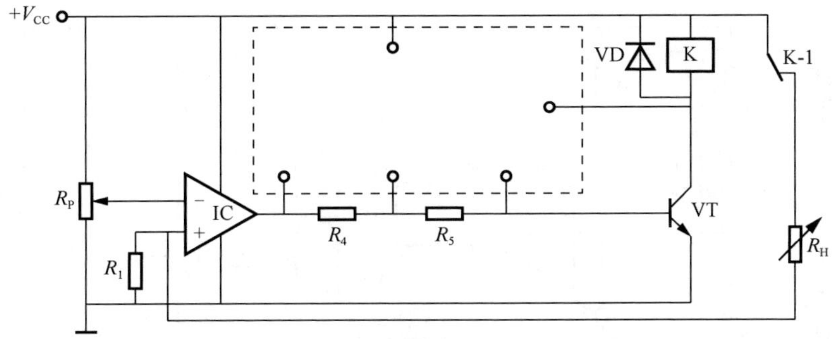

第 10 题（4）图

11．如图所示是某恒温电路，通过风扇将室内的热空气排出，同时将室外的冷空气吸入室内，实现温度控制。当室内温度高于 37℃时，风扇电动机开始运转；当室内温度低于 33℃时，风扇电动机停止运转。电路中 IC_1 和 IC_2 为比较器，当 $V_+>V_-$时输出高电平，当 $V_+<V_-$时输出低电平。请完成以下任务。

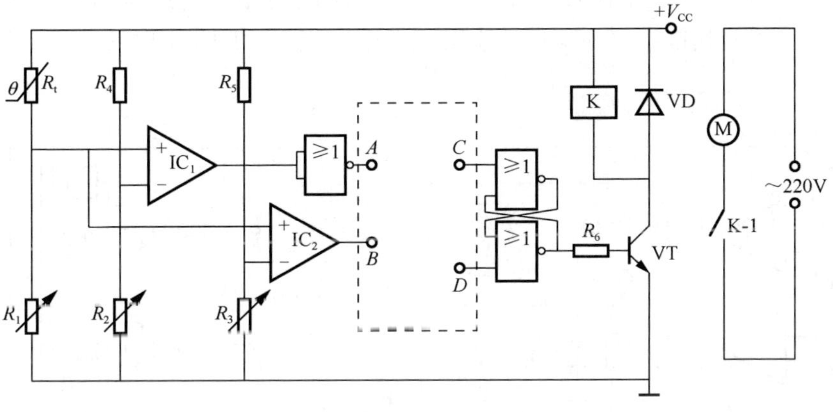

第 11 题图

（1）IC_1 是用来调节上限温度的，请在虚线框内连线，将电路补画完整。

（2）R_t 属于________（在“A．光敏电阻；B．正温度系数热敏电阻；C．负温度系数热敏电阻”中选择合适的选项，将序号填入“________”处）。

（3）现需要将温度控制在 33～38℃，为使电路调试快捷、准确，应该________（在“A．调大 R_1；B．调大 R_2；C．调小 R_2；D．调大 R_3”中选择合适的选项，将序号填入“________”处）。

（4）使用过程中发现，当温度低于 33℃时电动机仍在运转，下列情况中不可能导致该结果的是________（在“A．R_3 的阻值太大；B．三极管被击穿；C．R_1 连焊；D．R_3 虚焊”中选择合适的选项，将序号填入“________”处）。

（5）在不改变上、下限温度设定的条件下，将或非门换成与非门，请将电路图补充完整。

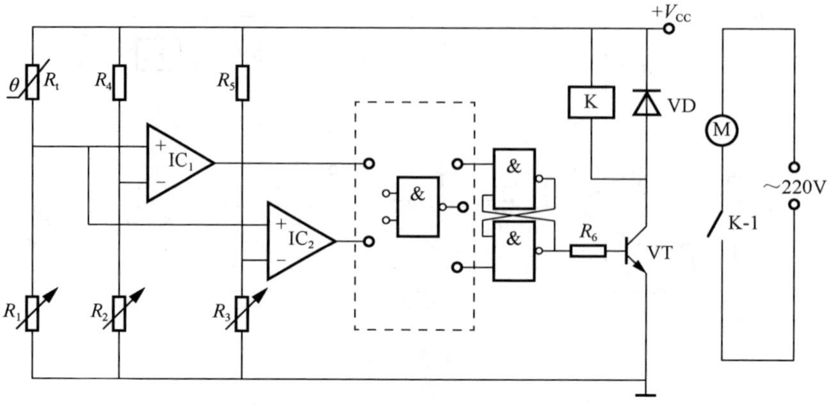

第 11 题（5）图

12．如图所示是小明设计的花房遮阳棚光控电路。接通电源，闭合开关 S_1，当外界环境光线强度介于上下限之间时，打开遮阳棚（通过电动机的电流从“+”流到“−”）；当外界环境光线强度高于上限或低于下限时，关闭遮阳棚（通过电动机的电流从“−”流到“+”）。比较器功能：当 $V_+>V_-$时输出高电平，当 $V_+<V_-$时输出低电平。请完成以下任务。

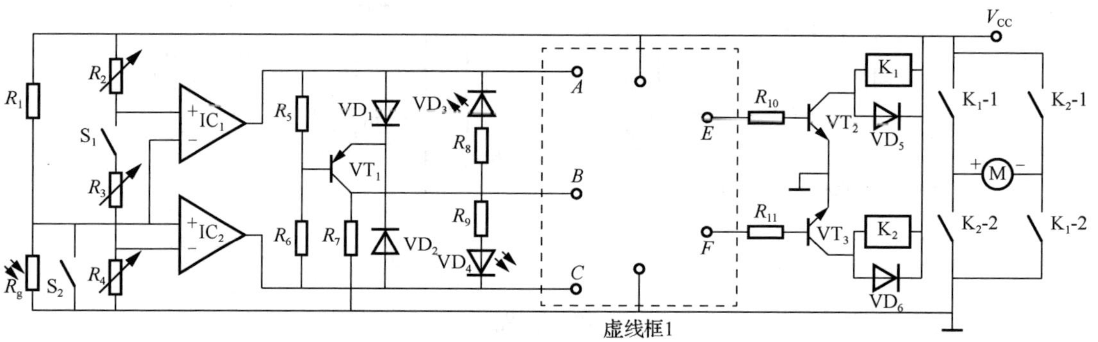

第 12 题图

（1）根据信号 A、C 的波形画出信号 B 的波形。

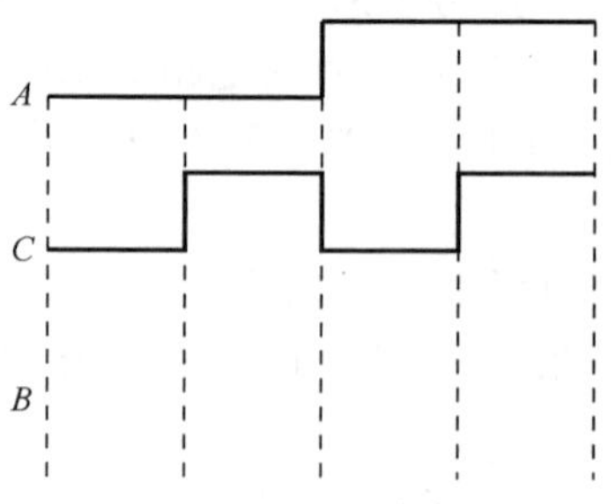

第 12 题（1）图

（2）关闭遮阳棚时，关于 VD_3、VD_4 的发光情况分析正确的是________（在“A．光线弱 VD_4 发光，光线强 VD_3 发光；B．光线弱 VD_3 发光，光线强 VD_4 发光；C．无论光线强弱，VD_3、VD_4 均不发光”中选择合适的选项，将序号填入“________”处）。

（3）为了应急需要，小明特意增加了手动控制开关 S_1、S_2，初始状态接通电源，闭合开关 S_1，下列关于开关 S_1、S_2 功能分析不正确的是________（在“A．当环境光线强度高于上限或低于下限时，断开 S_1，遮阳棚关闭；B．当环境光线强度介于上下限之间时，接通 S_2，遮阳棚关闭；C．不管外界光线强度如何，同时接通 S_1、S_2，遮阳棚关闭”中选择合适的选项，将序号填入“________”处）。

（4）为实现电路功能，现有二极管、电阻器等元器件若干，请在虚线框 1 内补全电路。

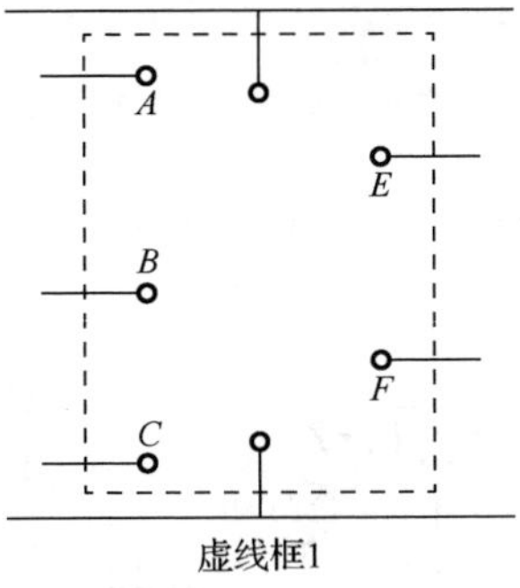

第 12 题（4）图

555 集成电路 1

如图所示是利用 555 集成电路制作的室内温度过高警示电路图，图中检测温度的是负温度系数热敏电阻 R_t，555 集成电路的输入输出逻辑关系如表所示。分析该电路，完成第 1～4 题。

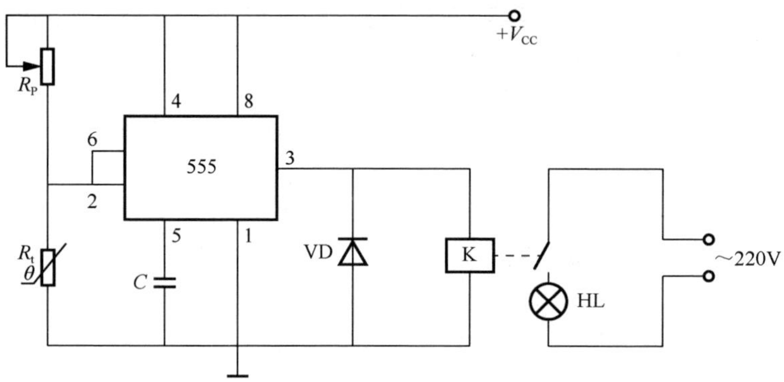

555的输入输出逻辑关系

输入		输出
2脚	6脚	3脚
＜$V_{CC}/3$	＜$2V_{CC}/3$	高电平
＞$V_{CC}/3$	＜$2V_{CC}/3$	保持
＞$V_{CC}/3$	＞$2V_{CC}/3$	低电平

第 1～4 题图

1．该电路中作为控制系统输出部分的是________。当外界温度高时，555 集成电路输入端 2、6 脚的电压很低（低于 $V_{CC}/3$），输出端 3 脚输出________电平，继电器 K 处于________状态，警示灯 HL 亮。

2．二极管 VD 的作用是________，如果安装过程中将二极管 VD 接反，后果是________。

3．不管室内温度怎么变，警示灯 HL 始终亮，该故障的原因可能是（　　）。

A．热敏电阻 R_t 与电路断开　　B．电位器 R_P 与电路断开

C．继电器 K 线圈烧坏　　D．电位器 R_P 短路

4．若将电路功能改成室内温度过低时警示，请在下图虚线框中补全电路。

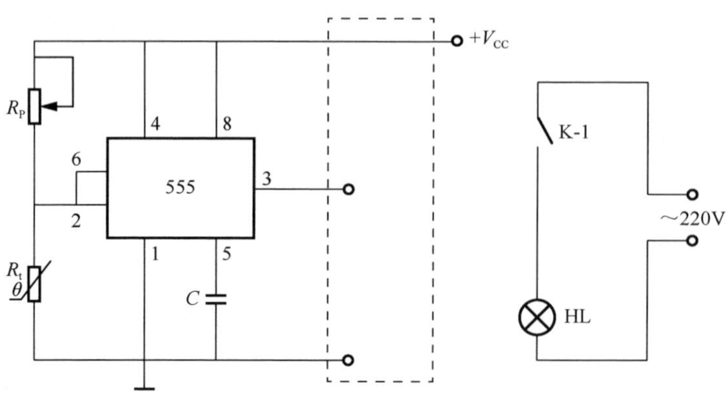

如图所示是 555 集成电路组成的水箱水位电子控制系统电路图。根据该电路图，完成第 5～6 题。

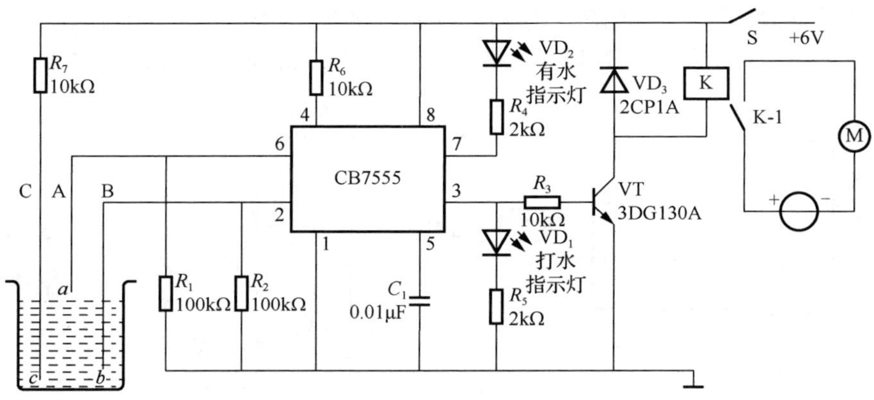

第 5～6 题图

5．该电路作为控制系统检测装置的是________。当水箱水位处于图中所示的水位时，CB7555 集成电路的输入端 2 脚是________电平，6 脚是________电平，如果这时电动机 M 转动带动水泵运行，水位处于上升过程中，CB7555 集成电路的输出端 3 脚是________电平；如果这时电动机 M 关闭，水泵停止运行，水位处于下降过程中，CB7555 集成电路的输出端 3 脚是________电平。

6．调试时发现该控制系统能将水箱水位控制在 *a* 点与 *c* 点之间，说明水位探头 C 在水箱中放置的高度________水位探头 B 的位置。

如图所示是热带鱼鱼缸温度电子控制电路图，当水缸内的热敏电阻（负温度系数）检测出水温低于设定水温下限值时，水缸内的加热丝开始加热；当水缸内的热敏电阻检测出水温高于设定水温上限值时，水缸内的加热丝停止加热，从而使水温稳定在设定范围内。根据该电路图，完成第 7～10 题。

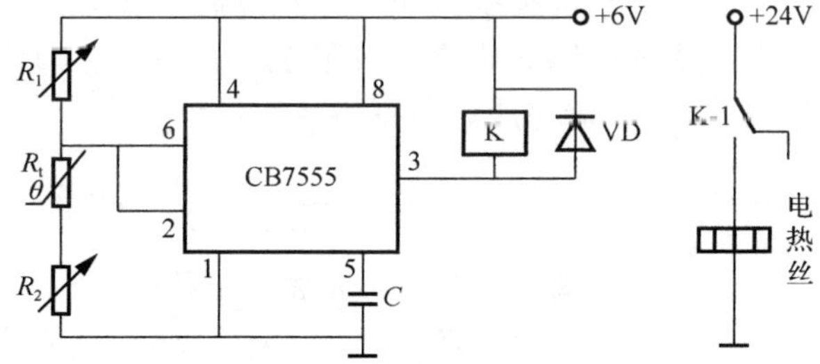

第 7～10 题图

7．如果要调高设定水温，应将可调电阻器 R_1 的电阻值调________或将可调电阻器 R_2 的电阻值调________。

8．将热敏电阻 R_t 放入低于设定水温的水中，不管怎么调节电阻器 R_1 和 R_2，电热丝都不通电加热，下列原因中不可能的是（　　）。

A．二极管VD 接反了

B．输出端 3 脚与继电器线圈虚焊

C．热敏电阻 R_t 与可调电阻器 R_2 之间连接断开

D．继电器 K 线圈内部断路

9．现在给电路设计一个电热丝加热、发光二极管指示电路，请在下图虚线框中选择合适的端子连接发光二极管 VD_1 和电阻器 R_1，使电热丝加热时 VD_1 发光，不加热时 VD_1 不发光。

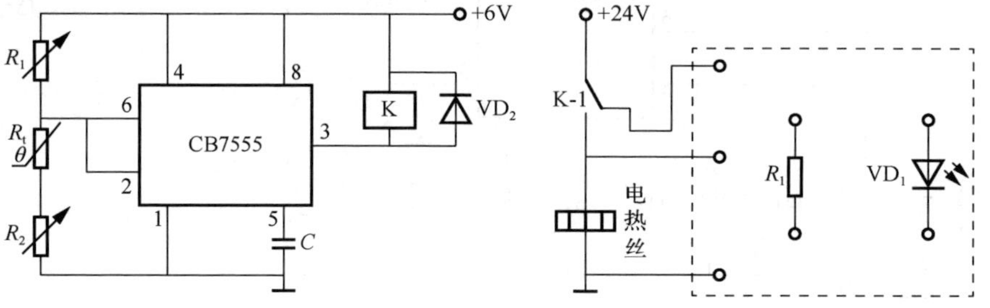

第 9 题图

10．为了能使 CB7555 集成电路更可靠地驱动继电器 K，在 CB7555 集成电路和继电器 K 之间接一个三极管，根据电路逻辑关系在下图虚线框中补画出三极管，并对电路进行补全。

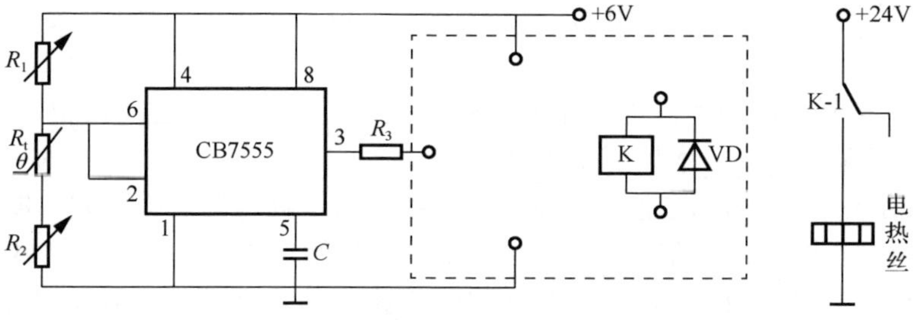

第 10 题图

11．如图所示是小明设计的水位控制系统，当水位低于 b 点时水泵 M 抽水，水位达到 a 点时停止抽水。NE555 集成电路 6 脚电位升至 $2V_{CC}/3$ 时，3 脚输出低电平；2 脚电位低至 $V_{CC}/3$ 时，3 脚输出高电平。请完成以下任务。

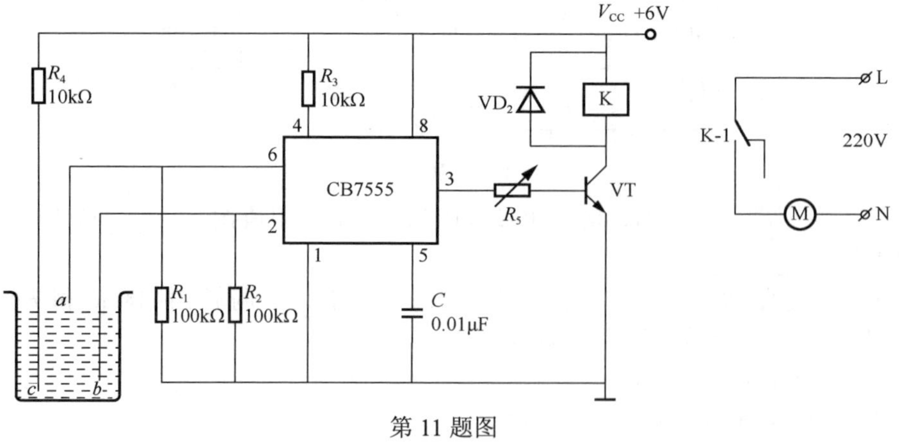

第 11 题图

（1）对 NE555 集成电路引脚识别正确的是________（在下列选项中选择正确的选项，将序号填写在“________”处）。

① ② ③ ④

（2）测试电路时发现，当 NE555 集成电路的 3 脚输出高电平时，继电器 K 不工作，合理的调节措施是________（在“①减小 R_1 和 R_2 的电阻值；②减小 R_3 的电阻值；③减小 R_4 的电阻值；④减小 R_5 的电阻值”中选择合适的选项，将序号填写在“________”处）。

（3）小明在设计控制电路时，忘记了设置水泵工作状态指示灯，请在虚线框内选择合适的端子连接发光二极管 VD_3 和电阻器 R_6，使得水泵 M 抽水时 VD_3 发光，不抽水时 VD_3 不发光。

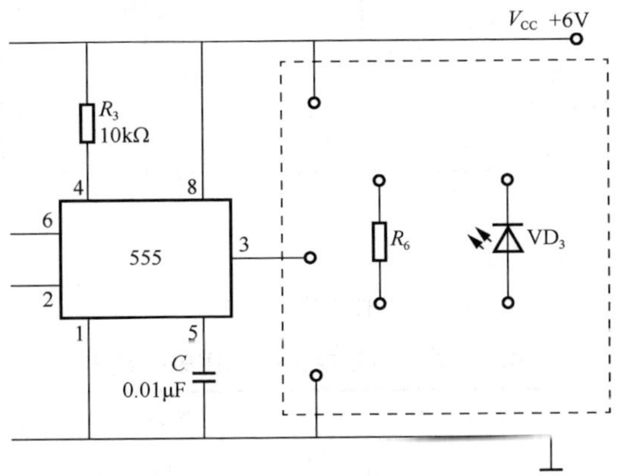

第 11 题（3）图

（4）系统工作一段时间后，三极管 VT 损坏，小明准备用仅有的 PNP 型三极管代替原来的三极管，请在虚线框内选择合适的端子重新连接电路。要求保持系统原有的功能，继电器线圈接在集电极上。

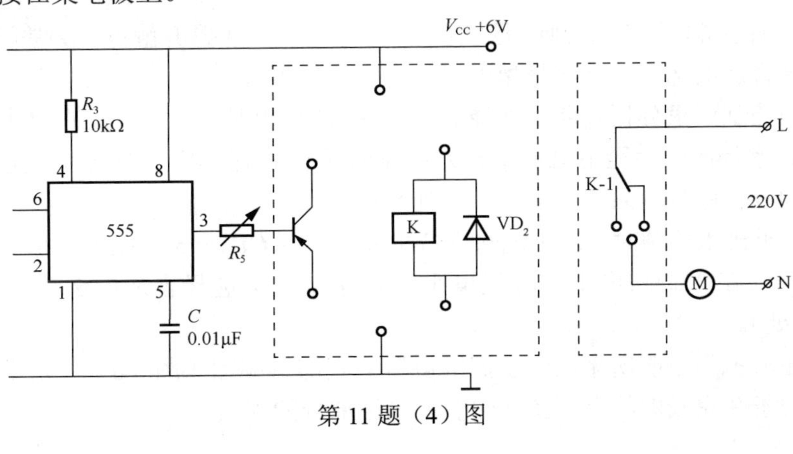

第 11 题（4）图

12．如图所示是小明在通用实践课上设计的水位控制电路［图（a）］，通过拨动选择器开关 S_1 选择合适的连接端口（A 端或 B 端）用于水池注水或排水控制。当用于注水时，若水位低于 *b* 点，则 CB7555 集成电路的 2 脚输入电位低于 $V_{CC}/3$，使 3 脚输出高电平，继电器 K 通电，抽水机 M 启动开始注水；水位上升至 *a* 点时，6 脚输入电位高于 $2V_{CC}/3$，使 3 脚输出低电平，继电器 K 断电，抽水机 M 停转不再注水。当用于排水时，应使水池水位不高于 *a* 点。CB7555 集成电路输入输出逻辑关系如表所示。请根据描述和电路图完成下列任务。

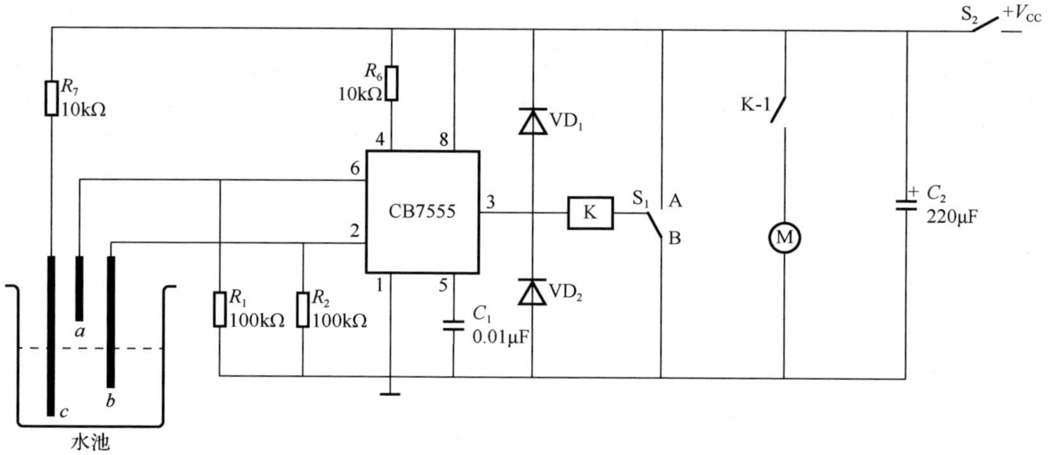

第 12 题图（a）

CB7555集成电路输入输出逻辑关系表

输入		输出
2脚	6脚	3脚
$<V_{CC}/3$	$<2V_{CC}/3$	高电平
$>V_{CC}/3$	$<2V_{CC}/3$	保持
$>V_{CC}/3$	$>2V_{CC}/3$	低电平

（1）电路图中继电器 K 的触点类型是________（在“①常开触点；②常闭触点；③转换点”中选择合适的选项，将序号填入“________”处）。

（2）根据控制要求分析电路，选择器开关 S_1 的作用是________（在“①注水控制时拨至 A 端，排水控制时拨至 B 端；②注水控制时拨至 B 端，排水控制时拨至 A 端中”选择合适的选项，将序号填入“________”处）。

（3）当用于排水控制时，若水池水位低于 *b* 点，则 CB7555 集成电路引脚 3 的输出电平为________（在“①高电平；②低电平；③保持”中选择合适的选项，将序号填入“________”处）。

（4）如图所示为小明所采用的直流继电器的底部引脚图［图（b）］，请根据功能要求选择合适的端子并完成虚线框［图（c）］内电路部分的连接。

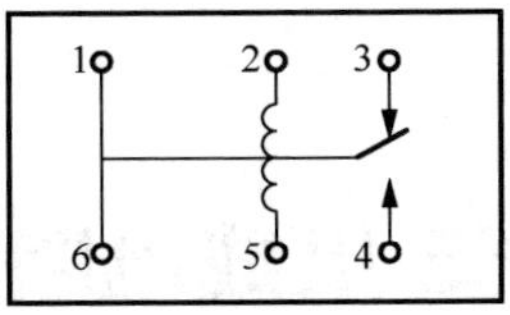

第 12 题图（b）

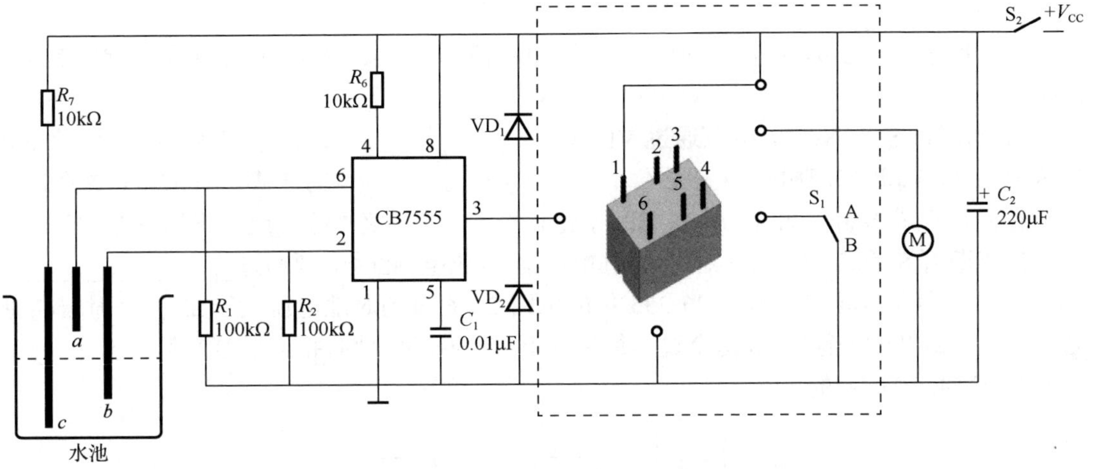

第 12 题图（c）

（5）小明搭建好电路后，在测试时发现：用于水池注水控制时工作正常，但是用于排水控制时，继电器始终不工作。下列原因中可能造成该现象的是________（在“①CB7555 集成电路 2 脚和 6 脚接反；②选择器开关 S_1 的 A 端虚焊；③二极管 VD_2 正负极接反；④继电器 1 脚和 6 脚短接”中选择合适的选项，将序号填入“________”处）。

555 集成电路 2

如图所示是 555 集成电路“叮咚”双音电子门铃电路图。请分析电路图，完成第 1～2 题。

1．当闭合 S_1 或 S_2 时，电源通过 VD_2 和________、________为电容器 C_2 充电；当 555 集成电路 2、6 脚的对地电压大于 $2V_{CC}/3$ 时，C_2 通过________对 7 脚进行放电，这个过程循环往复，形成振荡，此时扬声器 BP 将发出________（填“叮”或“咚”）的声音。

2．当断开 S_1 和 S_2 时，电容器 C_1 通过电阻器 R_4 放电，此时电源通过________、________和________为电容器 C_2 充电；当 555 集成电路 2、6 脚的对地电压大于 $2V_{CC}/3$ 时，C_2 通过________对 7 脚进行放电，这个过程循环往复，形成振荡，此时扬声器 BP 将发出________（填“叮”或“咚”）的声音。

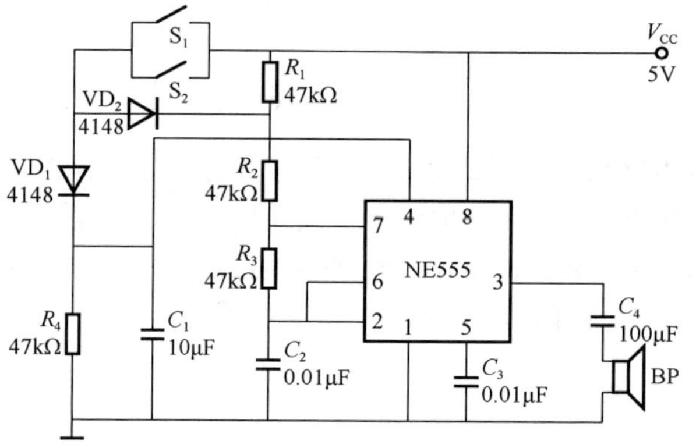

第 1～2 题图

小明运用电子控制技术知识，设计了如图所示的按键延时灯电路，其中 SB_1 为按钮，按下接通，松开断开，请分析该电路，回答第 3～4 题。

3．下列关于该电路的说法中正确的是（　　）。

A．按下 SB_1 后松开，此后一段时间内电容器 C_1 处于放电状态

B．电位器 R_P 触点上滑，延时时间增加

C．增大 C_2 的电容量，延时时间增加

D．减小 R_2 的电阻值，延时时间缩短

4．测试发现，无论按下或松开 SB_1，灯 HL 都不会亮。下列故障分析中合理的是（　　）。

A．二极管 VD_1 被击穿　　B．灯 HL 错接常闭触点

C．电容器 C_1 虚焊　　D．R_P 虚焊

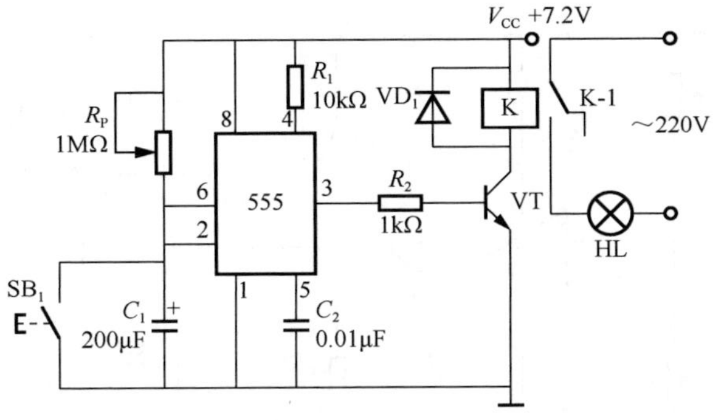

第 3～4 题图

5．如图所示是电子门铃电路图，其中，SB 为按钮，当按下 SB 时，扬声器发出声音。555 集成电路的特性如表所示。下列分析中合理的是（　　）。

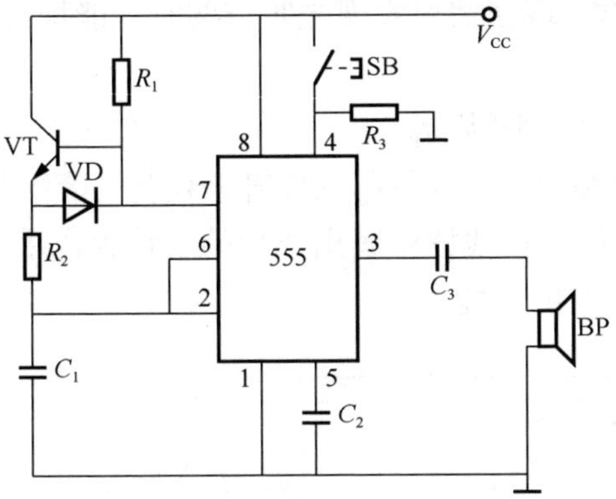

第 5 题图

555集成电路特性

4脚	2脚	6脚	3脚
低电平	×（任意）	×（任意）	低电平
高电平	$<V_{CC}/3$	×（任意）	高电平
	$>V_{CC}/3$	$<2V_{CC}/3$	保持
	$>V_{CC}/3$	$<2V_{CC}/3$	低电平

A．当 3 脚是低电平时，7 脚是高电平

B．松开 SB 后，扬声器 BP 立即停止工作

C．电容器 C_1 充电过程中，三极管 VT 一直处于饱和状态

D．二极管 VD 短路后，无论 SB 闭合还是断开，扬声器都不会发出声音

6．如图所示是小明设计的暗室报警电路。当暗室门被打开，光照强度达到一定时，蜂鸣器发出报警声。IC 的特性：当 $V_+>V_-$ 时，U_o 为高电平；当 $V_+<V_-$ 时，U_o 为低电平。555 集成电路的特性：当 2 脚电位低于 $V_{CC}/3$ 时，3 脚输出高电平；当 6 脚电位高于 $2V_{CC}/3$ 时，3 脚输出低电平。请回答下列问题。

（1）当光照由弱变强时，光敏电阻 R_g 的阻值________（填"增大"、"减小"或"不变"）。

（2）继电器 K-2 触点闭合时的作用是（　　）。

A．使二极管 VD_1 反向截止

B．使 555 集成电路的 3 脚保持高电平输入

C．使蜂鸣器在暗室门关闭后继续报警

（3）小明搭建测试电路，发现蜂鸣器始终不响。原因可能是（　　）。

A．555 集成电路的 3 脚被接地　　　　B．二极管 VD_2 虚焊

C．电阻器 R_1 短路

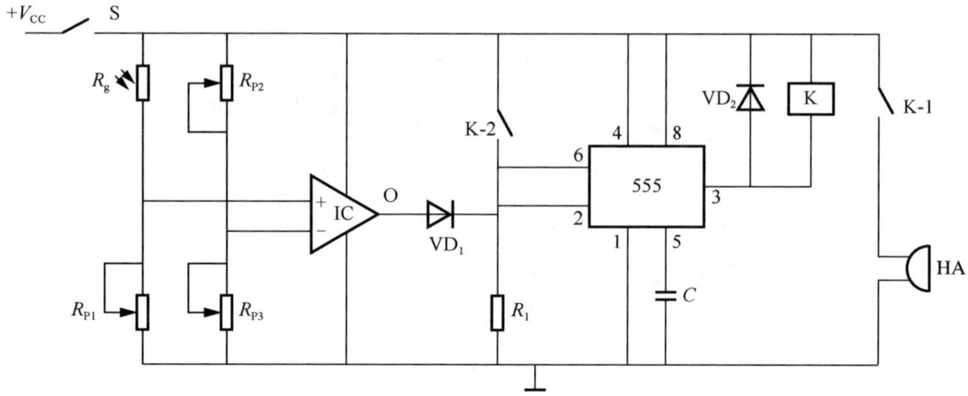

第 6 题图

(4) 小明搭建电路后，发现光照很强时才会报警，现在需要实现光照较弱时就能报警，下列调节方法中不恰当的是（　　）。

A．增大 R_{P1}　　B．增大 R_{P2}　　C．增大 R_{P3}

(5) 在测试过程中，小明不小心将 555 集成电路损坏，准备用三极管来代替。请帮助小明选择合适的三极管（NPN 型或 PNP 型），在下图的虚线框中画出选择的三极管，并采用共发射极接法完成电路的连接，要求保持电路原有的功能。

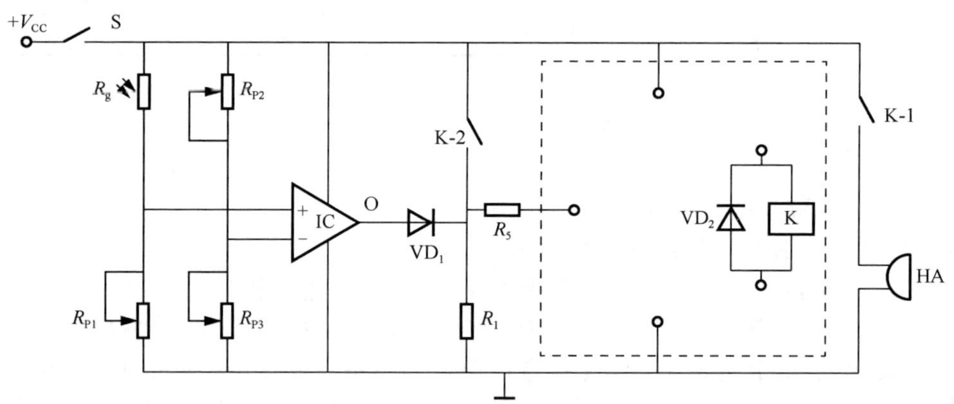

第 6 题（5）图

7. 如图（a）所示是小明设计的种植花卉大棚湿度控制电路。其中，电动机 M 是加湿水泵电动机，湿敏电阻器 R_S 的阻值随湿度变化如表 1 所示，R_{P1}、R_{P2} 均调为 2kΩ。已知比较器 IC 的输入、输出关系：当 $V_+>V_-$ 时，输出为高电平；当 $V_+<V_-$ 时，输出为低电平。请回答下列问题。

第 7 题表 1

相对湿度/%	60	65	70	75	80	85	90
阻值/kΩ	31	20	12	8.4	5.7	4.0	3.3

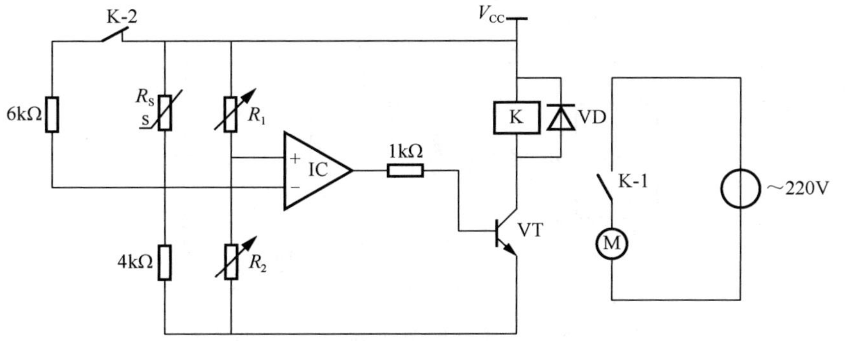

第 7 题图（a）

（1）水泵电动机工作时，K-1________，K-2________。

（2）该湿度控制电路控制的下限是________。

（3）小明希望湿度达到上限时，水泵电动机延时停止工作；湿度达到下限时，水泵电动机延时开始工作。于是他用 555 集成电路改进了控制电路，如图（b）所示，其中 R_3=1kΩ，R_4=5kΩ。555 集成电路的输入、输出关系特性如表 2 所示，IC 输出高电平时，电容 C_1 开始充电，555 集成电路的 3 脚电位 V_o 随 2 脚电位 V_i 的变化关系图是（　　）。

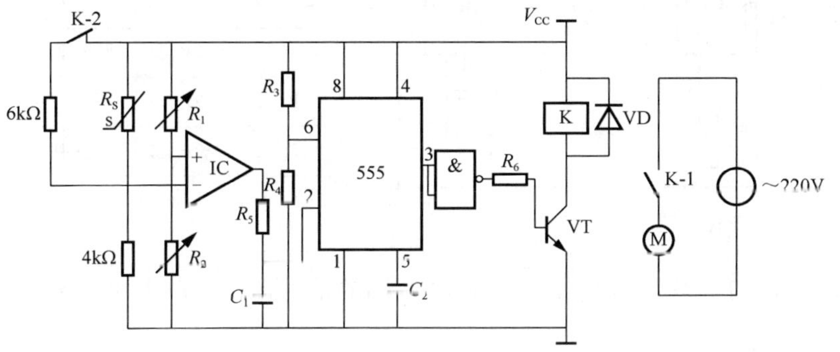

第 7 题图（b）

第 7 题表 2

2脚	6脚	3脚
$<V_{CC}/3$	×	高电平
$<V_{CC}/3$	$<2V_{CC}/3$	低电平
$>V_{CC}/3$	$<2V_{CC}/3$	保持

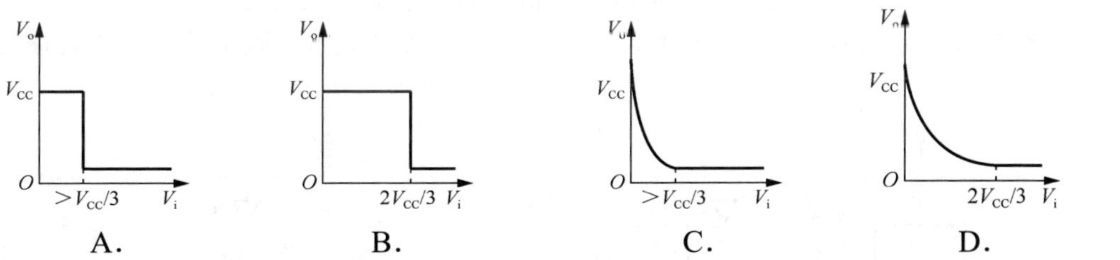

（4）改进后，小明发现不管湿度高低，加湿器一直在工作，造成这一故障的原因可能是（　　）。

A．VD 接反了　　　　B．R_1 短路

C．C_1 虚焊　　　　D．R_1 连焊

（5）为简化图（b）电路，小明准备了 PNP 型三极管、电阻器、二极管及继电器，要求三极管采用共发射极接法，请帮他完成图（c）虚线框内电路的连接。

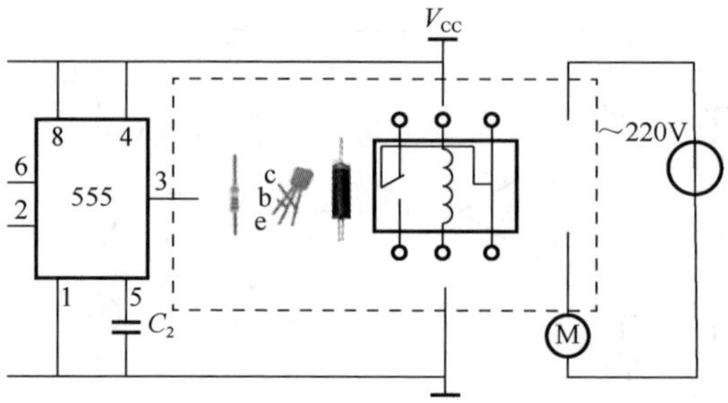

第 7 题图（c）

8．小明在科技实践活动中设计了如图所示的电路，用数字信号控制小电动机正反转和停止。规定电流流向为 $X\to Y$ 时，电动机 M 正转；电流流向为 $Y\to X$ 时，电动机 M 反转。555 电路特性如表所示。请完成下列各题。

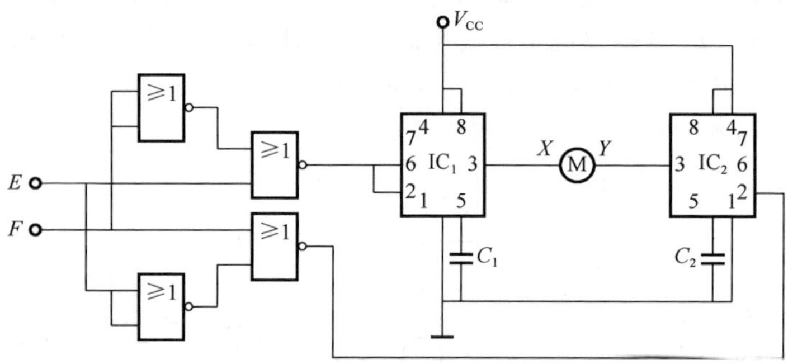

555电路IC_1、IC_2的特性表

2脚	6脚	3脚
$<V_{CC}/3$	$<2V_{CC}/3$	高电平
$>V_{CC}/3$	$>2V_{CC}/3$	低电平
$>V_{CC}/3$	$<2V_{CC}/3$	保持
$<V_{CC}/3$	$>2V_{CC}/3$	不使用

第 8 题图

（1）用“0”代表低电平，“1”代表高电平，E 端和 F 端的信号为（　　）时电动机反转。

A．00　　B．01　　C．11　　D．10

（2）现在准备用发光二极管表示电动机运转的状态，正转时绿色发光二极管发光，反转时红色发光二极管发光，停止时两个发光二极管都不发光，以下发光二极管连接正确的是（　　）。

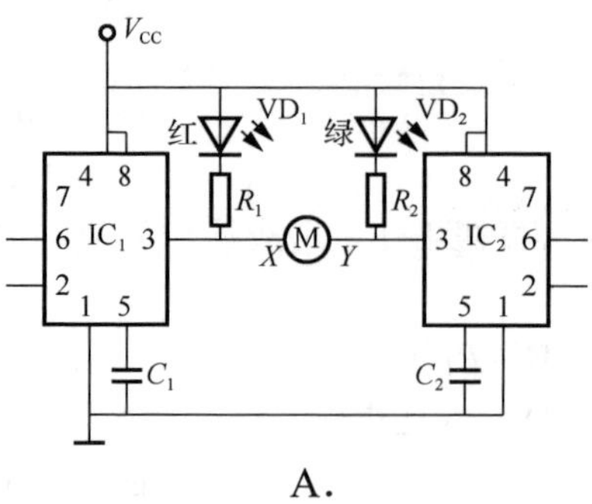

A.

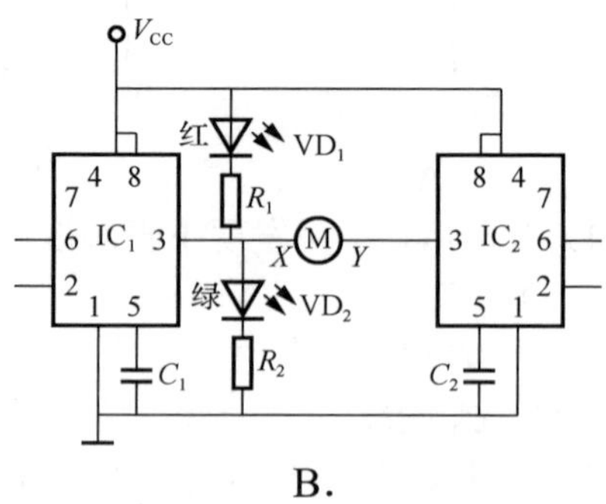

B.

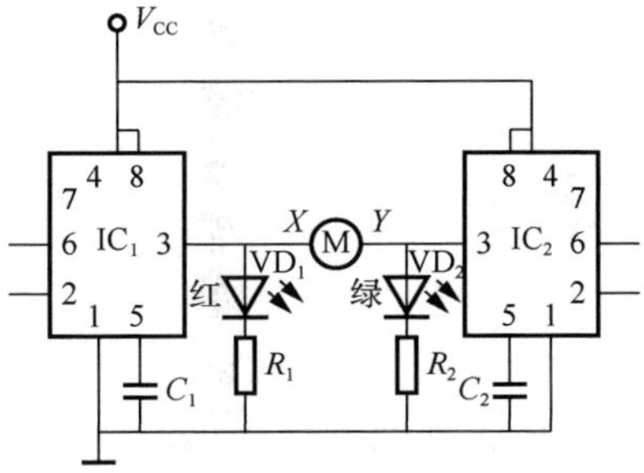

C.

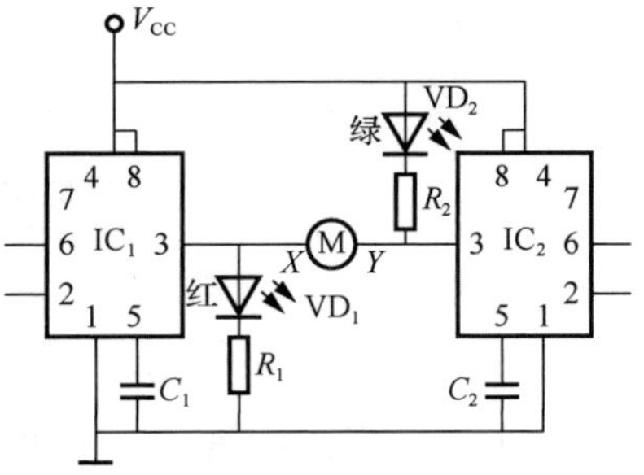

D.

（3）小明尝试用三极管驱动继电器，用继电器控制电动机。要求按原有的逻辑关系控制电动机的正反转及停止，请在虚线框中画出三极管、继电器、二极管，并采用共发射极接法正确地连接电路。

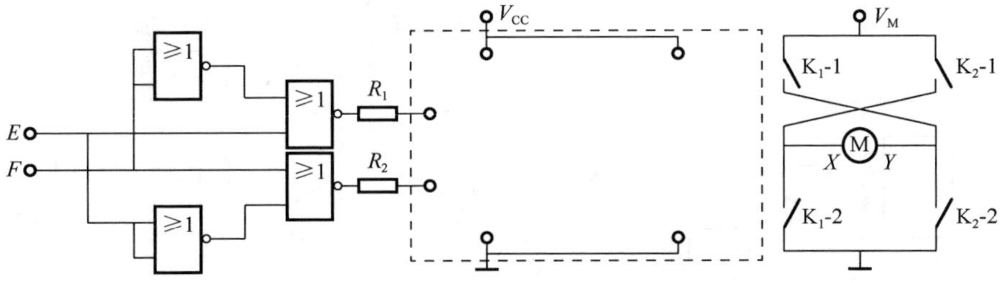

第 8 题（3）图

（4）小明根据下面的集成电路引脚图和题（3）的电路图，对集成电路部分引脚进行了连接（如图所示），请完成其余引脚的连接。

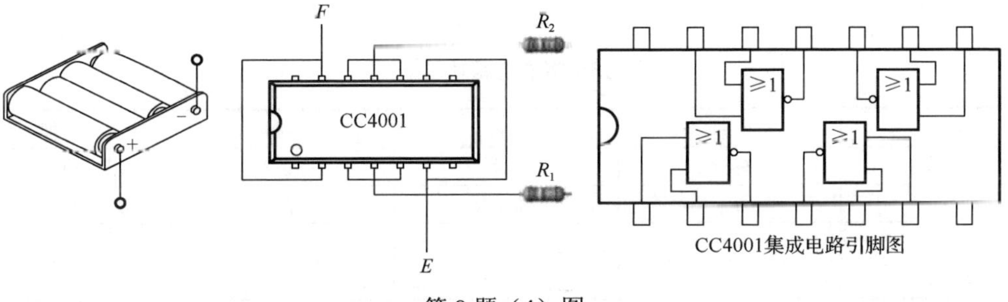

第 8 题（4）图

555 集成电路 3

1．如图（a）所示的智能花盆湿度控制电路，能够实现湿度区间控制。湿敏电阻器 R_S 用于花盆湿度检测，湿度越大，阻值越小。当湿度低于湿度下限时，水泵电动机启动给花盆浇水，直到湿度高于湿度上限时才停止。如图（b）所示为 555 集成电路内部电路，其功能如表所示。下列关于该湿度控制电路的说法中正确的是（　　）。

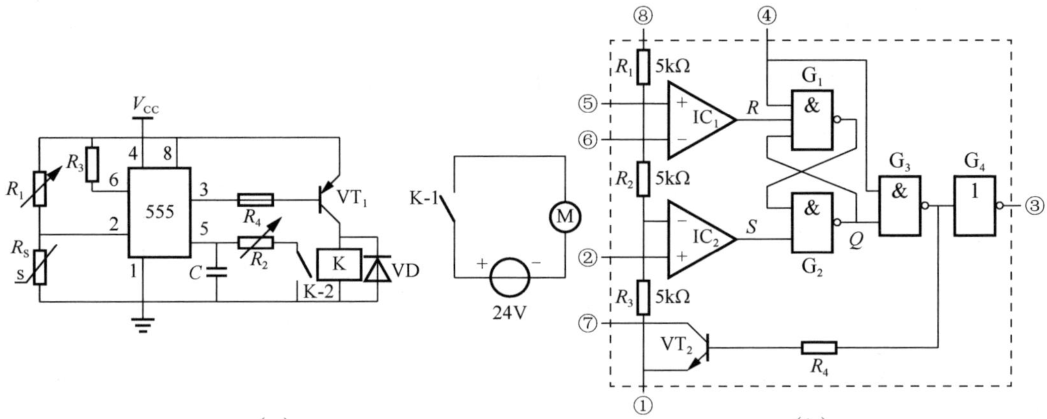

（a）　　　　　　　　　　（b）

第 1 题图

555 集成电路功能表

4 脚	5 脚	2 脚	6 脚	3 脚
低电平	任意	任意	任意	低电平
高电平	V_{ct}	$<0.5V_{ct}$	任意	高电平
高电平	V_{ct}	$>0.5V_{ct}$	$>V_{ct}$	低电平
高电平	V_{ct}	$>0.5V_{ct}$	$<V_{ct}$	保持

A．若将 R_1 调大，湿度上限将调高

B．若电阻器 R_2 断路，该电路仍然能够实现区间控制

C．若将 R_2 调小，湿度控制区间将扩大

D．调节 R_2，湿度的上下限都会改变

2．如图所示为一个湿度控制系统电路图，当达到湿度下限时，水泵 M 运转；当达到湿度上限时，水泵 M 停止运转（其中，555 集成电路的 5 脚电位为 V_{ct}）。555 集成电路功能如表所示。下列说法中正确的是（　　）。

A．水泵 M 运转时，2 脚电位一定小于 $V_{ct}/2$

B．水泵 M 停转时，触点 K-2 可能为闭合状态

C．增大 R_P，将会增大湿度上限，减小湿度下限

D．R_2 的阻值大小与湿度下限无关

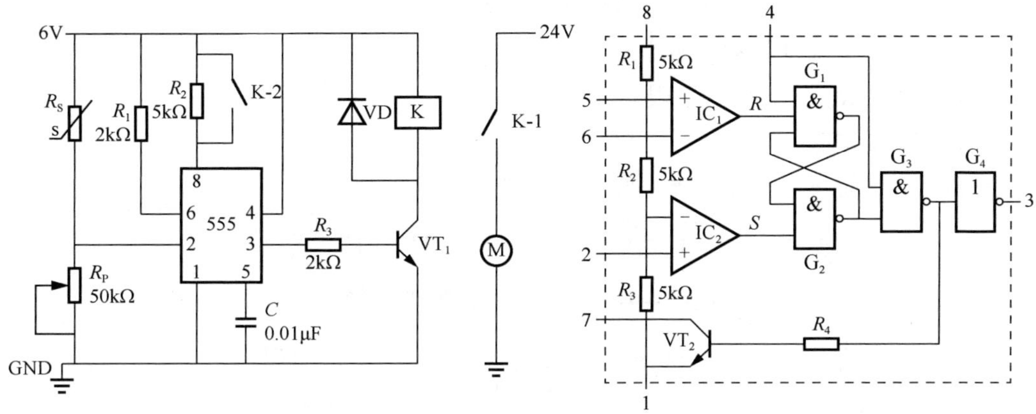

第 2 题图

555 集成电路功能表

4 脚	2 脚	6 脚	3 脚
低电平	×（任意）	×（任意）	低电平
高电平	$<V_{ct}/2$	×（任意）	高电平
	$>V_{ct}/2$	$<V_{ct}$	保持
	$>V_{ct}/2$	$>V_{ct}$	低电平

3．如图所示是一种温控电路，能将温度控制在一定范围内，可用 R_{P1} 设定 555 集成电路 5 脚的电位 V_{ct}。555 集成电路使用 5 脚时的特性如表所示。下列关于该电路的分析中不正确的是（　　）。

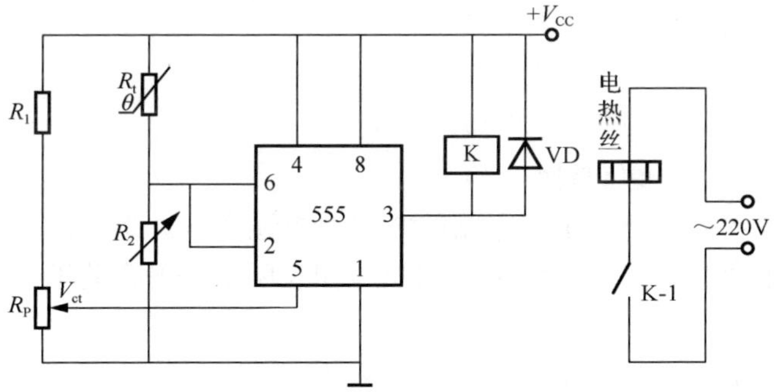

第 3 题图

555集成电路使用5脚时的特性

2脚	6脚	3脚
$<V_{ct}/2$	$<V_{ct}$	高电平
$>V_{ct}/2$	$>V_{ct}$	低电平
$>V_{ct}/2$	$<V_{ct}$	保持

A．R_t 应采用正温度系数热敏电阻

B．R_2 的阻值调大，设定温度调高

C．要将设定温度调低，可将 R_P 滑动触点下移

D．继电器 K 始终吸合，可能是 R_t 被短路造成的

4．如图（a）所示为小明设计的恒温控制电路，当温度低于下限温度时，加热器开始加热；当温度高于上限温度时停止加热。如图（b）所示为NE555集成电路内部电路，其功能如表所示。下列分析中不正确的是（　　）。

A．R_t是负温度系数热敏电阻

B．增大R_{P2}时，只有下限温度被调低

C．若要调低下限温度，可以调小R_{P1}

D．调试时继电器始终无法吸合，可能是R_2过大

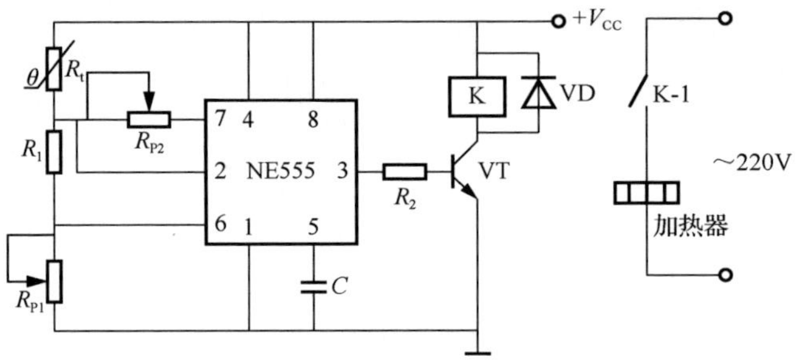

（a）

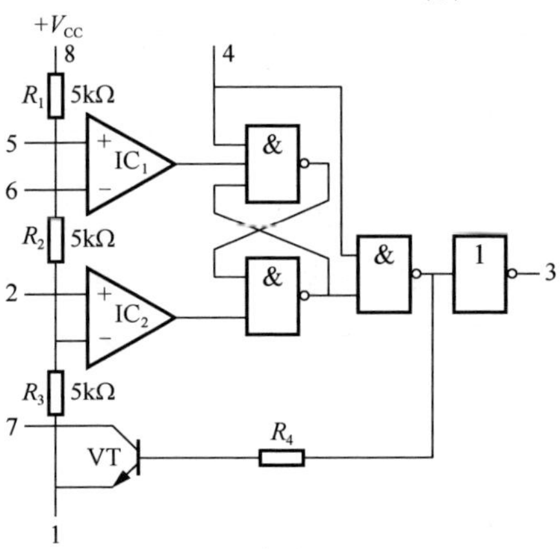

（b）

555集成电路功能表

2脚	6脚	3脚
$>V_{CC}/3$	$>2V_{CC}/3$	低电平
$>V_{CC}/3$	$<2V_{CC}/3$	保持
$<V_{CC}/3$	任意	高电平

第4题图

5．如图所示为电池充电电路，利用555集成电路的3脚对电池充电。当电池电压低于下限时开始充电，超过上限时停止充电。555集成电路功能如表所示。下列关于该电路的分析中不正确的是（　　）。

A．R_4的阻值大于R_5的阻值

B．电池电压超过上限时VD_2发光

C．适当增大R_4的阻值，可降低充电下限电压

D．适当减小R_6的阻值，可提高充电上限电压

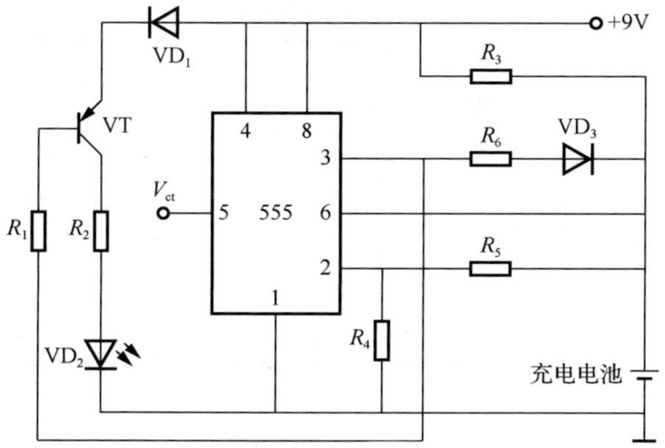

555集成电路功能表

2脚	6脚	3脚
$>V_{ct}/2$	$>V_{ct}$	低电平
$>V_{ct}/2$	$>V_{ct}$	高电平
$<V_{ct}/2$	任意	高电平

第 5 题图

6．如图所示为温控电路，用 R_P 设定 555 集成电路 5 脚的电位 V_{ct}。当温度超过 60℃时，散热风扇电动机启动。555 集成电路使用 5 脚时的特性如表所示。下列分析中不正确的是（　　）。

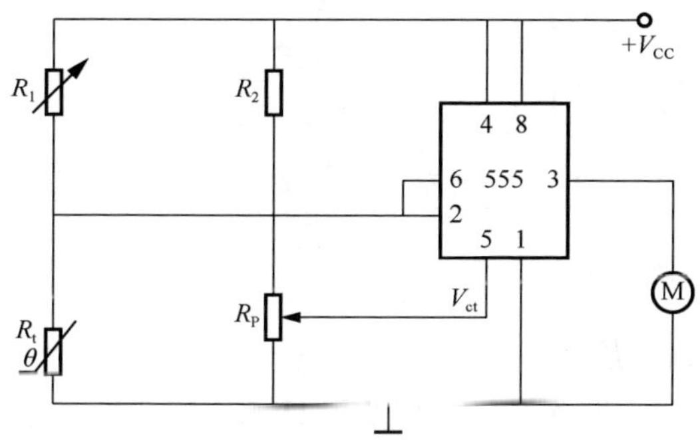

555集成电路使用5脚时的特性

2脚	6脚	3脚
$<V_{ct}/2$	$<V_{ct}$	高电平
$>V_{ct}/2$	$>V_{ct}$	低电平
$>V_{ct}/2$	$<V_{ct}$	保持

第 6 题图

A．R_t 应采用负温度系数热敏电阻

B．调大 R_1 的阻值，电动机启动时的温度低于 60℃

C．R_P 的滑动触点向下移，电动机启动时的温度高于 60℃

D．若温度从 60℃以上降低到 60℃以下，电动机就立即断电

7．如图所示电路，高温时发光报警。555 集成电路特性如表所示。下列分析中不正确的是（　　）。

A．R_t 为负温度系数热敏电阻

B．当 VD 发光后，温度降低时，VD 不会熄灭，可能是 R_2 过大

C．调小 R_1 将提高报警温度

D．要让 VD 发光后，使其熄灭，可通过按一下点控开关 SB 实现

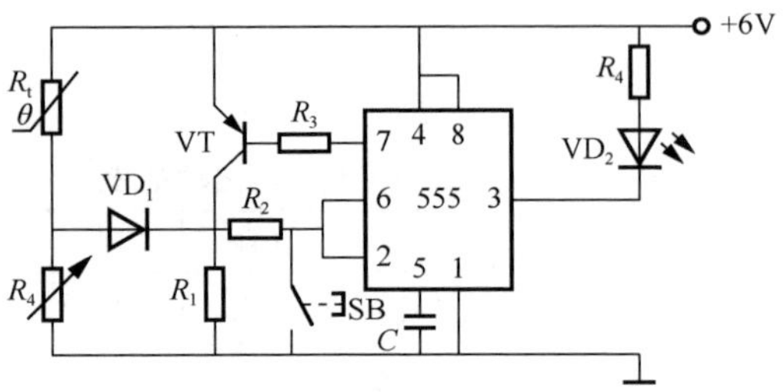

第 7 题图

555集成电路特性

输入			输出	
4脚	2脚	6脚	3脚	7脚
0	任意	任意	0	与1脚连通
1	$<V_{CC}/3$	$<2V_{CC}/3$	1	与1脚断开
1	$>V_{CC}/3$	$<2V_{CC}/3$	保持	保持
1	$>V_{CC}/3$	$>2V_{CC}/3$	0	与1脚连通
1	$<V_{CC}/3$	$>2V_{CC}/3$	1	与1脚断开

8．如图所示是小明设计的交通信号灯控制电路，接通电源后实现红灯发光 30s，绿灯发光 25s，黄灯发光 5s，循环交替。下列关于该电路的分析中不正确的是（　　）。

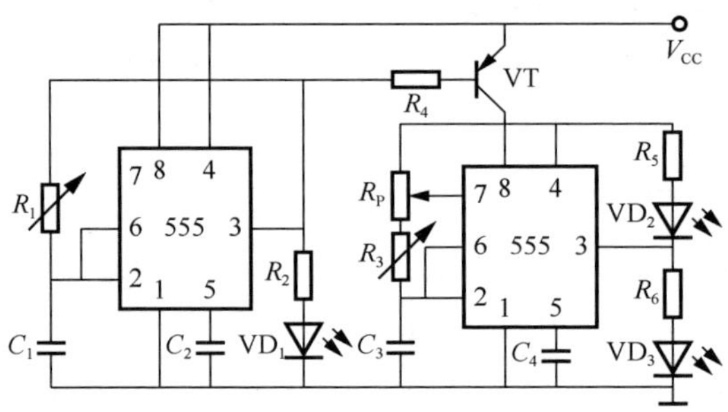

第 8 题图

A．VD_1是红灯，VD_2是黄灯，VD_3是绿灯

B．接通电源，若黄灯发光 3s，绿灯发光 27s，可将 R_P 的滑动触点向上移

C．当红灯发光时，黄、绿灯也在交替发光，有可能是 VT 的 c、e 极连焊

D．适当增大 R_1 的阻值可以增加红灯的发光时间

9．如图（a）所示为汽车防盗报警电路，当汽车被撬开时，汽车会发出报警声，并切断灯光和油路，使汽车无法启动。门被撬开时，SB 闭合；门关闭时，SB 断开。如图（b）所示为 NE555 集成电路内部电路。下列分析中不正确的是（　　）。

A．电容器 C 在电路中起延时作用

B．报警后关上车门，报警器依旧报警

C．可利用继电器 K_2 的触点关闭汽车车灯及油路系统

D．门被撬开瞬间，报警器立刻发出报警声

10．如图所示是小明设计的“叮咚”双音电子门铃电路，“叮”的频率高，“咚”的频率低。按钮 SB_1、SB_2 分别置于学校大门内、外，按动按钮 SB_1 和 SB_2 实现的功能基本相同。下列关于该电路的分析中不正确的是（　　）。

A．开关 SB_1 对应的“咚”的发声时间长短与 R_4 有关

B．调大 R_5，校内按铃“叮”“咚”的发声时间都变长

C. 按下开关 SB_2，扬声器发出“叮”的声音

D. 电容器 C_4 连焊不会影响电路功能

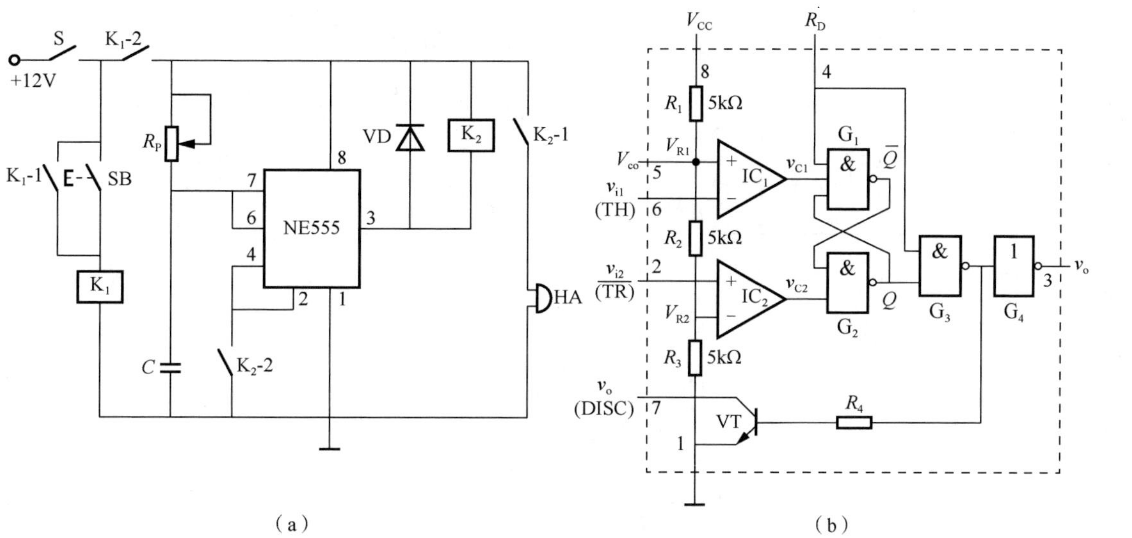

第 9 题图

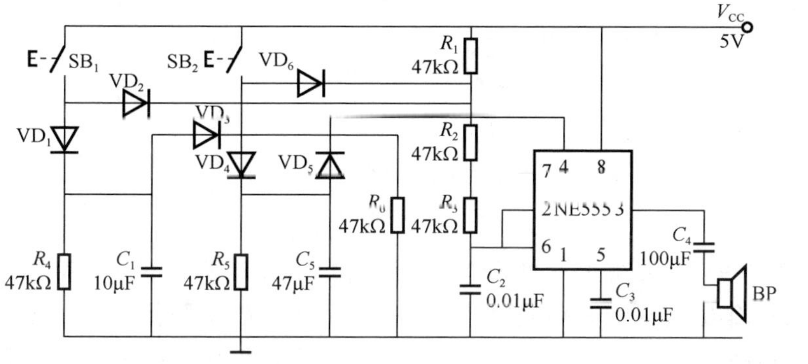

第 10 题图

11. 如图（a）所示为某单位办公室自动盖章机的电路部分。当文件等产品进入盖章区时，照向光电二极管 VD_2 的光线会被阻挡；若产品合格，此时智能检测器 AIV 会发出一个高电平脉冲（脉冲结束后稳定为低电平），要求电动机启动；盖上合格章后，电动机继续运转，印章回升，然后印章触碰按钮 SB，要求电动机停止转动。图（b）为 555 集成电路的内部原理图，请根据题意完成下列题目。

（1）为了实现电动机运转后，在印章没有触碰按钮 SB 前，电动机能稳定工作，R_1 和 R_2 的阻值分别为（　　）时最合理。

A. 4.7kΩ 和 10kΩ　　B. 10kΩ 和 4.7kΩ

C. 10kΩ 和 10kΩ　　D. 1kΩ 和 10kΩ

（2）请用最少的二输入与非门，完成虚线框 1 中的逻辑电路设计。

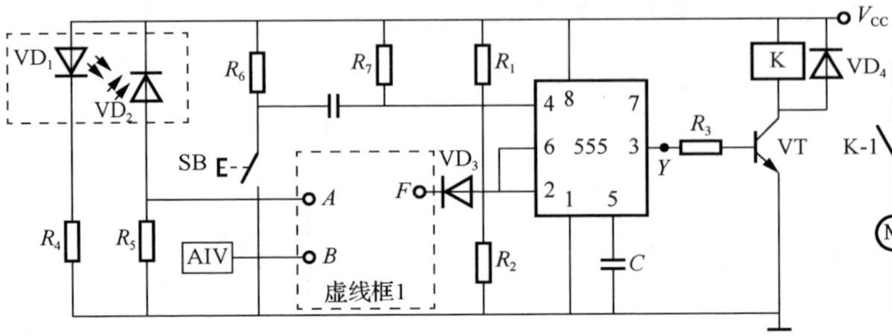

（a）

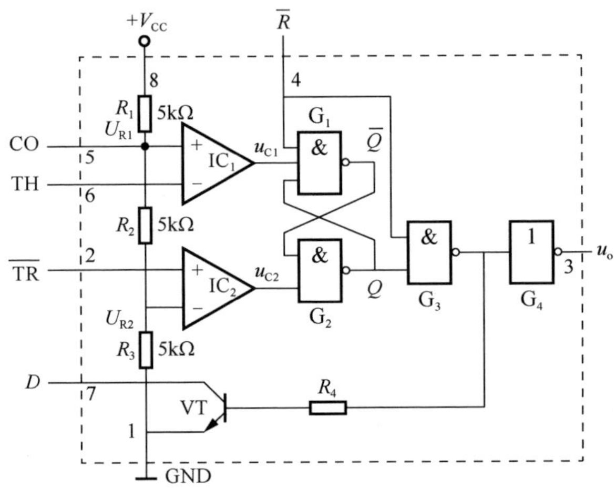

（b）

第 11 题图

（3）焊接完毕后，发现电动机始终无法运转，下列原因中不可能的是（　　）。

A．555 集成电路的 8 脚虚焊　　B．R_3 的阻值过大

C．R_5 连焊　　D．选用的继电器额定电压过高

（4）测试时发现 555 集成电路的 3 脚无法输出高电平，为了保持原有功能不变（F 点之前和 Y 点之后的电路不变），以下替代方案中不可行的是（　　）。

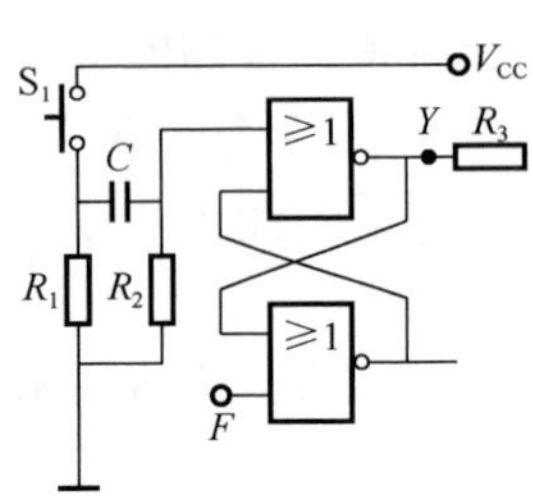

A.

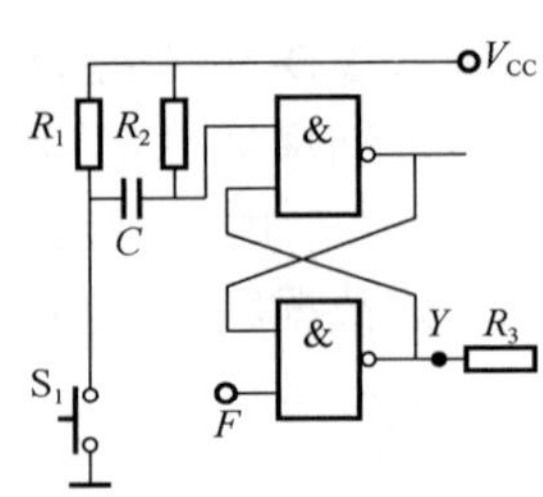

B.

（5）经检测，555 集成电路的 7 脚仍然可以正常输出，为了降低成本，决定用 7 脚代替 3 脚实现原有功能，以下替代方案中一定不可行的是（　　）。

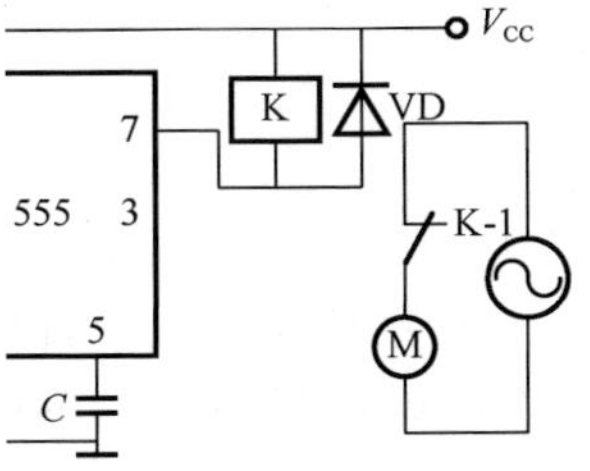

A.

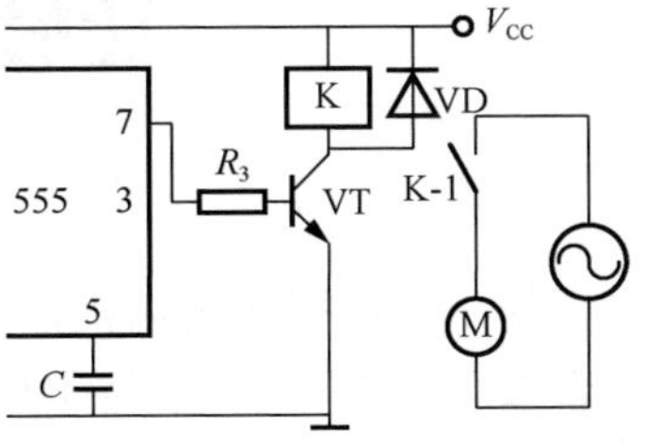

B.

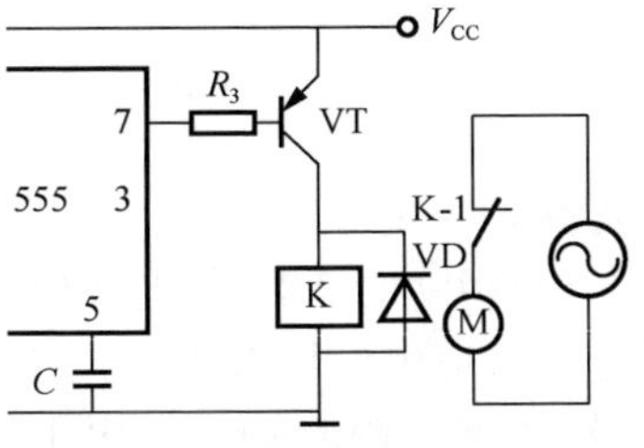

C.

比较器应用提高

1．如图所示是小明设计的电动机转速控制电路。SB_1、SB_2是按钮，按下时接通，松开时断开。比较器的功能：当 $V_+>V_-$时输出高电平，当 $V_+<V_-$时输出低电平。下列分析中不正确的是（　　）。

A．VD 发光时表示电动机转动

B．SB_1按下后松开，电动机可能慢速转动

C．磁铁靠近干簧管，VT_1导通，电动机转动

D．SB_1、SB_2同时按下后不松开，电动机快速转动

2．如图所示是小明设计的自动关窗模拟电路，下雨或傍晚时 VD 发光（模拟电动机转动），表示窗扇移动。窗户完全关闭时，干簧管闭合。IC_1是电压比较器，当 $V_+>V_-$时输出高电平，反之，输出低电平；IC_2是雨水检测模块，检测到下雨时输出高电平，反之，输出低电平。下列选项中能实现虚线框中逻辑关系的是（　　）。

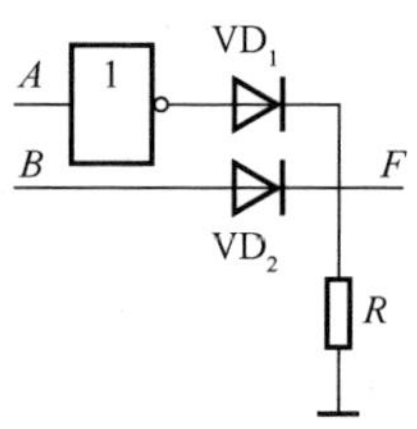

A.

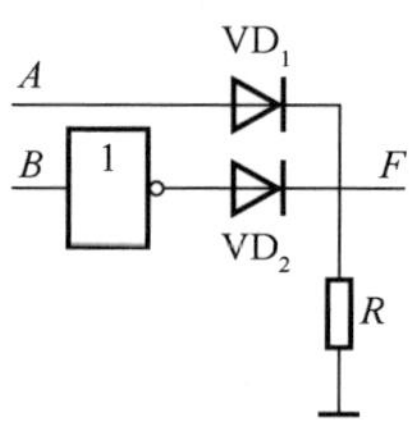

B.

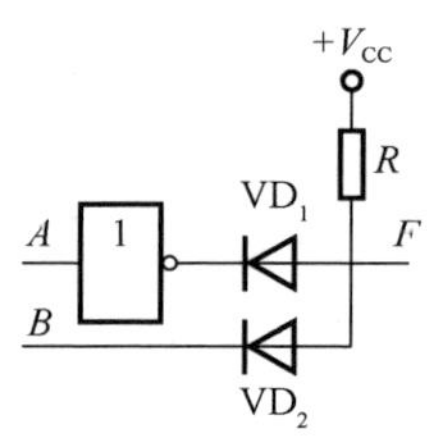

C.

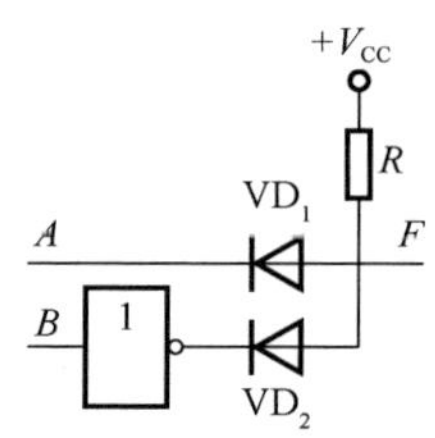

D.

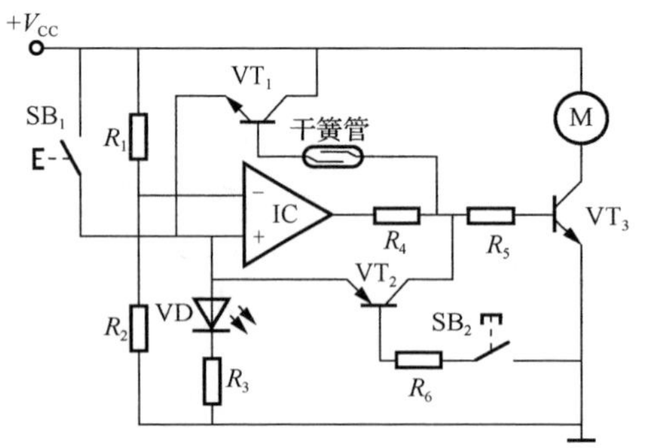

第 1 题图

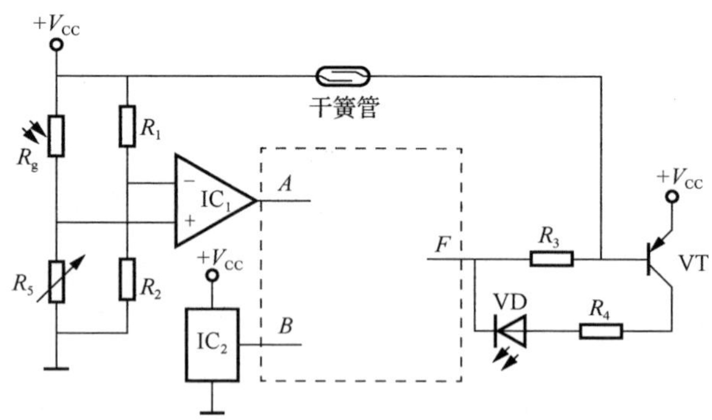

第 2 题图

3．如图（a）所示为三极管 VT 过热保护电路，三极管导通时会发热，其发射极压降 U_{be}随温度变化的规律如图（b）所示。已知 R_4的电阻值大小为 R_5的 3 倍，电路中所用半导体器件皆为硅管，下列关于电路功能的分析中正确的是（　　）。

A．三极管过热保护的设定温度约为 60℃

B．换用更大电阻值的 R_4 电阻器，可降低过热保护温度设定值

C．三极管在过热截止后温度降低，能够自动恢复至导通状态

D．按下开关 S，才能实现 VT 过热保护功能

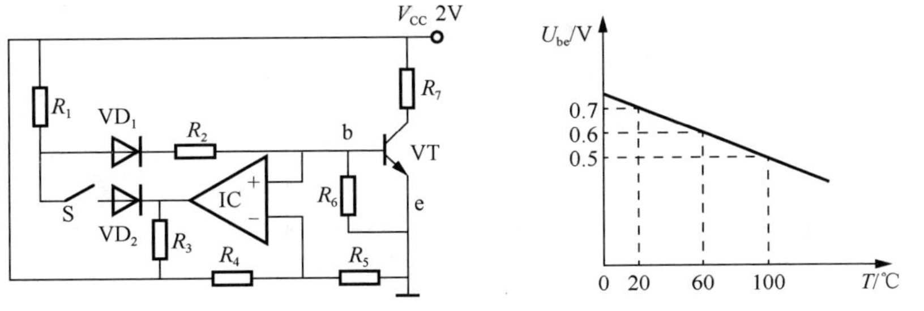

（a）　　　　（b）

第 3 题图

4．如图所示为某 CPU 温度控制电路，实现 CPU 温度控制在 30～50℃。已知继电器吸合时启动风扇降温，R_{t1}、R_{t2} 是同型号热敏电阻，R_1、R_2、R_3、R_4 为相同规格的固定电阻器，IC_1 和 IC_2 为比较器，当 $V_+<V_-$时输出低电平，否则输出高电平，下列说法中错误的是（　　）。

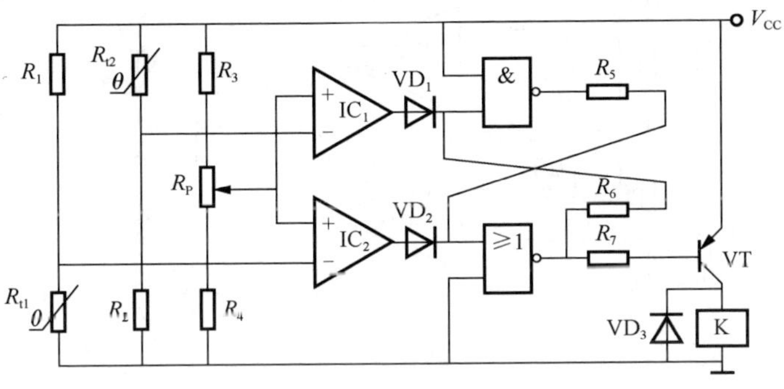

第 4 题图

A．R_{t1}、R_{t2} 是负温度系数热敏电阻

B．R_{t1} 控制上限温度，R_{t2} 控制下限温度

C．将 R_P 的滑动触点向上滑，可实现同时调高上限及下限温度

D．在不更换电阻的情况下，无法只将下限温度调低 5℃

5．如图所示是小明设计的鸡蛋孵化室温度控制电路，R_{t1}、R_{t2} 是同型号的热敏电阻，二极管、三极管均是硅管。比较器的功能：当 $V_+>V_-$时，输出高电平；当 $V_+<V_-$时，输出低电平。当温度低于 37℃时，电热丝开始加热；当温度高于 39℃时，电热丝停止加热。下列关于该电路的分析中不正确的是（　　）。

A．A 点和 B 点是模拟信号，E 点是数字信号

B．R_{t1}、R_{t2} 均为负温度系数热敏电阻

C．若调试时发现温度升高至 40℃时才停止加热，则应该调小 R_{P2}

D．调试时用万用表检测到在 D 点电位降低的过程中，孵化室内温度在升高

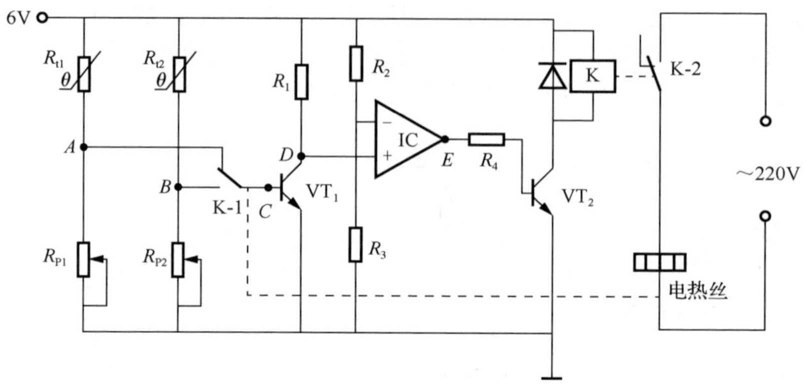

第 5 题图

6．如图所示为保温箱温度显示电路（设定显示区间为 20～30℃）。电路中 R_t 是负温度系数热敏电阻，LM393 为电压比较器，调整电位器 R_{P1}、R_{P2}、R_{P3} 用于改变电压比较器输入端的电位 V_{P1}、V_{P2}、V_{P3}（始终 $V_{P1}>V_{P2}$），从而设定温度显示区间。下列分析中不正确的是（　　）。

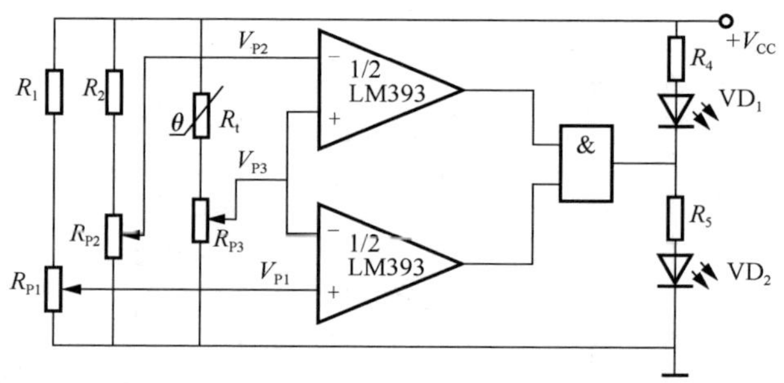

第 6 题图

A．当温度在 20～30℃时，VD_2 亮

B．当温度低于 20℃时，VD_1 亮

C．R_{P1} 滑动触点向下移，温度显示区间变大

D．R_{P3} 滑动触点向上移，温度显示区间的上限值和下限值均变小

7．如图所示是断线报警电路。将细铜线暗缠在重要物件上，物件被移动，细铜线断开，蜂鸣器发声报警。SB_1、SB_2、SB_3 为按钮，按下时接通，松开时断开。比较器的功能：当 $V_+>V_-$ 时，输出高电平；当 $V_+<V_-$ 时，输出低电平。下列分析中不正确的是（　　）。

A．报警时，VD_3 熄灭

B．断路报警时，立即接好断线可解除报警

C．按住 SB_1，断线后重新接好，再松开 SB_1，蜂鸣器不发声

D．报警时，接好断线后，按一下 SB_1、SB_2、SB_3 中的任一开关，均可解除报警

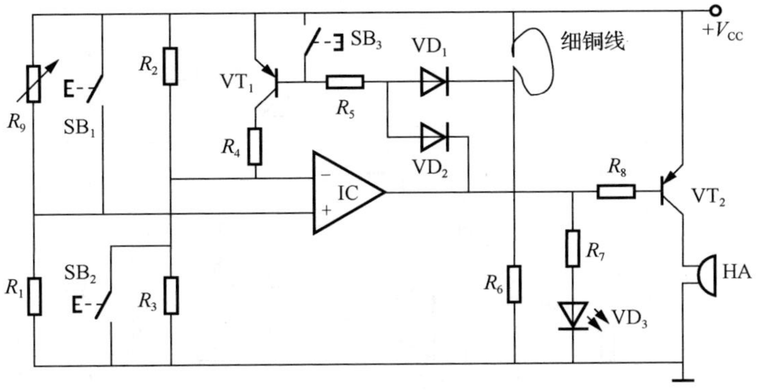

第 7 题图

8．小明应用通用技术知识，为某自动门控制装置设计了如图所示电路。用光敏电阻检测是白天还是夜晚；用热敏电阻（负温度系数）检测祭坛是否点火，VD_1 发光表示关门，VD_2 发光表示开门。下列分析中不正确的是（　　）。

A．白天祭坛点火时，开门

B．该电路无法检测开关门的极限位置

C．R_5、R_6 可替换为导线

D．晚上熄火后，VD_1 发光；意外点火，VD_1 仍发光

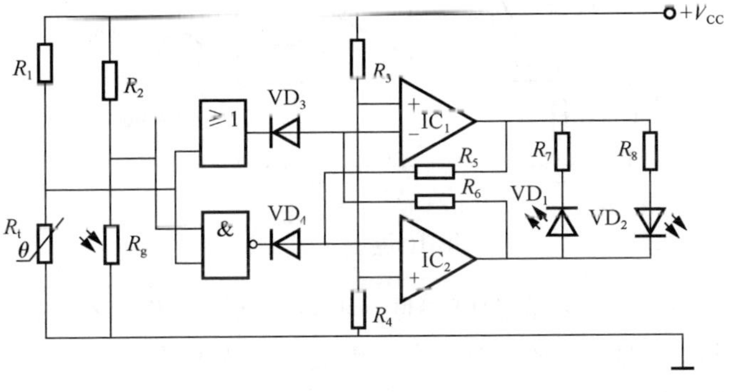

第 8 题图

9．如图所示是小明设计的继电器控制电路，SB_1、SB_2 是按钮，按下时接通，松开时断开。下列分析中正确的（　　）。

A．VD_1 发光表示继电器释放

B．SB_1 按下后松开，VD_2 不发光

C．继电器释放时，按动 SB_2 不会影响继电器的工作状态

D．按住 SB_2 时，按下 SB_1，继电器释放；松开 SB_1，继电器释放

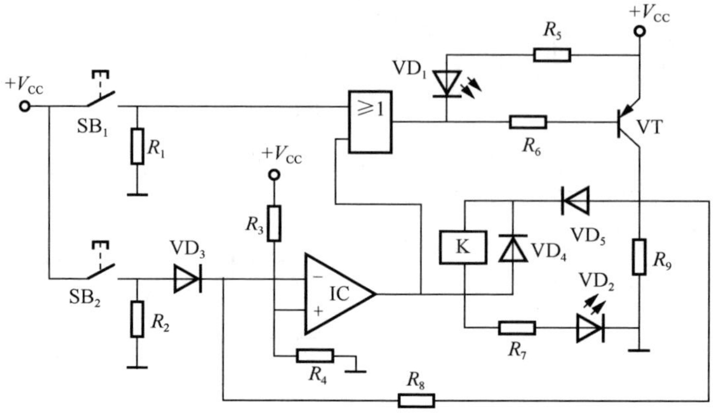

第 9 题图

10．如图（a）所示是土壤湿度控制系统电路。当湿度低于 5%时，水泵抽水提高土壤湿度；当湿度高于 20%时，水泵停止抽水。R_S 为湿敏电阻，IC 为电压比较器，当 $V_+>V_-$ 时，输出高电平；当 $V_+<V_-$ 时，输出低电平。请完成以下任务。

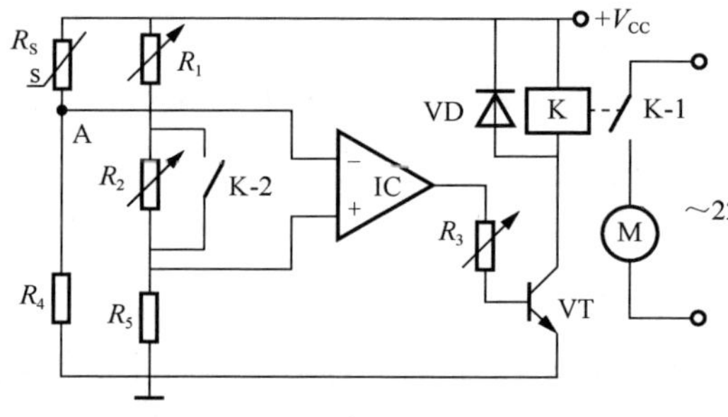

第 10 题图（a）

（1）小明在调试时发现，不论湿度高低，水泵始终不工作，不可能的原因是________（在“A. R_3 的阻值过大；B. 二极管 VD 方向接反；C. VT 的集电极与发射极连焊；D. 继电器的额定工作电压过高”中选择合适的选项，填入“________”处）。

（2）当湿度降低时，A 点的电位将________（在“A. 增大；B. 减小”中选择合适的选项，填入“________”处）。

（3）现在小明想把湿度控制在 10%～15%，应先________，再________（在“A. 调大 R_1；B. 调小 R_1；C. 调大 R_2；D. 调小 R_2”中选择合适的选项，填入“________”处）。

（4）为更好地完成湿度控制，小明想设计增加延迟加湿功能，即当湿度高于上限时，水泵能再工作一段时间，请在图（b）虚线框中选择合适的端子完成连线。

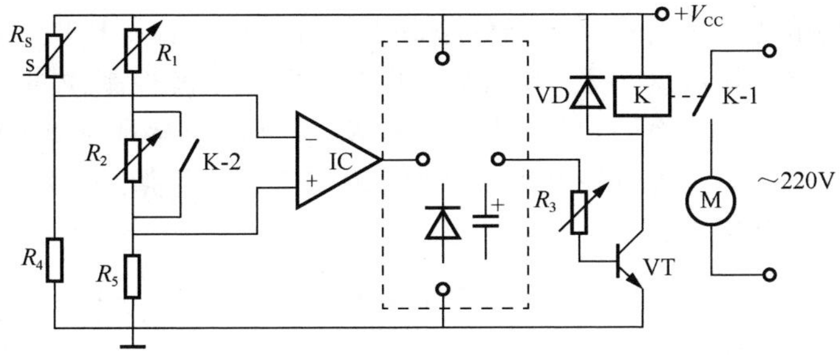

第 10 题图（b）

11．物联网的高速发展带动通信模块（如 5G 通信模块）的需求不断上升，现有的车载通信模块仅在一定的温度范围内才能够具有良好的性能表现。如图（a）所示为小明设计的某通信模块温度控制电路，采用加热制冷装置将模块温度控制在 20℃附近。已知加热制冷装置由热电效应显著的 P 型半导体及 N 型半导体构成，当电流方向为从“N”到“P”时，吸热使模块温度下降；当电流方向为从“P”到“N”时，放热使温度上升。已知用于检测模块温度的 R_t 为负温度系数热敏电阻，请完成以下任务。

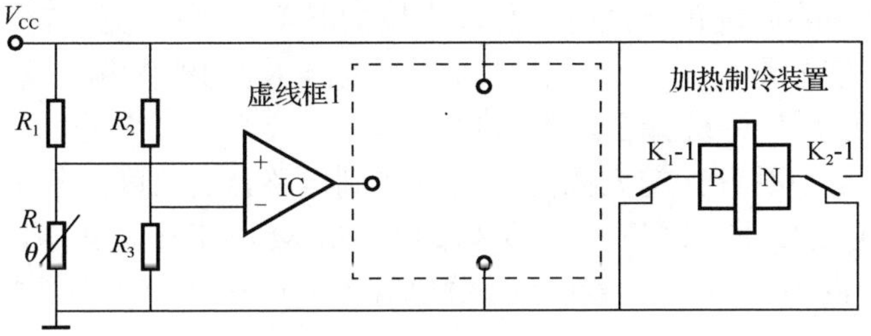

第 11 题图（a）

（1）请在虚线框 1 内设计继电器控制升温、降温的电路，并标明 K_1 和 K_2，要求三极管采用共发射极接法。提供的元器件有：1 个 NPN 型三极管、1 个 PNP 型三极管、2 个普通二极管、2 个电阻器、2 个继电器。

（2）小明发现电路中 2 个继电器开闭频繁，影响使用寿命，通过查阅资料得知某通信模块在 20～25℃的温度状态下工作，具有最佳的性能表现。小明希望通过对电路输入部分进行改进解决上述问题，要求原电路中各电阻器的阻值不做调整，以下方案中合理的是（　　）。

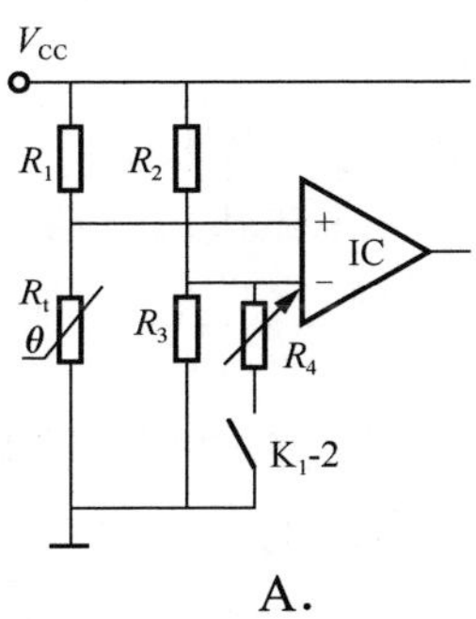

A.

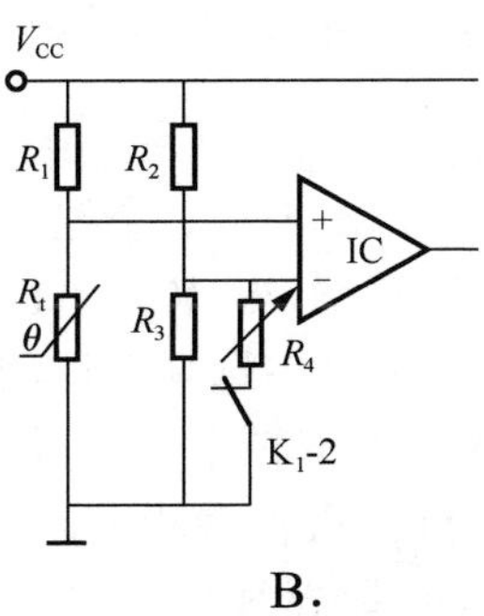

B.

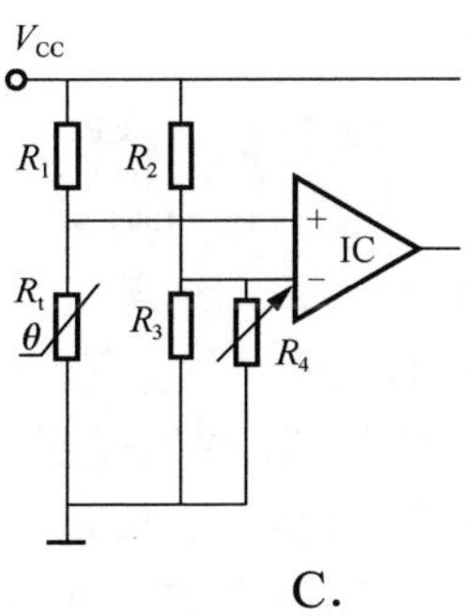

C.

（3）为了节约能源，小明在原电路的基础上增加了电源控制模块，如图（b）所示。只有通信模块的周围环境温度小于 10℃或大于 40℃时，电源控制模块才会对模块的温度控制电路供电。已知负温度系数热敏电阻 R_{t2} 和 R_{t3} 分别用于检测环境温度的上限和下限，加热制冷装置对周围环境温度的影响忽略不计，请使用逻辑门帮助小明将虚线框 2 中的电路补充完整，要求电路简单。

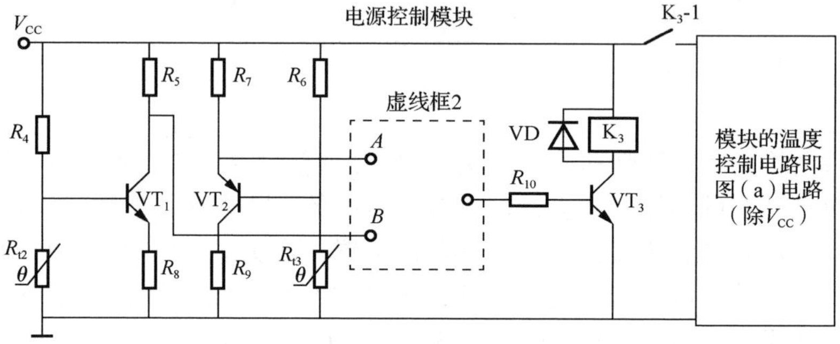

第 11 题图（b）

（4）小明搭建电路后进行调试时，发现模块的温度控制电路始终无法获得电流，造成该现象的原因不可能的是________（在“A．继电器 K_3 的线圈额定电压过大；B．R_{10} 的阻值过大；C．R_6 虚焊”中选择合适的选项，填入“________”处）。

12．如图所示是小明设计的大棚内部温度控制电路，当温度高于上限值时，通风扇电动机 M 工作；当温度低于下限值时，通风扇电动机 M 不工作。其中，LM35 是一个温度传感器，其作用是直接将摄氏温度转换为数值等比的电压信号供后面的电路使用。

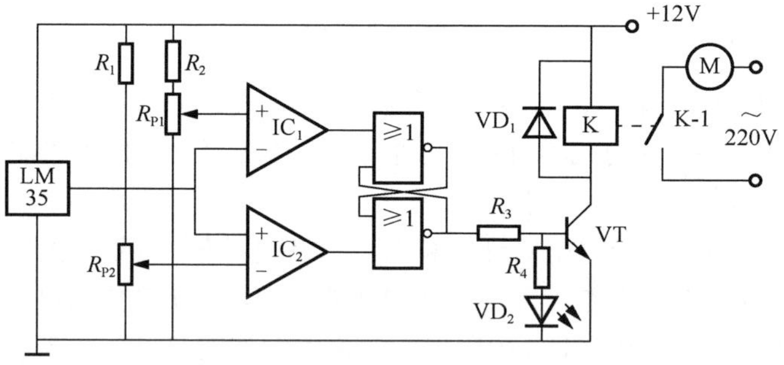

第 12 题图

（1）小明设计的电路图中，VD_2________（A．能；B．不能）正常工作。

（2）小明在前期查阅资料时发现 LM35 是一个输出电压与环境摄氏温度成负比例关系的温度传感器，根据题目需求，电压比较器 IC_1 和 IC_2 分别控制________（在“A．上限和下限；B．下限和上限；C．都可以”中选择合适的选项，填入“________”处）。

（3）小明在活动室搭建电路时发现没有或非门集成电路，并且只有一个比较器能正常使用，因此他准备用二极管、NPN 型三极管重新设计电路，实现同样的功能。小明画出了部分电路，请你在虚线框内用 1 个电阻器和 1 个二极管补全电路。

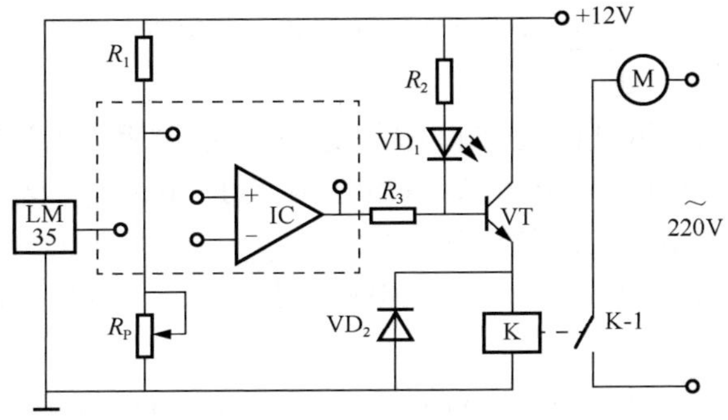

第 12 题（3）图

（4）由于大棚面积过大，通风扇效率过低，在实际操作时，小明决定当温度高于上限时，通过电动机正转（电流由“+”到“−”）将大棚薄膜翻起来，以便通风；当温度低于下限时，通过电动机反转（电流由“−”到“+”）将薄膜放下。请在虚线框内画出三极管驱动继电器工作的电路，要求三极管采用共发射极接法，标注 K_1、K_2。

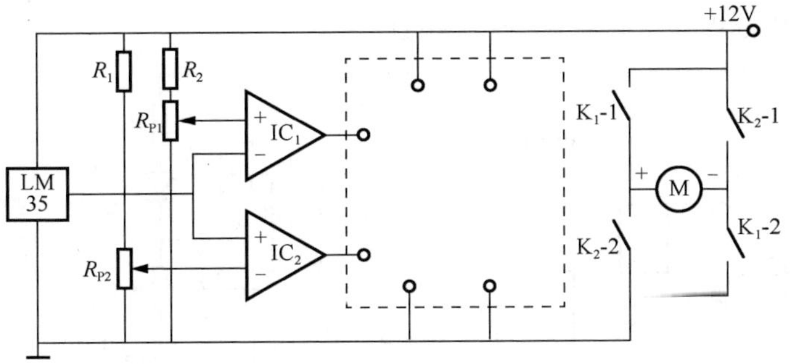

第 12 题（4）图

13. 小明发现自家蔬菜大棚在湿度低且温度高及湿度高且温度低这两种情况下都会不利于蔬菜生长，因此设计了如图所示的报警电路，湿敏电阻湿度越高，电阻越小。在出现上述不利于蔬菜生长的情况时亮红灯，其他情况时亮绿灯。根据电路图和功能要求完成下列任务。

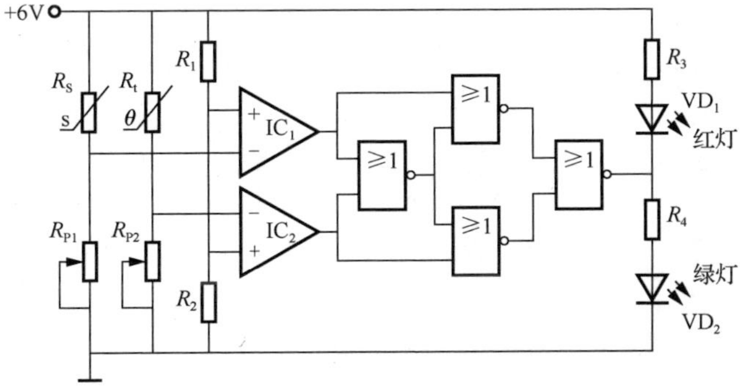

第 13 题图

（1）热敏电阻 R_t 是________（在“A．正温度系数；B．负温度系数”中选择合适的选项，填入“________”）处。

（2）小明选用热敏电阻时误选用了相反系数的热敏电阻，调试却成功了，以下原因中不可能的是________（在“A．R_t 和 R_{P2} 的位置互换了；B．IC_2 的输入端口互换了；C．R_2 和 R_1 的位置互换了”中选择合适的选项，填入“________”处）。

（3）根据电路图参数，小明选择的集成电路属于________类型（A．TTL；B．CMOS），其引脚排列正确的是________。

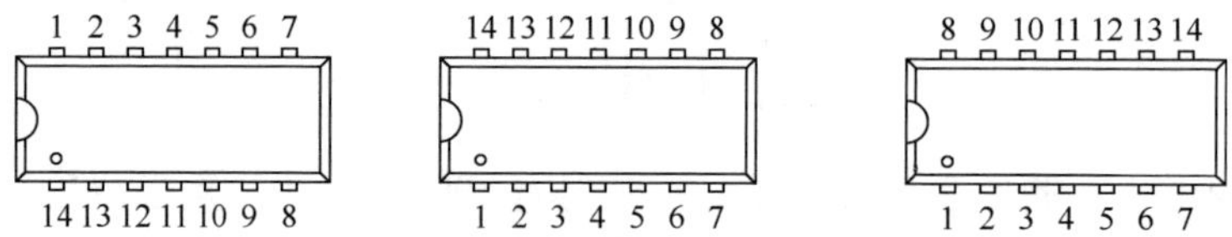

A.　　　　B.　　　　C.

（4）小明发现集成电路的一个或非逻辑模块无法使用，准备用二极管、电阻器和 555 集成电路重新设计电路，实现同样的功能。555 集成电路功能如表所示。小明画出了部分电路，请你在虚线框内完成剩余部分电路的设计。

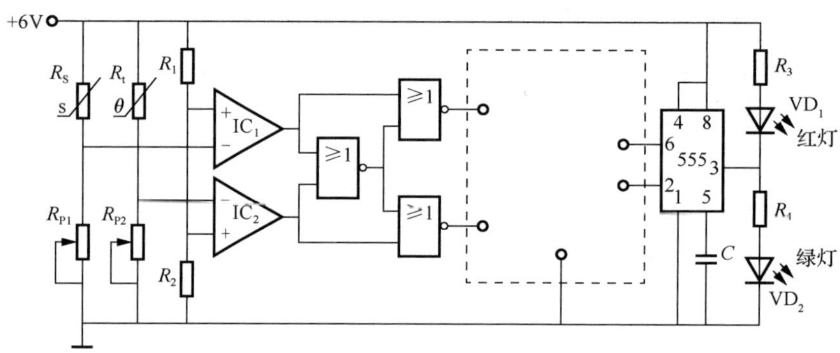

555集成电路功能表

2脚	6脚	3脚
$>V_{CC}/3$	$>2V_{CC}/3$	低电平
$>V_{CC}/3$	$<2V_{CC}/3$	保持
$<V_{CC}/3$	任意	高电平

第 13 题（4）图

555 集成电路应用提高

1．如图（a）所示为某电热毯温度控制原理电路图。电热毯能将温度维持在设定的上下限温度之间，电热毯温度低于下限温度时开始加热，高于上限温度时停止加热。555 集成电路的内部电路结构如图（b）所示，集成电路引脚输入与输出关系如表所示。关于该电路的分析中不正确的是（　　）。

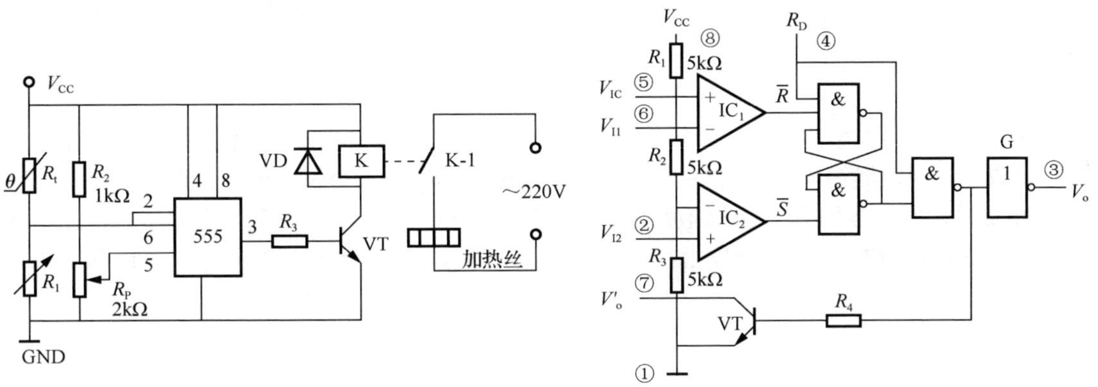

（a）　　　　　　　　　　　　（b）

第 1 题图

555 芯片输入与输出关系

输入		输出
2 脚	6 脚	3 脚
$<V_{ct}/2$	$<V_{ct}$	高电平
$>V_{ct}/2$	$>V_{ct}$	低电平
$>V_{ct}/2$	$<V_{ct}$	保持

A．该电路中的 R_t 为负温度系数热敏电阻

B．二极管 VD 接反可能导致电热毯无法加热

C．R_P 的滑动触点向上移，能使电热毯的上限温度调高

D．减小 R_1 的电阻值，能使电热毯的下限温度调低

2．如图所示是小明设计的升旗控制系统。当按下按钮 SB_1（SB_1、SB_2 为点动开关，按下闭合，松开断开）时，电动机启动开始升旗。下列关于此电路的说法中合理的是（　　）。

A．虚线框中应选用常闭触点

B．二极管 VD 的作用是保护继电器

C．旗帜在上升过程中，按下 SB_2，电动机立刻停止工作

D．在测试电路时发现，旗帜从初始位置开始上升，还没有升到顶端，电动机就停止了，应该增大 R_{P2}

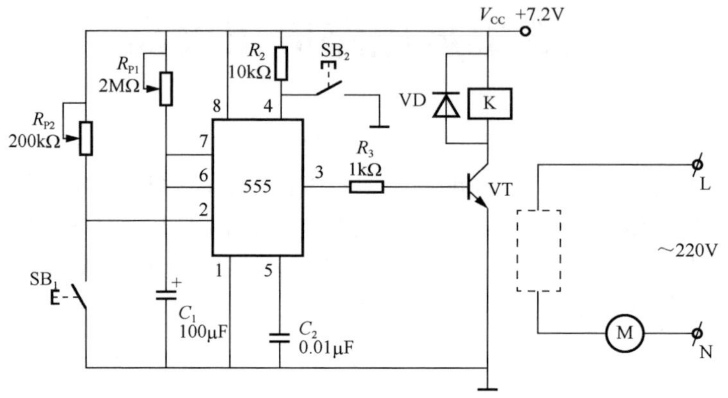

第 2 题图

如图（a）所示是小明设计的孵化箱温控电路，R_t 为负温度系数热敏电阻。用发光二极管和光敏电阻来检测箱内是否有鸡蛋，箱内有鸡蛋时，R_g 光照变弱。箱内有鸡蛋且箱内温度低于 36℃时，加热器加热；箱内温度到达 39℃时，加热器停止加热。箱内无鸡蛋时，加热器不加热［555 集成电路内部结构如图（b）所示，555 集成电路功能如表所示］。请根据要求完成第 3～4 题。

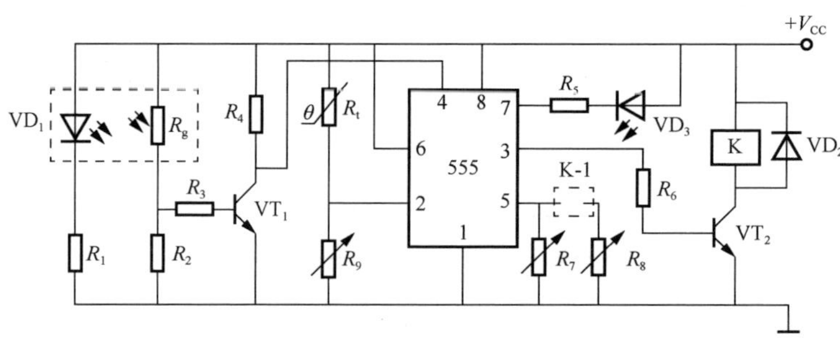

（a）

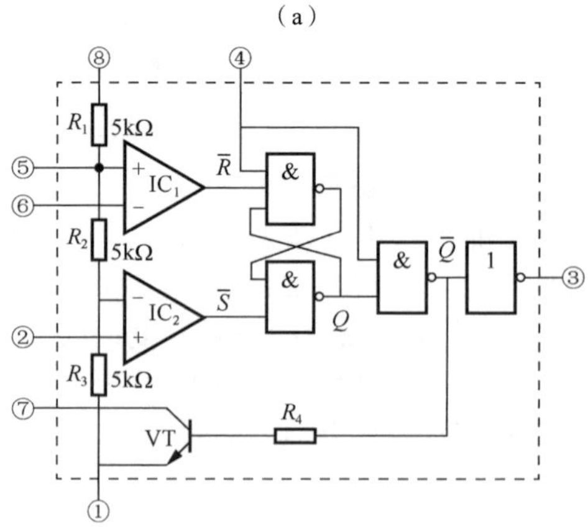

（b）

第 3～4 题图

555 集成电路功能表

5 脚	2 脚	6 脚	3 脚
V_{ct}	$<V_{ct}/2$	任意	高电平
V_{ct}	$>V_{ct}/2$	$>V_{ct}$	低电平
V_{ct}	$>V_{ct}/2$	$<V_{ct}$	保持

3．下列关于该电路的说法中不正确的是（　　）。

A．加热器应该接到继电器的常开触点

B．R_P 的阻值变大，加热器开始加热的温度将低于 36℃

C．箱内有鸡蛋时，4 脚输入高电平

D．虚线框 K-1 中选择常开触点

4．现要求调整下限温度为 37℃，上限温度为 38℃，下面调整方案中正确的是（　　）。

A．调大 R_7，调小 R_8　　B．调大 R_7，调大 R_8

C．调小 R_7，调大 R_8　　D．调小 R_7，调小 R_8

5．小明设计了如图所示的柜内照明控制电路，VD_1～VD_3 均为硅管。当柜门关闭时，VD_4 始终不发光；当柜门打开且光线较暗时，VD_4 发光。555 集成电路功能如表所示。下列分析中正确的是（　　）。

A．柜门关闭时，干簧管处于断开状态

B．调大 R_1，会使 555 集成电路 4 脚的电位变低

C．调大 R_3，VD_4 发光时会变得更亮

D．VD_4 发光时，555 集成电路 5 脚的电位大于 4.2V

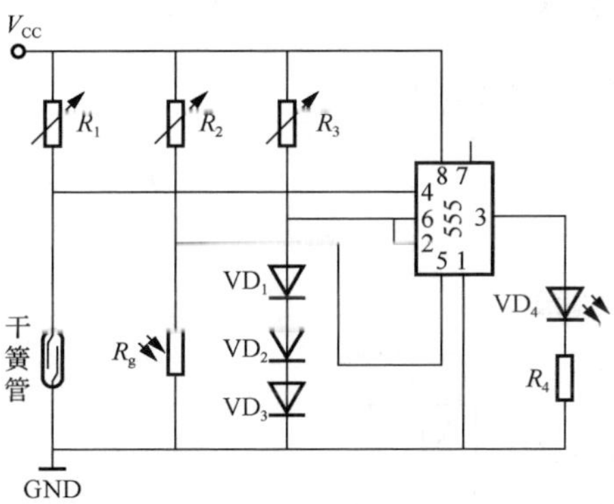

第 5 题图

555 集成电路功能表

4 脚	5 脚	2 脚	6 脚	3 脚
低电平	任意	任意	任意	低电平
高电平	V_{ct}	$<V_{ct}/2$	任意	高电平
高电平	V_{ct}	$>V_{ct}/2$	$>V_{ct}$	低电平
高电平	V_{ct}	$>V_{ct}/2$	$<V_{ct}$	保持

6．如图所示是小明设计的高温报警控制系统。当温度超过设定值时，扬声器 BP 发出铃声，同时发光二极管 VD_2 点亮，其中 R_1、R_2、R_3、R_4 的阻值相同，IC_1、IC_2 均为 NE555 集成电路。NE555 集成电路功能如表所示。下列说法中不正确的是（　　）。

A．R_t 为负温度系数热敏电阻

B．要想调低警报声的频率，可增大 C_1 的电容量

C．温度下降到设定值以下，扬声器 BP 停止报警，发光二极管 VD_2 熄灭

D．从功能表中可以看出，当 IC_1 的 2、6 脚为 5V 时，3 脚输出低电平

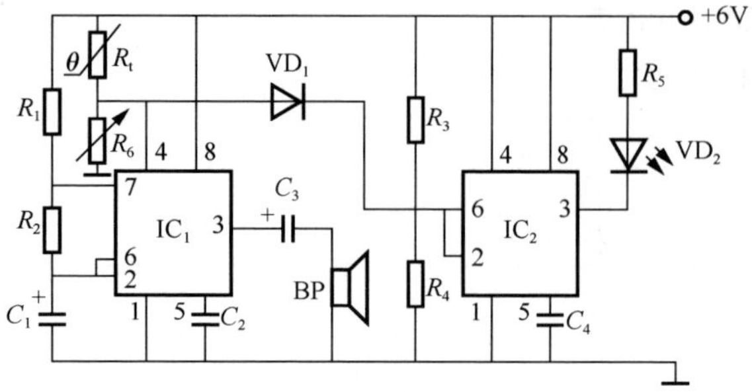

第 6 题图

NE555 集成电路功能表

4 脚	2 脚	6 脚	3 脚
1	$<V_{CC}/3$	$<2V_{CC}/3$	1
1	$>V_{CC}/3$	$<2V_{CC}/3$	保持
1	$>V_{CC}/3$	$>2V_{CC}/3$	0
0	无关		0

7. 如图（a）所示为湿度控制电路，湿度小于设定值时，加湿器加湿。其中 $R_3=R_4=2R_5$，VT 是硅材料的三极管，饱和压降约为 0.3V，工作在开关状态。VD_2、VD_3 都是硅材料的二极管，电源电压为 6V。电路中使用的继电器如图（b）所示。NE555 集成电路功能如表所示。下列分析中不正确的是（　　）。

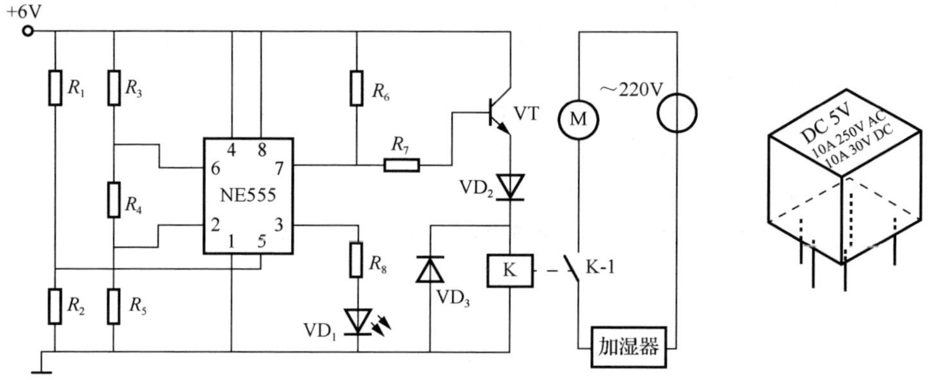

（a）　　　　（b）

第 7 题图

NE555 集成电路功能表

4 脚	5 脚	2 脚	6 脚	3 脚
低电平	任意	任意	任意	低电平
高电平	V_{ct}	$<V_{ct}/2$	任意	高电平
高电平	V_{ct}	$>V_{ct}/2$	$>V_{ct}$	低电平
高电平	V_{ct}	$>V_{ct}/2$	$<V_{ct}$	保持

A. 该电路能实现将湿度控制在一定范围内

B. VD_1 亮时，加湿器一定不加湿

C. R_1 是湿敏电阻，湿度越大，阻值越小

D. 二极管 VD_2 的主要作用是使继电器可靠地工作

8. 如图所示是小明设计的水箱恒温控制电路，用负温度系数热敏电阻检测温度。当温度低于下限温度时，电热丝加热；当温度高于上限温度时，电热丝停止加热。NE555

集成电路功能如表所示。以下关于电路的分析中正确的是（　　）。

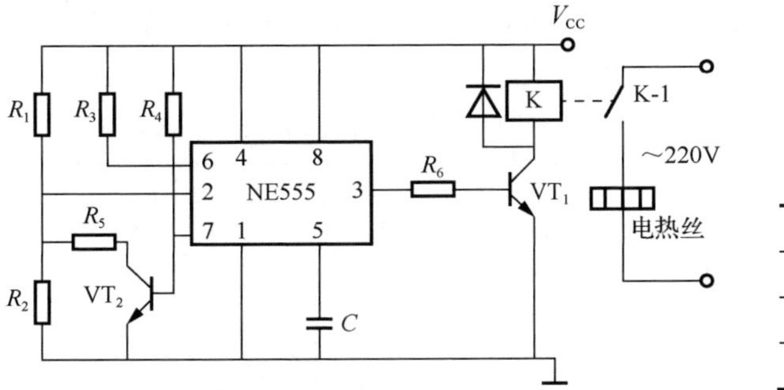

NE555 集成电路功能表

2 脚	6 脚	3 脚	7 脚
$>V_{CC}/3$	$>2V_{CC}/3$	低电平	接地
$>V_{CC}/3$	$<2V_{CC}/3$	保持	
$<V_{CC}/3$	任意	高电平	悬空

第 8 题图

A．电路中的 R_2 为热敏电阻

B．三极管 VT_2 损坏可能导致继电器触点频繁吸合、断开

C．增大 R_5，仅调高上限温度

D．减小 R_3，水箱水温控制区间变大

9．如图所示是小明设计的电热水器控制电路。把探头插入水箱，当水位低时，K_1 吸合，水泵启动；当水位高时，K_1 断开，水泵停止工作。热敏电阻 R_t 用于检测水温。当水箱内有水且水温低于下限时，K_2 吸合，水泵启动加热；水温达到上限时，水泵停止加热。555 集成电路使用 5 脚时的特性如表所示。下列分析中正确的是（　　）。

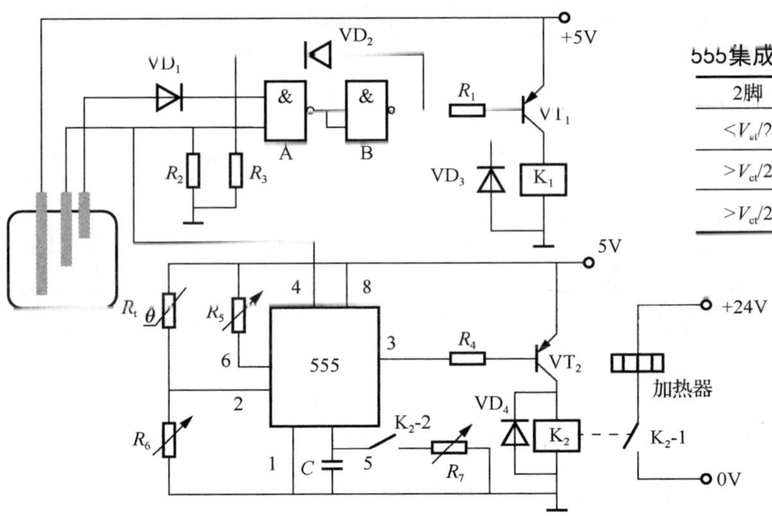

555集成电路使用5脚时的特性

2脚	6脚	3脚
$<V_{ct}/2$	$<V_{ct}$	高电平
$>V_{ct}/2$	$>V_{ct}$	低电平
$>V_{ct}/2$	$<V_{ct}$	保持

第 9 题图

A．R_t 是负温度系数热敏电阻

B．不加热时引脚 2 始终小于 $V_{ct}/2$

C．水位达到上限，水泵没有停止工作的原因不可能是 VD_1 接反

D．减小 R_7 只调低下限

10．如图所示的温控电路，当温度过高时，风扇电动机 M 启动进行散热，直到温度低于某个值时，M 停止工作。555 集成电路的部分特性如表所示。下列关于该电路的分析中正确的是（　　）。

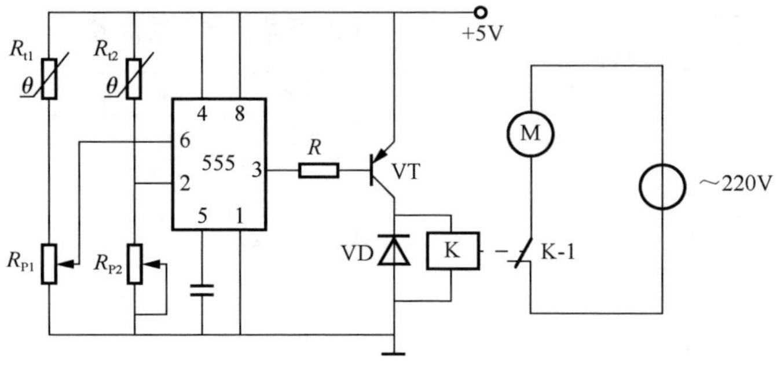

555集成电路的部分特性

输入2脚	输入6脚	输入3脚
$<V_{ct}/3$	$<2V_{ct}/3$	高电平
$>V_{ct}/3$	$<2V_{ct}/3$	保持
$>V_{ct}/3$	$>2V_{ct}/3$	低电平
$<V_{ct}/3$	$>2V_{ct}/3$	不使用

第 10 题图

A．R_{P2} 用于调节下限设定温度，R_{P1} 用于调节上限设定温度

B．R_{t1}、R_{t2} 都是正温度系数热敏电阻

C．二极管 VD 在风扇电动机 M 停止工作的瞬间保护三极管 VT

D．若将 R_{P2} 调小，可调高风扇电动机 M 的启动温度

11．如图所示的湿度控制电路，能将湿度控制在一定范围内，R_{s1}、R_{s2} 为同型号湿度传感器，当环境湿度低于设定下限值时，电动机 M 启动加湿。555 集成电路使用 5 脚时的特性如表所示。以下说法中正确的是（　　）。

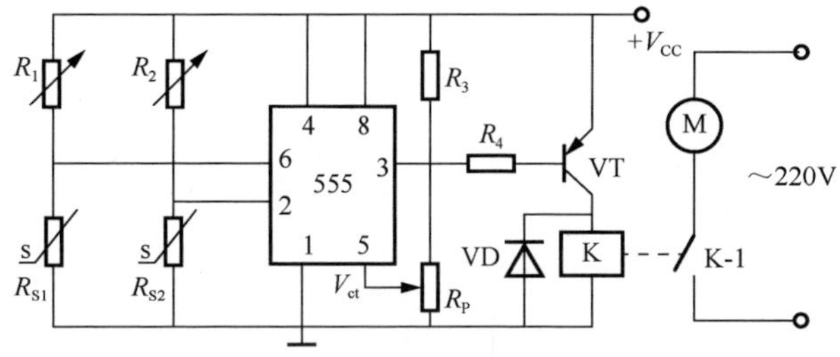

555集成电路使用5脚时的特性

2脚	6脚	3脚
$<V_{ct}/2$	$<V_{ct}$	高电平
$>V_{ct}/2$	$>V_{ct}$	低电平
$>V_{ct}/2$	$<V_{ct}$	保持

第 11 题图

A．R_1 用于调节湿度上限，R_2 用于调节湿度下限

B．R_P 触点向上移动，调低湿度下限，调高湿度上限

C．当湿度在上、下限之间时，将 R_P 触点向下移动，继电器触点有可能从断开变为吸合

D．如将电动机接在继电器的常闭触点，将 555 集成电路的 2 脚、6 脚接线对换，则电路保持原有功能不变

12. 如图所示是小明为学校自习室设计的门控灯电路，当自习室内光线暗时，门打开，灯 HL 点亮；当光线亮时，不管开不开门，灯 HL 都不会点亮。G_1 为常开型干簧管，门打开时，干簧管断开；门关闭时，干簧管闭合。NE555 集成电路使用 5 脚时的特性如表所示。下列关于该电路的说法中不正确的是（　　）。

A. 要使灯 HL 在光线还没有很暗时就能通过开门控制开灯，则可以调小 R_4 实现控制

B. 光线暗，开门时灯 HL 无法点亮，可能是由于 R_6 开路

C. 灯 HL 点亮后，适当调小 R_1，A 点电位基本不变

D. 按下 SB_1，可以将灯 HL 关闭

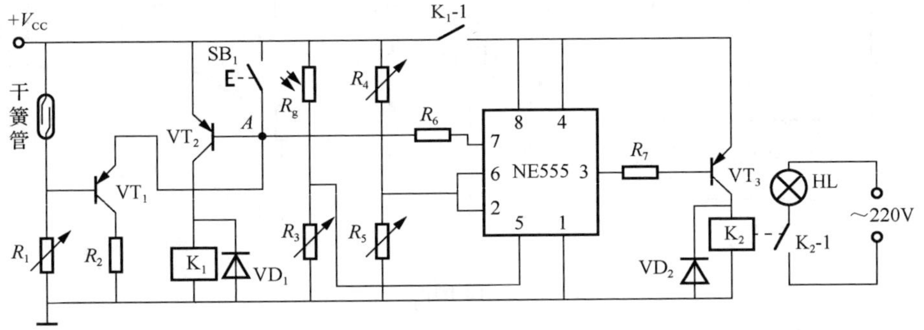

第 12 题图

NE555集成电路使用5脚时的特性

2脚	6脚	3脚
$<V_{ct}/2$	$<V_{ct}$	高电平
$>V_{ct}/2$	$>V_{ct}$	低电平
$>V_{ct}/2$	$<V_{ct}$	保持

13. 如图所示为小明设计的负载保护模拟电路，当检测到流经负载的电流值超过上限值时，负载被断开，故障指示灯 VD_2 亮。其中，NE555 集成电路 5 脚电位定义为 V_{ct}，使用 5 脚时的特性如表所示。根据电路图及描述，下列对该电路的分析中正确的是（　　）。

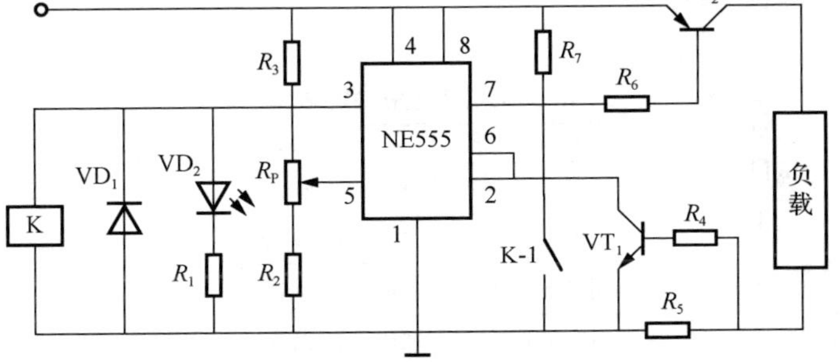

第 13 题图

NE555集成电路使用5脚时的特性

2脚	6脚	3脚	7脚
$<V_{ct}/2$	任意	高	断开
$>V_{ct}/2$	$<V_{ct}$	保持	保持
$>V_{ct}/2$	$>V_{ct}$	低	接地

A．整个工作过程中，VT_1 不可能工作在放大状态

B．电路断开负载后，若电流恢复正常，则负载会自动恢复为原工作状态

C．R_5 虚焊，故障指示灯 VD_2 始终无法发光

D．将 R_P 滑动触点下移，允许流过负载的上限电流增大

14．如图所示为小明设计的水温控制电路。为了实现将水温控制在 60～70℃，先接通开关 S，将 R_1 调至最大，R_2 调至最小，接下来的操作中合理的是（　　）。

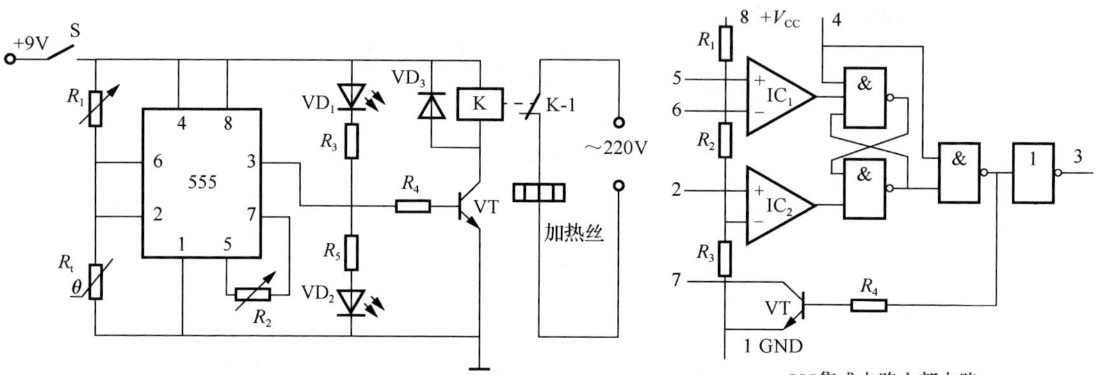

555集成电路内部电路

第 14 题图

A．将 R_t 放入 60℃的水中，调小 R_1 直到 VD_1 亮；将水升温到 70℃，调大 R_2 直到 VD_2 亮

B．将 R_t 放入 60℃的水中，调小 R_2 直到 VD_1 亮；将水升温到 70℃，调大 R_1 直到 VD_2 亮

C．将 R_t 放入 70℃的水中，调大 R_1 直到 VD_2 亮；将水降温到 60℃，调小 R_2 直到 VD_1 亮

D．将 R_t 放入 70℃的水中，调大 R_2 直到 VD_2 亮；将水降温到 60℃，调小 R_1 直到 VD_1 亮

如图所示是小明设计的仓库高温报警实验电路。当热敏电阻 R_t 检测到室内温度超过设定值时，VD 发光报警。已知：IC 为人体红外传感器，当仓库没人时，输出为“1”；当有人时，输出为“0”。NE555 集成电路功能如表所示。根据电路图及描述，完成第 15～16 题。

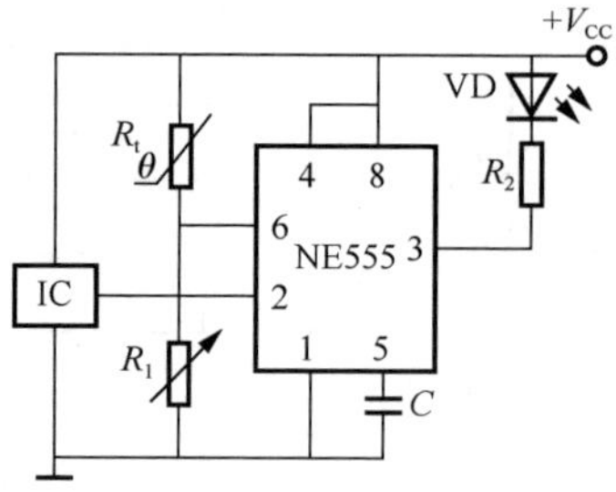

第 15～16 题图

NE555集成电路功能表

4脚	2脚	6脚	3脚
低电平	任意	任意	低电平
高电平	$<V_{CC}/3$	任意	高电平
高电平	$>V_{CC}/3$	$>2V_{CC}/3$	低电平
高电平	$>V_{CC}/3$	$<2V_{CC}/3$	保持

15．下列关于该电路的说法中，不合理的是（　　）。

A．R_t应选用负温度系数热敏电阻

B．当 VD 发光报警时，仓库必定没人

C．调大 R_1，则温度设定值变低

D．报警后，若室内温度恢复正常，则 VD 仍然发光

16．小明利用原电路的元器件重新设计电路，下列电路中可实现原电路功能的是（　　）。

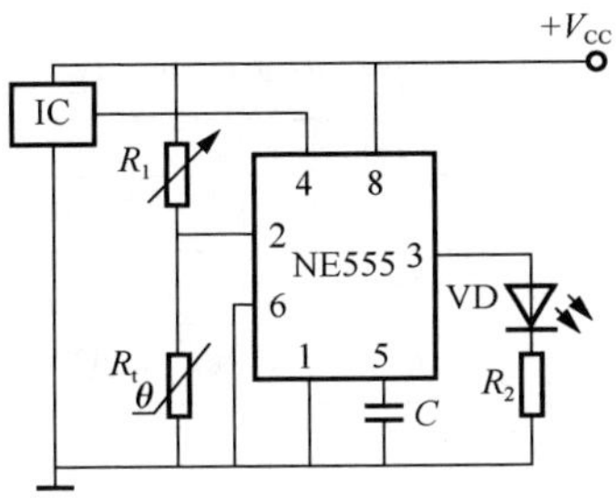

A.

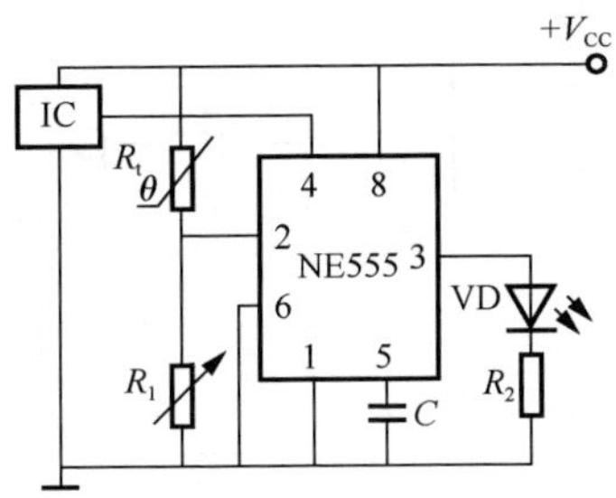

B.

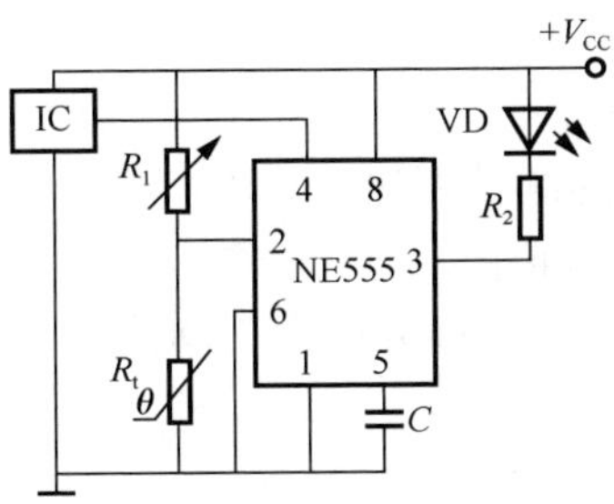

C.

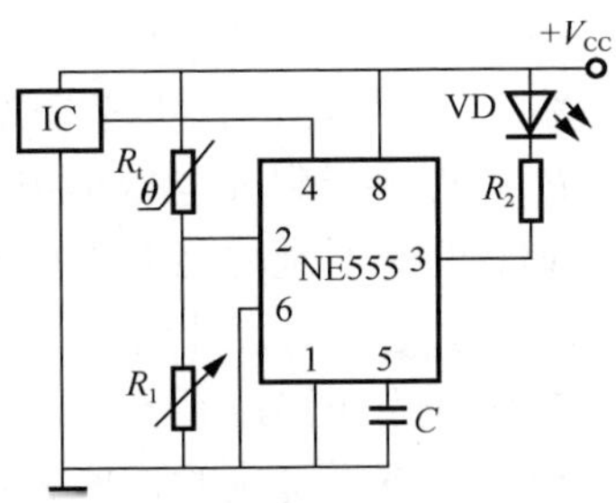

D.

17．如图所示是电热水器温度控制电路，它能根据室内温度的变化改变电热水器的温度控制区间。当室内温度低于设定值时，K_1 触点闭合，此时 NE555 集成电路的 5 脚电位 $V_{ct}>2V_{CC}/3$。K_1 触点闭合后，NE555 集成电路的功能表如表所示。以下分析中正确的是（　　）。

A．R_{t1} 用于检测水温，R_{t2} 用于检测室温

B．若 $R_5>R_4$，则无法实现水温的区间控制

C．室内温度低于设定值时，电热水器温度控制的上限和下限都变大

D．K_1 触点闭合后，调大电位器 R_{P2} 的电阻值，NE555 集成电路 5 脚的电位升高

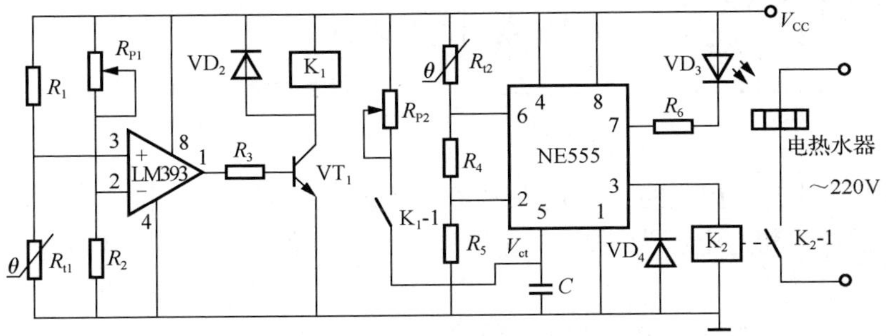

NE555集成电路功能表

2脚	6脚	3脚
$<V_{ct}/2$	$<V_{ct}$	高电平
$>V_{ct}/2$	$<V_{ct}$	保持
$>V_{ct}/2$	$>V_{ct}$	低电平

第 17 题图

18．小明设计了如图所示的电池充电电路。当电池电压低于下限时，可利用 555 集成电路的 3 脚进行充电；当电池电压超过上限时停止充电。已知稳压二极管 VD_1 反向击穿后，稳压值为 6V，当外加电压小于 6V 时不能导通；555 集成电路的 5 脚电位记为 V_{ct}，使用 5 脚时的特性如表所示。下列说法中正确的是（　　）。

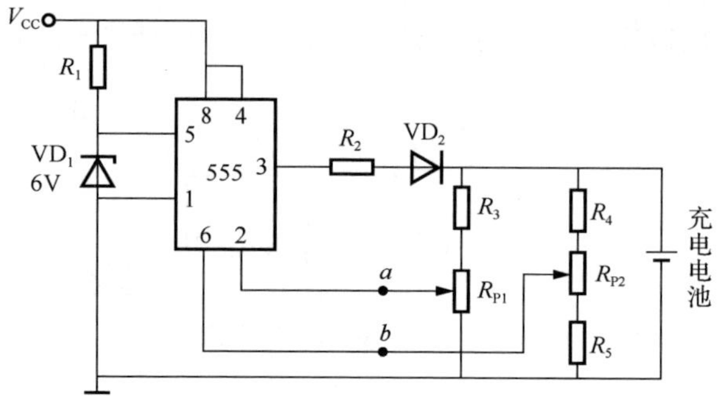

555集成电路使用5脚时的特性

2脚	6脚	3脚
$>V_{ct}/2$	$>V_{ct}$	低电平
$>V_{ct}/2$	$<V_{ct}$	保持
$<V_{ct}/2$	任意	高电平

第 18 题图

A．为实现电路功能，*a* 点电位必须低于 *b* 点电位

B．将 R_1 电阻值变小可提高电池充电电压上限

C．R_5 虚焊会导致充电电池电压超过上限时仍继续被充电

D．VD_2 的作用是防止充电电池通过 555 进行放电

19．如图所示是小明设计的鱼缸温度区间控制电路。下列分析中正确的是（　　）。

A．R_t 应采用正温度系数热敏电阻

B．设置上下限温度时，应先调上限，再调下限

C．调小 R_3，下限温度可能会升高

D．若 VD_1 短路，则加热器可能一直不加热

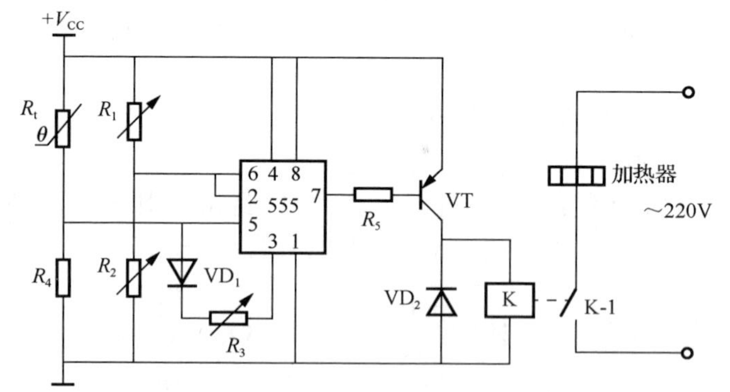

第 19 题图

20．如图所示是小明设计的光控电路，当光线过亮时报警。SB 是按钮，按下时接通，松开时断开；VD_1 为稳压管，稳定电压为 5V。555 集成电路功能如表所示。下列分析中不正确的是（　　）。

A．当按下 S 时，光敏电阻才能控制蜂鸣器工作

B．当蜂鸣器报警时，按下 SB 可以停止报警

C．VT_2 的作用是当光线恢复正常时，蜂鸣器继续报警

D．调节 R_P 可以调节设定报警光照强度

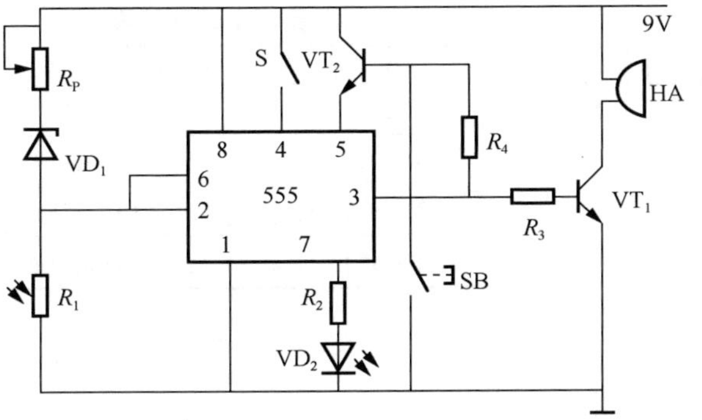

555集成电路功能表

输入				输出
4脚	5脚	2脚	6脚	3脚
低电平	任意	任意	任意	低电平
高电平	V_{ct}	$>V_{ct}/2$	$>V_{ct}$	低电平
高电平	V_{ct}	$>V_{ct}/2$	$<V_{ct}$	保持
高电平	V_{ct}	$<V_{ct}/2$	任意	高电平

第 20 题图

21．如图所示电路，555 集成电路的 2、6 脚电位会在略低于 2V 到略高于 4V 之间交替渐变，2、6 脚电位低于 2V 时，3 脚输出高电平；2、6 脚电位高于 4V 时，3 脚输出低电平；2、6 脚电位在 2～4V 时，3 脚保持原电平。电路中的所有三极管均工作在开关状态，三极管的饱和压降为 0.1V。电压表为数字型，红表笔连接 *a* 点，黑表笔连接 *b* 点，下列电压表的电压变化图中正确的是（　　）。

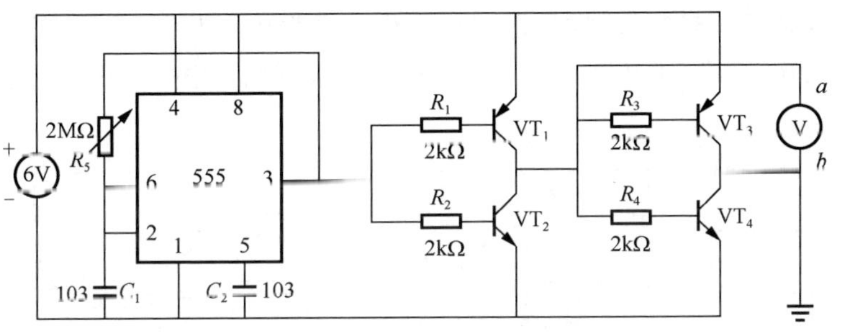

第 21 题图

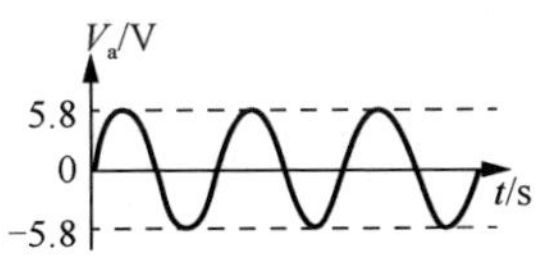

A.

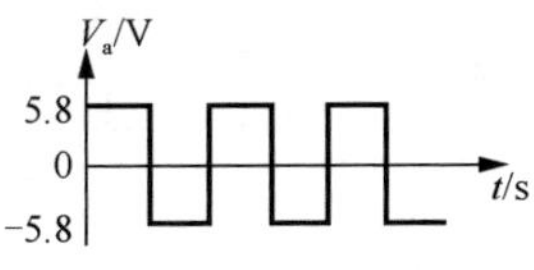

B.

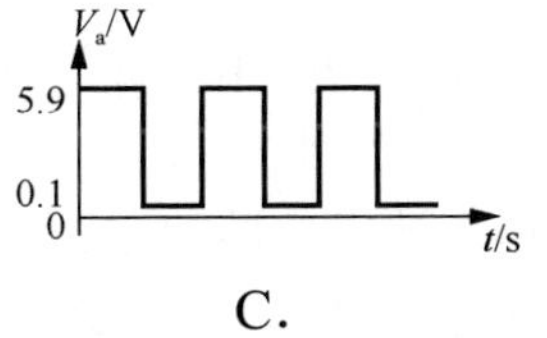

C.

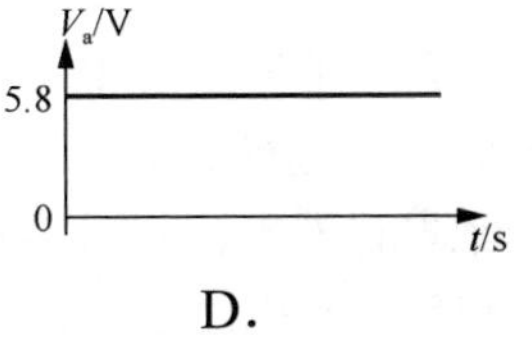

D.

22．如图所示为某商场防盗报警电路，夜间灭灯后，若商品柜门被打开，则发出报警声。555 集成电路功能如表所示。下列分析中不正确的是（　　）。

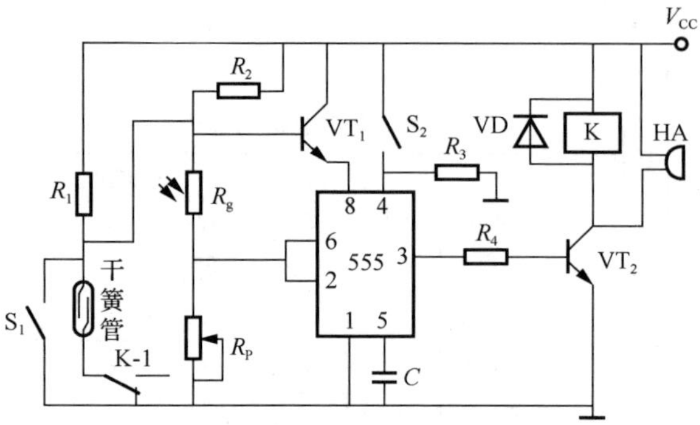

第 22 题图

555集成电路功能表

1脚	4脚	2脚	6脚	3脚	8脚
GND	低电平	—	—	低电平	V_{CC}
	高电平	$<V_{CC}/3$	任意	高电平	
	高电平	$>V_{CC}/3$	$<2V_{CC}/3$	保持	
	高电平	$<V_{CC}/3$	$>2V_{CC}/3$	低电平	

A．若柜门被打开，则干簧管断开

B．报警后闭合 S_1，蜂鸣器可停止报警

C．报警后断开 S_2，蜂鸣器停止报警；关上柜门后，闭合 S_2，继续报警

D．夜间灭灯后发生报警，此时关上柜门，未能继续报警，可能是继电器的额定工作电压过大造成的

23．如图（a）所示是小明设计的孵化箱温度控制系统，R_t 为热敏电阻，用发光二极管和光敏电阻来检测箱内是否有鸡蛋，当箱内有鸡蛋且箱内温度低于 20℃时，加热器启动工作；当温度高于 45℃时，加热器停止工作。当箱内无鸡蛋时，不管温度如何，加热器都不工作。已知 IC_1 控制上限，IC_2 控制下限，请根据描述回答下列问题。

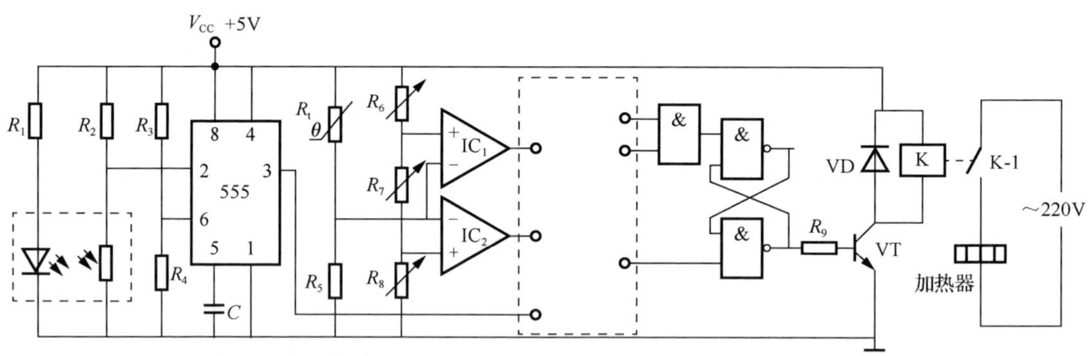

第 23 题图（a）

（1）热敏电阻 R_t 是________（在“A．正温度系数热敏电阻；B．负温度系数热敏电阻”中选择合适的选项，将序号填入“________”处）。

（2）现要将温度控制在 25～40℃，则应________（在“A．调大 R_6；B．调大 R_7；C．调小 R_6；D．调小 R_7”中选择合适的选项，将序号填入“________”处）。

（3）请使用合适的逻辑门，补全图（a）虚线框中的电路，要求电路简单。

（4）现发现 555 集成电路已经损坏，若改用电压比较器代替，为了保证功能不变，请在图（b）虚线框中连接好电路。

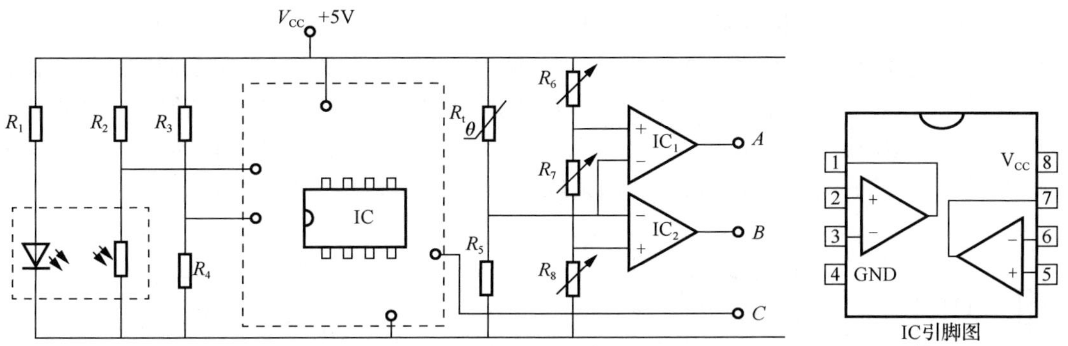

第 23 题图（b）

24．如图（a）所示为某数据机房的温度控制系统，现将温度控制在 18～25℃，当温度超过上限时，启动排风电动机 M；当温度低于下限时，关闭排风电动机 M。图（b）为 555 集成电路的原理图。请根据图示完成以下任务。

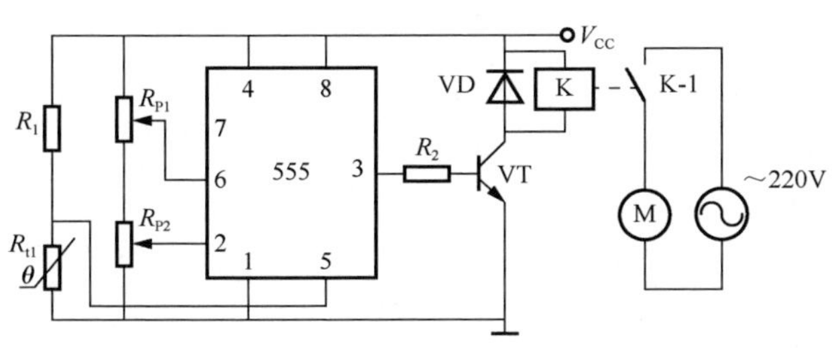

（a）

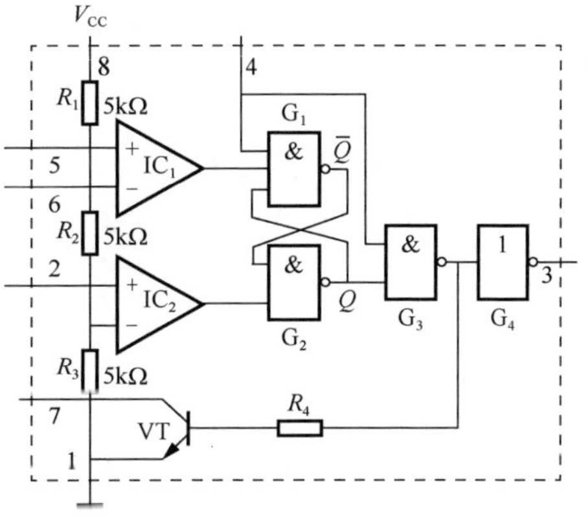

（b）

第 24 题图

（1）热敏电阻 R_{t1} 应选用的类型为________（在“A．PTC；B．NTC；C．PTC、NTC 均可”中选择合适的选项，将序号填入“________”处）。

（2）只调高上限温度，应将________（在“A．R_{P1} 下移；B．R_{P1} 上移；C．R_{P2} 下移；D．R_{P2} 上移”中选择合适的选项，将序号填入“________”处）。

（3）由于焊接不当，造成 555 集成电路的 3 脚断了，请用 555 集成电路的 7 脚、1 个 PNP 型三极管、1 个整流二极管和 1 个合适阻值的电阻器完成下图中虚线框 1 的连线，要求保持原来的功能不变。

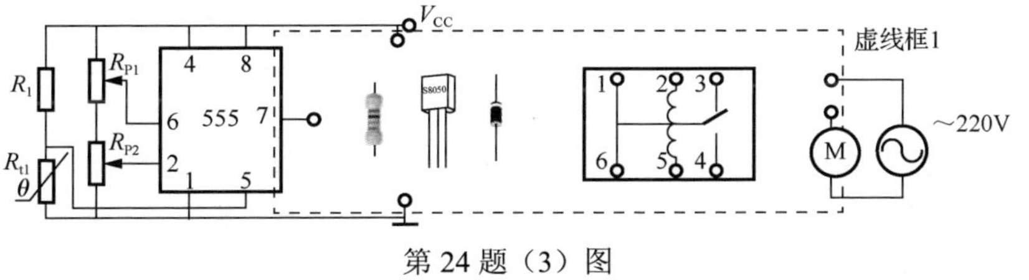

第 24 题（3）图

（4）现在需要考虑室外环境，当室外温度较高或室外湿度较大时，由空调降温，否则由排风电动机降温。IR 接收到高电平脉冲（由“0”变“1”）时，会向空调发送开机降温的红外遥控信号；IR 接收到低电平脉冲（由“1”变“0”）时，会向空调发送关机的红外遥控信号；其他时候，IR 不发送信号。R_{t2} 为室外正温度系数热敏电阻，R_s 为室外负系数湿敏电阻，仅提供一块四二输入或非门集成电路，请在虚线框 2 中完成原理图设计。

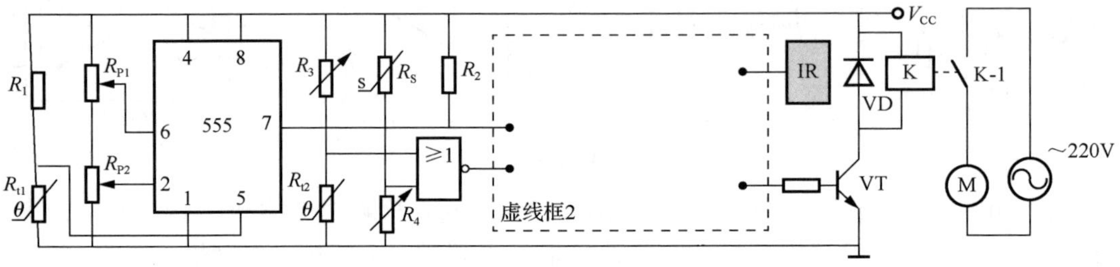

第 24 题（4）图

电路分析及元器件

如图所示是小明搭建的低温加热电路，当温度过低时，继电器常开触点吸合，电热丝开始加热。根据此电路图，回答第 1～2 题。

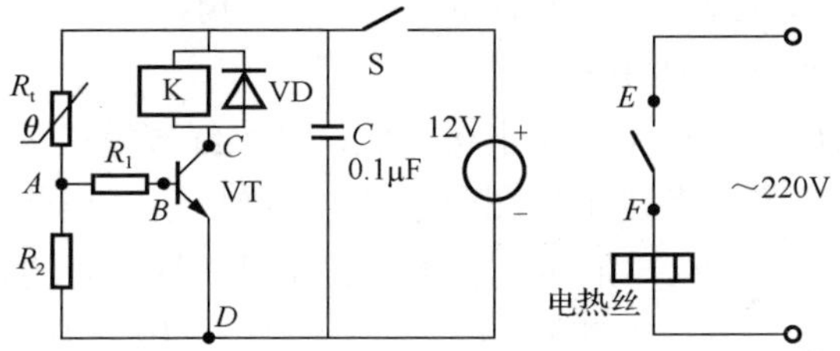

第 1～2 题图

1．下列电子元器件在电路中用不到的是（　　）。

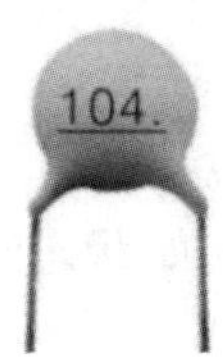

A.

B.

C.

D.

2．上述电路正常运行后，小明用指针式万用表进行测量，下列说法中合理的是（　　）。

A．闭合 S，用指针式万用表直流电压挡测量 *A* 点电势，应该黑表笔接 *A* 点，红表笔接 *D* 点

B．断开 S，用指针式万用表 *R*×1k 挡，测量 VT 发射结正向电阻，应该黑表笔接 *D* 点，红表笔接 *B* 点

C．断开 S，用指针式万用表直流电压挡测量 *C* 点电势，应该黑表笔接 *D* 点，红表笔接 *C* 点

D．闭合 S，温度低时，用指针式万用表交流电压挡测量 *E*、*F* 两点电压，电压为 0V

如图所示是小明设置的光弱报警装置，当光线低于设定值时，报警装置报警，此时测得发光二极管电流 I_{led}=2.5mA。已知发光二极管的导通电压为 3V，V_{CC}=5V，R_5=100Ω，根据电路图回答第 3～4 题。

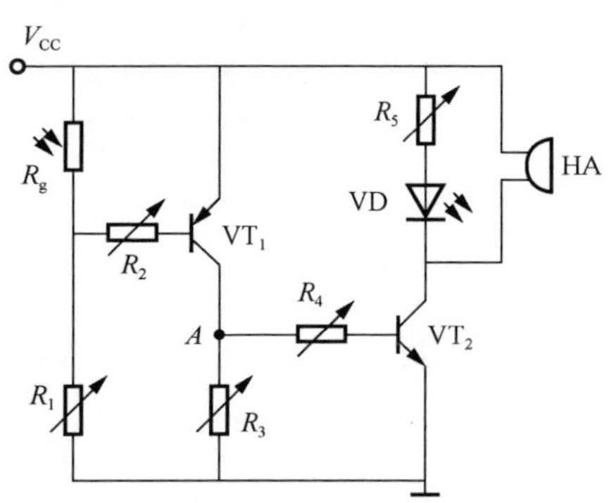

第 3～4 题图

3．在该电路图中，不需要用到的电子元器件是（　　）。

A.

B.

C.

D.

4．下列关于该电路的分析中不正确的是（　　）。

A．三极管 VT_2 处于放大状态

B．增大 R_5 的阻值对发光二极管的亮度没有影响

C．调大 R_2，A 点的对地电位减小

D．用指针式万用表测量 VT_2 集电极电位，必须红表笔接 VT_2 集电极，黑表笔接地

小明在通用技术实践课上搭建了如图所示的电路图，请根据此电路图回答第 5～6 题。

5．要搭建如图所示的电路，用到的元器件中引脚个数最多的是（　　）。

A．电位器 R_P　　B．电动机 M　　C．三极管 VT　　D．继电器 K

6．下列关于小明所设计的电路的分析和判断中正确的是（　　）。

A．发光二极管 VD_1 可作为电动机 M 的工作指示灯

B．电动机不工作时，继电器一定没有电流流过

C．继电器吸合时，B 点的电位高于 A 点的电位

D．测得 C 点电压为 3V 时，再增大 R_3 的阻值，A、B、C 点电位都变大

如图所示为报警电路，当环境光线过亮时，发光二极管发光报警。初始状态时，发光二极管不发光。根据电路图回答第 7～8 题。

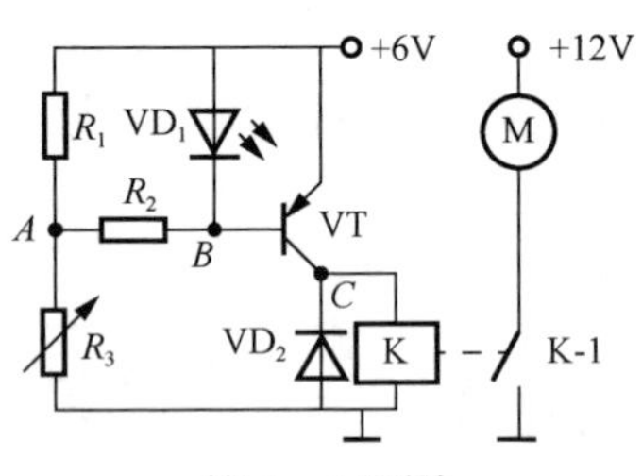

第 5～6 题图

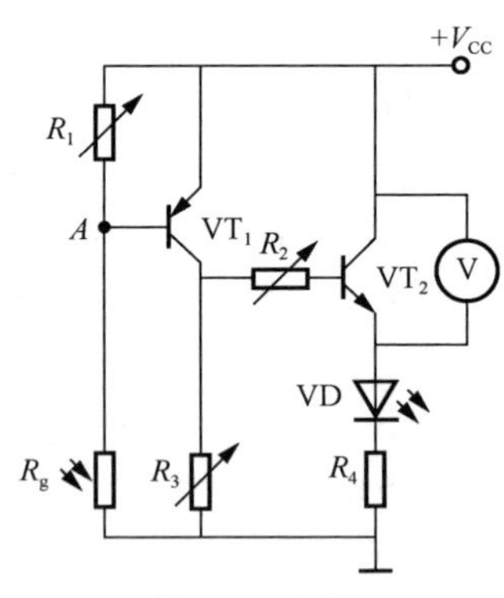

第 7～8 题图

7．在该电路图中，不需要用到的电子元器件是（　　）。

A.

B.

C.

D.

8．关于该电路，下列说法中正确的是（　　）。

A．光线逐渐变亮的过程中，A 点电位逐渐降低

B．发光二极管发光时，VT_1、VT_2 处于饱和状态

C．逐渐增大 R_1，电压表的指针从右向左偏转最后停留在某一位置

D．发光二极管发光时，减小 R_3，发光二极管变得更亮

小明为家里的宠物房间设计了如图所示的控制电路，2 个三极管均为硅管，当温度超过设定值时，启动电动机 M 进行降温，根据该电路图，回答第 9～10 题。

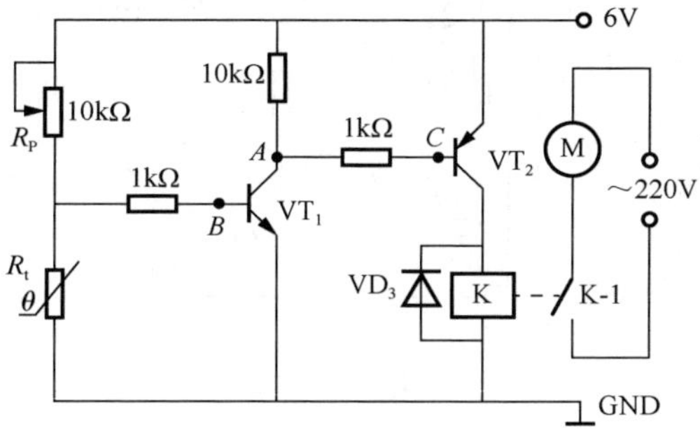

第 9～10 题图

9．下列电子元器件在该电路中能用到的有（　　）。

①

②

③

④
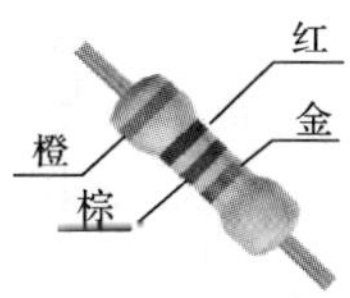

⑤

⑥

A．①②③④⑤⑥　　B．②③④

C．②③④⑤⑥　　D．①②④⑤

10．使用指针式万用表测量 A 点对地的电位为 3V，下列说法中正确的是（　　）。

A．此时三极管 VT_1 工作在饱和状态

B．调小 R_P，A 点对地电位将变低，C 点电位不变

C．将 10kΩ 的定值电阻器换为 8.2kΩ 的电阻器，三极管 VT_1 趋向于饱和

D．测量 A 点电位时，需要黑表笔接 A 点，红表笔接地

如图所示为小明设计的水箱水位控制电路，当水位低于探头 B 时，启动水泵电动机 M 注水；水位到达探头 C 时，停止注水。若不计水的电阻，请根据电路图及描述完成第 11～12 题。

11．下列电子元器件在电路中肯定没有用到的是（　　）。

①

②
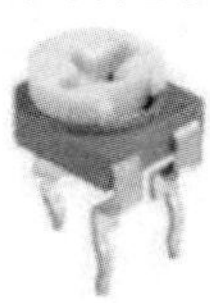
③

④

⑤

⑥

A．③④⑥　　B．③④⑤　　C．①③⑥　　D．②④⑤

12．下列关于水箱水位控制电路的说法中正确的是（　　）。

A．VT_1 和 VT_2 不可能同时处于导通状态

B．VT_1 处于导通状态时，电动机 M 一定无法运转

C．水位介于探头 B、C 之间时，VT_2 一定处于截止状态

D．若 VT_4 处于饱和导通状态，则此时 VT_3 一定处于放大状态

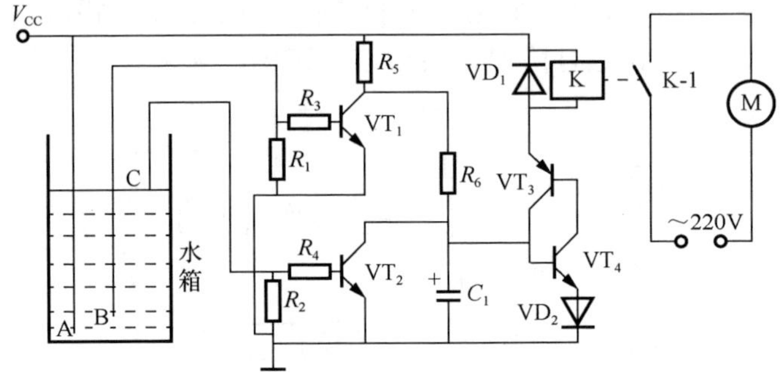

第 11～12 题图

在如图所示的实验电路中，VD_1、VD_2 型号相同，调节 R_{P1} 或 R_{P2} 均可改变 VD_1、VD_2 的发光状态，分析电路并完成第 13～14 题。

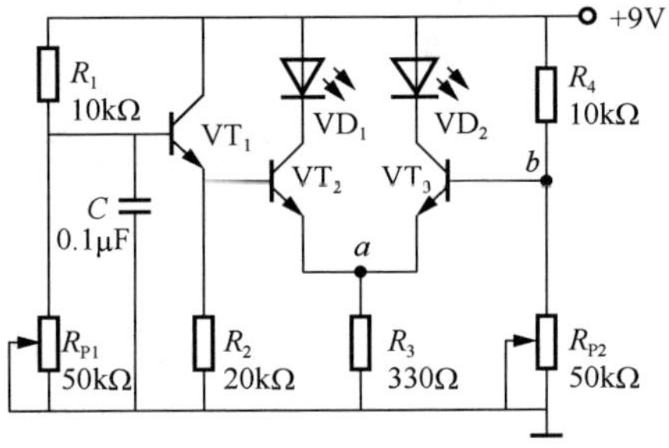

第 13～14 题图

13．电路中没有用到的电子元器件是（　　）。

A.

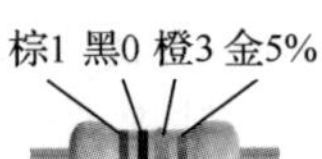

B.

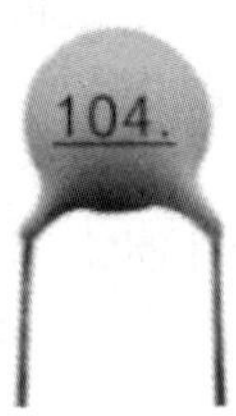

C.

D.

14．关于该电路，下列分析中不正确的是（　　）。

A．VT_1 不会进入饱和状态

B．VD_1、VD_2 可能同时发光

C．调小 R_{P1}，b 点电位升高

D．VD_1 不发光时，调大 R_{P2}，a 点电位升高

如图所示为小明设计的创新型暗室感光报警电路。当检测到一定强度的环境光时，VD_2发光报警。VD_2发光时，VT_1和VT_2始终工作在放大状态。当环境光照射发光二极管VD_1时，VD_1相当于一个弱电源，VD_1的正负极相当于该弱电源的正负极，环境光越强，输出的电流越大。请根据电路图及描述完成第15～16题。

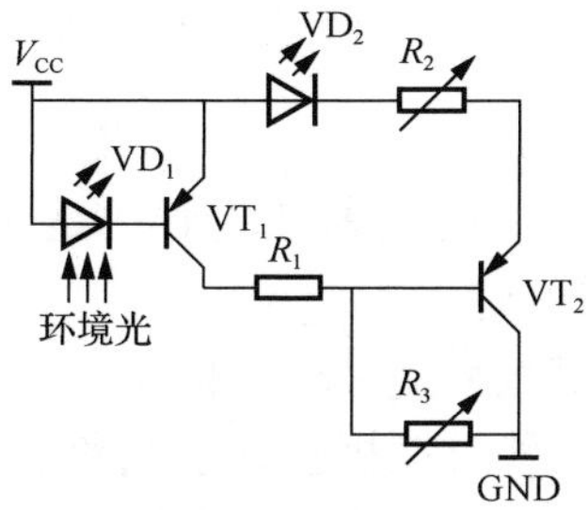

第15～16题图

15．电路中一定未用到的元器件是（　　）。

A.

B.

C.

D.

16．下列关于该电路的分析中正确的是（　　）。

A．VD_2发光时，若仅适当调大R_3，VD_2更暗

B．VD_2发光时，若仅适当调小R_2，VD_2更亮

C．适当调大R_3，则更弱的环境光就能触发VD_2发光

D．适当调小R_2，则更强的环境光才能触发VD_2发光

如图所示是家庭厨房煤气检测报警电路图，煤气检测电路的输出电位会随房间煤气浓度的升高而升高。VD_1和VD_2一个是红灯，一个是绿灯，当厨房煤气浓度低于设定值时，按下SB，松开后绿灯亮。当煤气浓度超过设定值时，红灯亮报警。根据电路图及描述，回答第17～18题。

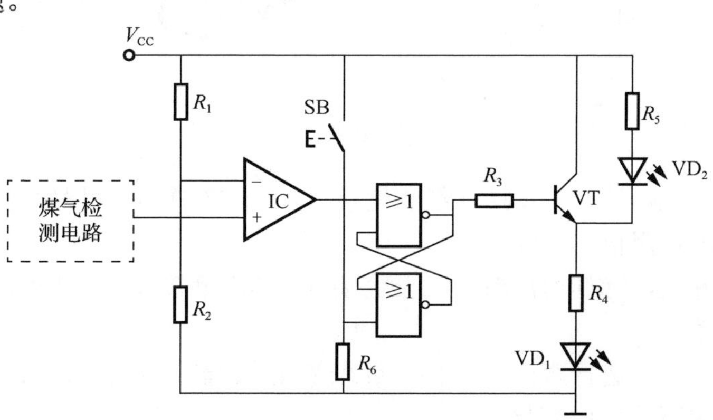

第17～18题图

17．以下电子元器件中用不到的是（　　）。

A.

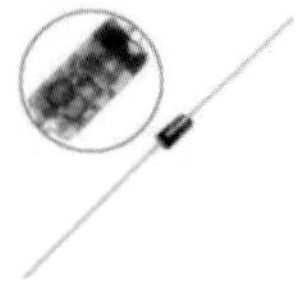

B.

C.

D.

18．关于煤气检测报警电路，以下分析中错误的是（　　）。

A．VD_1是绿灯，VD_2是红灯

B．增大R_2可以使报警煤气浓度设定值提高

C．适当增大R_4可以使报警时三极管处于饱和状态

D．当红灯亮起后，煤气浓度回到设定值以下，红灯持续亮

19．下列关于万用表的说法中正确的是（　　）。

A．用指针式万用表测量电阻器的电阻值时，电流从红表笔流出，从黑表笔流进

B．用指针式万用表测量电阻器的电阻值时，若指针靠近零刻度，则须更换较高挡位进行测量

C．用数字万用表×20k 挡测量电阻，读数为 2，说明电阻值大小为 2kΩ

D．用指针式万用表×1k 挡测发光二极管的正反向电阻，指针都不偏转，说明发光二极管损坏

20．如图所示是用指针式万用表［图（b）］探究光控电路［图（a）］特性的实验图，下列检测操作中不合理的是（　　）。

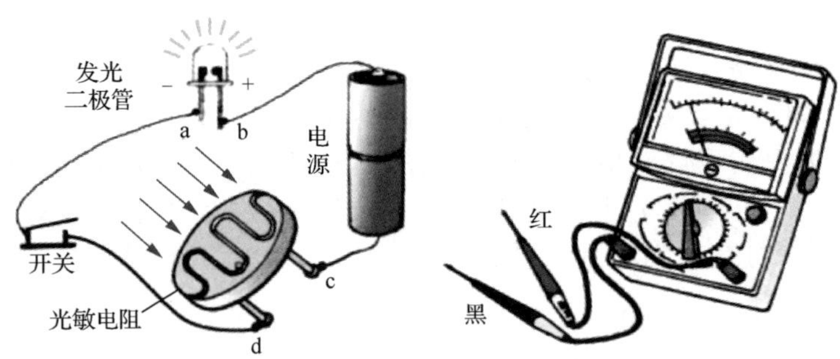

（a）　　　　（b）

第 20 题图

A．断开开关，选择×1k 挡，红表笔接 c、黑表笔接 d，可测得光敏电阻在不同光照下的电阻值

B．断开开关，选择×1k 挡，红表笔接 b、黑表笔接 a，可测得发光二极管的正向电阻值

C．闭合开关，选择直流电压挡，红表笔接 d、黑表笔接 c，可测得光敏电阻在不同光照下的电压变化

D．闭合开关，光照时，选择直流电压挡，红表笔接 b、黑表笔接 a，可测得发光二极管的压降

如图（a）所示是小明搭建的电路，转换开关 S 可与 A、B、C 中任意一点接通，初始位置是 B 点。当温度升高时，发光二极管 VD_1 慢慢变亮，当温度升高到一定程度后就看不出亮度的变化了。根据上述现象完成第 21～22 题。

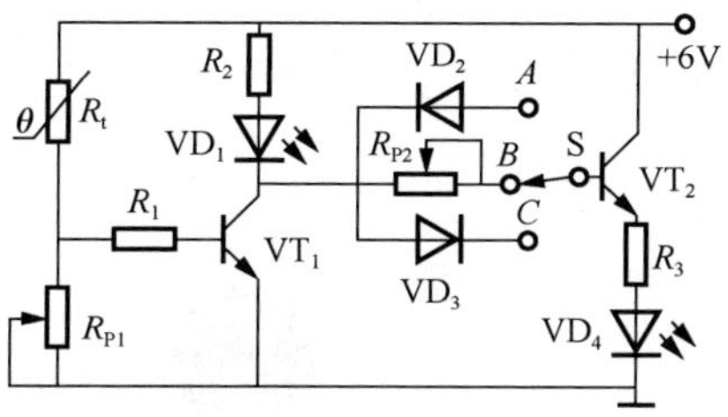

（a）

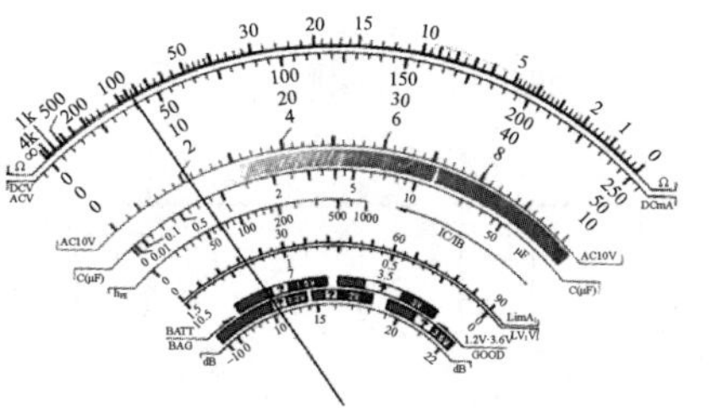

（b）

第 21～22 题图

21．接通电源，发光二极管 VD_4 发光。用指针式万用表测量 VD_4 两端电压，测量结果如图（b）所示，则电压挡位应该是（　　）。

A．直流 2.5V　　B．直流 10V　　C．直流 50V　　D．直流 250V

22．下列关于该电路的分析中正确的是（　　）。

A．R_t 是正温度系数热敏电阻

B．开关 S 打在 A 点，三极管 VT_1 无法饱和

C．开关 S 打在 B 点，若要调高 VD_4 的亮度，可将 R_{P2} 的滑动触点向右滑动

D．开关 S 打在 C 点，温度降低，发光二极管 VD_1 和 VD_4 都能点亮

电子元器件应用提高

1．下列对通用技术课程中常用电子元器件的描述不正确的是（　　）。

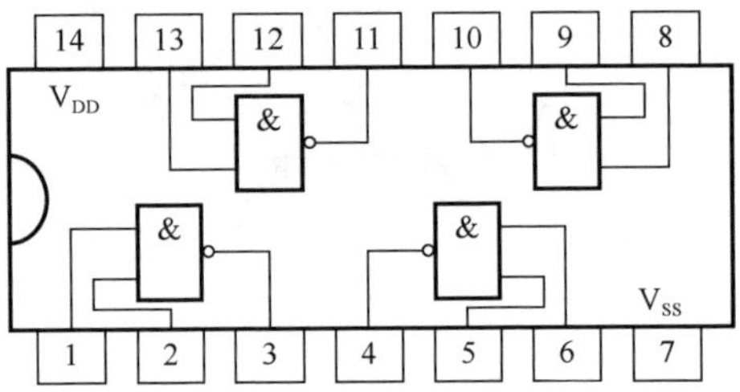

A．集成电路名称为四二输入与非门

B．图示元件为负温度系数热敏电阻

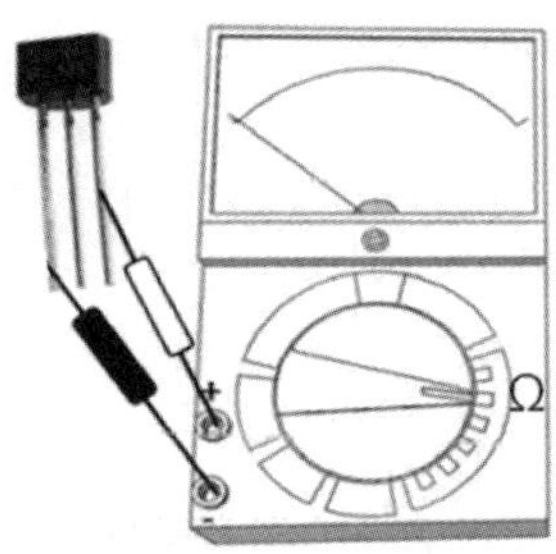

C．测量结果说明三极管已经损坏

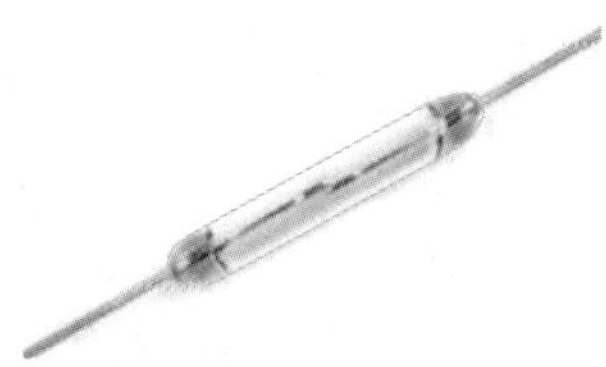

D．图示为干簧管，两脚没有正负极之分

2．下列电子元器件中，引脚无正负极之分的是（　　）。

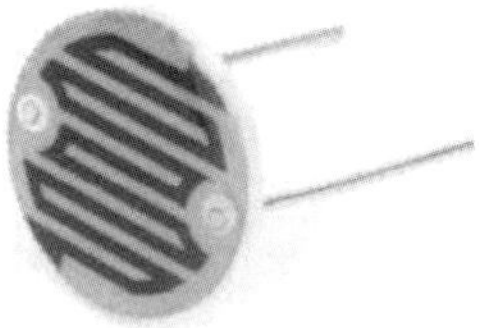

①

②

③

④

A．①和③　　B．②和③　　C．②和④　　D．①和④

3．下列电子元器件在连接电路的过程中不需要考虑电源极性的是（　　）。

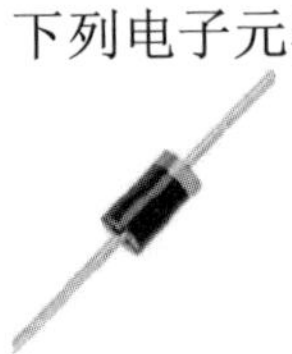

A.

B.

C.

D.

4．如图所示的面包板实验电路中没有用到的电子元器件是（　　）。

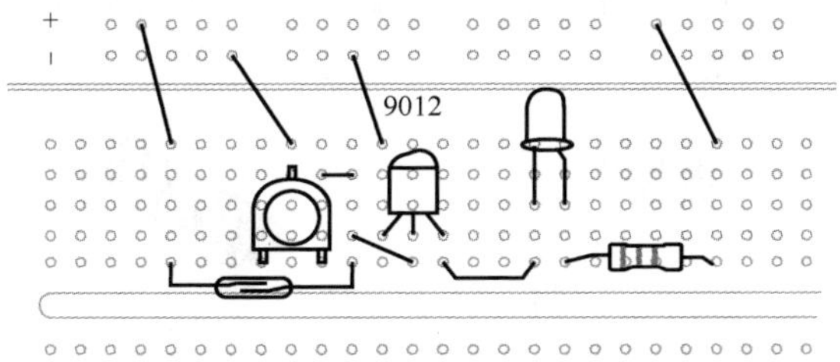

第 4 题图

A．干簧管　　　　B．电位器　　　　C．三极管　　　　D．整流二极管

5．下列 4 个焊接组件中，加上图示电压，在阻值合适的情况下发光二极管能稳定发光的是（　　）。

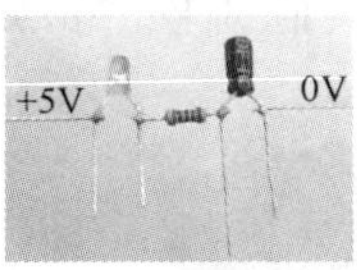

A.

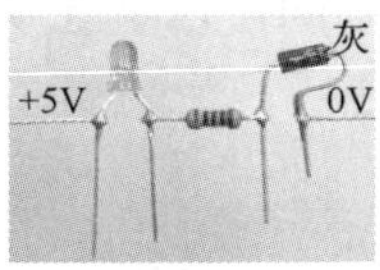

B.

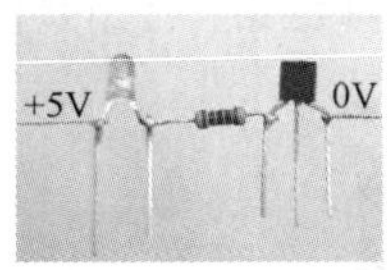

C.

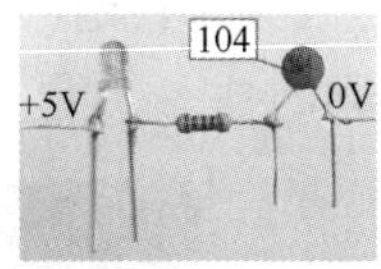

D.

6．以下元器件中，可用普通的指针式万用表欧姆挡独立检测其参数或性能的有（　　）个。

①直流电磁继电器

②有源蜂鸣器

③三极管

④555 集成电路

⑤电解电容器

A．1　　　　B．2　　　　C．3　　　　D．4

7．以下电子元器件中，不属于传感器的是（　　）。

A.

B.

C.

D.

8．电子控制系统由各类电子元器件相互作用、相互依赖，形成一个具有特定功能的有机整体。有的器件负责获取外界信息，有的器件负责对获取的信息进行分析、处理，下列元器件不同于其他 3 项的是（　　）。

A．

B．

C．

D．

9．下列电子元器件中引脚数量为 3 个的元器件有（　　）个。

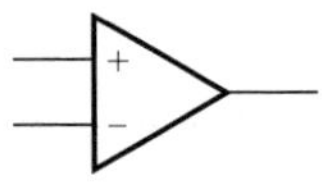

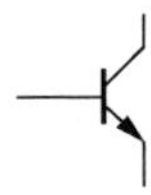

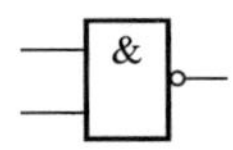

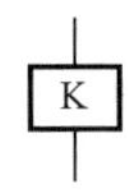

A．1　　B．2　　C．3　　D．4

10．“额定”在不同元器件上的标注含义不同，以下选项中与其他 3 项“额定”含义不同的是（　　）。

A．电容器上标注额定电压 50V

B．继电器线圈标注额定电压 12V

C．扬声器上标注额定功率 80W

D．电阻器标注额定功率 5W

11．如图所示，数字万用表的蜂鸣挡是用于测量电路通断的挡位，当被测电路的阻值小于 50Ω 时，蜂鸣器发出声响。在下列环境中使用蜂鸣挡测试传感器时可能会发出声响的是（　　）。

通断蜂鸣

第 11 题图

A．

B．

C．

D．

12．如图所示为小明设计的简易音频功放电路图，下列元器件用不到的是（　　）。

A.

B.

C.

D.

13．在如图所示的电路图中，下列元器件中一定用不到的是（　　）。

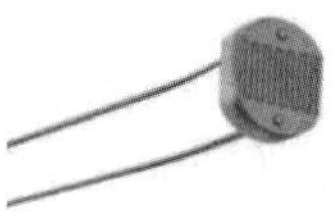

A.

B.

C.

D.

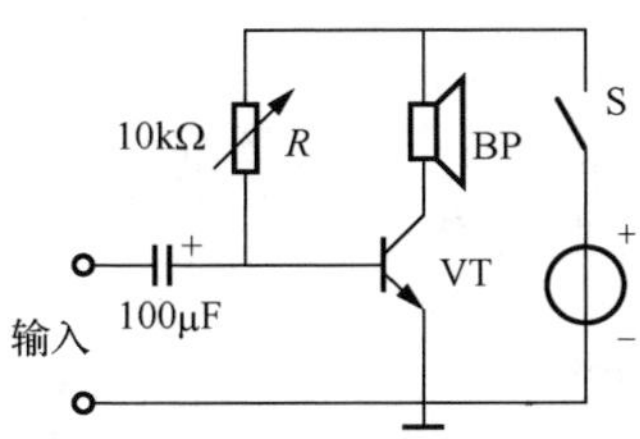

第 12 题图

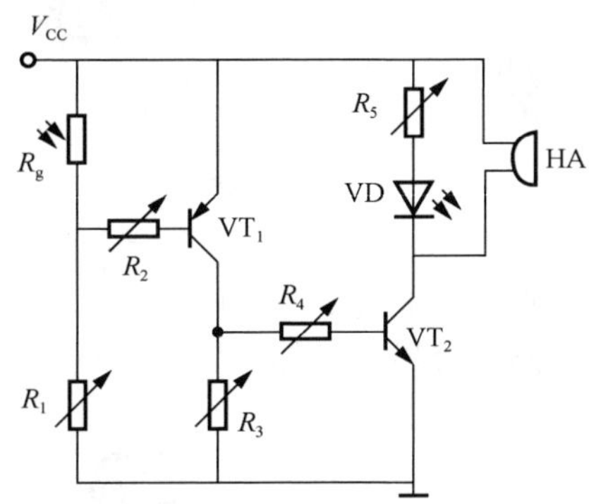

第 13 题图

14．下列传感器在检测燃气泄漏时能用到的是（　　）。

A.

B.

C.

D.

15．下列传感器能输出连续变化的电信号的有（　　）。

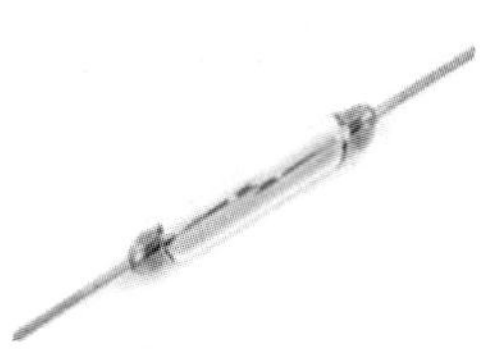

①

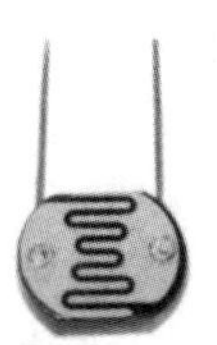

②

③

④

⑤

A．②③④⑤　　B．①③④⑤　　C．②③⑤　　D．①②④⑤

16．教学楼楼梯灯一般采用自动控制开关，在光线暗且有人经过时自动点亮。下列可以作为该控制电路的传感器的是（　　）。

A.

B.

C.

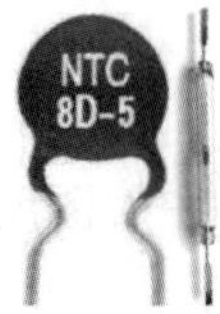

D.

17．以下电子元器件或芯片（可配合电阻器）无法实现电路中逻辑非功能的是（　　）。

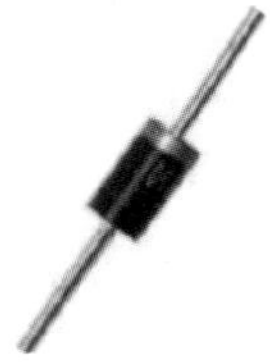
A.

B.

C.

D.

18．小明设计了一个报警电路，当磁场、温度、湿度或可燃气体浓度过高时，发出报警。若要调高报警环境参数设定值，调节方式与其他不同的是（　　）。

A.

B.

C.

D.

19．下列电子元器件中，使用时不需要区分引脚的是（　　）。

A.

B.

C.

D.

20．如图所示为通用技术实践室常用电子元器件，使用时不需要区分引脚的是（　　）。

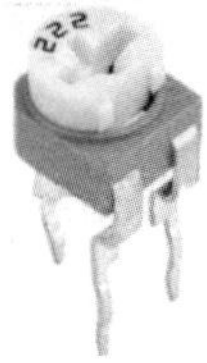

A.

B.

C.

D.

21．以下元器件无法在 TTL 电路输出的高电平中工作的是（　　）。

A.

B.

C.

D.

22．下列电子元器件中，用万用表检测其性能好坏时，指针式万用表和数字万用表可以用同一挡位的有（　　）个。

①

②

③

④

⑤

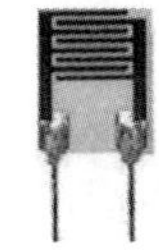

⑥

A．1　　B．2　　C．3　　D．4

23．下列电子元器件中无法把非电信号的变化转换成电信号的变化的是（　　）。

A.

B.

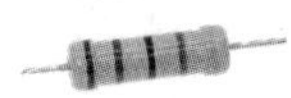

C.

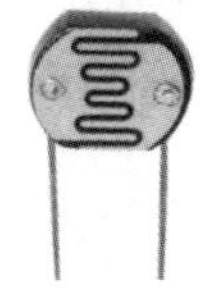

D.

24．小明用 MF-47B 指针式万用表的 $R\times1k$ 欧姆挡测量某元器件的两个引脚，指针出现明显偏转。已知元器件质量完好，下列选项中不可能为该元器件的是（　　）。

A.

B.

C.

D.

25．如图所示的读书台灯，只要把书盖在它上面就熄灭，把书拿起再读时则亮起。用传感器直接获取输入信号，以下可以选择的是（　　）。

A.

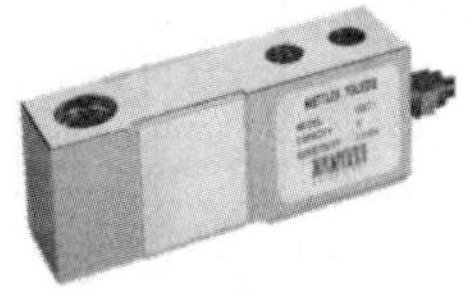

B.

C.

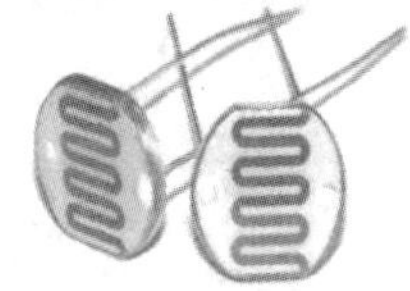

D.

26. 如图所示为某烟雾气体报警器焊接套件，关于这个焊接套件，下列说法中不正确的是（　　）。

A. 在安装焊接未经处理的发光二极管前，须先判断极性，长引脚为正极

B. 某电阻器的 4 个色环分别为棕（1）、黑（0）、橙（3）、金（±5%），则它的标称电阻值为 10kΩ

C. 焊接时，当焊锡熔化为液态时可将焊锡丝撤离，再移开电烙铁

D. 若用指针式万用表的欧姆挡检测套件中二极管的正向导通情况，应用黑表笔接二极管带色环的一端，用红表笔接另一端

第 25 题图

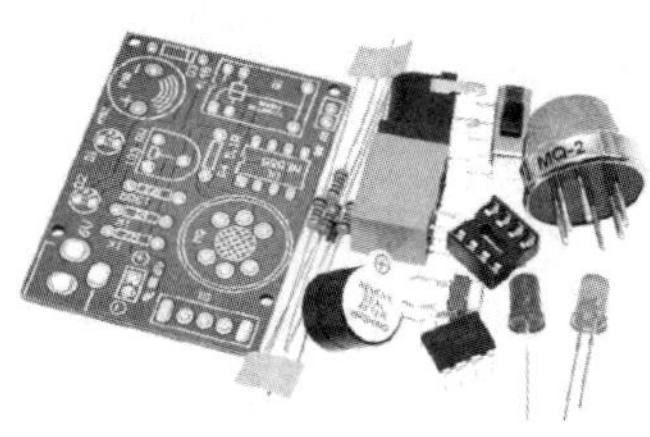

第 26 题图

27. 如图所示，下列有关元器件的说法中合理的是（　　）。

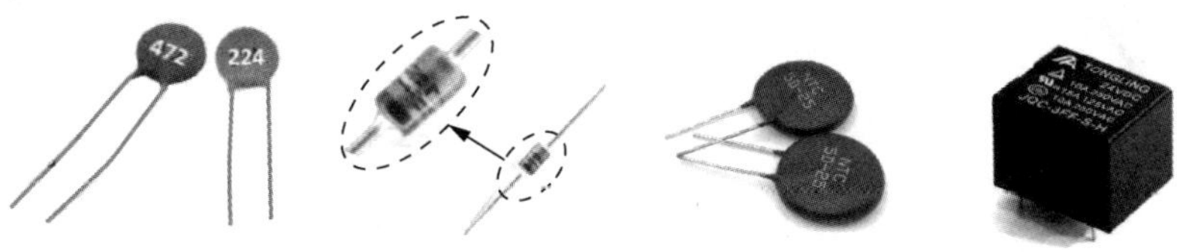

（a）　（b）　（c）　（d）

第 27 题图

A. 图（a）是瓷介电容器，左侧电容器的电容量比右侧大

B. 图（b）是二极管，以半导体作为制作材料

C. 图（c）是湿敏电阻，可作为电子控制系统的输入部分

D. 图（d）是直流电磁继电器，其触点须工作在直流电路中

28. 小明设计了如图所示的光控电路，下列元器件在电路图中一定没有使用到的是（　　）。

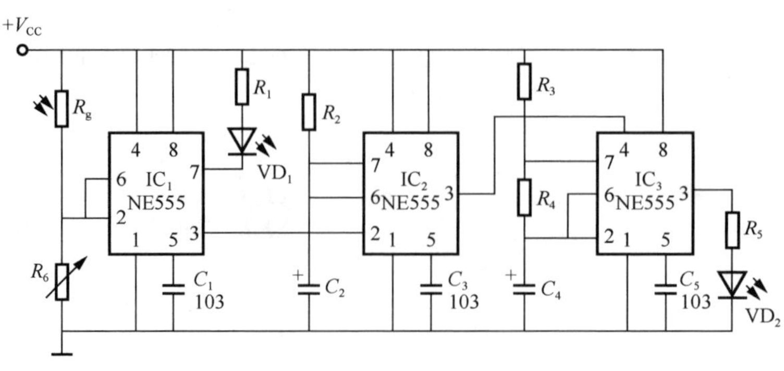

第 28 题图

A.

B.

C.

D.

29．下列电子元器件仅用 2 个引脚可实现选项所描述的功能的是（　　）。

A．调节电路设定值

B．电流放大

C．以低电压控高电压

D．1 次非逻辑转换

30．下列是电子控制技术常用的一些元器件，其中具有感温功能的元器件是（　　）。

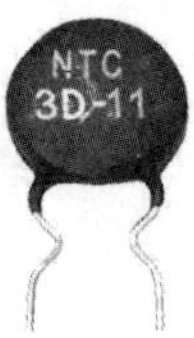

A.

B.

C.

D.

31．下列元器件在使用时不需要考虑正负极的有（　　）。

①

②

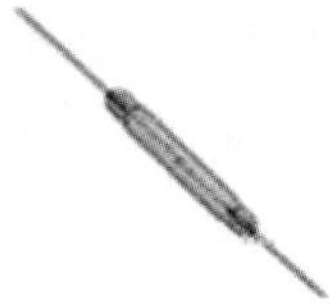
③

④

⑤

⑥

A．①②⑥　　B．③④⑤　　C．①②⑤　　D．③⑤⑥

32．下列对通用技术课程中常用元器件的描述正确的是（　　）。

A．具有电压放大作用

B．正温度系数热敏电阻

C．左边引脚为阴极

D．22pF 电容

33．下列电子控制电路常用的元器件中，不能用于收集输入信号的是（　　）。

A．　B．　C．　D．

34．下列选项中电子元器件和电路图形符号不一致的是（　　）。

A．　B．　C．　D．

35．小明用三极管作为控制器，设计制作可设定温度的高温蜂鸣报警电路，下列元器件必须选用的是（　　）。

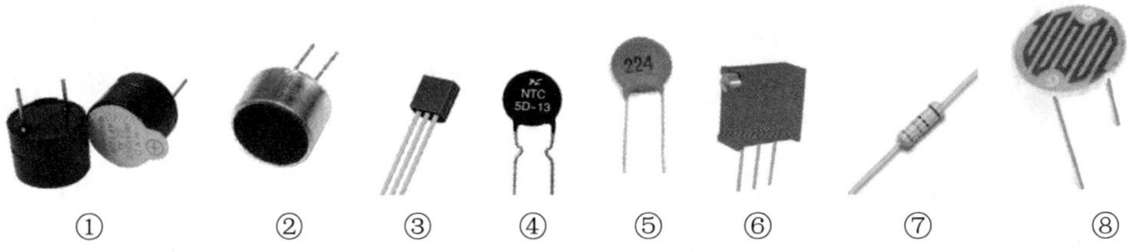

A．①②④⑤⑧　B．②③④⑤⑦　C．①③④⑥　D．②③④⑦

36．在电子控制技术的实践课上，小明准备在电路板上选择合适的电子元器件焊接如图所示的光控实验电路并进行测试，下列操作步骤中合理的是（　　）。

第 36 题图

A．选用图 1 中的 B 元件作为电路中的 R_3

B．用指针式万用表欧姆挡测试一个功能完好的三极管，结果如图 2 所示，说明该三极管可用

C．焊接时，为了更准确地把焊锡送到需要的位置，要先把焊锡丝熔化到电烙铁头上，再进行焊接

D．电路焊接完成后，需要测试三极管的工作状态，小明用数字万用表电流挡测试，黑表笔接 P 点，红表笔接 Q 点

逻辑电路应用提高

1．某商场防疫检测通道报警系统中，A 为高电平时表示顾客进入检测通道，B 为高电平时表示顾客体温正常，C 为高电平时表示健康码为绿码。若顾客体温异常或健康码为非绿码，则 F 为高电平，表示系统开始报警。下列电路中能实现上述逻辑关系的是（　　）。

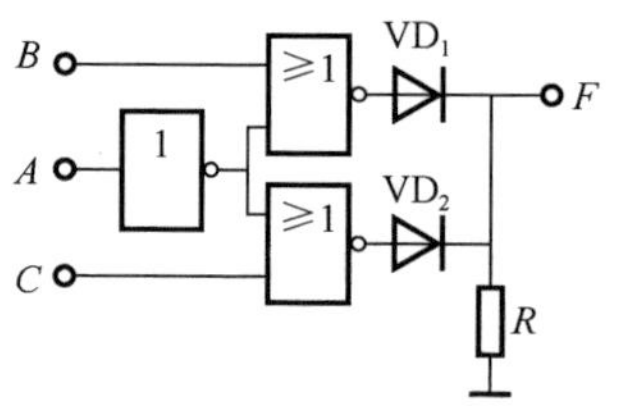

A.

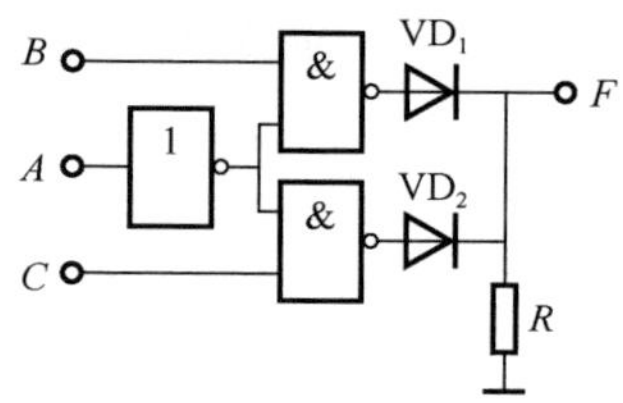

B.

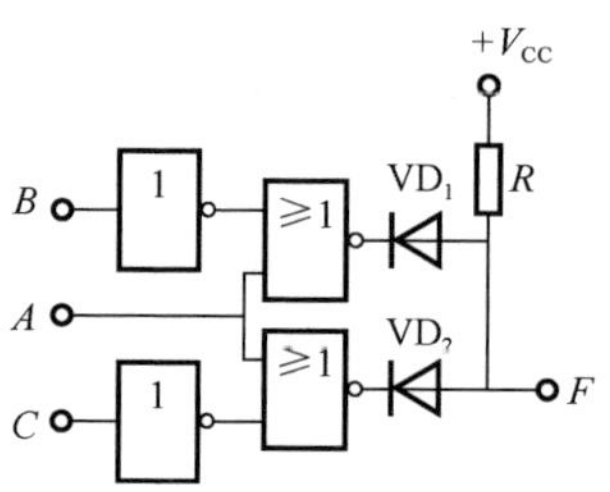

C.

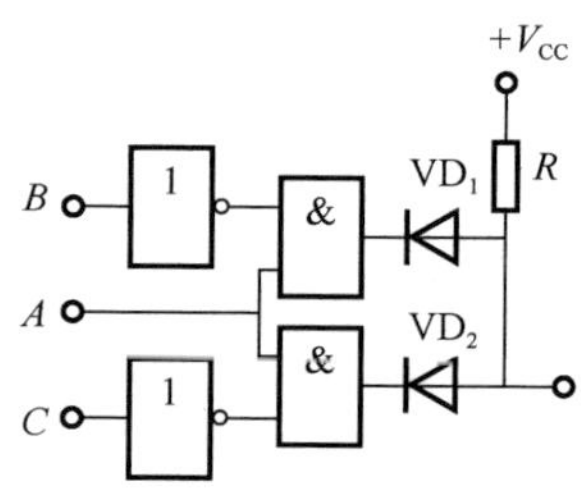

D.

2．某同学参加三类课程考试，规定如下：文化课程 A 及格得 2 分，不及格得 0 分；专业理论课程 B 及格得 3 分，不及格得 0 分；专业技能课程 C 及格得 5 分，不及格得 0 分。若总分大于 6 分，则可以顺利过关（Y）（设每门课程及格为“1”，不及格为“0”，总分过关为“1”，总分不过关为“0”）。下列选项中的电路结构不能满足以上逻辑关系的是（　　）。

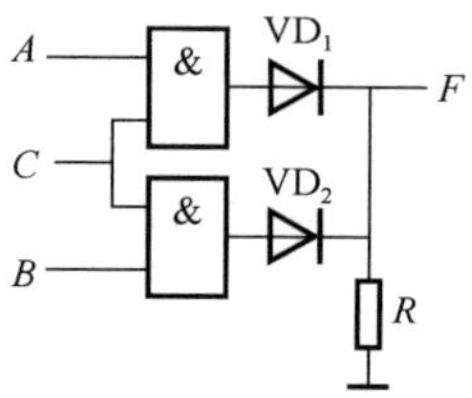

A.

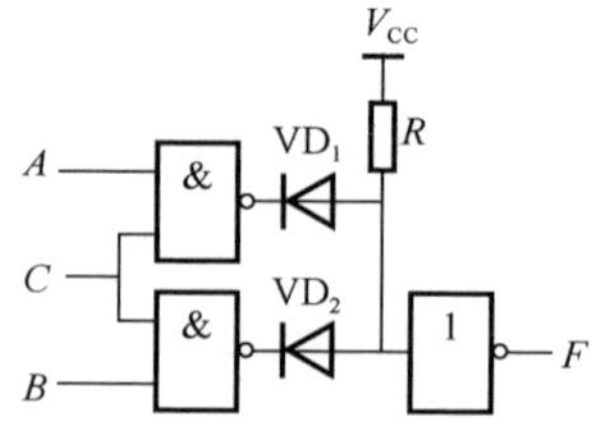

B.

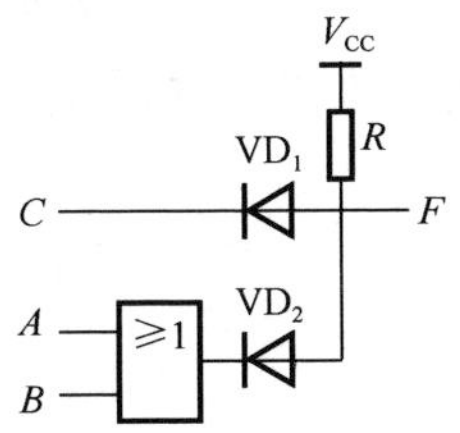

C.

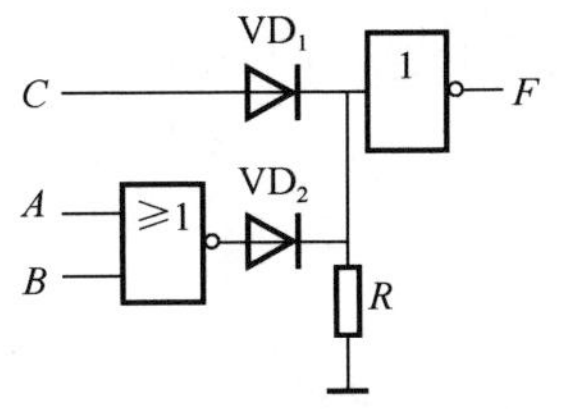

D.

3．某工厂有 A、B、C、D 共 4 个股东，分别拥有 40%、30%、20%和 10%的股份。一个议案（F）要获得通过，必须达到一半或一半以上股权的股东投赞成票。用高电平表示通过，低电平表示不通过，下列选项中能实现该厂股东对议案的投票表决的电路是（　　）。

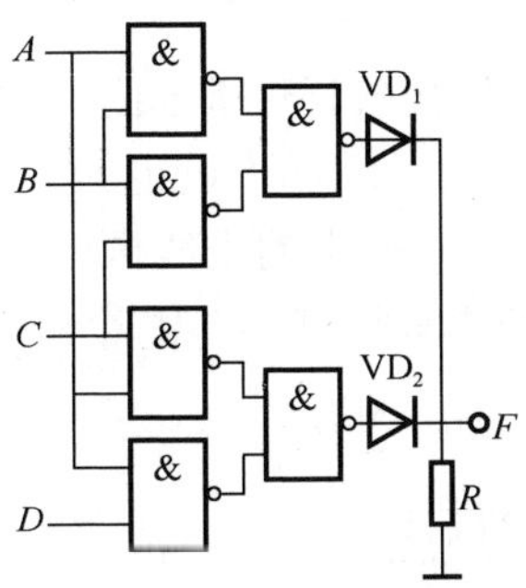

A.

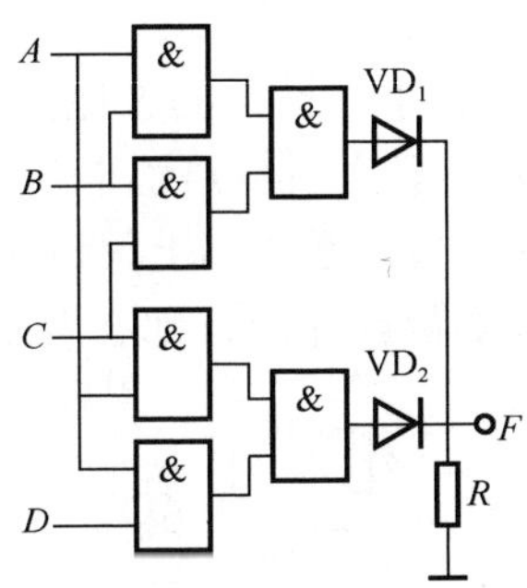

B.

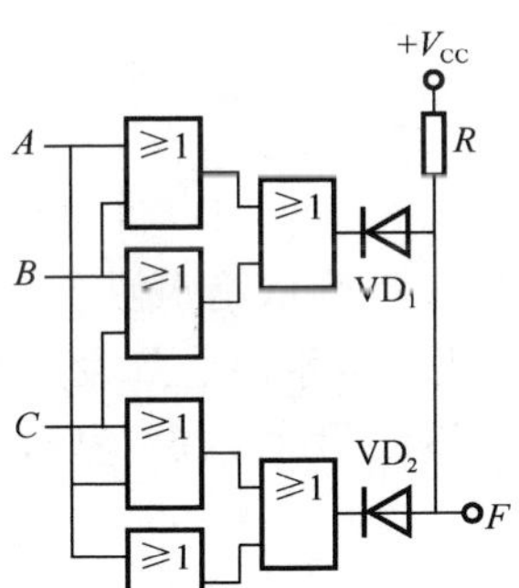

C.

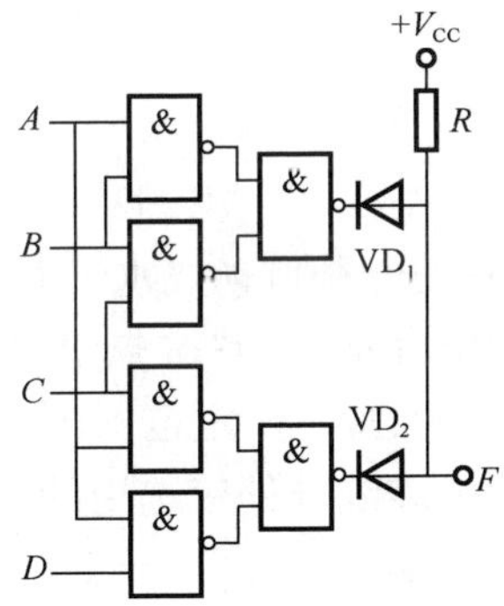

D.

4．如图所示是花房喷雾降温控制电路，R_t 为正温度系数热敏电阻。只有花房内湿度低且温度高时，才启动水泵喷雾降温。采用或非门进行组合设计后，接入虚线框，需要（　　）个或非门实现该功能。

A．1　　　B．2　　　C．3　　　D．4

5．如图所示电路，当环境光线亮且温度高时，只有 VD_1 发光；当环境光线暗且温度低时，只有 VD_2 发光；其余情况只有 VD_3 发光。其中，R_t 是负温度系数热敏电阻。题图虚线框位置应选择的逻辑门是（　　）。

A．与门　　B．或门　　C．与非门　　D．或非门

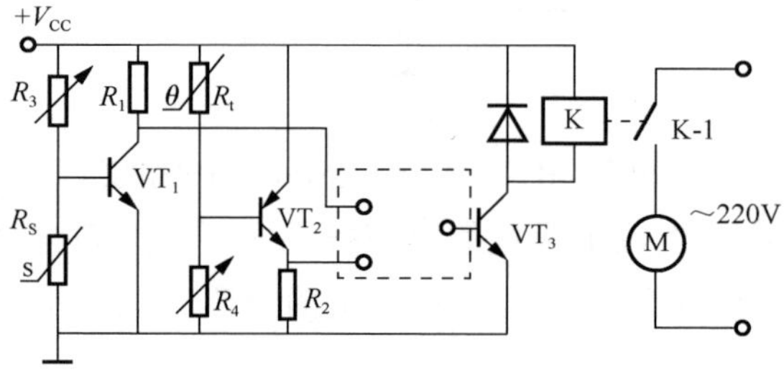

第 4 题图

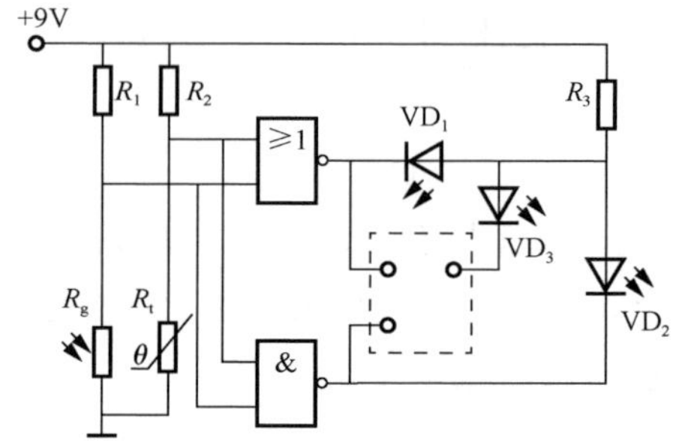

第 5 题图

6．如图所示为小明设计的大棚温度控制电路。R_{t1} 为负温度系数热敏电阻，用于检测下限温度；R_{t2} 为正温度系数热敏电阻，用于检测上限温度。当温度低于设定的下限值时，电热器开始加热；当温度达到上限值时，电热器停止加热。该电路中的虚线框中有未完成的电路，如果只提供或非门，那么要实现该电路的功能，最少需要（　　）个或非门。

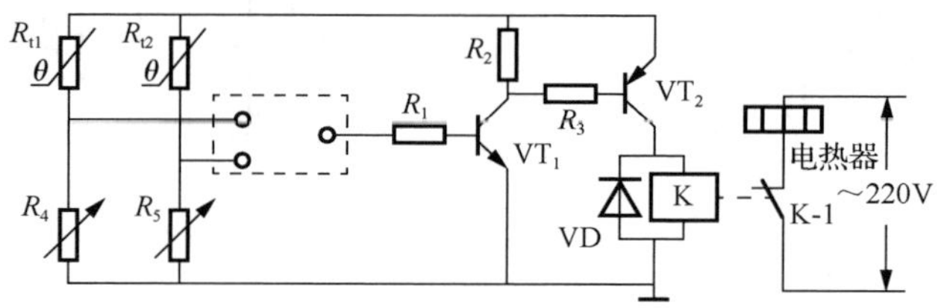

第 6 题图

A．1　　B．2　　C．3　　D．4

7．如图所示是一种自动烧水装置温度自动控制电路原理图。当水箱水位在 a 点以上且温度较低时，开始加热，热敏电阻 R_t（负温度系数）检测水温，当水温达到设定温度时，停止加热，使水温保持在一定范围内；当水箱水位在 a 点以下时，不管水温高低，电热丝始终不加热。图中虚线框处应选用的逻辑门是（　　）。

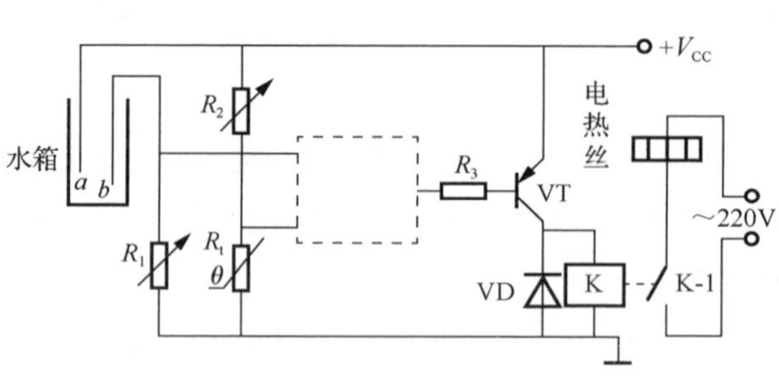

第 7 题图

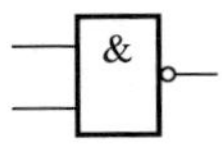

A.

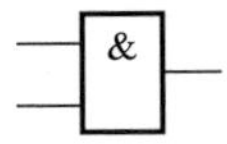

B.

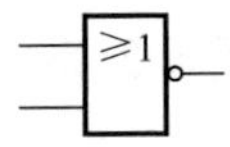

C.

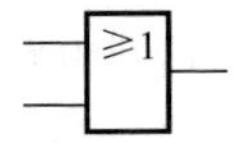

D.

8．投影机在白天使用时，经常要拉上窗帘以提高投影效果。现要设计白天时关闭投影机，教室窗帘能自动打开的功能。A 为“1”代表白天，为“0”代表黑夜；B 为“1”代表投影机开，为“0”代表投影机关；F 为“1”代表窗帘打开，为“0”代表窗帘关闭。以下能实现上述功能的控制电路是（　　）。

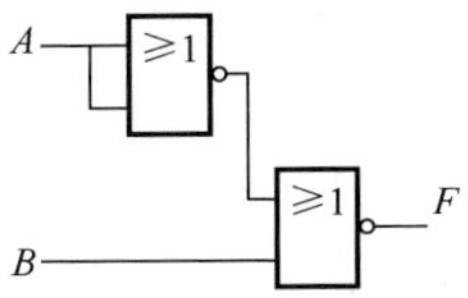

A.

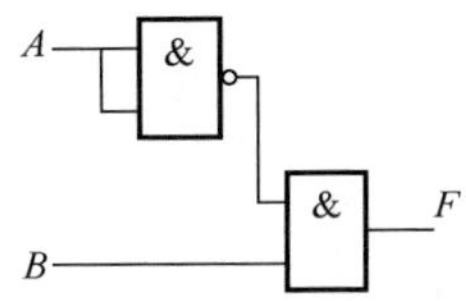

B.

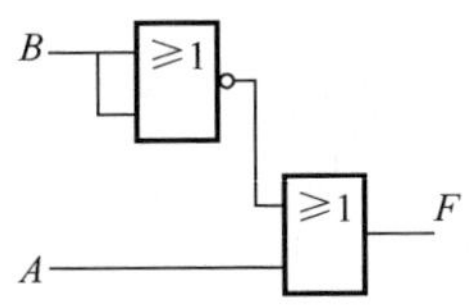

C.

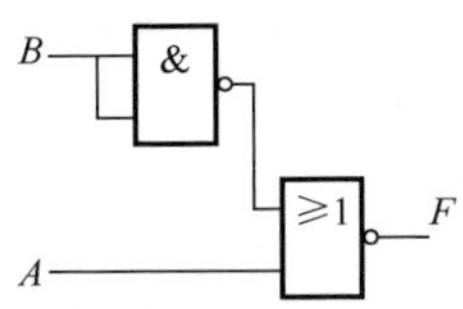

D.

9．某火灾报警系统设有烟感、温感和紫外光感 3 种探测器。为了防止误报警，只有当其中两种或两种以上的探测器发出火灾探测信号时，报警系统才产生报警控制信号。若用 A、B、C 分别代表 3 种探测器的探测信号，探测到火灾时为高电平，未探测到火灾时为低电平；最终是否产生报警信号为电路的输出 F，用高电平表示报警，低电平表示不报警。下列选项中不能实现上述逻辑关系的是（　　）。

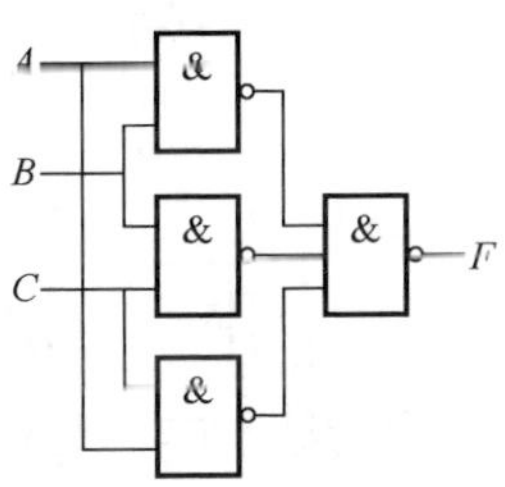

A.

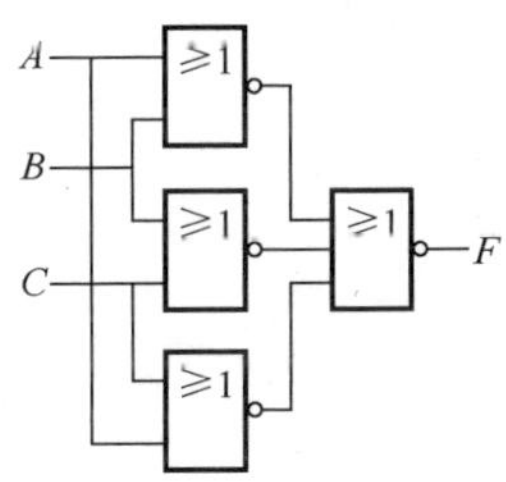

B.

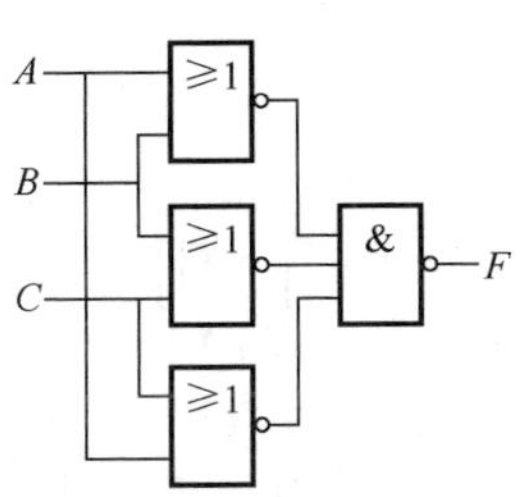

C.

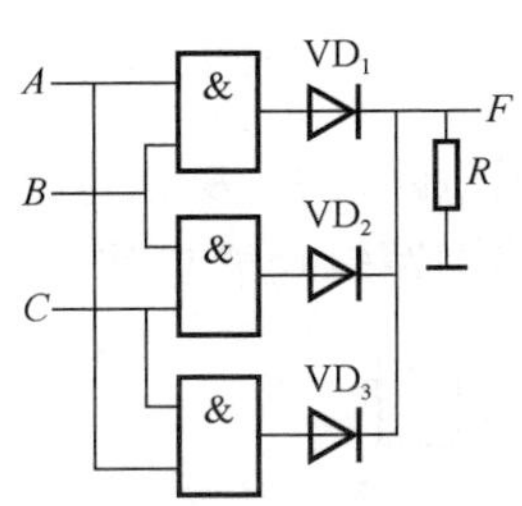

D.

10．下列电路图中表示逻辑关系 $F=\overline{A}\cdot\overline{B}$ 的是（　　）。

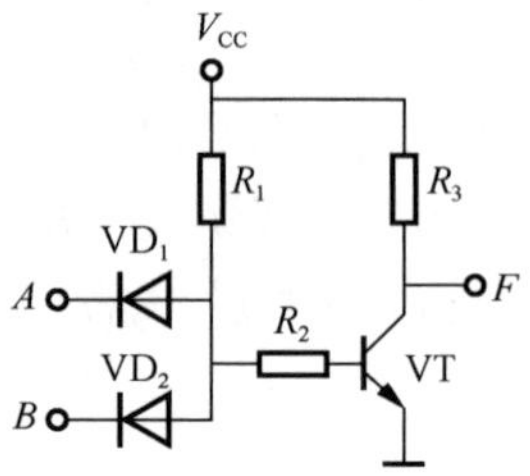

A.

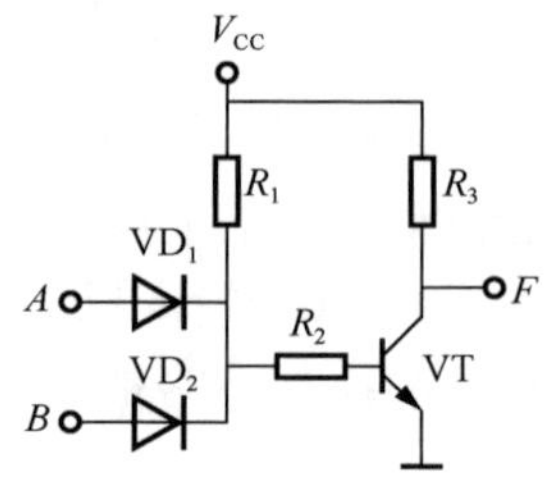

B.

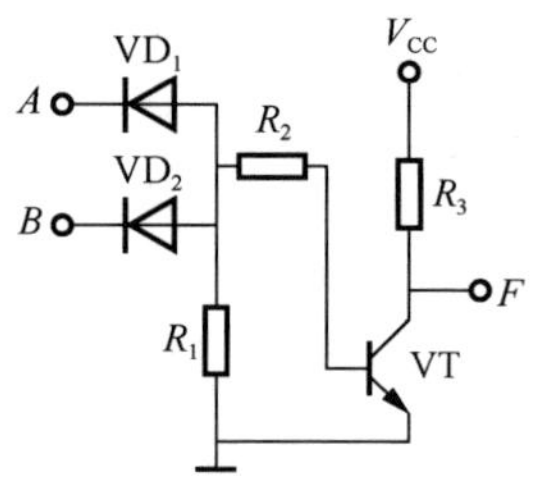

C.

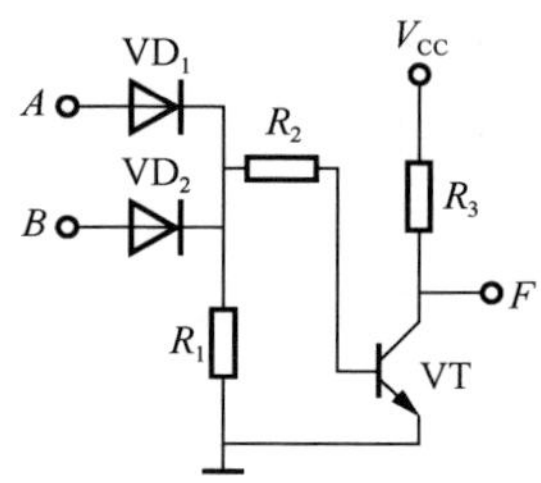

D.

11．下列选项中 F 与 A、B 的逻辑关系与如图所示电路的逻辑关系一致的是（　　）。

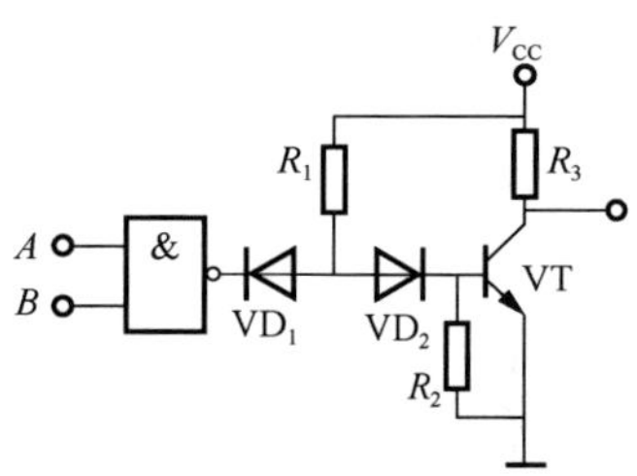

第 11 题图

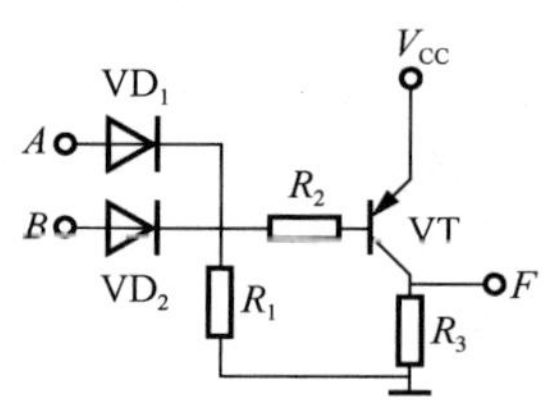

A.

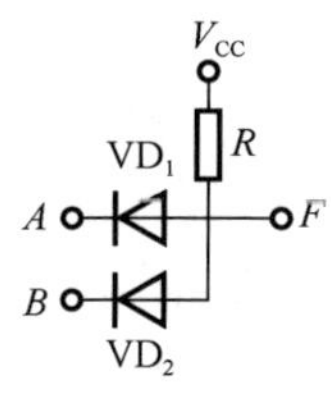

B.

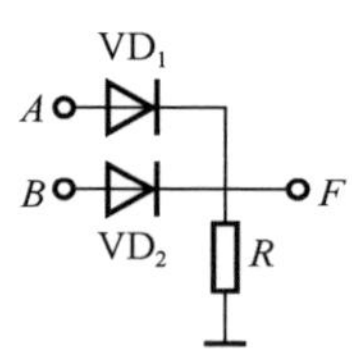

C.

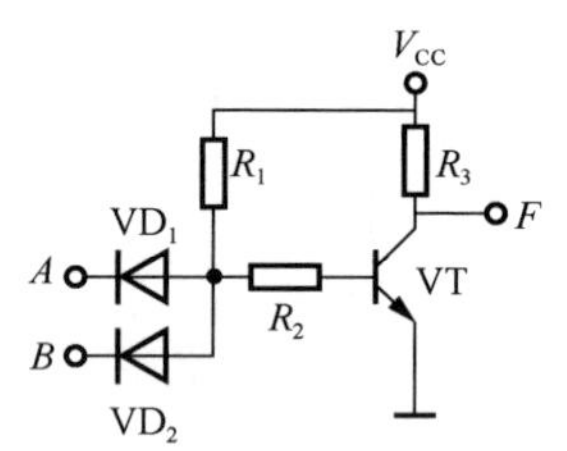

D.

12．如图所示电路，A、B 点为输入端，F 点为输出端，下列逻辑电路中逻辑功能与其一致的是（　　）。

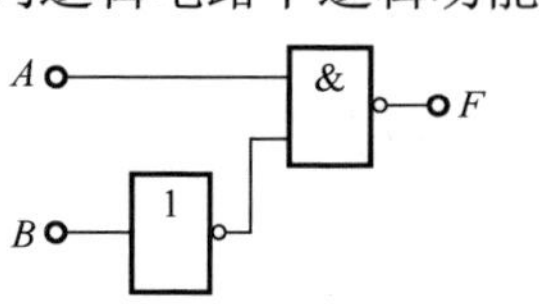

A.

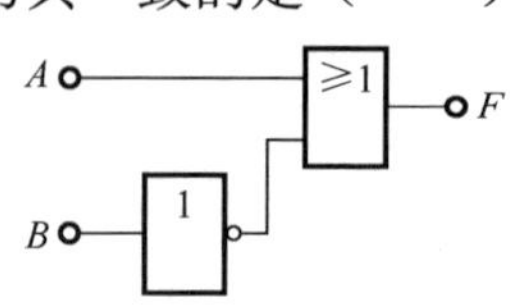

B.

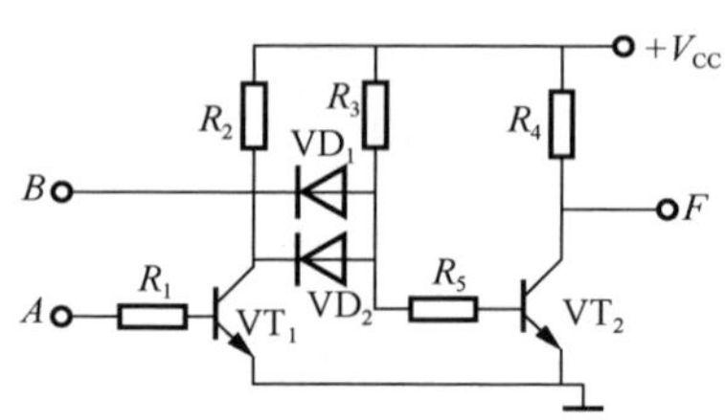

第 12 题图

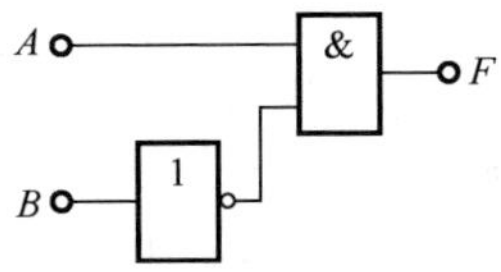

C.

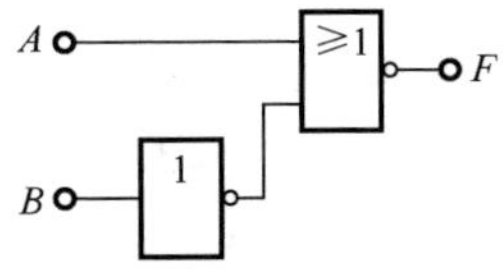

D.

13．如图所示是小明设计的密码锁控制电路，开锁条件：①拨对密码；②钥匙插入锁眼使开关 S 闭合。当两个条件同时满足，L_1 输出 1，开锁；否则 L_2 输出 1，接通警铃。正确的开锁密码 A、B、C、D 依次是（　　）。

A．1010　　B．0101　　C．0110　　D．1001

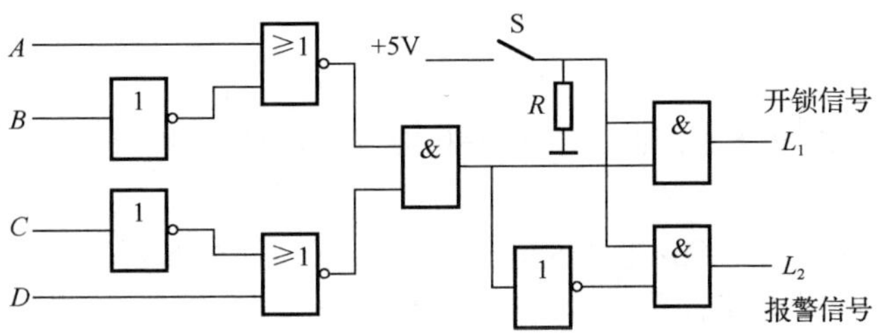

第 13 题图

14．如图所示是某一逻辑电路及其真值表，则图中虚线框所缺的电路可能是（　　）。

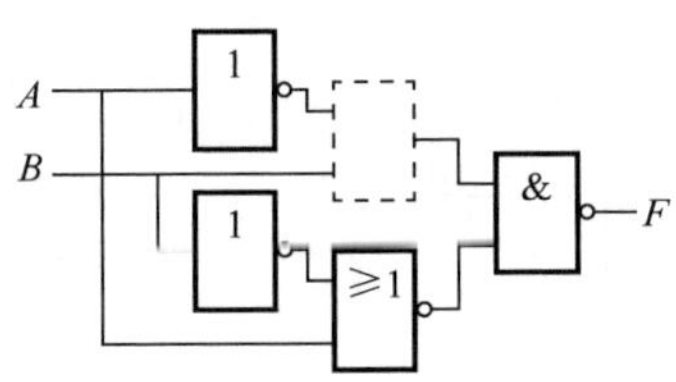

输入		输出
A	B	F
0	0	1
0	1	0
1	0	1
1	1	1

第 14 题图

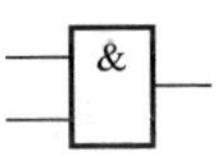

A.

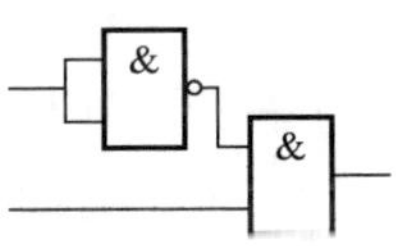

B.

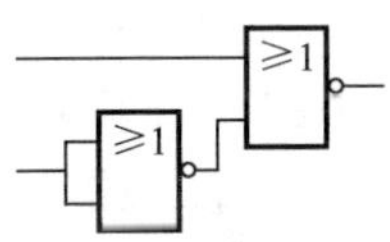

C.

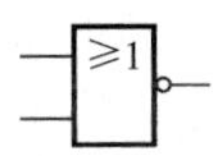

D.

15．如图所示是小明设计的温度控制电路，R_t 是负温度系数热敏电阻。当温度超过 40℃时，启动排风扇降温；当温度低于 35℃时，启动加热丝加热。比较器功能：当 $V_+>V_-$ 时输出高电平，当 $V_+<V_-$ 时输出低电平。该电路中两虚线框处分别少一个逻辑门，虚线框 1 和虚线框 2 应选择的逻辑门分别为（　　）。

A．与门、或非门　　B．或门、与非门

C．与门、与非门　　D．或门、或非门

16．如图所示逻辑电路，为了实现当 A=1 时，E=0，$F=\overline{C}$；当 A=0 时，E=B，F=0，图中虚线框处应当选用（　　）。

A．1 个非门、1 个与门　　B．1 个非门、1 个或门

C．2 个或非门　　D．2 个或门

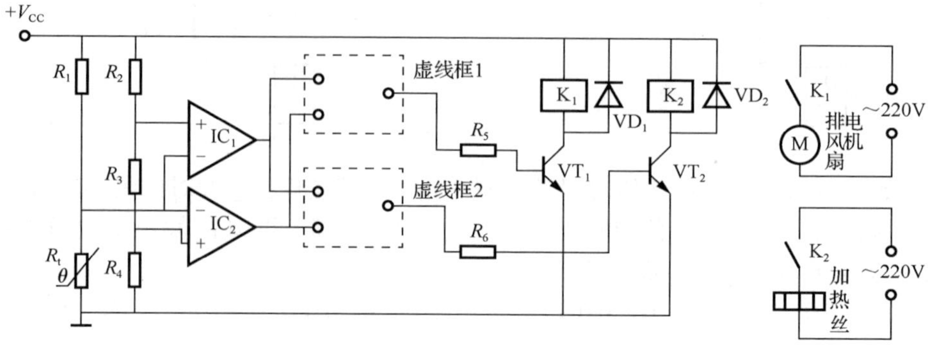

第 15 题图

17．如图所示逻辑电路，为了实现 S=0 时 F=A，S=1 时 F=B，图中虚线框处应当选用（　　）。

A．2 个或门　　B．2 个或非门　　C．2 个与门　　D．1 个或门

18．如图所示逻辑电路，为了实现 S=0 时 F=A，S=1 时 F=B，图中虚线框处应当选用（　　）。

A．1 个与门　　B．1 个或门　　C．1 个与非门　　D．1 个或非门

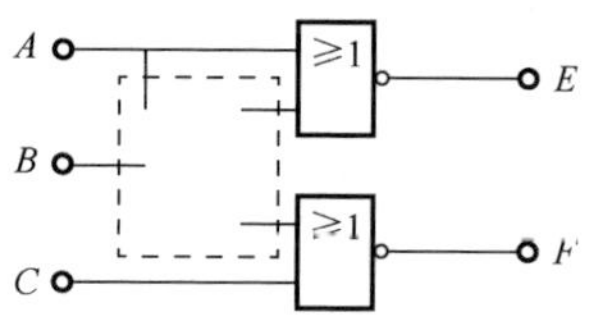

第 16 题图

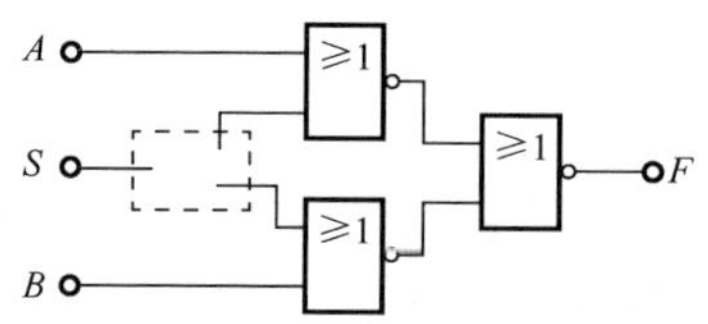

第 17 题图

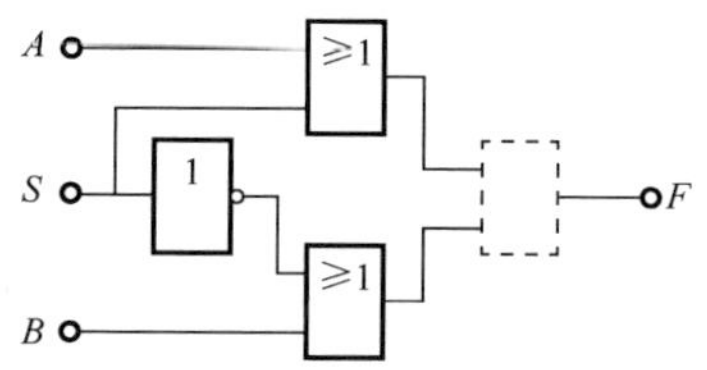

第 18 题图

19．如图所示数字电路，为了实现“当且仅当 P=Q 时，F=1”，虚线框处可选用（　　）。

A．1 个或非门　　B．1 个与非门　　C．1 个或门　　D．1 个与门

20．如图所示逻辑电路，为了实现当 S=0 时 F=A，图中虚线框处可选用 1 个（　　）。

A．或门　　B．或非门　　C．与门　　D．与非门

21．如图所示逻辑电路，为了实现 S=1 时 F=A，S=0 时 F=B，图中虚线框处可选用（　　）。

A．2 个与门　　B．1 个或门　　C．1 个非门　　D．2 个或门

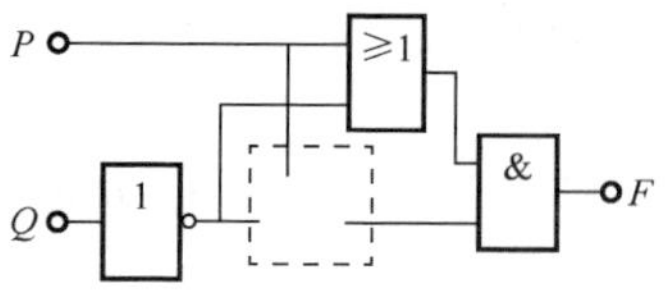

第 19 题图

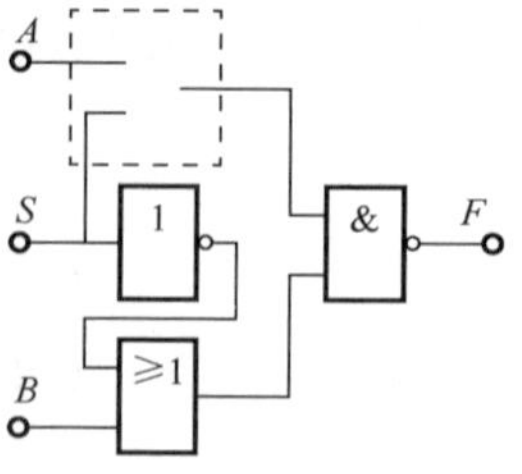

第 20 题图

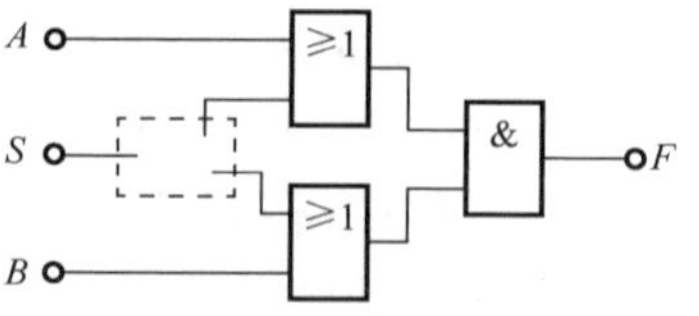

第 21 题图

22．如图（a）所示是由三个相同逻辑门组成的逻辑电路，为了实现图（b）所示输入与输出的关系，图（a）中虚线框处应当选用（　　）。

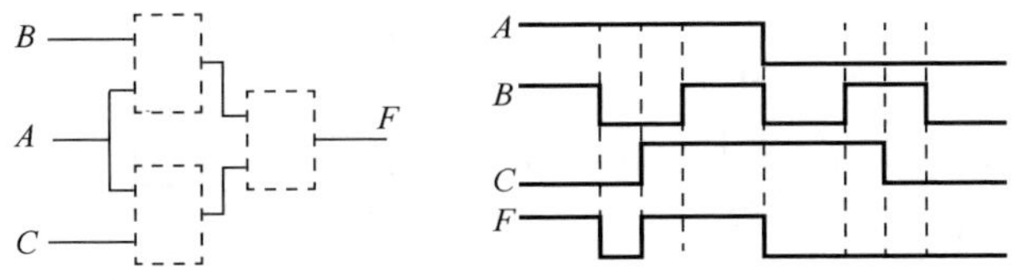

（a）　　　　（b）

第 22 题图

A．与门　　　B．或门　　　C．与非门　　　D．或非门

23．某校文艺节海选，有 A、B、C 三名裁判，要求至少两名裁判给予通过，输出 F 才输出高电平，选手能晋级下一轮。用高电平表示通过，低电平表示不通过，为实现上述逻辑关系，图中虚线框处应当选用（　　）。

A．或非门　　　B．或门　　　C．与门　　　D．与非门

24．如图所示的逻辑电路，现要求 B=0 时 F=0，B=1 时 F=A+C，虚线框 1 和虚线框 2 中选用的逻辑门分别是（　　）。

A．与门和或门　　B．与非门和或非门　　C．与门和或非门　　D．与非门和或门

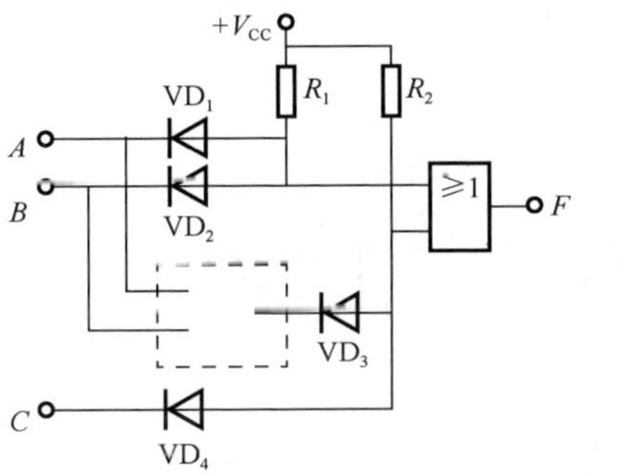

第 23 题图

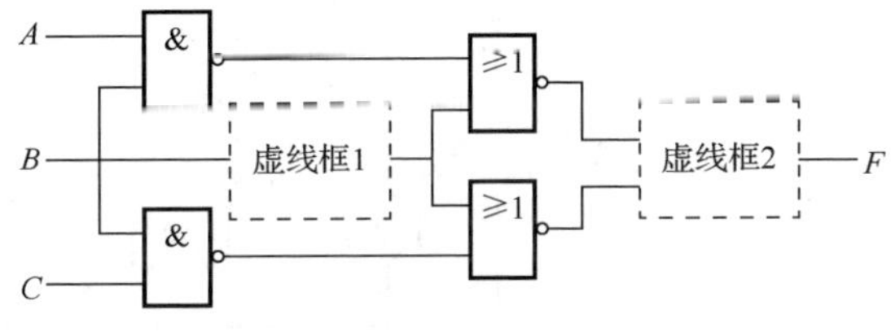

第 24 题图

25．如图所示为有源蜂鸣器报警实验电路。设初始状态为 S_1、S_2 均闭合，以下分析正确的是（　　）。

A．打开 S_2，蜂鸣器发声

B．打开 S_1，蜂鸣器发声

C．打开 S_2 后重新闭合 S_2，蜂鸣器发声

D．打开 S_2，再打开 S_1，蜂鸣器发声

26．如图所示电路，初始状态下 SB_1 和 SB_2 闭合。下列关于该电路的分析中错误的是（　　）。

A．初始状态下，发光二极管 VD_1 熄灭，VD_2 亮起

B．SB_2 断开，SB_1 无论闭合还是断开，发光二极管的状态都不发生变化

C．发光二极管 VD_1 和 VD_2 有可能同时亮或同时熄灭

D．保持 SB_2 闭合，断开 SB_1，发光二极管 VD_1 亮起；闭合 SB_1，VD_1 熄灭

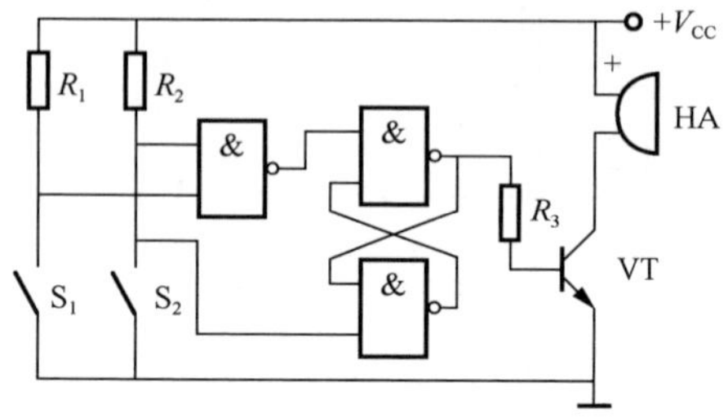

第 25 题图

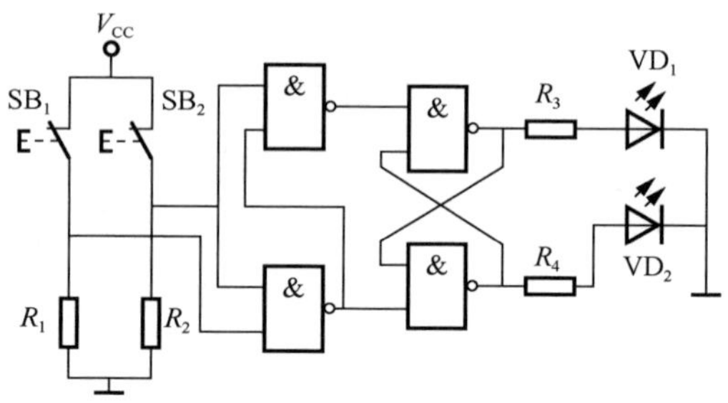

第 26 题图

27．如图所示电路，R_t 为负温度系数热敏电阻。温度在设定范围内时，M 点为低电平，N 点为高电平；光照强度在设定范围内时，E 点为高电平，F 点为低电平。下列分析中正确的是（　　）。

A．当温度高于上限或者光照强度低于下限时，蜂鸣器报警

B．当温度低于下限且光照强度高于上限时，蜂鸣器报警

C．蜂鸣器报警时，指示温度或光照强度在设定范围内

D．蜂鸣器报警时，指示温度或光照强度高于设定上限

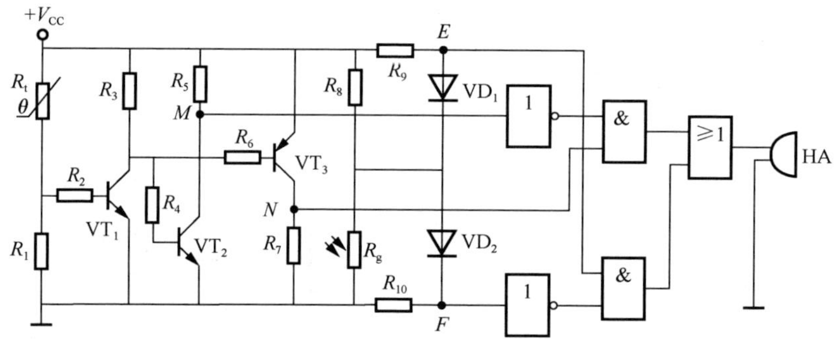

第 27 题图

28．如图所示的表决电路，评委给予通过输入高电平，否则输入低电平。两名评委都给予通过时，VD_1 亮，VD_2 不亮；两名评委都不给予通过时，VD_1 不亮，VD_2 不亮；两名评委意见不一致时，VD_1 不亮，VD_2 亮。VD_2 亮，则需提交评委会仲裁。图中虚线框内选用的单个逻辑门是（　　）。

A．与门　　　　B．或门　　　　C．与非门　　　　D．或非门

29．如图所示的实验电路，按钮按下时接通，松开后断开。下列分析中正确的是（　　）。

A．SB_2 断开，按下 SB_1，VD_3 亮，VD_4 灭；松开 SB_1 时，VD_3 灭，VD_4 亮

B．SB_1 断开，按下 SB_2，VD_3 灭，VD_4 亮；松开 SB_2 时，VD_3、VD_4 的状态保持不变

C．同时按下 SB_1、SB_2，VD_3、VD_4 均不亮，而后同时松开 SB_1、SB_2，VD_3、VD_4 的状态保持不变

D．同时按下 SB_1、SB_2，VD_3、VD_4 均不亮，而后先松开 SB_1，再松开 SB_2，则 VD_3 亮、VD_4 灭

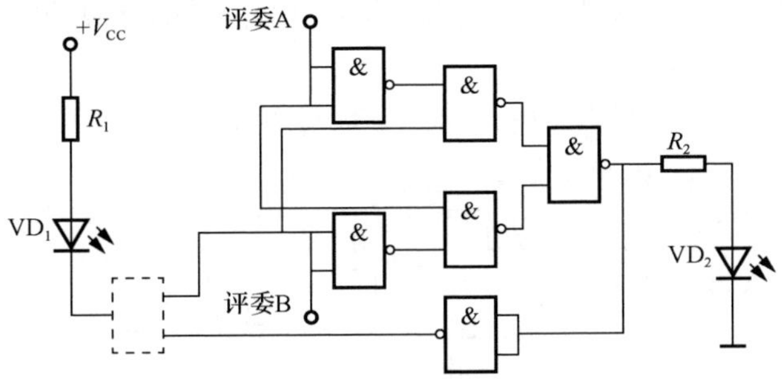

第 28 题图

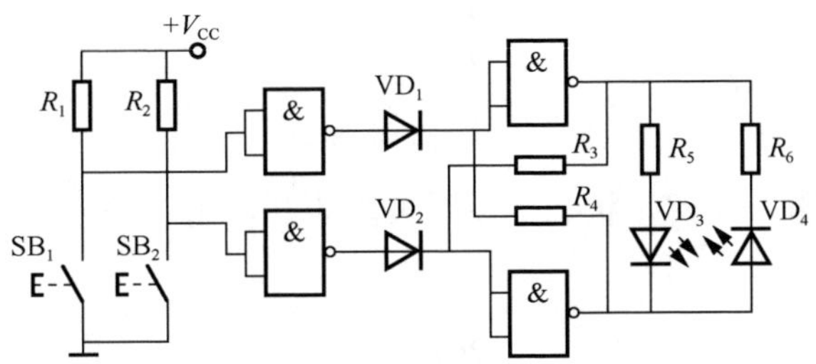

第 29 题图

30．如图所示为一光控电路，下列关于该电路的说法中不正确的是（　　）。

A．当光敏电阻检测到外界光照弱时，HA 鸣叫报警

B．该电路中的与非门集成电路为 TTL

C．IC_{1B}、IC_{1C}、C_2、R_3 构成振荡电路，当与非门集成电路的 6 脚输入高电平时，HA 鸣叫报警

D．若将 R_3 减小，HA 发出的鸣叫声会更尖锐

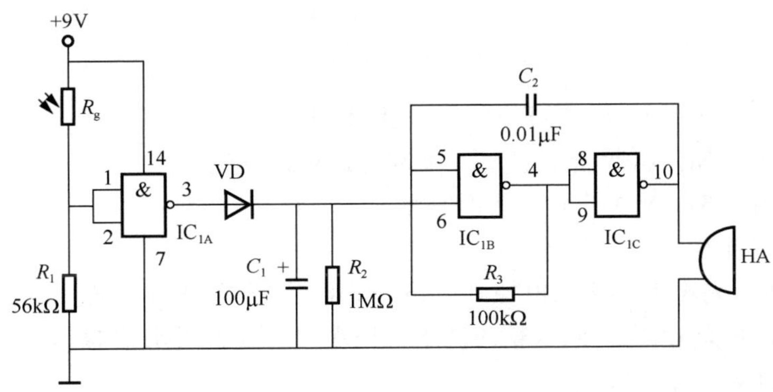

第 30 题图

31．如图所示电路，SB_1 和 SB_2 为按钮，按下闭合，松开断开。下列分析中错误的是（　　）。

A．发光二极管 VD_1 和 VD_2 不可能同时亮或者同时熄灭

B．SB_2 断开时，SB_1 无论按下还是松开，都不会影响发光二极管的状态

C．按住 SB_2 不放，SB_1 按下，发光二极管 VD_1 亮起，VD_2 熄灭；仅松开 SB_1，VD_1 熄灭，VD_2 亮起

D．仅按下 SB_2 后再松开 SB_2，发光二极管 VD_1 亮起，VD_2 熄灭

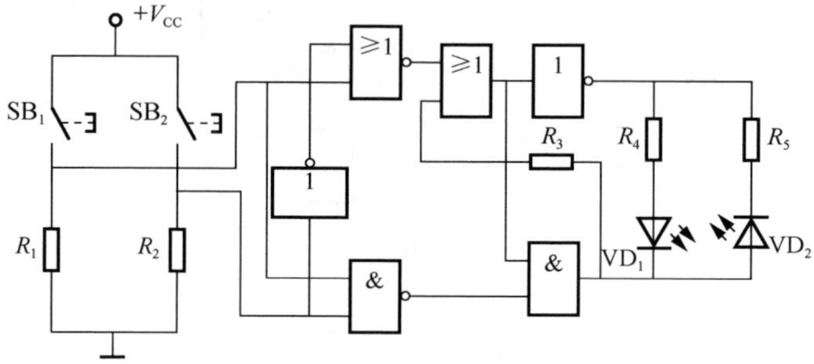

第 31 题图

32．如图所示电路，在初始状态下，开关均断开，在 A=0，B=0 情况下，以下说法中不正确的是（　　）。

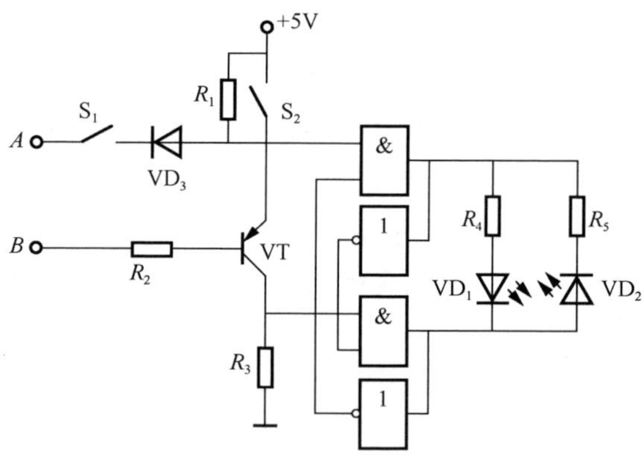

第 32 题图

A．S_1、S_2 都不闭合，VD_1 发光，VD_2 不发光

B．先闭合 S_1，再闭合 S_2，VD_1 不发光，VD_2 发光

C．只闭合 S_1，VD_1、VD_2 都不发光

D．只闭合 S_2，VD_2 发光

33．如图所示为家用水箱水位控制电路，使用四二输入与非门集成电路设计，当低于下限水位 A 时，水泵 M 启动向水箱内注水；当水位达到上限水位 B 时，停止注水。下列分析中不正确的是（　　）。

A．VD_1 为注水指示灯

B．若水箱无水时仍不注水，可能是 A 与 B 接反

C．若 VD_1 始终不亮，可能是逻辑门集成电路损坏

D．若探头 O 高于 B，则会造成水位高于 B 后还注水

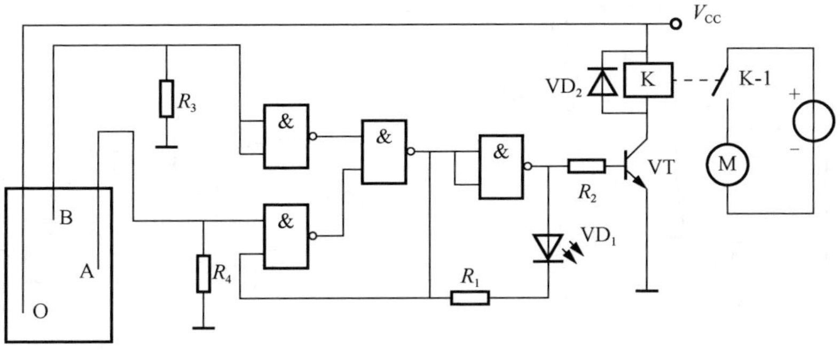

第 33 题图

34．如图所示电路，R_t 为负温度系数热敏电阻。温度在设定范围内时，M 点是低电平，N 点为高电平。下列分析中不正确的是（　　）。

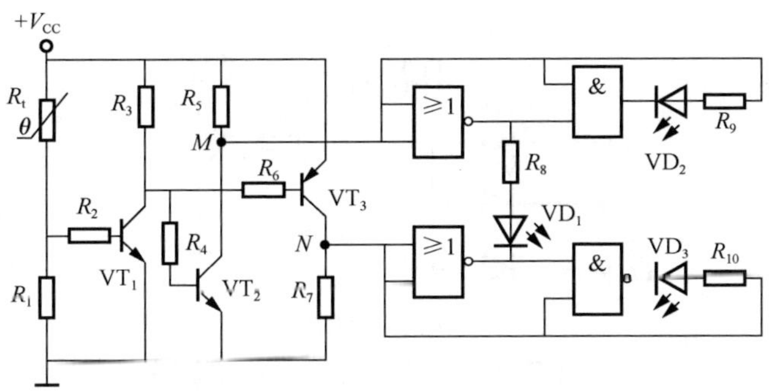

第 34 题图

A．温度低于设定范围，VD_3 发光

B．温度高于设定范围，VD_1、VD_2 都不发光

C．若两个或以上的灯泡同时发光，则电路存在故障

D．正常工作时 VD_1 发光，则温度一定在设定范围内

35．如图所示是小明设计的防盗报警实验电路，其中 HA 为有源蜂鸣器；门打开时 S_1 断开，门关闭时 S_1 闭合。关于该电路的分析，下列说法中正确的是（　　）。

A．晚上开门后报警，关门后继续报警

B．白天开门时报警，关门停止报警

C．若始终不报警，则可能是 VD_1 短路

D．若 VD_2 反接，则白天开门报警

36．如图所示是小明设计的逻辑电路，当电路正常运行时，以下情况不会出现的是（　　）。

A．当 S_2 打向 c 时，无论 S_1 打向 a 还是打向 b，VD_2 和 VD_3 的亮灭状态都相同

B．当 S_2 打向 c 时，无论 S_1 打向 a 还是打向 b，VD_1 都导通

C．当 S_2 打向 d 时，无论 S_1 打向 a 还是打向 b，VD_2 和 VD_3 都灭

D．当 S_2 打向 d 时，无论 S_1 打向 a 还是打向 b，VD_2 都亮，VD_3 都灭

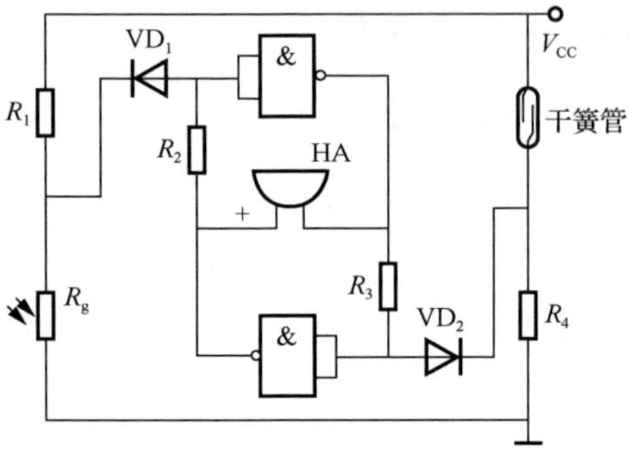

第 35 题图

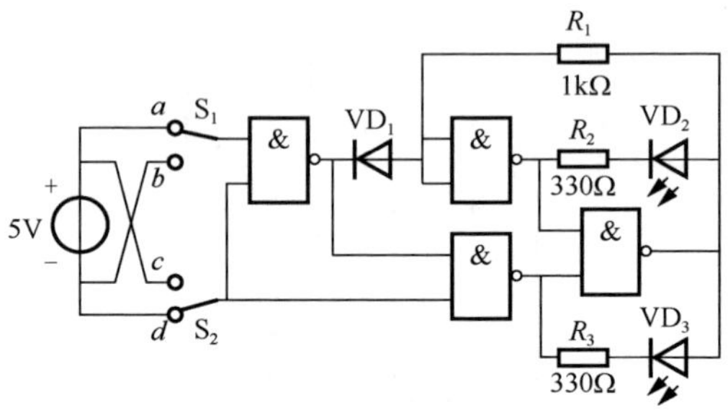

第 36 题图

37．与如图所示电路图对应的逻辑门电路是（　　）。

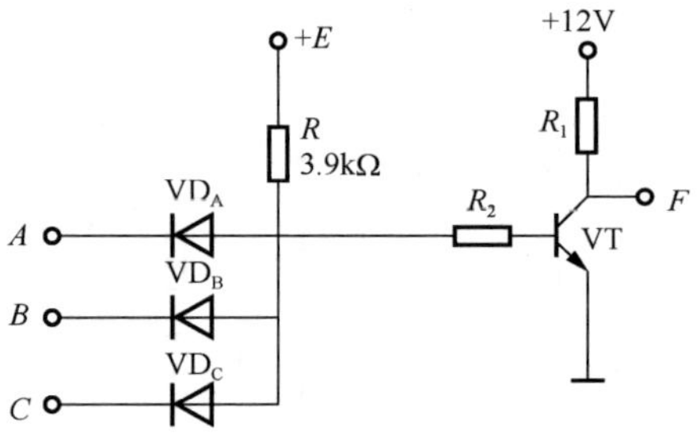

第 37 题图

38．小明设计制作了如图所示的亮灯开关电路，SB_1 和 SB_2 均为按钮，按下时闭合，松开后断开。SB_1 负责开灯，SB_2 负责关灯，如不慎误触（同时按下 SB_1 和 SB_2），灯亮。虚线框中电路用其他电路替代，可行的方案是（　　）。

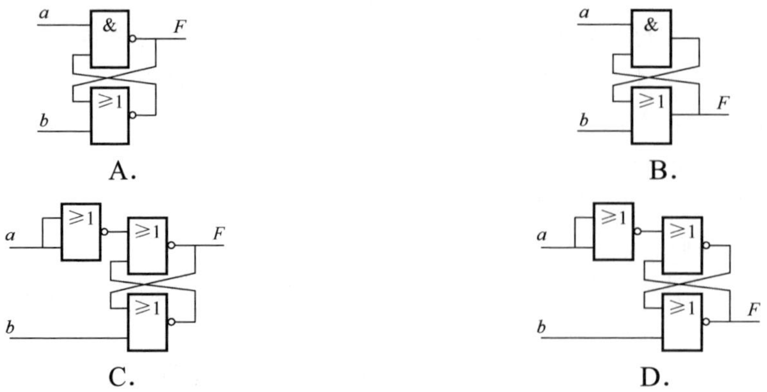

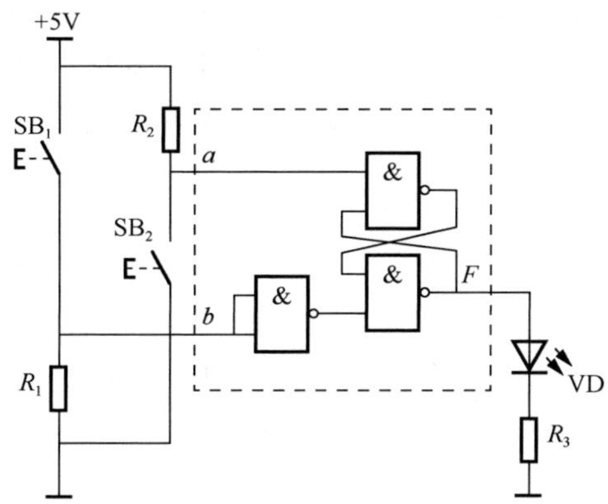

第 38 题图

39．如图所示的光控电路，下列分析中不正确的是（　　）。

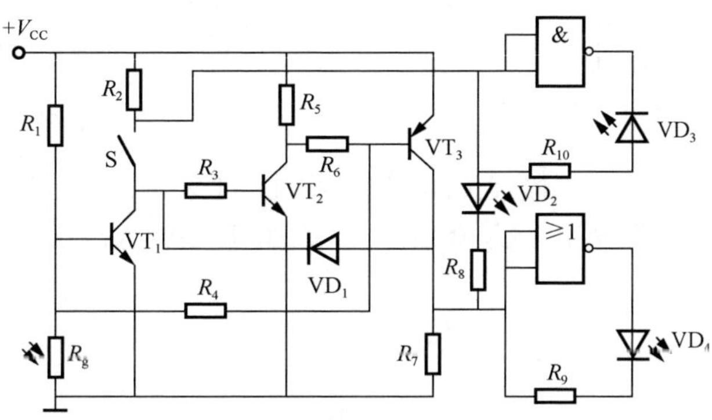

第 39 题图

A．S 断开，光照强度始终低于设定值时，VD_2、VD_3、VD_4 均发光

B．S 断开，光照强度从高逐渐变至低于设定值，只有 VD_3 始终发光

C．S 闭合，光照强度很高时 VD_3 发光，此时断开 S，VD_3 可能不发光

D．S 闭合，光照强度从很高逐渐变至很低时，VD_3 发光变为 VD_4 发光

40．如图所示是小明学了触发器后设计的汽车胎压指示实验电路，其中 R_1、R_2 为力敏电阻，其电阻值随着胎压的增大而增大。已知胎压在设定范围内时，A 点为高电平，B 点为低电平。关于该电路的分析，下列说法中正确的是（　　）。

A．R_1 为上限检测电阻器，R_2 为下限检测电阻器

B．胎压低于设定范围下限时，VD_1 亮

C．胎压在设定范围内时，VD_1、VD_2 都不亮

D．将 R_{P1} 触点向下滑动，可增大设定胎压范围

41．如图所示电路，信号输入端 A、B、C、D 可输入数字信号“1”或“0”。下列关于电路功能的描述中正确的是（　　）。

A．当开关 S_1 和 S_2 都闭合时，没有信号组合能使发光二极管发光

B．当开关 S_1 和 S_2 都断开时，只有当 B 输入“1”时才能使发光二极管发光

C．当开关 S_1 闭合，S_2 断开时，发光二极管是否发光与输入信号 D 无关

D．当开关 S_1 断开，S_2 闭合时，只要输入端有“1”输入，发光二极管就能发光

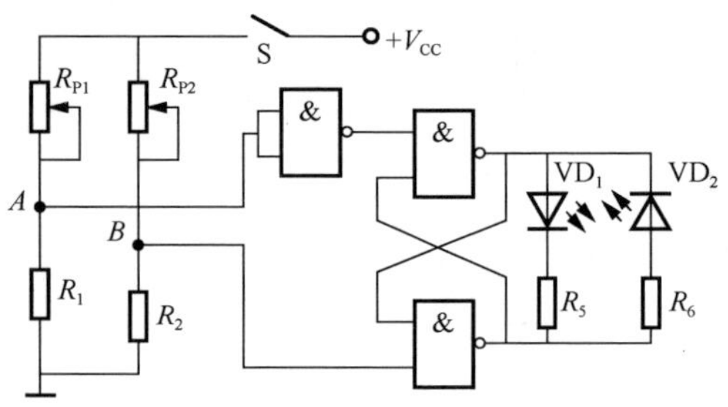

第 40 题图

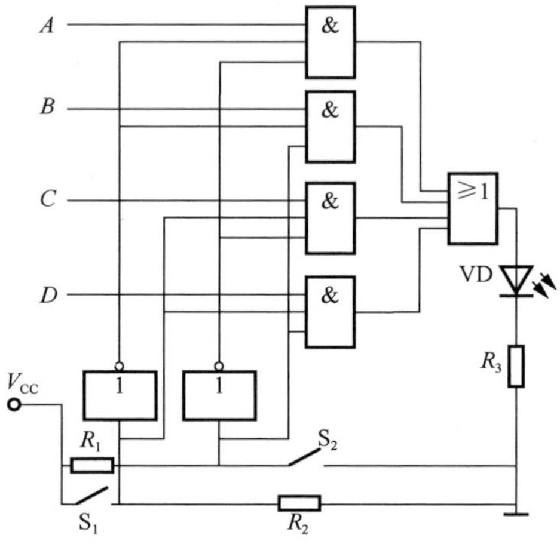

第 41 题图

42．如图所示电路，发光二极管 VD_1 发光用 VD_1=1 表示，不发光用 VD_1=0 表示；VD_2 发光用 VD_2=1 表示，不发光用 VD_2=0 表示。以下能反映输入端 X、Y 与 VD_1、VD_2 的逻辑关系的是（　　）。

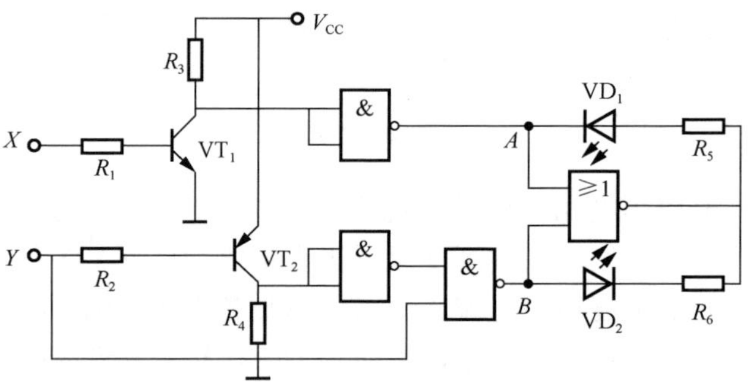

第 42 题图

A．$VD_1=XY$，$VD_2=X+Y$　　B．$VD_1=X+Y$，$VD_2=XY$

C．$VD_1=XY$，$VD_2=XY$　　D．$VD_1=XY$，$VD_2=Y$

三极管应用提高 2

1．如图所示电路，三极管始终工作在放大状态，下列说法中合理的是（　　）。

A．增大 R_1，三极管基极电流增大，三极管趋于饱和状态

B．增大 R_2，三极管基极电流减小，三极管趋于饱和状态

C．增大 R_3，三极管基极电流增大，三极管趋于饱和状态

D．增大 R_4，三极管基极电流不变，三极管趋于饱和状态

2．如图所示是小明搭建的三极管实验电路，电压表读数为 2V。下列关于该电路的分析中正确的是（　　）。

A．R_2 的阻值变大，电流表读数变大、电压表读数变大

B．R_4 的阻值变大，电流表读数变小，三极管集电极电位升高

C．逐渐减小 R_3 的阻值，电流表读数变小，电压表读数变大

D．在逐渐增大 R_3 的阻值的过程中，三极管不可能进入饱和状态

3．如图所示电路，正常工作时三极管 VT_1、VT_2 始终处于放大状态，下列对于正常工作时该电路的分析中，不合理的是（　　）。

A．减小 R_1，VT_2 集电极电位升高

B．增大 R_3，VT_1 集电极电位降低

C．减小 R_6，VT_2 集电极电流增大

D．VT_1 集电极电位一定比 VT_2 发射极电位低

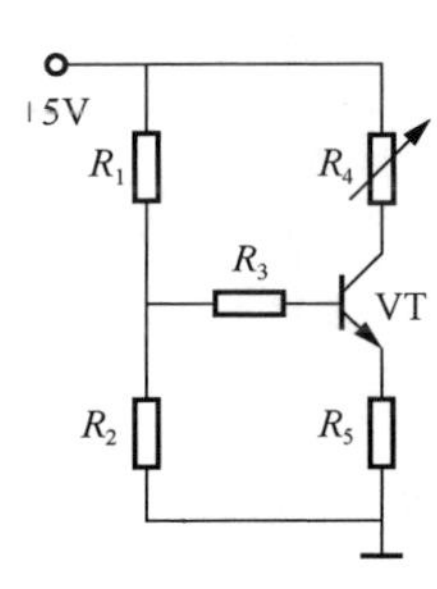

第 1 题图

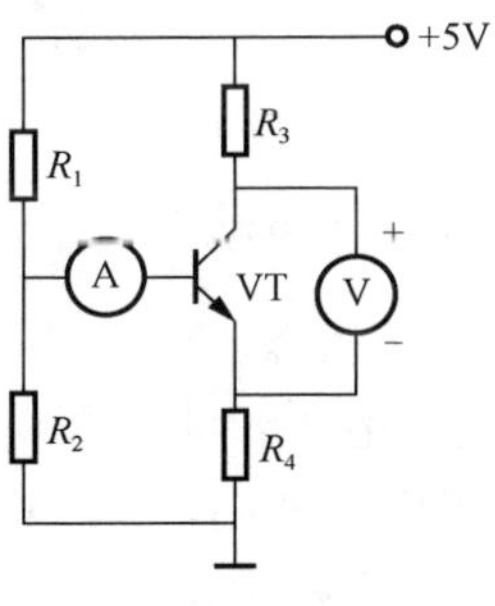

第 2 题图

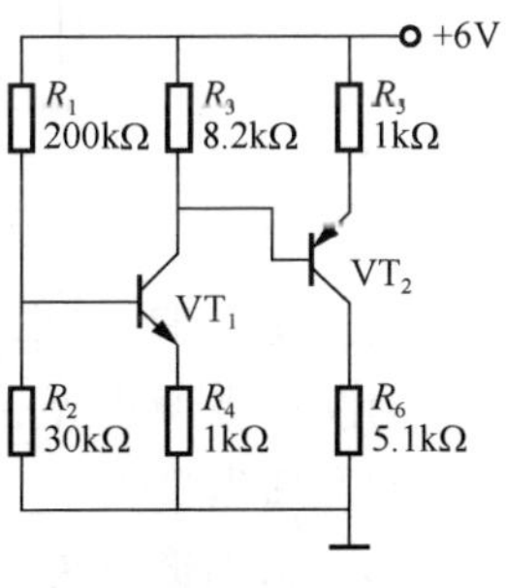

第 3 题图

4．如图所示电路，开关 S 控制 VD_3 是否发光。二极管、三极管均为硅材料。下列分析中正确的是（　　）。

A．S 断开后，调节 R_P 的阻值，电压表的读数可能为 0.3V

B．S 断开后，R_P 触点往下移动，VD_3 发光亮度变亮

C．S 闭合后，R_P 触点往上移动，VD_3 发光亮度变暗

D．S 从闭合切换至断开，电压表 V 的读数会变小

5．如图所示是小明设计的光控路灯实验电路。通电测试时发现红色发光二极管 VD_1、VD_2 发光，且 a、b、c 三点的电位分别为 2.8V、3.7V、4.8V，则下列说法中不正确的是（　　）。

A．此时 VT_2 处于饱和状态

B．逐渐调大 R_{P2} 的阻值，VT_1 会进入饱和状态

C．逐渐调大 R_{P1} 的阻值，a 点电位降低，b、c 点电位升高

D．同时逐渐减小 R_{P1}、R_{P2} 的阻值，可能会导致 VD_1 烧毁

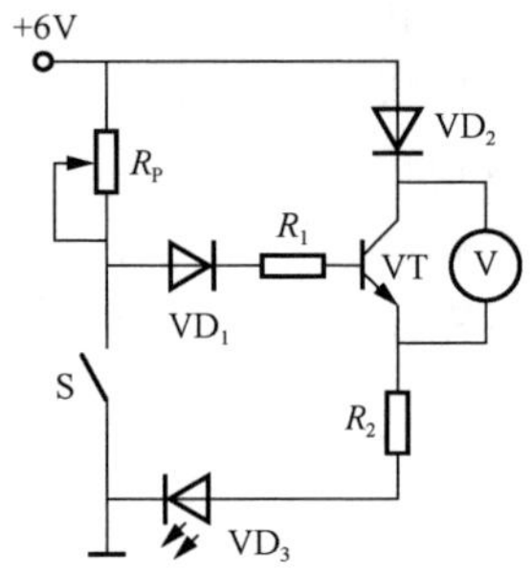

第 4 题图

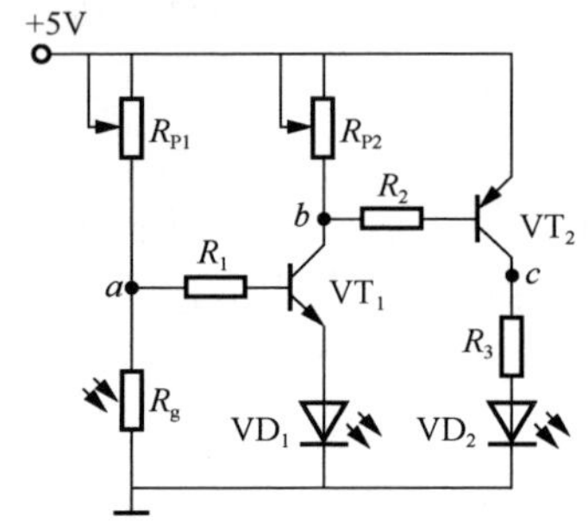

第 5 题图

6．如图所示为小明搭建的三极管对比实验电路，电压表读数均为 3V，下列分析中正确的是（　　）。

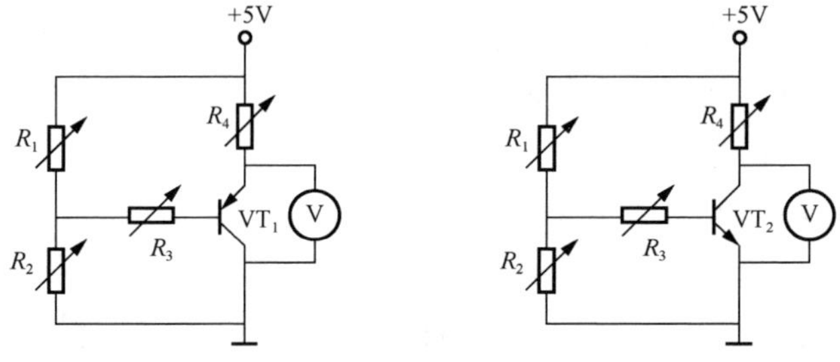

第 6 题图

A．逐渐调大 R_1，VT_1 进入饱和状态，VT_2 进入截止状态

B．适当调小 R_3，VT_1、VT_2 的电压表读数都将变小

C．适当调大 R_4，VT_1 发射极电位变高，VT_2 集电极电位变低

D．适当调小 R_2，VT_1、VT_2 的基极电位基本不变

7．在通用技术课堂上，教师按照图（a）在示教板上搭接好电路接通电源后，调节 R_P 使得用手遮挡光敏电阻 R_g 时，VD 恰好可以发光，不遮挡时 VD 不发光。接着，教师把图（a）中的 R_2、VD 换成了继电器，并按图（b）搭接好电路接通电源后，同样用手遮挡 R_g 时，电灯 HL 却不亮。于是，教师第二次调节 R_P 使电灯 HL 重新点亮了。下列关于该演示实验的分析中说法不正确的是（　　）。

A．图（a）中，教师用手遮挡 R_g、VD 恰好发光时，三极管 VT 可能工作在放大状态

B．图（b）中，教师第二次调节 R_P 使电灯 HL 点亮，一定是把 R_P 的阻值调小了

C．图（b）中，把 R_1 换成一个阻值更小的电阻器，也可能使电灯点亮

D．图（b）中，继电器线圈两端没有反向并联泄放电二极管，接通电源瞬间，三极管最容易烧毁

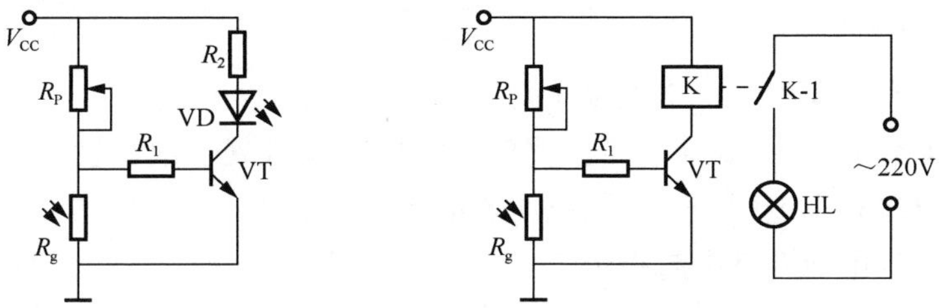

（a）　　　　　　　　　　（b）

第 7 题图

8．如图所示的高温发光报警电路，VT_1、VT_2 为相同型号的硅三极管，当数字万用表显示 2V 时开始报警。下列分析中不正确的是（　　）。

A．发光报警后，温度升高，VD 亮度可能发生变化

B．开始报警时，VD 亮度不够，可以调小 R_4 的阻值

C．发光报警后，VT_1 可能处于放大状态

D．数字万用表测量时，黑表笔插入 COM 孔

9．如图所示是小明搭建的三极管控制发光二极管实验电路，若电压表读数为 3V，则下列关于该电路的分析中正确的是（　　）。

A．逐渐调大 R_{P1} 的阻值，VD 逐渐变暗

B．逐渐调大 R_{P4} 的阻值，VD 逐渐变暗

C．逐渐调大 R_{P3} 的阻值，VD 逐渐变亮

D．逐渐调大 R_{P2} 的阻值，VD 逐渐变暗

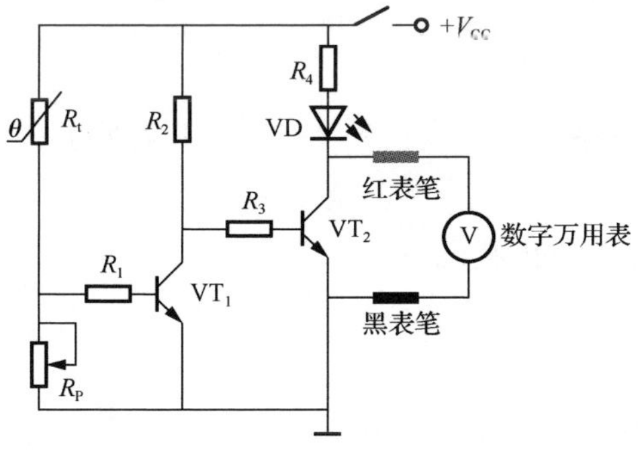

第 8 题图

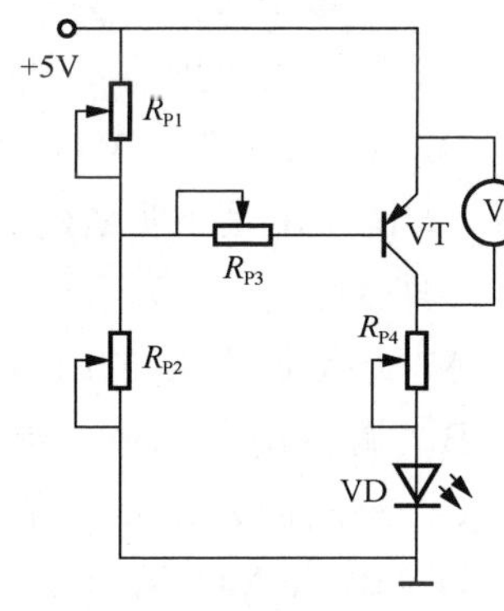

第 9 题图

10．如图所示电路，初始时开关 S 处于断开状态。下列分析中正确的是（　　）。

A．调大 R_4 的阻值，三极管会进入饱和状态

B．闭合开关 S，指针式电压表的读数将变大

C．调小 R_3 的阻值，流过 R_4 的电流将变小

D．S 闭合，增大 R_1 的阻值，发光二极管 VD 变暗

11．如图所示为某个电池充电控制系统，其中稳压管的稳压值为 4.7V。下列分析中正确的是（　　）。

A．电池充电充满时，电池电压为 4.7V

B．电池充电到 3.6V 且 VD_1 发光时，三极管 VT_1 处于饱和状态

C．在电池充电过程中，流入电池的电流大小不变

D．VD_1 为电池充满亮起指示灯

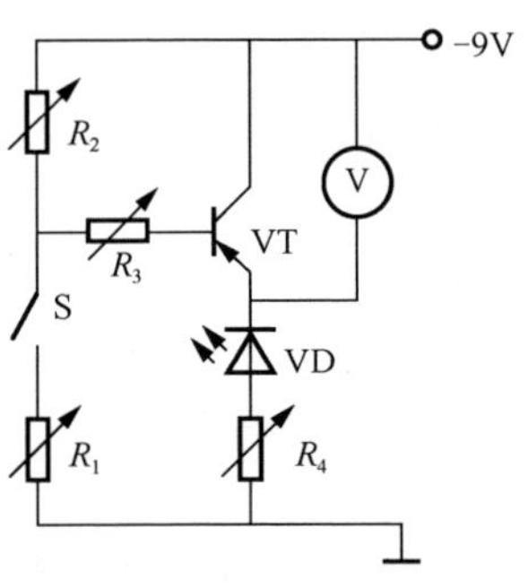

第 10 题图

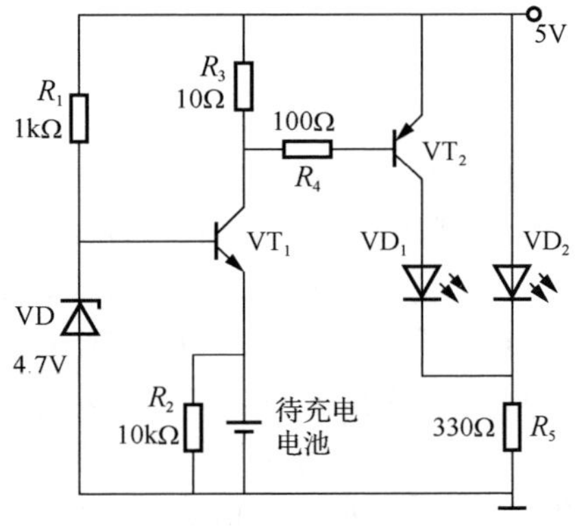

第 11 题图

12．如图所示电路，当土壤湿度高于设定值时，VD 发光。下列分析中不正确的是（　　）。

A．调大 R_1 的阻值，湿度设定值变大

B．R_2 取值过大，会导致 VD 一直不发光

C．增大 R_5 的阻值，湿度设定值变小

D．VD 发光时，VT_1 始终处于饱和状态

13．如图所示是小明搭建的三极管实验电路，电压表读数为 3V。下列关于该电路的分析中正确的是（　　）。

A．逐渐调小 R_1 的阻值，三极管会进入截止状态

B．调小 R_2 的阻值，电压表读数变大

C．逐渐调大 R_3 的阻值，电流表读数不变

D．VD_1、VD_2 可以使三极管可靠截止

14．如图所示电路，VT_1、VT_2 均为硅三极管。S 为转换开关，当 S 在图示位置 B 时，两个电压表的读数均为 6V。下列对电路的分析中不正确的是（　　）。

A．S 在 B 点时，VT_1、VT_2 都处于放大状态

B．S 在 B 点时，减小 R_4 的阻值，VT_2 的集电极电位升高

C．S 打在 A 点，VT_1 处于饱和状态，VT_2 处于放大状态

D．S 打在 A 点，VT_1 接近饱和状态，VT_2 处于饱和状态

15．如图所示是一个限流保护电路，当负载 R_L 上的电流超过设定值时，电路能自动减小 R_L 上的电流。已知三极管 VT_1 和 VT_2 始终处于放大状态。下列说法中正确的是（　　）。

A．R_L 上的电流变化时，a 点电位始终不变

B．a 点电位始终小于 b 点电位

C．适当增大 R_3 的阻值，电流设定值增大

D．适当增大 R_2 的阻值，电流设定值减小

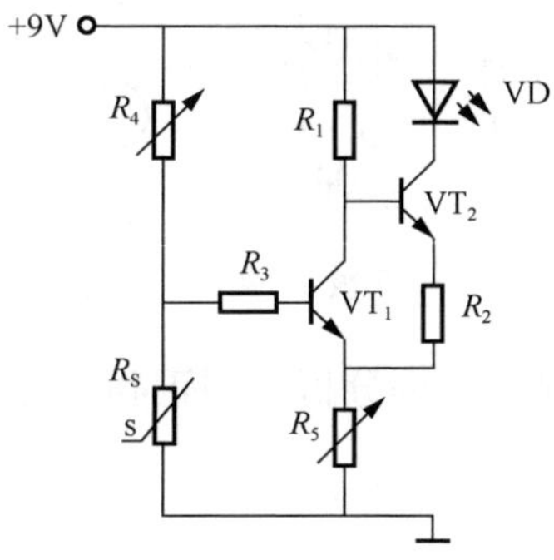

第 12 题图

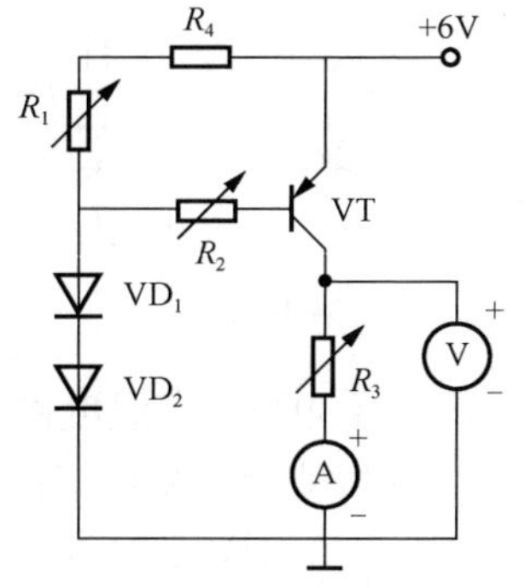

第 13 题图

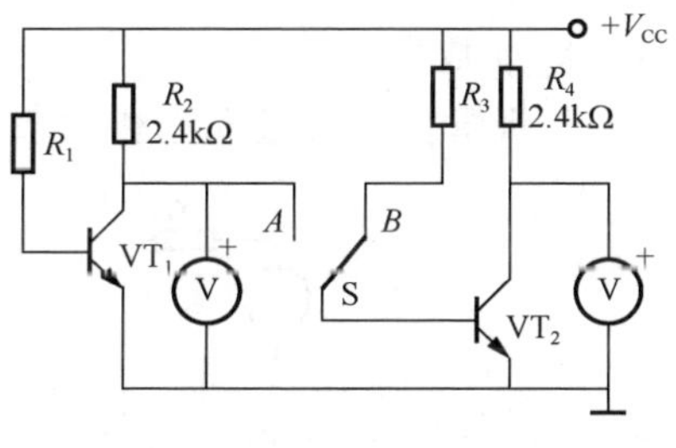

第 14 题图

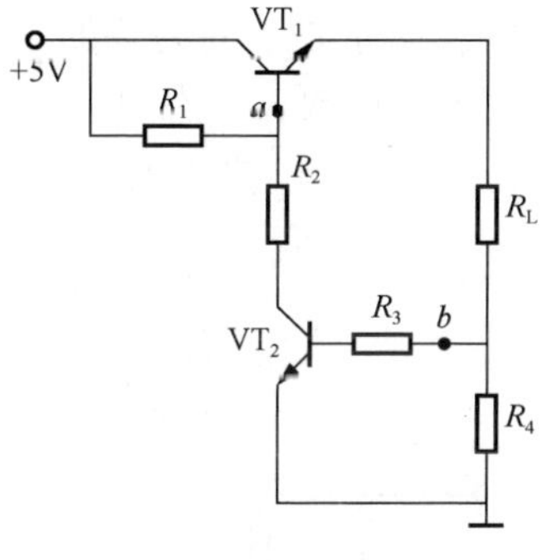

第 15 题图

16．如图所示电路，当环境亮度低于设定值时，VD_2 发光。下列分析中不正确的是（　　）。

A．减小 R_3 的阻值，环境亮度设定值可能变小

B．增大 R_2 的阻值，环境亮度设定值可能变小

C．VD_2 发光时，A 点电位不可能为 1.2V

D．VT_1 导通时，调小 R_5 的阻值，VD_2 就能达到设定亮度

17．如图所示是小明搭建的三极管实验电路，VT_1、VT_2 均始终处于放大状态，VD 发光，其中 A 为电流表。下列关于该电路的分析中正确的是（　　）。

A．调小 R_3 的阻值，VD 亮度不变，A 表读数变小

B．调小 R_1 的阻值，VD 变暗，A 表读数变大

C．调大 R_5 的阻值，VT_1 的集电极电位降低，VT_2 的集电极电位升高

D．调大 R_6 的阻值，VT_2 集电极电位升高

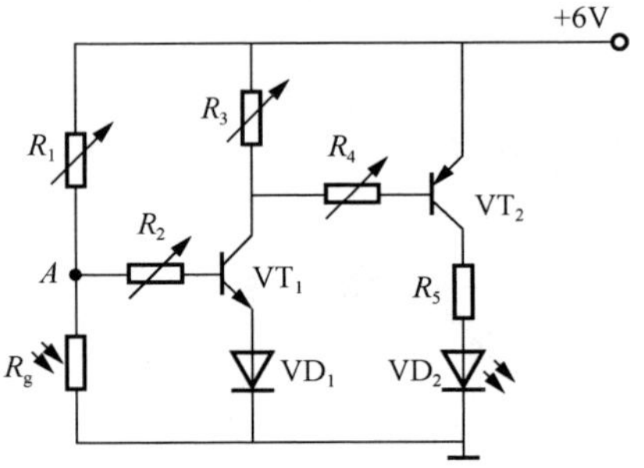

第 16 题图

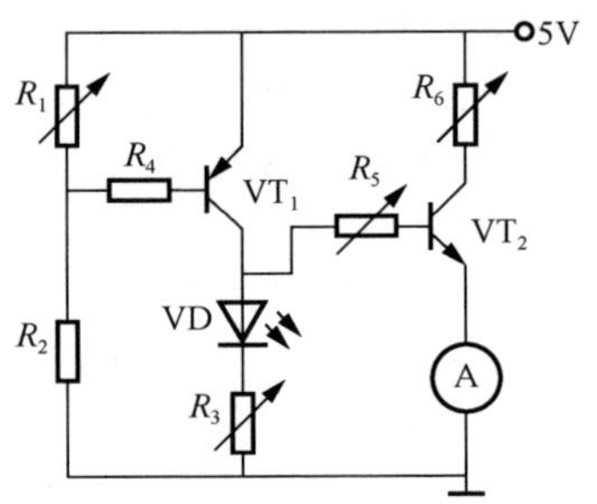

第 17 题图

18．如图所示电路，当温度高于设定值时，VD 发光。下列分析中不正确的是（　　）。

A．VD 发光时，VT_2 可能处在放大状态

B．VD 发光时，调大 R_P 的阻值，亮度会逐渐升高

C．VD 发光时，VT_1 不可能饱和

D．一定条件下，增大 R_1 的阻值，温度设定值将变高

19．如图所示是小明搭建的三极管实验电路，电位器 R_P 的滑动触点处于最下端时，三极管 VT 工作在放大状态，向上移动滑动触点的过程中，下列推断中不正确的是（　　）。

A．A_1、V_1 读数变大

B．A_2 读数变大

C．V_2 读数变大

D．三极管可能会进入饱和状态

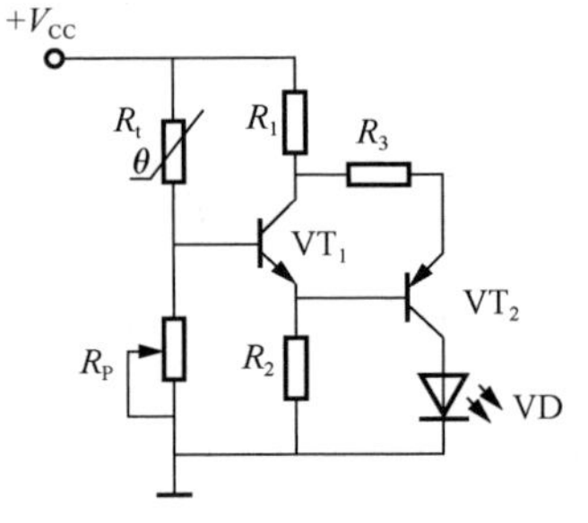

第 18 题图

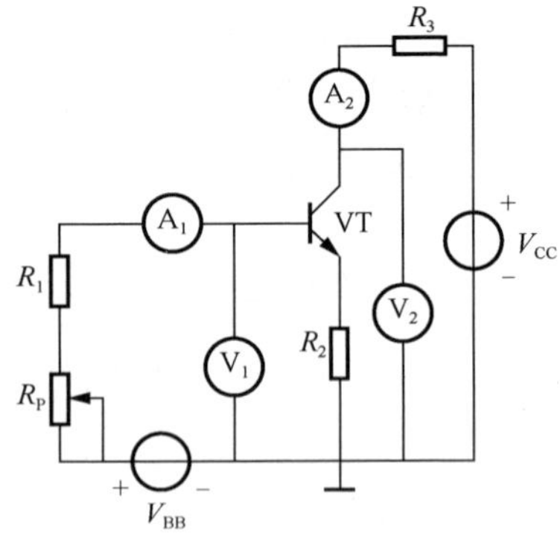

第 19 题图

20．如图所示为三极管测试电路，经测量三极管 U_{ce}=0.3V，关于该电路下列说法不正确的是（　　）。

A．此时三极管处于饱和状态

B．调小 R_2 的阻值不能对 VD 的亮度造成影响

C．若将 VT 换为放大倍数更小的三极管，则发光二极管 VD 的亮度可能会变亮

D．适当调小 R_3 的阻值，集电极电流 I_c 肯定增大，U_{ce} 可能不变

21．如图所示为小明设计的三极管实验电路，下列说法中正确的是（　　）。

A．VD 发光时，VT_2 处于饱和状态

B．VD 发光时，调节 R_7 的阻值，其发光亮度不变

C．VD 发光时，R_1 的阻值一定大于 R_2 的阻值

D．VD 发光时，调节 R_3 的阻值，其发光亮度可能发生变化

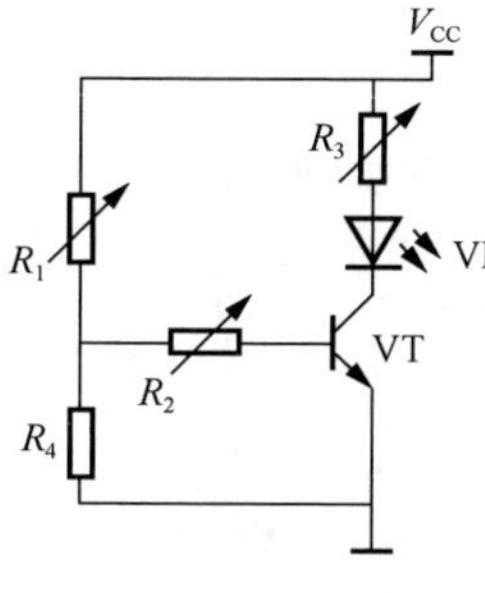

第 20 题图

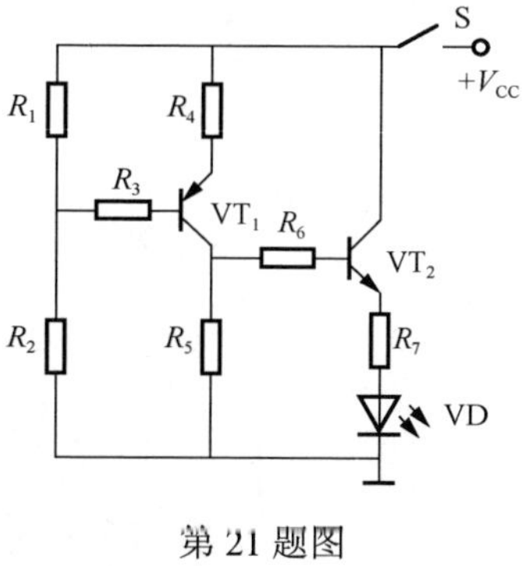

第 21 题图

22．小明搭接了如图所示的电路，电压表读数为 5V，下列分析中正确的是（　　）。

A．增大 R_1 或减小 R_2 的阻值，电压表读数都会增大

B．减小 R_3 的阻值，三极管 VT 的基极电位增大

C．减小 R_4 的阻值，流过 R_{P5} 的电流增大

D．改变 R_5 的阻值，三极管的发射极电位不变

23．如图所示是小明搭建的实验电路，其中 VT_1 和 VT_2 为硅管。初始状态：$R_5=R_6=500\Omega$，VT_1 为放大状态，VT_2 为饱和状态，VD 正常发光。下列关于该电路的分析中不合理的是（　　）。

A．调小 R_5 的阻值，电压表读数变小

B．调小 R_5 的阻值，VD 亮度不变

C．调大 R_6 的阻值，电压表读数变大

D．调小 R_6 的阻值，VD 可能熄灭

24．如图所示为小明设计的光控电路。下列分析中正确的是（　　）。

A．电动机转动时，增大 R_1 的阻值，可能导致电动机停转

B．光线足够强时，三极管 VT_1、VT_2 均能进入饱和状态

C．光线足够强时，闭合开关 S，电动机转动

D．电动机停转瞬间，VD 起到保护 VT_2 的作用

25．如图所示为小明设计的光控灯电路。下列分析中不正确的是（　　）。

A．光照强度大时，VD 不亮

B．VD 发光时，减小 R_{P2} 的阻值可能会提高 VD 的亮度

C．逐渐减小 R_{P1} 的阻值，VT 可能会进入饱和状态

D．改变 R_{P1} 的阻值，VD 的亮度可能会变化

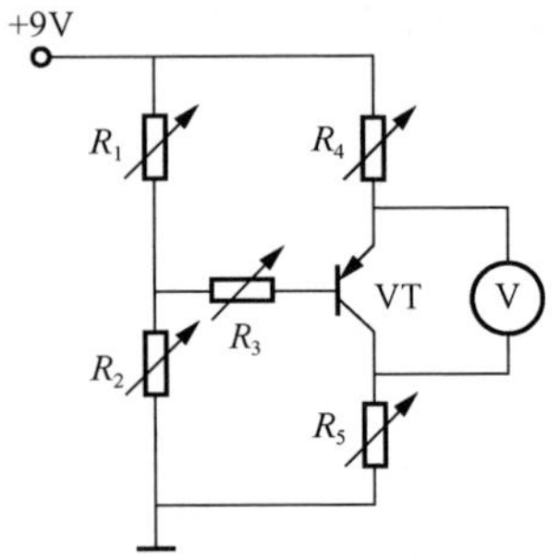

第 22 题图

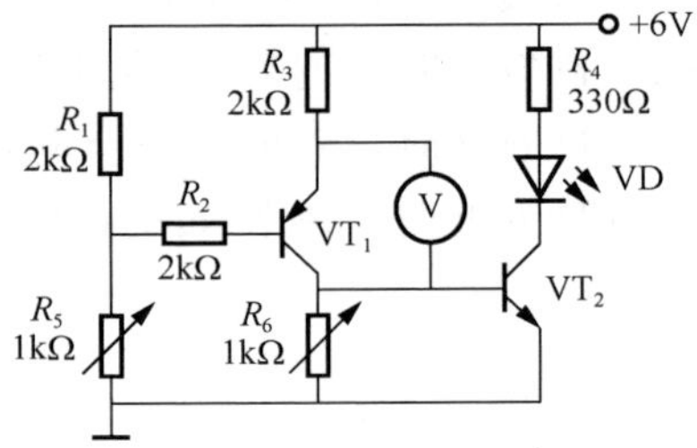

第 23 题图

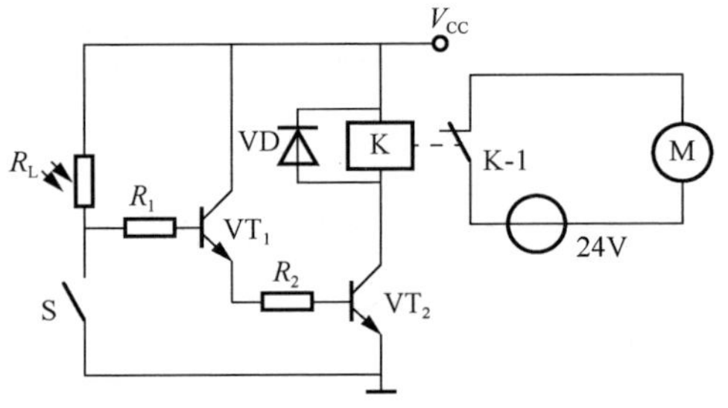

第 24 题图

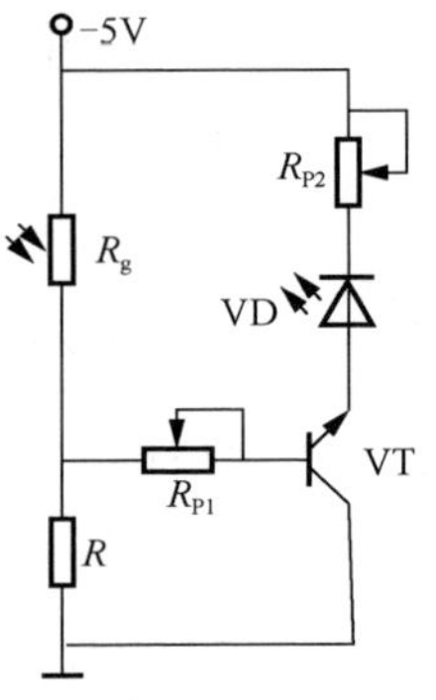

第 25 题图

26．如图所示电路，当环境亮度变化时，VT_1 和 VT_2 都可以出现截止、放大和饱和状态，VD_1、VD_2 均可自动点亮与熄灭。下列说法中错误的是（　　）。

A．当环境光线过暗时，VD_2 不发光

B．当环境光线过亮时，VD_1 不发光

C．当 VD_2 发光时，减小 R_2 的阻值，VD_2 亮度增加

D．当 VD_1 和 VD_2 都发光时，三极管 VT_1 处于放大状态

27．如图所示电路，初始时开关 S 处于断开状态。下列分析中正确的是（　　）。

A．调大 R_4 的阻值，三极管会进入饱和状态

B．闭合开关 S，指针式电压表的读数将变大

C．调小 R_3 的阻值，流过 R_4 的电流将变小

D．S 闭合，增大 R_1 的阻值，M 点的电位升高

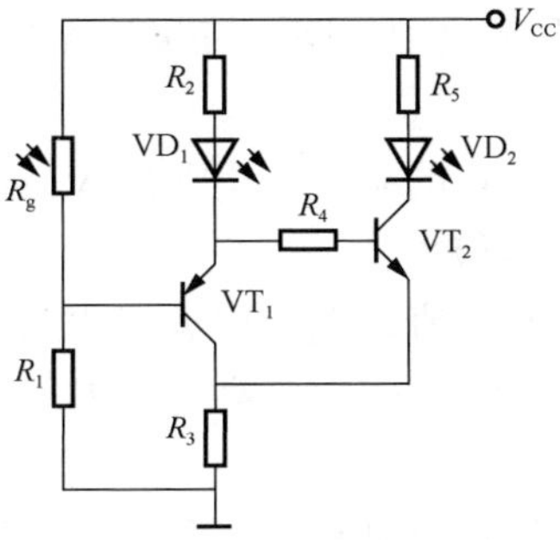

第 26 题图

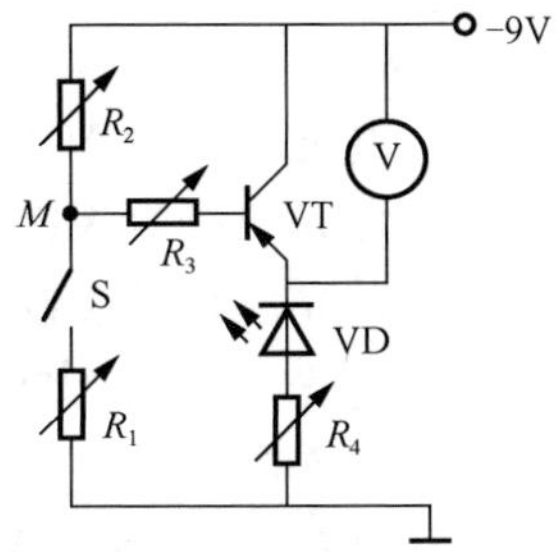

第 27 题图

28．用万用表测得电路中流过三极管①、②、③脚的电流大小分别为 2mA、0.04mA、2.04mA，电流方向如图所示，该三极管的β值为 120，下列说法中正确的是（　　）。

A．该三极管是 NPN 型三极管，此时处于放大状态

B．①脚是集电极 c，②脚是基极 b，③脚是发射极 e

C．该三极管是 NPN 型三极管，但是无法判断状态

D．该三极管是 PNP 型三极管，此时处于饱和状态

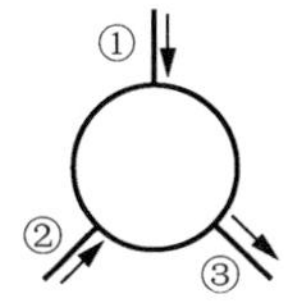

第 28 题图

29．如图所示是土壤湿度控制电路，R_S 为湿敏电阻器。当湿度低于设定值时，启动水泵喷水；达到设定值时，停止喷水。下列关于该电路的分析中不正确的是（　　）。

A．VD 的作用是保护三极管

B．C 是电解电容器，主要起延时和抗干扰的作用

C．水泵开始喷水时，VT_1、VT_2 均处于导通状态

D．湿度达到设定值后，水泵仍在工作，应将 R_4 的阻值调小

30．如图所示为小明设计的光控实验电路，其中 VD 导通压降均为 1.7V。下列分析中正确的是（　　）。

A．VD_1 发光时，三极管 VT_1 可能工作在饱和状态

B．调大 R_4 的阻值，VD_2 亮度变暗，则三极管 VT_2 工作在放大状态

C．VD_2 发光时，调大 R_3 的阻值，VD_1 亮度不变，VD_2 可能变亮

D．VD_1 发光时，调节 R_4 的阻值，VD_2 始终不亮，一定是 VT_2 损坏

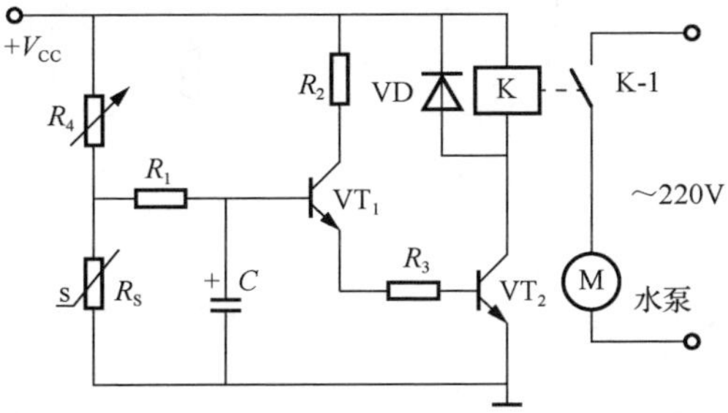

第 29 题图

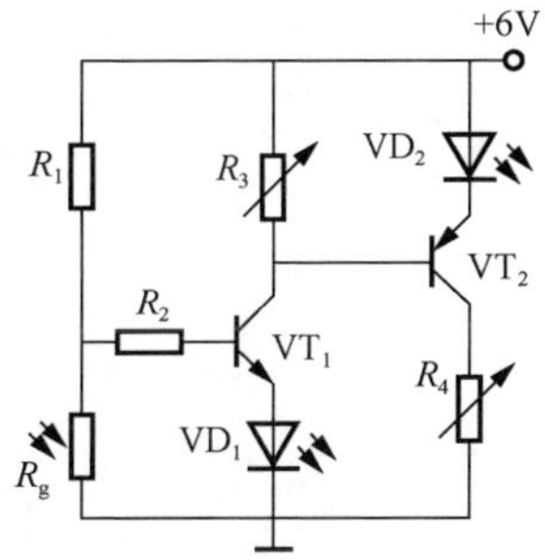

第 30 题图

31．如图所示的温度报警电路，R_t为负温度系数热敏电阻，三极管 VT 是硅管。下列分析中正确的是（　　）。

A．发光二极管 VD 开始发光时，适当减小 R_2 的阻值，电压表 V_1 读数明显变大

B．发光二极管 VD 最亮时，电压表 V_2 读数最大

C．发光二极管 VD 开始发光时，减小 R_3 的阻值，电流表 A 读数变大

D．发光二极管 VD 开始发光时，温度在一定范围内升高时，发光二极管 VD 亮度变亮

32. 如图所示的发光二极管测试电路，接通电路后发现发光二极管亮度不够，经测试，三极管 VT_1、VT_2 都处于放大状态。以下说法中正确的是（　　）。

A．把 R_P 的滑动触点适当向下滑，可提高发光二极管的亮度

B．调大 R_3 的阻值，可以使三极管 VT_2 饱和

C．减小 R_1 的阻值，可以提高发光二极管的亮度

D．减小 R_2 的阻值，可以提高发光二极管的亮度

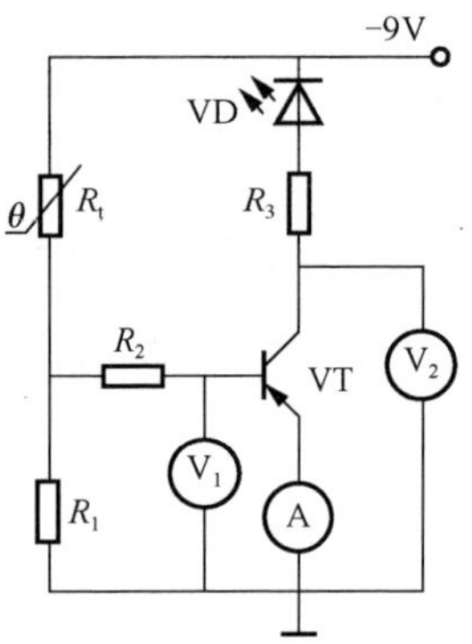

第 31 题图

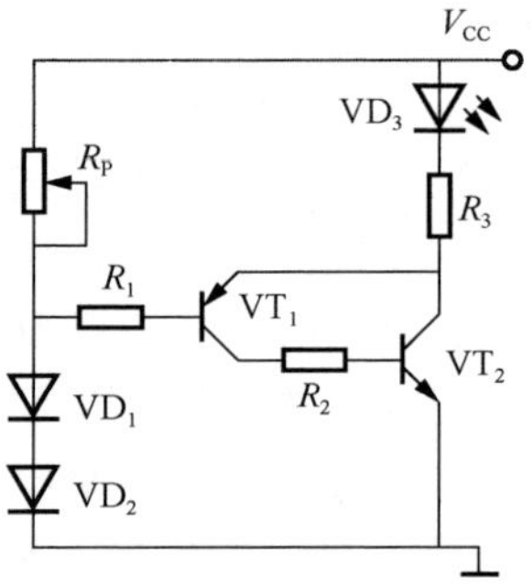

第 32 题图

33．下列电路中能实现 VT_1 不导通时，VT_2 导通的是（　　）。

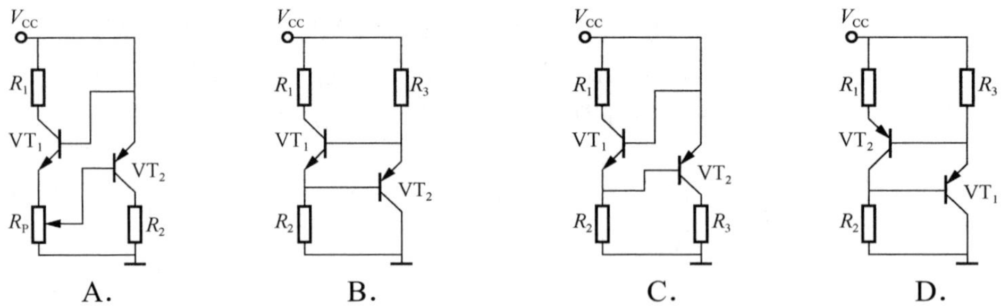

电路综合应用 1

1．小明设计了如下 4 个电路，通过传感器检测外界信号控制发光二极管工作。其中 VD 发出的光信号属于模拟信号的是（　　）。

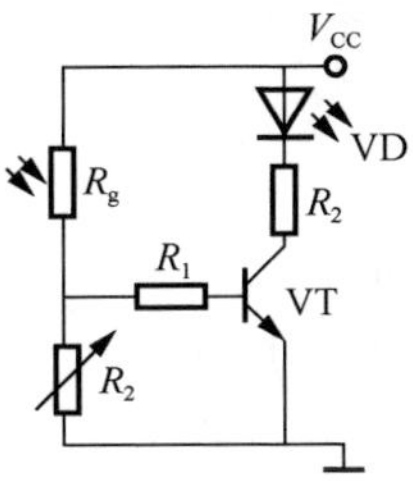

A.

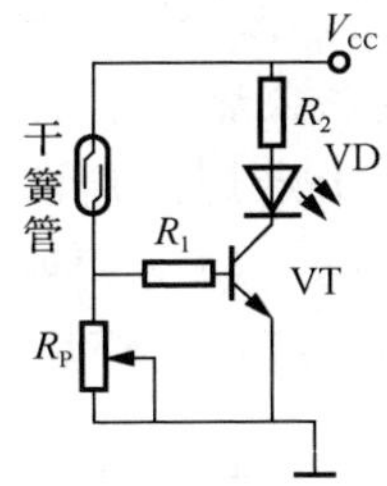

B.

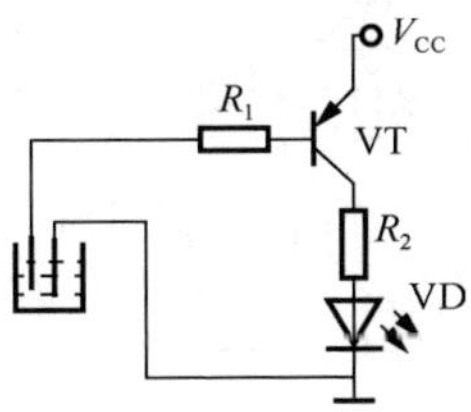

C.

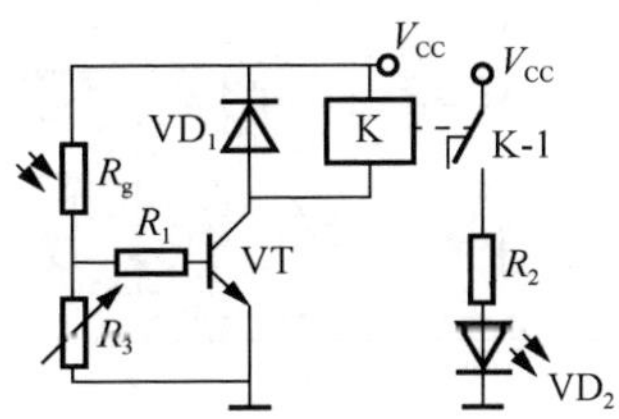

D.

2．小明使用性能相同的元器件搭建了如图（a）、（b）所示的光控电路，置于同一种光照条件下进行实验，随着环境光线越来越暗，下列分析中正确的是（　　）。

A．VD_2 比 VD_1 先亮

B．两个灯都亮了之后，M 和 N 点的电位逐渐升高

C．两个灯都亮了之后，VD_1 的亮度不再变化，VD_2 的亮度逐渐变大

D．当 VD_1 与 VD_2 的亮度不再变化时，VD_1 的亮度比 VD_2 的亮度大

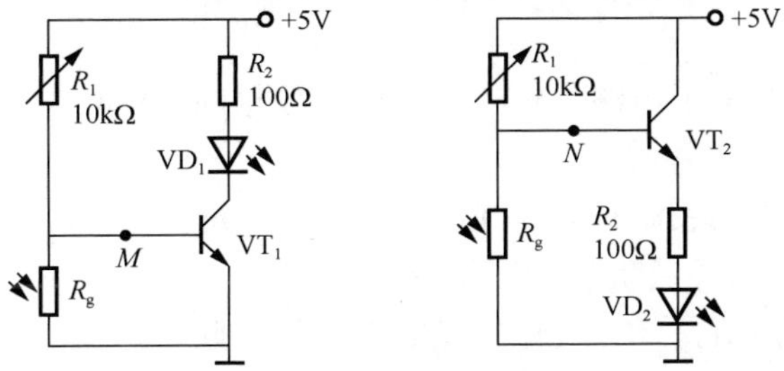

（a）　　　（b）

第 2 题图

3．小明设计了如图所示的照明电路，SB_1、SB_2是按钮，按下时接通，松开时断开。VT_1、VT_2和VT_3都是硅材料的三极管，饱和压降约为0.1V，且工作在开关状态。VD_1、VD_2和VD_3都是硅材料的二极管。下列分析中正确的是（　　）。

A．SB_1按下后松开，a点的电位约为1.4V

B．SB_2按下后松开，VD_4不发光

C．同时按下SB_1和SB_2，VD_4发光

D．VD_4发光时，增大R_5的阻值，b点电位明显升高

4．如图所示为某温度指示电路，初始状态发光二极管VD_1亮起，当温度超过设定值时VD_1熄灭。SB为按钮，按下时接通，松开时断开。下列分析中不正确的是（　　）。

A．R_t为正温度系数热敏电阻

B．若二极管VD_2连焊，则设定温度被调低

C．温度低时，按下SB，灯亮；温度高时，按下SB，灯不亮

D．温度超过设定值后，灯熄灭。若温度恢复正常，则灯继续熄灭

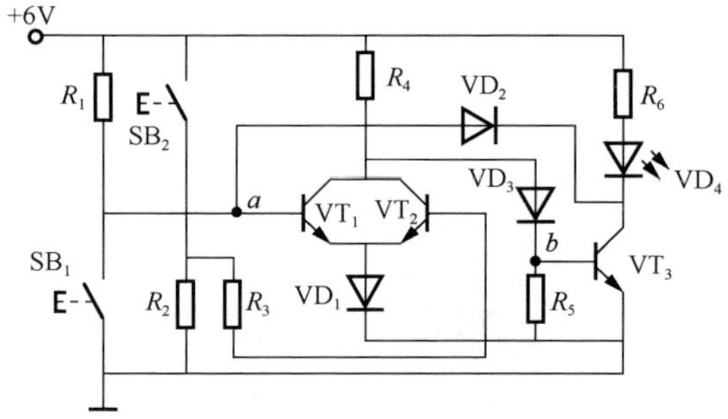

第3题图

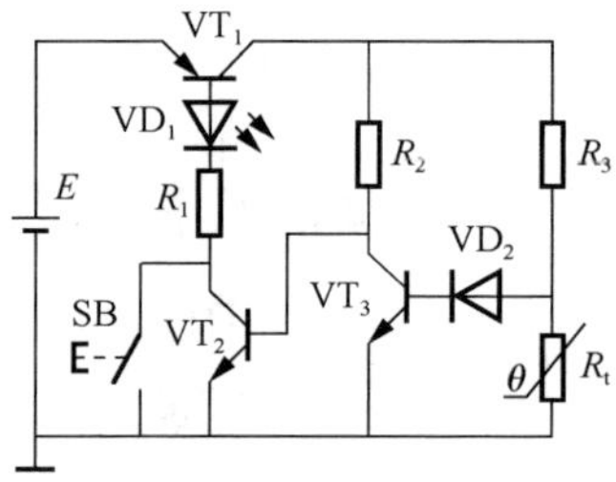

第4题图

5．如图所示为某温度控制电路，热敏电阻R_t用于检测环境温度，控制加热丝工作，使环境温度控制在30～50℃。下列说法中正确的是（　　）。

A．R_t为正温度系数热敏电阻

B．虚线框中的电路可以为一个非门

C．调大R_2的阻值，上限温度不变，下限温度下降

D．若没有PNP型三极管，可以用一个NPN型三极管代替VT，并将K-2更换为常开触点

6．如图所示光控灯电子电路，VT_1与VT_2参数相同，VD_1与VD_2参数相同，下列分析中正确的是（　　）。

A．随着光照强度逐渐变低，VD_1发光后VD_2发光

B．VT_1与VT_2的导通状态始终相反

C．增大R_4的阻值，VD_1发光的光照设定值变低

D．减小R_1的阻值，VD_2熄灭的光照设定值变高

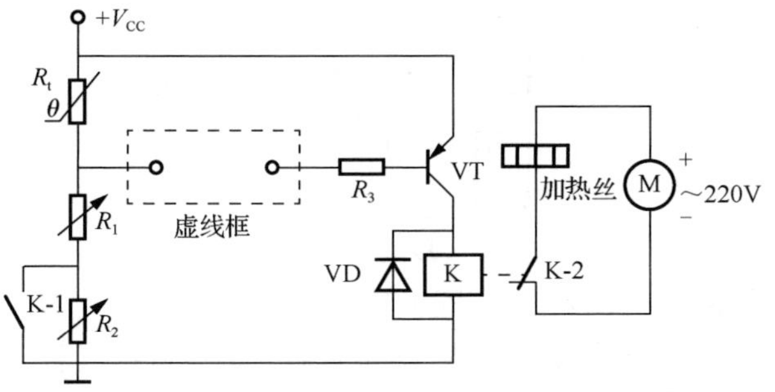

第 5 题图

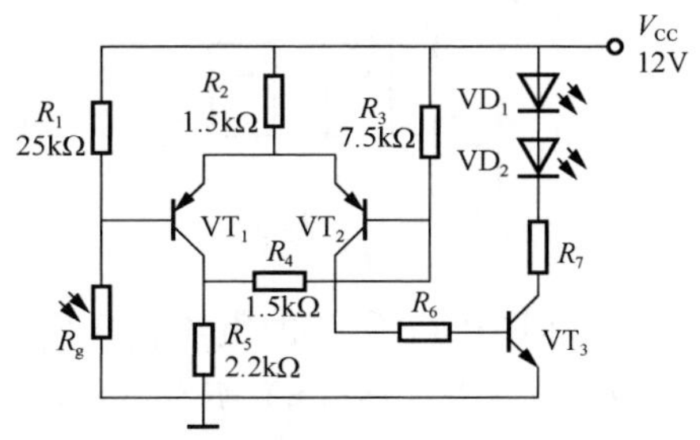

第 6 题图

如图（a）所示为小明设计的淬火水池水位控制电路，当水位低于设定水位时，接通继电器常开触点，启动水泵注水。已知 R 为水位传感器，其阻值可随水位高低连续变化。请根据电路图和描述完成第 7～8 题。

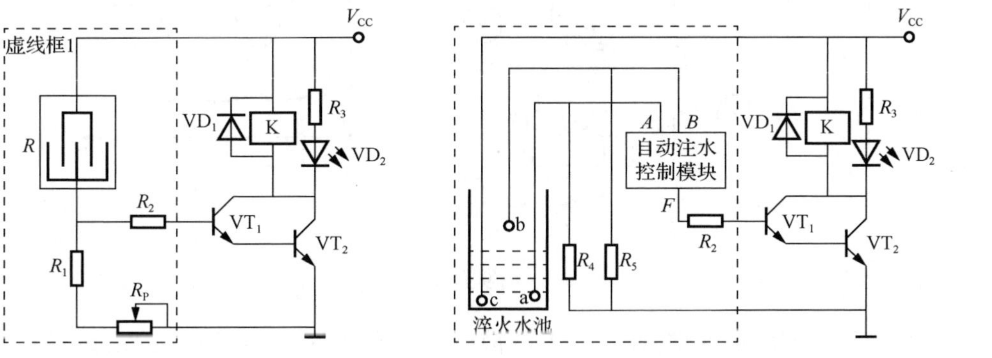

（a）　　　　（b）

第 7、8 题图

7．下列关于图（a）所示电路的说法中正确的是（　　）。

A．VT_2 基极的控制信号是数字信号

B．水位越低，水位传感器的阻值越大

C．调节 R_P 的阻值可改变水位控制设定值

D．R_3 换用阻值更大的电阻器，有可能使 VT_2 进入饱和状态

8．小明调试图（a）所示电路时发现存在继电器频繁吸合的问题，于是重新构思了虚线框 1 内部分电路，如图（b）所示。电路采用水位探头检测水位，能将水位控制在上、下限（探头 a、b 位置）之间。下列关于图（b）所示电路中自动注水控制模块的输入信号 A、B 与输出信号 F 间的逻辑图方案中，可行的是（　　）。

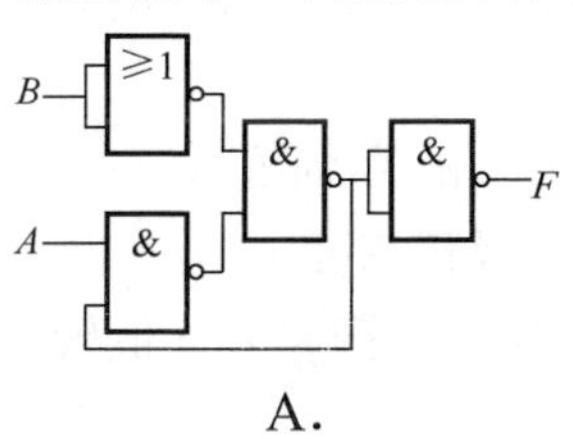

A.

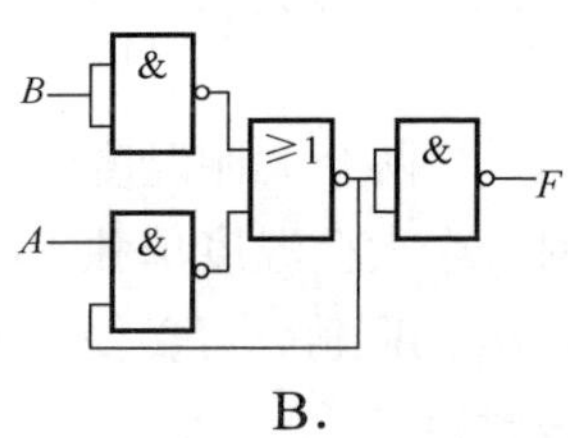

B.

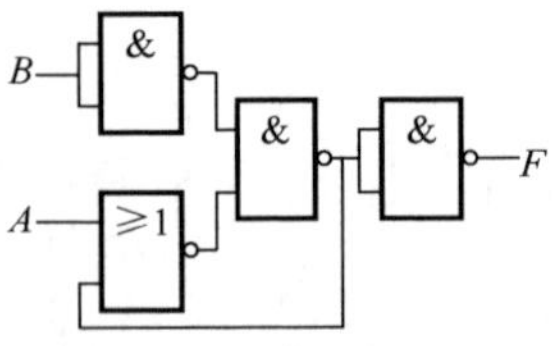

C.

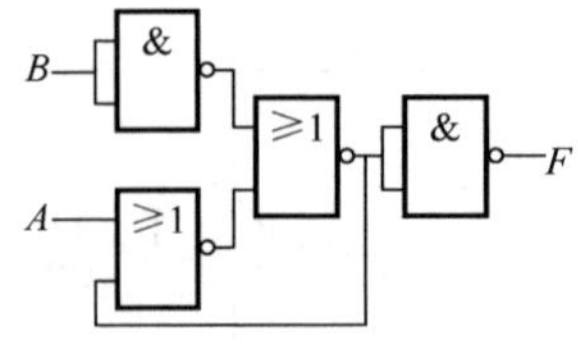

D.

9．如图（a）所示的整流稳压电路，交变信号 U_i 经虚线框 1 处理后得到直流信号 U_2，U_i 和 U_2 的波形如图（b）所示，从图中可以看出，U_2 的波动仍较为明显，可通过虚线框 2 将波动幅度降低，使负载 R_L 两端的电压更稳定。当交变信号 U_i 在适当范围内波动时，以下关于该电路的分析中正确的是（　　）。

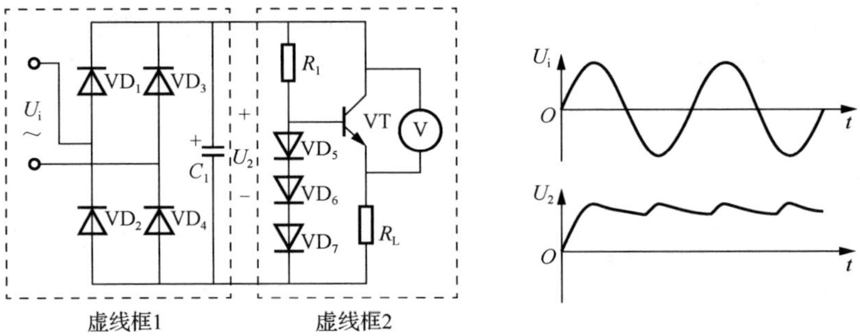

（a）　　　　（b）

第 9 题图

A．当 U_i 波动幅度增大时，VT 基极电位显著升高，电压表 V 的读数减小

B．当 U_i 波动幅度增大时，VT 基极电位基本不变，电压表 V 的读数增大

C．当 U_i 波动幅度减小时，VT 基极电位显著降低，电压表 V 的读数增大

D．当 U_i 波动幅度减小时，VT 基极电位基本不变，电压表 V 的读数不变

10．如图所示为某触摸式开关灯模型电路，M_1、M_2 为触摸金属片，触摸时接通，不触摸时断开。下列分析中不正确的是（　　）。

A．手指触摸 M_2 开灯，触摸 M_1 关灯

B．调试中发现灯无法保持开启，可能是 R_5 的阻值太小

C．VT_4 工作在放大状态，适当改变 R_6 的阻值时，VD_2 亮度不会变化

D．作为开关灯模型，正常工作时 4 个三极管均工作在饱和或截止的开关状态

11．如图所示为某蔬菜大棚温度指示电路，4 个同型号的负温度系数热敏电阻 R_{t1}～R_{t4} 分别置于 A、B、C、D 这 4 个蔬菜大棚中，初始时各大棚温度相同，R_1=R_2。下列说法中错误的是（　　）。

A．若 A、C 两个大棚温度同步升高，可能导致发光二极管不亮

B．任何一个大棚温度单独大幅下降，可导致发光二极管点亮

C．调小 R_1 的阻值，可以使 A 或 B 中的一个大棚与其他大棚温度差值较小时发光二极管点亮

D．调小 R_2 的阻值，可以使 C 或 D 中的一个大棚与其他大棚温度差值较小时发光二极管点亮

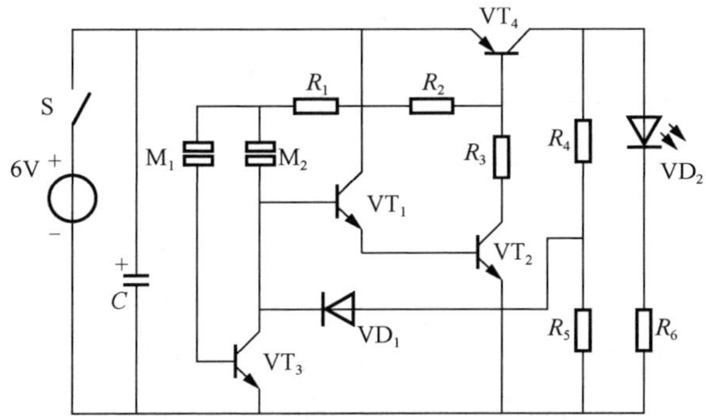

第 10 题图

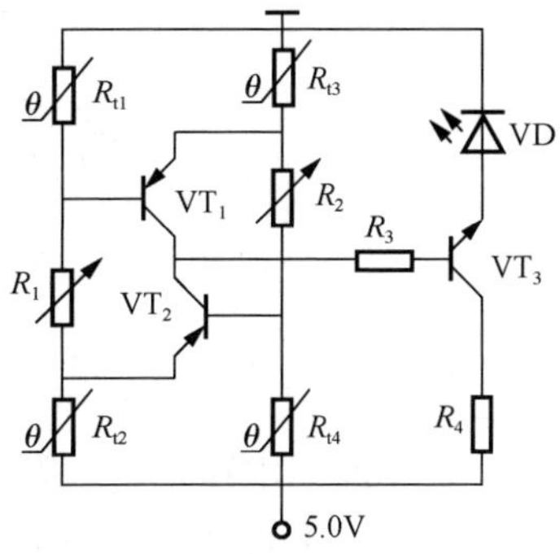

第 11 题图

12．小明学习了电子控制电路后，设计了如图所示的光控电路，干簧管在门打开时断开，在门关闭时闭合。下列实验结果正确的是（　　）。

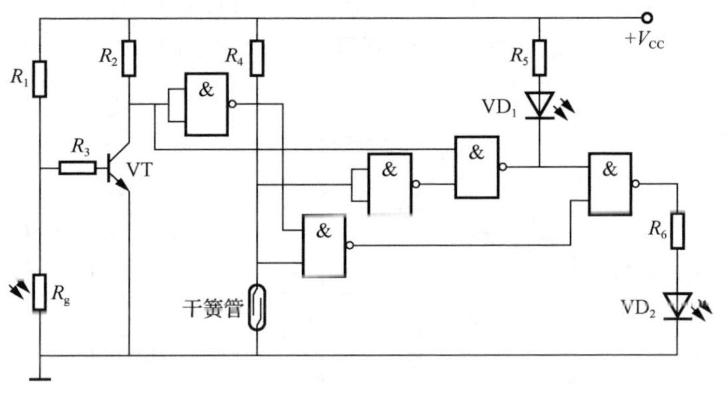

第 12 题图

A．晚上关门，VD_1 发光，VD_2 不发光

B．晚上开门，VD_1 不发光，VD_2 不发光

C．白天开门，VD_1 不发光，VD_2 发光

D．白天关门，VD_1 发光，VD_2 发光

13．如图所示为小明设计的水箱水温控制电路。已知 R_t 为负温度系数热敏电阻，虚线框中为门电路，水位低于接触器位置时接触器断开，下列说法中正确的是（　　）。

A．因继电器吸合电流远大于释放电流，故电路能实现水温的区间控制

B．当水龙头出水时加热器一定不能正常发热

C．虚线框中可接入一个二输入与门实现控制效果

D．调试时发现加热器始终不能加热，可能是 R_1 断路了

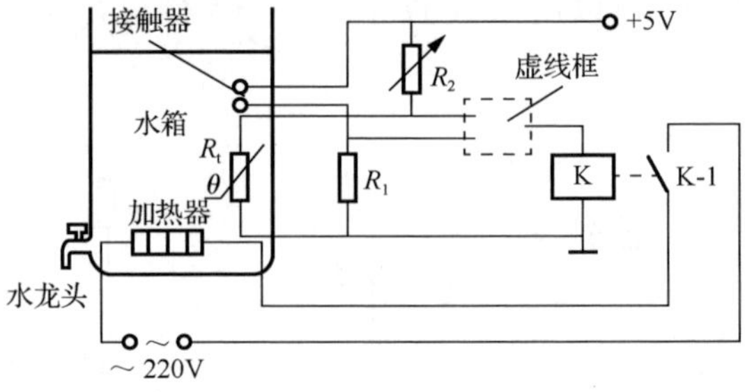

第 13 题图

14. 如图所示电路，R_t为负温度系数热敏电阻。温度在设定范围内时，M点为低电平，N点为高电平；光照强度在设定范围内时，E点为高电平，F点为低电平。下列分析中正确的是（　　）。

A. 当温度高于上限或者光照强度低于下限时，蜂鸣器响

B. 当温度低于下限且光照强度高于上限时，蜂鸣器响

C. 蜂鸣器响时，指示温度或光照强度在设定范围内

D. 蜂鸣器响时，指示温度或光照强度高于设定上限

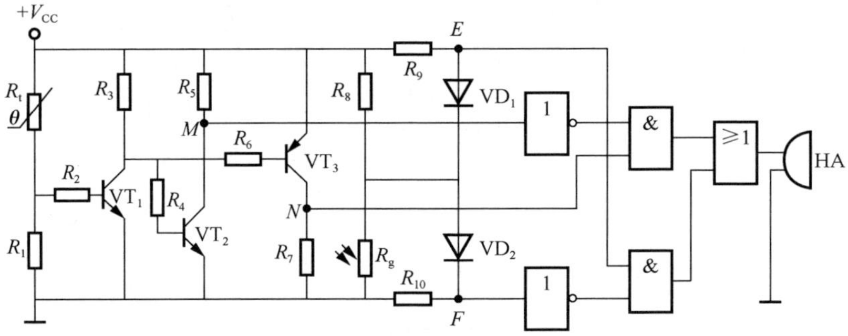

第 14 题图

15. 如图所示是小明设计的室内加湿装置电路。当加湿器内水箱水位在 b 点以上且室内湿度低于下限湿度 40%时，电动机启动加湿；当室内湿度高于上限湿度 50%时，电动机停止转动；当水箱水位在 b 点以下时，电动机不工作。比较器的功能：当 $V_+>V_-$时输出高电平，当 $V_+<V_-$时输出低电平。关于该电路的分析，下列说法中正确的是（　　）。

A. 当水位在 b 点以上时，三极管 VT_1 工作在饱和状态

B. 若要将下限湿度值降低到 30%、上限湿度值提高到 60%，先增大 R_6 的阻值，再减小 R_7 的阻值

C. 小明调试时发现水箱有水且湿度低于下限值时，电动机 M 不工作，可能的原因是湿敏电阻器 R_S 虚焊

D. 湿度从下限值到上限值上升过程中，三极管 VT_2 处于导通状态

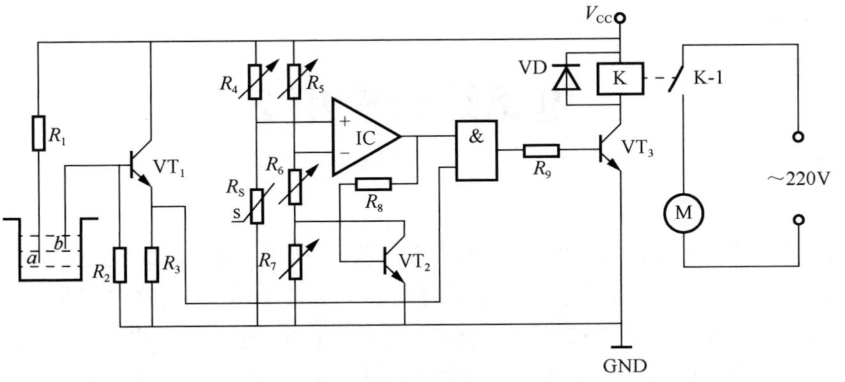

V_{CC}
VD
K
K-1
R_1
VT$_1$
R_4
R_5
IC
&
R_9
VT$_3$
R_6
R_8
R_S
s
~220V
M
b
a
R_2
R_3
R_7
VT$_2$
GND

第15题图

电路综合应用 2

1．如图（a）所示是小明设计的宠物窝温度控制系统。R_t为负温度系数热敏电阻，用发光二极管和光敏电阻来检测宠物是否在窝里。当宠物在窝里且窝内温度高于 30℃时，风扇启动工作；当温度低于 20℃时，风扇停止工作；宠物不在窝里时，不管温度如何，风扇都不工作。已知 IC_1 控制上限，IC_2 控制下限，请根据描述回答下列问题。

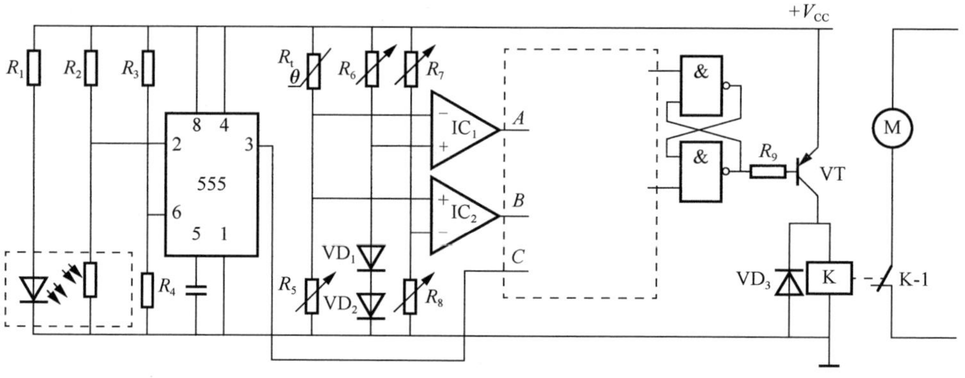

第 1 题图（a）

（1）现要将风扇停止工作温度调整为 25℃，应________（在“A．调大 R_5 的阻值；B．调大 R_6 的阻值；C．调大 R_7 的阻值；D．调大 R_8 的阻值”中选择合适的选项，将序号填入“________”处）。

（2）请用一块四二输入或非门集成电路补全图（b）虚线框中的电路，要求电路简单。

（3）小明在调试过程中发现，风扇一直工作，下列原因中不可能的是________（在“A．R_9 虚焊；B．VT 被击穿；C．VD_3 接反”中选择合适的选项，将序号填入“________”处）。

（4）按照电路，在图（c）中完成继电器与三极管、风扇的连线。

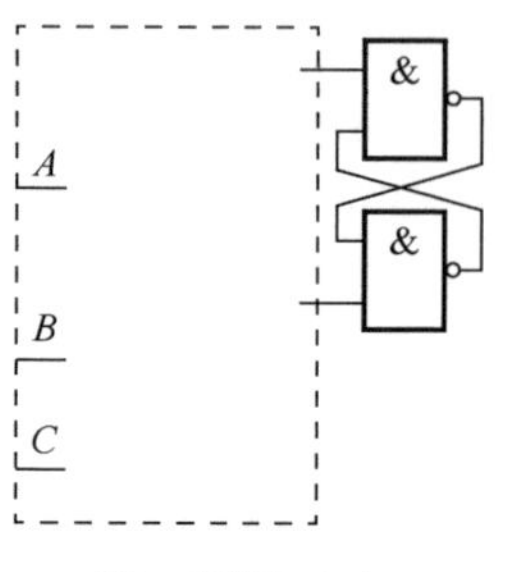

第 1 题图（b）

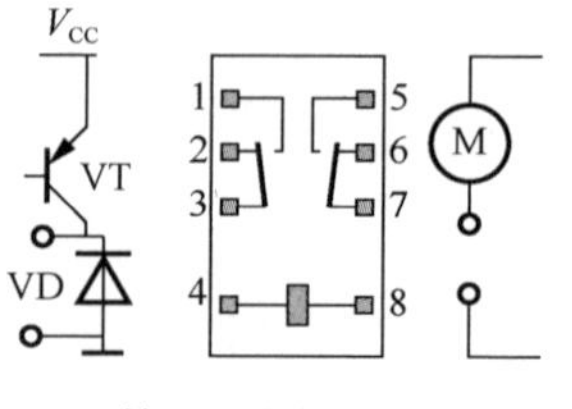

第 1 题图（c）

2．小明参观某现代农业技术学校的花卉大棚基地时发现，温度过高时，需要人工打开四周的通风窗来调节棚内温度，操作很烦琐。小明设想应用通用技术教材中的知识，实现通风窗的自动控制。当棚内温度高于上限时，打开通风窗（通过电动机的电流从“b”流向“a”），碰到限位开关 SQ_2 后，停止转动；当棚内温度低于下限时，关闭通风窗，碰到限位开关 SQ_1 后，停止转动。请完成以下任务。

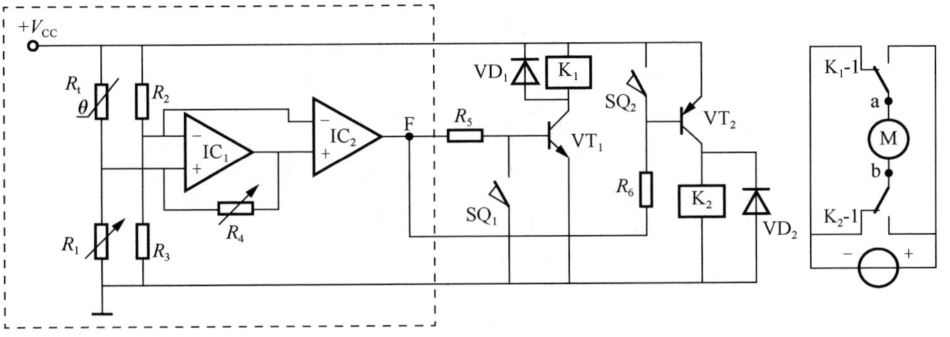

第 2 题图（a）

（1）热敏电阻 R_t 应该选用________（在“A．正温度系数热敏电阻；B．负温度系数热敏电阻”中选择合适的选项，将序号填入“________”处）。

（2）当大棚内的温度在下限和上限之间时，对 F 点的电平判断正确的是________（在“A．高电平；B．低电平；C．高、低电平都有可能”中选择合适的选项，将序号填入“________”处）。

（3）调试时，小明发现 R_1 和 R_4 都影响温度的下限和上限，无法调试成功。小明准备用图（b）或图（c）方案替代图（a）虚线框中的电路；图（b）方案中 R_4 只与下限值有关；图（c）方案中 R_4 只与上限值有关。请你在图（b）所示的虚线框中补画 1 个二极管并连线，在图（c）所示的虚线框中补画 1 个三极管并在合适的端口连线实现设计要求。

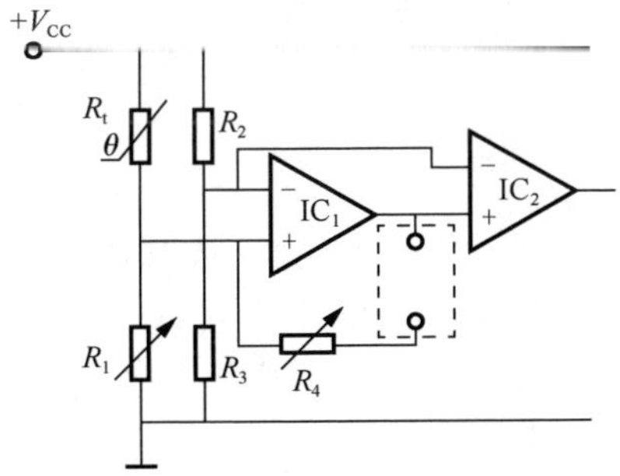

第 2 题图（b）

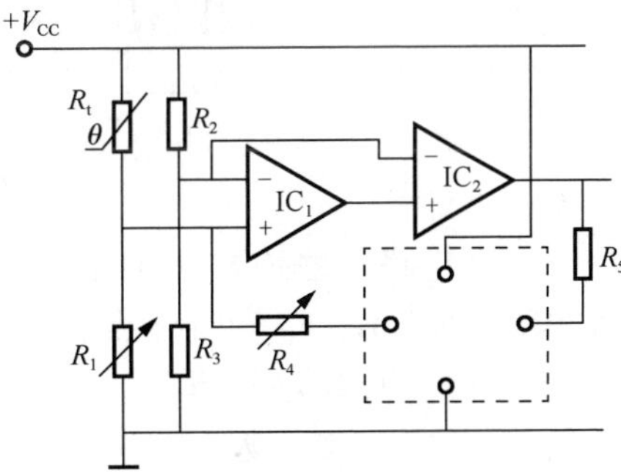

第 2 题图（c）

（4）实际试验一段时间后，小明发现为了改善种植效果，需要在大棚温度在上、下限之间时，可以用红外遥控打开通风窗。小明修改了控制要求：当棚内温度低于下限时，关闭通风窗；当棚内温度高于上限时，打开通风窗；当棚内温度高于下限且红外接收管 H 输出高低变化的解码脉冲信号（红外接收管 H 没有接收到红外信号时，H 输出高电平）时，也能打开通风窗。其中，R_4 调试上限温度，R_5 调试下限温度。请在图（d）虚线框中补画逻辑门并连线，实现电路功能，要求电路简单。

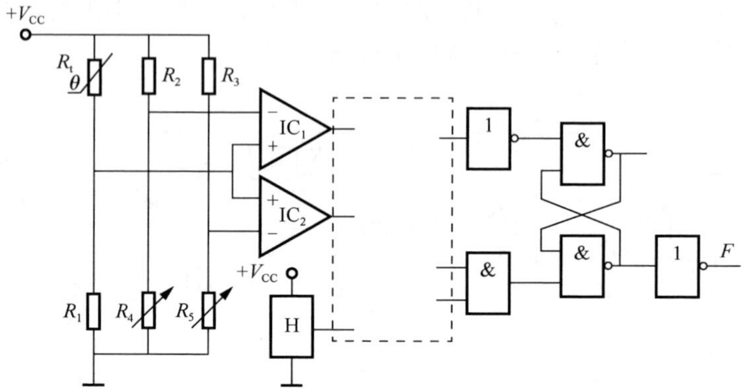

第 2 题图（d）

3．如图（a）所示是小明设计的室内温度指示电路，当室内温度高于设定值时，发光二极管 VD_2 发光；当室内温度高于室外温度时，发光二极管 VD_1 发光。R_{t1} 和 R_{t2} 均为相同的热敏电阻，IC_1、IC_2 为电压比较器，当 $V_+ > V_-$ 时输出高电平，当 $V_+ < V_-$ 时输出低电平。请完成下列各题。

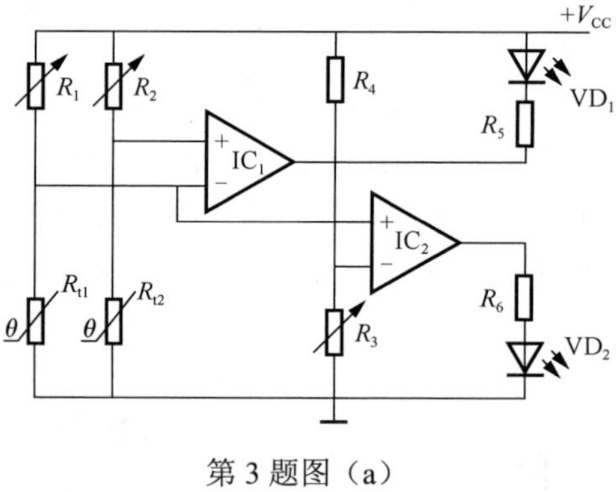

第 3 题图（a）

（1）根据电路及题意可以判断 R_{t1} 和 R_{t2}________（在“A．R_{t1} 为室内热敏电阻，R_{t2} 为室外热敏电阻；B．R_{t1} 为室外热敏电阻，R_{t2} 为室内热敏电阻；C．室内或室外都有可能”中选择合适的选项，将序号填入“________”处）；R_{t1} 和 R_{t2} 是________热敏电阻（在“A．正温度系数；B．负温度系数”中选择合适的选项，将序号填入“________”处）。

（2）小明将温度指示电路改为工作状态指示电路，要求在室内温度高于设定值且低于室外温度时，开启制冷机 M_1，发光二极管 VD_4 发光；室内温度高于设定值且高于室外温度时，开启排风扇 M_2 进行通风降温，发光二极管 VD_3 发光。为实现上述功能，请用不超过 4 个二输入与非门设计图（b）虚线框 1 中的电路。

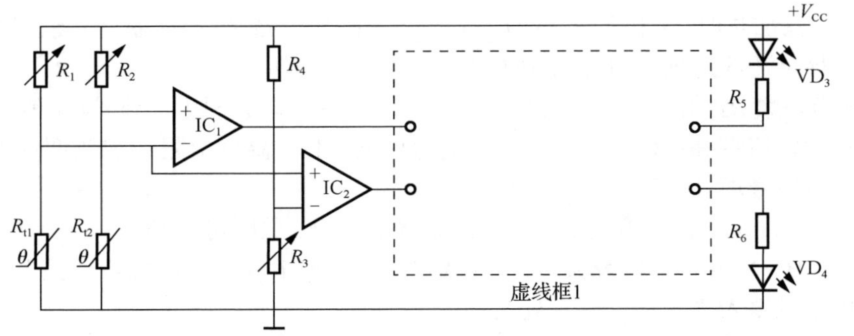

第 3 题图（b）

（3）小明准备用两个继电器来控制制冷机 M_1 和排风扇 M_2，请在图（c）虚线框 2 中设计该控制电路［提供的元器件有：NPN 型三极管 1 个、PNP 型三极管 1 个、电阻器 2 个、普通二极管 2 个、继电器 2 个，要求三极管采用共发射极接法］。

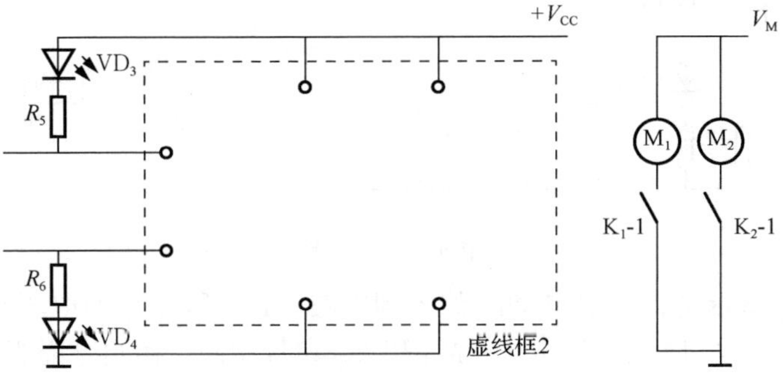

第 3 题图（c）

4．如图所示为小明设计的温控实验电路，可将温度控制在一定范围内。已知二极管均为硅管，R_5=R_6，IC_1、IC_2 为电压比较器，当 $V_+>V_-$时输出高电平，当 $V_+<V_-$时输出低电平。请完成以下任务。

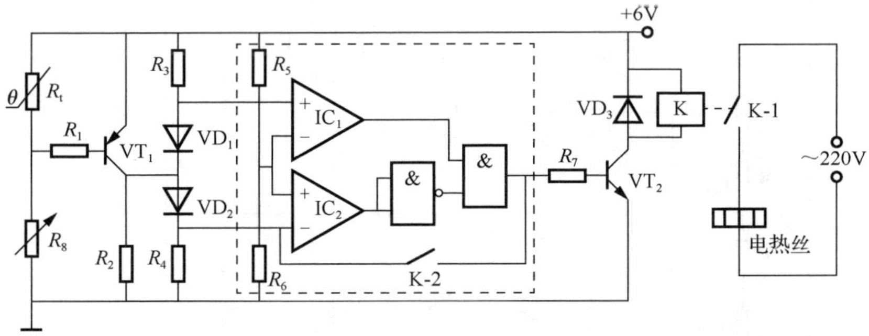

第 4 题图

（1）R_t 为________（在“A．正温度系数热敏电阻；B．负温度系数热敏电阻”中选择合适的选项，将序号填入“________”处）。

（2）电热丝加热时，VT_1 的状态为________（在“A. 饱和；B. 截止；C. 放大；D. 不确定”中选择合适的选项，将序号填入“________”处）。

（3）适当增大 R_4 的阻值，会导致________（在“A. 温度下限、上限设定值调高；B. 只是温度上限设定值调高；C. 温度下限设定值调低；D. 温度上限设定值调低”中选择合适的选项，将序号填入“________”处）。

（4）测试时发现无论温度高低，继电器始终不吸合，原因可能是________（在“A. VD_1 正负极反接；B. VD_2 正负极反接；C. R_5 虚焊；D. K-1 误用常闭触点开关”中选择合适的选项，将序号填入“________”处）。

（5）小明准备用或非门芯片来代替题图虚线框中的电路，请用尽可能少的或非门完成电路设计，并保持电路原有功能不变。

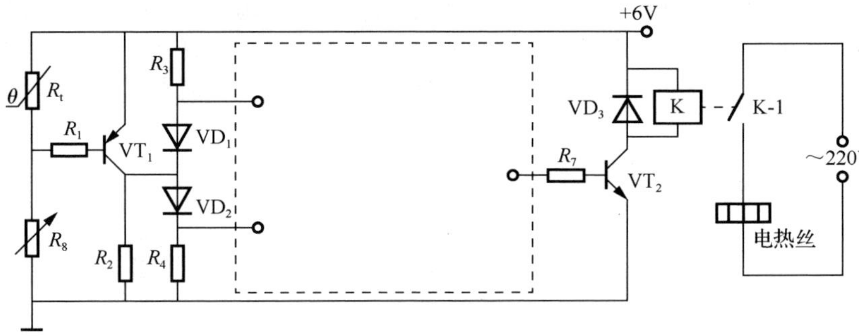

第 4 题（5）图

5．如图（a）所示是太阳能自动跟踪控制电路。IC_1 和 IC_2 为电压比较器，当 $V_+>V_-$ 时输出高电平，当 $V_+<V_-$ 时输出低电平；R_{P1} 和 R_{P2} 参数相同，初始时箭头在中间位置；4 个 R_g 为同型号光敏电阻，其中 R_{g1} 和 R_{g3} 安装在同一位置，R_{g2} 和 R_{g4} 安装在同一位置。当只有 R_{g1} 和 R_{g3} 受太阳光照射时，电动机 M 正转；当只有 R_{g2} 和 R_{g4} 受太阳光照射时，电动机 M 反转；电动机转动带动太阳能板转动，当照射到传感器上的光照强度相等时，电动机 M 停转，从而使太阳能板能始终朝向太阳。

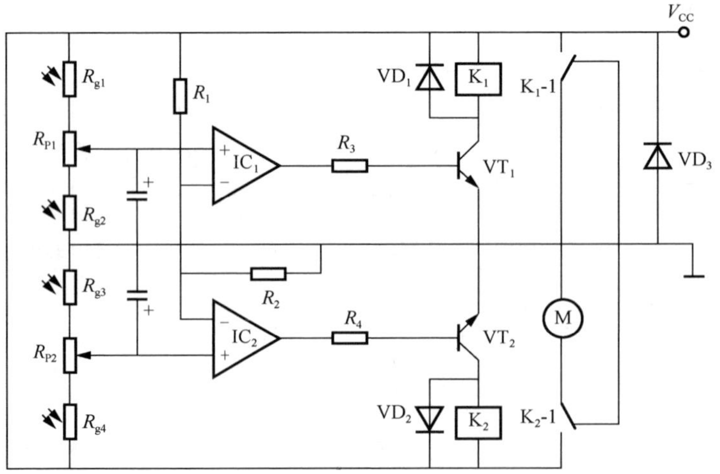

第 5 题图（a）

（1）当电动机正转时，流过 M 的电流方向为________（在“A．从上到下；B．从下到上；C．不确定”中选择合适的选项，将序号填入“________”处）。

（2）使用中发现电动机一直不能运转，不可能的原因是________（在“A．R_{P1} 的触点在最上方；B．R_2 短路；C．R_{g1} 和 R_{g2} 的位置接反”中选择合适的选项，将序号填在“________”中）。

（3）现要实现电动机反转时，发光二极管指示灯发光，请在局部电路图图（b）的虚线框 1 中选择合适的点连接发光二极管和色环电阻器。

（4）通过调试电路，使电动机停转时，三极管均处于截止状态。现发现该系统在满月的晚上时会受到干扰，可能导致电动机运转，因此在电路中加入 R_{g5} 和 R_{P3}［如图（c）所示］，即使在满月的晚上，R_{g5} 的阻值也很大，白天则阻值很小。请在局部电路图图（c）的虚线框 2 中用不超过 5 个与非门设计组合逻辑电路，实现晚上时电动机始终停转（其他功能保持不变）。

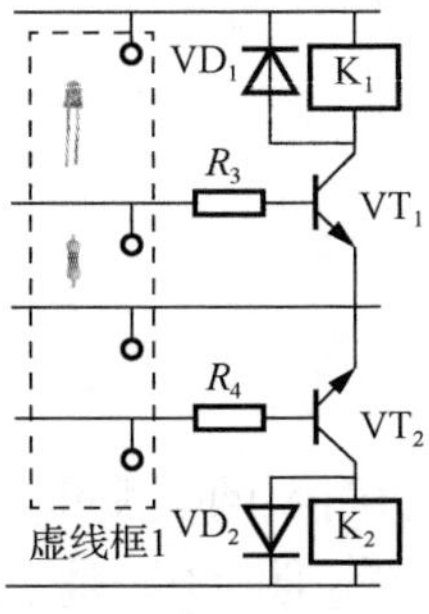

第 5 题图（b）

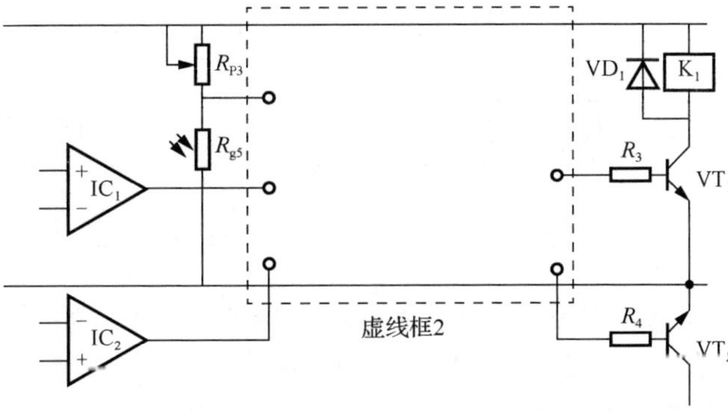

第 5 题图（c）

6．如图（a）所示为小明设计的疫苗冷链运输恒温控制电路。当温度高于上限温度时，继电器吸合，制冷器开始制冷；当温度低于下限温度时，继电器断开，制冷器停止制冷。图（a）中 R_t 为正温度系数热敏电阻，IC_1、IC_2 为同一芯片上的两个比较器。比较器的功能：当 $V_+>V_-$ 时输出高电平，当 $V_+<V_-$ 时输出低电平。请完成以下任务。

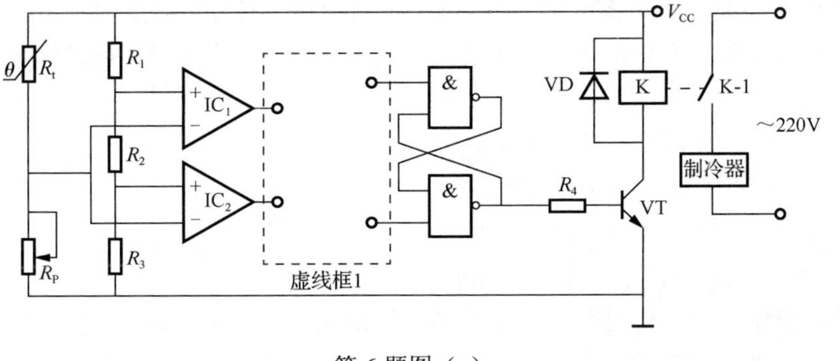

第 6 题图（a）

（1）当温度低于下限温度时，比较器 IC_1 输出________（A．高电平；B．低电平）。

（2）小明有一块四二输入或非门集成电路，请帮助小明用最少的逻辑门实现电路的控制要求并将逻辑电路画在图（a）虚线框 1 中。

（3）增大 R_2 的阻值，下列说法中正确的是________（A．上限温度被调高，下限温度被调低；B．上限温度被调低，下限温度被调高；C．上、下限温度都被调高；D．上、下限温度都被调低）。

（4）小明发现手边没有比较器集成电路。最终打算用 555 集成电路代替部分电路，请在图（b）虚线框 2 中将电路补充完整，以实现电路原有功能。

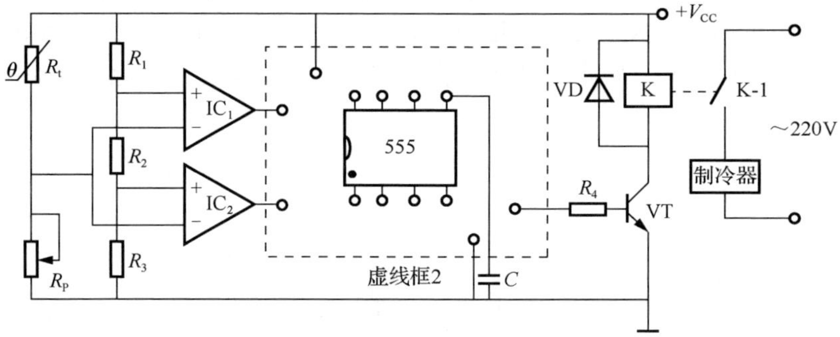

第 6 题图（b）

7．南方梅雨季节气候潮湿，衣服很难晾干。如图（a）所示为小明家的衣服烘干器，由于开启后一直吹热风导致耗电量极大，于是小明准备改良该烘干器。图（b）是小明为烘干器设计的优化电路，工作过程如下：接通电源，在仓内潮湿环境下，当温度低于下限温度时，仅电热丝加热；当温度在上下限温度之间时，风机吹热风；当温度达到上限后，电热丝断开，风机吹风，直到衣物干燥，风机停止工作，取出衣物。已知 R_t 为负温度系数热敏电阻，工作过程如表所示，请完成以下任务。

（1）小明设计的优化电路的控制方式属于________（A．开环电子控制；B．闭环电子控制）。

（2）根据功能要求补全图（b）虚线框 1 中的电路（使用不超过 4 个或非门实现）。

（3）关于该电路，下列描述中正确的是________（在下列选项中选择合适的选项，将序号填入“________”处）。

A．湿敏电阻器 R_S 应靠近风机放置

B．R_{P1} 触点上移，下限温度变高

C．只有干燥后，风机停止吹风

D．R_{P1} 与 R_{P2} 的调节不会相互干扰

（4）考虑工作效率，小明在烘干器两条拉链的上端分别装上干簧管和磁体，烘干器只有拉合拉链，电路才能工作，否则电热丝与风机都不会触发。根据功能要求补全图（c）虚线框 2 中的电路。

第 7 题图（a）

烘干器工作过程

环境	温度/℃	电热丝	风机
潮湿	T<20	加热	停止
潮湿	20<T<40	加热	吹风
潮湿	T>40	停止	吹风
干燥		停止	停止

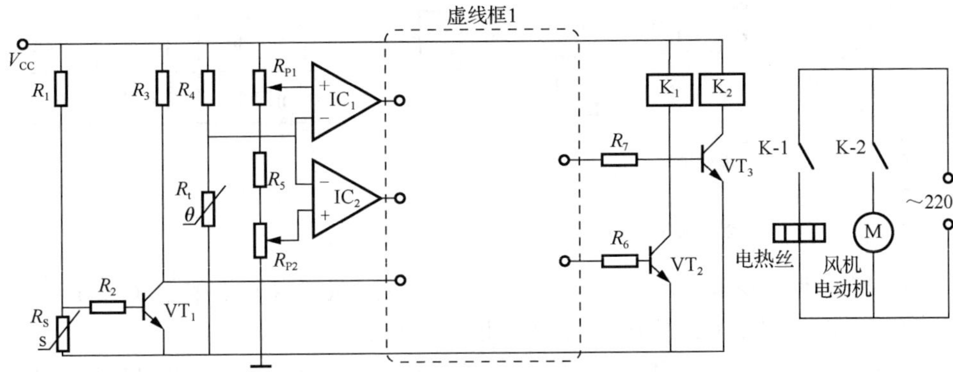

第 7 题图（b）

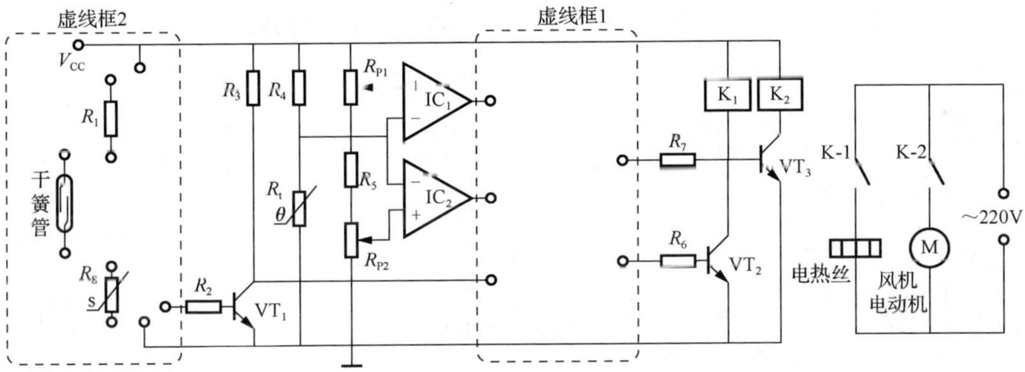

第 7 题图（c）

8．小明在通用技术课上设计了如图（a）所示的温度控制实验电路。热敏电阻 R_t 用于检测环境温度，VD_1、VD_2 分别表示排风扇、制冷机的运行状态（点亮表示启动，否则表示不启动）。温度控制功能要求如表所示，最终将环境温度稳定在 20～30℃。其中比较器的功能如下：当 $V_+>V_-$ 时输出高电平，当 $V_+<V_-$ 时输出低电平。请完成以下任务。

（1）电路图中 R_t 应选用________（A．正温度系数热敏电阻；B．负温度系数热敏电阻）。

（2）根据功能要求，完成虚线框 1 中电路的连线。

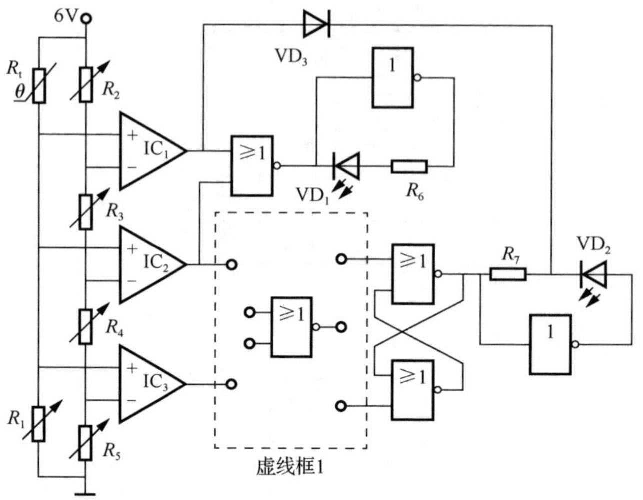

温度控制功能表

环境温度/℃	排风扇	制冷机
高于50	运转	不运转
30～50	运转	运转
20～30	不运转	保持
低于20	不运转	不运转

第 8 题图（a）

（3）调试时小明发现 R_3 短路，会导致________（A．保温区间下限 20℃变低；B．30℃时发光二极管 VD_1 熄灭；C．排风扇与制冷机同时运转）。

（4）小明打算将该电路应用于温度控制，如图（b）所示。请在虚线框 2 中设计继电器控制电路，并标明 K_1、K_2，要求三极管采用共发射极接法。提供的元器件有：NPN 与 PNP 型三极管各 1 个、2 个普通二极管、2 个继电器，完成电路连线。

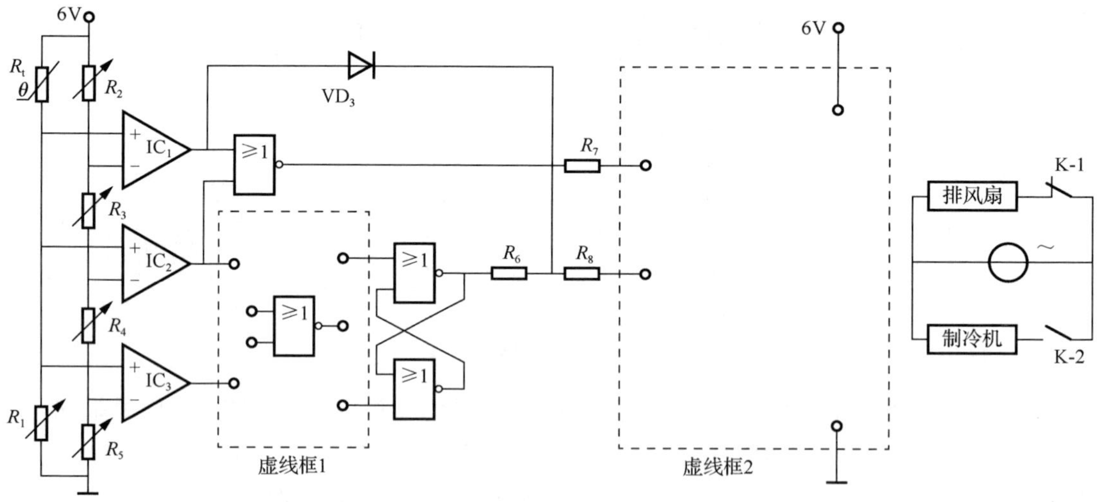

第 8 题图（b）

9．如图所示是小明设计的大棚内部温度控制电路，当温度高于上限值时，通风扇 M 工作；当温度低于下限值时，通风扇 M 不工作。其中，LM35 是一个温度传感器，其作用是直接将摄氏温度转换成数值等比的电压信号供后面电路使用。

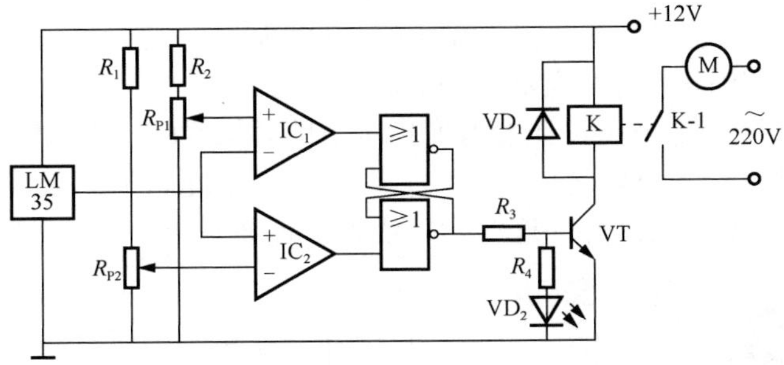

第 9 题图

（1）小明所设计的电路图中，发光二极管指示灯________（A．能；B．不能）正常工作。

（2）小明在前期查阅资料时发现 LM35 是一个输出电压与环境摄氏温度成负比例关系的温度传感器，根据题目需求，电压比较器 IC_1 和 IC_2 分别控制________（A．上限和下限；B．下限和上限；C．都可以）。

（3）小明在活动室搭建电路时发现没有或非门芯片并且只有一个比较器能正常使用，准备用二极管、NPN 型三极管重新设计电路，实现同样的功能。小明画出了部分电路，请在虚线框中用 1 个电阻器和 1 个二极管补全电路。

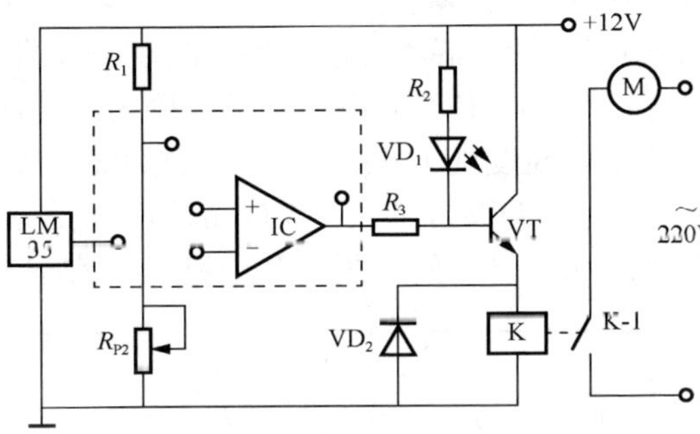

第 9 题（3）图

（4）由于大棚面积过大，通风扇效率过低，在实际操作时，小明决定当温度高于上限时，通过电动机正转（电流由“+”到“−”）将大棚薄膜翻起来，以便通风；当温度低于下限时，通过电动机反转（电流由“−”到“+”）将薄膜放下，请在虚线框中画出三极管驱动继电器工作的电路，要求三极管采用共发射极接法，标注 K_1、K_2。

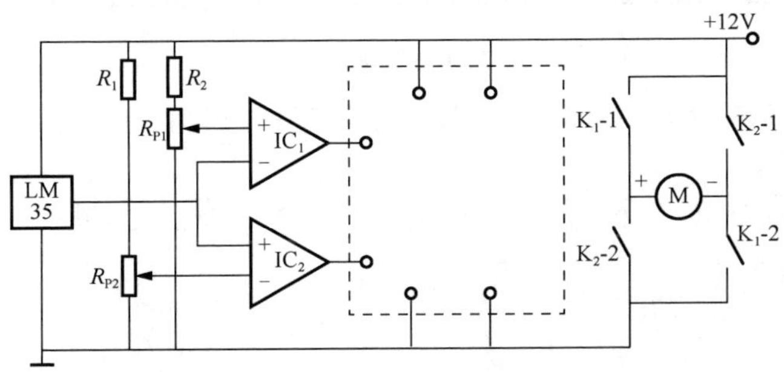

第 9 题（4）图

10．小明参观了农业园区的蔬菜大棚［图（a）］后，决定为家中的蔬菜大棚设计湿度指示电路和温度控制电路。请完成以下任务。

（1）如图（b）所示是小明设计的湿度指示电路。R_S 为负系数湿敏电阻（湿度越大，电阻越小）。当湿度处于上下限之间时，VD_2 发光；当湿度高于上限或低于下限时 VD_1 发光。请在虚线框 1 中完成元器件的连线，以实现上述要求。

（a）

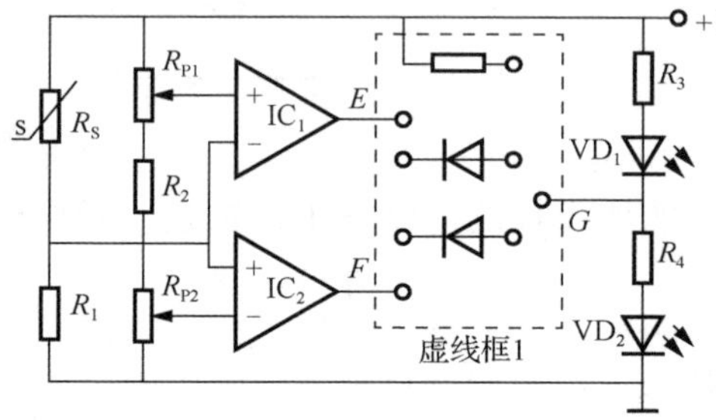

（b）

第 10 题图

（2）小明准备调低上限湿度，则应该将________（A．R_{P1} 触点上移；B．R_{P1} 触点下移；C．R_{P2} 触点上移；D．R_{P2} 触点下移）。

（3）如图（c）所示是小明设计的温度控制电路。R_t 为负温度系数热敏电阻。电路调试正常后 IC_3“V_+”的电位大于 IC_4“V_-”的电位。当大棚内温度高于 28℃时，VD_3、VD_4 都发光，表示风机高速运转；当温度处于 18℃和 28℃之间时，VD_3 不发光，VD_4 发光，表示风机低速运转；当温度小于 18℃时，VD_3、VD_4 都不发光，表示风机停止运转。请在虚线框 2 中用不多于 3 个“二输入与非门”画出其电路，以实现上述要求。

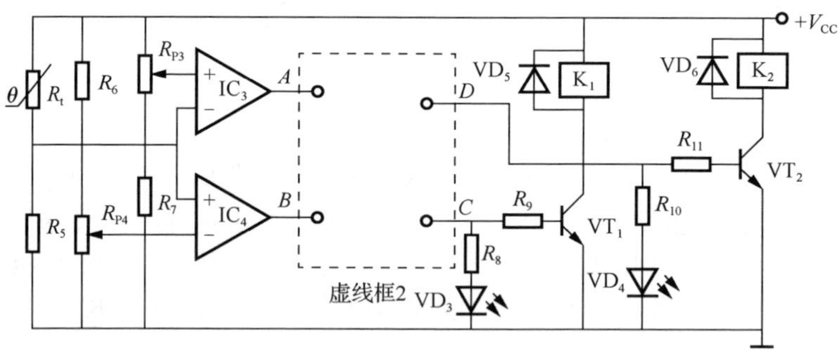

第 10 题图（c）

（4）用继电器驱动风机（风机串接调速器后低速运转），下列电路中正确的是____。

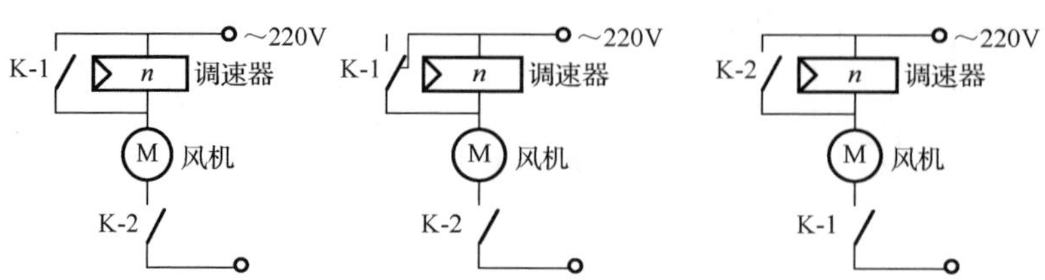

A.　　B.　　C.

11．小明设计了如图所示的负载短路保护电路，当触点 K-1 闭合时，若负载 R_L 发生过短路，触点 K-1 将一直断开，保护电路；当负载短路故障解除后，手动触发相应开关才能使触点 K-1 重新闭合，接通负载。当开关 S 刚闭合时，电容器 C 开始充电（相当于短路），继电器触点 K-1 断开。其中开关 SB_1、SB_2 按下时闭合，松开时断开。请完成以下任务。

（1）S 刚闭合时，a 点是________（A．低高平；B．高电平）。

（2）请在虚线框中画出三极管驱动继电器工作的电路，要求三极管采用共发射极接法。提供的元器件有：1 个电阻器、1 个合适的三极管、1 个继电器、1 个普通二极管。

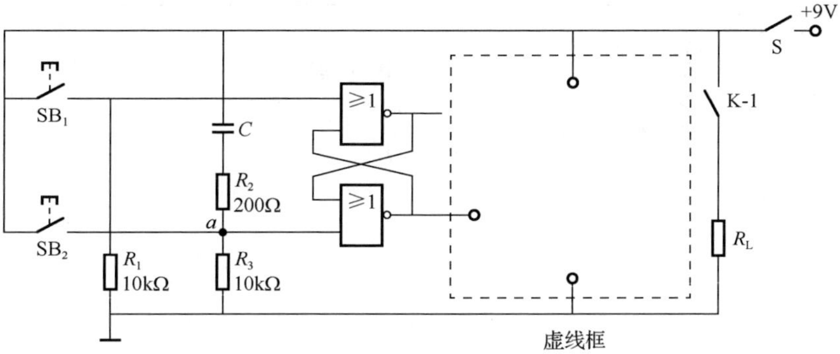

第 11 题图

（3）下列关于电路的分析中，正确的是________（多选）。

A．按下 SB_1，继电器 K 吸合；松开后，继电器断开

B．按下 SB_2，继电器 K 断开；松开后，继电器断开

C．电阻器 R_2 的作用是防止 SB_2 刚开始闭合时电容器放电产生的电流过大

D．SB_1、SB_2 同时按住不放，继电器 K 可能吸合

（4）小明搭接电路时发现，电子控制实践室里没有四二输入或非门集成电路，只有 NE 555 集成电路，小明重新设计了如下电路，使用 NE 555 集成电路的 7 脚驱动继电器，请在虚线框中连线，完成原电路功能（开关 SB_1、SB_2 的功能不变）。

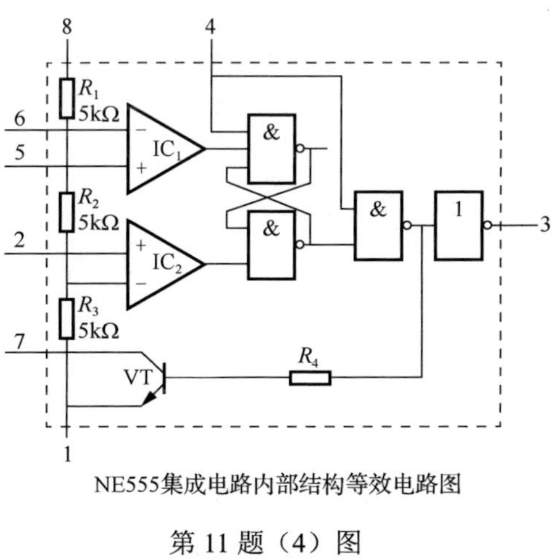

第 11 题（4）图

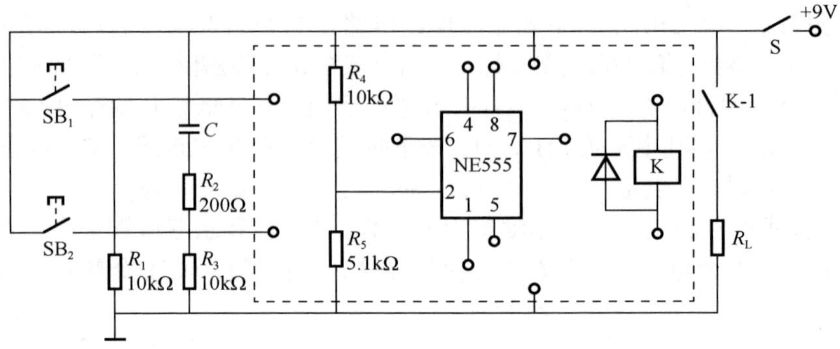
+9V
S
SB$_1$
SB$_2$
C
R_2
200Ω
R_1
10kΩ
R_3
10kΩ
R_4
10kΩ
R_5
5.1kΩ
4
8
6
7
NE555
2
1
5
K
K-1
R_L

第 11 题（4）图（续）

电路综合应用 3

1．小明设计了如图（a）所示的某儿童玩具电动车超速模拟指示电路，不同速度情况下测速编码模块输出端 A、B、C 输出相应的高、低电平信号，如表所示。根据电路图及功能表，请完成以下任务。

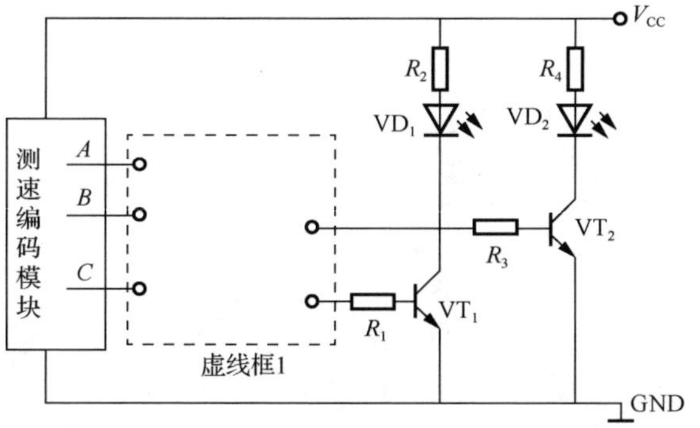

第 1 题图（a）

第1题功能表

速度v/(km/h)	输出信号		
	A	B	C
$0<v\leqslant3$	0	0	1
$3<v<5$	0	1	0
$v=5$	0	1	1
$5<v<7$	1	0	0
$v=7$	1	0	1
$7<v<8$	1	1	0
$v=8$	1	1	1

（1）当速度达到 5km/h 或超过 5km/h 时，VD_1 指示灯点亮；当速度达到 8km/h 时，VD_2 指示灯点亮。请在虚线框 1 中用最少数量的二输入逻辑门完成电路设计。

（2）儿童玩具电动车速度达到 8km/h 时，可能会出现危险情况，因此小明对电路进行了改进，当速度达到 8km/h 时，将控制电动车驱动电动机 M 停止转动，请在图（b）虚线框 2 和虚线框 3 中完成该电路连线。

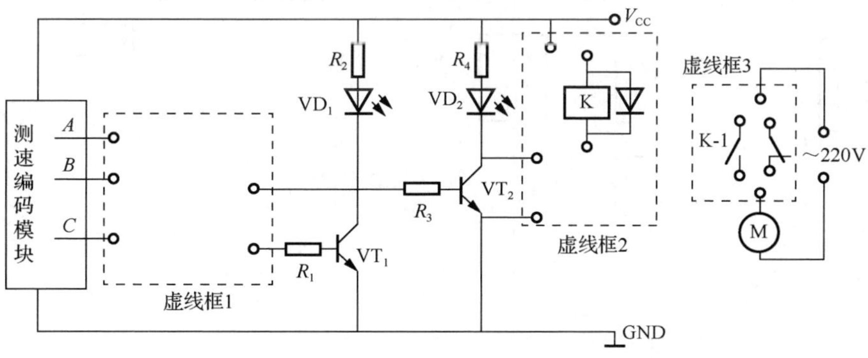

第 1 题图（b）

（3）小明发现当电动车的速度达到 8km/h 时，电动机停止转动；速度降至 8km/h 以下时，电动机又重新启动，存在安全隐患。于是小明对电路做进一步改进，当速度达到

8km/h 时，电动机停止转动，只有当电路重新启动，电动车才能正常运行。请在图（c）虚线框 4 中用一个合适的三极管及一个电阻器完成该电路的设计。

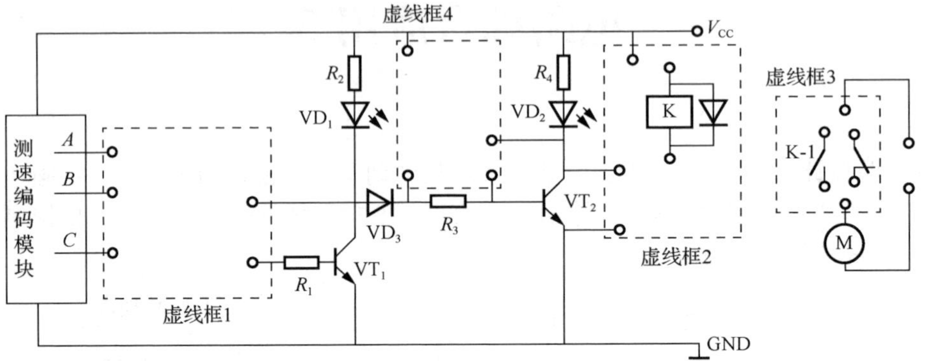

第 1 题图（c）

（4）设计完成后，小明在调试过程中发现：当电动车的速度达到 8km/h 时，VD_2 指示灯点亮且电动机始终在转动。可能的原因是________。（多选）

A．继电器线圈烧毁　　B．常开触点没连上

C．常闭触点没连上　　D．常开、常闭触点连在一起（并联）

2．小明设计了如图（a）所示的“出门带钥匙”提醒与玄关灯亮灭控制实验电路；图（b）是用发光二极管自制的显示屏；图（c）是显示屏，灯，红外光发射、接收模块的分布示意图。红外光束被遮挡时，对应接收模块的 2 脚由低电平跳变为高电平。出门经过“1”到达“2”时，显示屏发光，提醒人带钥匙；人离开“2”一段时间后显示屏熄灭。进门显示屏不发光。当环境光线变暗，出门或进门到达“2”时灯点亮；人离开，灯延时熄灭。延时器输出端的高电平比输入端高电平的持续时间长 n 秒（足够长）。请完成以下任务。

（1）请用合适的逻辑门，补全虚线框 1 中的电路，实现显示提醒功能，要求电路简单。

（2）请用二输入或非门设计虚线框 2 中的电路，实现玄关灯控制功能，要求电路简单。

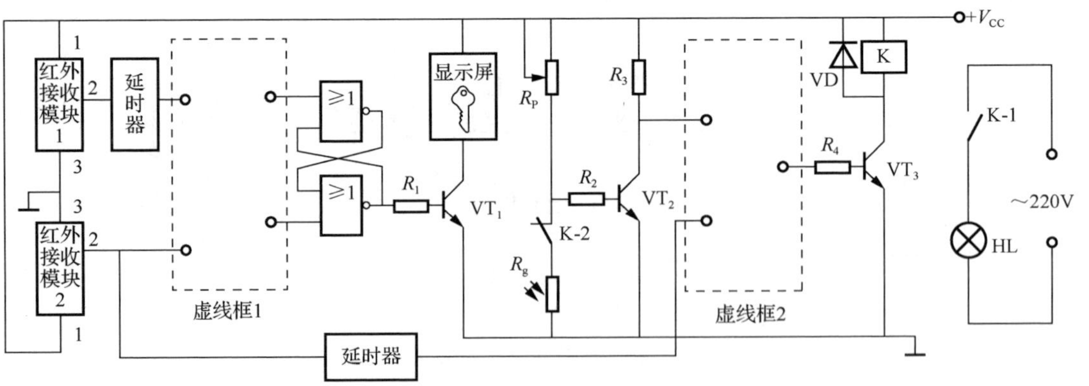

（a）

第 2 题图

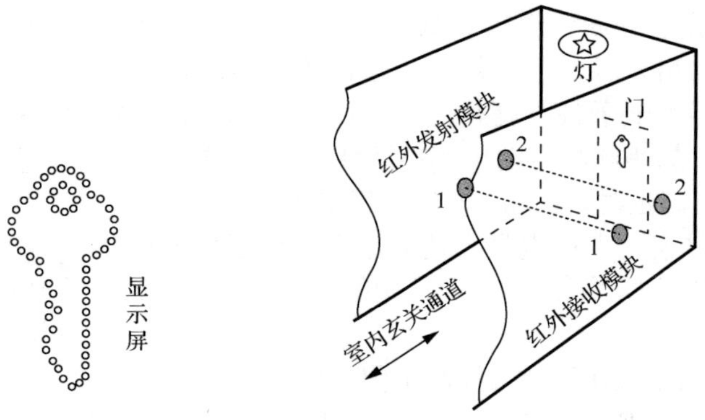

（b）　　　　　　　　　　（c）

第 2 题图（续）

（3）小明重新设计了如图（d）所示的电路，其中 555 集成电路功能如表所示。

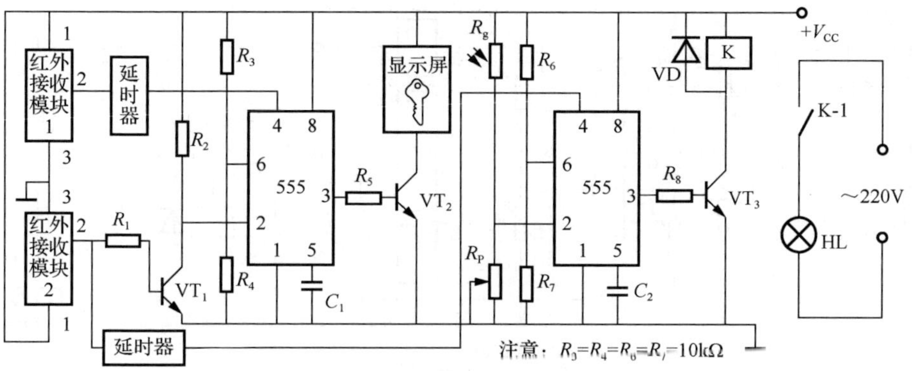

第 2 题图（d）

555集成电路功能表

4脚	2脚	6脚	3脚
低电平	任意	任意	低电平
高电平	$<V_{CC}/3$	任意	高电平
高电平	$>V_{CC}/3$	$>2V_{CC}/3$	低电平
高电平	$>V_{CC}/3$	$<2V_{CC}/3$	保持

对照图（a）、图（d）两个电路，希望环境光更暗时，灯才能点亮，下列分析中合理的是________［在“A．图（a）调大 R_P 的阻值，图（d）调小 R_P 的阻值；B．图（a）调小 R_P 的阻值，图（d）调大 R_P 的阻值；C．均调大 R_P 的阻值；D．均调小 R_P 的阻值”中选择合适的选项，将序号填入“________”处］。

（4）对照图（a）、图（d）两个电路，下列分析中不合理的是________［在“A．图（a）中 K-2 的作用是避免因灯光照到 R_g 产生干扰；B．图（d）因省去了 K-2，灯光照到 R_g 会产生干扰；C．图（d）中 R_7 改用 33kΩ 电阻器，灯光照到 R_g 会产生干扰”中选择合适的选项，将序号填入“________”处］。

3．如图所示是小明设计的孵化箱温度控制电路。R_{t1}、R_{t2} 为相同型号的负温度系数热敏电阻，安装在孵化箱内的相邻位置，用发光二极管和光敏电阻来检测箱内是否有鸡蛋。

箱内有鸡蛋时，R_g 光照变弱。箱内有鸡蛋时，若箱内温度低于下限，则电热丝加热，箱内温度高于最佳孵化温度时，停止加热；箱内有鸡蛋时，若箱内温度高于上限，则电动机运转降温，箱内温度低于最佳孵化温度时，停止降温；将箱内温度控制在最佳孵化温度。箱内无鸡蛋时，加热丝与电动机都不运转。请根据要求完成下列各题。

（1）孵化箱中有鸡蛋时，C 端（VT_1 的集电极）的电位是________（在“A．高电位；B．低电位；C．无法确定”中选择合适的选项，将序号填写在“________”处）。

（2）根据电路和描述，下列说法中正确的是________（选择合适的选项，将序号填写在“________”处）。

A．IC_1 控制上限温度，IC_2 控制下限温度

B．调大 R_5 的阻值，可以调高上限温度

C．VD_1 无法起到电源指示灯作用

D．继电器 K_1 控制加热丝的运转

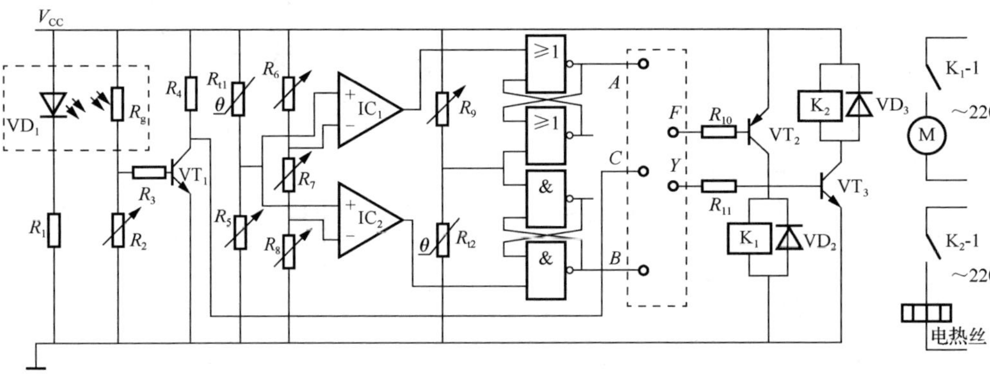

第 3 题图

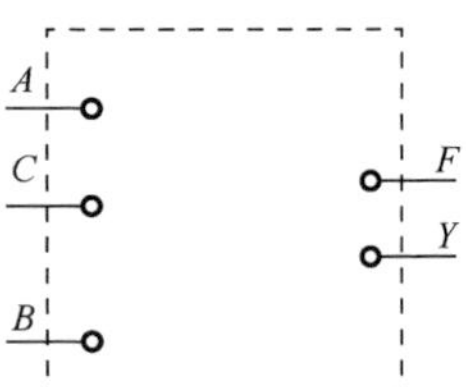

第 3 题（3）图

（3）请在虚线框中利用一块四二输入与非门集成电路设计逻辑电路（不需要绘制集成电路，只需绘制与非门），实现电路功能。

（4）在实际使用中，或非门集成电路中只有 1 个或非门单元可以正常使用，小明准备用 555 集成电路和剩余的 1 个或非门来替代题图中的或非门触发器及相关逻辑电路，555 集成电路的功能如表所示。

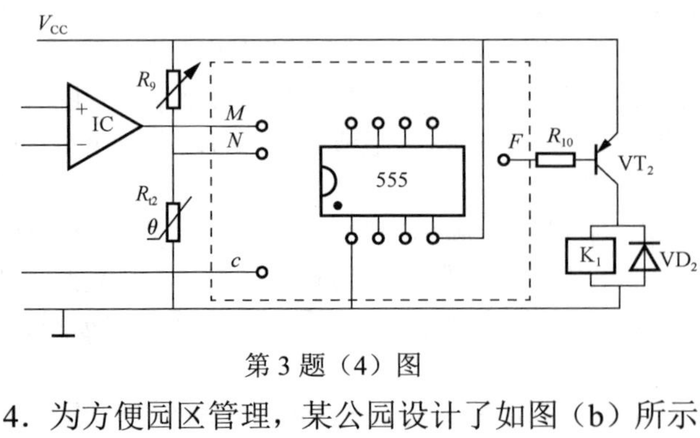

555集成电路功能表

1脚	2脚	6脚	3脚	7脚	8脚
GND	$<V_{CC}/3$	任意	高电平	断开	V_{CC}
	$>V_{CC}/3$	$<2V_{CC}/3$	保持	保持	
	$>V_{CC}/3$	$>2V_{CC}/3$	低电平	接地	

第 3 题（4）图

4．为方便园区管理，某公园设计了如图（b）所示的单向进园门禁电路。该电路由遮光检测模块、人脸识别模块和指纹识别模块组成。遮光检测模块用于判断有无来客，当

有来客时，发光二极管的光线被遮挡。人脸识别模块和指纹识别模块均用于验证来客身份，任一模块认证通过时该模块输出短暂高电平，否则输出低电平。当有来客经人脸识别或者指纹识别模块验证通过时，来客需原地等待，电动机缓慢正转将大门打开；当遮光检测模块检测到人通过大门后，且行程开关 SQ_1 断开，电动机反转关门。其中，K_1 吸合，电动机正转；K_2 吸合，电动机反转。门完全打开会将行程开关 SQ_1 撞断开，门完全关闭会将行程开关 SQ_2 撞断开。当延时模块的输入为高电平时，输出端会产生一个时间足够长的高电平。

（1）当有来客时，比较器的输出 F 为________（A. 高电平；B. 低电平；C. 无法确定）。

（2）为了在没有来客时，降低整个电路的功耗，请在图（b）的虚线框 1 中连入一个合适的三极管。

（3）请在图（b）的虚线框 2 中连线，在虚线框 3 中用最少的二输入或非门连线，实现电路功能。

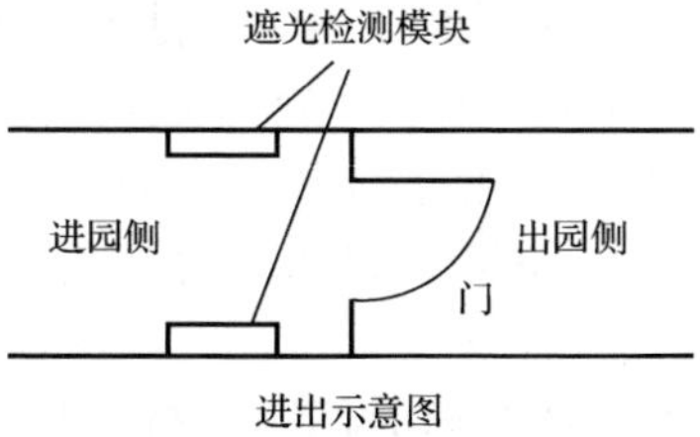

（a）

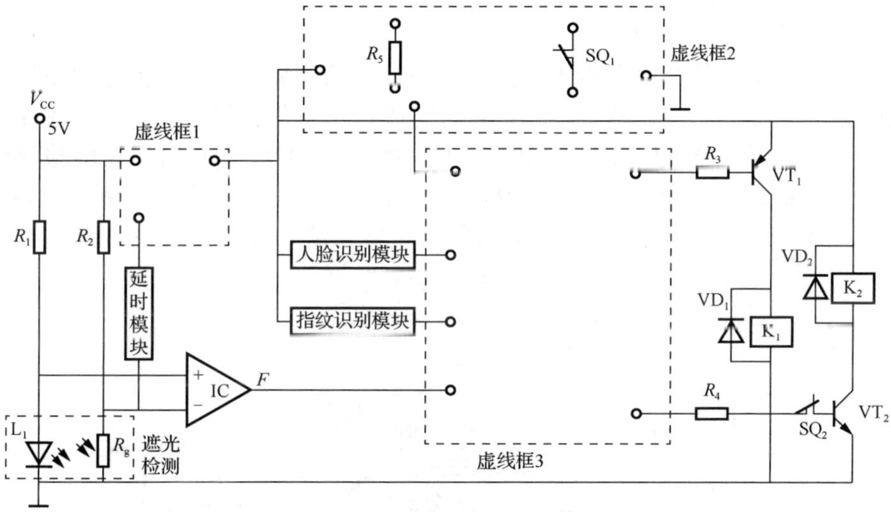

（b）

第 4 题图

5. 如图所示是小明利用时间发生器（每到需要升旗或降旗的设定时间会输出一个持续一定时间的高电平，随后输出低电平）为学校设计的每周一升旗仪式使用的升旗控制系统：当到达升旗时间时，按下按钮 SB_1（按下时接通，松开后立即弹起断开），电动机正转实现升旗；当旗帜升至最高点，顶住旗杆顶部，按下 SB_2 使之闭合，电动机停转；当到达降旗时间时，电动机反转实现自动降旗（降旗时间忽略不计）。请根据题目要求，完成以下任务。

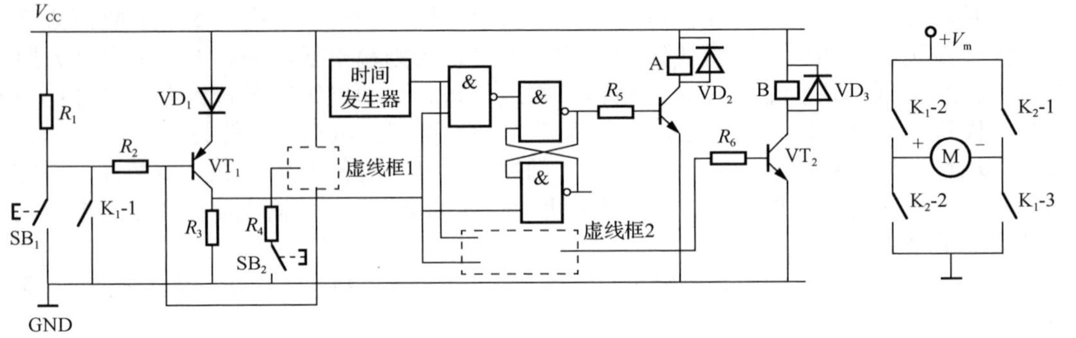

第 5 题图

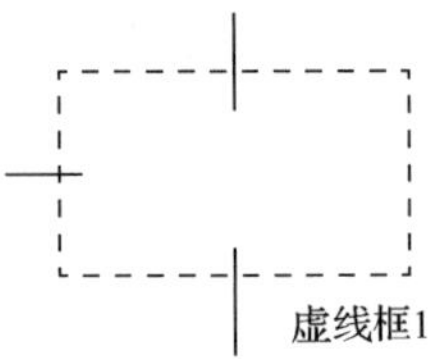

（1）小明设计的实验电路的控制方式属于________（A．开环电子控制；B．闭环电子控制）。

（2）根据题目要求，A、B 处的继电器分别是________（A．A 处为 K_1，B 处为 K_2；B．A 处为 K_2，B 处为 K_1）。

（3）根据题目要求选择合适的三极管填入虚线框 1 中。

（4）为实现电路功能，请用一块四二输入与非门集成电路在虚线框 2 中完成电路连接。

（5）小明在调试电路时发现到达升旗时间时，按下按钮 SB_1，无法成功升旗，下列原因中不可能的是________（A．R_2 短路；B．R_3 短路；C．R_5 短路）。

6．如图（a）所示是充电专用车位防占用系统。功能如下：车位上停有车辆时，5min 内未开始充电，则平台上升，腾空车位；只有完成扫码缴费且下方无车辆时才能降下可升降平台。平台升降子系统的部分电路如图（b）所示，车位上有车时，车辆检测传感器输出高电平；无车时输出低电平，控制模块功能如表所示。平台上升、下降到极限位置，分别触碰按钮 SB_1、SB_2，开关断开，电动机停止运转。请完成以下任务。

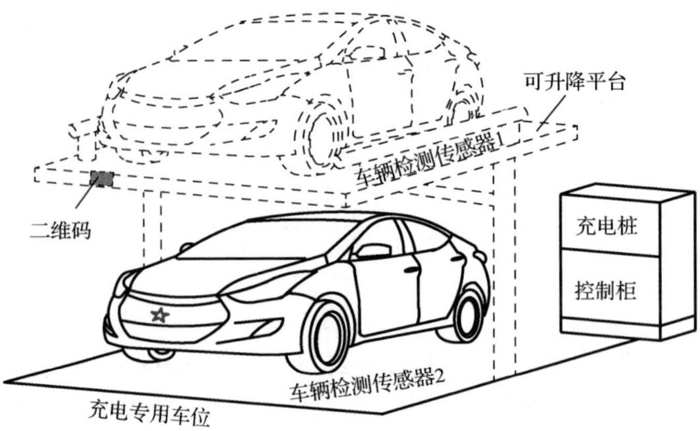

（a）

第 6 题图

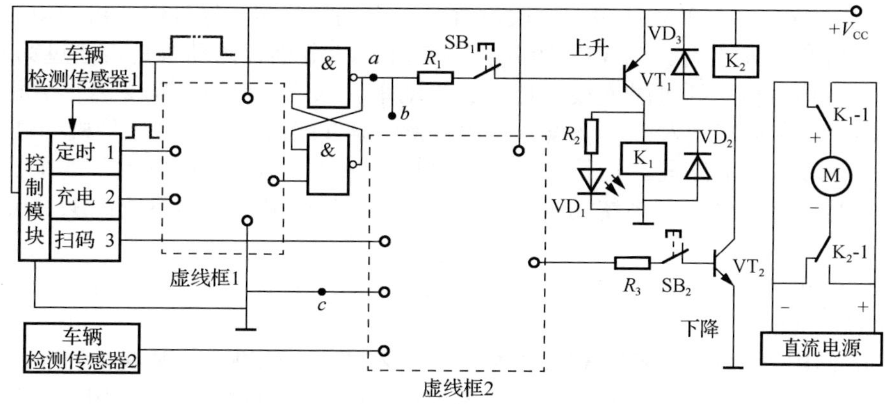

（b）

第 6 题图（续）

控制模块功能表

1 脚（定时）	2 脚（充电）	3 脚（扫码）
车辆停入车位时，输出 5min 高电平	有车充电时输出高电平	完成扫码缴费输出高电平
其他时段低电平	无车充电时输出低电平	平台下降到底或扫码缴费未完成输出低电平

（1）请用二极管和电阻器补全虚线框 1 中的电路，实现平台上升功能，要求电路简单。

（2）请用二极管、电阻器及不超过两个二输入与非门补全虚线框 2 中的电路，实现平台下降功能，要求电路简单。

（3）使用一段时间后，出现“车辆停入车位，始终不充电，但平台不会上升”的故障，依次进行以下检测，以下故障分析合理的是________（A．断开 a 点，接通 b、c 两点，指示灯 VD_1 不发光，则 a 点左侧电路肯定正常；B．短接 SB_1，VD_1 发光，则 SB_1 损坏；C．VD_1 发光，平台仍不上升，触摸电动机无振动感，则说明电动机损坏）。

（4）现准备用干簧管 1、2 依次实现 SB_1、SB_2 的限位功能，平台上升、下降到极限位置，磁铁靠近，干簧管 1、2 分别导通，电动机停止。请选择合适端子连线，补全虚线框 3 中的电路。

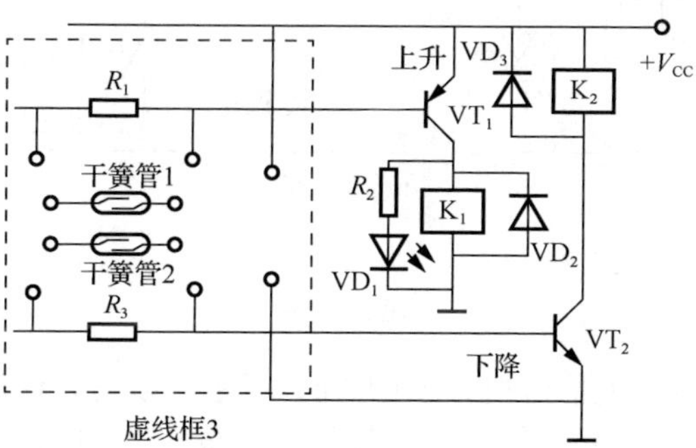

第 6 题（4）图

7. 如图（a）所示，单向铁路上分段设置了一系列信号机，每台信号机的电路都相同，图中为第 n 台和第 n+1 台。用 VD_1 和 R_{g1}、VD_4 和 R_{g2} 分别检测动车是否通过第 n 台信号机、第 n+1 台信号机，通过时光线被挡住。当动车驶入第 n 路段，第 n 台信号机绿灯灭、红灯亮，禁止后方动车驶入第 n 路段；当动车驶出第 n 路段，第 n 台信号机绿灯亮、红灯灭，允许后车驶入第 n 路段。初始时各信号机均为绿灯。路段长度远大于动车长度。

（1）信号机红绿灯控制系统属于________（A. 开环电子控制系统；B. 闭环电子控制系统）。

（2）VD_2 和 VD_6 分别是________（A. 红灯，红灯；B. 绿灯，绿灯；C. 红灯，绿灯；D. 绿灯，红灯）。

（3）调试中发现发光二极管 VD_2 和 VD_3 亮度不够，小明准备加装两个灯泡，如图（b）所示。请在虚线框中画出三极管驱动继电器工作的电路，要求三极管采用共发射极接法，并标注 K_1 和 K_2。提供的元器件有：2 个三极管、2 个普通二极管、2 个电阻器（10kΩ）和 2 个继电器（额定电压为 5V，吸合电压为 4V，线圈电阻为 50Ω）。

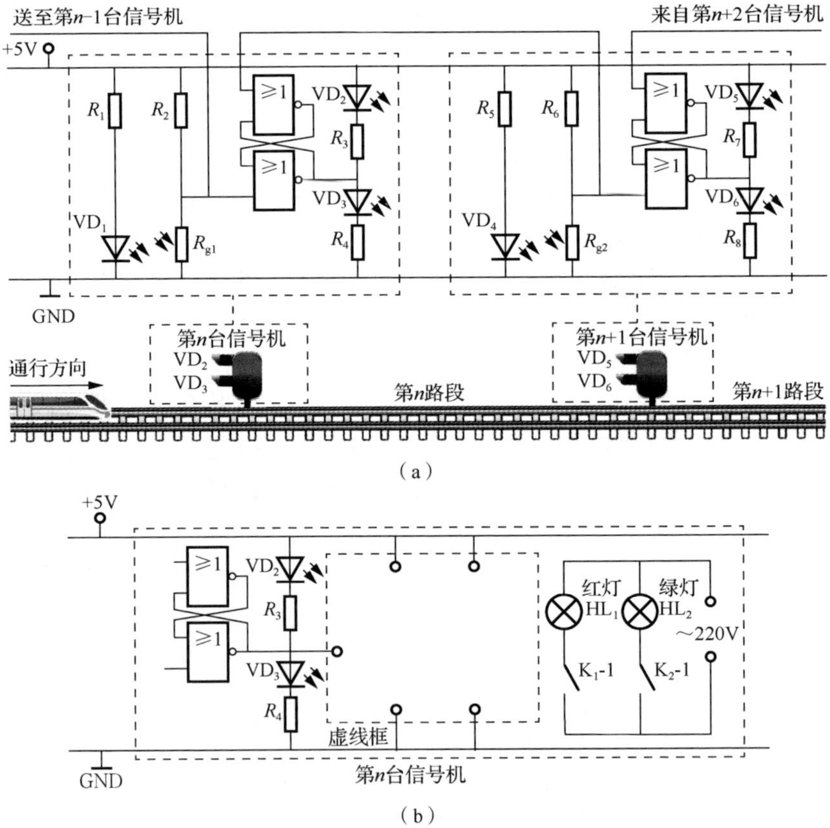

第 7 题图

（4）小明想同步升级这批信号机，如图（c）所示，以第 n 台信号机为例。①增设手动功能。按一下 SB_1，第 n 台信号机绿灯灭、红灯亮；按一下 SB_2，第 n 台信号机绿灯亮、红灯灭（SB_1、SB_2 均为开关，按下接通，松开断开）。②提高安全系数。当动车驶入第 n 路段，第 n 台信号机绿灯灭、红灯亮；当动车驶出第 n+1 路段，第 n 台信号机绿灯亮、红灯灭。小明已经画好升级后的部分电路，请在图（c）的虚线框中选择合适的端子，使用一块四二输入或非门集成电路帮他完成电路设计，要求电路图尽可能简单。

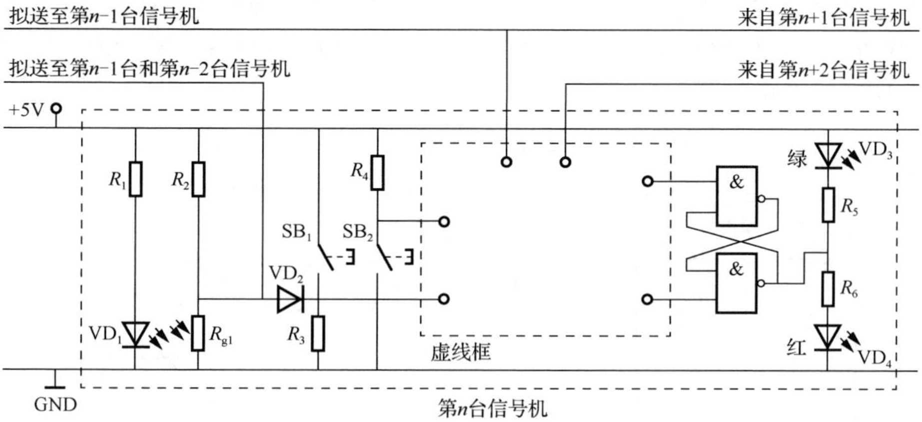

第 7 题图（c）

8．小明在家中制作了窗户自动开关装置，设计了其控制电路。如图所示，R_o 为检测窗外气体污染程度的气敏传感器，污染物浓度大，电阻就大；R_g 为光敏电阻，用于检测室外光线的强弱；R_s 为负电阻特性的湿敏传感器，用于检测是否有雨；M 为减速电动机，电动机正转开窗（电流从“+”到“−”）。电路的功能如下：当窗外污染物浓度较低、白天且不下雨时窗户自动开启通风，否则自动关窗。根据以上描述完成以下任务。

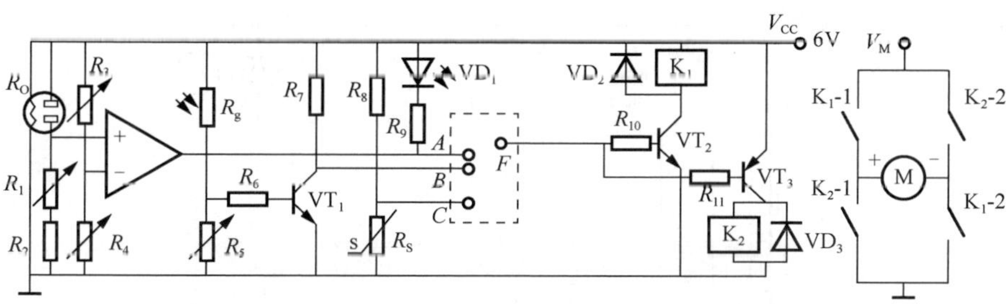

第 8 题图

（1）该电路肯定不需要用到的电子元器件是________。

A.

B.

C.

D.

（2）小明在调试过程中发现，无论如何调节 R_3、R_4 的阻值，发光二极管 VD 始终不亮，下列原因中不可能的是________（在“A．R_9 断路；B．R_o 虚焊；C．R_2 的阻值太大；D．电压比较器损坏”中选择合适的选项填入“________”处）。

（3）请用若干二输入或非门连接上图虚线框电路，实现上述电路功能。

（4）小明在调试结束后发现该设计还存在很多人机关系的问题，例如，当窗户打开后电动机还是在运行，现在需要设计窗户完全打开或关闭后能自动关闭电动机的功能，用如图所示的行程开关实现，已知 SQ_1 在打开一侧，SQ_2 在闭合一侧，请帮助小明完成电路的设计。

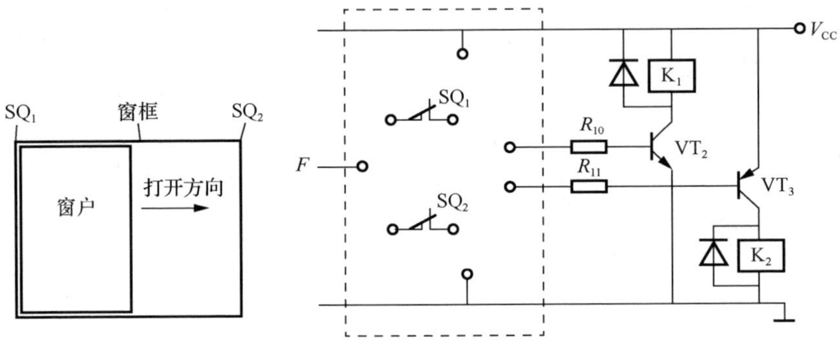

第 8 题（4）图

9．如图（a）所示为小明设计的水箱水位控制电路。当水位低于探头 a 时启动注水水泵电动机 M_1 往水箱加水，当水位达到探头 c 时停止加水。已知稳压二极管 VD_1 反向击穿后稳压值为 6V，当外加电压小于 6V 时则不能导通；电路中各电阻器的阻值如图所示，请完成以下任务。

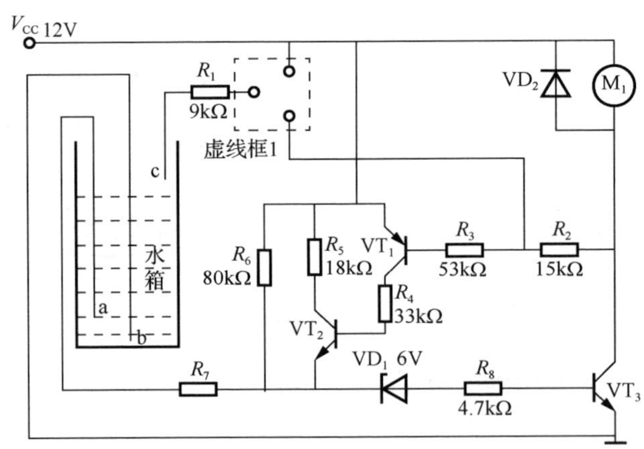

第 9 题图（a）

（1）下列关于电路中各个半导体元器件的工作状态的说法中不正确的是________（在“A．VT_1 导通时 VT_2 肯定也导通；B．VT_2 导通时 VD_1 处于反向击穿稳压状态；C．VT_3 截止时 VD_2 肯定导通”中选择合适的选项，将序号填入“________”处）。

（2）请在虚线框 1 中接入一个合适的三极管以实现自动停止加水的控制目的。

（3）为确保电路可靠工作，R_7 的阻值可选用________（在“A．30kΩ；B．130kΩ；C．230kΩ”中选择合适的选项，将序号填入“________”处）。

（4）小明搭建电路后进行测试，发现水位低于探头 a 时水泵电动机始终无法运转，造成该问题的原因可能是________（在“A. R_4 虚焊；B. R_8 桥接；C. R_6 虚焊；D. R_2 的阻值过大”中选择合适的选项，将序号填入“________”处）。

（5）小明考虑水箱水质变化，在水箱中安装了数字水质检测装置，在水质低于标准时，装置可输出高电平；当水质高于标准时，装置可输出低电平［图（b）］。小明希望当水质低于标准且注水电动机 M_1 不工作时，系统可自动启动排水电动机 M_2 进行排水，当水位降至探头 a 以下时排水停止，启动 M_1 开始注水。请在虚线框 2 中使用 1 个二输入或非门和 1 个二输入与非门完成电路设计。

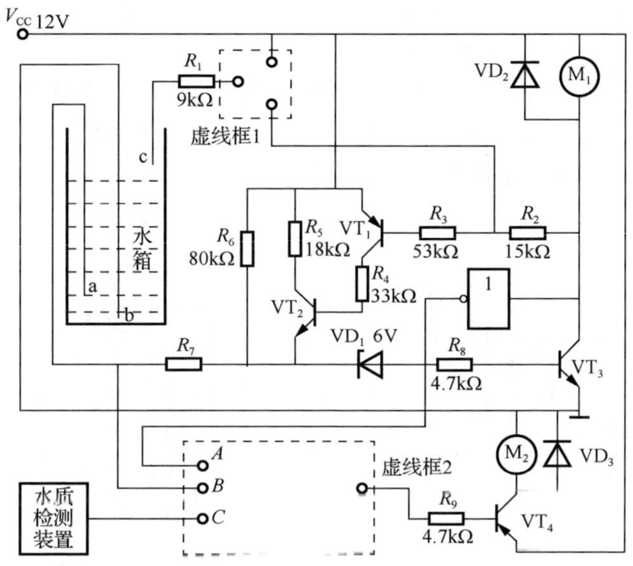

第 9 题图（b）

10. 小明发现自家蔬菜大棚在湿度低且温度高及湿度高且温度低这两种情况下都不利于蔬菜生长，因此设计了如图所示的报警电路，湿敏电阻湿度越高，电阻越小。在上述不利于蔬菜生长的情况时亮红灯，其他情况亮绿灯。根据电路图和功能要求完成下列任务。

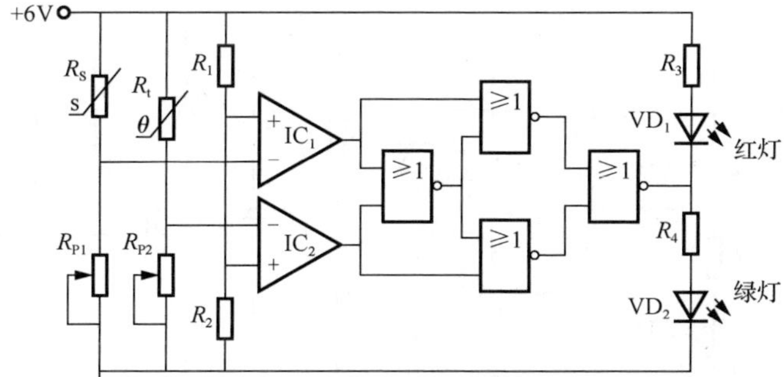

第 10 题图

（1）热敏电阻 R_t 是________（A. 正温度系数；B. 负温度系数）。

（2）小明选用热敏电阻时误选用了相反系数的热敏电阻，调试却成功了，以下原因不可能的是________（A．R_t和R_{P2}的位置互换了；B．IC_2的输入端口互换了；C．R_2和R_1的位置互换了）。

（3）根据电路图参数，小明选择的集成电路属于________类型（A. TTL；B. CMOS），其引脚排列正确的是________。

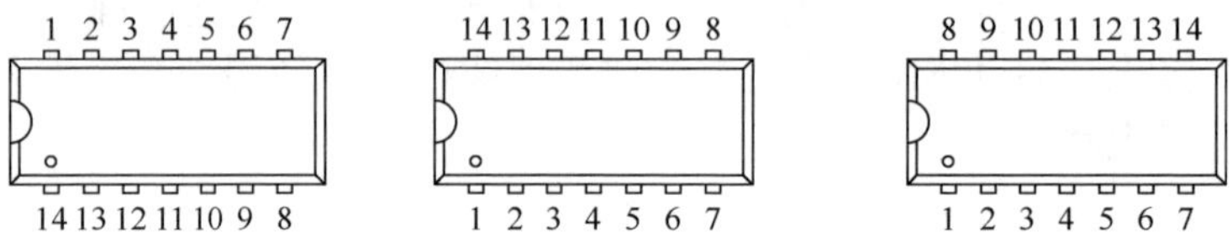

A.　　B.　　C.

（4）小明发现集成电路的一个或非逻辑模块无法使用，准备用二极管、电阻器和555集成电路重新设计电路，实现同样的功能。555集成电路功能如表所示。小明画出了部分电路，请在虚线框中完成剩余部分电路的设计。

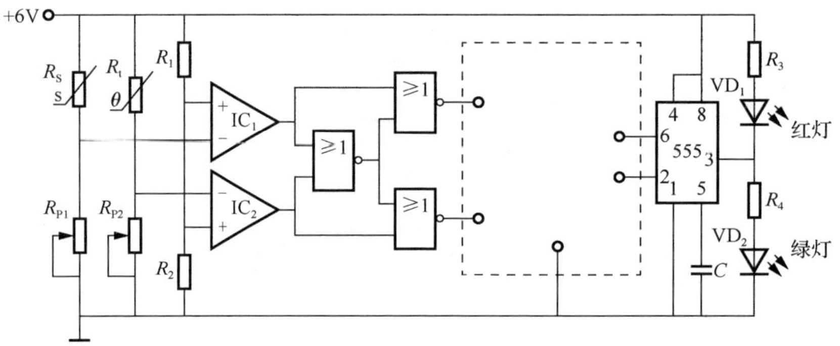

555集成电路功能表

2脚	6脚	3脚
$>V_{CC}/3$	$>2V_{CC}/3$	低电平
$>V_{CC}/3$	$<2V_{CC}/3$	保持
$<V_{CC}/3$	任意	高电平

第10题（4）图

11．如图所示是小明设计的光控插座电路，当用手电筒使VP受到短暂的光照时，继电器吸合，K-2闭合，插座（XS）通电；VP受到长时间光照时，继电器释放，K-2断开，插座（XS）失电。请根据要求完成下列各题。

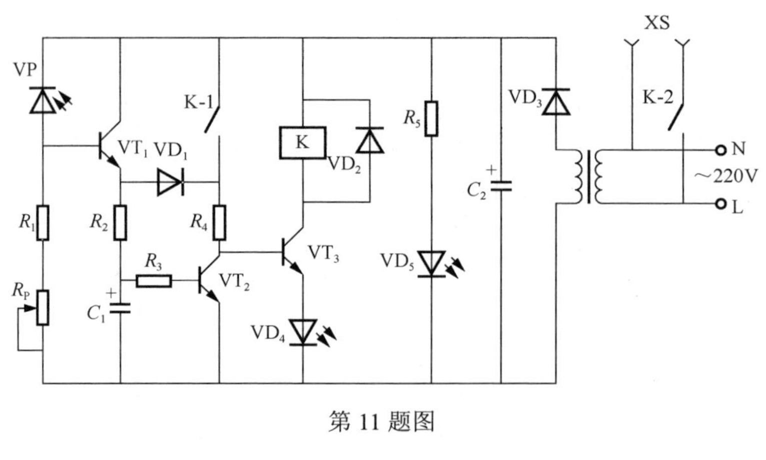

第11题图

（1）VP 受到短暂的光照时，三极管 VT_1、VT_2 的工作状态________（A．VT_1 截止，VT_2 饱和导通；B．VT_1 饱和导通，VT_2 截止；C．VT_1 放大，VT_2 截止）（单选）；电容器 C_1 与 C_2 在电路中的作用________（A．相同；B．不相同）（单选）。

（2）小明在测试电路时，发现插座（XS）在短暂照射时，通电后又快速失电了，下列最有可能造成这种现象的是________（A．电容器 C_1 过大；B．电容器 C_1 过小；C．电阻器 R_2 的阻值过大；D．电阻器 R_2 的阻值过小；E．VD_1 断路）（多选）。

（3）小明通过对电路的分析，发现触点 K-1 用其他元器件替代依旧可以实现原有功能，请在虚线框中将电路补充完整。

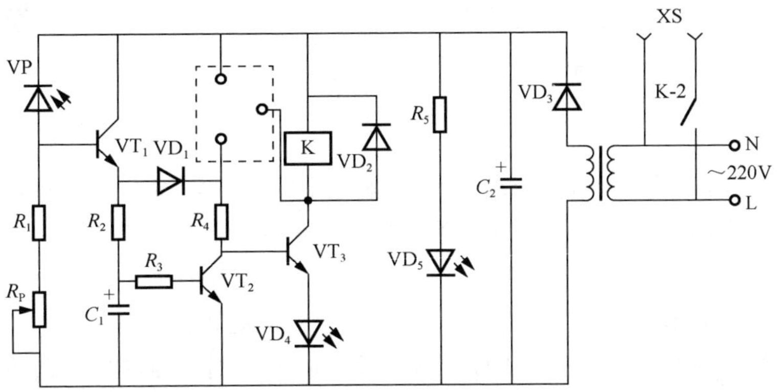

第 11 题（3）图

（4）小明想采用一块四二输入或非门集成电路改装该电路，使其依旧拥有原有功能，请在虚线框中将电路补充完整。

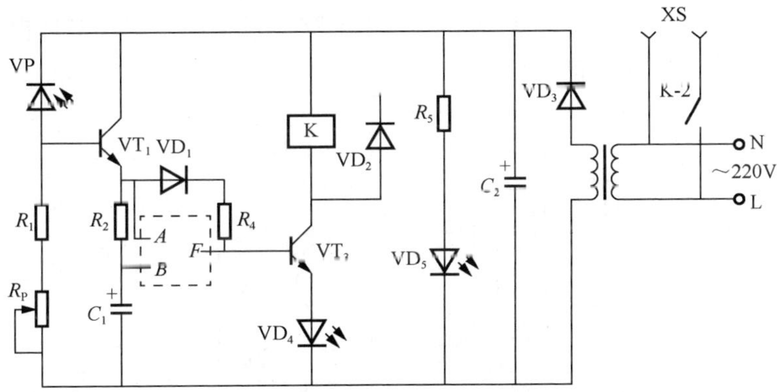

第 11 题（4）图

12．如图（a）所示是小明初步构思的门禁闸门控制系统电路图，图（b）是门禁闸门结构示意图。刷卡时，若门卡信息匹配正确，则打开闸门并在刷卡 10s 后关闭闸门（暂不考虑闸门开、关到位时电动机如何停止）；绿色发光二极管点亮指示闸门打开状态，红色发光二极管点亮指示闸门关闭状态。其中，IC_1 为刷卡检测电路，若门卡信息匹配正确，则 IC_1 输出一个低电平脉冲信号（脉冲结束后稳定为高电平）。请完成以下任务。

（1）根据电路原理分析，红色发光二极管是________（单选）。

A．VD_1　　B．VD_2　　C．VD_3　　D．VD_4

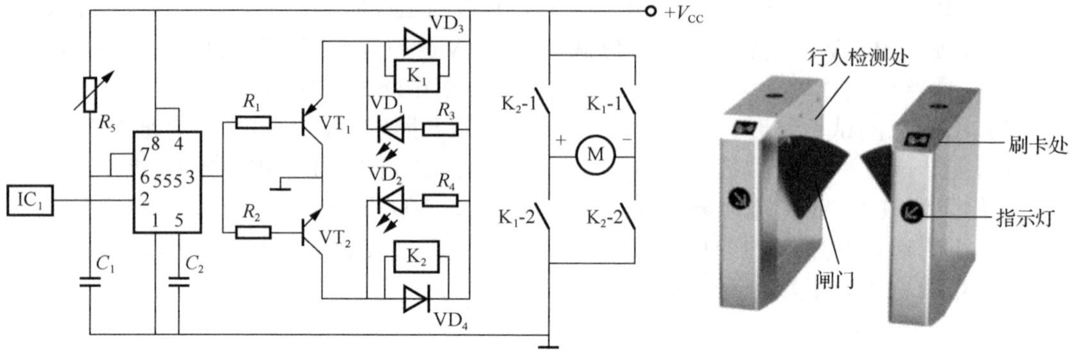

（a）　　　　　　　　　　　　　　　　　　　（b）

第 12 题图

（2）小明搭建了电路并通电测试，当 555 集成电路的 3 脚输出为低电平时，VD_1、VD_2 同时不亮，无法正确指示闸门的打开与关闭状态，可能的原因有________（多选）。

A．VT_1 发射结断路　　　　B．VT_2 发射结断路

C．R_3 的阻值偏大　　　　D．R_4 的阻值偏小

（3）小明发现刷卡 10s 后闸门关闭，容易导致刷卡人通过后其他人跟随进入。小明修改了电路功能要求：若检测到有人通过闸门，则马上关闭闸门，无人通过则 10s 后关闭闸门。小明在门禁结构［图（b）］的行人检测处添加了一个人体检测电路，图（c）所示的电路图中 IC_2 为人体检测电路，若检测到有人体通过，IC_2 输出一个低电平脉冲信号（脉冲结束后稳定为高电平）。请在虚线框 1 中补全电路，以实现上述功能。提供的元器件有 1 个电阻器、1 个合适的三极管。

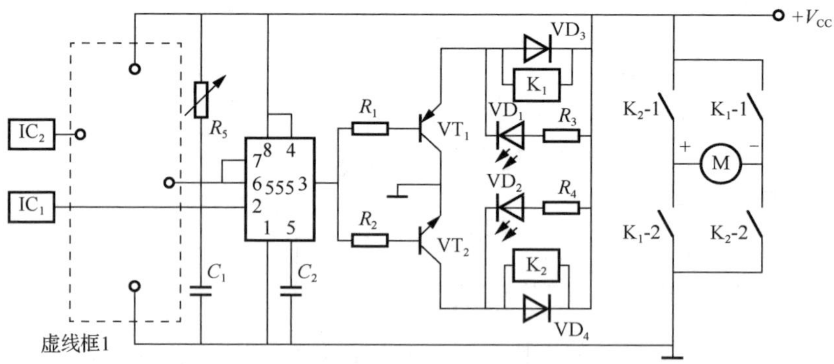

第 12 题图（c）

（4）闸门开、关到位时电动机若继续运转可能导致损坏，小明想使闸门完全打开或关闭时电动机停止运转，请在图（d）虚线框 2 中重新设计继电器控制电动机正反转的电路，并标明 K_1-1、K_1-2、K_2-1、K_2-2，要求电路连线简单。提供的元器件有：限位开关 S_1（闸门完全闭合时断开）和限位开关 S_2（闸门完全打开时断开）。

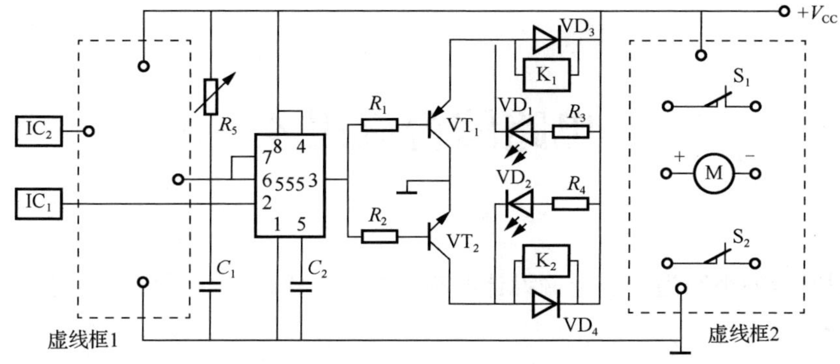
+V_{CC}
VD3
K1
S1
R1
VT1
VD1
R3
IC2
R5
8 4
7
6 555 3
2
1 5
IC1
M
+
−
VD2
R4
R2
VT2
S2
K2
C1
C2
VD4
虚线框1
虚线框2

第 12 题图（d）

电路综合应用 4

1．如图所示为小明为冷链运输设计的高温报警电路，达到设定温度时 V_a=1.6V，请完成以下任务。

（1）热敏电阻 R_t 为________（单选）。

A．正温度系数电阻器　　　　　　　　　　B．负温度系数电阻器

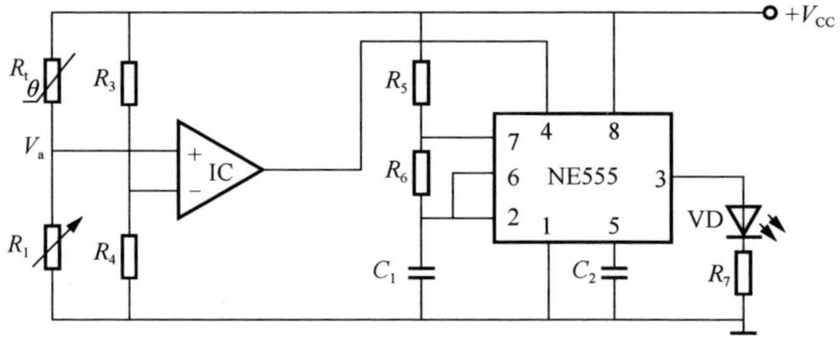

第 1 题图

（2）小明想调快发光二极管的闪烁频率，下列措施中合适的有________（多选）。

A．减小 R_t 的阻值　B．减小 R_6 的阻值　　C．减小 R_7 的阻值

（3）在调试时小明发现，温度从高于设定值回落后发光二极管会熄灭，为保证冷链运输的可靠性，小明打算改进该电路，一旦温度超过设定值，温度回落后发光二极管依然发光。小明已画出部分电路，请在虚线框 1 中连接给定的电子元器件，将电路补充完整。

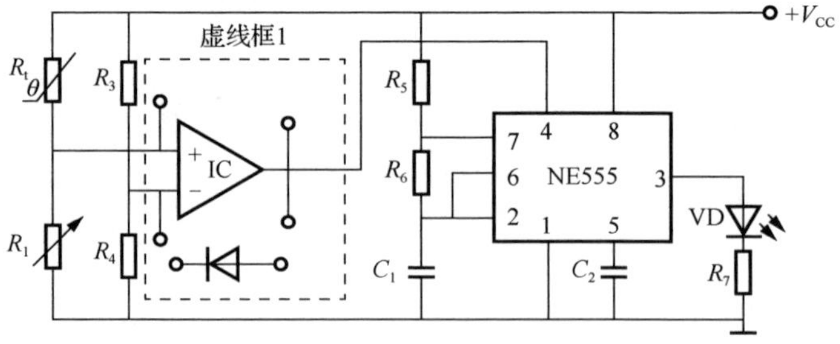

第 1 题（3）图

（4）小明还发现当电源电压波动时，会影响温度的设定值，从而影响报警的准确性，为了稳定基准电压，需要在题图的基础上进行改进，请在虚线框中连接给定的元器件（二极管为硅管），将电路补充完整。

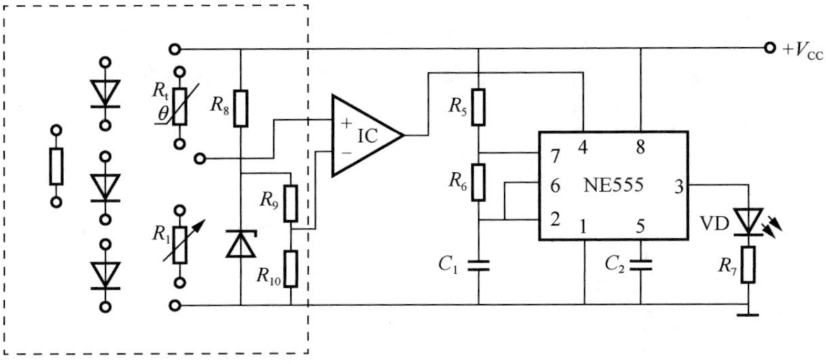

第 1 题（4）图

2．小明参观了某单位的水泵配电房后，对水泵配电房的管理有自己的想法，设计了如下控制实验电路。当配电房的相对湿度高于 75%时 VD_2 发光，风机运行除湿；当配电房的相对湿度低于 35%时 VD_1 发光，风机停止除湿。R_{S1}、R_{S2} 为同型号的负特性湿敏电阻。同时安装了开窗报警装置，窗户闭合时，干簧管闭合；窗户打开时，干簧管断开，只要窗户打开就会持续报警，提醒管理人员。请完成以下任务。

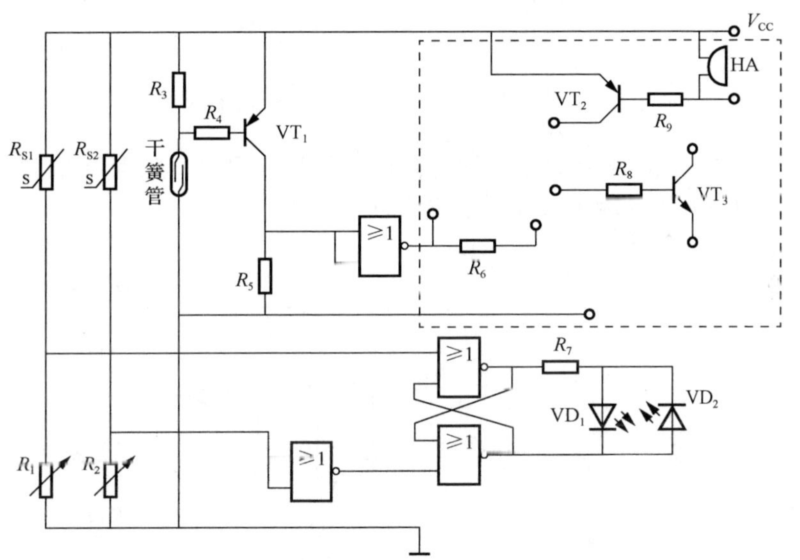

第 2 题图（a）

（1）电路中的蜂鸣器 HA 应采用________。

A．无源蜂鸣器　　B．有源蜂鸣器

（2）请在图（a）虚线框中完成开窗报警电路部分的元器件连接，将电路补充完整。

（3）关于图（a）的湿度检测电路部分，以下说法正确的是________（多选）。

A．R_1 调节上限值，R_2 调节下限值　　B．R_1 调节下限值，R_2 调节上限值

C．增大 R_1 的阻值，VD_2 发光时间延长　　D．减小 R_1 的阻值，VD_1 发光时间延长

（4）小明在搭建该实验电路时，发现没有或非门芯片，准备用 CT74LS00 四二输入与非门集成电路代替，请帮助小明，在图（b）虚线框中完成电路的设计，要求保持电路原有的功能，不能超过两个与非门。

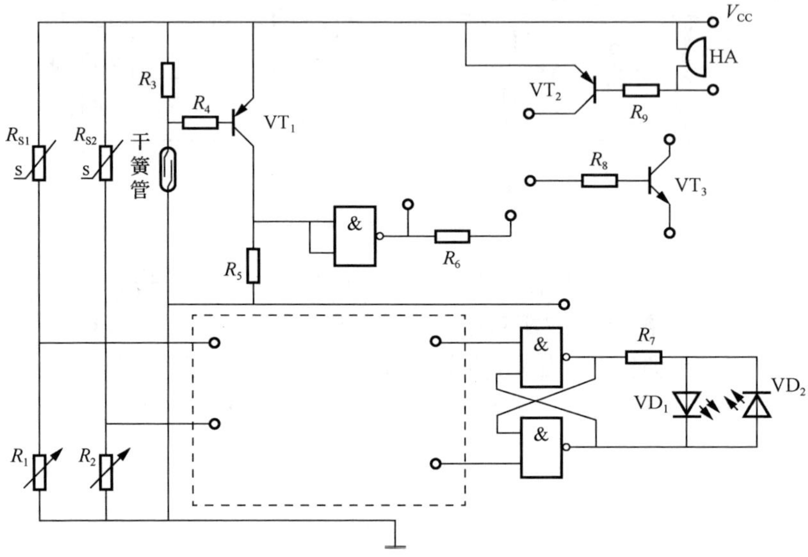

第 2 题图（b）

3．如图所示是小明设计的闪烁灯控制电路。IC 为比较器，当 $V_+>V_-$时，输出 V_{CC}；当 $V_+<V_-$时，输出$-V_{CC}$。请完成以下任务。

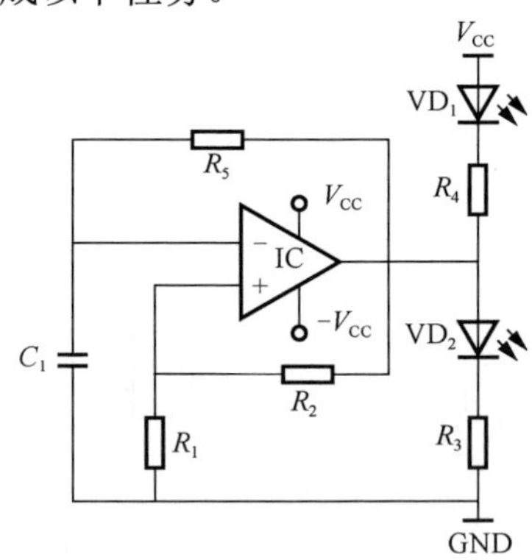

第 3 题图

（1）电路中采用的 C_1 为________（单选）。

A．电解电容器　　　　B．陶瓷电容器

（2）小明搭建了电路并通电测试，发现 VD_1 与 VD_2 均不闪烁，其中可能的原因有________（多选）。

A．C_1 短路　　B．R_1 断路　　C．R_3 断路　　D．R_4 断路

（3）为了提高发光二极管闪烁的频率，下列哪些措施是有效的？________（多选）

A．减小 C_1 的电容值　　　　B．增大 R_5 的阻值

C．增大 R_1 的阻值　　　　D．增大 R_2 的阻值

（4）调试电路时，小明发现 VD_1、VD_2 点亮的时间相等且不可调节。小明重新设计了电路，由 R_5 控制 VD_2 的点亮时间，由 R_6 控制 VD_1 的点亮时间。请在虚线框中选择合适的端子补全电路，实现控制功能。

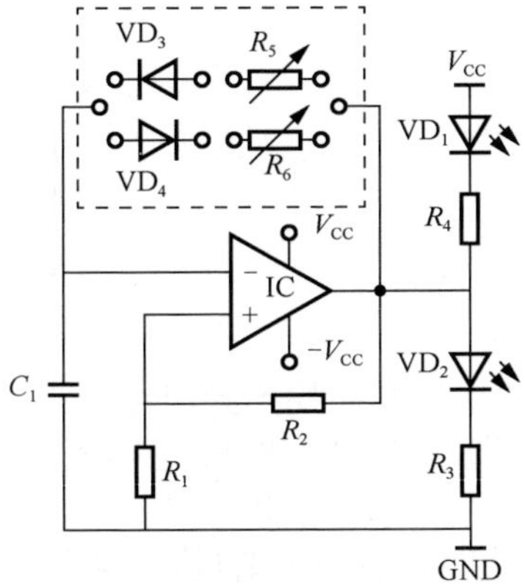

第 3 题（4）图

4．如图（a）所示是门铃实验电路，当客人按下开关 SB 时，BP 发声。NE555 集成电路功能如表所示。请完成以下任务。

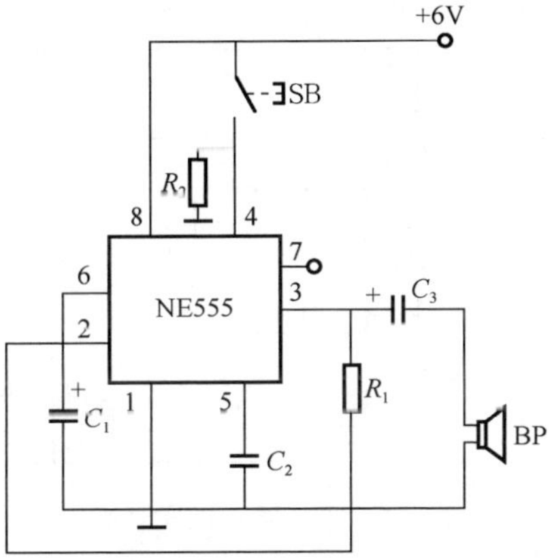

第 4 题图（a）

NE555集成电路功能表

2脚	6脚	3脚	7脚
$<V_{CC}/3$	任意	高电平	断开
$>V_{CC}/3$	$<2V_{CC}/3$	保持	保持
$>V_{CC}/3$	$>2V_{CC}/3$	低电平	接地

（1）NE555 集成电路引脚识别正确的是________（填写序号）。

A.

B.

C.

D.

（2）按下 SB 后电路正常工作时，NE555 集成电路的 2 脚电压 U_2 的 $U\text{-}t$ 图线正确的是________（填写序号）。

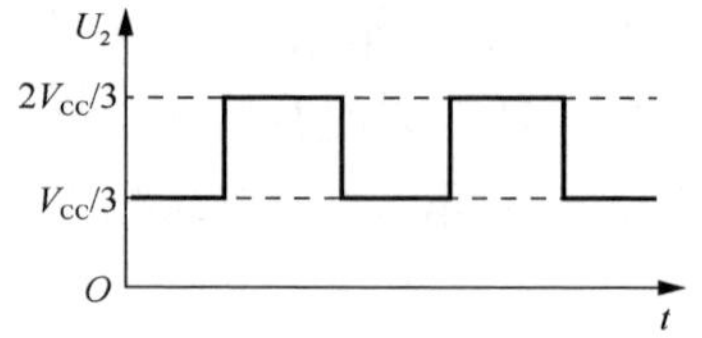

A.

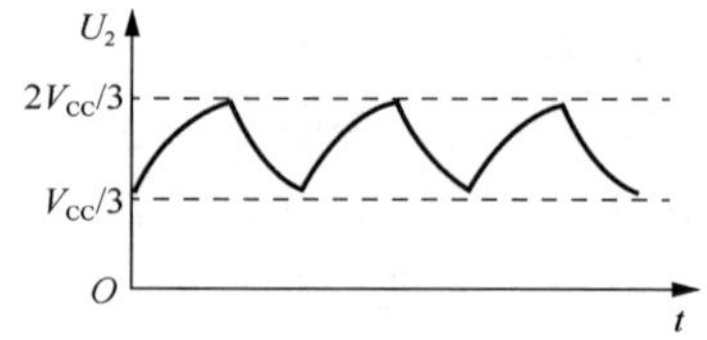

B.

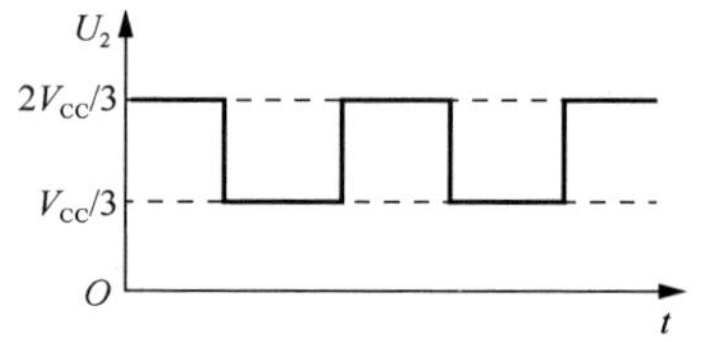

C.

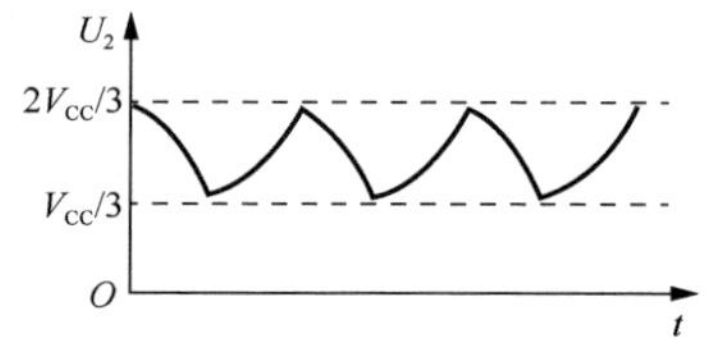

D.

（3）夜晚客人来访时，会因不熟悉而找不到门铃按钮。小明想在门铃的按钮处安装一个指示灯，方便晚间来访客人。指示灯平时常亮，当客人按下按钮后指示灯明暗交替闪烁。请你在图（b）的虚线框 1 中连线以实现功能。

（4）为增加简易防盗报警功能，小明重新设计了图（c）所示的电路，当盗贼破门碰断警戒线 AB 时会报警。电路搭建完成后，小明发现如果盗贼破门后重新连接 AB，会立刻停止报警。请在图（d）的虚线框 2 中设计电路，将电路补充完整，设计要求：①警戒线一旦断开后维持报警（重新连接无效）；②元器件自选。

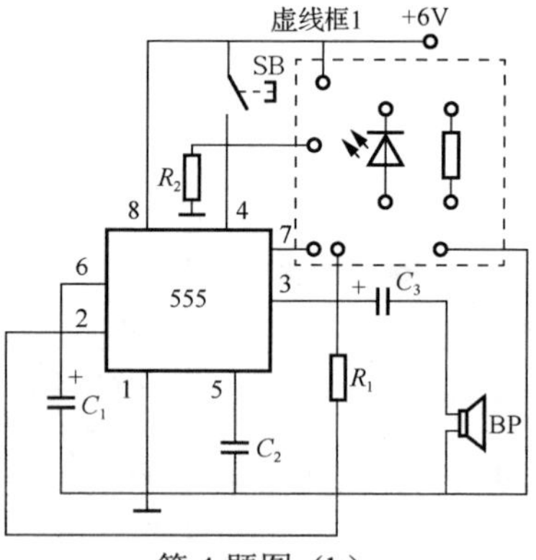

第 4 题图（b）

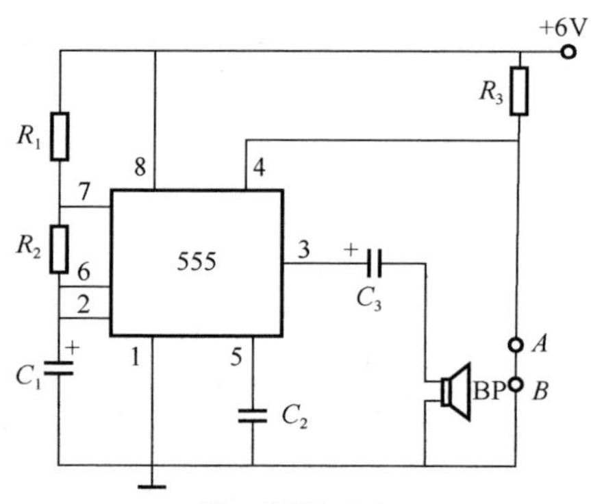

第 4 题图（c）

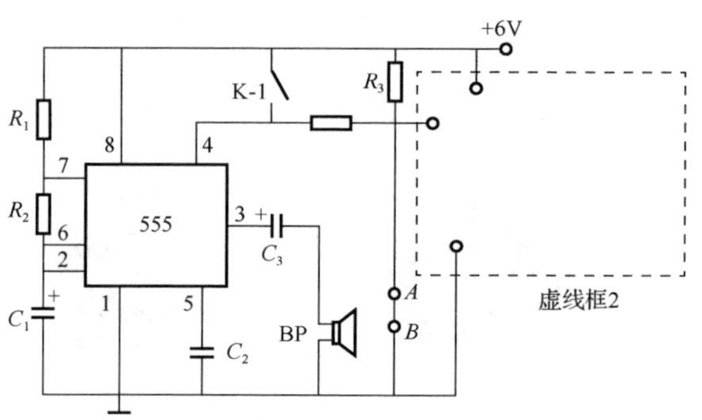

第 4 题图（d）

5．如图所示为小明设计的制热、制冷双模式电路。电路中半导体组件既能制热，又能制冷，当电流方向为由“+”到“−”时制冷，为由“−”到“+”时制热。$S_{1\text{-}1}$、$S_{1\text{-}2}$ 和 $S_{1\text{-}3}$ 为联动转换开关，当 S_1 处于 a 端时为制冷挡，切换到 b 端时为制热挡，无论是制冷还是制热，都可通过调节 R_{P1} 的阻值设置目标温度。已知 R_t 为负温度系数热敏电阻，IC_1、IC_2 是比较器，当 $V_+>V_-$ 时，输出高电平；当 $V_+<V_-$ 时，输出低电平。请完成以下任务。

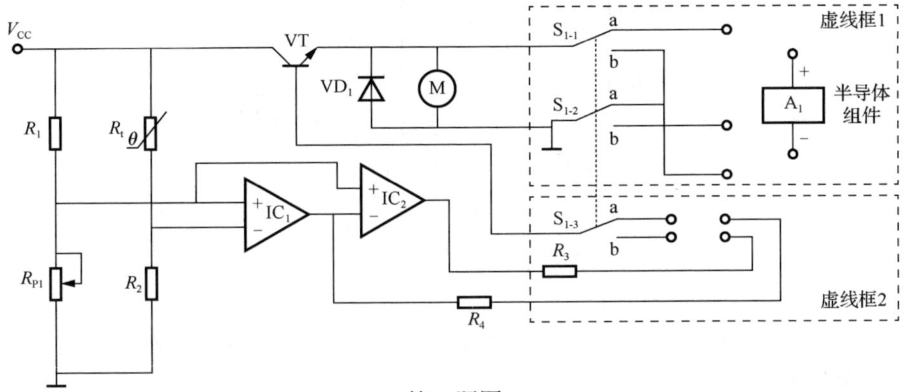

第 5 题图

（1）将电路置于制热挡，系统散热风扇 M 运转时，半导体组件的工作状态是________（单选）。

A．制热　　B．不制热　　C．无法确定

（2）请在虚线框 1 和虚线框 2 中分别选择合适的接线柱进行连线，实现电路功能。

（3）小明搭建了电路并通电测试，发现电路只能进行制热，无法进行制冷，可能的原因有________（多选）。

A．R_3 虚焊　　B．R_4 虚焊

C．R_2 的阻值过小　　D．R_2 的阻值过大

（4）小明希望电路进行制冷或制热时都可实现温度的上下限区间控制，需要在题图的基础上进行改进。要求 R_{P2} 只能用于调节温度下限，请在虚线框 3 中连接给定的元器件，将电路补充完整。

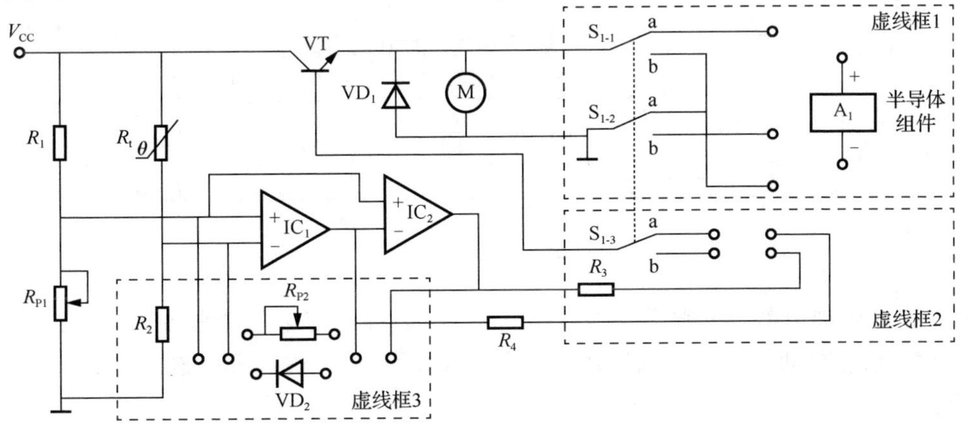

第 5 题（4）图

6．科学研究表明，下小雨时发出的“滴答”声有助于失眠者进入梦乡，具有一定的催眠作用。小明想设计这种模拟雨滴声的催眠器电路，原理图如图（a）所示。

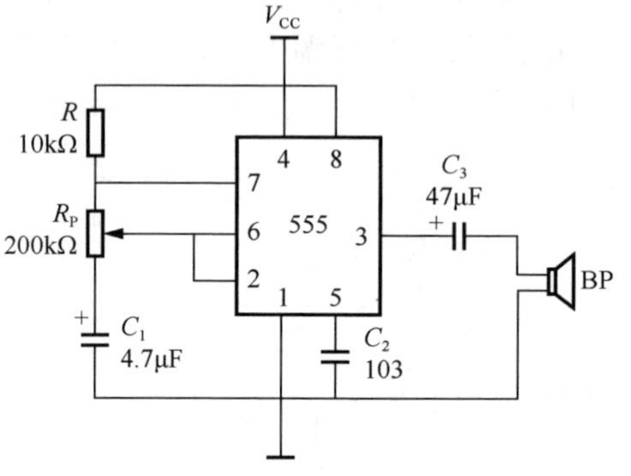

第 6 题图（a）

（1）小明搭建完电路测试时发现雨滴声过于急促，以下操作不能解决这个问题的是________（单选）。

A．R_P 触点下滑　　　　B．R 更换更大的阻值

C．增大 C_1 的电容量　　　　D．增大 C_2 的电容量

（2）小明用面包板搭建了图（a）所示电路，面包板上的黑点表示引脚已经插入该孔中，电容器 C_3 和扬声器 BP 已经插入面包板但未与电路相连，请在图（b）中完成布线，注意插入的插孔需要用黑点标明。

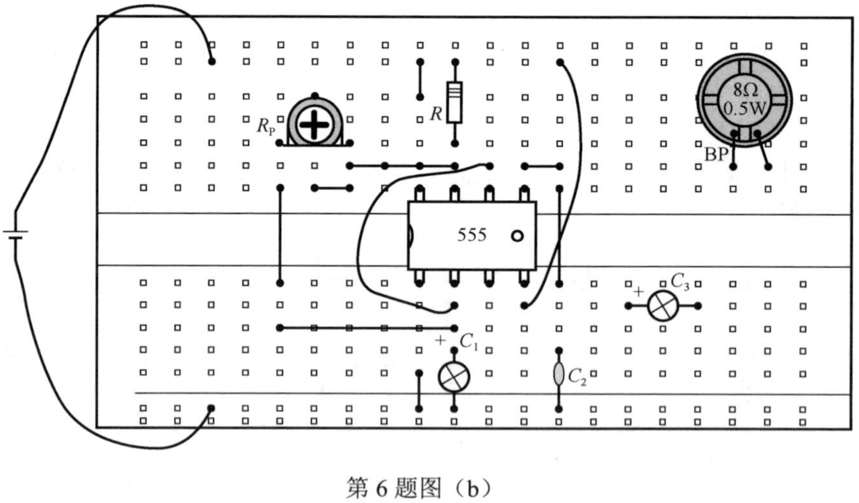

第 6 题图（b）

（3）小明发现电路在失眠者入睡后仍持续工作，准备给这个电路加上一个定时器，工作一段时间后能自动停止并能调节定时时间，请在图（c）虚线框中连线，帮助小明完成电路设计。

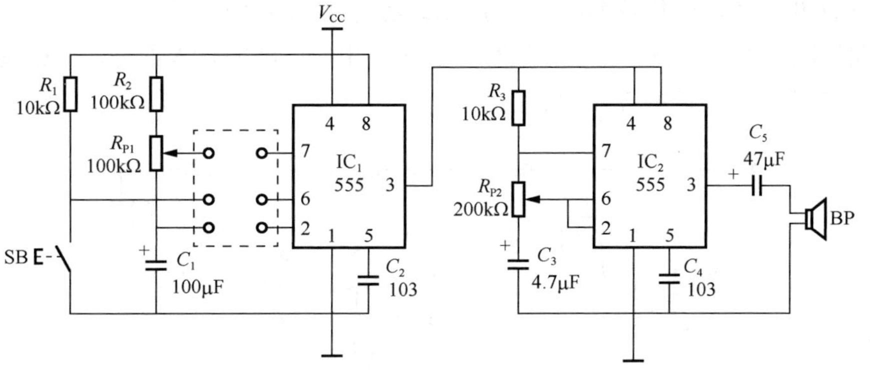

第 6 题图（c）

（4）小明搭建好如图（c）所示的电路后发现扬声器不能发声，以下故障可能的是________（多选）。

A．C_3 短路　　B．C_4 断路

C．C_5 短路　　D．IC_2 的 7 脚虚焊

7．小明设计了如图所示的声控灯电路，当环境光线暗且有声音时，发光二极管 VD 会发光一段时间；当环境光线亮时，VD 不发光。请完成以下任务。

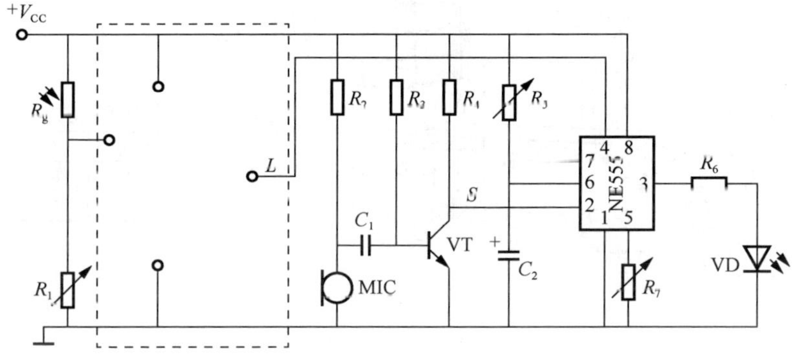

第 7 题图

（1）根据电路原理分析，没有声音时，NE555 集成电路的 2 脚的输入信号是________（单选）。

A．高电平　　B．低电平

（2）小明画出了部分电路，请在虚线框中用 1 个比较器和 2 个电阻器补全电路，实现电路功能。

（3）调试时，小明想要延长发光二极管 VD 的发光时间，下列措施可行的是________（多选）。

A．调小 R_5 的阻值　　B．调大 R_5 的阻值

C．调小 R_7 的阻值　　D．调大 R_7 的阻值

（4）小明想用逻辑门代替 NE555 集成电路实现原有电路功能，小明画出了部分电路，其中 R_5 的阻值比 R_6 的阻值小得多，信号 L 和 S 采用原电路的输入部分，请在虚线框中连接给定的元器件，将电路补充完整。

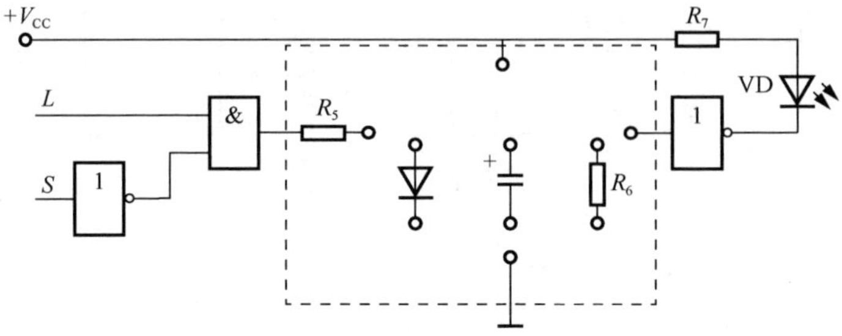

第 7 题（4）图

8．小明发现鱼缸换水很麻烦，为此设计了如图（a）所示的装置。该装置能实现清澈度检测、清澈度控制和提醒更换滤材等功能，电路如图（b）所示，电压比较器 LM393 的特性如表所示。VD_1 发出的光线在暗环境中经过固定距离的水体照射到 R_g 上，以此检测水体的清澈度。请完成下列任务。

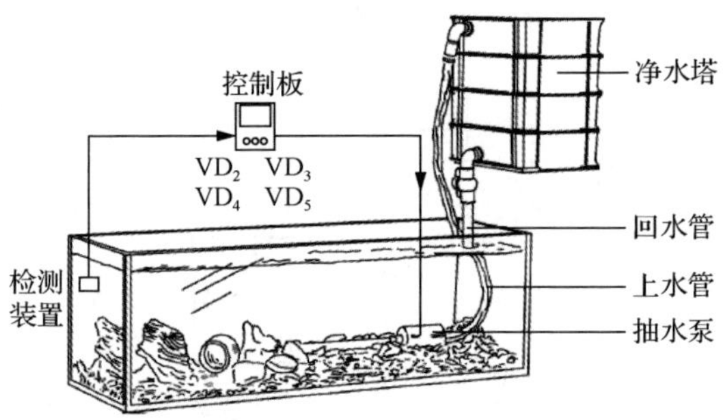

LM393特性

输入	输出
$V_+<V_-$	接地
$V_+>V_-$	悬空

（a）

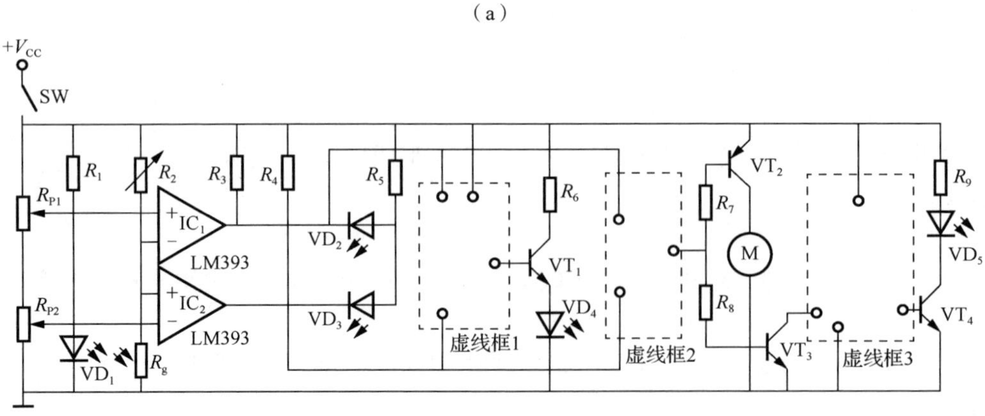

（b）

第 8 题图

（1）下列分析中，正确的是________（单选）。

A．VD_2 发光表示清澈度很高，VD_3 发光表示清澈度很低

B．VD_2 发光表示清澈度很低，VD_3 发光表示清澈度很高

（2）用 VD_4 发光表示清澈度适中，请在虚线框 1 中使用 2 个普通二极管和 1 个阻值合适的电阻器完成电路设计，以实现该功能。

（3）当清澈度很低时，启动抽水泵 M；当清澈度很高时，关闭抽水泵 M；当清澈度适中时，抽水泵 M 保持上一个状态。请用不超过 4 个二输入或非门设计虚线框 2 中的电路，实现上述功能。

（4）每次抽水泵 M 启动后，在设定时间内 VD_5 不发光；若在设定时间内清澈度不能达标，则 VD_5 发光，提醒更换滤材。要实现上述功能，虚线框 3 中合理的电路设计是________（多选）。

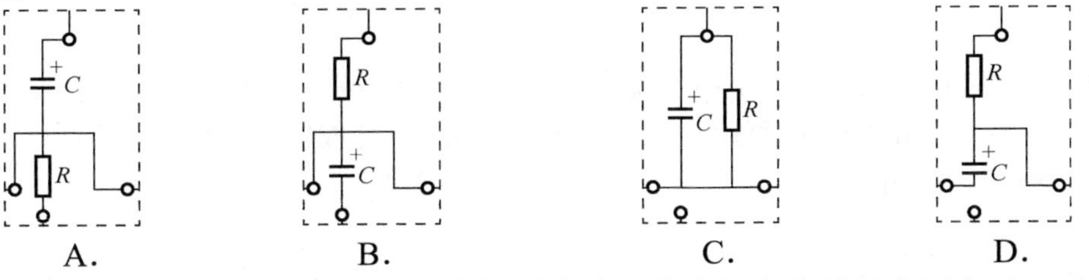

9．如图所示是小明设计的房间湿度控制电路。当房间有人且温度适宜时，可将房间湿度控制在一定范围内；当房间无人或温度过高或温度过低时，加湿器不加湿。R_t 为负温度系数热敏电阻，R_S 为负系数湿敏电阻。图中 IC 为微波雷达探测模块，当探测到有人时，IC 输出高电平，否则输出低电平。请完成以下任务。

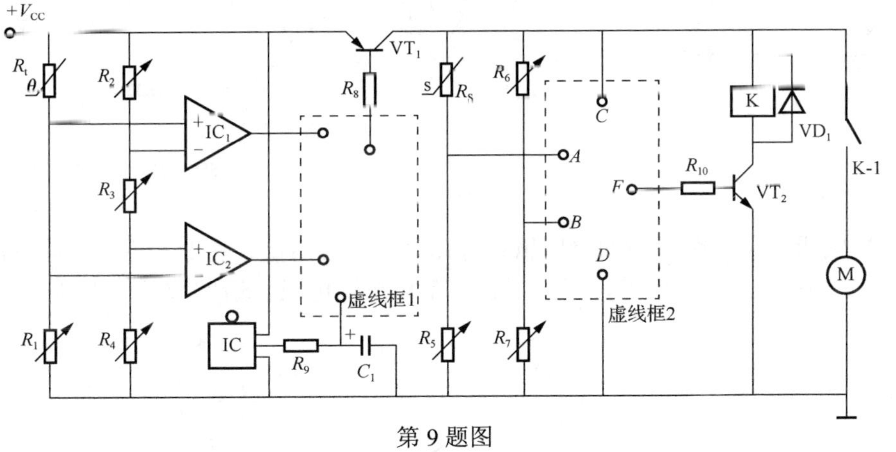

第 9 题图

（1）关于该电路，以下分析合理的是________（多选）。

A．温度适宜且加湿器加湿时，人离开房间加湿器延时停止加湿

B．增大 R_3 的阻值、减小 R_4 的阻值，保持 R_3+R_4 的阻值不变时可调小温度的可调范围

C．加湿器始终不加湿，可能是 R_3 连焊

D．加湿器加湿时，VT_1、VT_2 一定工作在饱和状态

（2）为实现控制目的，请从学过的逻辑门中选择两个设计虚线框 1 中的电路。

（3）为实现控制目的，虚线框 2 中的电路设计不合理的是________（单选）。

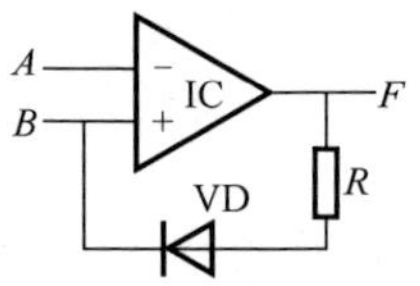

A.

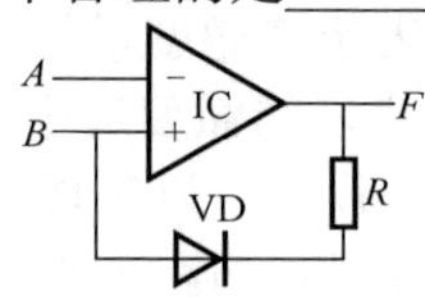

B.

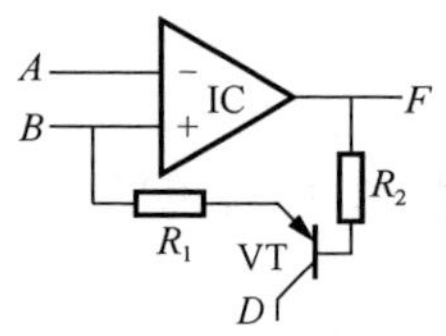

C.

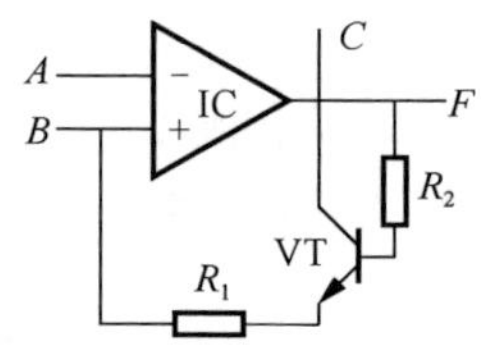

D.

（4）在电路调试过程中，小明发现虚线框 2 中的比较器已损坏，于是他重新设计了如图所示的电路，请帮助他在虚线框 3 中选择合适的端子完成电路连线，实现原电路的功能（要求：调大 R_{10} 的阻值，湿度控制范围变大；反之变小）。

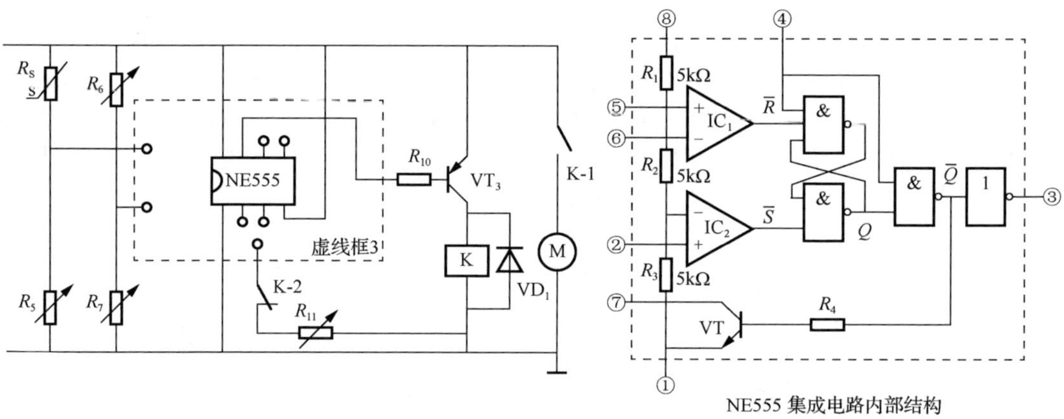

第 9 题（4）图

10. 如图所示是小明设计的温度报警电路，白天不启动，晚上开启，超过设定温度时红色发光二极管 VD_1 点亮报警，R_t 为正温度系数热敏电阻。请完成以下任务。

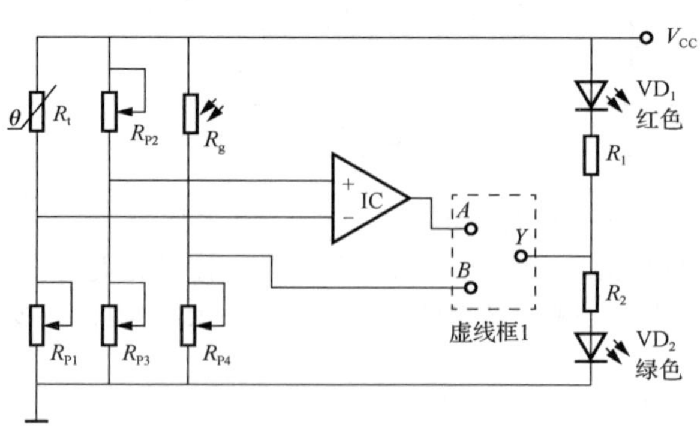

第 10 题图

（1）要使电路正常工作，虚线框 1 中可用的组合逻辑电路有________（多选）。

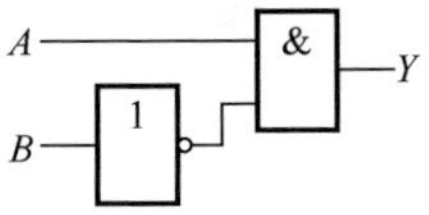

A.

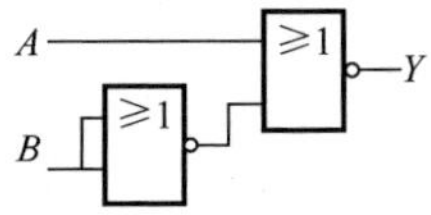

B.

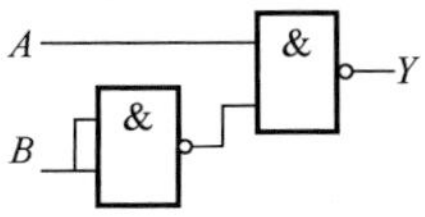

C.

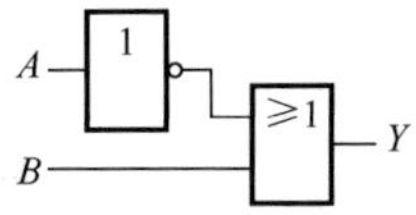

D.

（2）若要提高报警温度，以下方法有效的是________（多选）。

A．调大 R_{P1} 的阻值　　　B．调大 R_{P2} 的阻值

C．调大 R_{P3} 的阻值　　　D．调大 R_{P4} 的阻值

（3）电路调试成功后，小明发现红灯报警交互性不足，想利用教材中的多谐振荡器增加声音报警功能，请在如图所示虚线框 2 中连线实现功能。

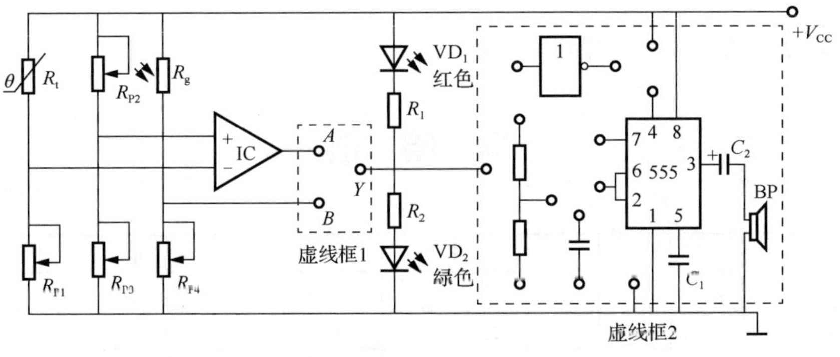

第 10 题（3）图

（4）电路调试成功后，小明想把电路用于风扇控制，白天不启动，晚上高于原来的设定温度时启动风扇，温度下降到低于下限时停止。请在如图所示虚线框 3 中选择合适端点连线，在虚线框 4 中利用三极管、电阻器、继电器和二极管各 1 个，设计输出部分电路，三极管采用共发射极接法。

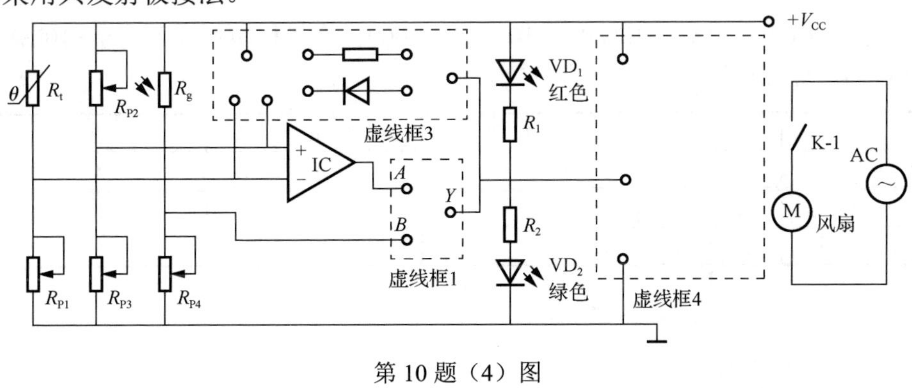

第 10 题（4）图

参考答案

电压与电位

1．①2；②0，0；③6，6

2．$\dfrac{R_1}{R_1+R_2}V_{CC}$；4V

3．0～4V

4．C

5．①降低；②升高；③升高；④降低

电　阻　器

1	2	3	4	5	6	7	8	9	10	11	12	13	14	15
D	D	C	A	B	A	C	B	B	B	C	D	B	B	A
16	17	18	19	20	21	22	23	24						
B	A	C	A	D	C	D	A	A						

万　用　表

1．电阻；电压；电流　2．80；×10　3．1000。将量程转换开关旋至×100Ω 挡，进行欧姆调零后再次测量。

			4	5	6	7	8	9	10	11	12	13	14	15
			B	B	A	C	C	B	D	D	C	A	A	C
16	17	18	19	20	21	22	23	24						
D	C	C	B	C	C	A	C	C						

电容器与电感器

1	2	3	4	5	6	7	8	9	10	11	12	13	14	15
C	A	B	D	B	B	C	B	D	D	C	D	D	C	D
16	17	18	19	20										
B	A	B	D	B										

二　极　管

1	2	3	4	5	6	7	8	9	10	11	12	13	14	15
D	A	B	D	C	C	C	D	B	C	C	D	B	B	A
16	17	18	19	20	21	22								
A	B	A	B	D	A	D								

三极管 1

1	2	3	4	5	6	7	8	9	10	11	12	13	14	15
A	B	C	A	D	C	C	D	A	D	D	C	A	D	A
16	17	18	19	20	21	22	23	24	25					
C	A	B	D	D	A	B	A	C	（1）放大；（2）放大；（3）截止；（4）饱和					

三极管 2

1	2	3	4	5	6	7	8	9	10	11	12	13	14	15
D	D	A	B	D	D	C	（1）B； （2）A； （3）B	（1）A； （2）C； （3）B	（1）D； （2）B	B	A	D	B	C
16	17	18	19	20	21					22				
C	B	A	C	B	（1）发光，0V，0.7V，4.5mA； （2）灭，3V，0V，0A					（1）灭，0V，3V，0A； （2）发光，3V，2.3V，4.5mA				

三极管 3

1	2	3	4	5	6	7	8	9	10	11	12	13	14	15
A	B	B	B	B	C	A	A	B	A	D	C	B	D	B
16	17	18												
C	C	D												

三极管 4

1	2	3	4	5	6	7	8	9	10	11	12	13	14	15
D	B	D	D	A	D	C	C	A	D	C	B	C	C	D
16	17													
C	B													

二极管、三极管的检测

1	2	3	4	5	6	7	8	9	10	11	12	13	14	15
D	D	D	B	C	C	D	D	C	D	A	C	C	B	B
16	17	18	19											
B	B	C	C											

传　感　器

1	2	3	4	5	6	7	8	9	10	11	12	13	14	15
D	C	D	D	C	A	C	C	B	A	D	C	D	C	C
16	17	18	19											
D	B	D	D											

逻辑门 1

1	2	3	4	5	6	7	8	9	10	11	12	13	14	15
C	B	A	A	D	B	A	B	D	B	D	D	D	D	D
16	17	18	19	20	21	22	23	24						
A	D	B	D	D	D	D	D	A						

逻辑门 2

1	2	3	4	5	6	7	8	9	10	11	12			
B	B	A	C	C	B	D	B	A	D	B	C			

13.

（1）

A	B	C	F
0	0	0	0
0	0	1	0
0	1	0	0
0	1	1	1
1	0	0	0
1	0	1	1
1	1	0	1
1	1	1	1

（2）

$$F = \overline{A}BC + A\overline{B}C + AB\overline{C} + ABC$$

$$F = BC + AC + AB$$

（3）

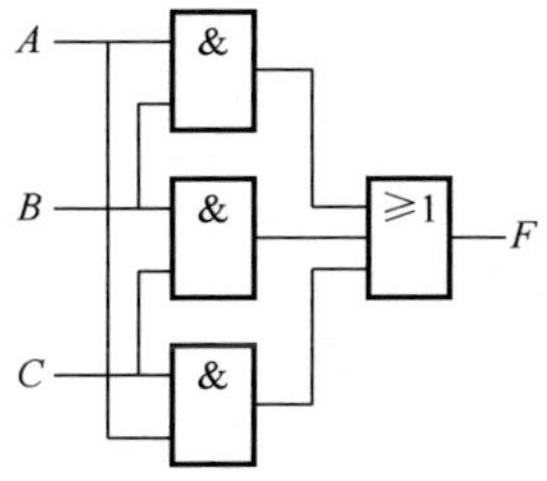

14.

（1）

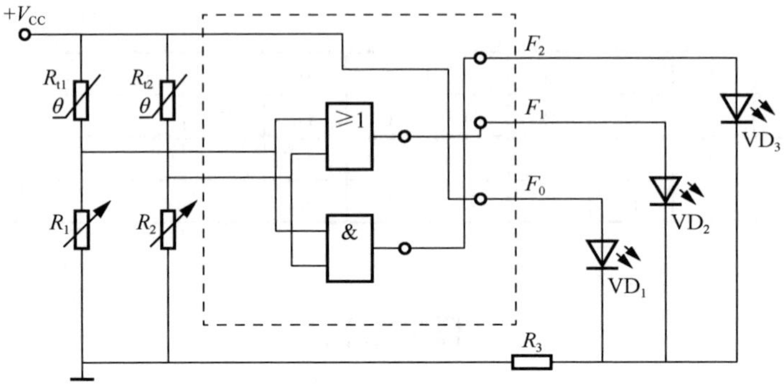

（2）

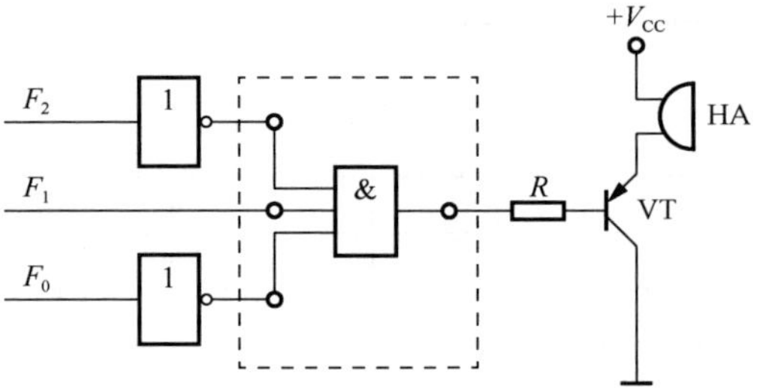

数字集成电路

1	2	3	4	5	6	7	8	9	10	11	12	13	14	15
D	C	B	C	B	B	B	D	D	B	B	C	B	B	D

16													
（1）C；（3）A													

16.

（2）

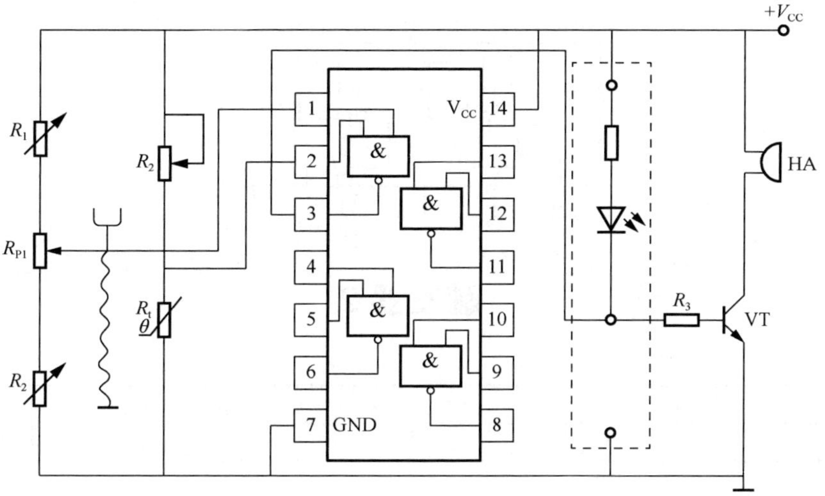

（4）

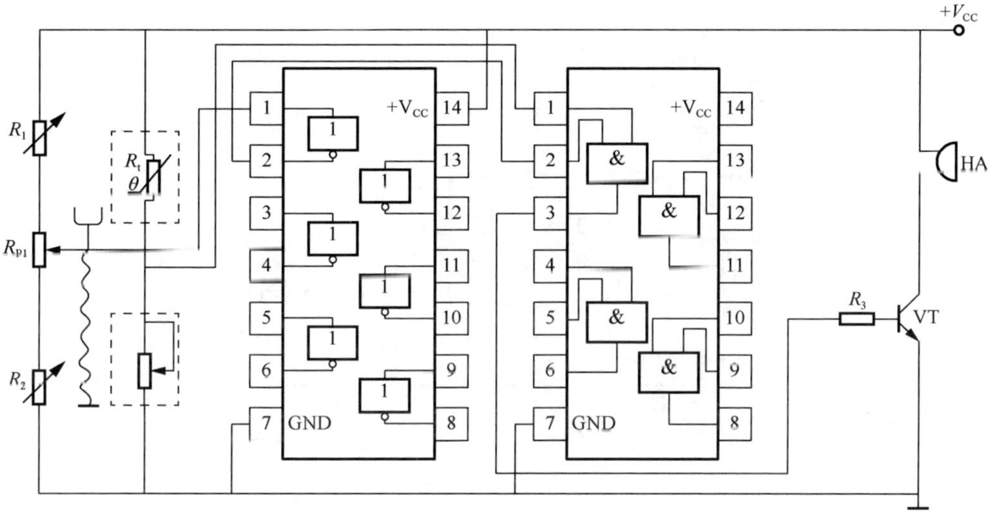

触发器 1

1	2	3	4	5	6	7	8	9	10	11	12	13	14	15
D	D	B	B	A	B	C	A	D	B	C	D	A	B	C
16	17	18												
B	C	D												

19.

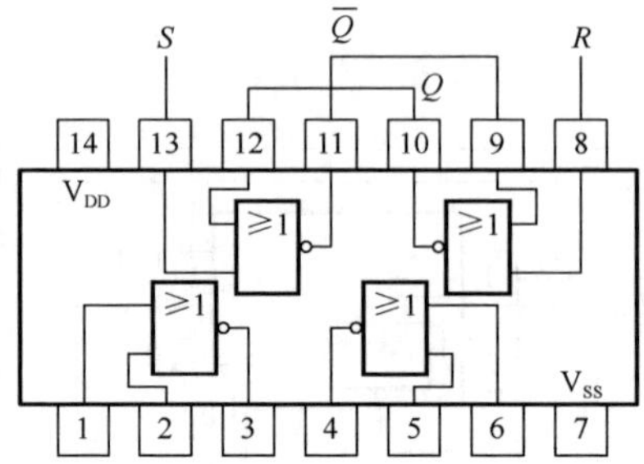

触发器 2

1	2	3	4	5	6	7	8	9	10	11	12	13
A	D	D	B	D	D	B	B	B	B	A	B	（1）B；（2）A

13.

（3）

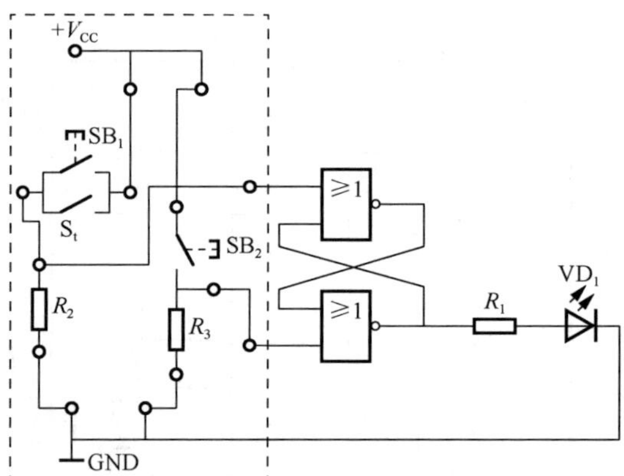

（4）

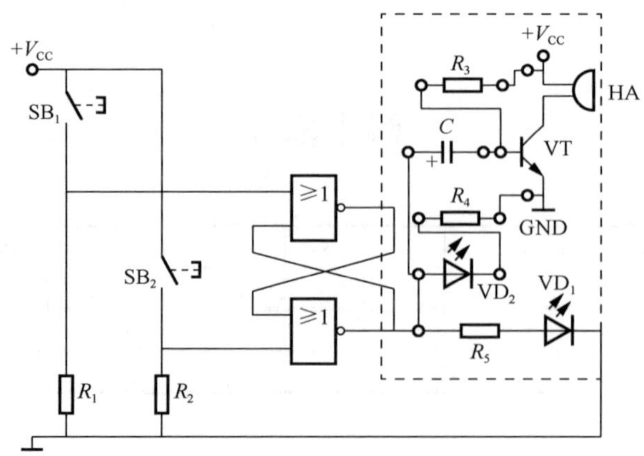

触发器 3

1	2	3	4	5	6	7	8	9	10	11	12	13	14
C	C	D	C	A	B	C	B	C	B	A	A	D	(1) A；(3) A

14.

（2）

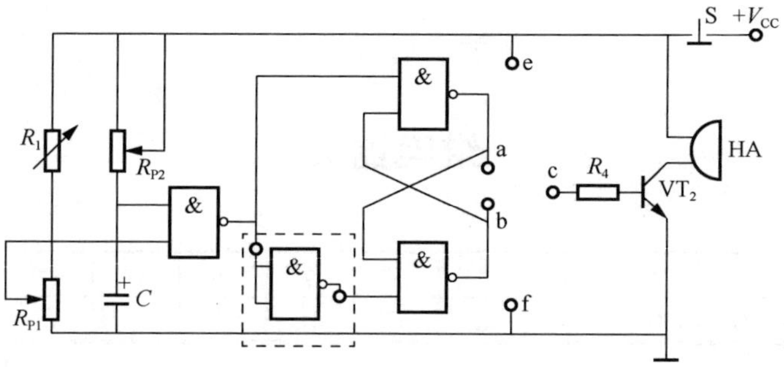

（4）

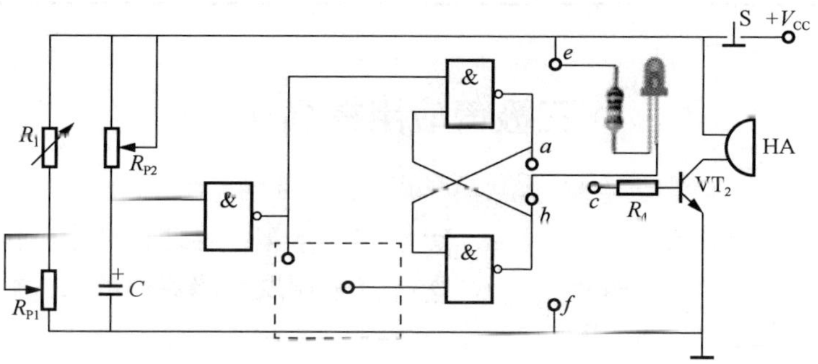

继电器 1

1	2	3	4	5	6	7	8	9	10	11	12	13	14	15
C	A	D	C	B	C	C	A	D	C	C	D	B	D	A
16	17	18	19	20	21	22								
B	B	A	A	D	C	D								

23．

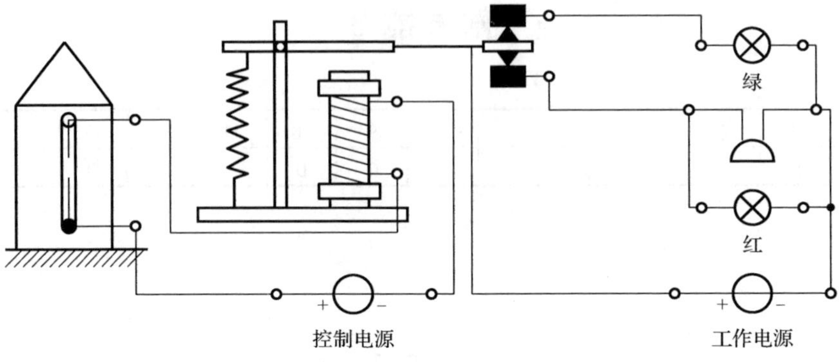

继电器 2

1	2	3	4	5	6	7	8	9	10	11	12	13	14	15
C	B	D	D	D	D	C	C	D	C	C	C	C	B	D
16	17	18												
B	B	D												

三极管应用提高 1

1．电动机；饱和导通；吸合　　2．D　　3．水箱；导通；截止；接通

4．吸合；释放；释放；吸合　　5．D　　6．湿度传感器；放大；截止

7．调大 R_2 的阻值　　8．B

9．虚线框内的电路：

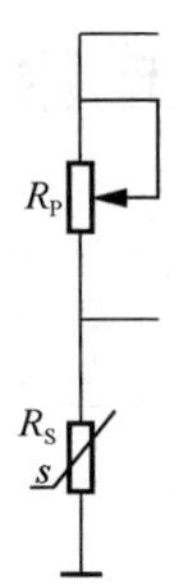

10．水塔设定水位（探头位置）；导通；吸合；断开

11．D

12.（1）

H	G	Y
0	0	1
0	1	0
1	0	1
1	1	1

（2）虚线框内参考电路：

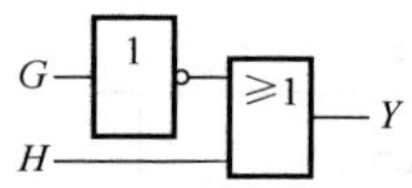

13.（1）上升

（2）

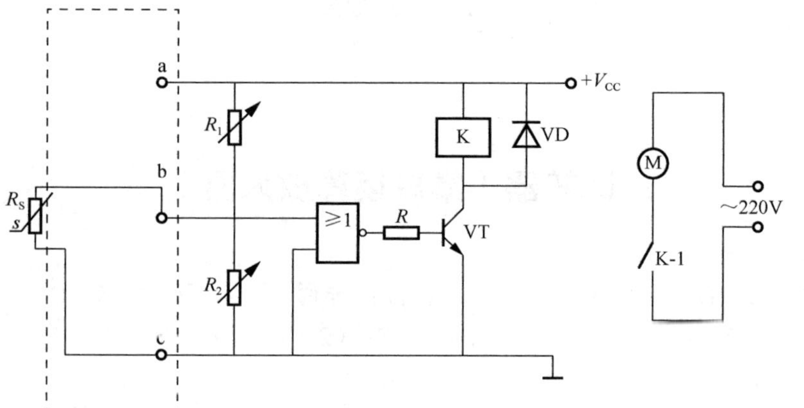

（3）

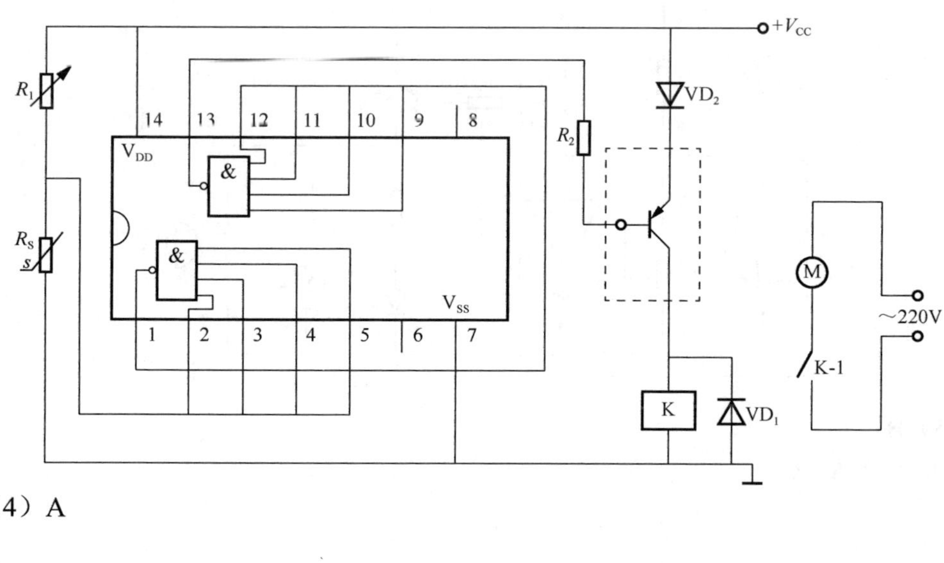

（4）A

14.

（1）

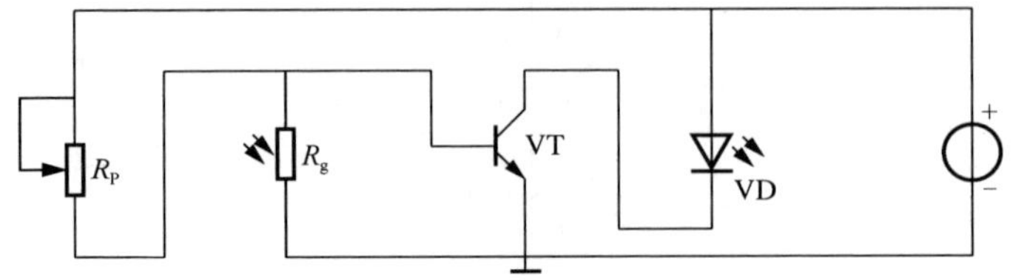

（2）

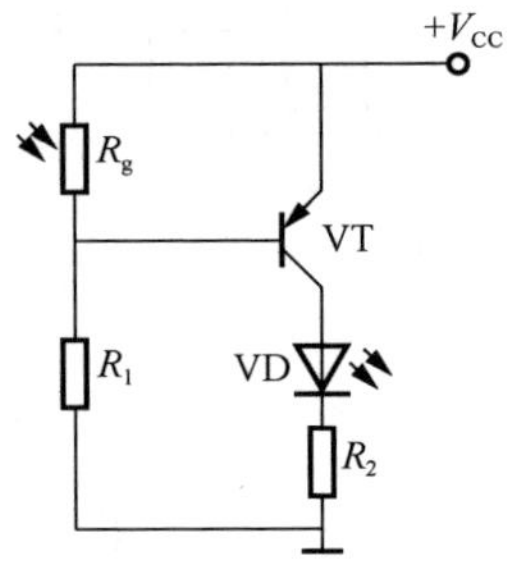

比较器（集成运算放大器）

1．D　2．D　3．CF741；大于；高；导通　4．下　5．B　6．电热丝；小于；导通　7．上　8．A　9．（1）B；（2）A；（3）C

（4）

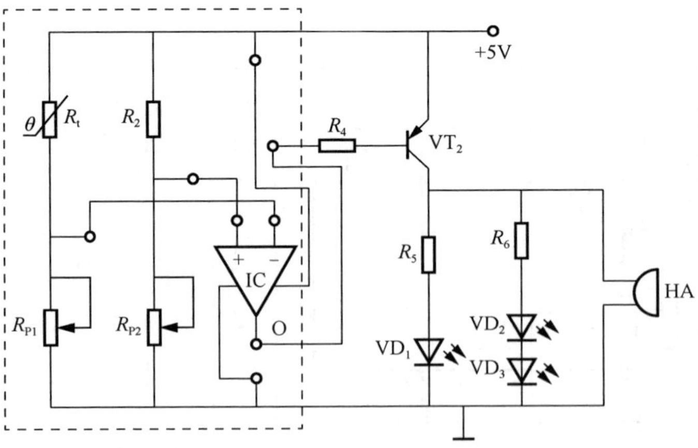

（5）B

10．（1）A，C

（2）

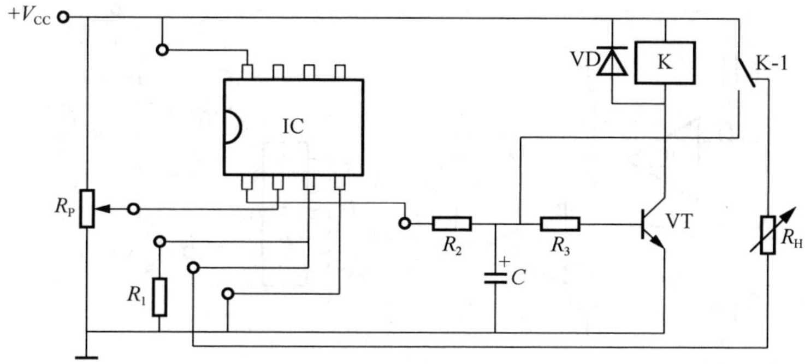

（3）C

（4）

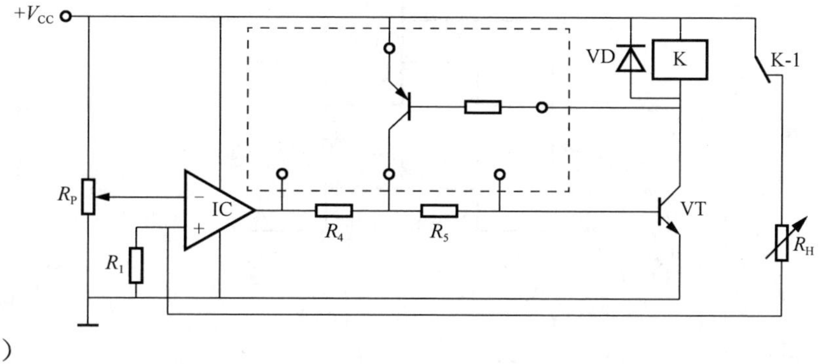

11.（1）

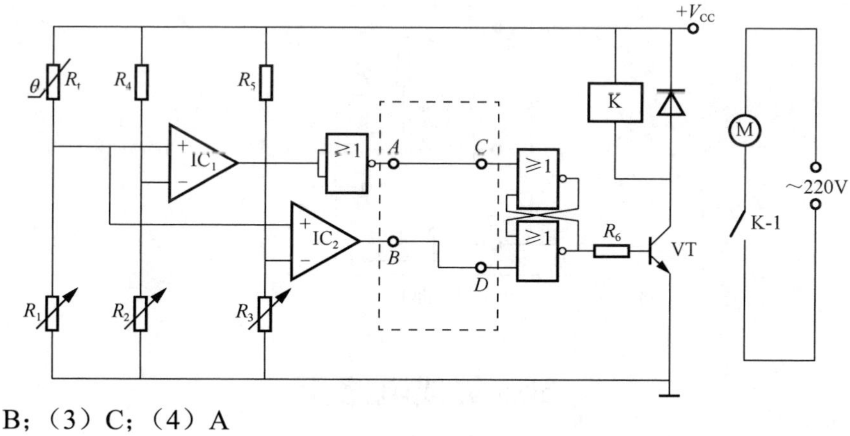

（2）B；（3）C；（4）A

（5）

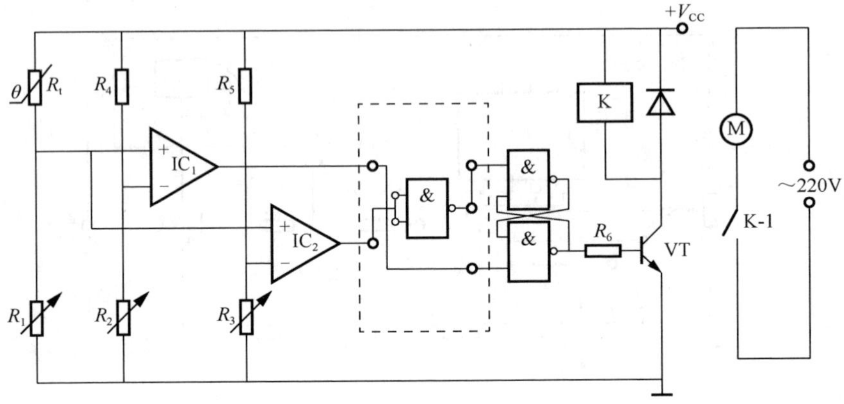

12．（1）

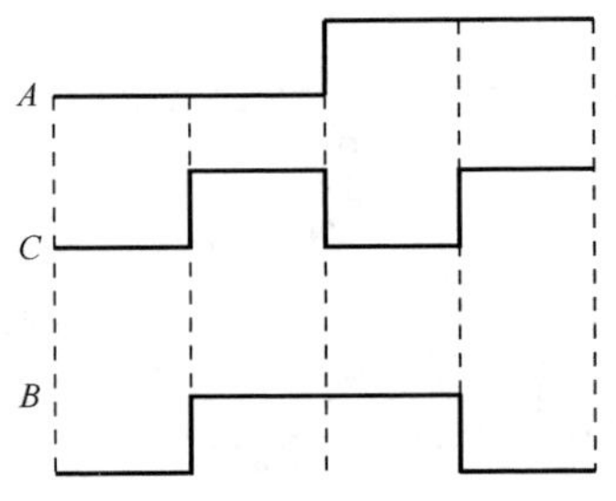

（2）B；（3）A

（4）

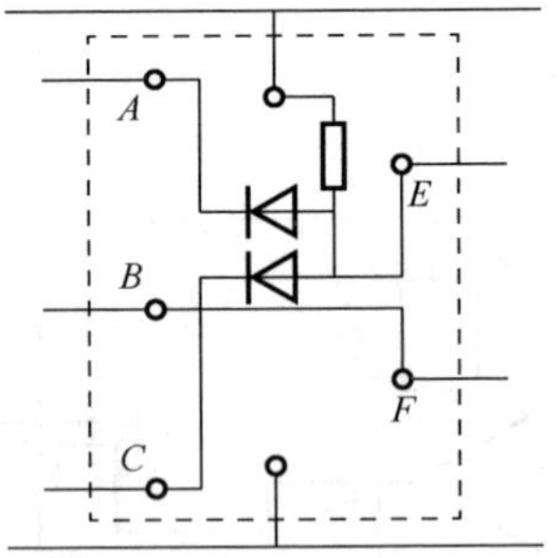

虚线框1

555 集成电路 1

1．警示灯 H；高；吸合　　2．保护 555；不能报警　　3．B

4.

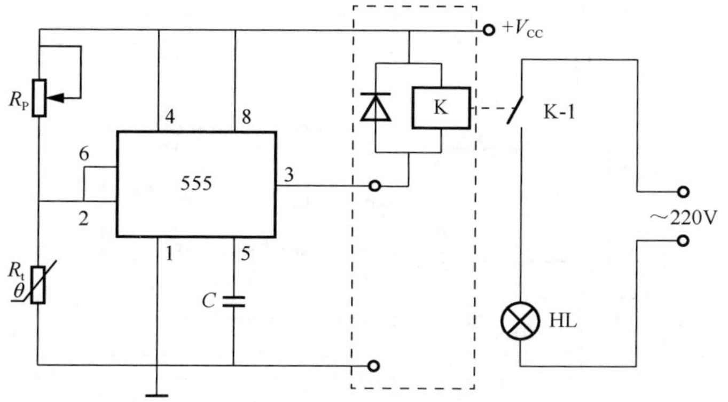

5．探头；高；低；高；低　　6．高于　　7．小；大　　8．C

9.

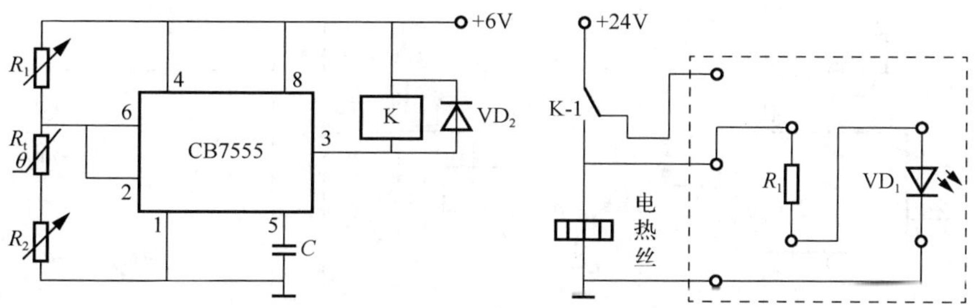

10.

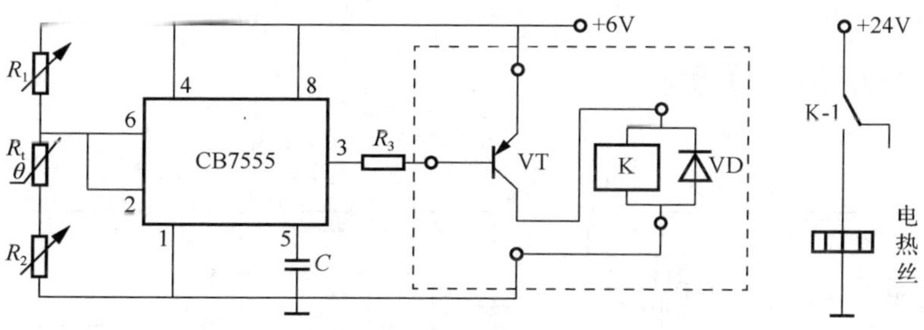

11.

（1）②；（2）④

（3）

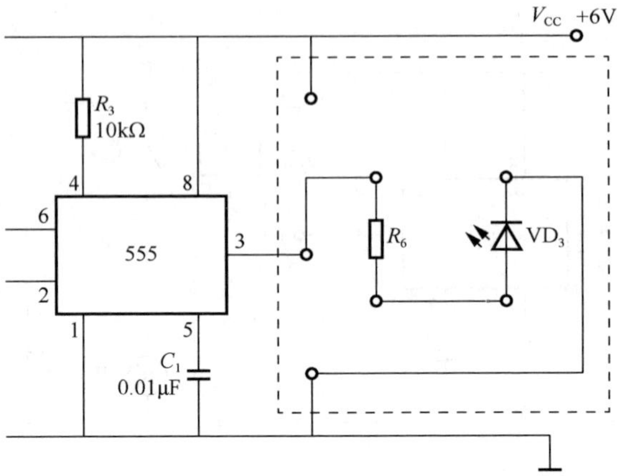

（4）

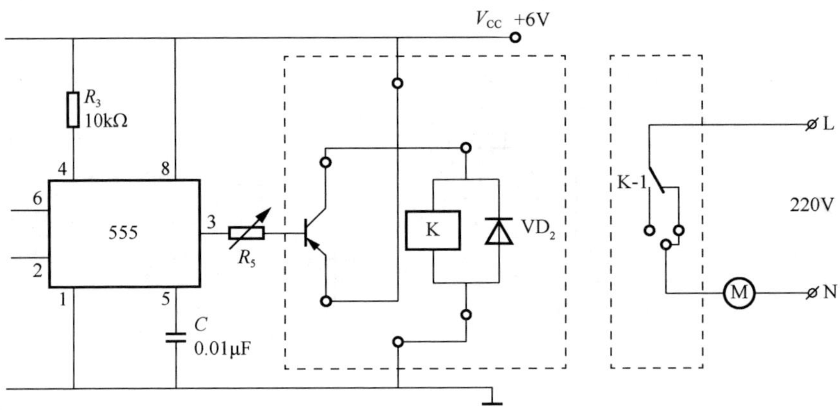

12.

（1）③；（2）②；（3）①

（4）

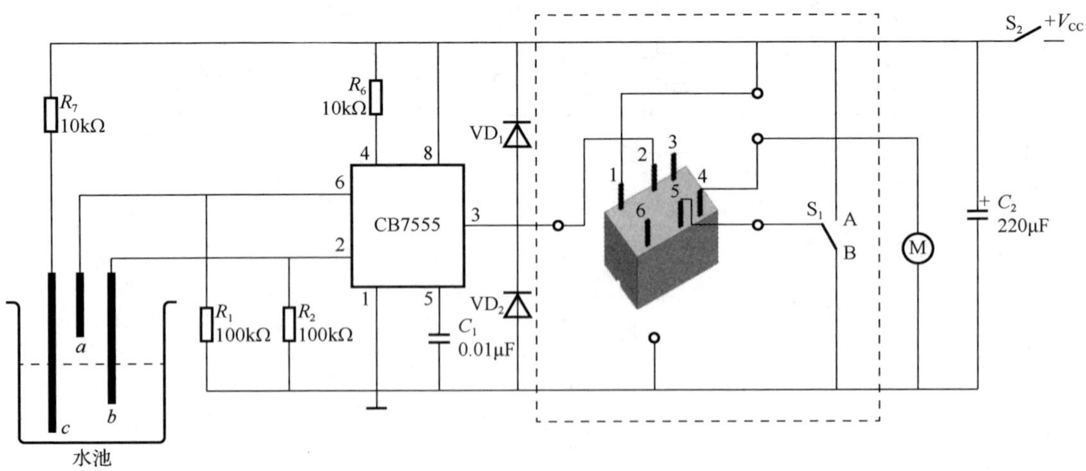

（5）②

555 集成电路 2

1．R_2；R_3；R_3；叮　2．R_1；R_2；R_3；R_3；咚　3．B　4．A　5．B

6．（1）减小；（2）C；（3）C；（4）C

（5）

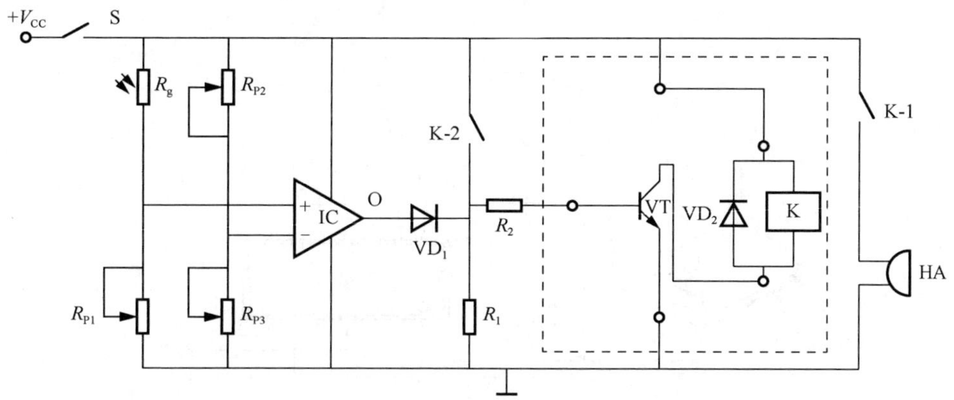

7．（1）吸合，释放；（2）70%；（3）A；（4）D

（5）

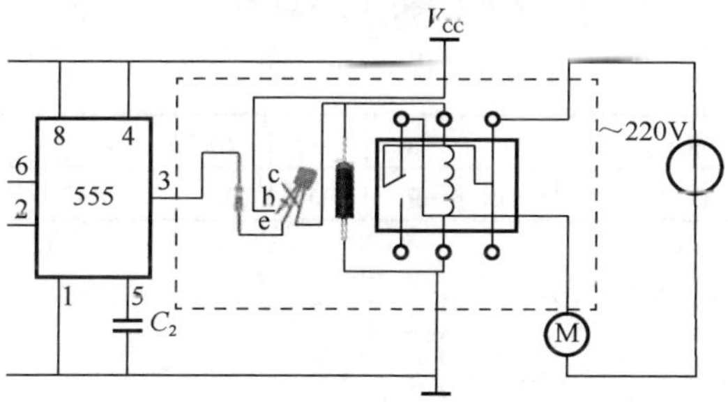

8．（1）B；（2）A

（3）

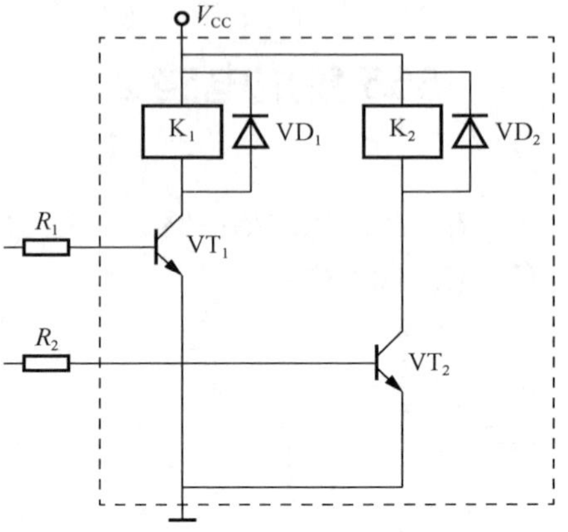

（4）

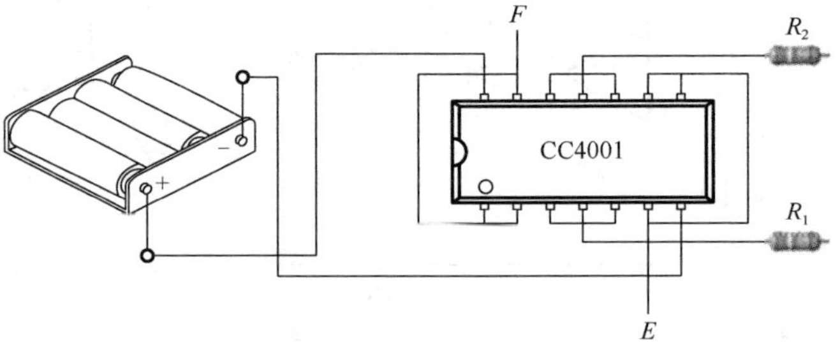

555 集成电路 3

1	2	3	4	5	6	7	8	9	10	11			
C	A	C	C	D	D	B	B	D	D	（1）C	（3）C	（4）A	（5）B

11.（2）

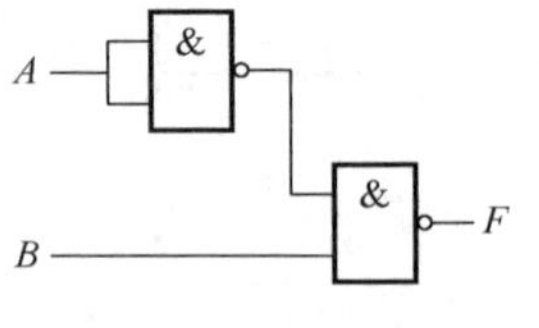

比较器应用提高

1	2	3	4	5	6	7	8	9						
C	D	D	C	C	C	B	C	B						

10.（1）C；（2）B；（3）A，D

（4）

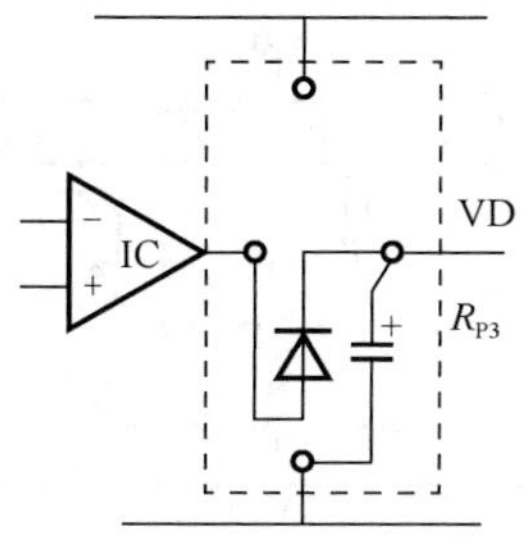

11.（1）

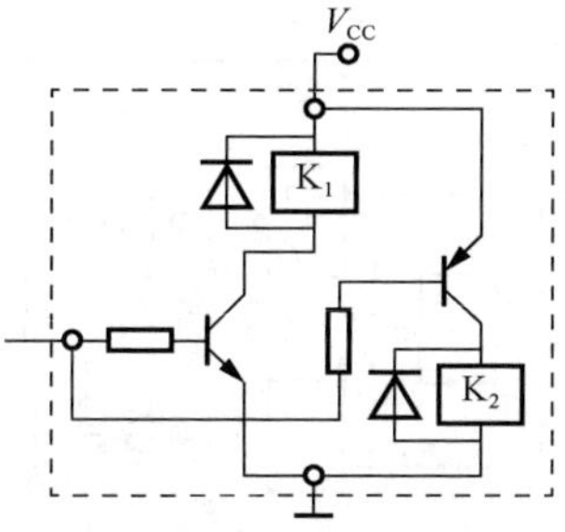

（2）A

（3）

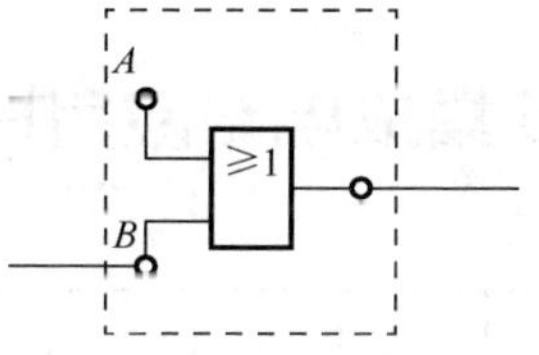

（4）C

12.（1）B；（2）A

（3）

方案一（二极管和电阻位置可互换）：

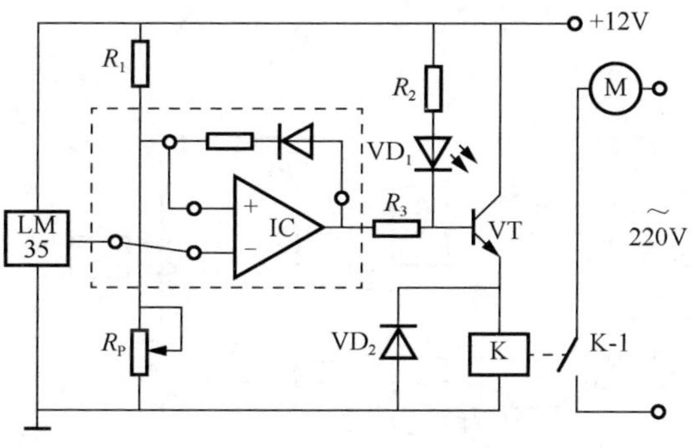

方案二（二极管和电阻位置可互换）：

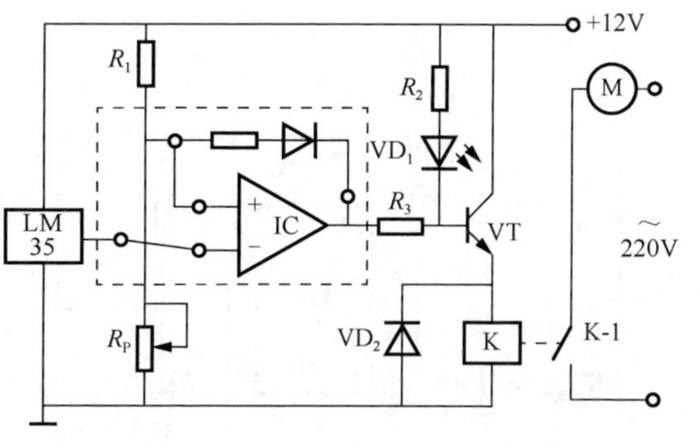

（4）

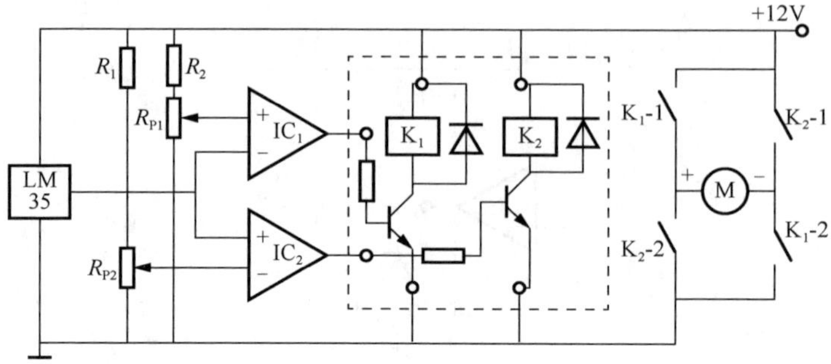

13.（1）B；（2）C；（3）B，B

（4）

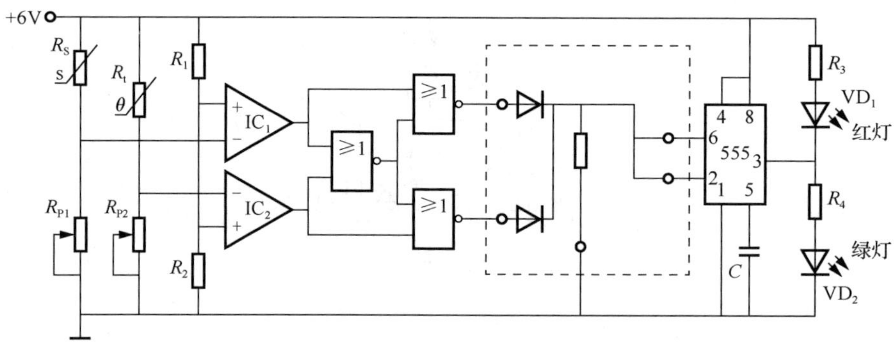

555 集成电路应用提高

1	2	3	4	5	6	7	8	9	10	11	12	13	14	15
D	C	D	C	D	C	A	B	B	B	C	B	D	A	D
16	17	18	19	20	21	22								
A	C	D	D	B	B	C								

23.（1）B；（2）D

（3）

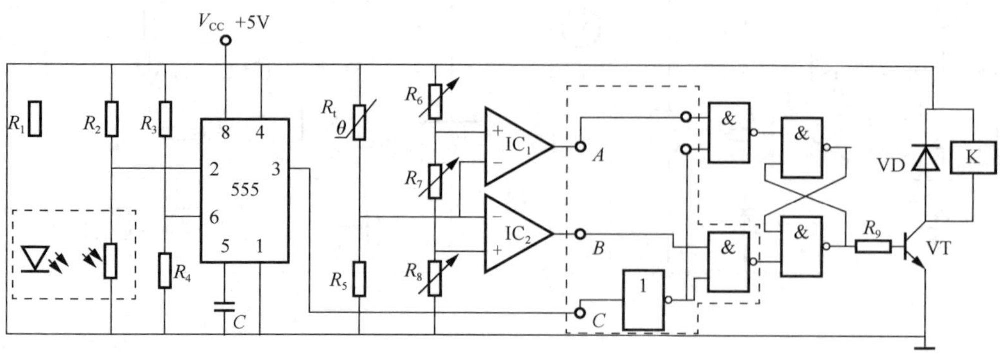

（4）

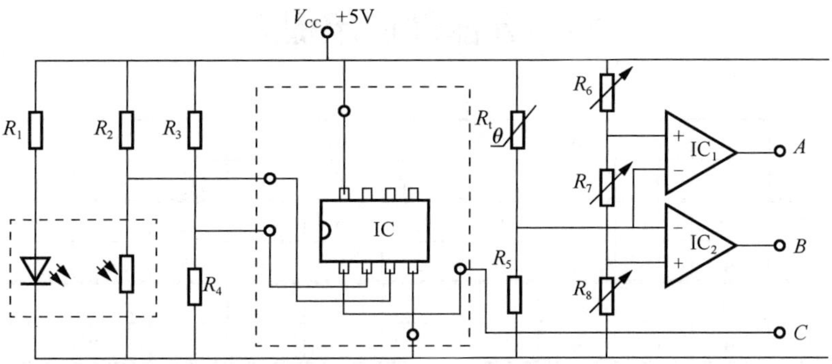

24.（1）A；（2）D

（3）

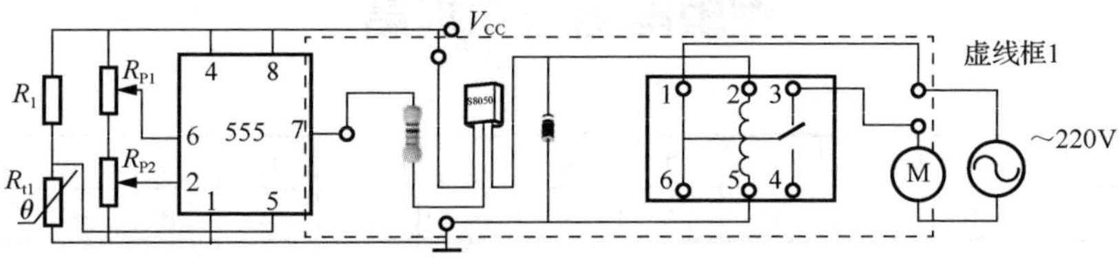

或

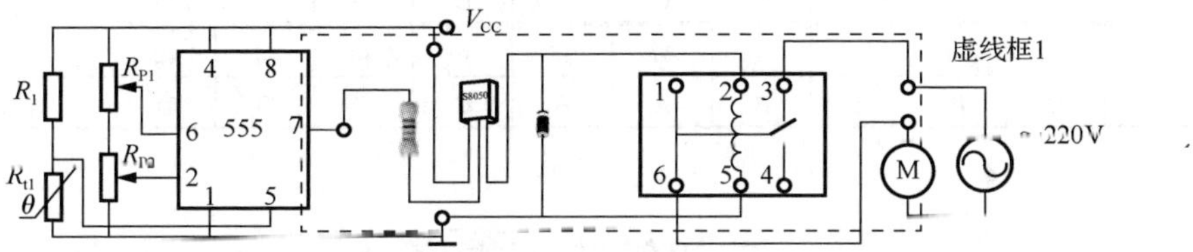

（4）

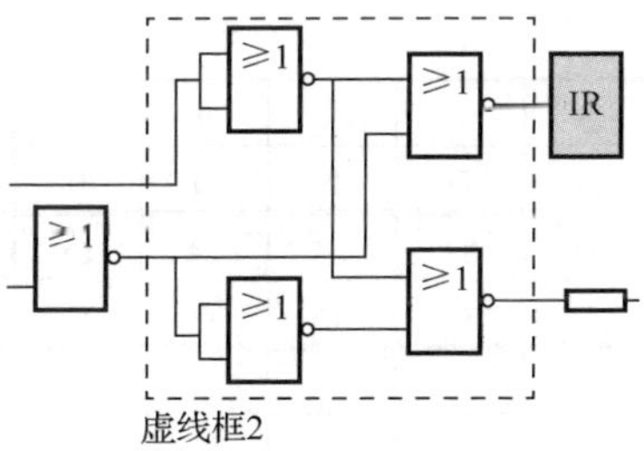

电路分析及元器件

1	2	3	4	5	6	7	8	9	10	11	12	13	14	15
B	D	A	B	D	C	A	C	B	B	B	C	A	C	B
16	17	18	19	20	21	22								
C	B	C	C	B	B	B								

电子元器件应用提高

1	2	3	4	5	6	7	8	9	10	11	12	13	14	15
C	A	C	D	B	C	B	B	A	B	C	A	B	C	A
16	17	18	19	20	21	22	23	24	25	26	27	28	29	30
C	A	A	A	D	C	C	C	A	B	D	B	D	A	A
31	32	33	34	35	36									
B	D	C	B	C	B									

逻辑电路应用提高

1	2	3	4	5	6	7	8	9	10	11	12	13	14	15
A	D	A	B	C	D	A	A	C	D	B	B	C	A	A
16	17	18	19	20	21	22	23	24	25	26	27	28	29	30
C	B	A	B	B	C	C	B	D	D	C	C	C	D	B
31	32	33	34	35	36	37	38	39	40	41	42			
D	D	B	B	A	B	A	B	C	C	B	D			

三极管应用提高 2

1	2	3	4	5	6	7	8	9	10	11	12	13	14	15
D	B	C	D	C	B	D	B	D	B	B	D	B	C	C
16	17	18	19	20	21	22	23	24	25	26	27	28	29	30
D	A	B	C	C	D	C	C	C	C	C	B	B	D	C
31	32	33												
D	C	A												

电路综合应用 1

1	2	3	4	5	6	7	8	9	10	11	12	13	14	15
A	D	B	C	A	D	C	A	B	D	C	D	C	C	D

电路综合应用 2

1.（1）D

（2）

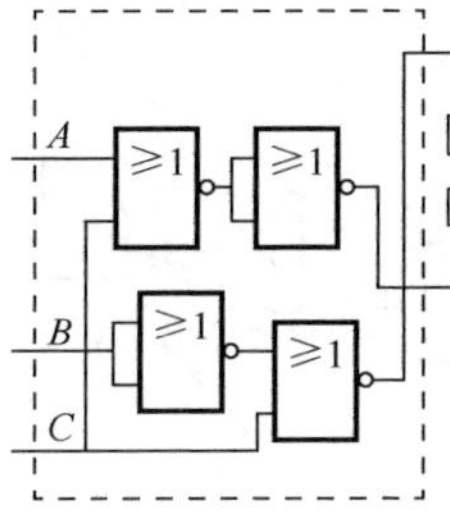

（3）B

（4）

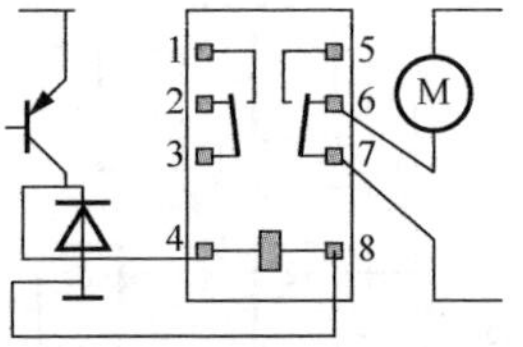

线圈接头 4 和 8 必选，常闭触点 2 和 3 或者 6 和 7 皆可，4 个等效方案皆可：

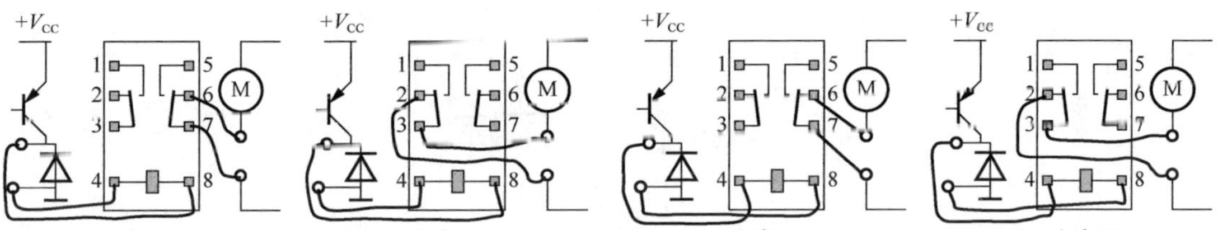

方案一　方案二　方案三　方案四

2.（1）A；（2）C

（3）

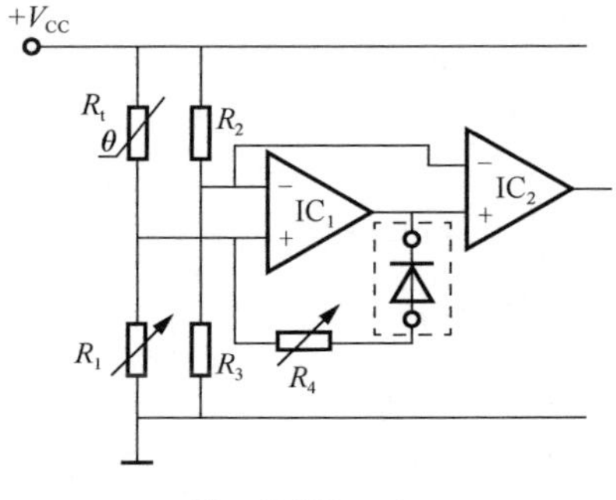

第 2 题图（b）

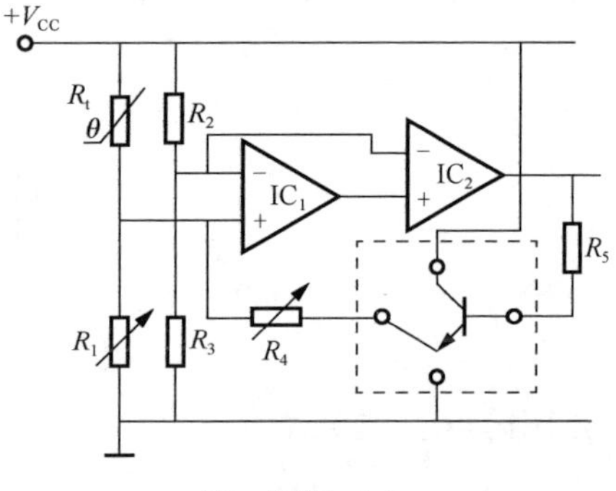

第 2 题图（c）

（4）

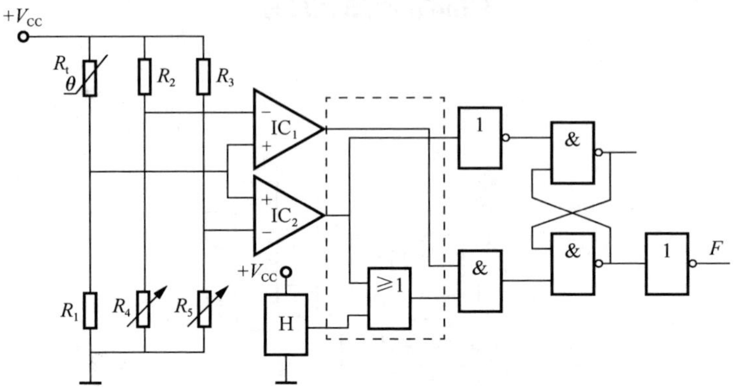

3.（1）A，A

（2）

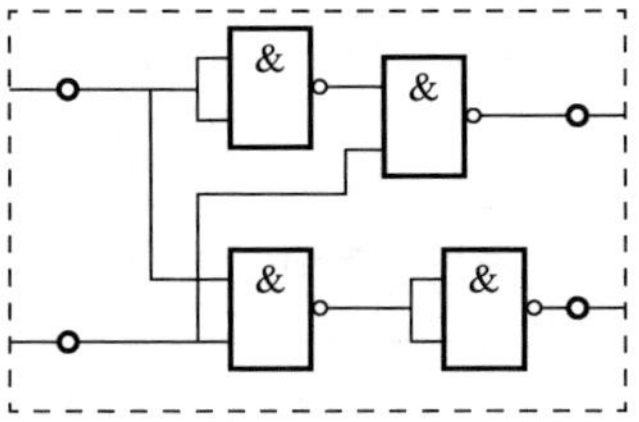

（3）

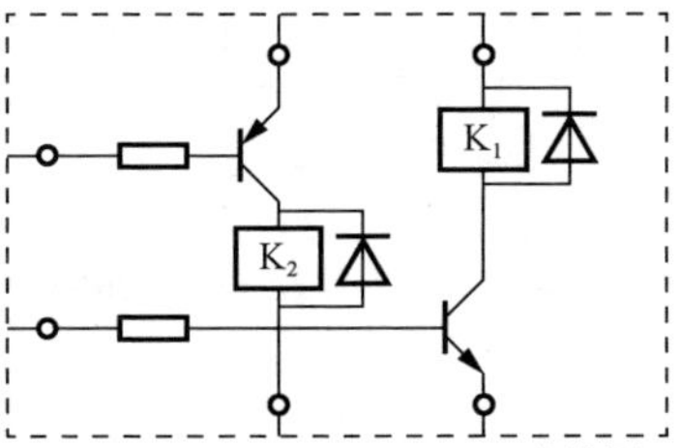

虚线框2

4.（1）B；（2）C；（3）A；（4）B

（5）

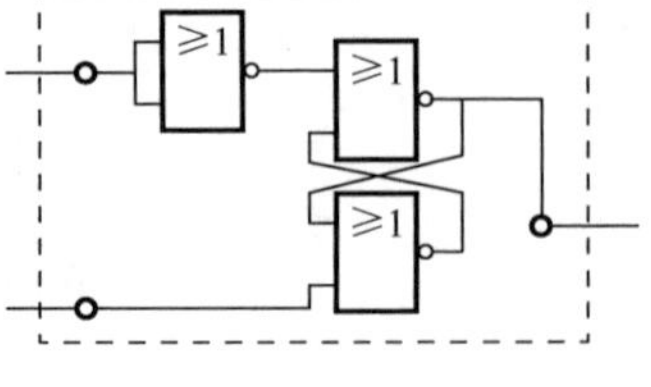

5.（1）A；（2）A

（3）

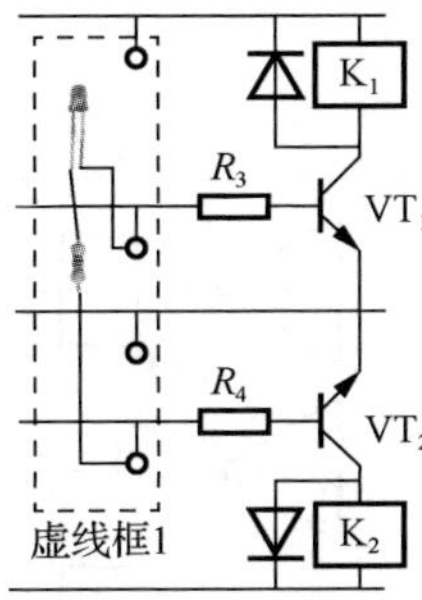
K1
R3
VT1
R4
VT2
K2
虚线框1

（4）

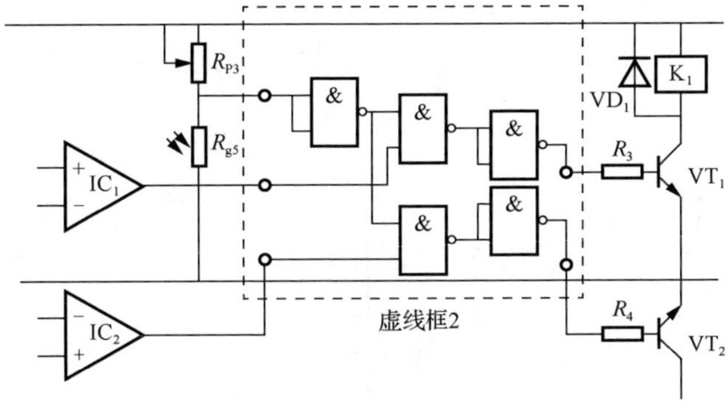
RP3
Rg5
IC1
IC2
VD1
K1
R3
VT1
R4
VT2
虚线框2

6.（1）B

（2）

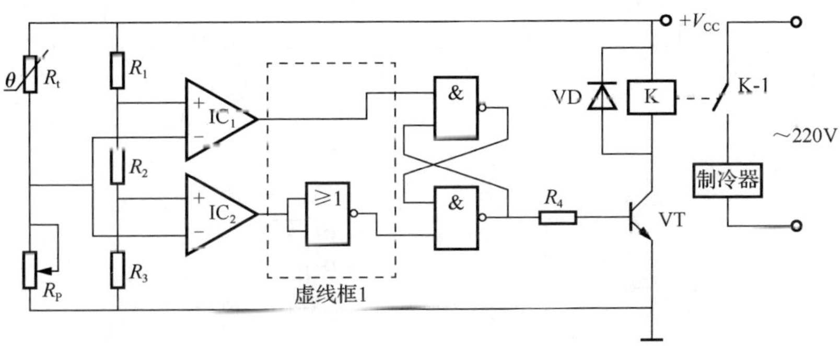
+VCC
Rt
R1
R2
R3
RP
IC1
IC2
≥1
VD
K
K-1
~220V
制冷器
R4
VT
虚线框1

（3）A

（4）

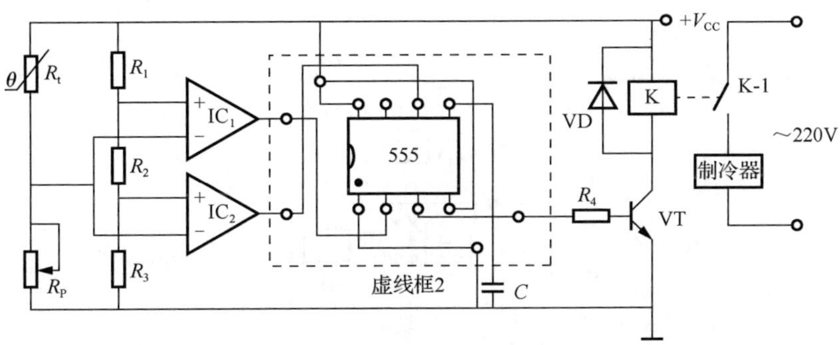
+VCC
Rt
R1
R2
R3
RP
IC1
IC2
555
VD
K
K-1
~220V
制冷器
R4
VT
C
虚线框2

7.（1）B

（2）

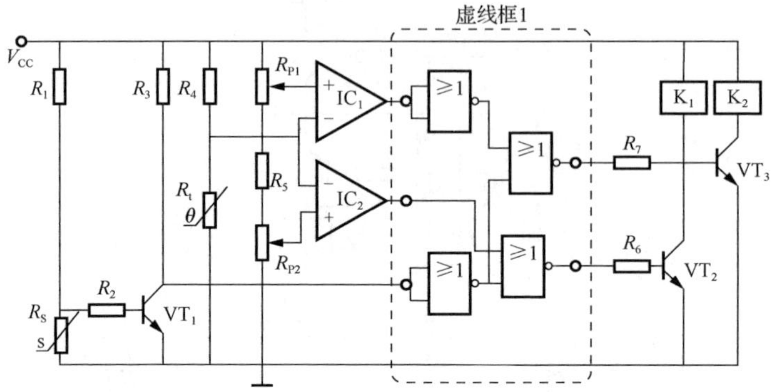

（3）D

（4）

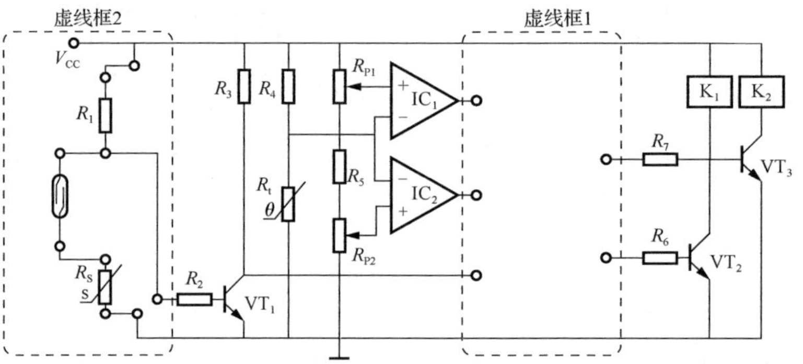

8.（1）B

（2）

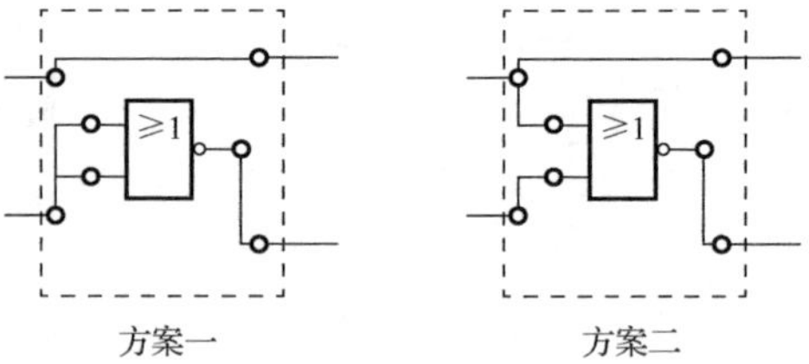

（3）B

（4）

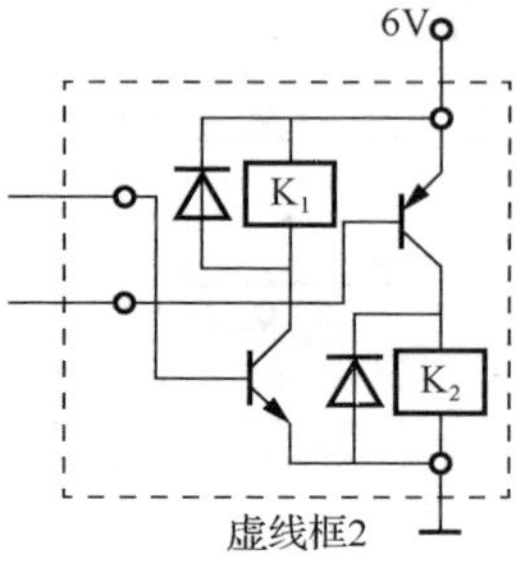

9.（1）B；（2）A

（3）

方案一（二极管和电阻位置可互换）：

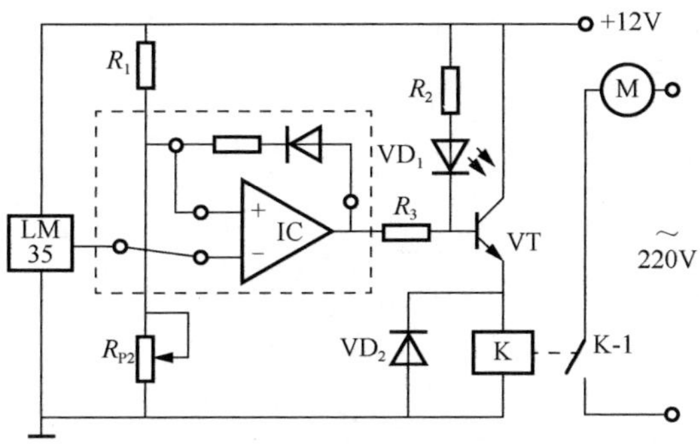

方案二（二极管和电阻位置可互换）：

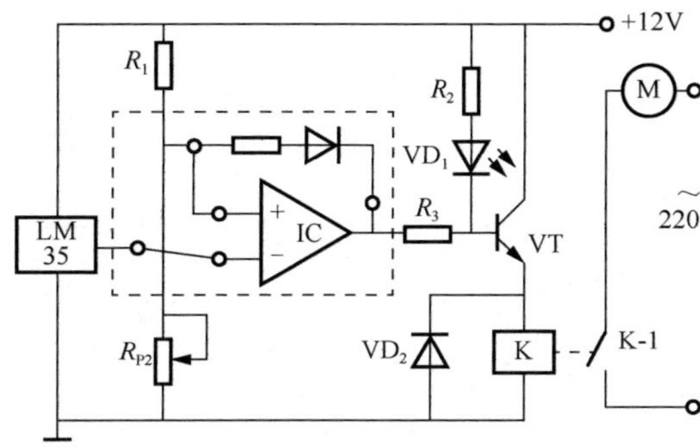

（4）

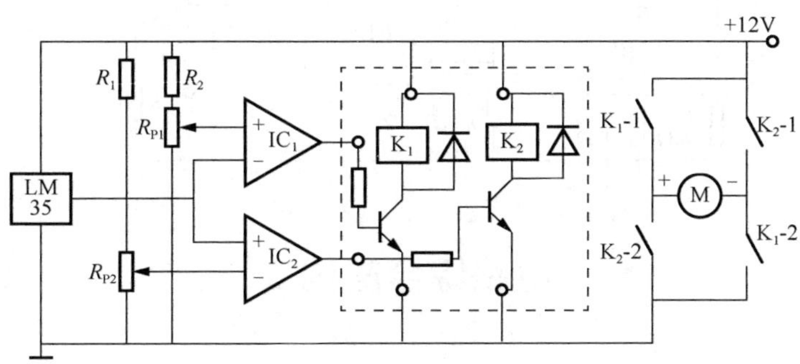

10.（1）

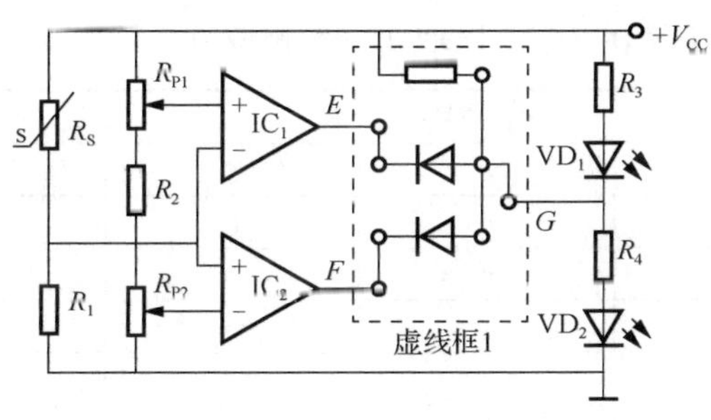

（2）B

（3）

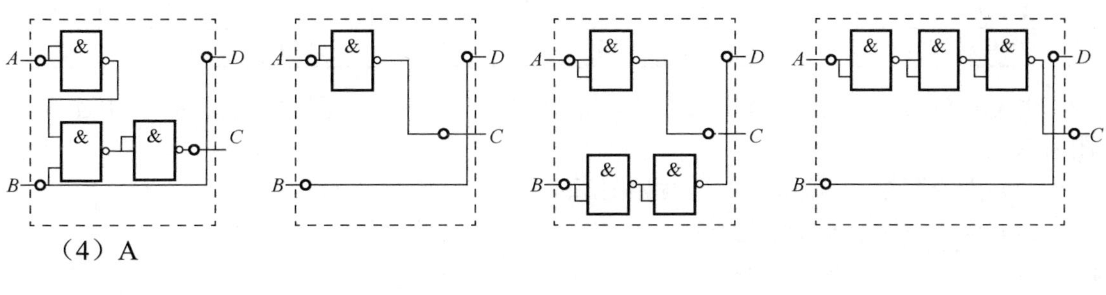

（4）A

11.（1）B

（2）

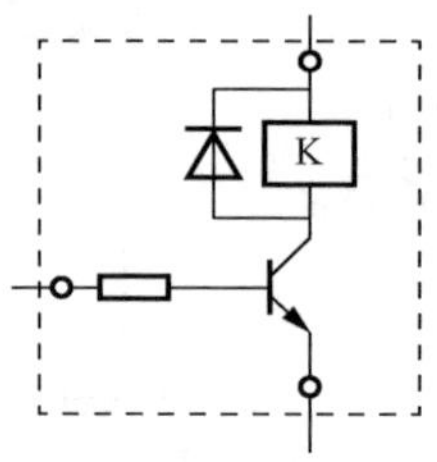

（3）BC

（4）

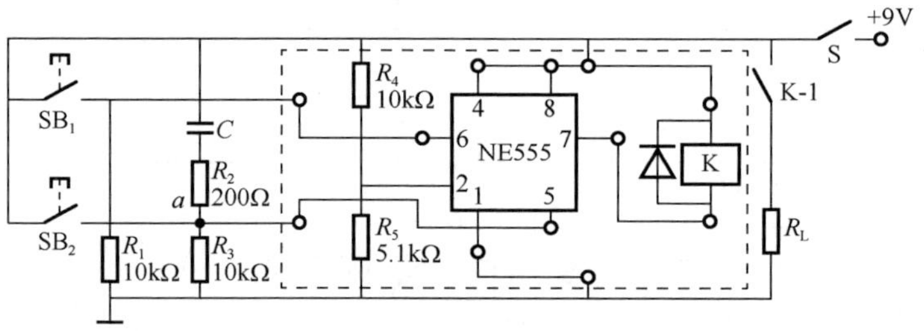

电路综合应用 3

1.（1）根据题意，可以列出如下真值表（虚线框 1 中右边两个端点从上到下分别是 F_1、F_2。其中，×表示可以取 0，也可以取 1，本题取 0）。

速度 v/（km/h）	输出信号			控制信号	
	A	*B*	*C*	F_1	F_2
v=0	0	0	0	×	×
0<v≤3	0	0	1	0	0
3<v<5	0	1	0	0	0
v=5	0	1	1	0	1
5<v<7	1	0	0	0	1
v=7	1	0	1	0	1
7<v<8	1	1	0	0	1
v=8	1	1	1	1	1

根据真值表可以得出逻辑表达式为 $F_1=ABC$，$F_2=A+BC$。因此，虚线框 1 中连线如图所示。

（2）虚线框 2、虚线框 3 中连线如图所示。

（3）虚线框 4 中连线如图所示。

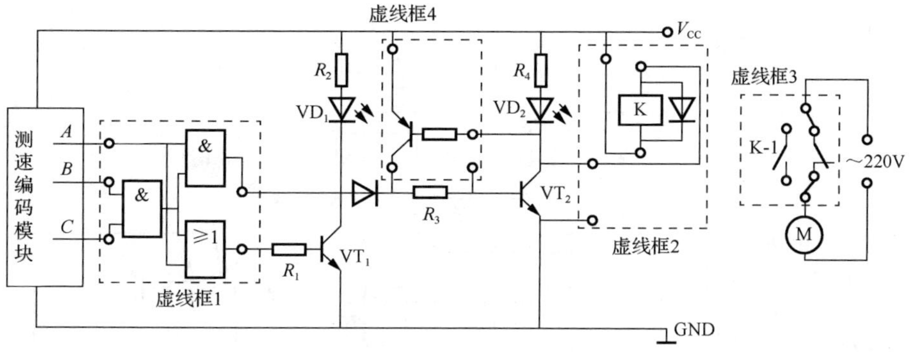

第1题（1）、（2）、（3）答案

（4）AD

2.（1）

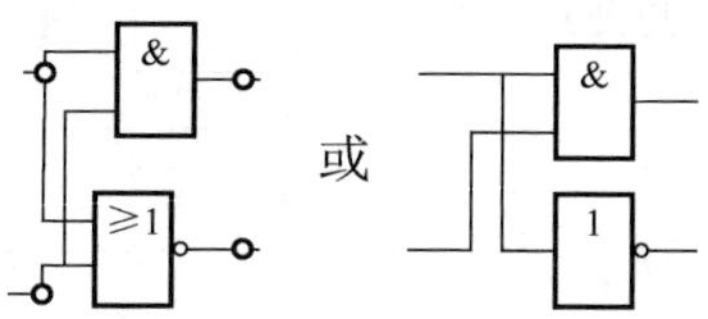

（2）

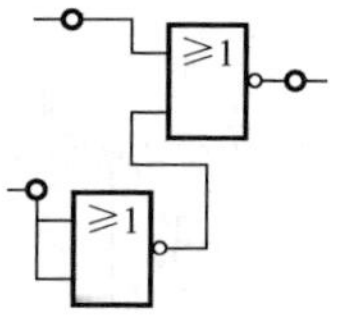

（3）C；（4）B

3.（1）A；（2）A

（3）

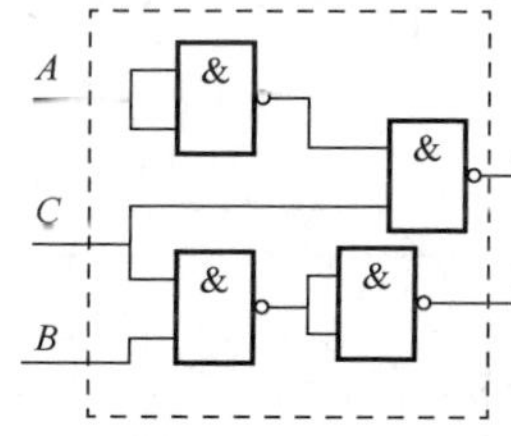

（4）

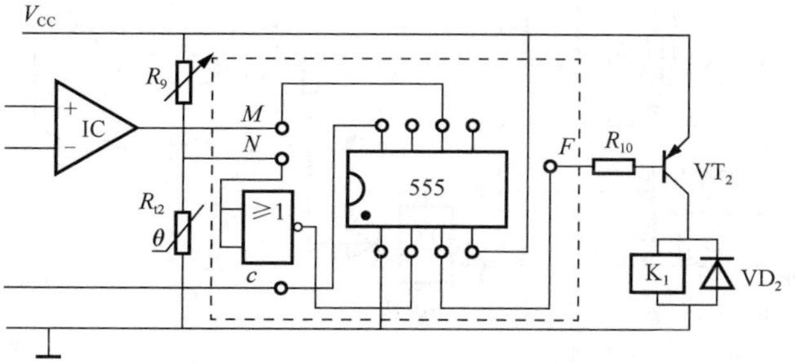

4.（1）B

（2）、（3）

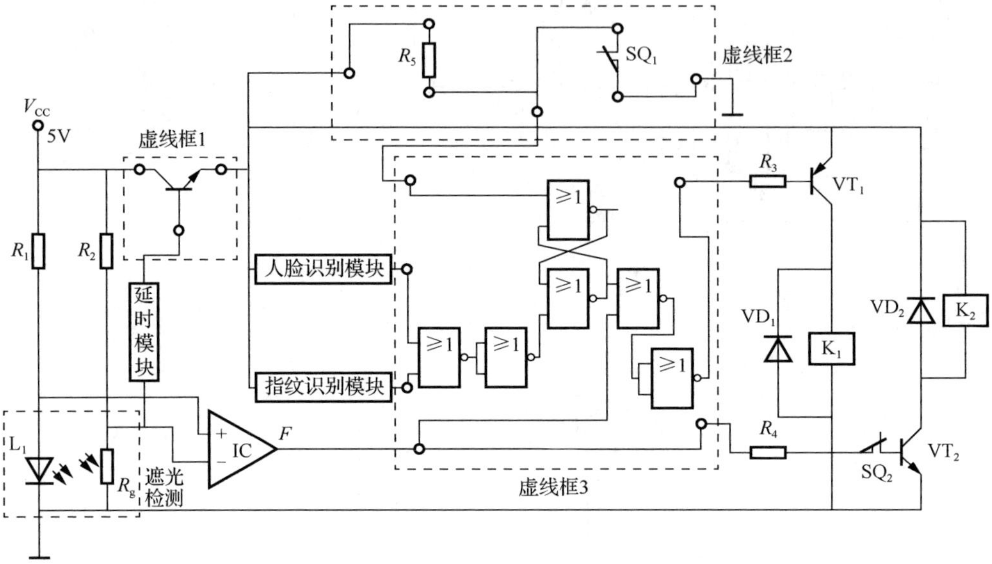

5.（1）A；（2）A

（3）

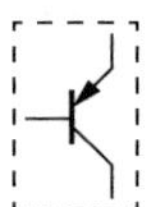

（4）

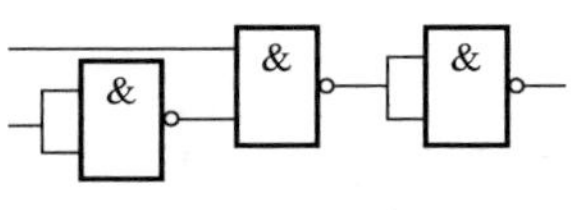

（5）A

6.（1）、（2）

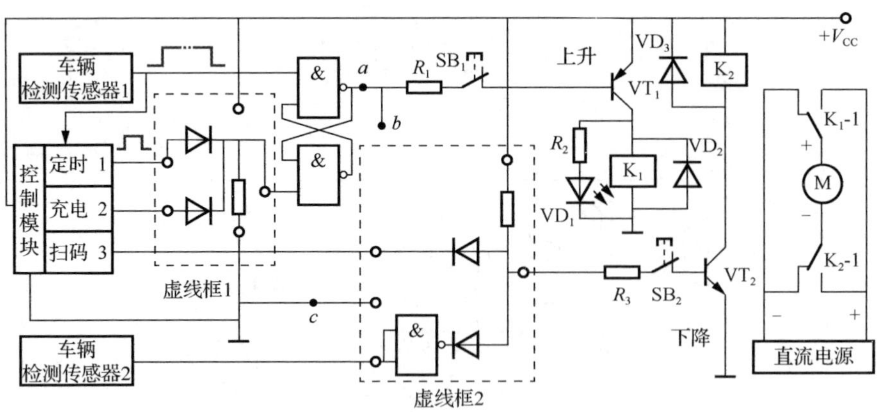

（3）B

（4）

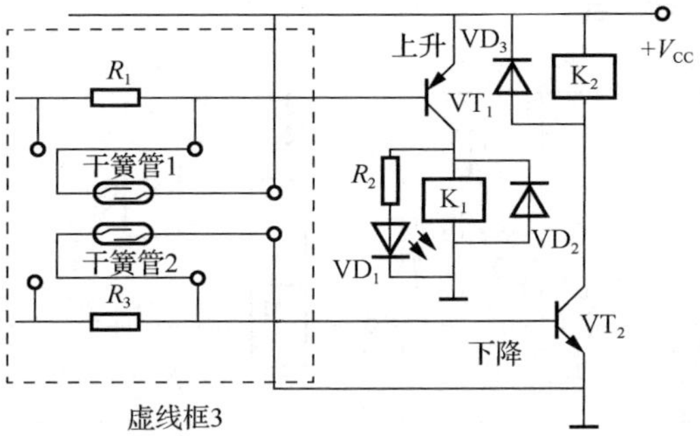
上升
VD3
+Vcc
K2
R1
VT1
干簧管1
R2
K1
VD2
VD1
干簧管2
R3
VT2
下降
虚线框3

7.（1）A；（2）C

（3）

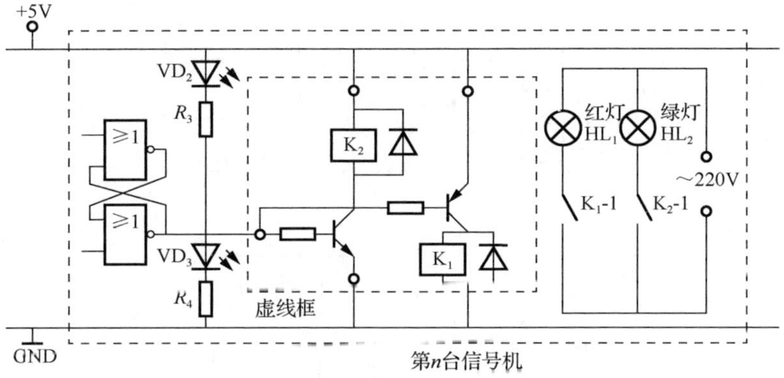
+5V
VD2
R3
≥1
K2
红灯
HL1
绿灯
HL2
~220V
≥1
K1-1
K2-1
VD3
K1
R4
虚线框
GND
第n台信号机

或

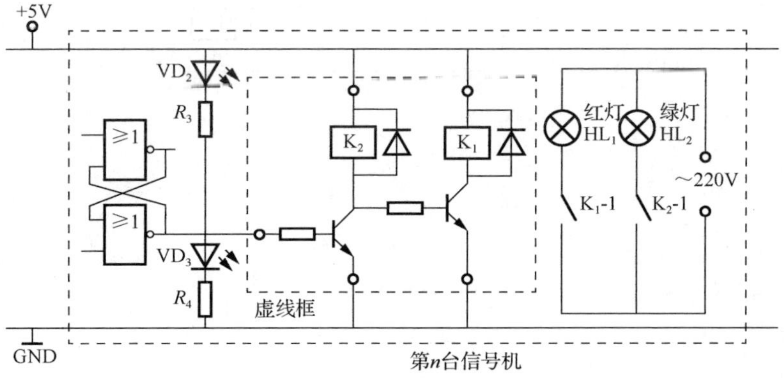
+5V
VD2
R3
≥1
K2
K1
红灯
HL1
绿灯
HL2
~220V
≥1
K1-1
K2-1
VD3
R4
虚线框
GND
第n台信号机

（4）

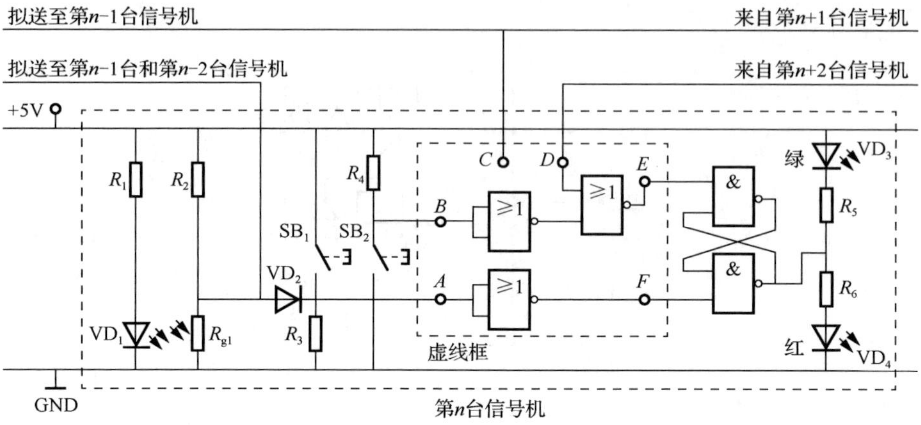

8.（1）C；（2）B

（3）$F=A\overline{B}C$

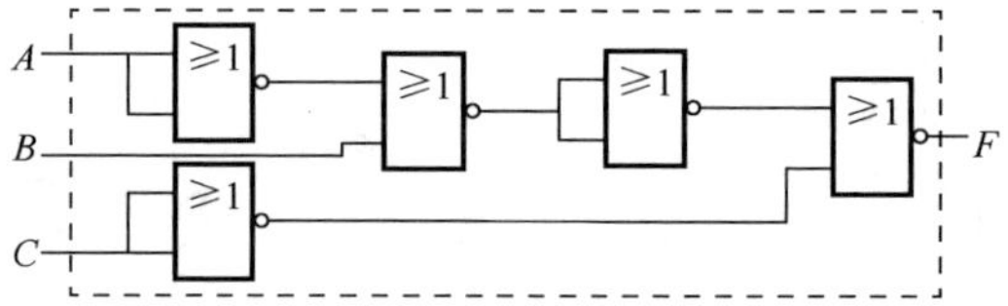

（4）

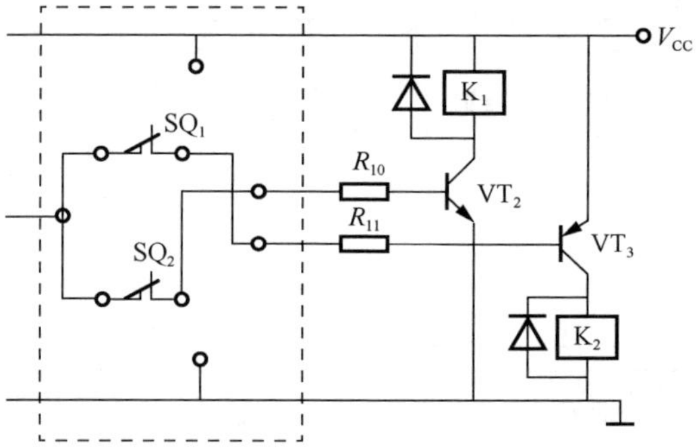

9.（1）C

（2）

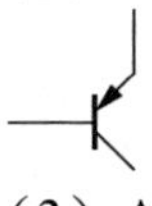

（3）A；（4）C

（5）

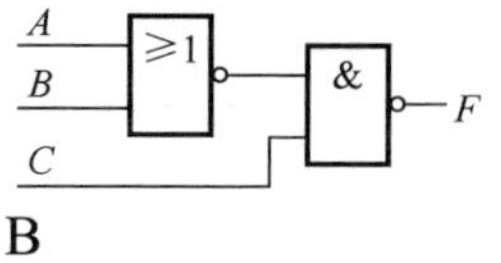

10.（1）B；（2）C；（3）B，B

（4）

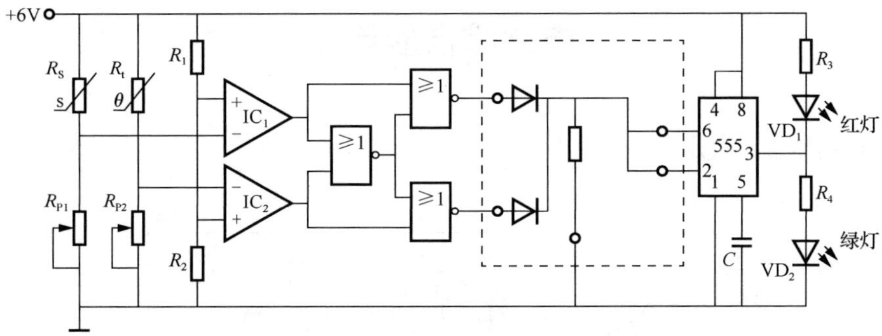

11.（1）C，B　　（2）BD

（3）

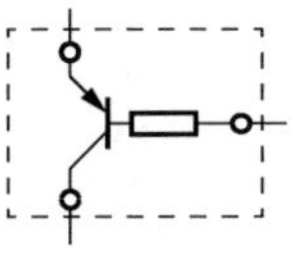

（4）

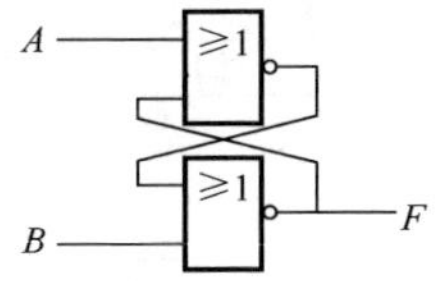

12.（1）A；（2）AC

（3）

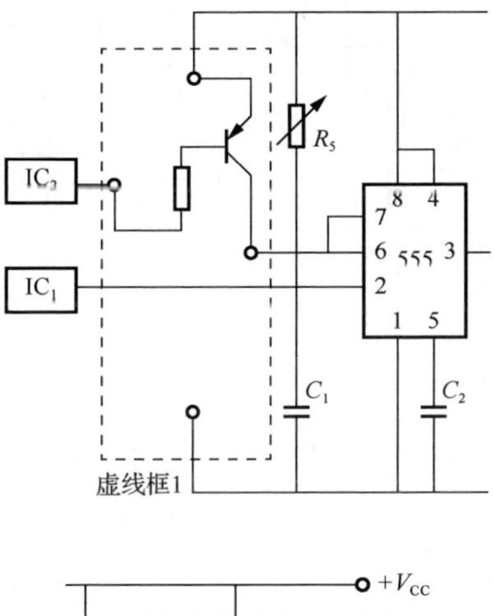

（4）

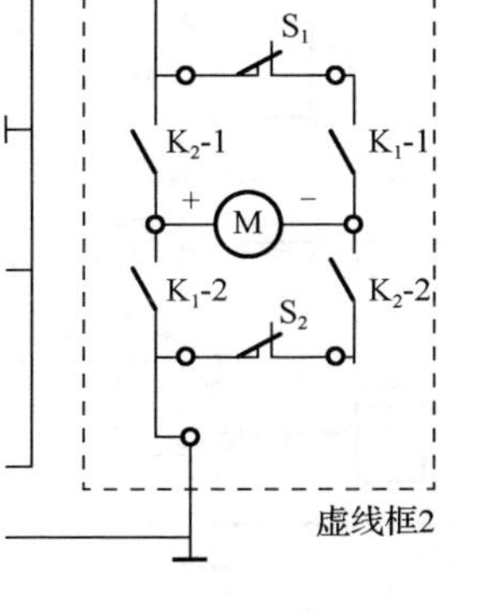

电路综合应用 4

1.（1）B；（2）AB

（3）

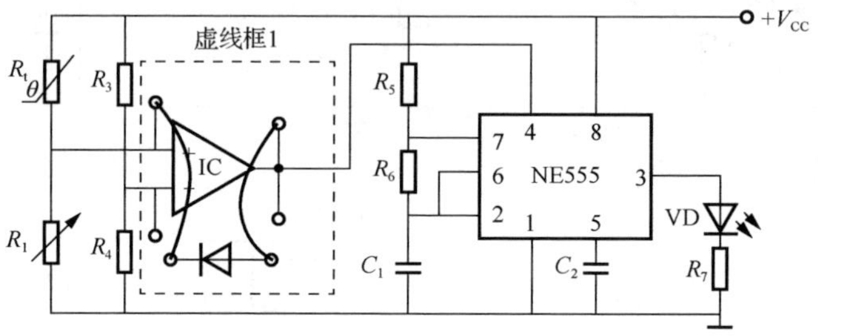

（4）

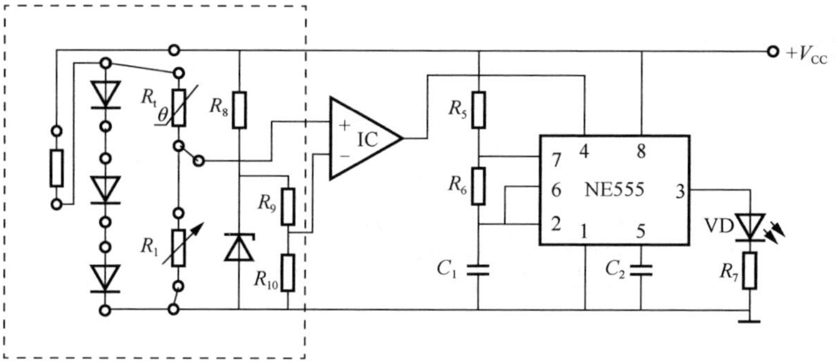

2.（1）B

（2）

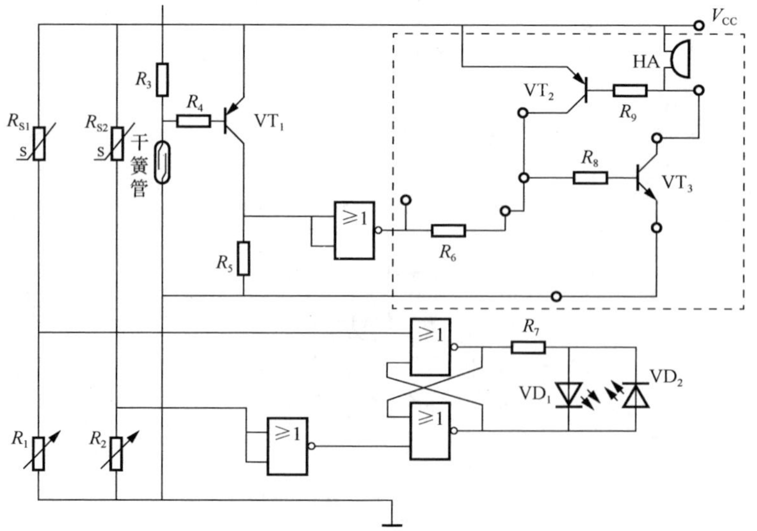

（3）AD

（4）

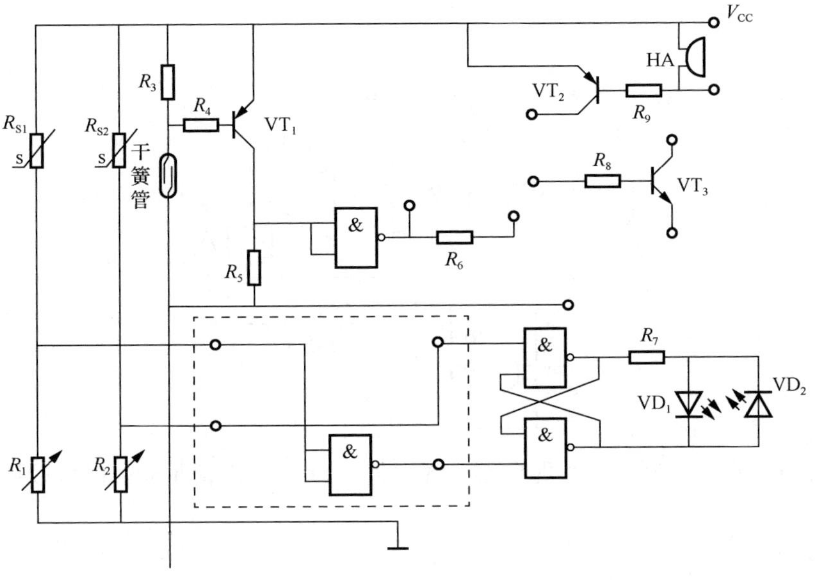

3.（1）B；（2）AB；（3）AD

（4）

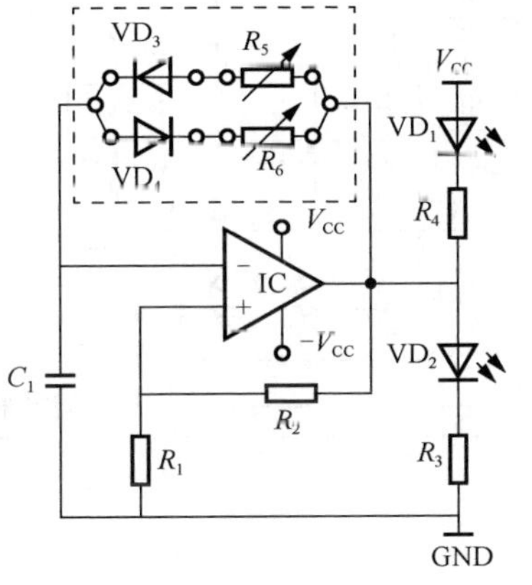

4.（1）B；（2）B

（3）

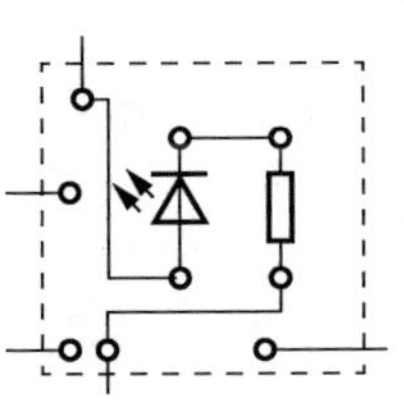

或

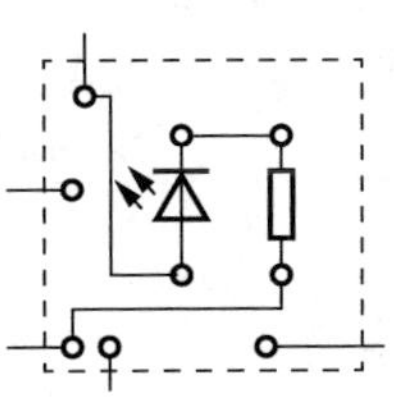

说明：通过搭建实验电路（C_1=10μF、R_1=2kΩ、C_3=100μF）证实，二极管观察到闪烁和扬声器发声能同时实现。二极管负极若接到 7 脚能实现相同功能。

（4）

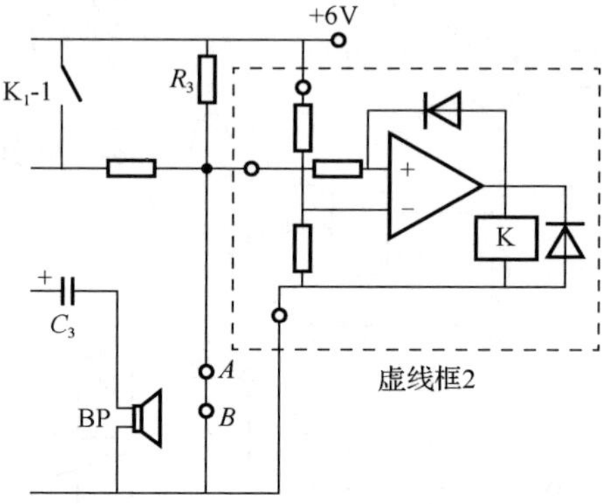

也可用触发器、三极管等实现自锁。继电器可以用三极管驱动，也可以用高电平直接驱动。

5.（1）A

（2）

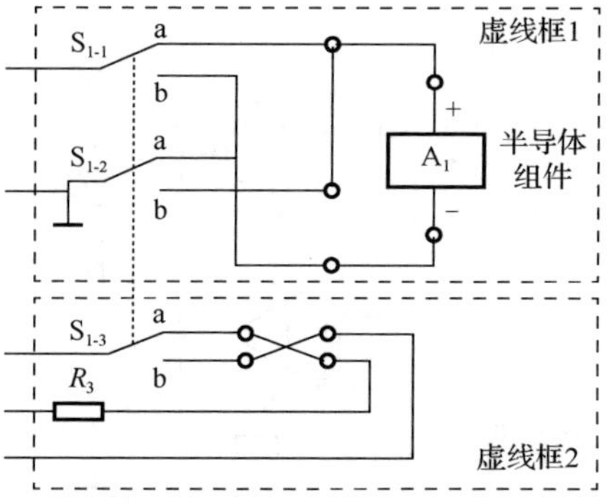

（3）AC

（4）

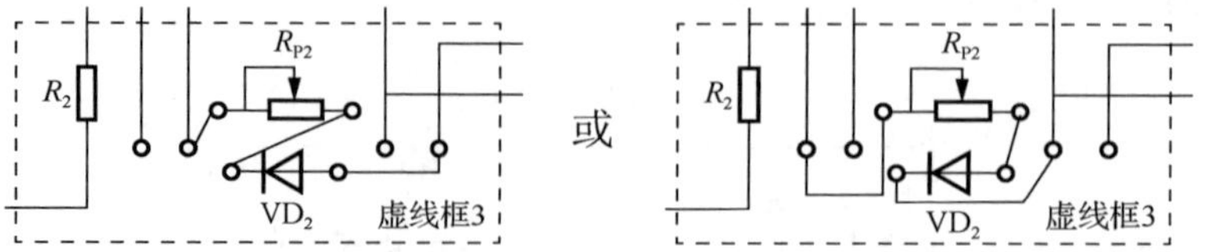

6.（1）D

（2）

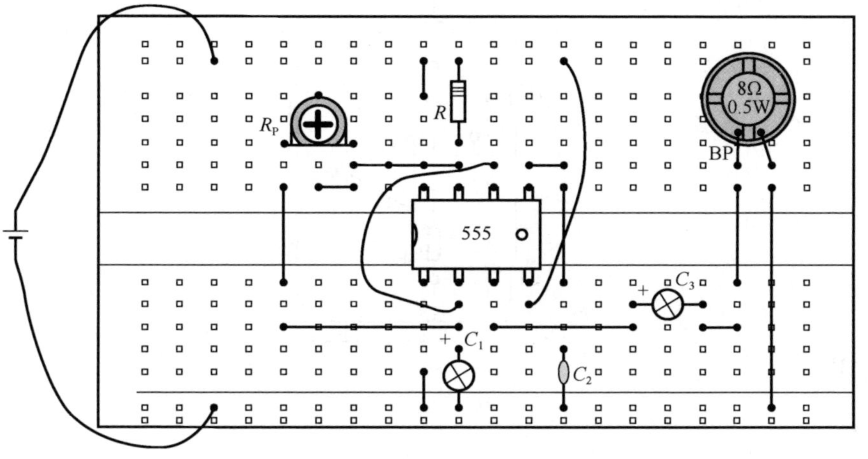
R_P
R
8Ω
0.5W
BP
555
C_3
C_1
C_2

（3）

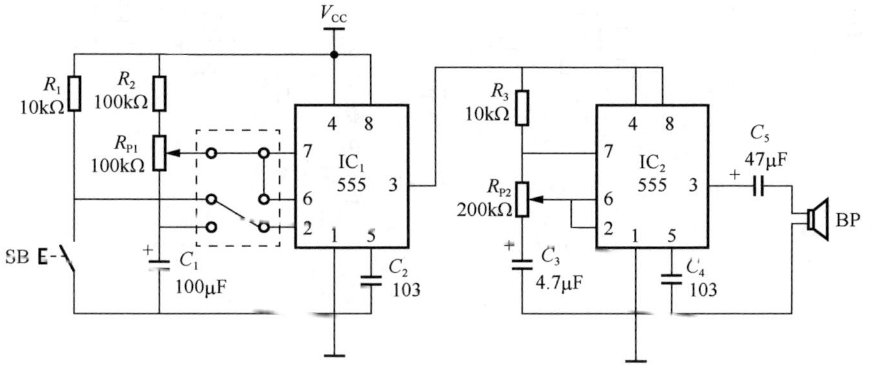
V_CC
R_1
10kΩ
R_2
100kΩ
R_P1
100kΩ
SB
C_1
100μF
IC_1
555
C_2
103
R_3
10kΩ
R_P2
200kΩ
C_3
4.7μF
IC_2
555
C_4
103
C_5
47μF
BP

或

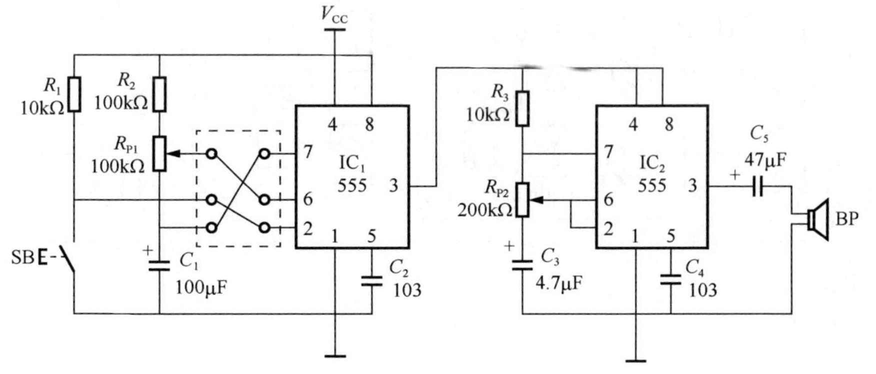
V_CC
R_1
10kΩ
R_2
100kΩ
R_P1
100kΩ
SB
C_1
100μF
IC_1
555
C_2
103
R_3
10kΩ
R_P2
200kΩ
C_3
4.7μF
IC_2
555
C_4
103
C_5
47μF
BP

（4）AD

7.（1）A

（2）

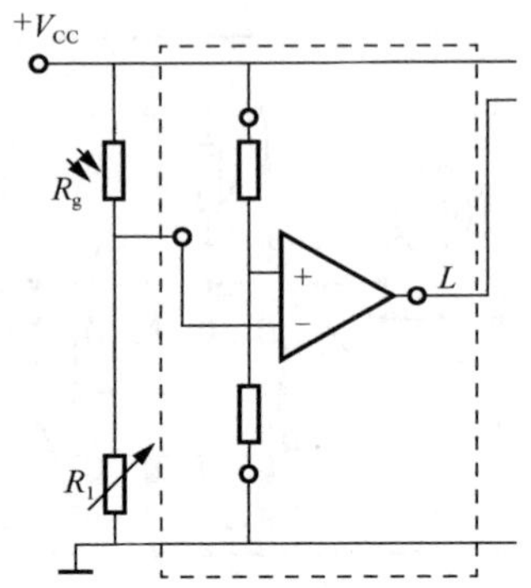

（3）BD

（4）

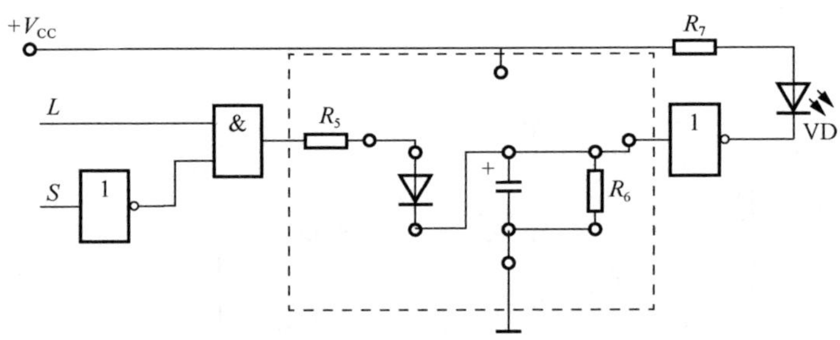

8.（1）B

（2）、（3）

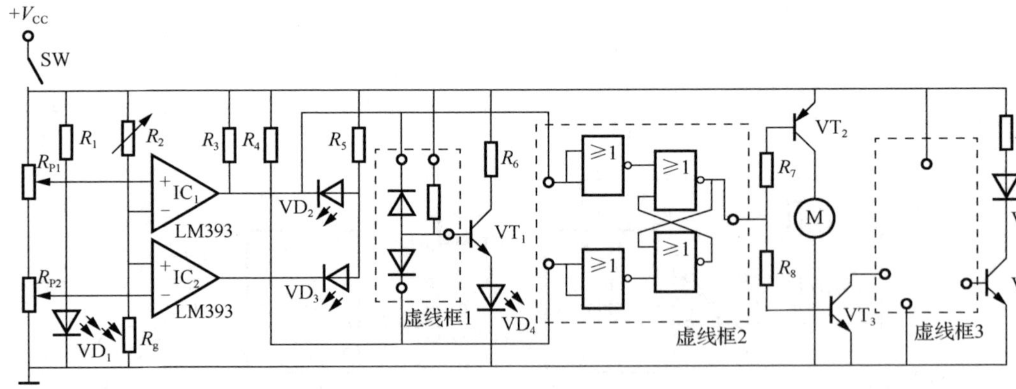

（4）BC

9.（1）AC

（2）

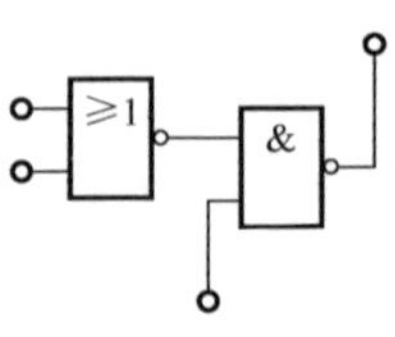

（3）C

（4）

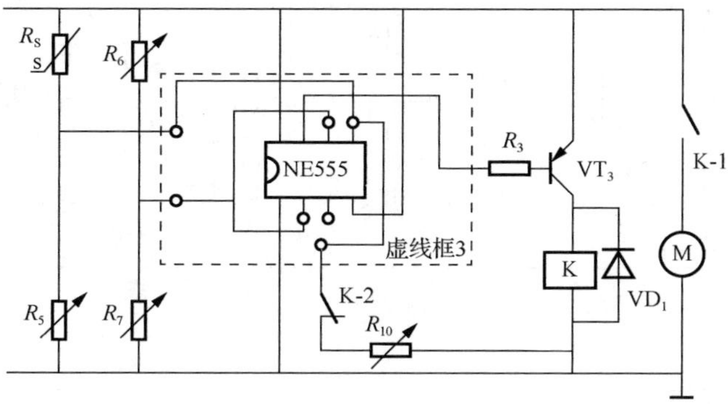

10.（1）CD

（2）AB

（3）

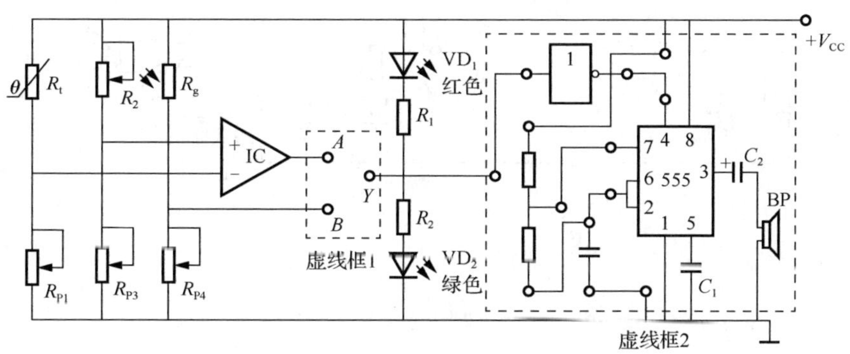

或

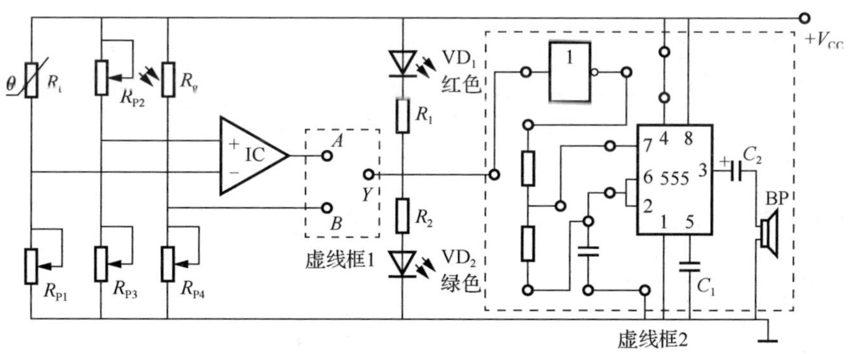

或

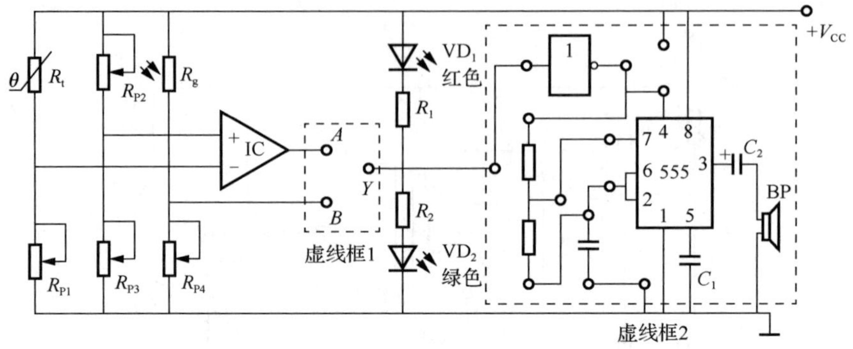
+V_{CC}
R_t
R_{P2}
R_g
IC
A
B
Y
虚线框1
VD1 红色
VD2 绿色
R_1
R_2
1
7 4 8
6 555 3
2
1 5
C_2
C_1
BP
虚线框2
R_{P1}
R_{P3}
R_{P4}

（4）

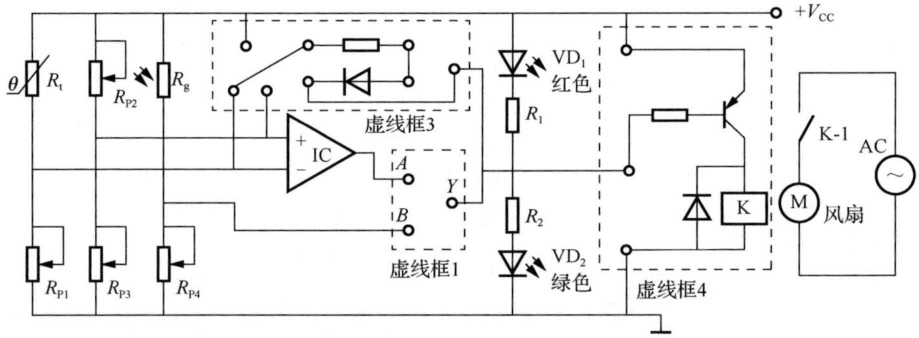
+V_{CC}
R_t
R_{P2}
R_g
虚线框3
IC
A
B
Y
虚线框1
VD1 红色
VD2 绿色
R_1
R_2
K
虚线框4
K-1
AC
M
风扇
R_{P1}
R_{P3}
R_{P4}

浙江省新高考辅导用书

电子控制技术
（含练习册）

主编　严加强

科学出版社
北　京

内 容 简 介

本套书依据《浙江省普通高中学科教学指导意见》（通用技术）（2021版）进行编写，分为《电子控制技术》和《电子控制技术练习册》两册。

本书为《电子控制技术》，包括元器件与万用表、电子控制系统与装配技术、传感器、模拟电路与数字电路、继电器、电子控制电路综合应用六章。内容编排紧密围绕本学科核心素养培养要求，聚焦重点知识和关键能力，注重典型例题、真题、模拟题及预测题的贯穿，兼顾基础性、应用性和综合性，力争多维度、多层次把握命题模型，帮助学生有效掌握浙江省新高考考试内容和考核要求，全面提升技术意识、工程思维、创新设计及实践操作等关键能力。

本书适合作为浙江省新高考通用技术之电子控制技术的辅导用书。

图书在版编目（CIP）数据

电子控制技术 ：含练习册 / 严加强主编. -- 北京 ：科学出版社，2024. 8. --（浙江省新高考辅导用书）. -- ISBN 978-7-03-079300-3

Ⅰ. G634.931

中国国家版本馆 CIP 数据核字第 2024F72S72 号

责任编辑：张振华　刘建山　杨　昕 / 责任校对：马英菊

责任印制：吕春珉 / 封面设计：东方人华平面设计部

科 学 出 版 社 出版

北京东黄城根北街 16 号

邮政编码：100717

http://www.sciencep.com

三河市中晟雅豪印务有限公司 印刷

科学出版社发行　各地新华书店经销

*

2024 年 8 月第　一　版　开本：787×1092　1/16

2024 年 8 月第一次印刷　印张：33 1/4

字数：787 000

定价：98.00 元（共两册）

（如有印装质量问题，我社负责调换）

销售部电话 010-62136230　编辑部电话 010-62135120-2005

前　言

为了适应浙江省统筹推进普通高中课程改革和高考综合改革的需求，编者依据《中小学教辅材料管理办法》、《浙江省普通高中学科教学指导意见》（通用技术）（2021 版）等相关文件精神，编写了本套书。本套书分为《电子控制技术》和《电子控制技术练习册》两册，本书为《电子控制技术》。

本书具有以下几个方面的特色。

1. 特级教师牵头，一线名师团队倾力打造

本书由浙江省临安中学特级教师严加强牵头，名师工作室成员阮利峰、夏童、吴张胤、江波、朱亚庭、夏光洲、刑跃芳、章雄风、姜卫松、李乾勇、魏相荣、刘莉和浙江省嘉善高级中学岳娟、浙江省杭州高级中学何天优等一线名师深度参与。

在编写过程中，编者能紧扣新课标，结合多年的通用技术学科新课程新教材新高考指导经验和教学经验，多维度、多层次、全方位把握命题模型，将最新考试要求的知识、能力、素养融入教学内容。

2. 循序进阶，直击浙江省新高考

本书本着循序渐进、通俗易懂、方便好用的编写原则，在讲解完各模块的知识点后，立即分析相应的重点、难点，并以典型例题、真题、模拟题及预测题进行贯穿，便于学生巩固所学知识并提升应用能力。同时，本书严格按照《浙江省普通高中通用技术考试说明》配套《电子控制技术练习册》，极大地方便了课后练习和巩固提升。

3. 基于“总—分—总”结构，兼顾逻辑性和系统性

本书采用“大过程”的编排方式，结构上遵循“总—分—总”的逻辑层次。首先，介绍元器件、万用表、电子控制系统的组成与装配技术，为学生学习电子控制系统的设计奠定认知和实践基础。接着，详细讲解了获取与转换电子控制系统信息的传感器、模拟电路、数字电路，以及控制系统的执行部件（如继电器等）。最后，介绍电子控制技术的综合应用，内容条理清晰，系统性强，便于学生全面理解和掌握电子控制技术。

本书内容的编排既考虑每章的内在逻辑主线，又考虑章节之间的相互联系与衔接，点面结合整合学习内容，以便学生理解和掌握电子控制系统的工作过程，培养技术意识、工程思维、创新设计、图样表达、物化能力五个方面的核心素养。

4. 贴近生活实际应用，强调实践应用能力的培养

本书所有案例均选自现实生活中电子控制技术的实际应用，内容讲解深入浅出，分析透彻、步骤明晰，可读性强，便于学生理解和自学，激发学习兴趣。通过元器件的识别与检测、焊接安装、调试使用等实践环节，学生不仅能解决生活中的电子控制问题，还能够有效掌握相关知识和技能，提升动手能力和实践应用能力。同时，本书为学生提供思维空间，启发他们自主思考，并提供多样化的问题解决方法，满足不同层次学生的学习需求，帮助他们形成良好的学习习惯和思维方式。

本书适用对象主要是浙江省新高考通用技术学科的高二、高三年级学生。为符合图书出版要求，在不改变原意的前提下，对书中历年高考真题的描述与解析进行了适当修改。

在编写本书过程中，得到了省内各地多位技术教研员、浙江师范大学和杭州师范大学的多位教授的指导和帮助，在此一并表示感谢！

由于编者水平有限，书中难免存在不妥之处，敬请广大读者批评指正。

目　　录

第一章　元器件与万用表

第一节　电　阻　器

一、电阻的基本知识

电阻是导体本身具有的属性，用字母 R 表示。常见固定电阻器的图形符号如图 1-1 所示。

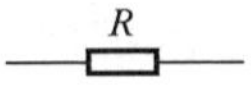

图 1-1　常见固定电阻器的图形符号

1. 电阻与温度的关系

电阻元件的电阻值大小一般与温度有关，衡量电阻受温度影响大小的物理量是温度系数，其定义为温度每升高 1℃时，电阻值发生变化的百分数。

如果设任一电阻元件在温度 t_1 时的电阻值为 R_1，当温度升高到 t_2 时的电阻值为 R_2，则该电阻元件在 t_1～t_2 温度范围内的（平均）温度系数为

$$\alpha = \frac{R_2 - R_1}{R_1(t_2 - t_1)}$$

如果 $R_2 > R_1$，则 $\alpha > 0$，将 R 称为正温度系数（positive temperature coefficient，PTC）电阻，即电阻值随着温度的升高而增大；如果 $R_2 < R_1$，则 $\alpha < 0$，将 R 称为负温度系数（negative temperature coefficient，NTC）电阻，即电阻值随着温度的升高而减小。显然 α 的绝对值越大，表明电阻受温度的影响也越大。

2. 敏感电阻器

敏感电阻器是一种对光照强度、压力、湿度等模拟量敏感的特殊电阻器，选用时要特别注意电阻值的变化方向。图 1-2 所示为常见的敏感电阻器。

（a）热敏电阻器　（b）光敏电阻器　（c）压敏电阻器　（d）湿敏电阻器

图 1-2　常见的敏感电阻器

（1）热敏电阻器是一种对温度极为敏感的电阻器。
（2）光敏电阻器是指电阻值随着光线的强弱而发生变化的电阻器。
（3）压敏电阻器是对电压变化很敏感的非线性电阻器。
（4）湿敏电阻器是对湿度变化非常敏感的电阻器。

二、电阻器的分类

电阻器是利用材料对电流起阻碍作用的特性制成的，电阻器通常简称为电阻。
电阻器按结构形式分为固定电阻器、可变电阻器（可调电阻器、电位器）。
电阻器按制作材料分为碳膜电阻器、金属膜电阻器、金属氧化膜电阻器、线绕电阻器。
电阻器按用途分为精密电阻器、高频电阻器、熔断电阻器、敏感电阻器。

1. 常见的固定电阻器

常见的固定电阻器的外形、图形符号及功能说明见表 1-1。

表 1-1　常见的固定电阻器的外形、图形符号及功能说明

序号	名称	实物图	图形符号	功能说明
1	碳膜电阻器			碳膜电阻器是采用碳膜作为导电层，将通过真空高温热分解出的结晶碳沉积在柱形或管形陶瓷骨架上制成的
2	金属膜电阻器	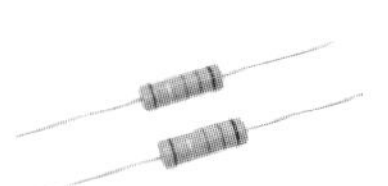		金属膜电阻器采用金属膜作为导电层，用高真空加热蒸发等技术将合金材料蒸镀在陶瓷骨架上制成，经过切割调试电阻值，以达到最终要求的精密电阻值
3	金属氧化膜电阻器	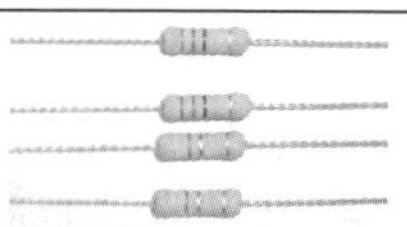	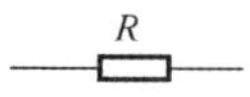	金属氧化膜电阻器是用锑和锡等金属盐溶液喷雾到炽热的陶瓷骨架表面上沉积后制成的
4	线绕电阻器			线绕电阻器是用电阻丝绕在绝缘骨架上，再经过绝缘封装处理而成的一类电阻器，电阻丝一般采用一定电阻率的镍铬、锰铜等合金制成，绝缘骨架一般采用陶瓷、塑料、涂覆绝缘层的金属骨架
5	水泥电阻器	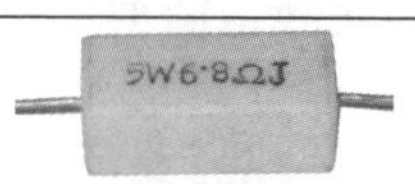		水泥电阻器是线绕电阻器的一种，其绝缘骨架采用水泥加工而成
6	熔断电阻器	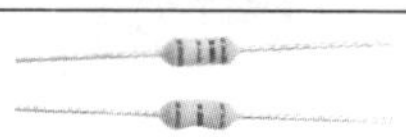	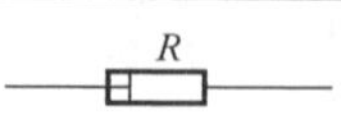	熔断电阻器是一种具有电阻和熔丝双重功能的元件

2. 常见的可变电阻器

常见的可变电阻器的外形、图形符号及功能说明见表 1-2。

表 1-2　常见的可变电阻器的外形、图形符号及功能说明

序号	名称	实物图	图形符号	功能说明
1	半可调电阻器		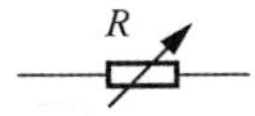	一般用作三极管中的偏流电阻
2	碳膜电位器		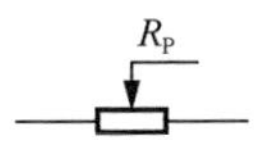	一般用于家用电器中，用作音量控制、亮度调节等
3	线绕电位器			用于功率较大的电路中的电源电压调节等
4	实心电位器			用于小型电子设备及仪器仪表的交直流电路中
5	直滑电位器			用于家用电器、仪器仪表面板的电压、电流控制和音调、音量的调节等
6	开关电位器			用于电视机、收音机中的音量控制兼电源控制

三、识读电阻器的阻值

1. 直标法

直标法一般用数字和单位符号直接标称电阻值并标注在电阻器上，如图 1-3 所示。

（a）100W、2Ω　（b）5W、51Ω　（c）220Ω　（d）100kΩ

图 1-3　电阻直标法

2. 文字符号法

文字符号法是用数字和单位符号组合在一起表示电阻器的电阻值。文字符号前面的数字表示整数阻值，文字符号后面的数字表示小数点后面的小数阻值。电阻单位的文字符号见表 1-3。电阻允许误差的文字符号见表 1-4。图 1-4（a）所示的“5W2R2J”表示 5W、

2.2Ω，允许误差为±5%；图 1-4（b）所示的“25W7K5J”表示 25W、7.5kΩ，允许误差为±5%。

表 1-3　电阻单位的文字符号

文字符号	R	K	M	G	T
表示单位	欧姆（Ω）	千欧姆（10^3Ω）	兆欧姆（10^6Ω）	吉欧姆（10^9Ω）	太欧姆（10^{12}Ω）

表 1-4　电阻允许误差的文字符号

文字符号	D	F	G	J	K	M
允许误差	±0.5%	±1%	±2%	±5%	±10%	±20%

（a）5W2R2J　　（b）25W7K5J

图 1-4　电阻文字符号法

3. 数码法

数码法是在电阻器上用 3 位数码表示标称值的标注方法。

（a）10×10^3Ω　　（b）20×10^2Ω

图 1-5　电阻数码法

4. 色标法

色标法是用不同颜色的带或点在电阻器表面标出标称阻值和允许误差。色环符号对照表见表 1-5。

表 1-5　电阻器色环符号对照表

颜色	有效数字	倍乘数	允许误差/%	颜色	有效数字	倍乘数	允许误差/%
黑	0	10^0	—	橙	3	10^3	—
棕	1	10^1	±1	黄	4	10^4	—
红	2	10^2	±2	绿	5	10^5	±0.5

续表

颜色	有效数字	倍乘数	允许误差/%	颜色	有效数字	倍乘数	允许误差/%
蓝	6	10^6	±0.25	金	—	10^{-1}	±5
紫	7	10^7	±0.1	银	—	10^{-2}	±10
灰	8	10^8	—	无色	—	—	±20
白	9	10^9	—				

（1）四色环电阻器两位有效数字的色标法，如图 1-6 所示，从左至右色环依次为橙、白、棕、金，前两位是有效数字，第 3 位是倍率，第 4 位是允许误差。其阻值为 $39\times10^1\Omega$，也就是 390Ω，允许误差为±5%。

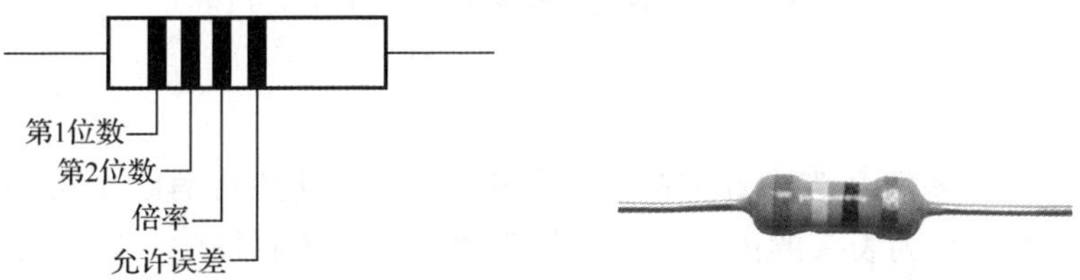

（a）四色环的意义　　（b）四色环电阻器

图 1-6　四色环电阻器色标法

（2）五色环电阻器 3 位有效数字的色标法，如图 1-7 所示，从左至右色环依次为紫、黄、黑、黑、棕，前 3 位是有效数字，第 4 位是倍率，第 5 位是允许误差，其阻值为 $740\times10^0\Omega$，也就是 740Ω，允许误差为±1%。

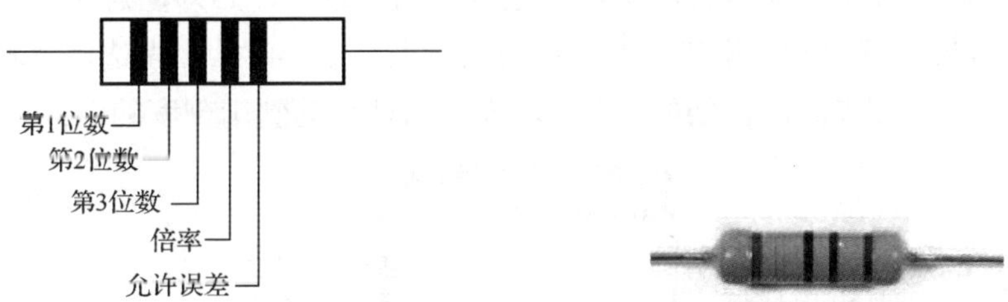

（a）五色环的意义　　（b）五色环电阻器

图 1-7　五色环电阻器色标法

第二节　万　用　表

万用表是一种多用途、广量程、使用方便的测量仪表，可用来测量直流电压、直流电流、交流电压和电阻，中高档的万用表还可以测量交流电流、电容、电感及三极管的主要参数等。如图 1-8 所示，万用表主要有指针式万用表和数字万用表两类。

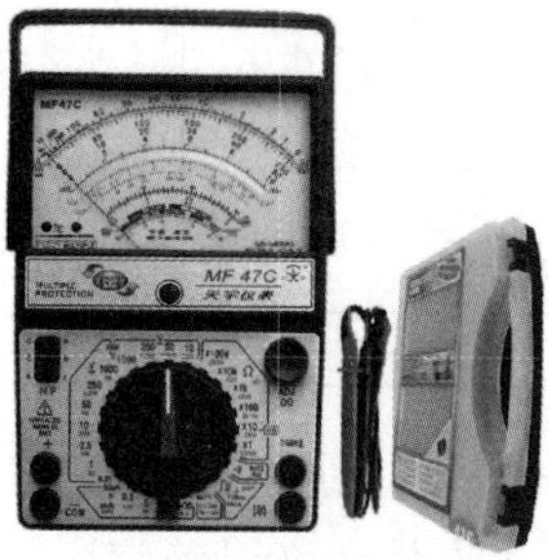

（a）指针式万用表

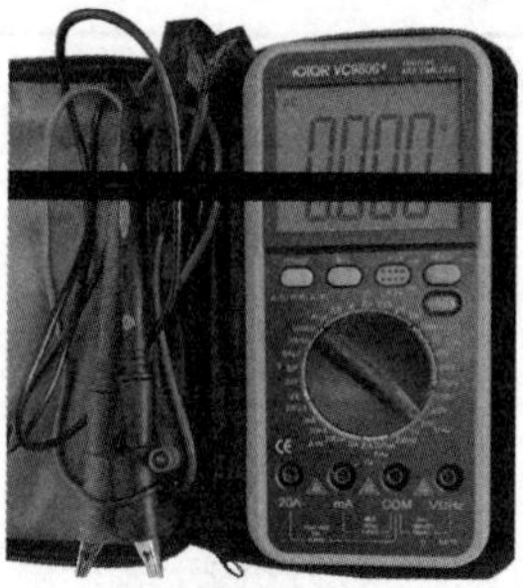

（b）数字万用表

图 1-8　指针式万用表和数字万用表

一、指针式万用表

指针式万用表的表头是进行各种测量的公用部分。表头内部有一个可动的线圈（称为动圈）。它的电阻 R_g 称为表头的内阻。动圈处于永久磁铁的磁场中，当动圈通有电流之后会受到磁场力的作用而发生偏转。固定在动圈上的指针随着动圈一起偏转的角度与动圈中的电流成正比。当指针指示到表盘刻度的满标度时，动圈中所通过的电流称为满偏电流 I_g。R_g 与 I_g 是表头的两个主要参数。

指针式万用表的面板如图 1-9 所示。万用表有红与黑两支表笔（表棒），表笔可插入万用表的“+”“−”两个插孔里。注意：一定要严格将红表笔插入“+”极性孔里，将黑表笔插入“−”极性孔里。测量直流电流、电压等物理量时，必须注意正负极性。根据测量对象，将量程转换开关旋至所需位置，在被测量大小不详时，应先选用量程较大的挡试测，若不合适，则再逐步改用较低的挡位，以表头指针移动到满刻度的 2/3 位置附近为宜。

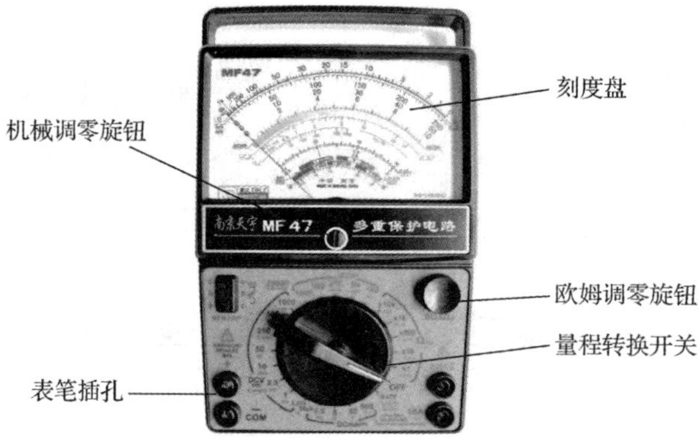

图 1-9　指针式万用表的面板

使用前的准备工作包括将万用表水平放置；检查指针；插好表笔；检查电池；选择项目和量程，如图 1-10 所示。

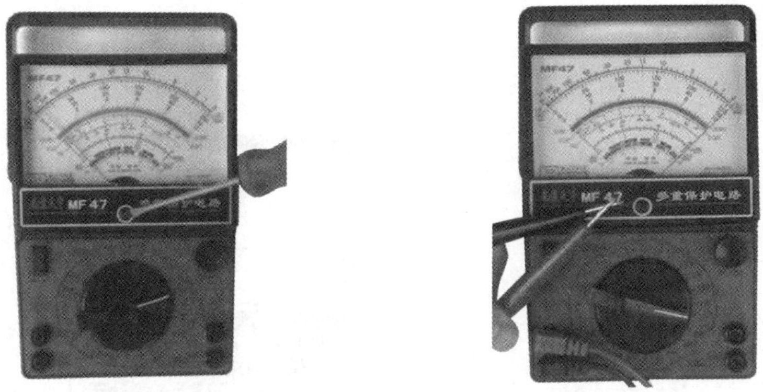

（a）机械调零　　　　（b）检查电池

图 1-10　测量准备

使用后的维护工作包括拔出表笔；将量程转换开关拨到“OFF”或交流电压最高挡；若长期搁置不用，应将万用表中的电池取出；平时要保持万用表干燥、清洁，严禁振动和机械冲击。

1. 直流电压的测量

（1）选择量程。直流电压测量示意图如图 1-11 所示。

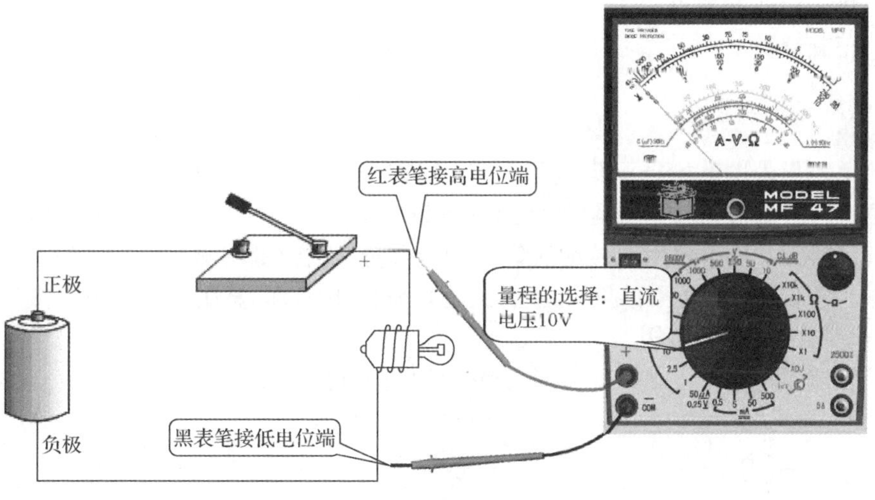

图 1-11　直流电压测量示意图

（2）测量方法。将万用表并联在被测电路的两端。测量直流电压时，红表笔接被测电路的正极，黑表笔接被测电路的负极。

（3）正确读数。

2. 直流电流的测量

直流电流测量示意图如图 1-12 所示。

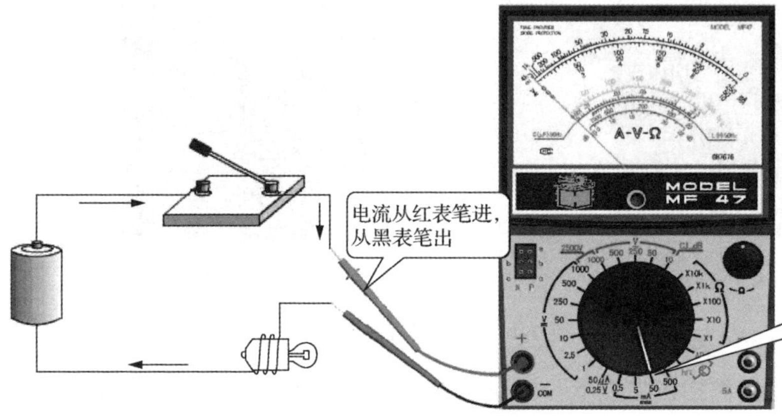

图 1-12　直流电流测量示意图

（1）选择量程。

（2）测量方法。将万用表与被测电路串联。将电路相应部分断开后，将万用表表笔接在断点的两端。若是测量直流电流，则红表笔接在与电路的正极相连的断点，黑表笔接在与电路的负极相连的断点。

（3）正确读数。

3. 电阻器的测量

在使用万用表的欧姆挡测量电阻之前，应首先把红、黑表笔短接，调节指针到欧姆标尺的零位上，并要正确选择电阻倍率挡。测量某电阻 R_x 时，一定要使被测电阻不与其他电路有任何接触，也不要用手接触表笔的导电部分，以免影响测量结果。当利用欧姆表内部电池作为测试电源时（如判断二极管或三极管的引脚），要注意：黑表笔接的是电源正极，红表笔接的是电源负极。

万用表测量电阻（欧姆表）电路示意图如图 1-13 所示。

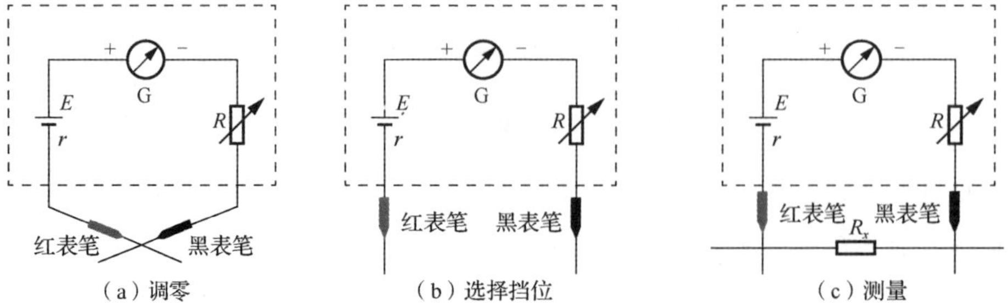

图 1-13　万用表测量电阻电路示意图

可变电阻器 R 称为调零电阻器，当红、黑表笔相接时（相当于被测电阻 $R_x=0$），调节 R 的阻值使指针指到表头的满刻度，即

$$I_g=\frac{E}{R_g+r+R}$$

万用表欧姆挡的零点在表头的满刻度位置上。当电阻无穷大时（红、黑表笔间开路），指针在表头的零刻度位置上。

当红、黑表笔之间接被测电阻 R_x 时，通过表头的电流为

$$I=\frac{E}{R_g+r+R+R_x}$$

可见，表头读数 I 与被测电阻 R_x 是一一对应的，呈反比例关系，因此欧姆表刻度不是线性的。

1）检测电阻器

电阻器的阻值测量示意图如图 1-14 所示。

（1）选择合适的量程。

（2）把红、黑表笔短接，调节机械调零旋钮，使指针指在第一条刻度线的 0Ω 位置上。

（3）将电阻器接入红、黑表笔之间，根据指针位置读出最小刻度值，再乘以该挡的倍率，即为该电阻器的读数。

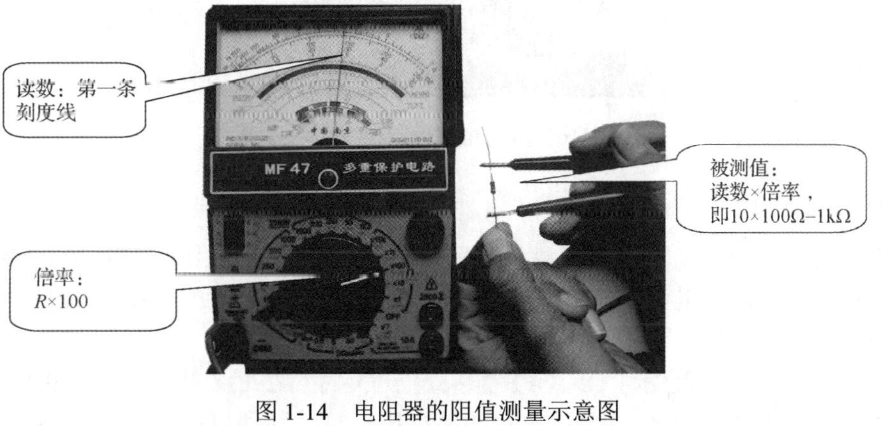

图 1-14　电阻器的阻值测量示意图

2）检测电位器

检测电位器时，首先要看转轴转动是否平滑，开关是否灵活（带开关电位器），如图 1-15 所示。

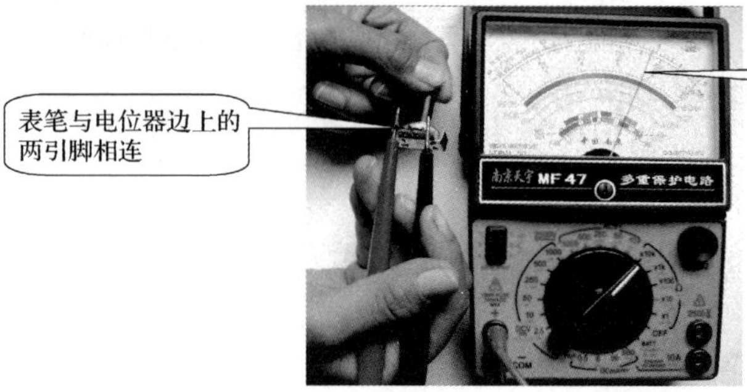

图 1-15　检测电位器

（1）根据电位器的标称阻值选择量程，并进行机械调零。

（2）将表笔与电位器边上的两引脚相连，其读数应为电位器的标称阻值。

（3）把表笔分别与电位器边上的引脚和中间的引脚相连，将电位器的转轴逆时针旋转，指针应平滑移动，电阻值逐渐减小；若将电位器的转轴顺时针旋转，则电阻值应逐渐增大，直至接近电位器的标称阻值。测量电位器阻值变化示意图如图 1-16 所示。

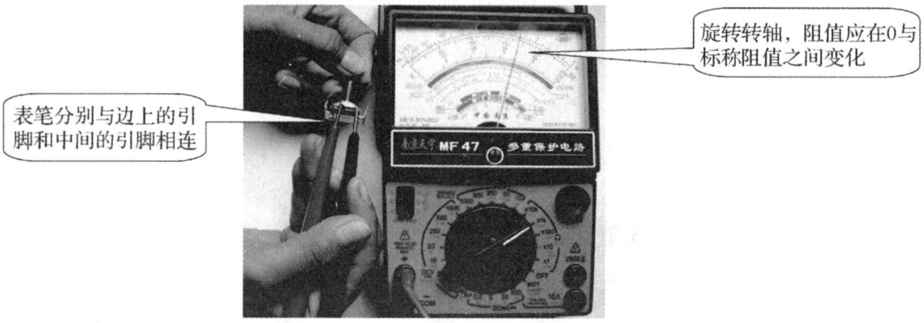

图 1-16　测量电位器阻值变化示意图

二、数字万用表

数字万用表是一种多用途电子测量仪器，一般具有安培计、电压表、欧姆表、电容计等的测量功能，可以测量电流、电压、电阻和电容等参量，读数方便，可靠性好，在电子控制及技术中使用广泛。

操作数字万用表时首先将 ON-OFF 开关置于 ON 位置。检查 9V 电池，如果电压正常，则 4 位数字显示正常，如图 1-17 所示；如果电压不足，则须更换电池。

1. 直流电压的测量

将量程转换开关置于 V－，并选择量程。测量时，将黑表笔插入 COM 插孔，将红表笔插入 V/Ω 插孔，若显示屏上显示“1”，则表示过量程，应重新选择量程；若量程合理，则显示被测直流电压值。图 1-18 所示为被测电池的直流电压值，红表笔接高电位端，黑表笔接低电位端。

图 1-17　电压正常显示

图 1-18　测量直流电压

2. 电阻的测量

测量电阻时应切断电源，将量程转换开关置于 Ω 量程，将黑表笔插入 COM 插孔，将红表笔插入 V/Ω 插孔。如图 1-19 所示，选择合适的量程，即可测出相应的电阻值。

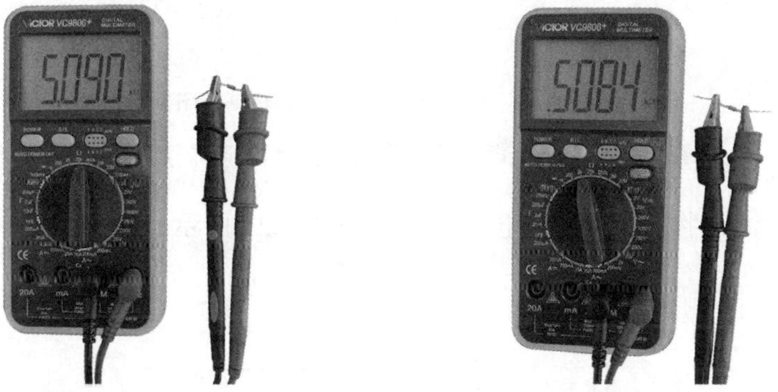

（a）量程为20kΩ　　（b）量程为2kΩ

图 1-19　测量电阻值

3. 交流电压的测量

将量程转换开关置于 V~，并选择量程。测量时，将黑表笔插入 COM 插孔，红表笔插入 V/Ω 插孔。测量时不允许超过额定值，以免损坏万用表内部电路。显示值为交流电压的有效值。

4. 直流电流的测量

将量程转换开关置于 A－，并选择量程。测量时，将黑表笔插入 COM 插孔，当测量最大值为 200mA 时，将红表笔插入 mA 插孔；当测量最大值为 20A 时，将红表笔插入 20A

插孔。注意：测量电流时，应将万用表串接在被测电路中。

5. 交流电流的测量

将量程转换开关置于 A~，选择量程。测量时，将万用表串接在被测电路中，黑表笔插入 COM 插孔，当测量最大值为 200mA 时，将红表笔插入 mA 插孔；当测量最大值为 20A 时，将红表笔插入 20A 插孔。显示值为交流电压的有效值。

第三节　电　容　器

一、电容器与电容

电容器简称电容，任何两个彼此绝缘又相互靠近的导体都可以构成电容器。这两个导体称为电容器的两个极板，中间的绝缘材料称为电容器的介质。固定电容器是容量不可改变的电容器。电容器的电气简图用图形符号如图 1-20 所示，文字符号为 C。

（a）电容器的一般符号　　（b）极性电容器图形符号

图 1-20　电容器的电气简图用图形符号

电容器的基本特性是能够储存电荷，电路如图 1-21 所示。

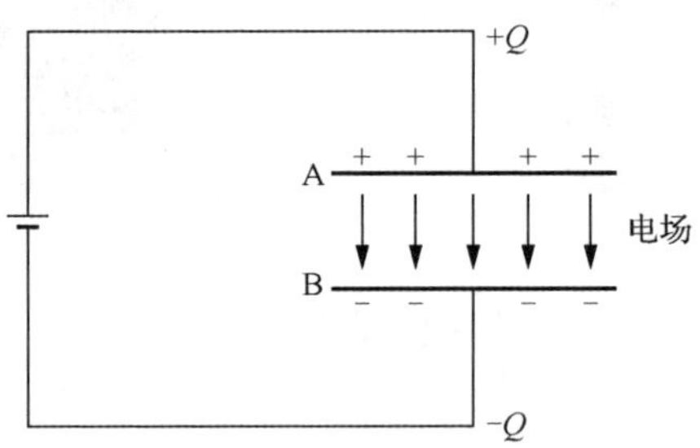

图 1-21　电容器电路

电容器所储存的电荷量 Q 与两极板间电压 U 的比值是一个常数，称为电容器的电容量，简称电容，用字母 C 表示，用公式表示为

$$C=\frac{Q}{U}$$

电容量的单位是法拉，简称法，用符号 F 表示。常用的是远远小于法拉的单位微法（μF）和皮法（pF）。其换算关系表示如下：$1\mu F=10^{-6}F$，$1pF=10^{-12}F$。

二、电容器的分类

电容器按结构形式分为固定电容器、可变电容器、半可变电容器。

电容器按有无极性分为无极性电容器、有极性电容器。

电容器按介质材料分为纸介电容器、瓷片电容器、云母电容器、涤纶电容器、聚苯乙烯电容器、玻璃釉电容器。

1. 有极性电容器

有极性电容器是区分正负极的电容器，其外形、图形符号及功能说明见表 1-6。

表 1-6　有极性电容器的外形、图形符号及功能说明

序号	名称	实物图	图形符号	功能说明
1	铝电解电容器		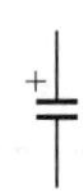	铝电解电容器是用铝圆筒作为负极，里面装有液体电解质，插入一片弯曲的铝带作为正极而制成的电容器，适用于低频电路中，常用于交流旁路和滤波
2	钽电解电容器			钽电解电容器是以金属钽作为正极，用稀硫酸等配液作为负极，用钽表面生成的氧化膜作为介质制成的电容器，适用于高精密的电子电路
3	铌电解电容器			铌电解电容器是以金属铌作为正极，用稀硫酸等配液作为负极，用铌表面生成的氧化膜作为介质制成的电容器，适用于高精密的电子电路

2. 无极性电容器

无极性电容器的外形、图形符号及功能说明见表 1-7。

表 1-7　无极性电容器的外形、图形符号及功能说明

序号	名称	实物图	图形符号	功能说明
1	纸介电容器		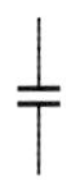	纸介电容器是以两条铝箔作为电极，中间以电容纸隔开铝箔电极，卷绕而成的电容器，一般适用于低频电路
2	陶瓷电容器			陶瓷电容器以陶瓷材料作为介质，在陶瓷上覆银制成电极，并在外层涂以各种颜色的保护漆。它又分为高频瓷介电容器（CC）和低频瓷介电容器（CT）两种，适用于高、低频电路
3	涤纶（聚酯）电容器			涤纶（聚酯）电容器是以涤纶薄膜作为介质，用金属箔或金属化薄膜作为电极制成的电容器，适用于稳定性要求不高的电路
4	云母电容器	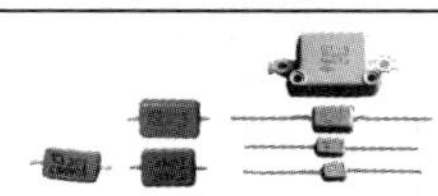		以云母作为介质的电容器，用金属箔或者在云母上喷涂银作为电极板，极板和云母层叠后封固制成的电容器，适用于高频电路
5	聚苯乙烯电容器			以聚苯乙烯薄膜作为介质，以金属箔或金属化薄膜作为电极制成的电容器，适用于高频电路
6	玻璃釉电容器	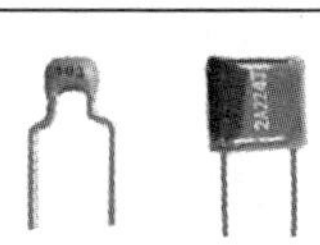		以玻璃釉粉作为介质，将玻璃釉粉压制成薄片，通过调整釉粉的比例可以得到不同性能的电容器，适用于半导体电路和小型电子仪器中的交、直流电路或脉冲电路

3. 可变电容器

可变电容器是容量可以改变的电容器，其外形、图形符号及功能说明见表 1-8。

表 1-8　可变电容器的外形、图形符号及功能说明

序号	名称	实物图	图形符号	功能说明
1	陶瓷预调电容器			主要用于一些频率可调的振荡电路，如收音机输入调谐电路等
2	薄膜预调电容器			主要用于电子仪器等电路中，做电路补偿
3	单联可调电容器	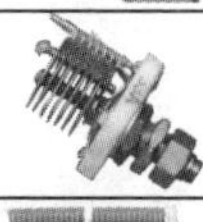		主要用于收音机输入调谐电路中，做选台调谐
4	双联可调电容器		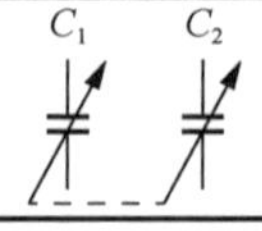	主要用于外差式收音机中

三、识读电容器的电容量

1. 直标法

直标法是将电容器的各种参数直接用数字标注在电容器上的表示方法，如图 1-22 所示。

（a）4700μF

（b）18pF

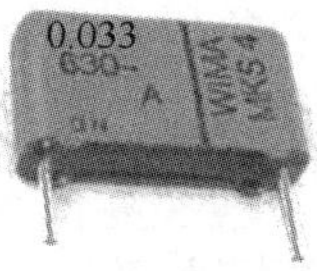

（c）0.033μF

图 1-22　电容器直标法

2. 文字符号法

文字符号法是由数字和字母相结合表示电容器的容量，字母符号前面的数字表示整数值，字母符号后面的数字表示小数点后面的小数值，容量单位标志符号所在位置为小数点的位置，如图 1-23 所示，读数是 4.7nF。

3. 数码法

数码法一般用 3 位数字来表示容量的大小，前 2 位数字表示有效数字，第 3 位数字表示指数，即零的个数，单位为 pF，如图 1-24 所示。

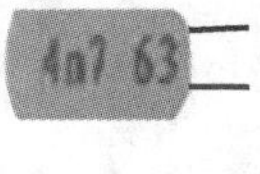

图 1-23　电容器文字符号法

（a）22×10^4pF

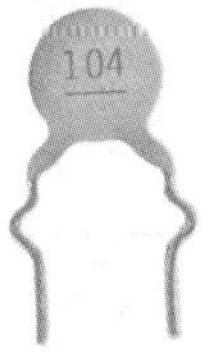

（b）10×10^4pF

图 1-24　电容器数码法

4. 色标法

色标法是用不同颜色的带或点在电容器表面标出标称容量和允许误差。电容器的色码一般只有 3 环，前 2 环色码表示有效数字，第 3 环色码表示倍率，标称容量单位为 pF，如图 1-25 所示。

图 1-25　色标法

四、通过外观识别电容器的极性

对于有极性的电容器，可以从外观识别其正、负极性。

（1）未使用过的有极性电容器用引脚的长短来区分电容器的正、负极，长引脚为正极，短引脚为负极，如图 1-26 所示。

（2）通过电容器的外壳标注来区分正、负极，如有些电容器的外壳标注有负号，其对应的引脚为负极，如图 1-27 所示。

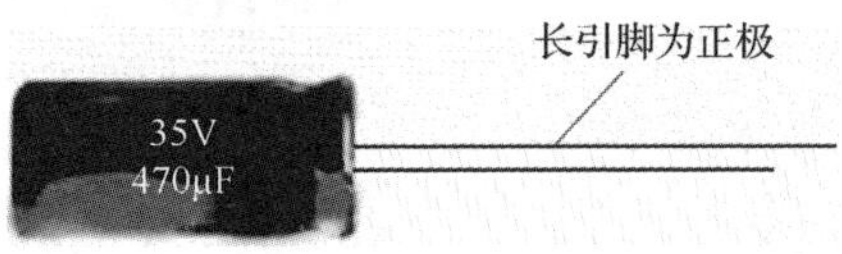

图 1-26　以引脚的长短来区分电容器的正、负极

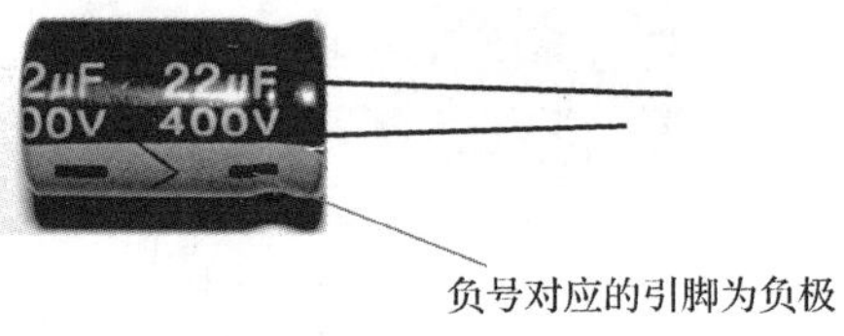

图 1-27　通过电容器的外壳标注来区分正、负极

五、电容器的检测

1. 用指针式万用表判断电解电容器的正、负极性

用指针式万用表判断电解电容器的正、负极性，如图 1-28 所示。

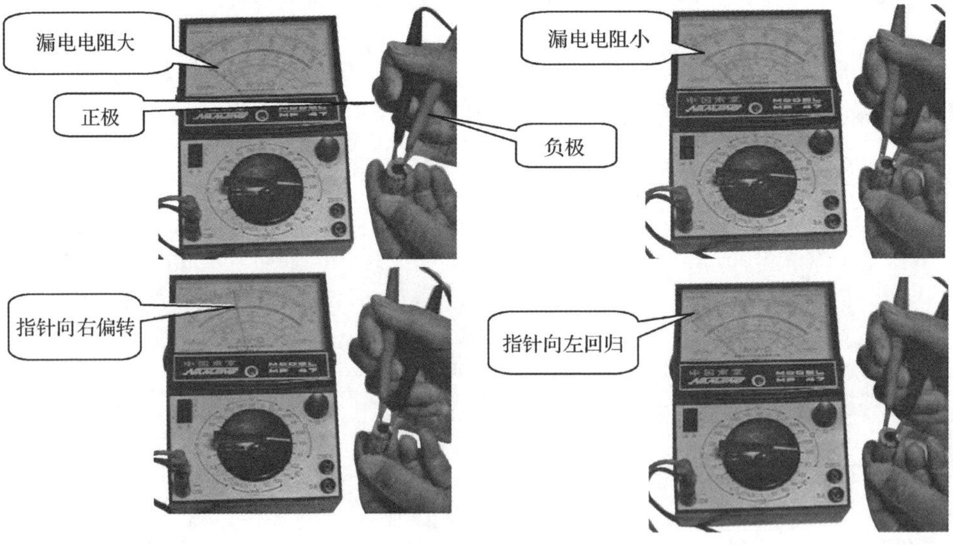

图 1-28　用指针式万用表判断电解电容器的正、负极性

（1）选择量程。

（2）将万用表的红、黑表笔任意搭接在电容器的两电极上，测量其漏电电阻的阻值。

（3）将电容器的两个电极短路进行放电。

（4）交换万用表的红、黑表笔再次进行测量，测量漏电电阻的阻值。

（5）比较两次测量结果，漏电电阻阻值大的那次，黑表笔所接为电容器的正极，红表笔所接为电容器的负极。

2. 用指针式万用表检测电容器的质量

（1）如果万用表指针不动，则说明电容器内部断路（图 1-29），或者电容器容量太小，充放电电流太小，不足以让指针偏转。

（2）如果万用表的指针向右偏转到零刻度后，不再向左回归，则说明电容器内部短路（图 1-30）。

（3）如果万用表的指针不能回归到无穷大刻度，而是停在阻值小于 500kΩ 的刻度处，说明电容器漏电严重（图 1-31）。

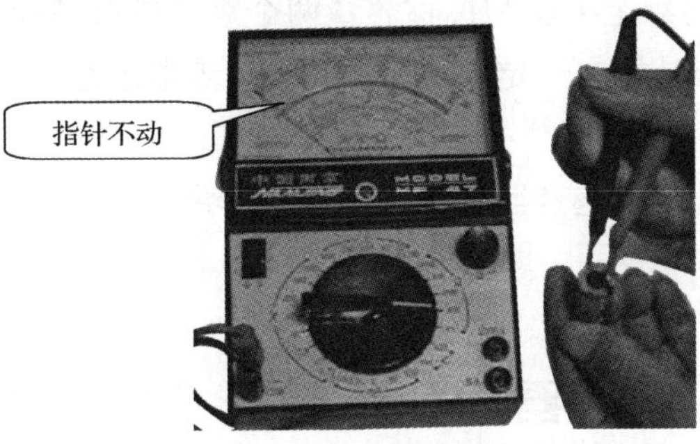

图 1-29　电容器内部断路

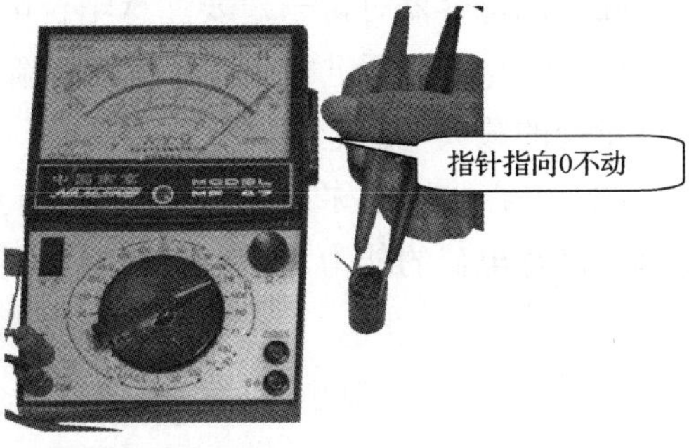

图 1-30　电容器内部短路

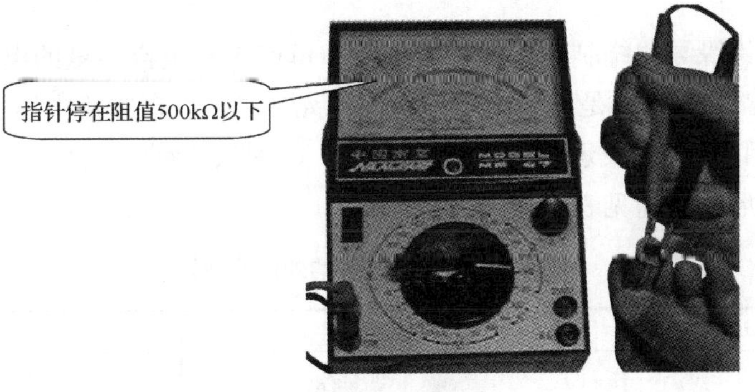

图 1-31　电容器漏电

3. 用数字万用表测量电容器的电容量

用数字万用表测量电容器的电容量，如图 1-32 所示。先预估电容器的标称容量，再选择合适的电容量挡位，用数字万用表两表笔连接电容器的两极，即可测得电容器的电容量。

图 1-32　测量电容器的电容量

4. 电容器的主要参数

在检测电容器时，一定要注意结合电容器的额定电压和标称容量两个重要参数进行。

（1）电容器的额定电压。电容器的额定电压是指在一定温度范围内，电容器连续工作所能承受的最大电压。

（2）电容器的标称容量。电容器的标称容量是指电容器表面所标的电容量。它表征了电容器储存电荷的能力，是电容器的重要参数。

第四节　电　感　器

一、电感器的基本知识

电感器是用绝缘导线绕制而成的一匝或多匝可产生一定自感量的电子元件，常称为电感线圈，简称线圈。电感器是电子电路中常用的元件之一，在电路中用字母 L 表示。电感的单位是亨利，用符号 H 表示。常用单位有毫亨（mH）、微亨（μH），$1H=10^3mH=10^6\mu H$。常见电感器的外形及用途见表 1-9。

表 1-9　常见电感器的外形及用途

序号	名称	实物图	用途
1	高频扼流线圈		常用在高频电路中
2	低频扼流线圈		常用在低频电路中，如音频电路、电源滤波电路
3	色码电感器	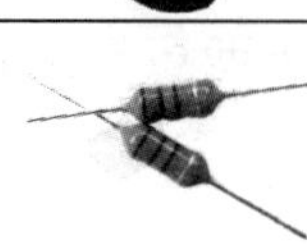	色码电感器是一种高频电感器，工作频率范围一般为 10kHz～200MHz，电感量在 0.1～3300μH 范围内

二、电感器的分类

电感器按导磁体性质分为空心电感器、磁心电感器、铁心电感器、铜心电感器；按结构形式分为固定电感器、可调电感器。常见电感器的外形、图形符号及功能见表 1-10。

表 1-10　常见电感器的外形、图形符号及功能

序号	名称	实物图	图形符号	功能说明
1	空心电感器			又称空心电感线圈，由导线一圈靠一圈地绕在绝缘管上，导线彼此互相绝缘，绝缘管是空心的
2	磁心电感器			又称磁心电感线圈，由漆包线环绕在磁心或磁棒上制成
3	铁心电感器			又称铁心电感线圈，由漆包线环绕在铁心上制成
4	可调电感器			又称可调电感线圈，是在线圈中加装磁心，并通过调节其在线圈中的位置来改变电感量的

三、识读电感器的电感量

1. 直标法

直标法是指在小型固定电感器的外壳上直接用文字标注电感器的主要参数，如电感量、误差值、最大工作电流等。用字母 A（50mA）、B（150mA）、C（300mA）、D（700mA）、E（1600mA）表示最大工作电流（表 1-11），用Ⅰ（±5%）、Ⅱ（±10%）、Ⅲ（±20%）表示允许误差，如图 1-33 所示。

表 1-11　小型固定电感器的工作电流与字母的对应关系

字母	A	B	C	D	E
最大工作电流/mA	50	150	300	700	1600

（a）9μH　　（b）68μH　　（c）270μH

图 1-33　电感器直标法

（a）47×10^2μH　　（b）22×10^3μH

图 1-34　电感器数码法

2．数码法

数码法是在电感器上采用 3 位数码表示标称电感值的方法。数码从左到右，第 1 位、第 2 位表示电感的有效值，第 3 位表示指数，即零的个数，小数点用 R 表示，单位为微亨（μH），如图 1-34 所示。

3．色标法

色标法是指在电感器的外壳上涂各种不同颜色的环，用来标注其主要参数。电感器色标法的数字与颜色的对应关系和色环电阻色标法相同，如图 1-35 所示。图 1-36 所示为色码电感器。

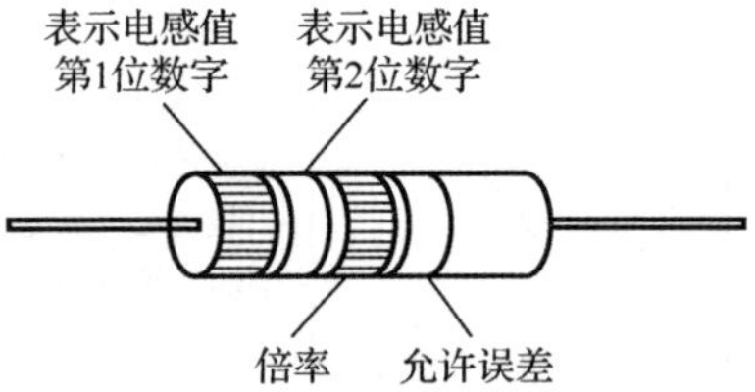

图 1-35　电感器色标法

图 1-36　色码电感器

四、电感器的检测

（1）检查外观。

（2）用指针式万用表检测电感器的直流电阻，如图 1-37 所示。

（3）通过测量线圈引脚与铁心或金属屏蔽罩之间的电阻，检查电感器的绝缘性能，如图 1-38 所示。

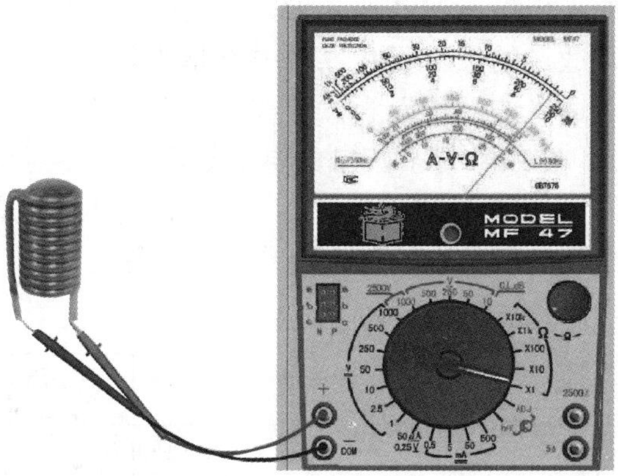

图 1-37　检测电感器的直流电阻

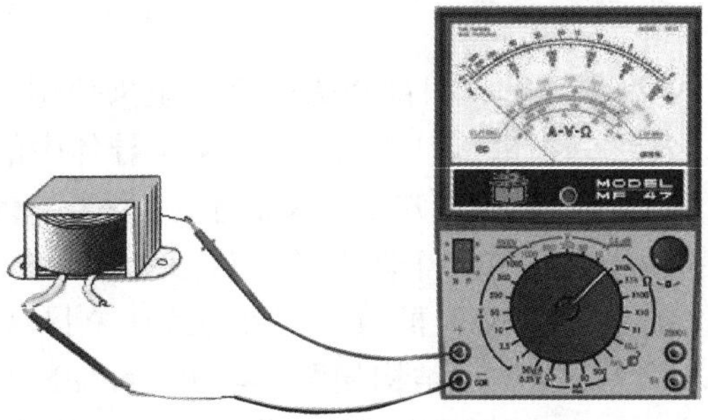

图 1-38　测量线圈引脚与铁心或金属屏蔽罩之间的电阻

第五节　二　极　管

一、半导体材料的导电特性

半导体是指导电性介于导体和绝缘体之间的一种固体物质。半导体有以下特性。

（1）掺杂性。半导体的电阻率随温度变化会发生明显的改变。二极管、三极管、场效应晶体管、晶闸管等，都是利用半导体的掺杂特性制成的。

（2）光敏性。半导体的电阻率对光的变化十分敏感。有光照时，电阻率很小；无光照时，电阻率很大。利用这一特性，可以制成光敏电阻、光电二极管和光电三极管等。

（3）热敏性。半导体的热敏性指的是其电阻率随温度的变化会发生明显改变，具体表现为温度升高时，半导体的导电能力显著增加；温度下降时，导电能力则显著下降。利用这一特性，可以制成热敏电阻，常用在工业自动控制装置中。

二、PN 结

不加杂质的纯净半导体，称为本征半导体。

在纯净的半导体中加入极微量的其他元素，得到的半导体称为杂质半导体。

在本征半导体中掺入适量的三价元素，形成 P 型半导体。

在本征半导体中掺入适量的五价元素，形成 N 型半导体。

P 型半导体的特点是：空穴数量多，自由电子数量少，参与导电的主要是带正电的空穴，故又称为空穴半导体，如图 1-39 所示。N 型半导体的特点是：自由电子数量多，空穴数量少，参与导电的主要是带负电的自由电子，故又称为电子半导体，如图 1-40 所示。

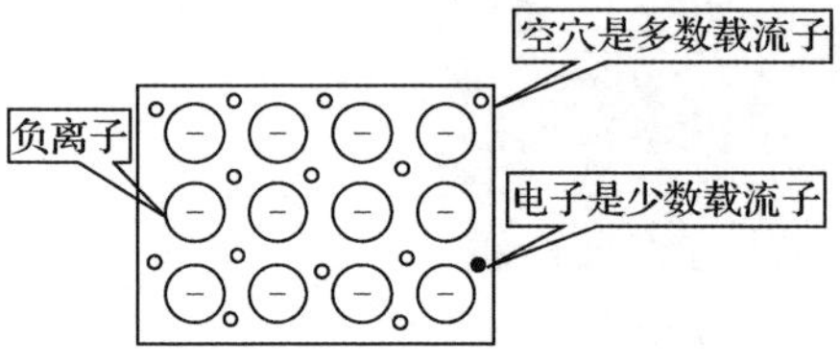

图 1-39　P 型半导体的结构示意图

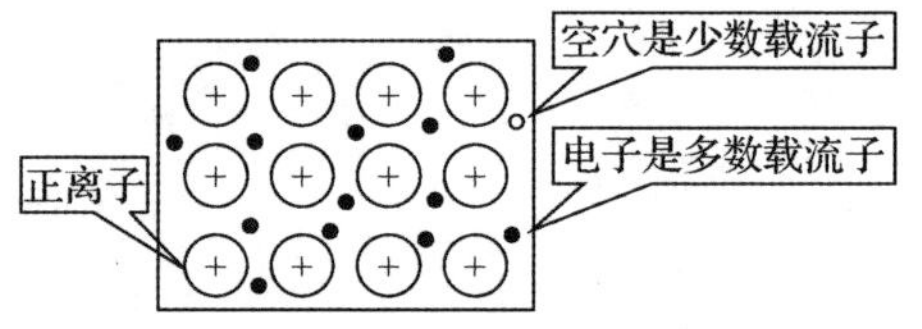

图 1-40　N 型半导体的结构示意图

单块 P 型半导体或 N 型半导体，只能作为一个电阻来使用。载流子从其浓度高的区域向浓度低的区域迁移，常称为扩散运动。同理，N 型半导体中的电子浓度高于 P 型半导体中的电子浓度，而 P 型半导体中的空穴浓度又高于 N 型半导体中的空穴浓度，因此，两者结合时，不同性质的粒子之间有一个浓度差，从而引发了扩散运动的产生，即 N 区的电子向 P 区扩散，P 区的空穴向 N 区扩散，结果导致在 P 区和 N 区的交界面形成一个具有特殊电性能的薄层，称为 PN 结，结构如图 1-41 所示，PN 结具有单向导电性。

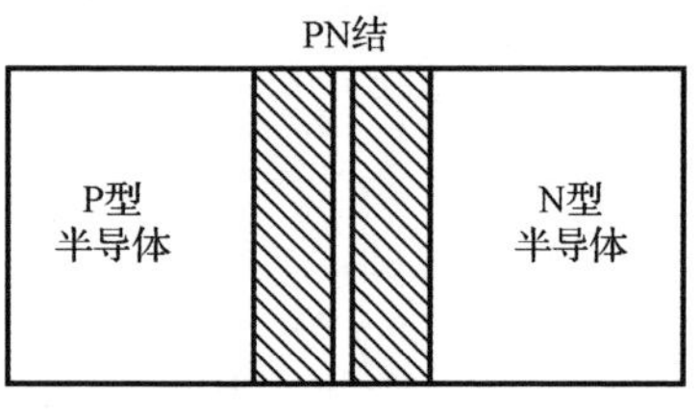

图 1-41　PN 结

（1）PN 结加上正向电压的情况。如图 1-42 所示，当 P 区电位高于 N 区电位，即 PN 结正向偏置时，外电场与内电场方向相反，外电场削弱内电场，有利于扩散运动，电路中有电流通过，电流的大小取决于外电场削弱内电场的强度。

（2）PN 结加上反向电压的情况。如图 1-43 所示，当 P 区电位低于 N 区电位，即 PN 结反向偏置时，外电场方向与内电场方向一致，扩散运动受到抑制，回路基本无电流产生，PN 结趋于截止。因为正反电流相差悬殊，所以 PN 结具有单向导电性。

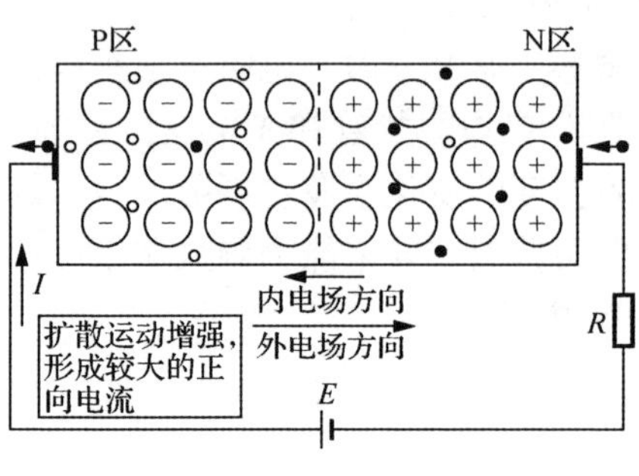

图 1-42　PN 结加上正向电压

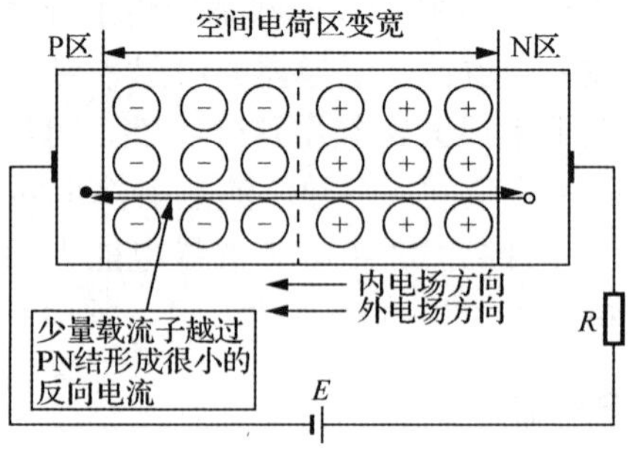

图 1-43　PN 结加上反向电压

三、二极管的特性

晶体二极管简称二极管。它由一个 PN 结加上电极引脚和管壳构成，如图 1-44 所示。

二极管的一般图形符号如图 1-45 所示，文字符号为 VD。常见的二极管有整流二极管、检波二极管、开关二极管等。

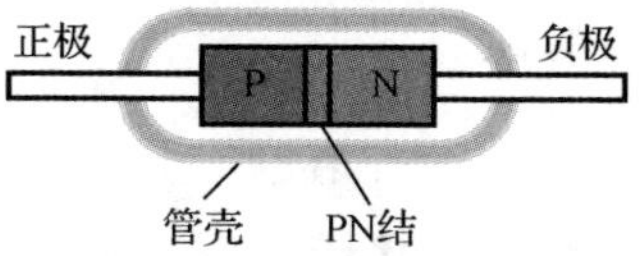

图 1-44　二极管的基本结构

图 1-45　二极管的一般图形符号

1. 二极管的单向导电性

如图 1-46（a）所示，将直流电源正极接二极管正极，直流电源负极接二极管负极，这种接法称为正向偏置。此时，二极管导通，指示灯亮。

如图 1-46（b）所示，将直流电源正极接二极管负极，直流电源负极接二极管正极，这种接法称为反向偏置。此时，二极管不导通，即截止，指示灯不亮。

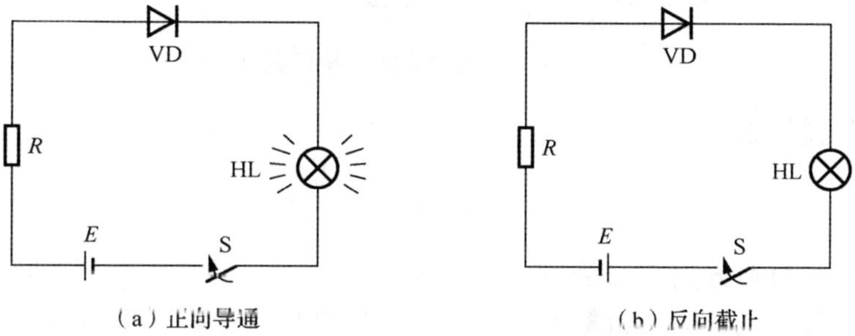

图 1-46　二极管的单向导电性

结论：当二极管正向偏置时，二极管导通；当二极管反向偏置时，二极管截止。二极管的这种特性称为单向导电性。

2. 二极管的伏安特性曲线

二极管的导电性能由加在二极管两端的电压和流过二极管的电流决定。这两者之间的关系称为二极管的伏安特性。二极管的伏安特性曲线如图 1-47 所示。

（1）正向特性。

① 死区。如图 1-47 中的 *OA* 段，称为死区。硅二极管的死区电压约为 0.5V，锗二极管的死区电压约为 0.2V。

② 正向导通。如图 1-47 中的 *AB* 段。二极管导通后两端电压基本不变，硅二极管的电压约为 0.7V，锗二极管的电压约为 0.3V。

（2）反向特性。

① 反向截止区。当加反向电压时，二极管的反向电流很小，而且在很大范围内不随反向电压的变化而变化，故称为反向饱和电流。

② 反向击穿区。当反向电压不断增大到一定数值时，反向电流就会突然增大，这种现象称为反向击穿。稳压二极管就是利用反向击穿特性在电路中起稳定电压作用的。

由二极管的伏安特性可知，二极管属于非线性器件。

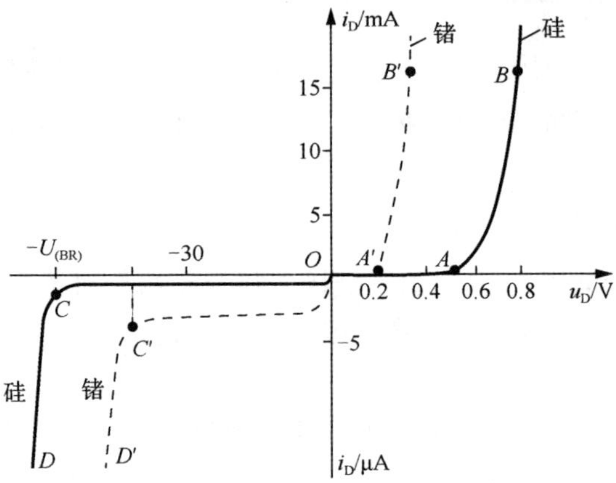

图 1-47　二极管的伏安特性曲线

四、二极管的分类与选用

1. 分类

二极管按制作材料分为硅二极管、锗二极管。

二极管按结构形式分为点接触型二极管、面接触型二极管、平面型二极管。

二极管按用途分为普通二极管和特殊二极管。普通二极管又分为整流二极管、检波二极管、开关二极管。特殊二极管又分为稳压二极管、发光二极管、光电二极管。

（1）普通二极管的外形、图形符号及功能说明见表 1-12。

表 1-12　普通二极管的外形、图形符号及功能说明

序号	名称	实物图	图形符号	功能说明
1	整流二极管	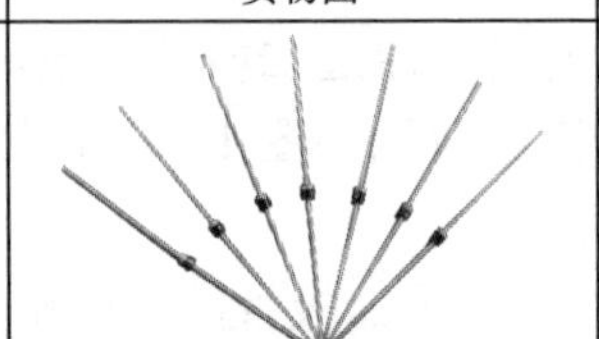		用于将交流电转换为脉动直流电
2	检波二极管			也称解调二极管，是利用其单向导电性将高频或中频无线电信号中的低频信号或音频信号分离出来的器件。它具有较高的检波效率和良好的频率特性

续表

序号	名称	实物图	图形符号	功能说明
3	开关二极管	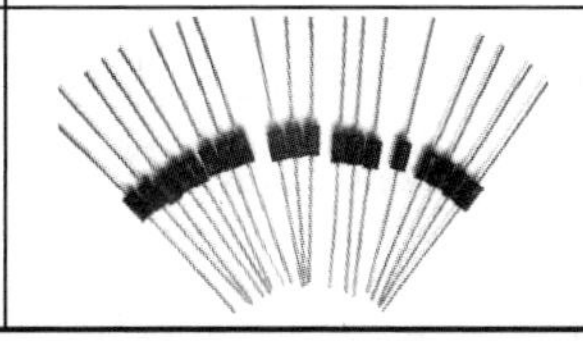		为在电路中进行通断而特殊设计的一种二极管。它由导通变截止或由截止变导通所需的时间比一般二极管短，即开关速度快

（2）特殊二极管的外形、图形符号及功能说明见表 1-13。

表 1-13　特殊二极管的外形、图形符号及功能说明

序号	名称	实物图	符号	功能说明
1	稳压二极管			主要用作稳压器或电压基准元件
2	发光二极管			广泛应用于各种电子电路、家用电器、仪表设备中，用作电源指示、电平指示，或者组成文字或数字显示等
3	光电二极管	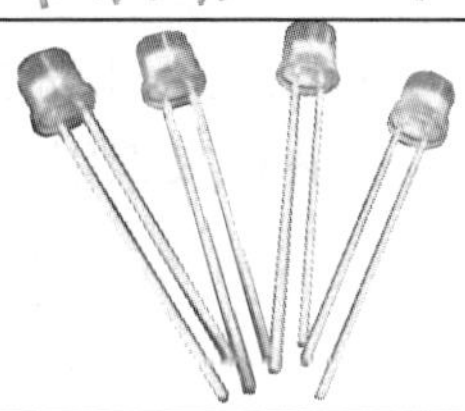		主要用在自动控制电路中，作为光电检测元件

2. 二极管的选用

正确选用二极管，必须认清二极管的型号、类型和主要参数。

（1）二极管的型号。二极管的型号命名通常由 5 个部分组成，如图 1-48 所示。

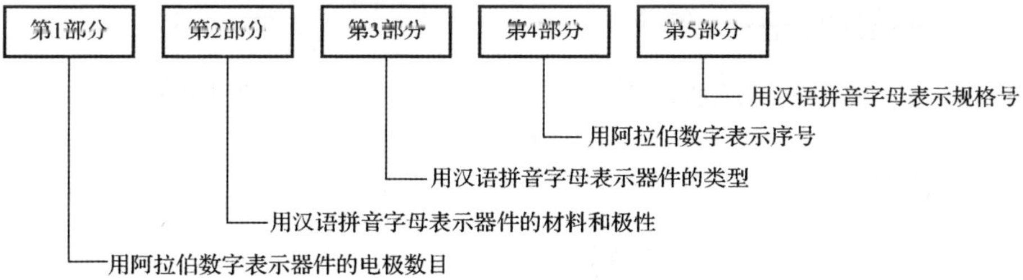

图 1-48　二极管的型号命名

（2）选择二极管的类型。

① 整流二极管一般为平面型硅二极管，用于各种电源整流电路中。

② 检波二极管一般可选用点接触型锗二极管，如 2AP 系列。

③ 稳压二极管一般用在稳压电源中作为基准电压源或用在过电压保护电路中作为保护二极管。

④ 硅功率开关二极管可实现高速导通与截止，主要在大功率开关或稳压电路、直流转换器、高速电机调速及在驱动电路中用于高频整流及续流钳位。

（3）二极管的主要参数。

① 最大整流电流 I_{FM} 指二极管长期连续工作时允许通过的最大正向电流。

② 最高反向工作电压 U_{RM} 指二极管正常工作时所能承受的最高反向电压。

③ 最大反向电流 I_{RM} 指二极管在规定的温度和最高反向电压作用下，流过二极管的最大反向电流。

④ 最高工作频率 f_M 指二极管正常工作时的最高频率。

如果是稳压二极管，主要参数有：稳定电压 U_Z；稳定电流 I_Z 和最大稳定电流 I_{Zmax}；电压温度系数。

五、识别二极管的极性

（1）小型塑料封装的二极管的 N 极（负极），常在负极一端印上一道色环作为负极标记，如图 1-49 所示。

（2）发光二极管的正负极可从引脚长短来识别，长引脚为正极，短引脚为负极，如图 1-50 所示；也可根据内部两块半导体材料的体积来识别，体积窄小的是正极，体积宽大的是负极。

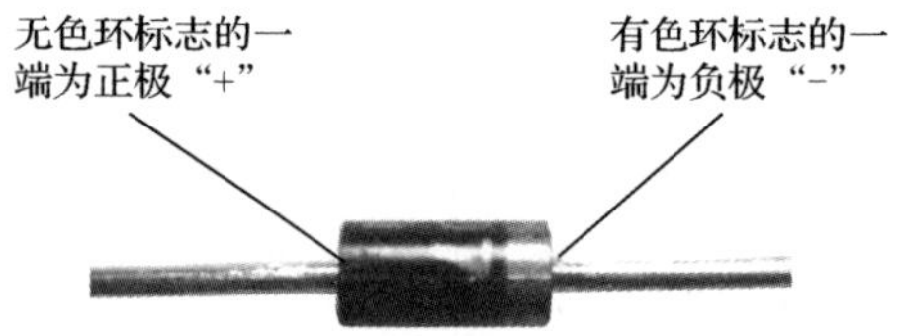

图 1-49　用一道色环作为负极标记

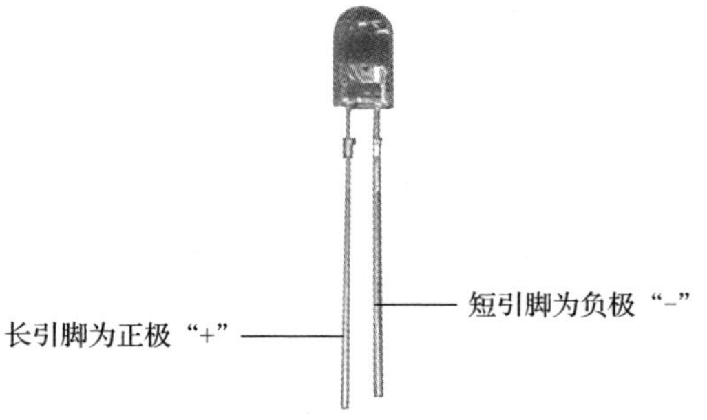

图 1-50　根据引脚长短识别

六、二极管的检测

1. 用指针式万用表检测普通二极管

（1）判断二极管的极性。

① 选择量程。将量程转换开关拨到 $R\times100$ 挡或 $R\times1k$ 挡。

② 欧姆调零。

③ 检测极性。先用表笔分别与二极管的两极相连，测出正、反向两个电阻值。测得

阻值较小的那一次，与黑表笔相接的一端即为二极管的正极。同理，测得电阻值较大的那一次，与黑表笔相接的一端即为二极管的负极，如图 1-51 所示。

图 1-51　用万用表判断二极管的极性

（2）判断二极管质量的方法见表 1-14。

表 1-14　用指针式万用表判断二极管质量的方法

序号	1	2
测量方法	测量正向电阻。用万用表 $R\times100$ 挡或 $R\times1\text{k}$ 挡，黑表笔接二极管的正极，红表笔接二极管的负极	测量反向电阻。用万用表 $R\times100$ 挡或 $R\times1\text{k}$ 挡，黑表笔接二极管的负极，红表笔接二极管的正极
示意图		
质量判定	硅二极管的正向电阻为几千欧，锗二极管的正向电阻为几百欧，说明二极管正常	反向电阻为几十万欧，硅二极管大于锗二极管，接近∞处，说明二极管正常
	测量值为零，说明二极管内部短路	
	测量值为∞，说明二极管内部开路	

2. 用指针式万用表检测发光二极管

（1）将指针式万用表的量程转换开关置于 $R\times10\text{k}$ 挡，欧姆调零。

（2）将红、黑表笔分别接至发光二极管的两端。若测得电阻值为∞，再将红、黑表笔对调后接在发光二极管的两端，若测得的电阻值为几十千欧至 200kΩ，则说明发光二极管质量良好。测得电阻值为几十千欧至 200kΩ 的那一次，黑表笔接的是发光二极管的正极，如图 1-52 所示。

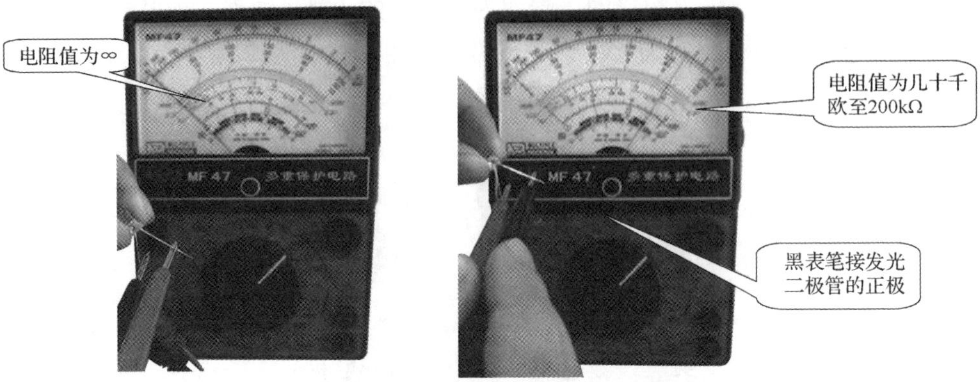

图 1-52　用万用表检测发光二极管

（3）若两次测得的电阻值都很大，则说明发光二极管内部开路；若两次测得的电阻值都较小，则说明发光二极管内部被击穿。

3. 用指针式万用表区分硅二极管和锗二极管

（1）将万用表的量程转换开关拨到 R×100 挡或 R×1k 挡。

（2）将黑表笔接至二极管的“+”极，红表笔接至二极管的“-”极，测其正向电阻。如果万用表的指针在表盘中间或中间偏右一点，则为硅二极管；如果万用表的指针在表盘右端靠近满刻度处，则为锗二极管，如图 1-53（a）所示。

（3）将红表笔接至二极管的“+”极，黑表笔接至二极管的“-”极，测其反向电阻。如果指针基本不动，指在“∞”处，则为硅二极管；如果指针有很小偏转，且一般不超过满刻度的 1/4，则为锗二极管，如图 1-53（b）所示。

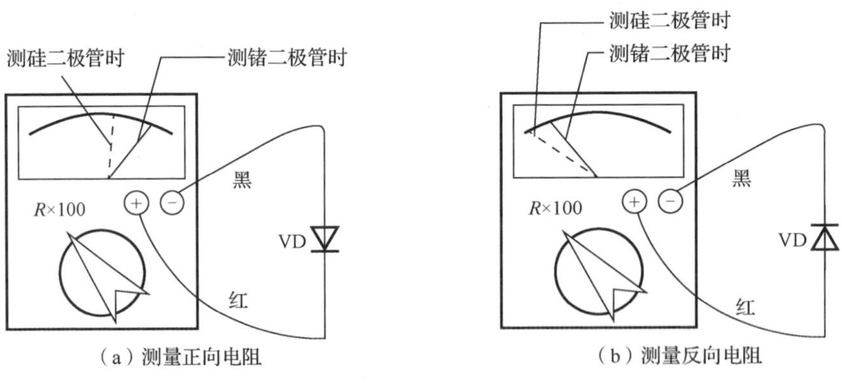

图 1-53　用指针式万用表区分硅二极管和锗二极管

4. 用指针式万用表区分稳压二极管和普通二极管

（1）将万用表的量程转换开关拨到 R×10k 挡。

（2）用黑表笔接待区分二极管的负极，红表笔接其正极，由表内叠层电池向二极管提供反向电压。若指针基本不动，指在"∞"处或有极小偏转，则为普通二极管；如果指针有一定的偏转，则为稳压二极管，如图 1-54 所示。

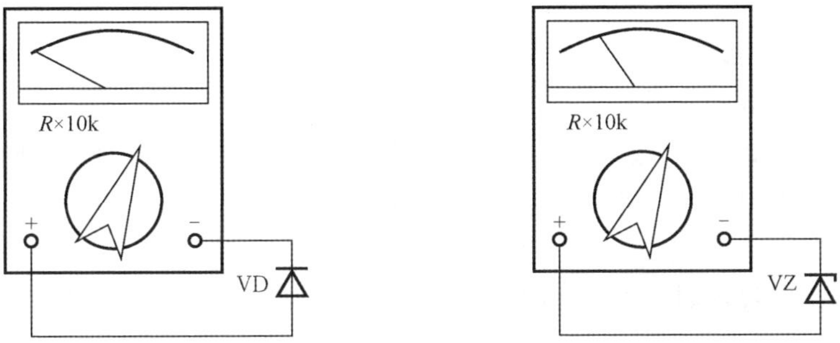

（a）测普通二极管　　（b）测稳压二极管

图 1-54　用指针式万用表区分普通二极管和稳压二极管

5. 用数字万用表测量二极管

（1）判别极性。

① 将数字万用表的量程转换开关置于二极管挡，两只表笔分别接二极管的两个电极。

② 若显示屏显示数字在"1"以下，则说明二极管导通，红表笔所接的引脚为正极，黑表笔所接的引脚为负极。此时，数字万用表显示被测二极管的正向压降，单位为 V，如图 1-55（a）所示。

③ 若数字万用表是溢出显示（显示"1"），则说明二极管处于反向截止状态，红表笔所接的引脚为负极，黑表笔所接的引脚为正极，如图 1-55（b）所示。

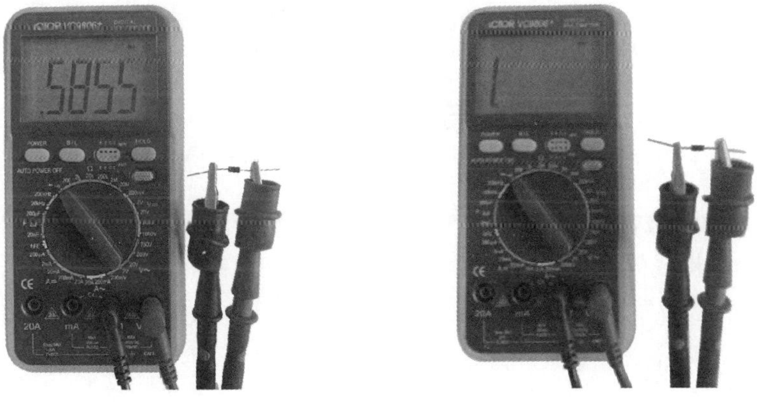

（a）正向接法　　（b）反向接法

图 1-55　用数字万用表测量二极管

（2）判断质量。如果采用正、反向接法测量时，数字显示≤20，同时发出蜂鸣声，或者均为溢出显示，则说明被测二极管已损坏。

（3）区分硅二极管和锗二极管。将数字万用表的量程转换开关置于二极管挡，红表笔接二极管的正极，黑表笔接二极管的负极，若显示屏显示的电压值为 0.5～0.7V，则说明被测二极管是硅二极管；若显示屏显示的电压值为 0.1～0.3V，则说明被测二极管是锗二极管。

（4）检测发光二极管。

① 将数字万用表的量程转换开关置于二极管挡。

② 当采用正向接法时，数字万用表显示被测发光二极管的正向电压，同时被测发光二极管发出微亮光点。此时，红表笔所接的引脚为正极，黑表笔所接的引脚为负极，如图 1-56（a）所示。

③ 当采用反向接法时，数字万用表是溢出显示（显示“1”），被测发光二极管不发光，如图 1-56（b）所示。

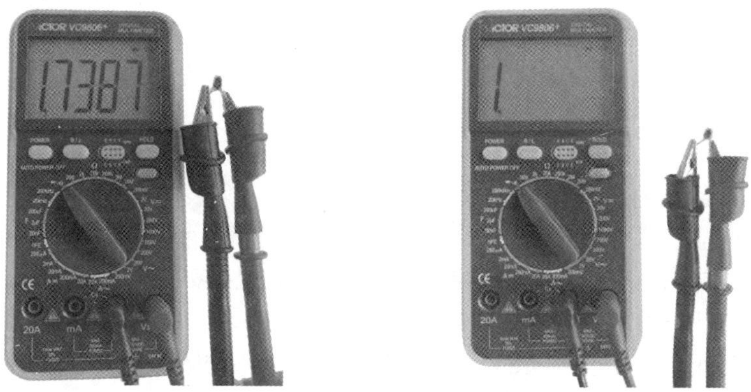

（a）正向接法　　（b）反向接法

图 1-56　用数字万用表检测发光二极管

第六节　三　极　管

三极管是晶体三极管的简称，是一种利用输入电流控制输出电流的电流控制型器件。它是由两个 PN 结构成的带 3 个电极的半导体器件，在电路中主要作为放大和开关元器件使用。

一、三极管的基本知识

三极管的基本结构是在一块半导体基片上制作两个相距很近的 PN 结。两个 PN 结把整块半导体分成 3 个部分，中间部分是基区，两侧部分是发射区和集电区。PN 结的排列方式有 PNP 和 NPN 两种。从 3 个区引出相应的电极，分别为基极 b、发射极 e 和集电极 c。发射区和基区之间的 PN 结称为发射结，集电区和基区之间的 PN 结称为集电结。硅三极管和锗三极管都有 PNP 型和 NPN 型两种类型。三极管的结构和图形符号如图 1-57 所示。

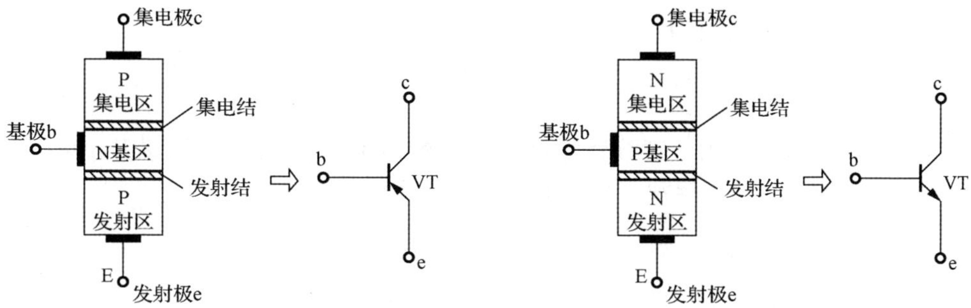

（a）PNP型　　（b）NPN型

图 1-57　三极管的结构和图形符号

二、三极管应用电路及特性

1. 电路连接

三极管的应用电路如图 1-58 所示，用直流电流表分别测量三极管的基极电流 I_B、集电极电流 I_C 和发射极电流 I_E，以表 1-15 中的测量结果为例介绍三极管的特性。

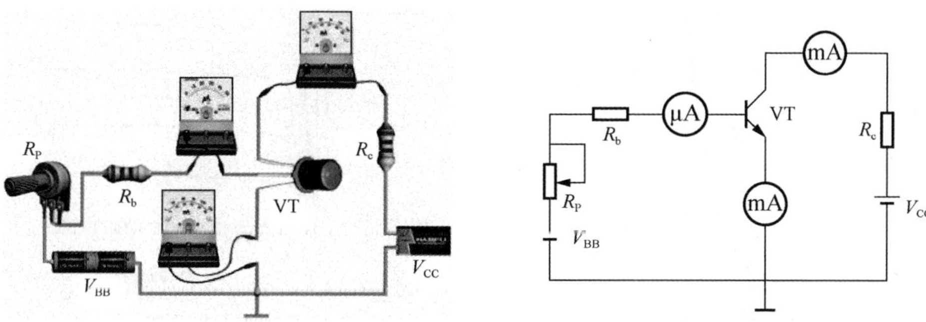

（a）实物图　　（b）原理图

图 1-58　三极管的应用电路

表 1-15　三极管应用电路测量结果

测量次数/次	1	2	3	4	5
基极电流 I_B/μA	0	20	40	60	80
集电极电流 I_C/mA	0	1.14	2.33	3.48	4.64
发射极电流 I_E/mA	0	1.16	2.37	3.54	4.72

2. 电路分析

三极管各电极的电流分配关系为

$$I_E = I_B + I_C$$

共发射极直流放大系数为

$$\bar{\beta} = \frac{I_C}{I_B}$$

共发射极交流放大系数为

$$\beta=\frac{\Delta I_C}{\Delta I_B}$$

三极管的电流放大作用：三极管基极电流 I_B 的微小变化（ΔI_B）能够引起集电极电流 I_C 的显著变化（ΔI_C），即小电流可以控制大电流。

3．三极管的输入特性曲线

三极管的输入特性曲线是反映三极管输入回路电压与电流关系的曲线，指 U_{CE} 为某一定值时，基极电流 i_B 与发射结电压 u_{BE} 之间的关系曲线，如图 1-59 所示。

4．三极管的输出特性曲线

三极管的输出特性曲线是反映三极管输出回路电压与电流关系的曲线，在基极电流 I_B 为一常量的情况下，集电极电流 i_C 与管压降 u_{CE} 之间的关系曲线，如图 1-60 所示。

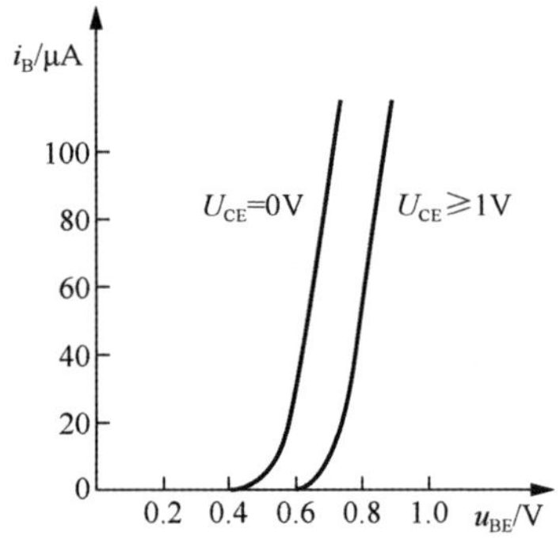

图 1-59　共发射极输入特性曲线

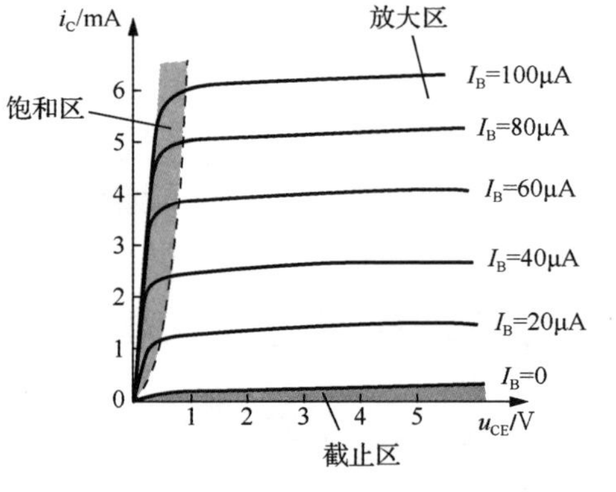

图 1-60　共发射极输出特性曲线

（1）截止区。截止区是指 I_B=0 曲线以下的区域。此时，三极管发射结反向偏置或零偏，集电结反向偏置。

（2）放大区。放大区是指一簇与横轴平行的曲线，且各曲线距离近似相等的区域。此时，三极管处于放大状态。它是三极管发射结正向偏置、集电结反向偏置时的工作区域。

① 电流受控。I_C 受 I_B 控制，具有电流放大作用，即 $\Delta i_C=\beta\Delta i_B$。

② 恒流特性，只要 I_B 一定，i_C 基本不随 u_{CE} 的变化而变化。

（3）饱和区。u_{CE} 较小的区域称为饱和区。此时，三极管处于饱和状态，三极管的发射结和集电结都处于正向偏置，I_C 已不再受 I_B 控制。饱和电压降是 U_{CES}，小功率硅二极管约为 0.2V，锗二极管约为 0.1V。

如图 1-61 所示，对于某一共发射极三极管放大电路，工作点 Q 一定沿直流负载线 AB 随 I_B 大小的变化而变化，Q 点在放大区，随 I_B 增大到 Q_1 点则进入饱和区，随 I_B 减小到 Q_2 点则进入截止区。

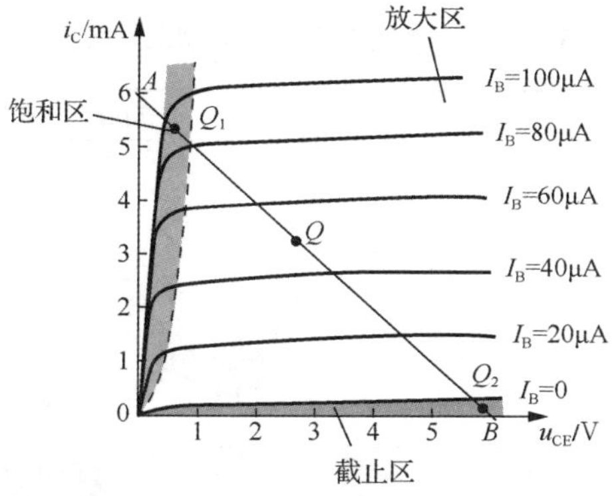

图 1-61　共发射极电路工作状态变化示意图

三极管工作在饱和区与截止区时，具有“开关”特性，被广泛应用于数字电路中；三极管工作在放大区时，具有“放大”特性，被广泛应用于模拟电路中。综上所述，三极管 3 种工作状态的两个 PN 结的偏置条件见表 1-16，其中，零偏是指所加电压低于 PN 结死区电压值的情况。

表 1-16　三极管 3 种工作状态的偏置条件

工作状态	放大	饱和	截止
发射结	正向偏置	正向偏置	反向偏置或零偏
集电结	反向偏置	正向偏置	反向偏置

三、三极管的分类

（1）三极管按材料分为锗三极管、硅三极管。

（2）三极管按导电类型分为 NPN 型三极管、PNP 型三极管。

（3）三极管按制作工艺分为平面型三极管、合金型三极管、扩散型三极管。

（4）三极管按封装方式分为金属封装三极管、塑料封装三极管。

（5）三极管按功率分为小功率三极管、中功率三极管、大功率三极管。

（6）三极管按工作频率分为低频三极管、高频三极管、超高频三极管。

低频小功率三极管一般用于小信号放大。高频小功率三极管主要用于高频振荡、放大电路。

低频大功率三极管主要用于电子音响设备的低频功率放大电路和各种大电流输出稳压电源中，作为调整管。高频大功率三极管主要用于通信设备中，起功率驱动、放大作用。

（7）三极管按用途分为普通放大三极管、开关三极管、特殊三极管。

四、识别三极管的引脚

在电子电路实践中，首先要能正确识别三极管的 3 个引脚，不同类型的三极管，其 3 个引脚排列分布的规律是不一样的。常见三极管的引脚识别规律见表 1-17。

表 1-17　常见三极管的引脚识别规律

序号	三极管类型名称	引脚识别示意图
1	小功率金属封装三极管	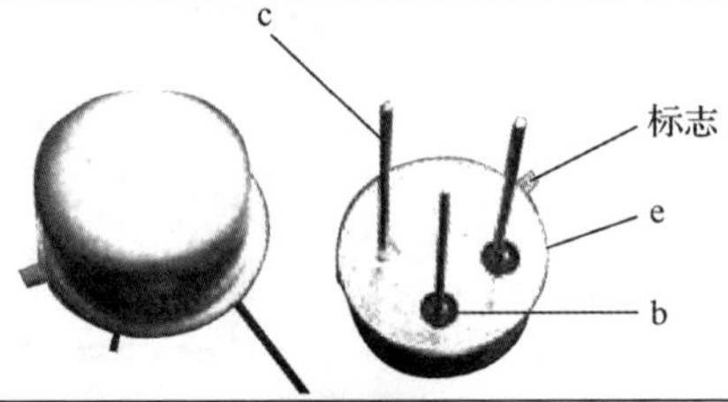
2	小功率塑料封装三极管	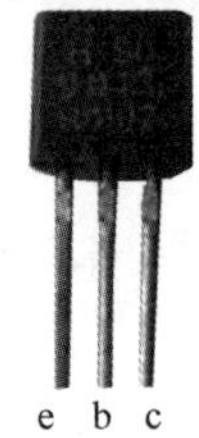
3	大功率金属封装三极管	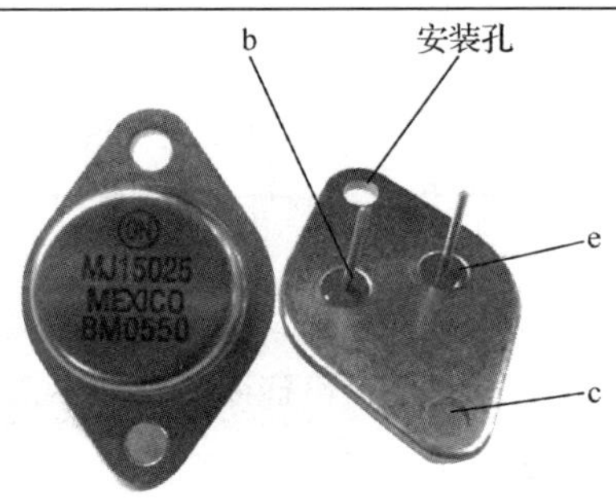
4	大功率塑料封装三极管	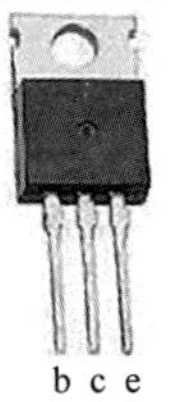

五、三极管的检测

1. 判断三极管的类型和引脚

（1）选择量程。把指针式万用表的量程转换开关置于 $R\times100$ 挡或 $R\times1\text{k}$ 挡。

（2）机械调零。调节机械调零旋钮，使指针指在零刻度线上。

（3）检测类型和基极。任意假定三极管的一个电极是基极 b，用黑表笔连接，用红表笔分别与另外两极连接。当出现两次电阻都很小时，黑表笔所接的是基极，且管型为 NPN 型，如图 1-62 所示。当出现两次电阻都很大时，管型为 PNP 型。

（4）检测发射极和集电极。当基极 b 确定后，可接着判断发射极 e 和集电极 c。若是 NPN 型管，则将两表笔与待测的两极相连，然后用手指同时接触基极和黑表笔，观察指针摆动的幅度，再将黑、红表笔对调，重复上述测量过程，比较两次指针摆动幅度，幅度摆动大的这次红表笔接的是发射极 e，黑表笔接的是集电极 c。若是 PNP 型管，则只要在上述方法中将红、黑表笔对调即可，如图 1-63 所示。

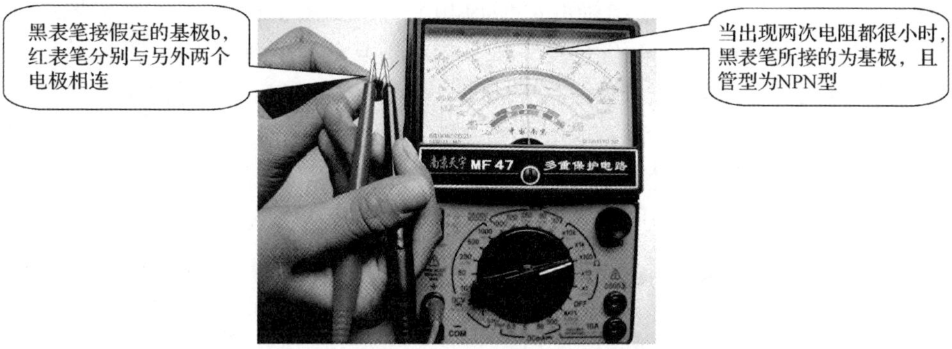

图 1-62　三极管的类型和基极检测

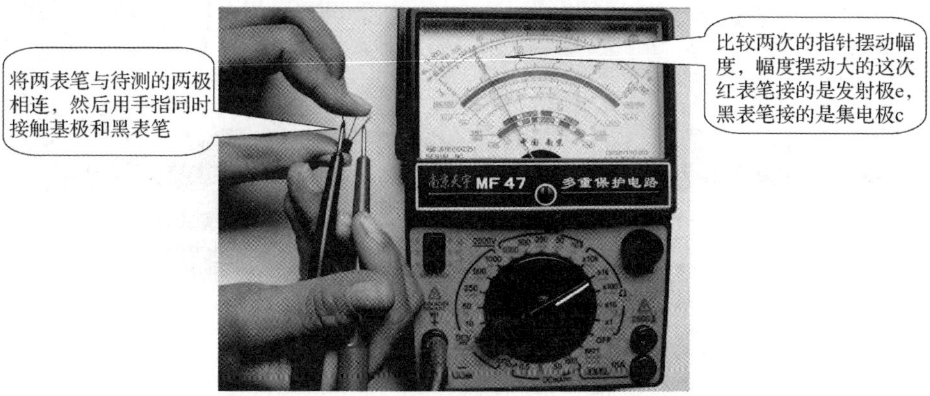

图 1-63　三极管发射极和集电极的检测

使用 MF-47 型万用表检测发射极和集电极还有更简便的方法，如图 1-64 所示。

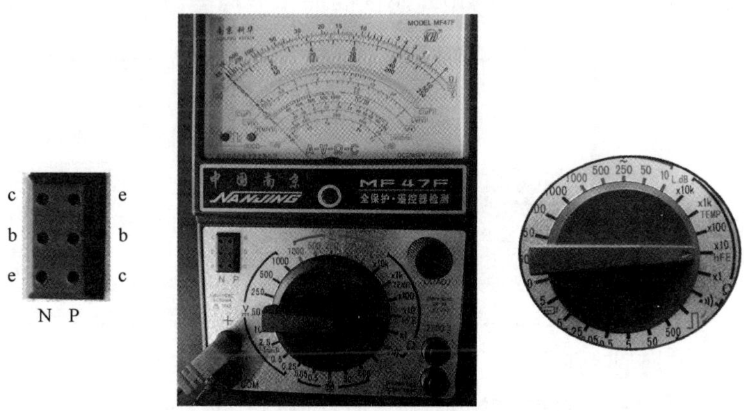

图 1-64　三极管发射极和集电极的简便检测法

如图 1-64 右侧所示，先把万用表的量程转换开关置于“h_{FE}”挡，根据前面判断出三极管的管型（是 NPN 型或 PNP 型）和基极 b 以后，在图 1-64 左侧选择合适的插孔组合，“N”上方对应的是 NPN 型三极管的三极，“P”上方对应的是 PNP 型三极管的三极。

以 NPN 型三极管发射极和集电极的简便检测为例。如图 1-65（a）所示，把基极对应而发射极、集电极任意插入 NPN 型插孔，如果指针偏转很小，则说明三极管发射极和集电极的对应插孔错了，交换三极管发射极和集电极对应插孔以后若如图 1-65（b）所示，指针偏转明显变大，则说明三极管发射极和集电极与插孔标记对应，这样就简便地判断出三极管的发射极和集电极了。PNP 型三极管发射极和集电极的检测，选择“P”上方插孔后采用同样操作即可。

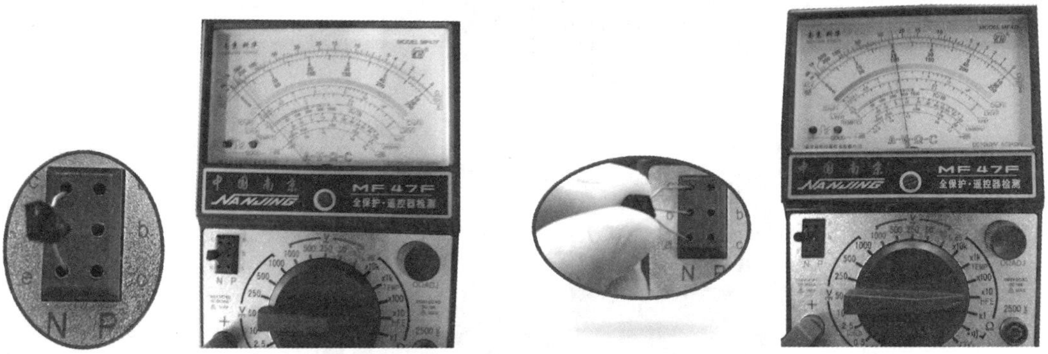

（a）发射极、集电极与插孔不对应　　（b）发射极、集电极与插孔对应

图 1-65　NPN 型三极管发射极和集电极的简便检测法

2. 判断三极管的质量

（1）检测集电结和发射结的正、反向电阻。

① 选择量程。把指针式万用表的量程转换开关置于 $R\times100$ 挡或 $R\times1\text{k}$ 挡。

② 机械调零。调节机械调零旋钮，使指针指在零刻度线上。

③ 检测 NPN 型三极管的集电极和基极之间的正、反向电阻，如图 1-66 所示。

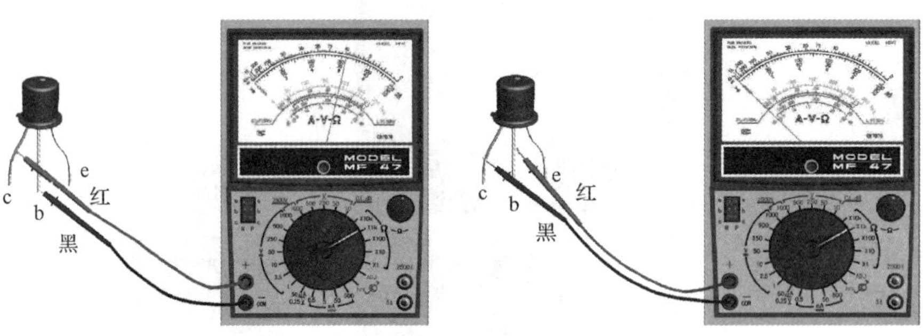

（a）正向电阻　　（b）反向电阻

图 1-66　检测 NPN 型三极管的集电极和基极之间的电阻

④ 检测 NPN 型三极管的发射极和基极之间的正、反向电阻，如图 1-67 所示。

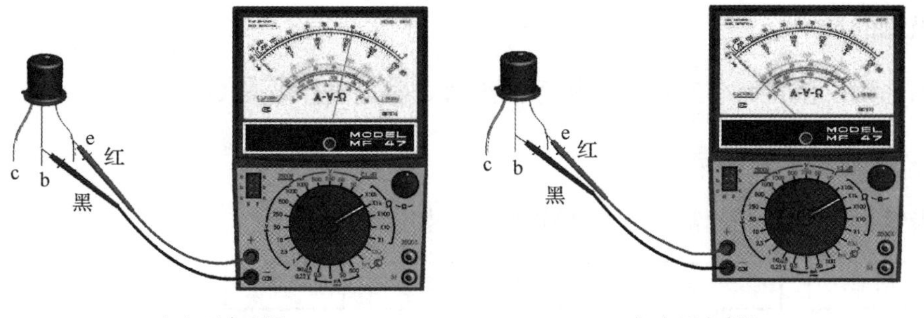

（a）正向电阻　　（b）反向电阻

图 1-67　检测 NPN 型三极管的发射极和基极之间的电阻

正常时，集电结和发射结的正向电阻都比较小，为几百欧至几千欧；反向电阻都很大，为几百千欧至无穷大。

（2）检测集电极与发射极之间的电阻。

① 选择量程。

② 机械调零。

③ 对于 NPN 型三极管，红表笔接集电极，黑表笔接发射极，测量一次电阻，如图 1-68（a）所示。互换表笔再测量一次电阻，如图 1-68（b）所示。正常时，两次电阻值比较接近，为几百千欧至无穷大。

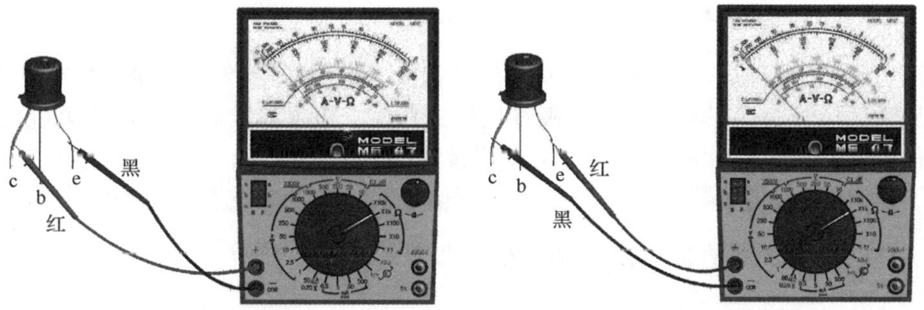

（a）一次测量　　（b）二次测量

图 1-68　测量集电极与发射极之间的电阻

对于 PNP 型三极管，红表笔接集电极，黑表笔接发射极，测量一次电阻，正常为十几千欧至几百千欧；互换表笔再测量一次电阻，与正向电阻值相近。

（3）判断质量。如果三极管任意一个 PN 结的正、反向电阻不正常，或集电极和发射极之间的正、反向电阻不正常，则说明三极管已损坏。如果发射结的正、反向电阻值均为无穷大，则说明发射结开路；如果集电极与发射极之间的电阻值为 0，则说明集电极与发射极之间击穿短路。

六、三极管的选用

正确选用三极管，必须认清三极管的型号、类型和主要参数。

1. 认识三极管的型号

三极管的型号命名通常由 5 个部分组成，如图 1-69 所示。

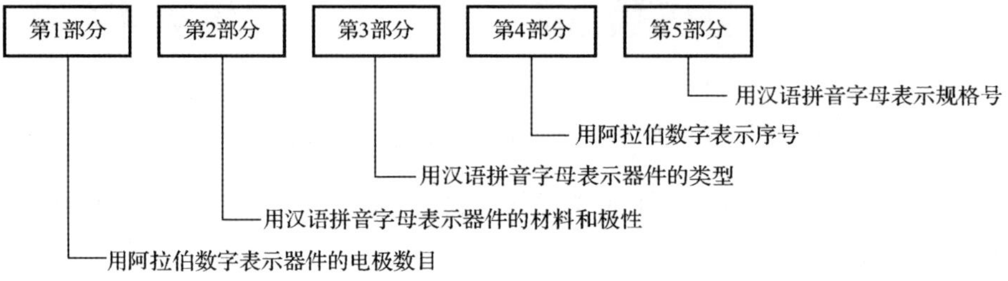

图 1-69　三极管的型号命名

2. 选择三极管的类型

① 根据电路工作频率确定选用低频三极管还是高频三极管。

② 考虑三极管工作的安全性，尽量选用低噪声的硅三极管。

③ 在使用大功率三极管时，因为功耗较大，应按要求加装一定规格尺寸的散热片。

3. 三极管的主要参数

使用三极管时可以代换，原则上要原型号代换，即 PNP 管换 PNP 管，NPN 管换 NPN 管，以及锗三极管换锗三极管，硅三极管换硅三极管。极限参数高的三极管可以代替极限参数较低的三极管，性能好的三极管可以代替性能差的三极管。三极管的主要参数如下：

① 直流电流放大倍数 $\overline{\beta}$ (h_{FE})，指无交流信号输出时，共发射极电路输出的集电极直流电流 I_C 与基极输入的直流电流 I_B 的比值，即 $\overline{\beta}=\dfrac{I_C}{I_B}$。

② 集-基极反向饱和电流 I_{CBO}，指在发射极开路（I_E=0），集电极与基极间加上规定的反向电压时的漏电电流。

③ 集-射极反向饱和电流 I_{CEO}，也称穿透电流，指基极开路时，集电极与发射极之间加上规定的反向电压时，集电极的漏电电流。

④ 交流电流放大倍数 β(h_{FE})，指在有信号输入的情况下，共发射极电路集电极电流的变化量 ΔI_C 与基极电流的变化量 ΔI_B 的比值，即 $\beta=\dfrac{\Delta I_C}{\Delta I_B}$。

⑤ 集电极最大允许电流 I_{CM}，一般规定三极管的电流放大倍数 β 下降到额定值的 2/3 时的集电极电流，称为集电极最大允许电流。

⑥ 集-射极反向击穿电压 $U_{BR(CEO)}$，当基极开路时，集电极与发射极之间允许加的最高电压为 $U_{BR(CEO)}$。

⑦ 集电极最大允许耗散功率 P_{CM}，规定三极管集电极温度升高到集电结临界烧毁所消耗的功率，称为集电极最大耗散功率。

元器件典型例题

例 1　【2017 年 11 月选考第 11 题】小明用万用表判断电子元器件的好坏，下列测试结果中表明电子元器件损坏的是（　　）。

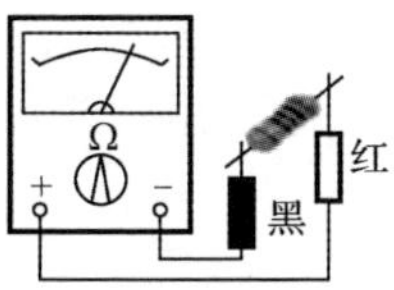

A. 测电阻器

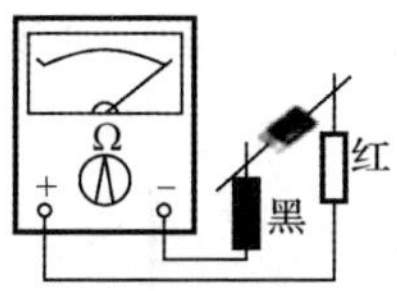

B. 测二极管

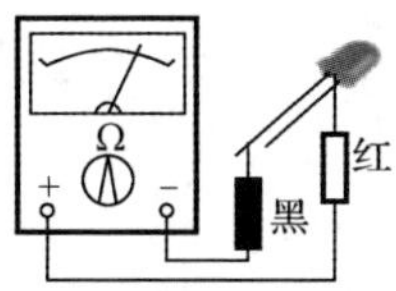

C. 测发光二极管

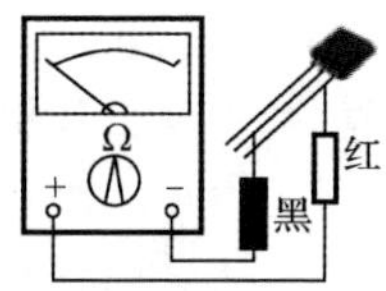

D. 测 PNP 型三极管

【解析】指针式万用表的黑表笔连内部电源的正极，红表笔连内部电源的负极；普通二极管有色环的一端为阴极，即二极管负极，反向偏置电阻值应该较大，而 B 选项中表示指针偏向最右边，阻值为 0，所以判断该二极管已经损坏。

例 2　【2020 年 7 月选考第 11 题】在通用技术实践室中，小明用万用表欧姆挡测量质量完好的硅三极管发射结的正向和反向电阻。下列指针位置中与测量时的指针位置偏差最大的是（　　）。

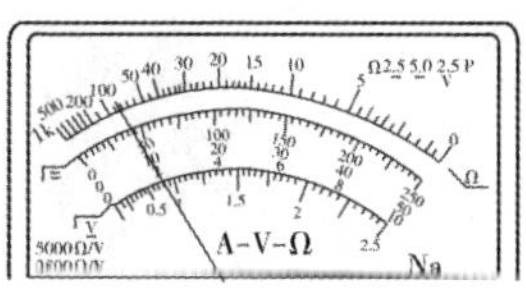

A. 用×100 挡测正向电阻

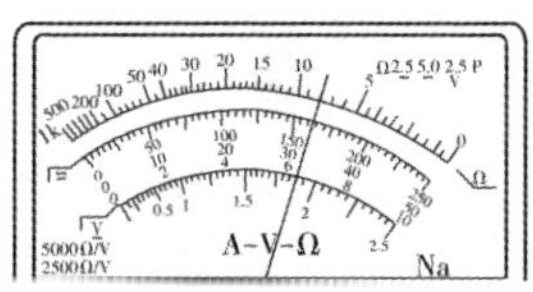

B. 用×1k 挡测正向电阻

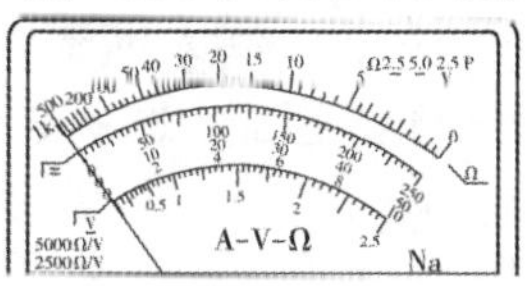

C. 用×100 挡测反向电阻

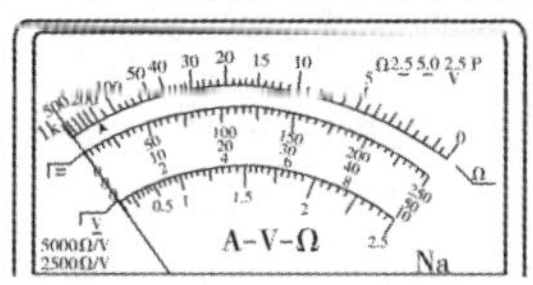

D. 用×1k 挡测反向电阻

【解析】质量完好的三极管发射结正向电阻很小，指针大幅度向右偏移，反向电阻很大接近正无穷。万用表置 R×100 挡或 R×1k 挡测正向电阻时，指针合理的应该是中间偏右的，所以选项 A 偏差最大，一般是测试前没有进行机械调零导致的。

例 3　【2018 年 4 月选考第 11 题】如图所示的两个电路，下列关于流过电阻器 R_1、R_2 电流方向的判断中正确的是（　　）。

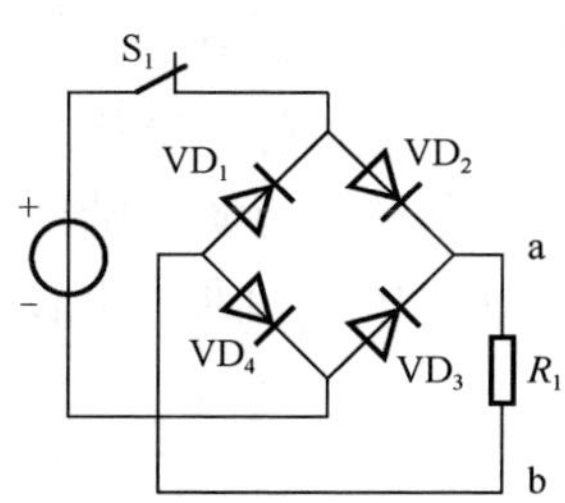

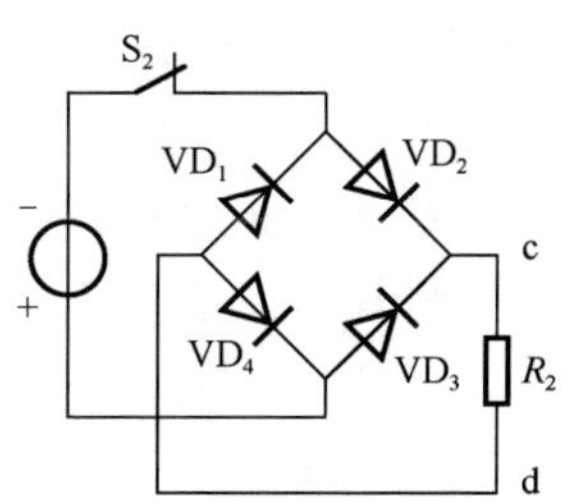

A. 由 a 到 b，由 c 到 d　　　B. 由 a 到 b，由 d 到 c

C. 由 b 到 a，由 c 到 d　　　D. 由 b 到 a，由 d 到 c

【解析】二极管具有单向导电性，理想状态下相当于一个开关，即正向导通，反向截止。左边的电路图开关闭合后，只有右上角和左下角的二极管导通，电流从高电位流向低电位，因此流过 R_1 的电流方向为由 a 到 b。右边的电路图开关闭合后，只有右下角和左上角的二极管导通，电流从高电位流向低电位，流过 R_2 的电流方向为由 c 到 d。因此，选项 A 正确。

例 4　【2020 年 1 月选考第 10 题】通用技术实践室中，与图示电路符号相对应的电子元器件中，三只引脚的是（　　）。

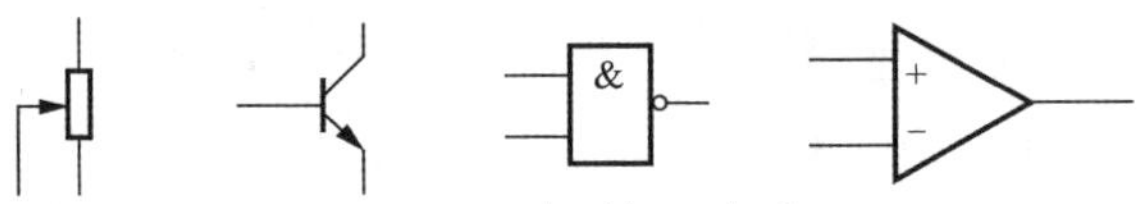

A. 与非逻辑门、电位器　　　B. 三极管、电位器

C. 三极管、电压比较器　　　D. 四种都是

【解析】三极管、电位器是三只引脚，而与非逻辑门、电压比较器实际使用时要采用集成电路，加上必需的电源供电引脚，一定超过三只引脚，所以，选项 B 是三只引脚。

例 5　【2020 年 7 月选考第 10 题】下列对通用技术课程中常用元器件的特性描述不正确的是（　　）。

A. 具有单向导电性　　B. 具有电流放大作用　　C. 阻值随光线强弱而变化　　D. 能用小电流控制大电流

【解析】选项 C 所展示的是湿敏电阻器，阻值随湿度变化而变化，因此，选项 C 不正确。

例 6　【2021 年 1 月选考第 10 题】下列选项中，a 与 b 功能相同的是（　　）。

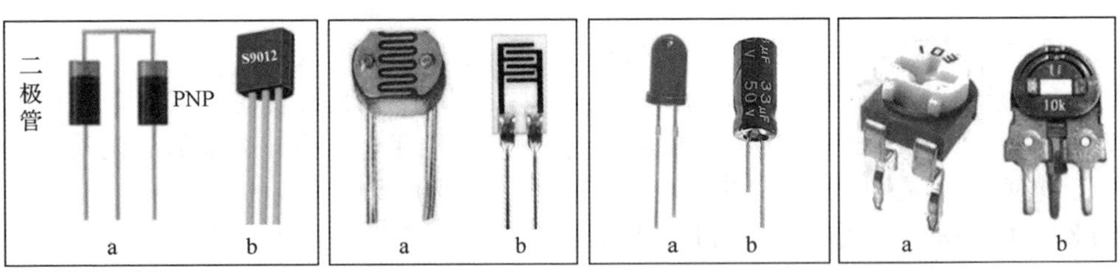

A.　　B.　　C.　　D.

【解析】选项 A 中两个二极管连接并不能实现三极管的功能，三极管只有在用万用表检查两个 PN 结是否正常时，才有与二极管相似的单向导电性；选项 B 中，a 是光敏电阻，b 是湿度传感器；选项 C 中，a 是发光二极管，b 是电解电容器；选项 D 中，a 和 b 都是可调电阻器，a 和 b 分别写明阻值 103 和 10k，是标称阻值相同的电位器。因此，选项 D 中 a 与 b 功能相同。

例 7　【2022 年 6 月选考第 10 题】下列电子元器件的名称中，正确的是（　　）。

A. 负温度系数热敏电阻　B. 可调电阻器　C. 湿敏电阻器　D. 无极性电容器

【解析】A 标注 PTC，说明是正温度系数热敏电阻；B 是定值电阻器；C 是光敏电阻；D 是瓷介电容器，属于无极性电容器。因此选项 D 正确。

例 8　如图所示电路，二极管 VD_1、VD_2、VD_3 的工作状态为（　　）。

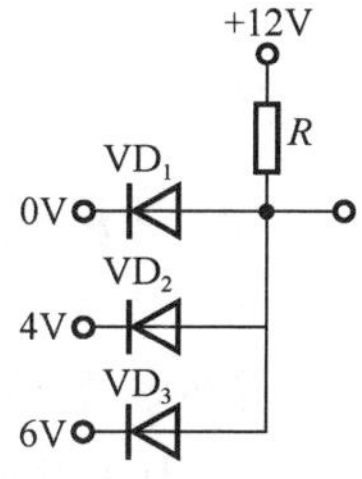

A. VD_1 导通，VD_2、VD_3 截止　B. VD_1、VD_2 截止，VD_3 导通

C. VD_1 截止，VD_2、VD_3 导通　D. VD_1、VD_2、VD_3 都导通

【解析】根据二极管两端电位的高低，可判断正向偏置时二极管导通，反向偏置时二极管截止。由题意可知加在三个二极管两端的电压分别是：U_{VD_1}=12V，U_{VD_2}=8V，U_{VD_3}=6V，初步判断三个二极管可能全部导通，由于 $U_{VD_1}>U_{VD_2}>U_{VD_3}$，因此 VD_1 优先导通，此时 V_o=0.7V，二极管 VD_2 和 VD_3 的正极电位被钳定为 0.7V，VD_2 和 VD_3 两端的电压变为 U_{VD_2}=−3.3V，U_{VD_3}= −5.3V，二极管 VD_2 和 VD_3 截止。因此，选项 A 正确。

例 9　请判断甲、乙两个电路图中的三极管是否可能工作在放大状态。（　　）

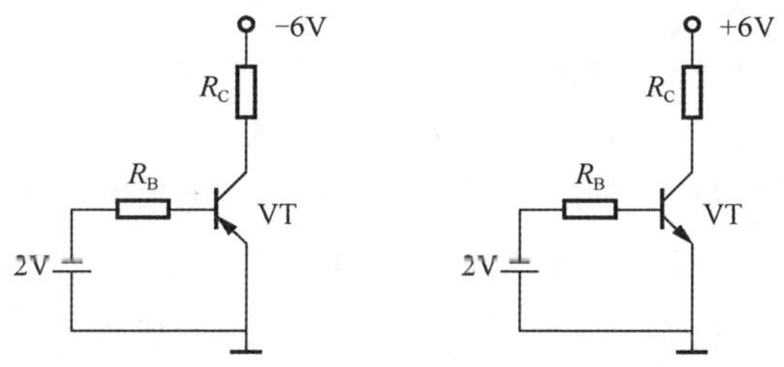

甲　　乙

A. 甲、乙都可能　B. 甲可能、乙不可能

C. 甲、乙都不可能　D. 甲不可能、乙可能

【解析】根据图中的电源偏置，甲、乙两个三极管均为发射结正向偏置、集电结反向偏置，都可以工作在放大状态。因此，选项 A 正确。

例 10　测得某型号三极管工作在放大状态时三个极的电流，以下示意图中正确的是（　　）。

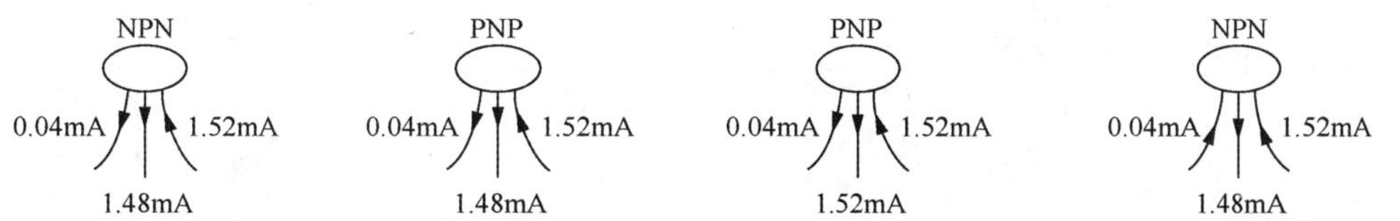

A.　B.　C.　D.

【解析】三极管工作在放大状态时，NPN 型三极管的电流从发射极流出，基极、集电极流入；PNP 型三极管的电流从发射极流入，基极、集电极流出，且发射极电流为基极、集电极电流之和。因此，选项 B 正确。

例 11 用指针式万用电表的×1k 挡检测三极管，从图（a）到图（d）共测试了四次，测试时表笔的跨接及指针的偏转情况如图所示，根据测试结果，以下判断正确的是(　　)。

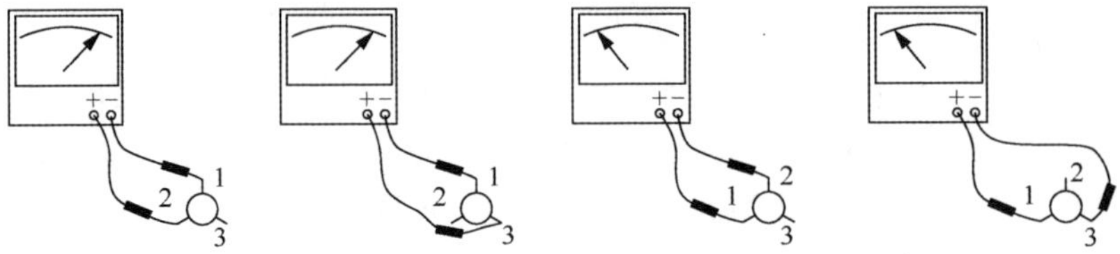

（a）　　（b）　　（c）　　（d）

A. 1 脚是基极，是 PNP 型三极管　　B. 1 脚是基极，是 NPN 型三极管

C. 2 脚是基极，是 NPN 型三极管　　D. 2 脚是基极，是 PNP 型三极管

【解析】“−” 极性插孔的黑表笔连指针式万用表内部电源的正极，接 1 脚两次正偏，说明 1 脚为基极，且管型为 NPN 型。因此，选项 B 正确。

例 12 将多用电表调至欧姆挡，将红、黑表笔以下列四种方式接于三极管集电极 c 与发射极 e 之间，指针的偏转情况与其他三项不同的是（　　）。

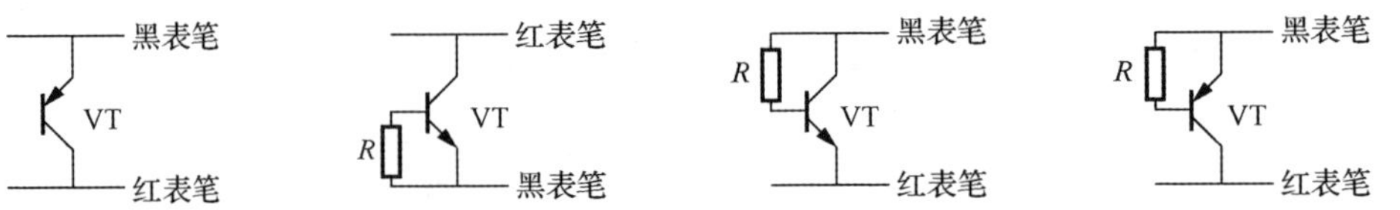

A.　　B.　　C.　　D.

【解析】选项 A、B 和 D 三种情况的阻值均为 ∞，选项 C 测得的是三极管的正向偏置电阻，阻值要小些。因此，指针的偏转情况与其他三项不同的是选项 C。

例 13 如图所示为三极管开关电路，现用万用表的电流挡测量三极管的集电极电流 I_c，图中万用表的测量方法正确的是（　　）。

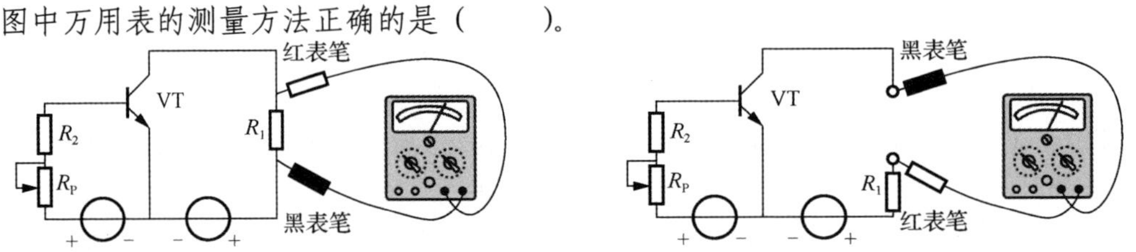

A.　　B.

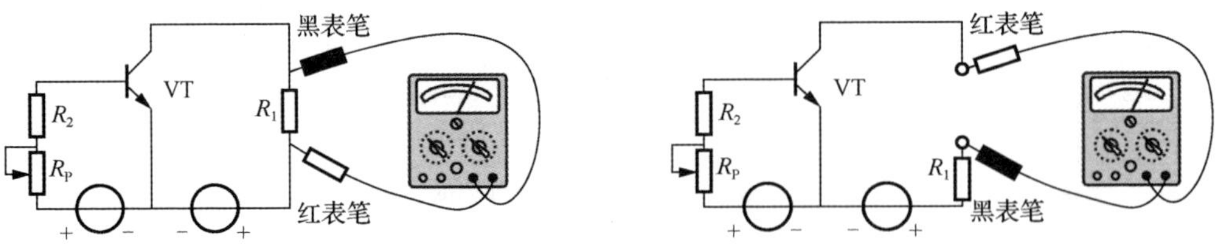

C.　　D.

【解析】用万用表的电流挡测量三极管的集电极电流时要将万用表串联在电路中，因此，首先排除 A 和 C 两种并联接法，而且电流必须从高电位流向低电位，红表笔应接高

电位，黑表笔应接低电位。因此，选项 B 正确。

例 14　【2023 年 1 月选考第 10 题】小明准备在面包板上搭建如图所示的电路，并探究 5 脚、2 脚、3 脚之间的电位关系，下列器材中不需要的是（　　）。

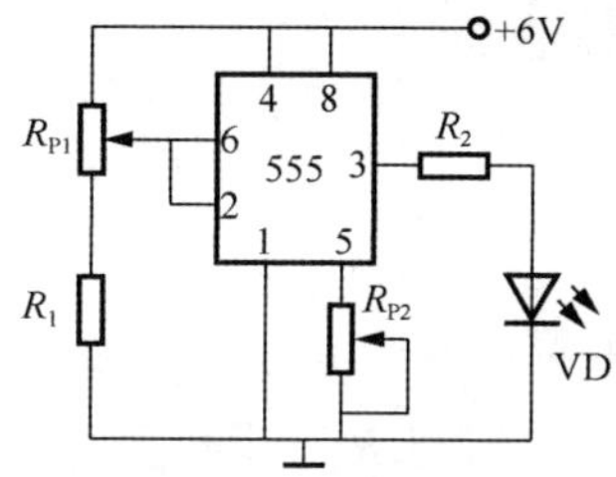

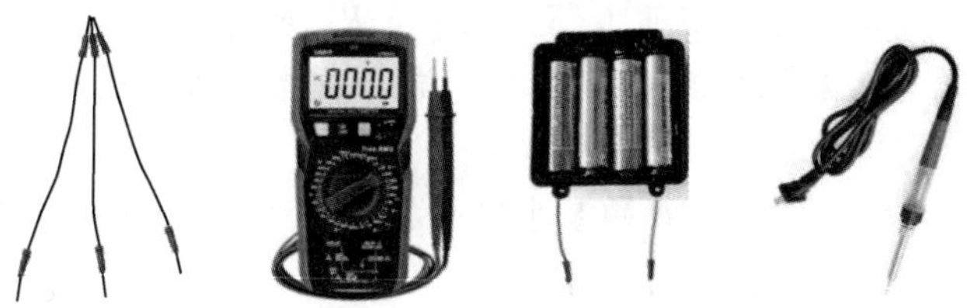

A.　　B.　　C.　　D.

【解析】A 是杜邦线，是一根导线，在面包板上插入相应孔中，可以用作连接导线。B 是万用表，本题中可以用于测量电位。C 是电池盒，刚好为 4 节电池，提供电路中所需电源电压 6V。D 是电烙铁，一般用于印制电路板的焊接。面包板电路搭建不需要焊接，所以选项 D 正确。

例 15　【2023 年 1 月选考第 11 题】如图所示的信号处理电路，u_i 为输入信号，u_o 为输出信号。下列输出波形与输入波形关系中可能的是（　　）。

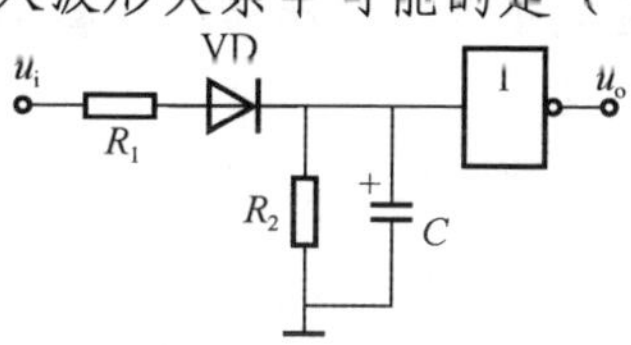

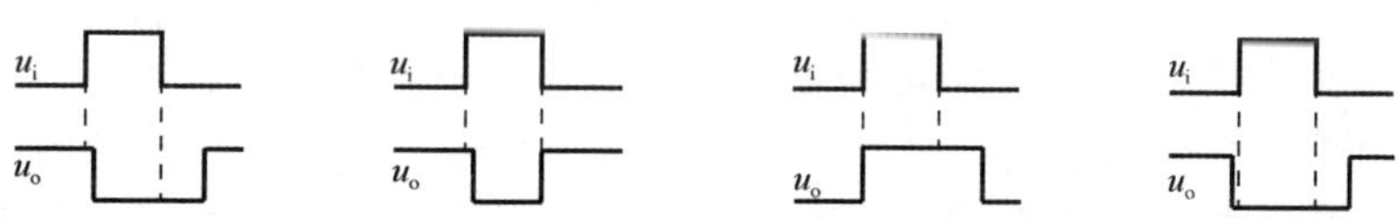

A.　　B.　　C.　　D.

【解析】由于电容器 C 充电快、放电慢，加上非门的输入与 u_i 之间有延时效果，所以选项 A 符合题意。

例 16　【2023 年 6 月选考第 10 题】小明设计了自动控制路灯模型电路，电路图如图（a）所示。他在实践课上用面包板搭建了该电路的模型，如图（b）所示。面包板的背面结构如图（c）所示。图（b）中搭建错误的元器件是（　　）。

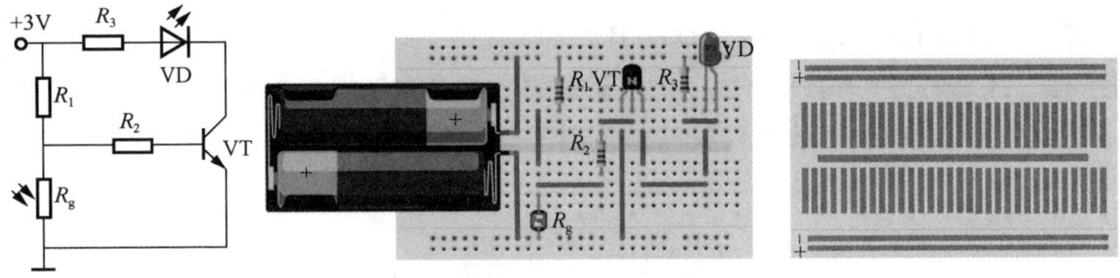

（a）　　　　　　　　（b）　　　　　　　　（c）

A. R_1　　　　B. R_2　　　　C. R_3　　　　D. 电池

【解析】电池靠近图片上方的为正极，下方为负极，连接无误，选项 D 正确。电源正极分别接 R_1、R_3，其中 R_1 另一端接 R_2 与 R_g，观察图（b）可知，R_1 未与 R_2、R_g 连接［由图（c）可知面包板中间部分竖列相通］，同时 R_2 与 R_g 通过导线相连，故 R_1 搭建错误，选项 A 错误。R_2 另一端与 VT 基极连接，R_3 另一端与发光二极管正极连接，均未出错，选项 B、C 正确。

例 17　【2024 年 1 月选考第 10 题】小明按图（a）制作电路，按图（b）选用的三极管。下列制作过程中不正确的是（　　）。

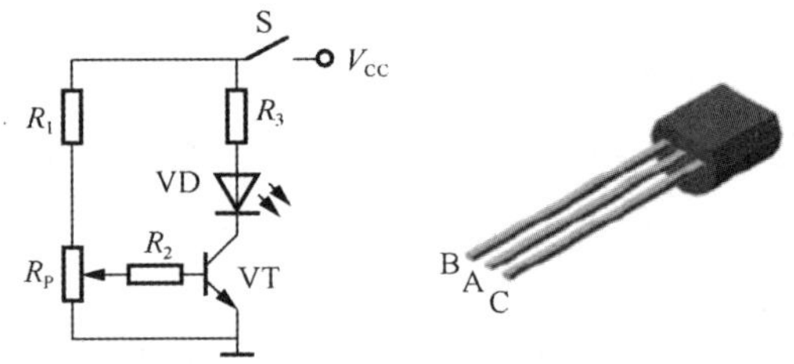

（a）　　　　　　（b）

A. 用多用电表的合适挡位测量发光二极管，正接时指针大幅偏转，反接时指针不偏转，说明发光二极管正常

B. 用多用电表的合适挡位测量三极管，AB、AC 间阻值很小，BA、CA 间阻值很大，可知该三极管是 NPN 型

C. 将元器件插入印制电路板，剪去引脚的多余部分，再完成焊接

D. 先检查是否存在虚焊、漏焊和短路，然后通电完成电路测试

【解析】由于二极管的单向导电性，用多用电表检测二极管时，正常的二极管正接时（P 型半导体端接高电位）电阻很小，指针偏转很大；反接时（N 型半导体端接高电位）电阻很大，指针偏转很小，因此选项 A 正确。用多用电表检测三极管时，图（b）中 B、A、C 对应的是三极管的 e、b、c 三个极，测量结果 R_{AB}、R_{AC} 很小，R_{BA}、R_{CA} 很大，根据三极管两个 PN 结的结构判断，说明 A 是基极且 A 为 P 型半导体，所以是 NPN 型三极管，选项 B 正确。印制电路板焊接顺序：①将元器件各引脚插入电路板；②用电烙铁对各元器件引脚进行焊接；③检查焊接质量，剪断多余引脚；④通电完成电路测试。因此，选项 D 正确，选项 C 不正确。

第二章　电子控制系统与装配技术

第一节　电子控制系统的组成与工作方式

以电子技术为核心的控制系统称为电子控制系统（electronic control system）。在这个系统中，有电阻器、电感器、电容器等元件和二极管、三极管、集成电路（integrated circuit，IC）等电子器件。它们相互作用、相互依赖，形成一个整体，实现控制的目的。例如，在电子调光台灯系统中，灯泡是被控对象，灯光的亮度是被控量，通过控制器（调光电子电路）对灯泡进行控制，实现灯光亮度的调节。

一、电子控制系统的组成

电子控制系统一般包括输入、控制（处理）和输出 3 个基本的组成部分，用框图表示，如图 2-1 所示。

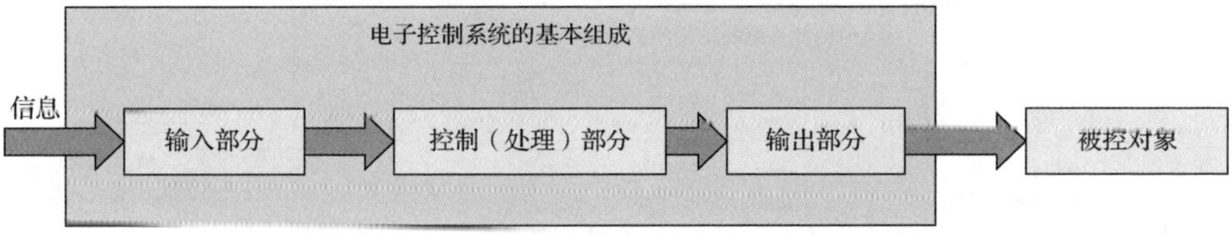

图 2-1　电子控制系统的组成框图

1. 输入部分

输入部分通常由各种传感器组成，输入信息可以有各种形式，可以是作用力，也可以是温度、湿度、磁场、光照强度等环境参数的变化。

输入部分相当于人的感官。它能将采集的非电量的变化转换为电量的变化。例如，手按动按钮，输入部分就把机械开关的通或断的非电量变化转换为电信号（电压或电流）的有或无的电量变化。

2. 控制（处理）部分

控制（处理）部分一般由具有各种控制功能的电子电路（或微处理器）组成。它的作用相当于人的大脑。它能对输入的电信号进行比较、分析和处理，并发出指令。

3. 输出部分

输出部分由电磁继电器、晶闸管等多种执行机构组成。输出信号可以是位移，如电磁继电器中动铁心的运动、电机的转动等，也可以是声、光等，如扬声器中发出的音乐声。

输出部分相当于人的手和足。它的作用是执行控制（处理）部分的指令，进行某种操作，实现某种功能。

电路常见信号与组成见表 2-1。

表 2-1　电路常见信号与组成

输入信号	信号处理电路	输出信号及控制对象
1．开关信号 电开关信号 机械开关信号 其他开关信号 2．温度信号 3．磁信号 4．力信号 5．气敏信号 6．光敏信号 7．湿敏信号 8．声波信号	1．放大电路 交流放大电路、直流放大电路 2．比较电路、积分电路、微分电路 3．延时电路 4．保持电路 5．波形发生电路 6．电压电流转换电路 7．电压频率转换电路 8．调制解调电路 9．常用逻辑电路 10．常用单片机电路 11．可编程控制电路	1．控制对象 发光二极管、小型继电器 中间继电器、交流接触器 电磁阀、单相及三相交流电机 2．显示对象 发光二极管显示器、液晶显示器 3．输出信号 开关信号 三极管、场效应晶体管、晶闸管、绝缘栅双极型晶体管（insulated gate bipolar transistor，IGBT） 4．连续信号 电压、电流

电子控制系统的工作过程如图 2-2 所示。

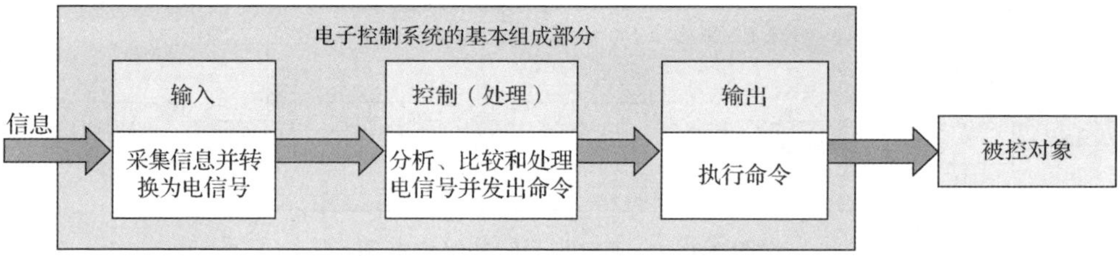

图 2-2　电子控制系统的工作过程

二、电子控制系统的工作方式

在电子控制系统中，根据输出信息有无反馈，电子控制系统可分为开环电子控制和闭环电子控制两种不同的工作方式，并以此区分为开环电子控制系统和闭环电子控制系统。

1．开环电子控制系统

当电子控制系统的输出结果对系统的控制没有影响，也就是被控量的变化不会引起控制量的改变，即没有反馈时，这种电子控制系统称为开环电子控制系统。

开环电子控制系统的组成框图如图 2-3 所示。

图 2-3　开环电子控制系统的组成框图

如图 2-3 所示，开环电子控制系统由输入、控制（处理）和输出 3 个部分组成，对控制系统的输出没有任何检测。下面以电子门铃为例，分析开环电子控制系统的工作过程。

如图 2-4 所示，把电子门铃装置作为一个电子控制系统，则扬声器是被控对象，门铃发出的音乐声是被控量，控制器是一个电子集成电路装置。

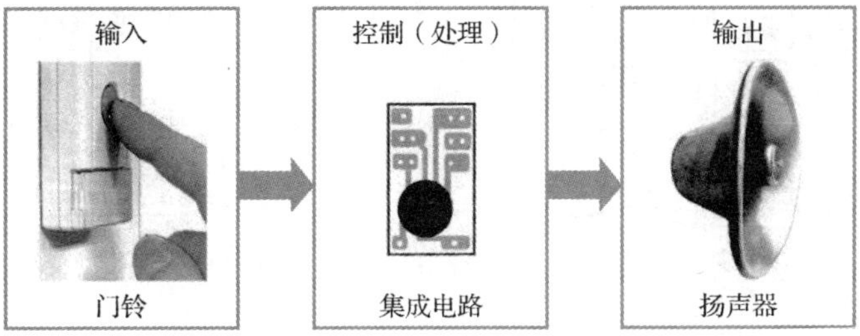

图 2-4　电子门铃的开环电子控制系统

（1）输入：用手按动门铃开关，输入一个触发信号。

（2）控制（处理）：音乐集成电路经过触发后工作，产生一组载有“音乐”的电信号。

（3）输出：扬声器将电信号转换为音乐声。

从分析电子门铃的工作过程可知，它的输出量（音乐声）的变化对系统的控制状态并不产生影响，即不存在反馈。所以，电子门铃装置是一个开环电子控制系统。

开环电子控制系统一般结构简单、造价较低，适用于被控对象的状态变化较为简单、被控量的控制精度要求不高的情形，如电子门铃装置只存在音乐声有、无两种状态。

2. 闭环电子控制系统

闭环电子控制系统与开环电子控制系统不同，它能对输出结果进行检测，并将检测信号反馈到控制处理部分，从而对系统的控制产生影响。它的组成框图如图 2-5 所示。

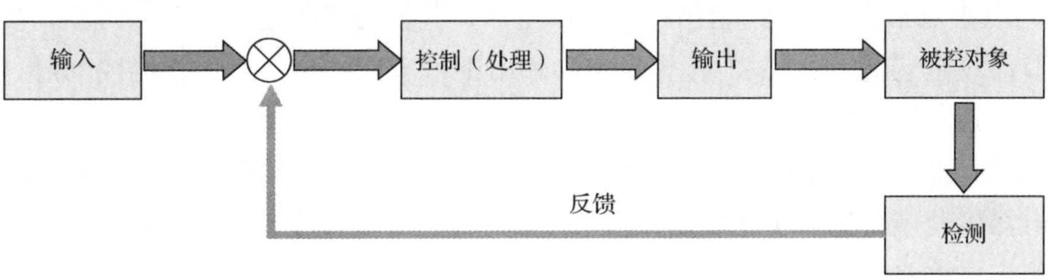

图 2-5　闭环电子控制系统的组成框图

现在常见的家用电冰箱由压缩机、蒸发器和冷凝器组成，它们之间用一根管路相连接。管路中装着一种沸点很低的制冷剂。管路的底部安装压缩机，使制冷剂不断地在管路中循环，如图 2-6（a）所示。由于管路中有一小段十分狭窄的毛细管，限制了管路内制冷剂的流动速度，并使气态的制冷剂受到强大的压力，使之由气态变成液态，对外释放热量。当液态制冷剂通过毛细管进入电冰箱内部由较粗管路组成的蒸发器时，由于压力突然降低，制冷剂便由液态立即转换为气态，从而吸收电冰箱内的热量，使电冰箱内的温度降低，达到制冷的效果，如图 2-6（b）所示。

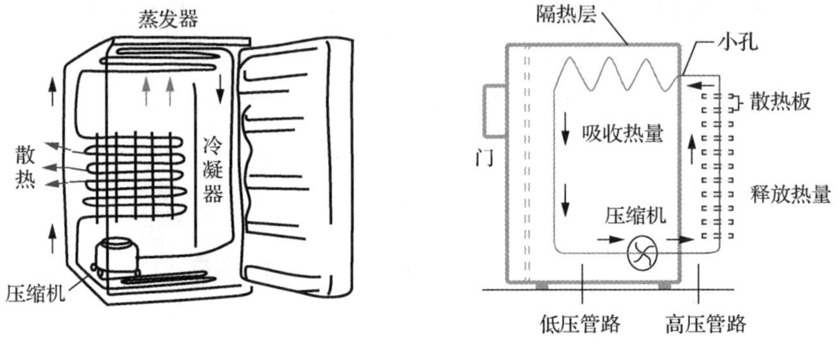

图 2-6　电冰箱制冷系统的组成与制冷原理图

图 2-7 用框图分析电子控制系统是如何利用反馈的方法实现电冰箱恒温控制的。

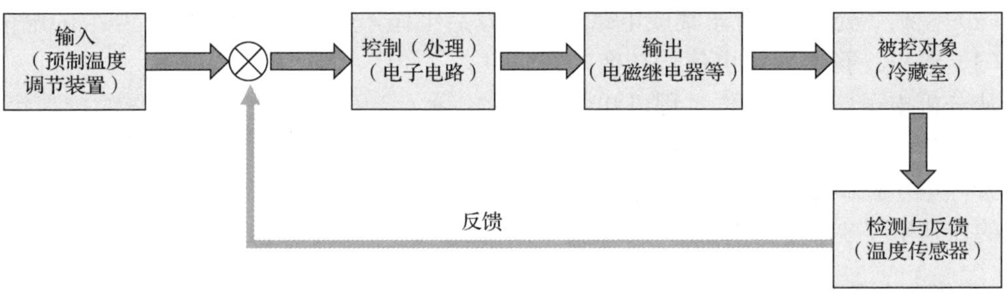

图 2-7　电冰箱恒温控制系统框图

（1）输入部分：根据电冰箱内放置食物的保存要求，预先设置一个恰当的冷藏温度。

（2）控制（处理）部分：它由电子电路组成，其核心部件是一个微处理器，实际上是一个微型计算机装置。它能够对预置设定和输出中检测到的电信号进行比较、分析和判断，并发出命令。

（3）输出部分：它由电磁继电器等组成。当它接到“接通”压缩机电路的操作指令时，电磁继电器接通压缩机的工作电路；当它接到“停止”的操作指令时，电磁继电器便断开压缩机的工作电路。

（4）检测与反馈部分：它主要由温度传感器组成。温度传感器放置在家用电冰箱的冷藏室内，它将检测到的冷藏温度转换为电信号并反馈到电子控制系统的控制（处理）部分。当接通电冰箱的电源后，控制电路命令执行器接通压缩机工作电路，制冷剂不断地在管道中循环，并吸收电冰箱内的热量，使电冰箱内的温度下降。同时，电冰箱冷藏室内的温度传感器不断检测电冰箱内的温度，并把温度变化的电信号反馈到控制（处理）部分。控制（处理）部分不断地对预置温度和反馈的温度变化进行比较、分析和处理。当电冰箱内温度达到预先设定的温度时，控制（处理）部分即发出指令给电磁继电器，电磁继电器立即切断压缩机工作电路，电冰箱内的制冷工作停止，使电冰箱内温度不再下降。

由于存在电冰箱外面的温度较高、经常开门等干扰因素，电冰箱冷藏室不能一直保持预置温度，当电冰箱内温度回升并超过预置温度时，电子控制电路再次发出指令，使电磁继电器接通压缩机工作电路，压缩机重新工作并进行制冷。如此循环往复，使电冰箱内能始终保持恒温，可见电冰箱的电子控制系统是一个闭环电子控制系统。

第二节　焊接与装配技术

一、焊接技术

焊接技术是利用电烙铁加热焊料和被焊金属，实现金属间牢固连接的一种技术。手工焊接适合于产品试制、电子产品的小批量生产、电子产品的调试与维修，以及某些不适合自动焊接的场合。

1. 装接工具

装接常用工具及功能见表 2-2。

表 2-2　装接常用工具及功能

尖嘴钳	斜口钳	剥线钳	镊子
用于夹小型金属零件或弯曲元器件引脚	用于剪切细小的导线及焊后的线头	用于剥有包皮的导线	尖嘴镊子用于夹持较细的导线，便于装配焊接
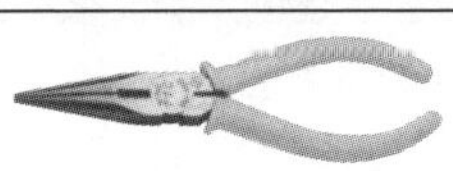	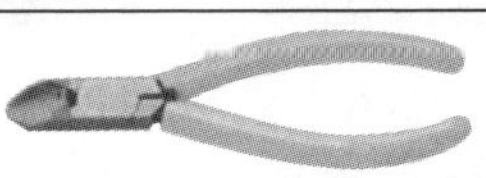	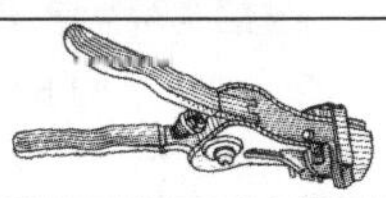	

2. 焊接工具

常用的手工焊接工具是电烙铁，其作用是加热钎料和被焊金属，使熔融的钎料润湿被焊金属表面并生成合金。

（1）电烙铁的结构。常见的电烙铁有直热式、感应式、恒温式、吸锡式等。电烙铁根据发热体所在位置又可分为内热式和外热式两类。图 2-8 所示是内热式电烙铁，图 2-9 所示是外热式电烙铁。

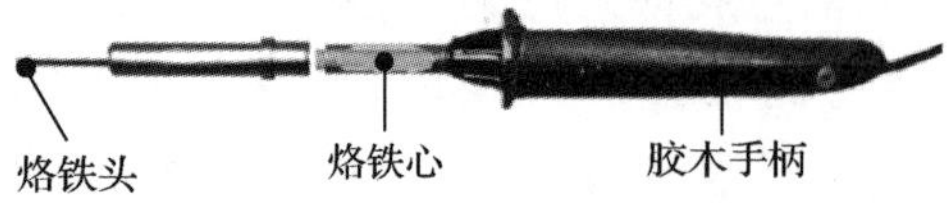

图 2-8　内热式电烙铁

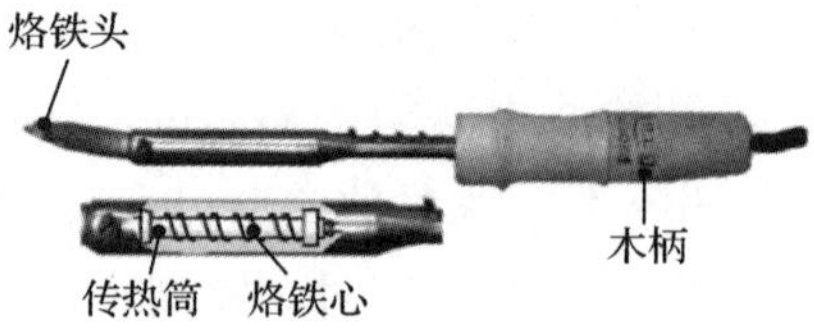

图 2-9　外热式电烙铁

（2）电烙铁的选用。选择电烙铁的功率和类型，一般是根据焊件大小与性质而定，见表 2-3。

表 2-3　电烙铁功率和类型的合理选用

焊件及工作性质	选用电烙铁	烙铁头温度（室温 220V 电压）/℃
一般印制电路板，安装导线	20W 内热式、30W 外热式、恒温式	300～400
集成电路	20W 内热式、恒温式、储能式	
焊片，电位器，2～8W 电阻器，大电解电容器	35～50W 内热式、恒温式、50～75W 外热式	350～450
8W 以上大电阻器，ϕ2mm 以上导线等较大元器件	100W 内热式、150～200W 外热式	400～550
汇流排、金属板等	300W 外热式	500～630
维修，调试一般电子产品	20W 内热式、恒温式、感应式、储能式、两用式	—

（3）电烙铁的使用方法。电烙铁的握法分为 3 种，如图 2-10 所示。

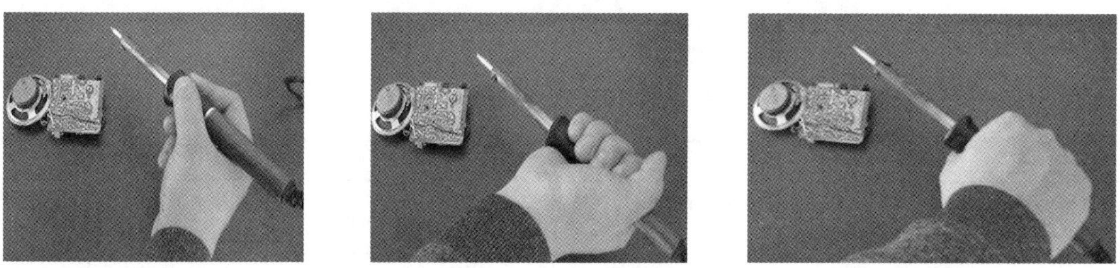

（a）握笔法　　（b）反握法　　（c）正握法

图 2-10　电烙铁的握法

握笔法适合在操作台上进行印制电路板焊接，反握法适于大功率电烙铁的操作，正握法适于中等功率电烙铁的操作。

新的电烙铁在使用前的处理：接上电源，当烙铁头的温度升至能熔化焊锡时，将松香涂在烙铁头上，然后在烙铁头上均匀地涂上一层焊锡。

普通烙铁头的修整和镀锡：烙铁头使用一段时间后，表面会凹凸不平，这种情况下需要修整。一般将烙铁头拿下来，夹到台钳上用粗锉修整为自己需要的形状，然后用细锉修平，最后用细砂纸打磨，并镀锡保护烙铁头。

烙铁头的残锡清理：使用耐高温海绵前先将其在水中充分浸泡，挤干水后放置在烙铁架内，用于擦掉烙铁头上的残锡和氧化物。烙铁架如图 2-11 所示。耐高温海绵如图 2-12 所示。电烙铁通电后一定要立刻蘸上松香，否则表面会生成难镀锡的氧化层。

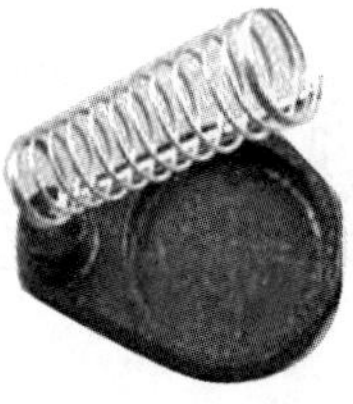

图 2-11　烙铁架

图 2-12　高温海绵

（4）钎料。钎料主要有助焊剂和焊接材料，助焊剂一般使用松香，如图 2-13 所示。钎料一般使用手工焊锡丝，如图 2-14 所示。

焊锡丝的握法分为两种，如图 2-15 所示。

图 2-13　松香

图 2-14　手工焊锡丝

（a）连续焊接时　（b）断续焊接时

图 2-15　焊锡丝的握法

3. 印制电路板与元器件安装

将检查合格的元器件在印制电路板安装面（图 2-16）上按照图样上标注的方向进行安装，如三极管、二极管、电解电容的插装；然后在印制电路板焊接面（图 2-17）上焊接。

安装方法：一种是卧式插装，另一种是立式插装。卧式插装：将元器件紧贴印制电路板插装，稳定性好、比较牢固、振动不易脱落。立式插装：特点是密度较大、占用印制电路板的面积少、拆卸方便。电容器、二极管、双列直插式封装系列集成电路多采用立式插装。如图 2-18 所示，上排元器件是卧式插装，下排元器件是立式插装。

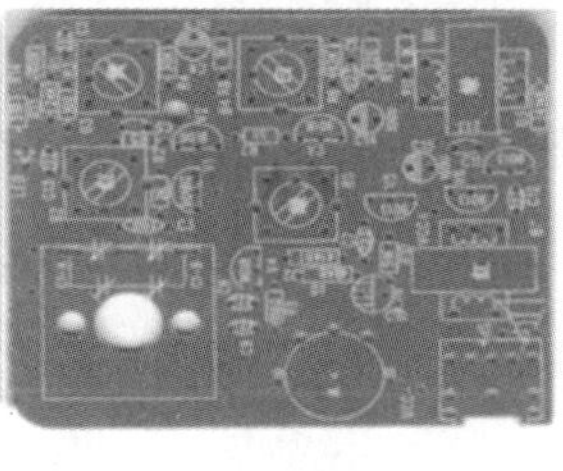

图 2-16　印制电路板安装面

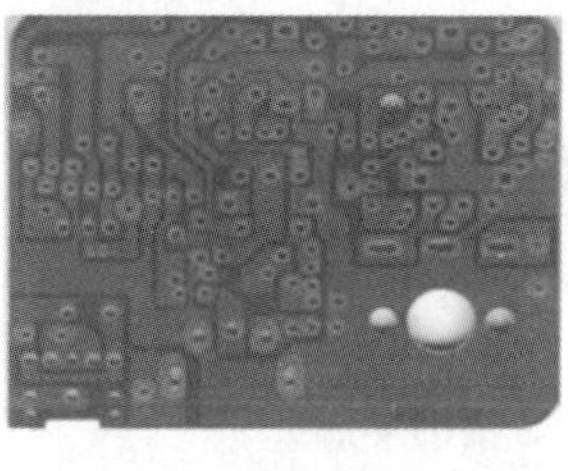

图 2-17　印制电路板焊接面

图 2-18　元器件插装

4. 焊接步骤

安装元器件后进行焊接，一般按准备、预热、送焊丝、移焊丝、移电烙铁五步进行，焊接步骤如图 2-19 所示。焊接时间为 2～3s 最合适。

图 2-19　焊接步骤

焊接完成后须检查焊点，合格的焊点具有如下特点：成内弧形牢固的焊锡将整个上锡位及元器件引脚包住，且焊点圆润、光滑、有亮泽。合格的焊点如图 2-20 所示。常见的焊点缺陷如图 2-21 所示。

经过焊点检查，确认元器件安装无误，问题焊点及时被处理并补焊后，用斜口钳剪掉过长的元器件引脚。

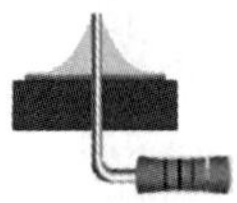

图 2-20　合格的焊点

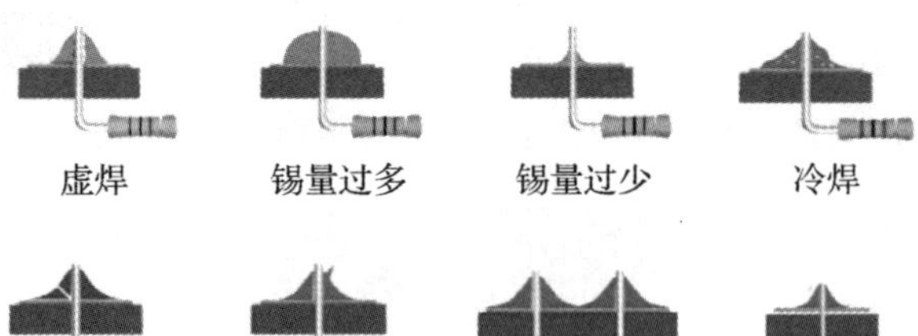

图 2-21　常见的焊点缺陷

若发现有错焊则应进行拆焊，并重新焊接，拆焊步骤如下：①加热焊点；②吸焊点焊锡；③移去电烙铁和吸锡器；④用镊子拆去元件。拆焊方法如图 2-22 所示。

图 2-22　拆焊方法

二、调试安装技术

焊接技术为电路的调试安装打下了基础。调试安装技术是电路控制功能顺利实现的重要环节，也是电子控制产品质量的保障环节，现以土壤湿度控制器电路的安装与调试为例，介绍安装调试的具体过程。

1. 电路的工作原理

土壤湿度控制电路原理如图 2-23 所示。通过湿度传感器（叉形电路板）检测土壤湿度，土壤湿度传感器在空气中为导通状态，插入土壤后，土壤内水分越多，湿度传感器两个接线端子上的电阻越低，反之则电阻越大。传感器的信号通过 K_2 探头接口接入控制电路。电阻器 R_2 串联在湿度探头上，湿度的变化会反映为电压比较器 U1A 的反向输入端电压的变化，如果低于 U1A 的同向输入端电压，则比较器输出高电平，反之输出低电平。电容器 C_2 用于稳定输出端信号，防止检测到湿度在临界状态时，继电器频率动作。自锁开关 K_3 用来控制继电器的动作方式（是在 U1A 的引脚 1 输出高电平吸合继电器，还是在 U1A 的引脚 1 输出低电平吸合继电器）。安装自锁开关时应注意方向，自锁开关的一个侧面上有段凸起的短竖线。这个标记要与印制电路板上安装位置的短线一边一致。电位器 R_P 用来调节湿度控制值。继电器输出端 K_4 可以作为一些大功率电器的电气开关，如水泵、喷淋等机械，从而实现自动控制。发光二极管 VD_1 为控制板电源指示，VD_2 为继电器吸合动作指示。三极管 VT_1 可等效为非门。

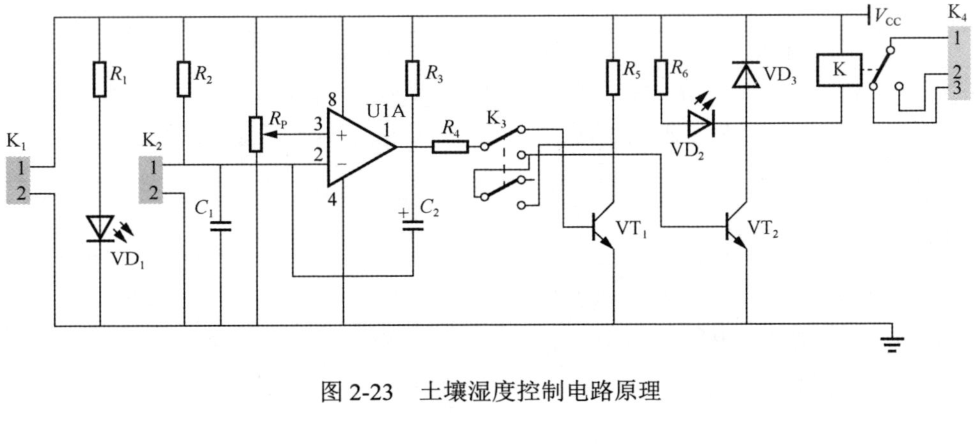

图 2-23　土壤湿度控制电路原理

2. 调试安装

在电子产品开始装配之前，要准备好印制电路板、元器件和配件，如图 2-24 所示，按表 2-4 做好全部元器件的测试筛选。此外，还要进行两项准备工作：一是要检查元器件引脚的可焊性，若可焊性不好，就必须进行引脚的校直、表面清洁及镀锡处理；二是要根据元器件在印制电路板上的安装形式，对元器件的引脚进行整形，使之能迅速准确地插入印制电路板的插孔内。为保证引脚成形的质量和一致性，整形时应使用专用工具或成形模型。

图 2-24 元器件准备

表 2-4 土壤湿度控制电路元器件清单

元器件名称	数量	编号	元器件名称	数量	编号
电阻器 4.7kΩ	1	R_1	电阻器 510kΩ	1	R_2
电阻器 10kΩ	2	R_3、R_5	电阻器 2.2kΩ	2	R_4、R_6
精密电位器 10kΩ	1	R_P	红色发光二极管	1	VD_1
二极管 1N4007	1	VD_3	绿色发光二极管	1	VD_2
三极管 8050	2	VT_1、VT_2	LM393 芯片	1	U1A
瓷片电容器 104	1	C_1	芯片底座 8P	1	U1A
电解电容器 10μF	1	C_2	自锁开关	1	K_3
排针 4P	1	K_1、K_2	继电器	1	K
KF301-3P 端子	1	K_4	土壤传感器探头	1	K_2
双母头线 4P	若干		印制电路板	1	

在进行电路装配时，首先按照电路图与印制电路板图插好元器件并焊接。元器件安装要求：从低到高、从上到下、从左到右，上道工序不能影响下道工序的进行，下道工序不能影响上道工序的结果。土壤湿度控制器装配图如图 2-25 所示。

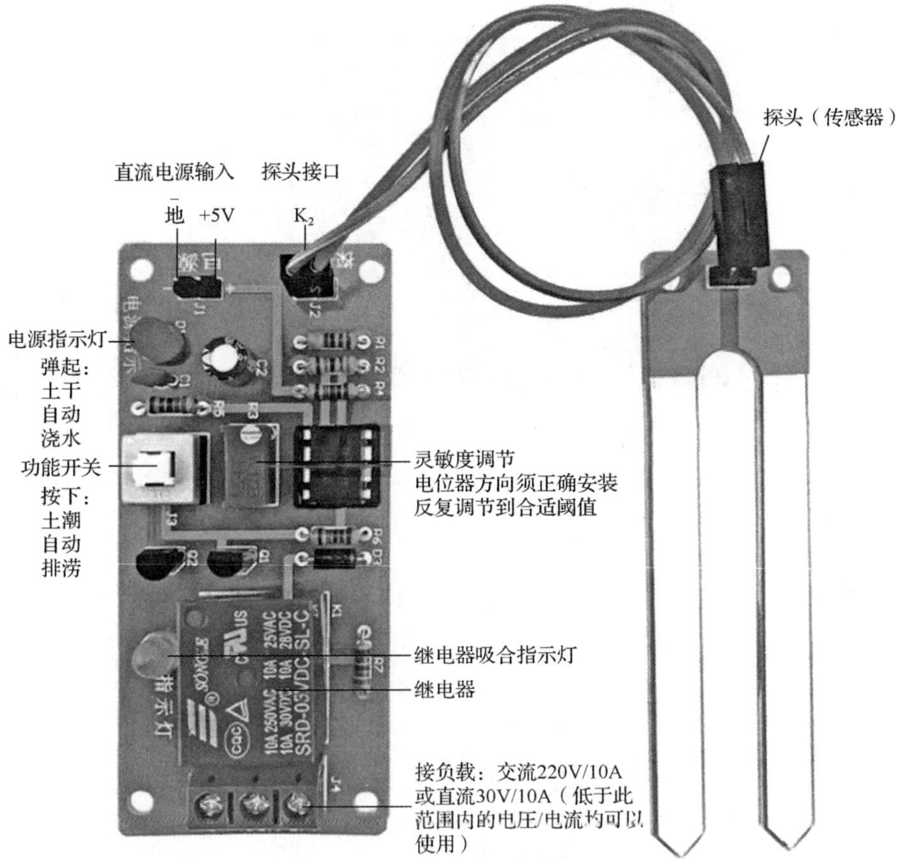

图 2-25　土壤湿度控制器装配图

（1）电阻器插装焊接：卧式电阻器紧贴印制电路板插装焊接，立式电阻器离开印制电路板 1～2mm 插装焊接。本节中的电阻器皆为卧式，须紧贴安装，同时在安装的过程中电阻器色环的方向要遵循从左到右、从上到下。

（2）电容器插装焊接：瓷片电容器离开印制电路板 4～6mm 插装焊接，电解电容器应紧贴印制电路板插装焊接。

（3）二极管插装焊接：卧式二极管紧贴印制电路板插装焊接，发光二极管离开印制电路板 2～3mm。

（4）三极管插装焊接：立式三极管离开印制电路板 4～6mm 插装焊接。卧式三极管需要截面紧贴印制电路板的表面安装。

（5）其他元器件插装焊接：为保证集成电路安全稳妥，应先装底座，焊好底座再装入芯片。电位器可调端不能装错，注意继电器触点接入正确。

（6）通电调试：装好全部元器件后，仔细检查，检查无误后，采用直流 5V 通电调试，负载支持电压与功率上限请注意观察继电器的外壳标注，如图 2-25 所示进行功能调试，功能具备以后，土壤湿度控制器按如图2-26所示连接，进行灵敏度调试，直到满意为止。

图2-26　土壤湿度控制器调试连接

焊接技术典型例题

例1　【2017年4月选考第12题】在电子控制技术实践课上，学生们用电烙铁进行焊接操作（如图所示），小明发现有下列方法，其中正确的是（　　）。

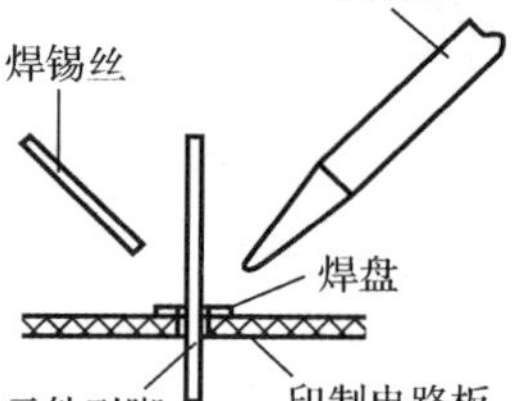

A. 先用电烙铁加热元件引脚，再加焊锡，熔化的焊锡沿着引脚流到焊盘上形成焊点

B. 先将焊锡移到焊盘上方，再用电烙铁加热焊锡，让熔化的焊锡滴到焊盘上形成焊点

C. 先将焊锡熔化在电烙铁上，再用电烙铁在焊盘上来回涂抹，把焊锡均匀地涂在引脚四周

D. 先用电烙铁同时加热焊盘和元件引脚，再将焊锡送入使其熔化，在引脚和焊盘间形成焊点

【解析】安装元件后进行焊接，一般按准备、预热、送焊丝、移焊丝、移电烙铁五步进行，先用电烙铁同时加热元件引脚和焊盘，选项A错误；焊接时无须将焊锡移到焊盘上方，选项B错误；不能将焊锡熔化在电烙铁上，再用电烙铁在焊盘上来回涂抹，选项C错误；选项D正确。

例2　将如图所示的某个元器件引脚焊接到电路板上，以下焊点最合理的是（　　）。

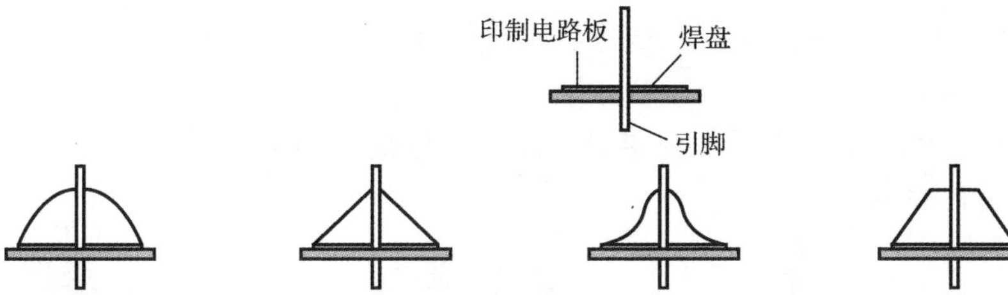

A.　　B.　　C.　　D.

【解析】元器件引脚焊接到电路板上形成的焊点不可能是线性变化的，先排除选项 B 与 D，在焊锡熔化形成焊点的过程中，焊点在表面张力与重力的作用下，势必往内凹陷，因此，选项 C 合理。

例 3　下列关于锡焊的说法中错误的是（　　）。

A. 在焊接过程中，由于金属在加热的情况下会产生一薄层氧化膜，这将阻碍焊锡的浸润，影响焊接点合金的形成，容易出现虚焊、假焊现象

B. 一般在操作台上焊接印制电路板等焊件时，多采用握笔法

C. 对于在印制电路板上焊接元器件来说，要注意使烙铁头同时接触两个被焊接物

D. 等焊件的焊接面被加热到一定温度时，把焊锡丝送到烙铁头上

【解析】在焊接过程中，电烙铁应同时加热焊盘和元器件引脚，再将焊锡送入使其熔化，因此，选项 D 错误。

例 4　将一个色环电阻器焊接到电路板上的过程中，以下操作不合理的是（　　）。

A. 用斜口钳剪除焊接好后的电阻器的过长引脚

B. 用电烙铁同时加热电阻器的引脚和相应的焊盘

C. 当焊锡丝熔化一定量后，先移除电烙铁再移除焊锡丝

D. 先将电阻器的两个引脚弯折整形后再插入电路板相应的引脚孔中

【解析】先移除电烙铁再移除焊锡丝会造成焊点拉尖或无法移开现象。因此，选项 C 不合理。

例 5　小明要将一块 NE555 集成电路焊接到印制电路板上，以下说法中错误的是（　　）。

A. 采用 25W 左右电烙铁焊接，防止集成电路过热烧毁

B. 应注意印制电路板上所绘的 NE555 集成电路的方向，使集成电路、底座、印制电路板三者缺口都对应

C. 焊接之前，要将 NE555 集成电路引脚剪短，以方便焊接

D. 焊接后，应查看是否存在虚焊及短路现象

【解析】NE555 集成电路焊接后，引脚才能剪短，否则不便焊接。因此，选项 C 错误。

例 6　图示为锡焊的 5 个步骤，正确的顺序为（　　）。

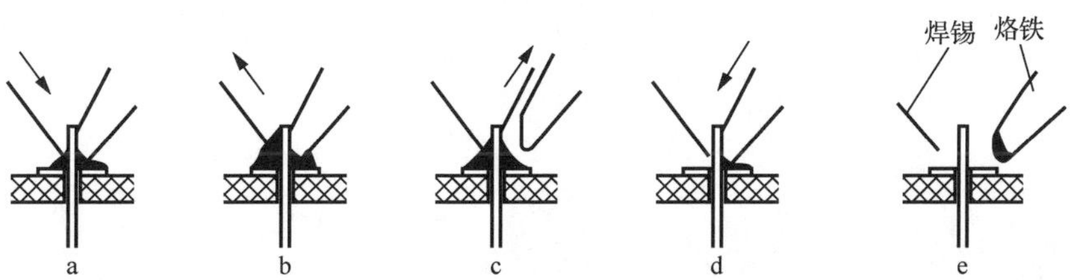

A. a b c d e　　B. a c b d e　　C. d c a b e　　D. e d a b c

【解析】焊接过程一般按准备、预热、送焊丝、移焊丝、移电烙铁五步进行，因此，选项 D 顺序正确。

例 7 在电子控制实践课上，小明在焊接时，发现电烙铁头部发黑无法上锡，下列最适合用于处理这个问题的材料是（　　）。

A. 高温海绵

B. 酒精

C. 纸巾

D. 松香

【解析】焊接时，发现电烙铁头部发黑无法上锡，最适合用高温海绵擦磨处理，酒精用于清洗电路板污渍，纸巾会受热燃烧，松香用于助焊。因此，选项 A 正确。

例 8 下列关于锡焊集成电路的说法中不正确的是（　　）。

A. 电烙铁短时间不使用，应给烙铁头加少量锡

B. 加热过度、重复焊接次数过多是造成虚焊的原因

C. 焊接时，当烙铁头上有氧化的焊锡或锡渣时，应擦掉

D. 为了提高焊接效率，可选用功率为 75W 的外热式电烙铁

【解析】锡焊集成电路一般用 30W 以内的电烙铁，75W 的外热式电烙铁功率太大，焊接过程有可能过热损坏集成电路。因此，选项 D 不正确。

第三章　传　感　器

第一节　常见传感器

一、传感器的定义

自然界中的信息大多是以非电量信息存在的，在实现电子控制时，需要通过传感器将这些非电量信息转换为电量信息，实现电子系统控制。不同的非电量信息在实现电子系统控制时，需要通过不同的传感器实现电量信息的转换。

人体有五大感觉器官，即眼、耳、鼻、舌、皮肤，在机器系统中，传感器是各种机械和电子设备的感觉器官，感知光、色、温度、压力、声音、湿度、气味及辐射等外界信息。

传感器是一种能把特定的被测信号按一定规律转换成某种可检测信号输出的器件或装置。在电子控制系统中，人机系统的机能对应关系如图 3-1 所示。传感器一般由敏感元件和转换元件组成，其中敏感元件是指传感器中能直接感受或响应被测量的部分，转换元件是指传感器中能将敏感元件感受或响应到的被测量转换成适用于传输或测量的电信号（电压、电流）部分。

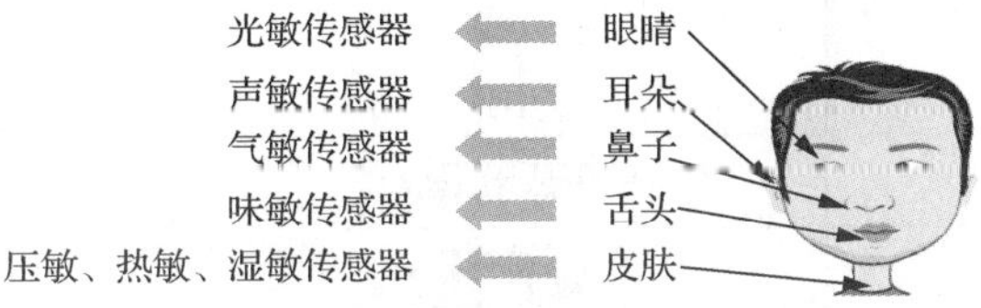

图 3-1　人机系统的机能对应关系

在电子控制系统中，传感器是必不可少的元件，是电子控制系统获取外界信息的唯一途径。不同的传感器可以用来收集不同的变化信息，并把它们转换为电流、电压等电信号的变化，以便于传输、处理、存储和输出。

电路中的传感器有如下 4 个方面的作用：①传感器是测量装置，能完成检测任务；②输入量是某一被测量，如物理量、化学量、生物量等；③输出量是某种物理量，便于传输、转换、处理、显示等，可以是气、光、电等物理量，主要是电物理量；④输出与输入有对应关系，且应有一定的精确程度。

二、传感器的类型

在实际工程应用中，用于信号测量与控制的传感器种类繁多。同一种被测量可以用不同的传感器来测量；同一原理的传感器，通常又可以测量多种非电物理量。因此，传感器的分类方法有很多，目前比较常用的分类方法见表 3-1。

表 3-1　传感器的分类

分类方法	传感器名称
按被测物理量分类	位移传感器、力传感器、速度传感器、温度传感器、流量传感器、气体传感器等
按工作原理分类	电阻式传感器、电容式传感器、电感式传感器、压电式传感器、霍尔式传感器、光电式传感器、光栅式传感器、热电偶传感器、超声波传感器等
按输出信号性质分类	模拟式传感器、数字式传感器等
按感知功能分类	光敏传感器、声敏传感器、磁敏传感器、热敏传感器、湿敏传感器、气敏传感器、力敏传感器、位移传感器和红外线传感器等

由于它们各自的材料不同和结构上的差异，它们所转换的信息也各不相同。通常，每类传感器都有一个区别于其他类型传感器的电气简图用图形符号，但是，同一类型传感器的外形又可能是多种多样的。

常见传感器的外形结构与图形符号见表 3-2。

表 3-2　常见传感器的外形结构与图形符号

传感器类型	传感器名称	外形结构	图形符号
气敏传感器	电阻式气敏传感器	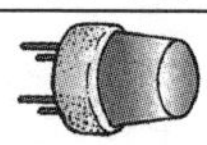	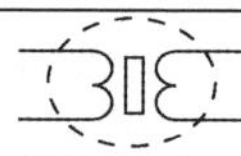
力敏传感器	电阻式应变片	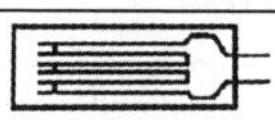	
光敏传感器	光敏电阻		
热敏传感器	热敏电阻		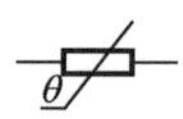
磁敏传感器	干簧管		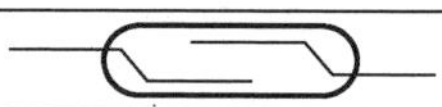
湿敏传感器	湿敏电阻器		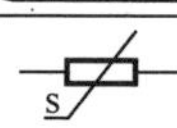
声敏传感器	驻极体送话器	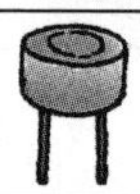	
位移传感器	电容式位移传感器	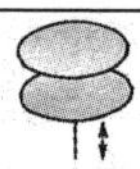	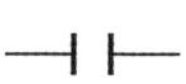
压电传感器	超声波传感器	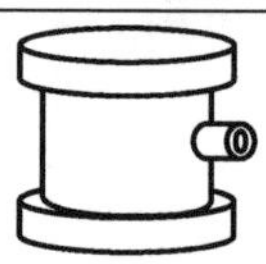	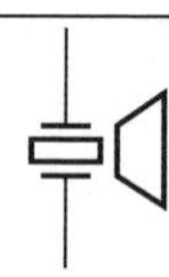

本小节简介常见的几种按感知功能分类的传感器。

1. 光敏传感器

（1）光敏电阻。光敏电阻是光敏传感器的一种。分析图 3-2（c）所示的电路图，讨论外界光线的变化对发光二极管的影响。

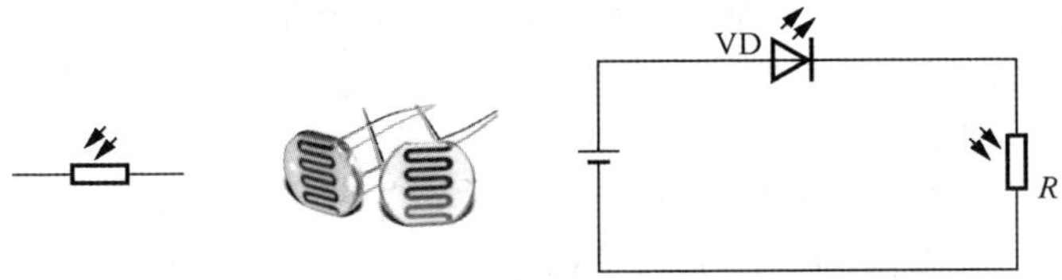

（a）图形符号　（b）实物图　（c）应用电路图

图 3-2　光敏电阻的图形符号、实物图及应用电路图

光敏电阻是利用半导体的光电导效应制成的一种对光敏感的特殊电阻器。它的阻值随着外界光照强弱的变化而变化，无光照时呈高阻状态（10MΩ 以上），有光照时电阻迅速减小（几十千欧以下）。光敏传感器可将光信号转换为电信号。

（2）光电二极管。光电二极管是利用半导体材料的光电效应制成的元器件。当受到光的照射后，光电二极管会产生光电流，这就是半导体的光电效应。光电二极管的结构与普通二极管相似，装在透明玻璃壳内，PN 结装在管子顶部，易于接收光线照射。锗光电二极管有 A、B、C、D 共 4 类，硅光电二极管有 2 CU1A～D 和 2DU1～4 几个系列。

光电二极管是一种光电转换器件，当 PN 结受到光照后，能吸收光并将光能转换成电能。它有以下 3 种状态。

① 光电二极管一般处于反向工作状态。当光电二极管上加有反向电压，受到光照时，光电二极管处于导通状态，光电二极管中的反向电流将随光照强度的增大而增大，即光照强度越大，反向电流越大。这时的电流称为光电流，一般光电流为几十微安，光电二极管的光电流与照度之间呈线性关系。

② 光电二极管上不加偏压，利用 PN 结在受光照时产生正向电压的特性，可制作微型光电池。这种工作状态一般作为光电检测器。

③ 光电二极管没有光照时，处于反向截止状态，反向电阻很大，反向电流很小。此时的反向电流又称暗电流。

光电二极管有 4 种类型：PN 结型（也称 PD 型）、PIN 结型、雪崩型和肖特基型。其中，应用最多的是用硅材料制作的 PN 结型光电二极管。它的价格也最低。常用的光电二极管有 2DU 型和 2CU 型，最常用的是 2CU 型光电二极管。光电二极管的结构、图形符号、实物图和基本应用电路如图 3-3 所示。

（a）结构　（b）图形符号　（c）实物图　（d）应用电路图

图 3-3　光电二极管的结构、图形符号、实物图和基本应用电路图

光电二极管常用于红外线遥控、探测及光电转换的自动化仪器仪表中。使用光电二极管时，需要注意如下主要参数。

① 最高工作电压。在无光照的情况下，当光电二极管中的反向电流为 0.4μA 时，允许的反向工作电压一般不高于 10V，最高允许电压为 50V。

② 暗电流 I_D。暗电流是指光电二极管在无光照时，加上最高的反向电压后，通过光电二极管的反向漏电流。

③ 光电流 I_L。在最高反向电压条件下，当受到光照时，流过光电二极管的电流为光电流。一般情况下，光电流的强度为几十微安。

（3）光电三极管。光电三极管也是靠光的照射量控制输出电流的元器件。它可以被看作一个光电二极管并联到一个三极管的 bc 结上的结合体。光电三极管有 NPN 型和 PNP 型之分，其结构与普通三极管相似，由于受光的 PN 结做得很大，基极一般不接引线。光电三极管具有电流放大作用，一般用硅材料制作，外部一般引出集电极和发射极，其外形和光电二极管类似。光电三极管的结构、图形符号、实物图和基本应用电路如图 3-4 所示。

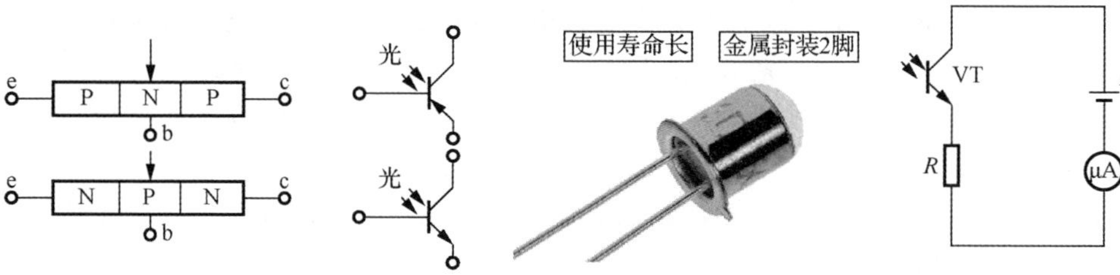

图 3-4　光电三极管的结构、图形符号、实物图和基本应用电路图

同样，使用光电三极管也必须了解光电三极管的特性。

① 光照特性。光电三极管的光照特性给出了光电三极管的输出电流和照度之间的关系，如图 3-5 所示。它们之间是近似线性关系。当光照足够大时，会出现饱和现象，使光电三极管既可作线性转换器件，也可作开关器件。

② 温度特性。温度特性反映光电三极管的光生电流、光生电压与温度之间的关系，如图 3-6 所示。温度变化对光电流的影响很小，而对暗电流的影响很大。在电路设计中，应对暗电流进行补偿，以免引起输出误差。

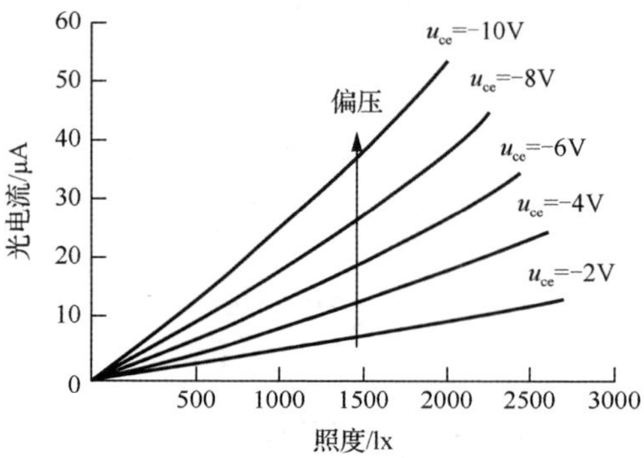

图 3-5　光电三极管的光照特性

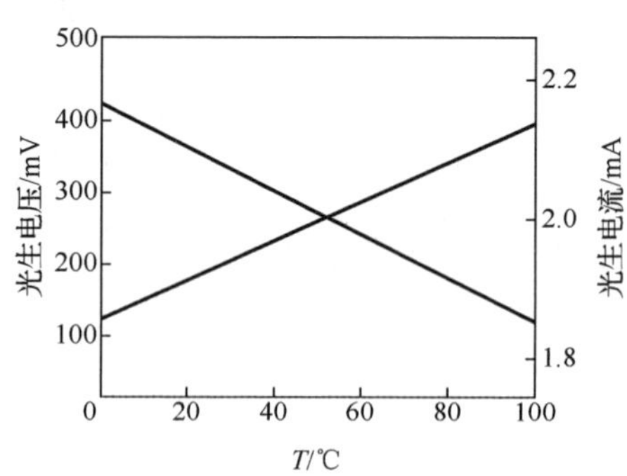

图 3-6　光电三极管的温度特性

③ 输出特性。光电三极管的输出特性与一般三极管的输出特性相同，其差别仅在于

参变量不同。一般三极管的参变量为基极输入电流，而光电三极管的参变量为入射光的照度，如图 3-7 所示。

④ 频率特性。光电三极管的频率特性如图 3-8 所示。光电三极管的频率特性受负载电阻的影响，减小负载电阻可以提高频率响应。

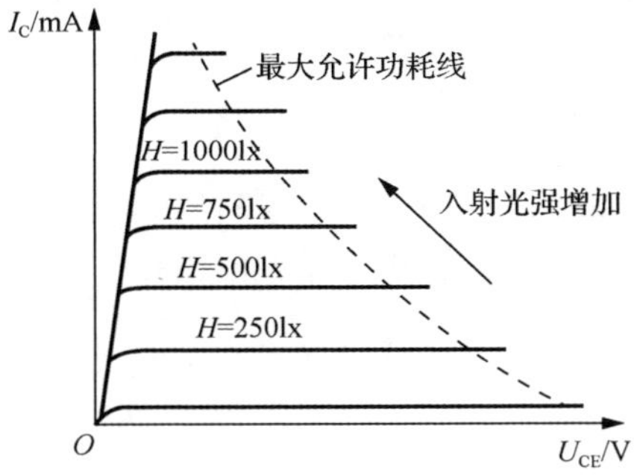

图 3-7 光电三极管的输出特性

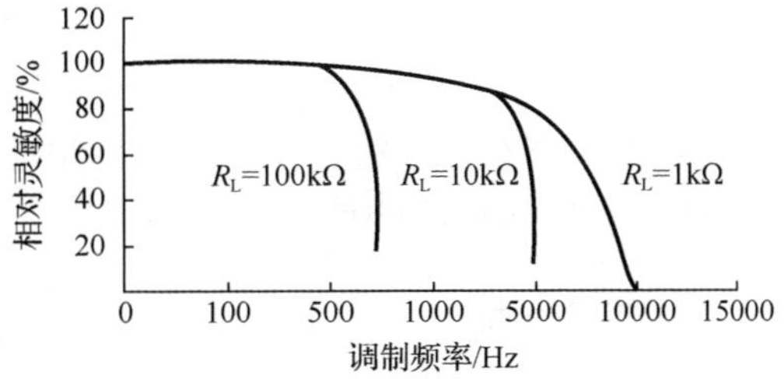

图 3-8 光电三极管的频率特性

近年来，为了兼顾光敏器件与红外发光二极管的使用，工艺上采用黑色树脂来封装光敏器件。这样，既可以透过红外线，又可以滤除可见光的干扰，提高了光敏接收器件的抗干扰能力。除光照特性、温度特性、输出特性、频率特性外，使用光电三极管时，还要注意如下主要参数。

① 暗电流 I_D。在无光照的情况下，集电极与发射极之间的电压为规定值时，流过集电极的反向漏电流称为光电三极管的暗电流。

② 光电流 I_L。在规定光照下，当施加规定的工作电压时，流过光电三极管的电流称为光电流。光电流越大，说明光电二极管的灵敏度越高。

③ 集电极-发射极击穿电压 V_{CE}。在无光照下，集电极电流 I_C 为规定值时，集电极与发射极之间的电压降称为集电极-发射极击穿电压。

④ 最高工作电压 V_{RM}。在无光照下，集电极漏电流 I_C 为规定的允许值时，集电极与发射极之间的电压降称为最高工作电压。

⑤ 最大功率 P_M。最大功率是指光电三极管在规定条件下能够承受的最大功率。

2. 声敏传感器

如图 3-9 所示，声敏传感器接入电路时能通过声音引起的振动产生微弱的电信号。声敏传感器可将声音信号转换为电信号。

图 3-9 声敏传感器的图形符号和实物图

3. 磁敏传感器

图 3-10 所示实物为簧片开关式磁敏传感器，俗称干簧管，从左右两侧延伸的金属片

（簧片）被封装在玻璃管中，在簧片的重叠位置留有间隙。

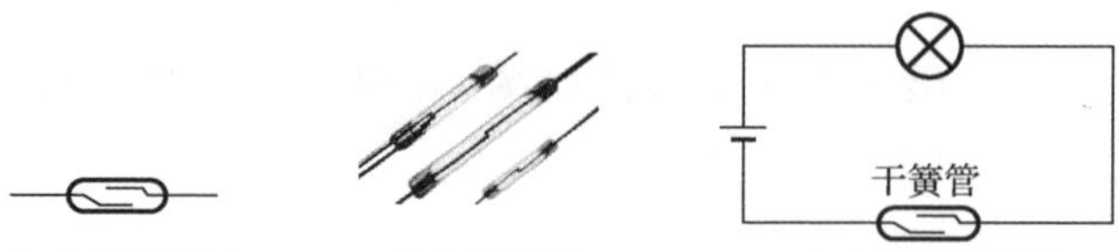

（a）图形符号　　（b）实物图　　（c）应用电路图

图 3-10　干簧管的图形符号、实物图及应用电路图

在图 3-10（c）所示电路中，当无磁场时，干簧管的两个簧片相互分离，干簧管处于“关断”状态；当有磁场时，铁合金簧片被磁化，两个簧片相互吸引，干簧管处于“接通”状态。磁敏传感器可将磁信号转换为电信号。

4. 热敏传感器

热敏电阻是热敏传感器的一种。按照图 3-11 所示电路图连接元器件，接通电源，再用手握住热敏电阻，观察灯泡的亮度的变化。

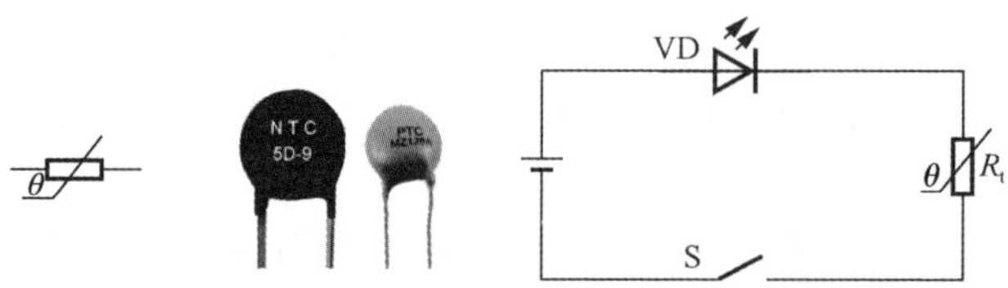

（a）图形符号　　（b）实物图　　（c）应用电路图

图 3-11　热敏电阻的图形符号、实物图及应用电路图

热敏电阻的阻值随着温度的变化而变化。电阻值随着外界温度的升高而下降的是 NTC 热敏电阻，电阻值随着外界温度的升高而升高的是 PTC 热敏电阻。电阻值在某一温度附近发生突变的是临界温度系数热敏电阻（critical temperature resistor，CTR）。热敏电阻可将温度信号转换为电信号。

5. 湿敏传感器

湿敏电阻器是湿敏传感器的一种。如图 3-12 所示，湿敏电阻器的阻值随着湿度的变化而变化。负系数湿敏电阻器随着外界湿度变大阻值减小，正系数湿敏电阻器随着外界湿度变大阻值变大。湿敏电阻器可将湿度信号转换为电信号。

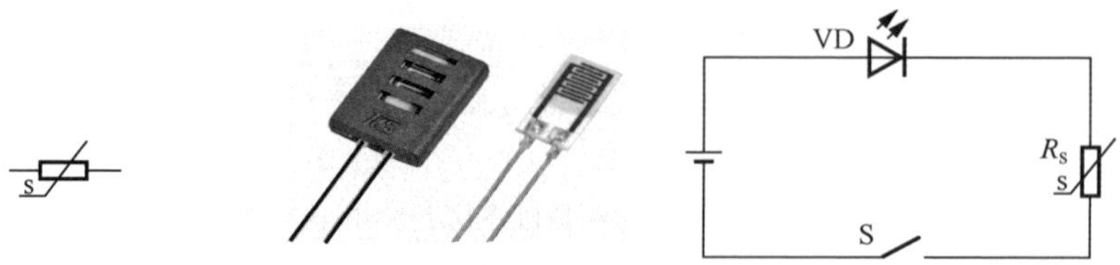

（a）图形符号　　（b）实物图　　（c）应用电路图

图 3-12　湿敏电阻器的图形符号、实物图及应用电路图

三、传感器的检测

检测精度要求不高时，通常可以用万用表对传感器进行检测，根据检测结果判定传感器质量的好坏。

1. 光敏电阻的检测

（1）测量。

① 按图 3-13 连接电路。

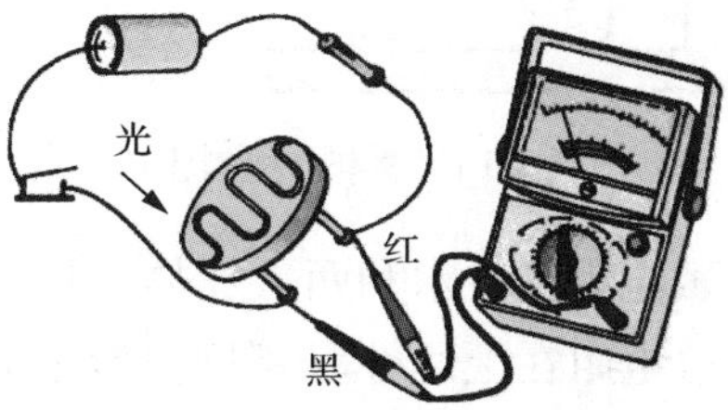

图 3-13 测试光敏电阻

② 断开开关，在不同光照条件下，用万用表测量光敏电阻的阻值。

③ 闭合开关，在不同光照条件下，用万用表测量光敏电阻的电压值。

（2）结果分析。开关断开时，在表 3-3 中记录用万用表测得的不同电阻值。

表 3-3 开关断开时的电阻值

光照情况	手遮盖光敏电阻的受光表面	光敏电阻的受光表面暴露在室内自然光下	太阳光照射光敏电阻
电阻值			

开关闭合时，在表 3-4 中记录用万用表测得的不同电压值。

表 3-4 开关闭合时的电压值

光照情况	手遮盖光敏电阻的受光表面	光敏电阻的受光表面暴露在室内自然光下	太阳光照射光敏电阻
电压值/V			

依据表 3-3 和表 3-4 获得的数据验证，光敏电阻的阻值随光照强度的增强而变小，两端的电压也随之下降。

2. 热敏电阻的检测

（1）测量。

① 按图 3-14 连接电路。

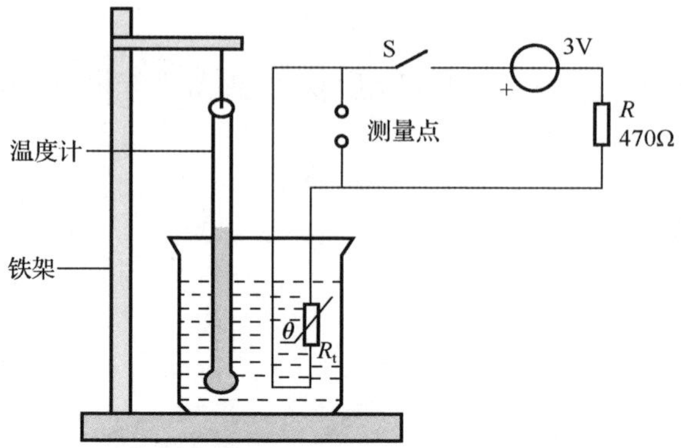

图 3-14　测试热敏电阻

② 用温度计分别测量热敏电阻在冷水和两次加热水时的温度值。

③ 用万用表分别测量热敏电阻在上述 3 种不同温度下的电阻值和相应的电压值（测量电阻值时把开关断开，测量电压值时热敏电阻两端的裸露引脚尽量离开水面）。

（2）结果分析。以表 3-5 中的数据为例进行分析。

表 3-5　实验记录

环境	冷水	加 50mL 热水	再加 50mL 热水
温度/℃	10	20	40
R_1/Ω	9950	6245	2663
电压/V	3	2.8	2.5

依据表 3-5 中获得的数据在图 3-15 和图 3-16 中绘制曲线，通过分析曲线的变化规律可知，被测热敏电阻的阻值随温度的上升而下降，两端电压也随温度的上升而下降。

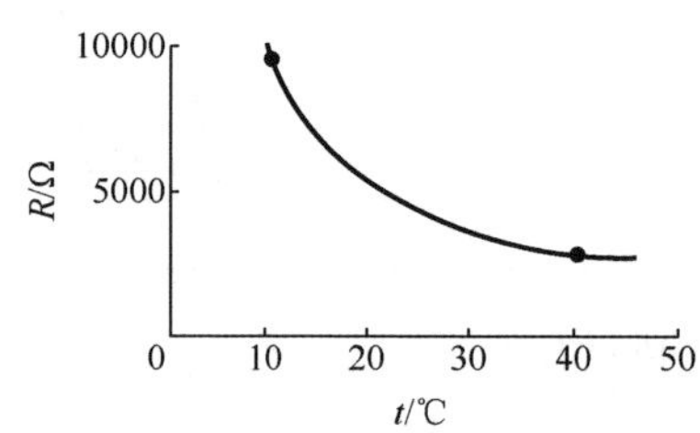

图 3-15　不同温度下热敏电阻的阻值

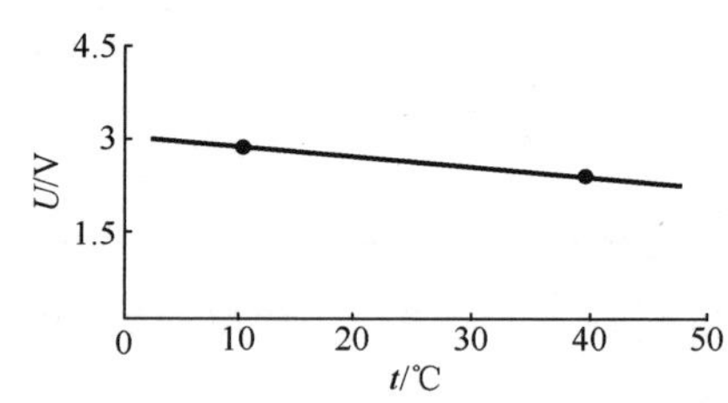

图 3-16　不同温度下热敏电阻的电压值

3. 光电二极管的检测

（1）电阻测量法。用万用表的 1kΩ 挡测量。光电二极管的正向电阻值为 10kΩ 左右。在无光照的情况下，若反向电阻值为无穷大，则说明光电二极管是好的；若反向电阻值不是无穷大，则说明漏电流很大。有光照时，反向电阻值随光照强度的增加而减小，阻值一般在几千欧以下，说明光电二极管是好的；若光电二极管的正、反向电阻值均为无穷大或0，则说明光电二极管已损坏。有光照时，反向电阻值越小越好，一般应在2kΩ以下。

（2）电压测量法。用万用表的1V挡测量。用红表笔接光电二极管的正极，黑表笔接光电二极管的负极，在光照条件下，其电压与光照强度成比例，一般可达0.2～0.4V。

（3）短路电流测量法。用万用表的50μA挡或500μA挡测量。用红表笔接光电二极管的正极，黑表笔接负极，在白炽灯下（不能用荧光灯），随着光照增强，若其电流增加，则说明光电二极管是好的，短路电流一般在数十微安到数百微安。

光电二极管可以用作光信号放大电路及光开关电路。在使用时，光电二极管的受光表面要保持清洁，必要时用酒精棉球擦净。光电二极管的基本应用电路如图3-17所示。

图3-17（a）所示为光信号放大电路，输出电压随光照强度的增加而减小。为了保证入射光强度与输出保持线性关系，反向电压应不低于5V。图3-17（b）所示为开关电路，光电二极管的光电流经两级放大后使继电器K吸合。

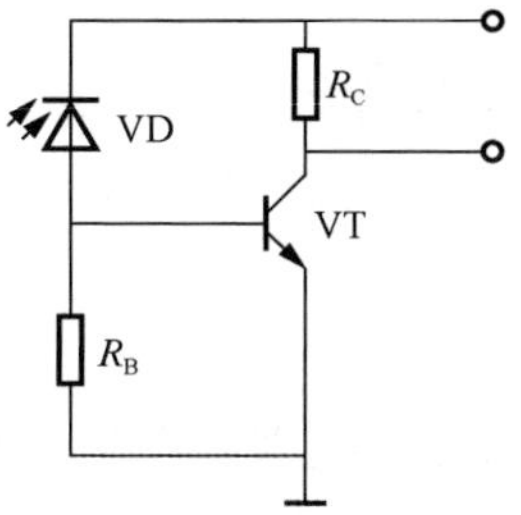

（a）光信号放大电路

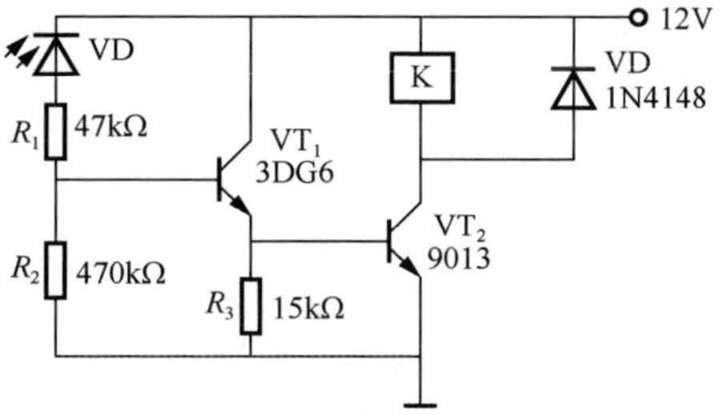

（b）开关电路

图3-17 光电二极管的基本应用电路

4. 光电三极管的检测

（1）电阻测量法。用万用表的1kΩ挡进行测量，黑表笔接c极，红表笔接e极，在无光照时，其阻值接近无穷大。在白炽灯照射下，随着光照的增强，电阻值逐渐减小，可从无穷大减至1kΩ以下。用黑表笔接e极，红表笔接c极，无光照时电阻值为无穷大，有光照时万用表指针微动或指向无穷大为正常。

（2）电流测量法。用万用表的50μA挡或0.5mA挡，将光电三极管接上10V的工作电压（c极接电源正极，e极接电源负极，并将万用表串接在电源正极与c极之间）。无光照时，电流小于0.3μA，随着光照的增强，电流逐渐增大，从零点几毫安增加到几毫安。

光电三极管也是靠光的照射量来控制电流的器件。它可被等效看作一个光电二极管与一个三极管的结合，所以它具有放大作用，如图3-18（a）所示。其最常用的材料是硅，一般仅引出集电极和发射极，其外形与发光二极管一样。也有引出基极的光电三极管，常用作温度补偿。光电三极管的简单应用电路如图3-18（b）、（c）所示。

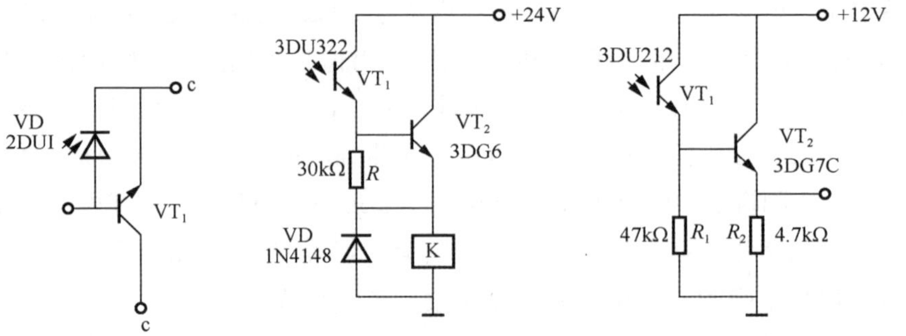

（a）等效电路　　（b）开关电路　　（c）放大电路

图 3-18　光电三极管的等效电路与简单应用电路

第二节　传感器的应用

传感器的用途很多，被广泛应用于工业、农业、军事、环境保护和日常生活等各领域。常见传感器的应用举例如下。

一、气敏传感器的应用

为了防止酒后驾车，交通警察使用酒精浓度测试仪检测可疑驾驶人是否酒后驾驶。酒精浓度测试仪中就使用了对酒精敏感的气敏传感器。如图 3-19 所示，气敏传感器可以将获取的气体信息转换为电信号。利用不同的半导体可以制造出检测不同气体的气敏传感器。气敏传感器的电阻值随被检测气体的浓度和成分而变化。气敏传感器的灵敏度很高，即使空气中待测气体的含量不到千分之一，气敏传感器的电阻值也会产生很大变化。

图 3-19　气敏传感器的应用

二、力敏传感器的应用

如图 3-20 所示，当电阻应变片（力敏传感器）受到力的作用时，它的电阻值就会发生变化。电子秤就是将货物质量的变化转换为电阻、电压的变化，再经过电压放大器、模数转换器后把模拟量转换为数字量，最后送到液晶显示器显示出被称物体的质量，实现快速、准确的称重目的。

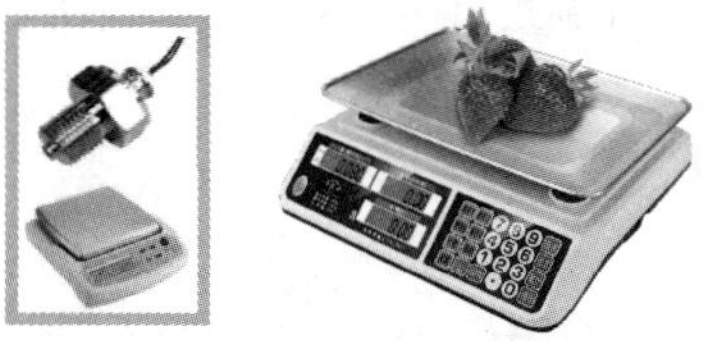

图 3-20 力敏传感器的应用

力敏传感器可用于质量、拉力、压力测量的各种场合，还可用于起重机、吊车等起重设备的超载保护，可实现自动控制，用途广泛。

三、光敏传感器的应用

如何对生产线上高速流动的啤酒进行快速、准确的计数呢？

如图 3-21 所示，在传送带的两侧分别安装光源和光敏传感器，当被测瓶子位于光源和传感器之间时，传感器无光照；当被测瓶子不在光源和传感器之间时，传感器有光照。这样，通过它输出的电信号发生的变化便可以计数。

图 3-21 光敏传感器的应用

对于一些简单的重复性工作，时间一长，人们容易疲劳，甚至导致工作失误。传感器可以在减轻工作强度的同时，做出更精确、快捷的判断。

四、热敏传感器的应用

热敏传感器的主要元件是热敏电阻，当热敏材料周围有热辐射时，它就会吸收辐射热，使温度升高，引起材料的阻值发生变化。根据温度系数的不同，热敏电阻又分为 NTC 和 PTC 两种，主要有以下 4 种用法。

1. 用于测温

作为测量温度的热敏传感器，一般结构较简单，价格较低。没有外面保护层的热敏电阻只能应用在干燥的地方；密封的热敏电阻不怕湿气的侵蚀，可以使用在较恶劣的环境下。由于热敏传感器的阻值较大，因此其连接导线的电阻和接触电阻可以忽略，因此热敏传感器可以在长达几千米的远距离测量温度中应用，测量电路多采用电桥电路。利用其原理还可以用于其他测温、控温电路等。

2. 用于温度的补偿

热敏传感器可在一定的温度范围内对某些元器件的温度进行补偿。例如，动圈式仪表表头中的动圈由铜线绕制而成，温度升高时，电阻增大，会引起温度误差。可以在动圈的回路中将 NTC 热敏电阻与锰铜丝电阻并联后再与被补偿元器件串联，从而抵消由于温度变化所产生的误差。在三极管电路、对数放大器中，也常用热敏电阻组成补偿电路，补偿由温度引起的漂移误差。

3. 过热保护

过热保护分直接保护和间接保护。对小电流场合，可把热敏传感器直接串接在负载中，防止过热损坏以保护器件；对大电流场合，可用于对继电器、三极管电路等的保护。不论哪种情况，热敏电阻都与被保护器件紧密结合在一起，从而使两者之间充分进行热交换，一旦过热，热敏电阻则起保护作用。例如，在电动机的定子绕组中嵌入突变型热敏传感器并与继电器串联，当电动机过载时，定子电流增大，引起发热，当温度大于突变点时，电路中的电流可以由十分之几毫安突变为几十毫安，因此继电器动作，从而实现过热保护。

4. 用于液面的测量

给 NTC 热敏传感器施加一定的加热电流，它的表面温度将高于周围空气的温度，此时它的阻值较小。当液面高于它的安装高度时，液体将带走它的热量，使其表面温度下降、阻值升高。判断它的阻值变化，就可以知道液面是否低于设定值。汽车油箱中的油位报警传感器就是利用这个原理制作的。热敏电阻在汽车中还用于测量油温、冷却液温度等。

五、磁敏传感器的应用

磁敏传感器始于电磁感应效应传感器的使用，之后慢慢扩展到电流磁效应、磁阻效应、约瑟夫森效应和其他物理现象的应用。除之前介绍过的簧片开关磁敏传感器（干簧管）外，主要还有以下几种典型应用。

1. 霍尔元件磁敏传感器

霍尔元件磁敏传感器是一种利用霍尔效应的器件。霍尔元件磁敏传感器的原理是基于在电流流过的物体上施加垂直于电流的磁场时，电动势出现在与电流和磁场都正交的方向上的现象。当向薄膜半导体施加电流时，霍尔效应会输出与磁通密度及其方向相对应的电压。霍尔元件磁敏传感器的工作原理如图 3-22 所示。

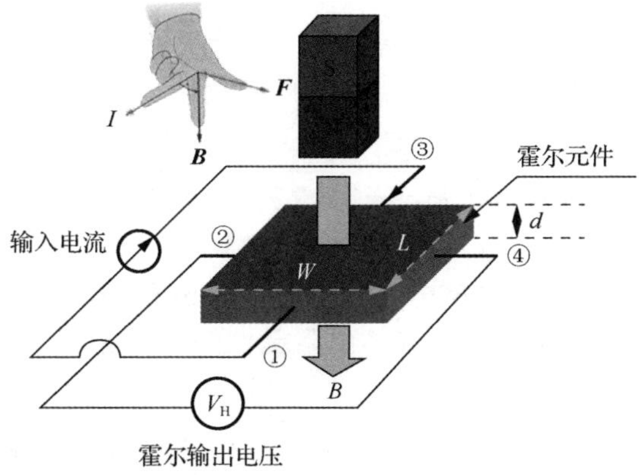

B—磁通量；**F**—洛伦兹力；*I*—电流；①、③—输入端；②、④—输出端。

图 3-22 霍尔元件磁敏传感器的工作原理

即使在磁通密度不变的静态磁场的情况下，霍尔元件也可以检测到磁场。因此，霍尔元件有多种应用，如与磁铁组合使用的非接触式开关、角度传感器和电流传感器。使用霍尔元件的地磁传感器广泛用于智能手机和其他应用。

2. 线圈磁敏传感器

线圈磁敏传感器是最简单的磁敏传感器，可以检测磁通密度的变化。如图 3-23 所示，线圈磁敏传感器的工作原理如下：当磁铁靠近线圈时，线圈中的磁通密度增加了 ΔB，在线圈中产生沿阻碍磁通密度增加方向的磁通的感应电动势和感应电流；反之，将磁铁远离线圈会降低线圈中的磁通密度，因此在线圈中会产生感应电动势和感应电流，从而增加磁通密度。

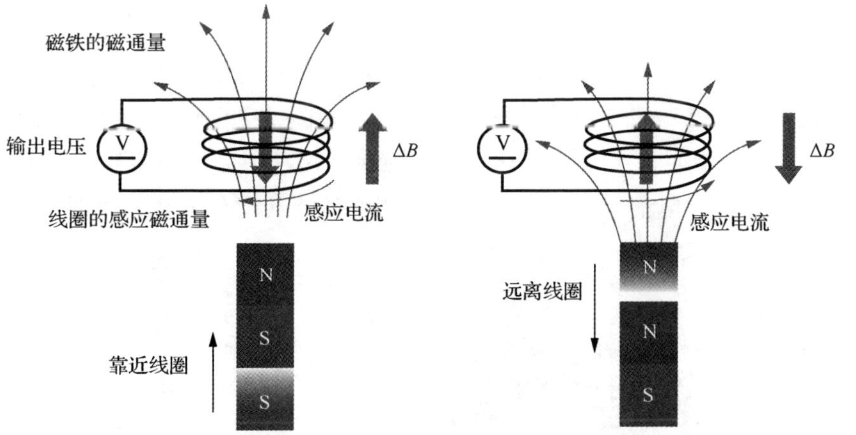

图 3-23 线圈磁敏传感器的工作原理

此外，因为磁铁不移动时磁通密度没有变化，不会产生感应电动势或感应电流，所以通过测量该感应电动势的方向和大小，可以检测磁通密度的变化。由于结构简单，线圈不易损坏。然而，输出电压取决于磁通量的变化率，可能无法使用线圈来检测固定磁铁或变化非常缓慢的磁通量。

3. 半导体磁阻元件的磁敏传感器

半导体磁阻（semiconductor magneto resistive，SMR）元件是利用洛伦兹力引起的电阻值变化的传感器。图 3-24 所示为半导体磁阻元件的工作原理。

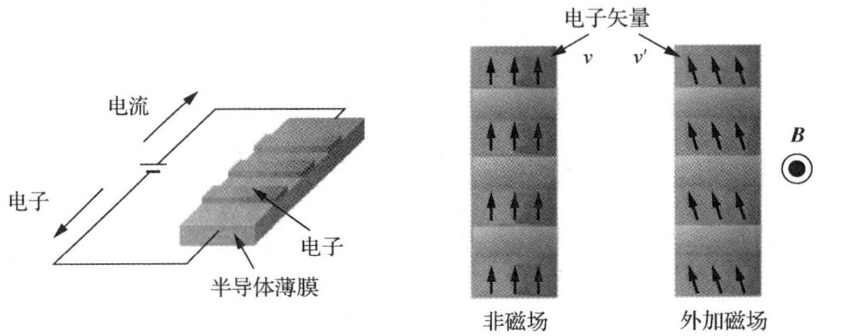

图 3-24　半导体磁阻元件的工作原理

半导体磁阻元件磁敏传感器的工作原理如下：在半导体磁阻元件结构中，金属电极放置在半导体薄膜上，如图 3-24 所示的顺时针电流流过半导体薄膜时，作为 N 型半导体的载流子的电子逆时针流动，并且假设矢量的速度为 v。当施加如图 3-24 所示方向的磁场 $\boldsymbol{B}$ 时，电子受到洛伦兹力，路径随着弯曲而变长。使用半导体磁阻元件的传感器用于检测齿轮的旋转。

六、红外光传感器的应用

对红外线敏感的传感器，称为红外光传感器。生活中当人走近自动门时，门为什么能自动打开？这就是红外光传感器应用的典型案例。如图 3-25 所示，当红外光传感器接收到红外光（线）时，电阻值会发生变化，如果连接电路，则会产生电压或电流的变化，从而将红外光信息转换为电信号。自动门就是利用红外光传感器实现断路功能的。

图 3-25　自动门

人们在漆黑的夜里如何才能“看到”周围的事物呢？如图 3-26 所示，自然界所有的物体都要辐射能量。温度越低，物体辐射的波长越长。一般室温时，物体辐射红外线。当温度为 800℃左右时，物体辐射可见光，这就是为什么铁烧红了我们能看到亮光。晚上没有可见光，但是物体仍在辐射红外线，人和周围的树木的温度不同，辐射的红外线波长也不同。人类是看不见红外线的，红外夜视仪将来自目标的人眼看不见的光（微光或红外光）信号转换为电信号，然后把电信号放大，并把电信号转换为人眼可见的光信号。夜视仪能够帮助人们在漆黑的夜里“看到”周围的景物。

图 3-26　红外光传感器的应用

七、超声波传感器的应用

超声波有两个重要特性：一是它的方向性好，它的频率比音频高，遇到物体后超声波会反射，物体的密度不同，反射程度也不同，通过接收和处理反射波就可以知道物体的方位和距离；二是它在水里可以传播很远的距离，因此可用超声波检测人体器官的病变，如图 3-27 所示。

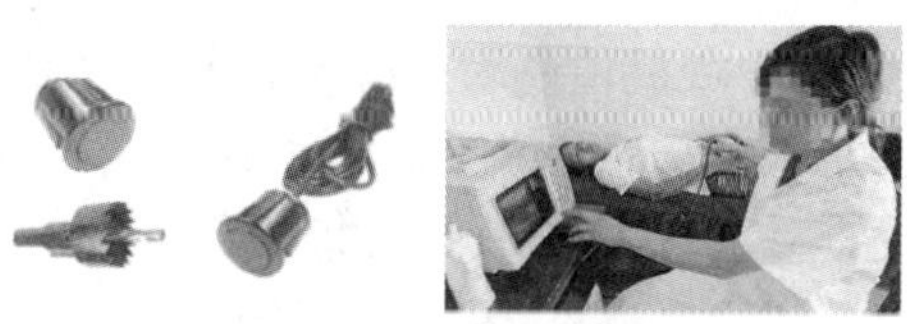

图 3-27　用超声波检测人体

声呐（超声波测距仪）是利用超声波原理的一大应用。它的工作原理如下：利用声波在水下的传播特性，通过电声转换和信息处理，完成水下探测和通信任务。如果说雷达主要在空中发挥其优势，那么声呐则是水声学中应用广泛的一种装置。它是对水下目标进行探测、定位和通信的电子设备，如图 3-28 所示。

图 3-28　声呐水下观测

作为电子控制系统中唯一的信号源，传感器是必不可少的，它将外界信息转换为电信号以便处理、存储、输出。工农业生产、日常生活都离不开传感器。用传感器进行科学测量可以提高测量的精确度、可靠性。用传感器代替人做一些简单、重复的工作，不但可以降低人的工作强度，而且更准确、快捷。在一些恶劣的或者人无法到达的环境中，传感器更是人类的好帮手。

传感器应用典型例题

例 1 下列是电子控制技术常用的一些元器件，其中具有感温功能的元器件是（　　）。

A.

B.

C.

D.

【解析】选项 A，NTC 是负温度系数热敏电阻，具有感温功能；选项 B 是瓷片电容器；选项 C 是电位器；选项 D 是电感线圈。因此，选项 A 是正确的。

例 2 在以下电子元器件中，不属于传感器的是（　　）。

A.

B.

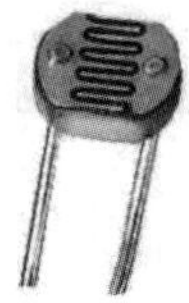
C.

D.

【解析】选项 A 是干簧管，是磁敏传感器；选项 B 是电感线圈；选项 C 是光敏传感器；选项 D 是湿敏传感器。因此，选项 B 不属于传感器。

例 3 在以下电路中，点 F 处的对地电压变化趋势与其他都不同的是（　　）。

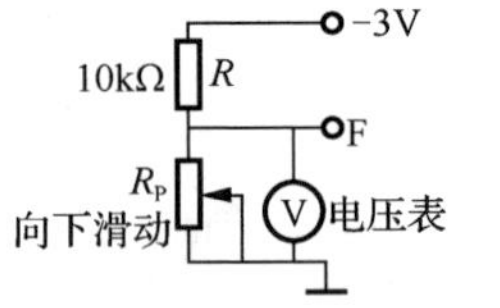

A.

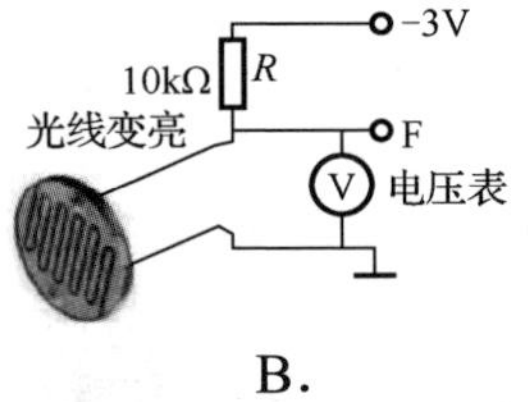

B.

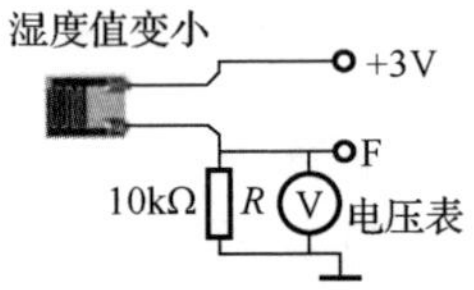

C.

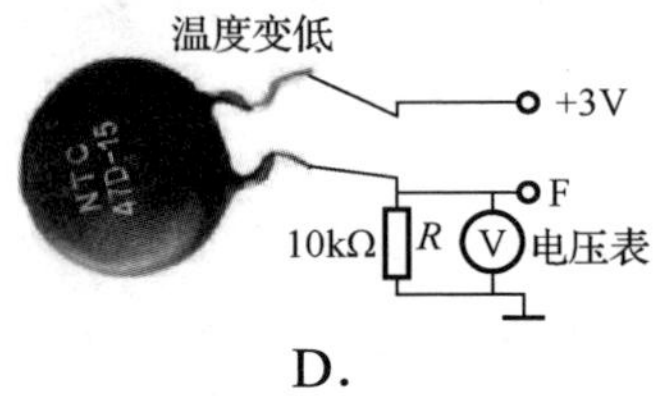

D.

【解析】选项 A 电位器向下滑动，电压表指数变大；选项 B 光线变亮，电压表指数变小；选项 C 湿度值变小，电压表指数变小；选项 D，NTC 是负温度系数热敏电阻，温度值变低，电压表指数变小。因此，选项 A 符合题意。

例 4 【2021 年 6 月选考第 10 题】下列电子元器件中，属于传感器的是（　　）。

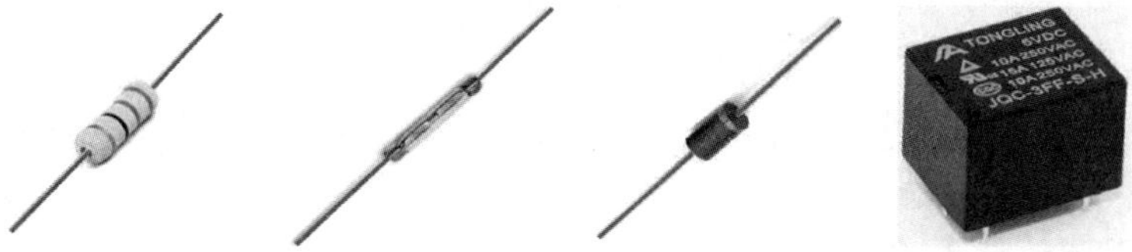

A.　　　　B.　　　　C.　　　　D.

【解析】选项 A 是色环电阻器；选项 B 为干簧管，是磁敏传感器；选项 C 是整流二极管；选项 D 是直流电磁继电器。因此，选项 B 符合题意。

例 5 【2022 年 1 月选考第 10 题】下列传感器中可用于位置检测的是（　　）。

A.　　　　B.　　　　C.　　　　D.

【解析】选项 A 是干簧管，可以检测位置（磁铁所在位置）；选项 B 是热敏电阻，可以检测温度；选项 C 是湿敏电阻器，可以检测湿度；选项 D 是气体传感器，可以检测气味。因此，选项 A 符合题意。

例 6 下列传感器结构图、图形符号及表述有误的是（　　）。

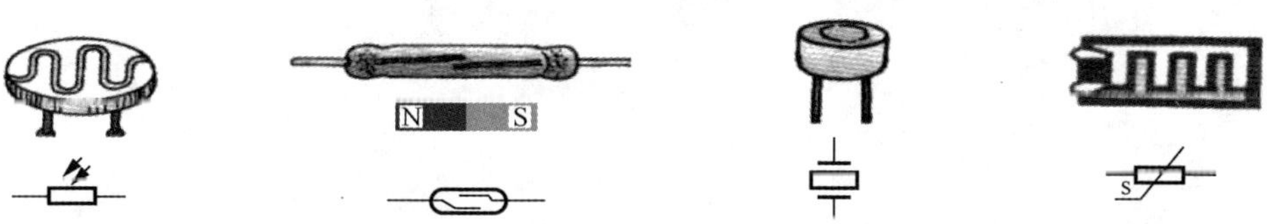

A. 光敏传感器　　B. 磁敏传感器　　C. 热敏传感器　　D. 湿敏传感器

【解析】选项 C 是驻极体传声器，是声敏传感器，因此，选项 C 表述有误。

例 7 传感器是将非电量转换为与之有确定对应关系电量输出的装置。下列传感器中非电量连续变化而电量不连续变化的是（　　）。

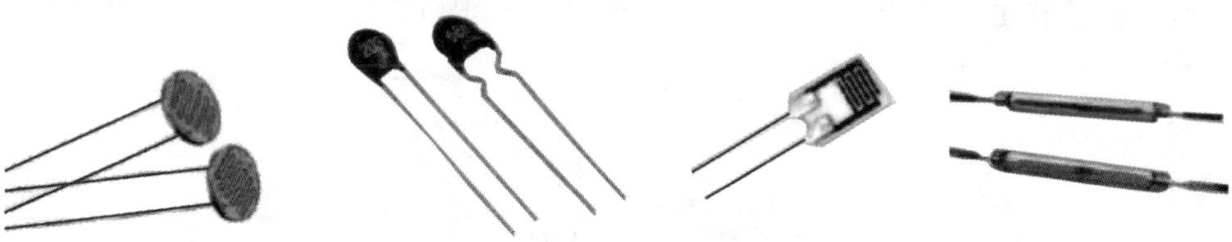

A.　　　　B.　　　　C.　　　　D.

【解析】选项 A 是光敏传感器，选项 B 是热敏传感器，选项 C 是湿敏传感器，三者均是非电量连续变化、电量也连续变化；选项 D 是干簧管，当所处磁场强度大于一定值时才吸合，选项 D 符合题意。

例 8 下列关于传感器的说法中正确的是（　　）。

A. 传感器一般用于将模拟信号转换为数字信号

B. 大多数传感器能将非电信号转换为电信号

C. 自动控制系统中的检测装置都属于传感器

D. 传感器的性能好坏均可用万用表进行检测

【解析】有些传感器将模拟信号进行转换后还是模拟信号，选项 A 错误；自动控制系统中的检测装置有些不是传感器，选项 C 错误；有些传感器的性能好坏不能用万用表进行检测，选项 D 错误。因此，选项 B 正确。

例 9 小通设计了如图所示的一款小音箱，带有音乐播放控制系统。如果把手伸进它的内部，就会播放几首歌曲，然后自行停止。在选用该控制系统的传感器时，以下最合适的是（　　）。

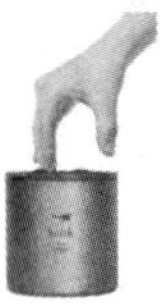

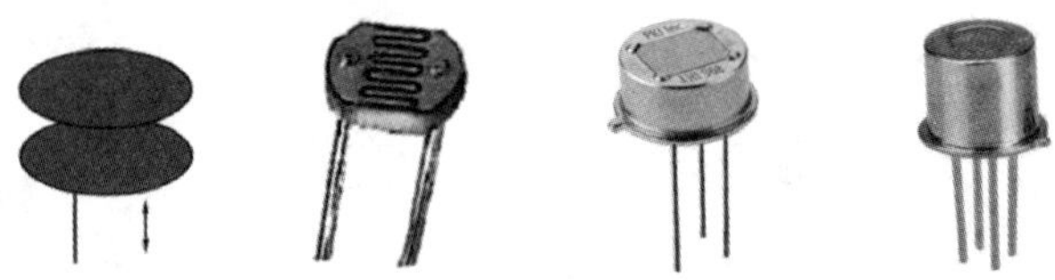

A.　　B.　　C.　　D.

【解析】选项 A 是位移传感器，选项 B 是光敏传感器，选项 C 是光电三极管，选项 D 是气敏传感器。因此，选项 A 最合适。

例 10 有一款超声波身高体重测量仪，人站上去几秒后就可以在液晶屏幕上显示身高和体重，测量身高和体重分别用到的传感器是（　　）。

①　　②　　③　　④

A. ①②　　B. ②③　　C. ③④　　D. ①④

【解析】①是气敏传感器，②是光敏传感器，③是力敏传感器，④是超声波传感器。超声波身高体重测量仪须用到力敏传感器和超声波传感器，选项 C 正确。

例 11 如图所示的读书台灯，只要把书盖在它上面它就熄灭，把书拿起再读时它则亮起。用传感器直接获取输入信号，以下可以选择的是（　　）。

A.　　B.　　C.　　D.

【解析】采用排除法，A是干簧管，书本一般不带磁性，无感应；C是驻极体传声器，盖上书和拿起书应没有特别的响声，它也无法识别其差别，不能获取这里的差别信息，无法实现熄灭和亮起；D是光敏电阻，按图中盖住点亮的灯，一般挡不住它到光敏电阻的光，达不到通过书本明显改变光敏电阻的阻值，从而达不到控制效果；B是一件重力感应装置，理论上可以感应书本的重力，能达到控制效果。因此，选项B合适。

例12 下列传感器在检测燃气泄漏时能用到的是（　　）。

A.　　B.　　C.　　D.

【解析】燃气的主要成分是甲烷等可燃气体，所以需要用气敏传感器，选项中A是热敏电阻，B是光敏电阻，C是气敏传感器，D是声敏传感器。因此，选项C符合要求。

第四章　模拟电路与数字电路

第一节　模拟信号与数字信号

控制系统的核心部分就是控制（处理）部分。它会对各种不同的输入信号进行分析、比较、判断、放大、运算、传输、变换……最后向输出部分发出命令，控制执行机构的操作。上述对信号的分析、比较等过程统称为处理，如路灯的控制、大棚蔬菜中的温度和湿度控制、门铃的控制等。

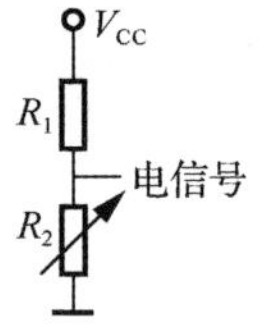

图 4-1　非电信号转换为电信号

电子控制系统中对信号的处理过程是通过电路完成的。电路只能处理电信号，所以需要传感器将所获取的非电信号转换成电信号，如图 4-1 所示。根据转换后电信号的不同特征，电信号又可以分为模拟信号和数字信号。

一、模拟信号

1. 模拟信号的概念

在生产、医疗、科研等领域，经常要对事物的某些物理量（如温度、湿度、光照强度、速度、压力等）进行检测、转换、比较和控制等。这些物理量的大小或者方向往往随时间是连续变化的，称为模拟量。人们通过传感器把这些非电量转换成电量，其幅度随时间连续变化，这样的信号称为模拟信号。

2. 模拟信号的特点

模拟信号在时域上是连续的信号，不同时间点位置的信号值可以是连续变化的，所传达的信息是连续变化的物理量，如温度、湿度、压力、长度、电流等。图 4-2 所示为模拟信号，其在时间上和幅值上均是连续的信号。

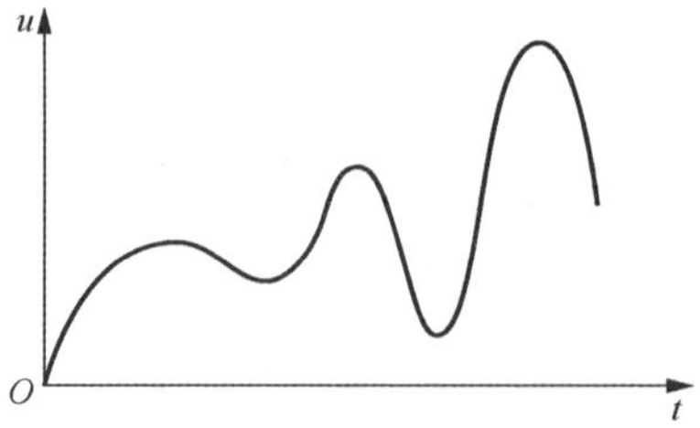

图 4-2　模拟信号

二、数字信号

1. 数字信号的概念

数字信号指自变量是离散的（不连续的），因变量也是离散的信号。这种信号的自变量用整数表示，因变量用“0”或“1”表示。图 4-3 所示为数字信号，其在时间上和幅值上均是不连续的信号。

图 4-3　数字信号

以路灯的控制为例，光敏电阻将环境光的强度信号转换成电信号。电子电路对该电信号进行处理后向输出部分发出命令，控制开关的通断，从而使路灯点亮和熄灭。其中，光照强度变化是连续的，光敏电阻的阻值也因此发生连续变化，转换的电信号也是连续变化，所以属于模拟信号；开关的变化只有通和断，路灯的变化只有亮和灭，开关和路灯的变化均是非连续的，所以属于数字信号。

讨论：如图 4-4 所示，当开关闭合时，A 和 B 两点的电位信号怎么变？是否属于数字信号（电容器初始不带电）？

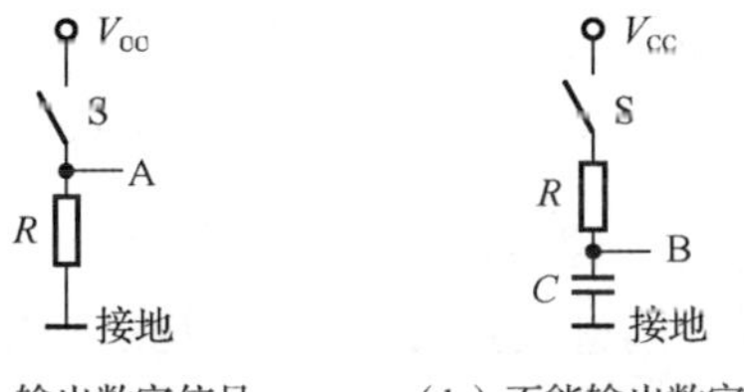

（a）输出数字信号　　（b）不能输出数字信号

图 4-4　开关输入电路

图 4-4（a）中输出的是数字信号“1”和“0”，日常生活中凡是可以用是或否来回答的事物都可以用数字信号“1”和“0”表示。例如，举重比赛中试举成功与否；学生的考试成绩是否及格；一个人的生与死；一个人是好人还是坏人。图 4-4（b）中由于电容器的存在，输出信号不能突变，就不能用“1”和“0”表示。

2. 数字信号中“1”和“0”的含义

数字信号是非连续变化的，可以用数字表示，若用二进制来表示这个数，就是两个离散的值“1”和“0”，在电路中用高和低两个电平代表二进制数中的“1”和“0”，其形成的在高低电平之间来回跳变的电信号就是通常所说的数字信号。

这里的“1”和“0”没有大小之分，只代表两种对立的状态，称为逻辑“1”和逻辑“0”。它除了可以代表一位二进制数字外，还可以代表电位的高和低、信号的有和无、命题的真和假、开关的通与断、路灯的亮与灭等。

3. 数字信号的优点

数字信号具有容易处理、处理精度高、便于记录保存等优点。

（1）容易处理。数字信号只有高、低两个电平，容易识别，失真和干扰对数字信号影响小。

图 4-5 所示为扩音机信号处理过程。声音先经过驻极体传声器转换成随声音强弱变化的电信号，再送入电压放大器和功率放大器进行放大，最后通过扬声器把放大的电信号还原成比原来响亮得多的声音。模拟信号在处理过程中不可避免地会产生失真并受到各种干扰因素的影响，因而导致输出失真，如图 4-6 所示。

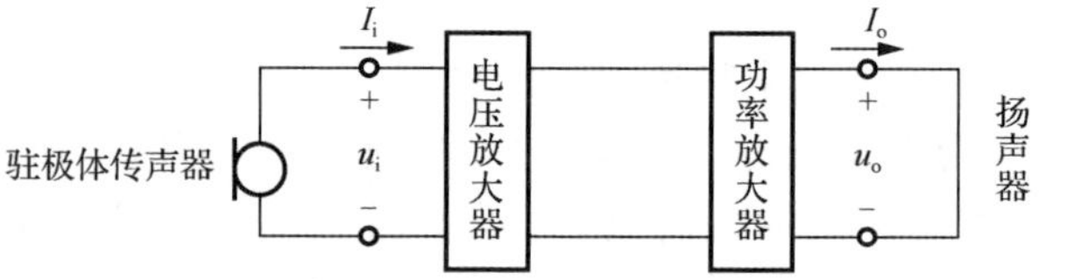

图 4-5　扩音机信号处理过程

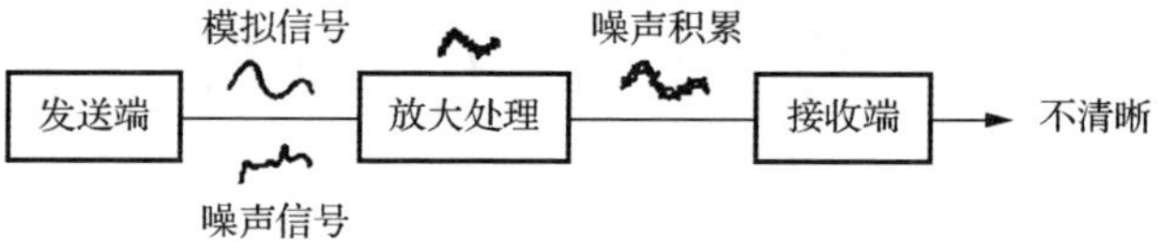

图 4-6　模拟信号受干扰失真

如果先将模拟信号转换为数字信号，处理后再将数字信号还原成模拟信号使扬声器发声，虽然数字信号在处理过程中同样会产生失真，受到干扰，其形状也会发生变化，但它所代表的数字（0、1）并未改变。

如图 4-7 所示，数字信号在处理过程中，受波形失真和干扰的影响很小，因此听众能听到音色逼真、不带噪声的歌声。

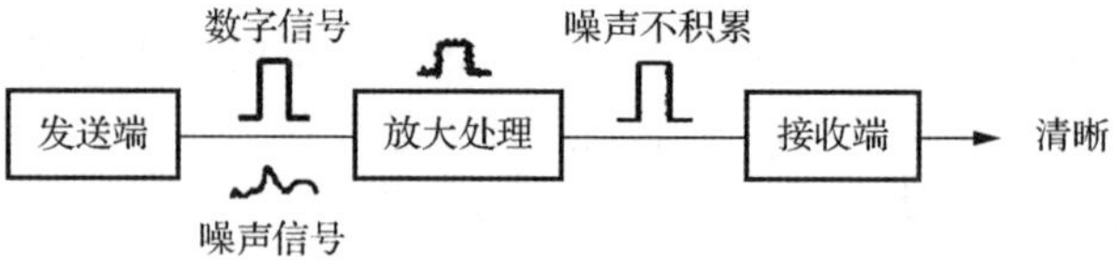

图 4-7　数字信号受干扰不失真

识别有失真和受干扰影响的数字信号的方法是，设置一个电压门槛（它应介于高电平与低电平之间），高于此门槛的信号传过去后，输出为“1”；低于此门槛的信号传过去后，输出为“0”。

（2）处理精度高。在百米竞赛中记录运动员成绩时用的电子计时器，可将时间精确到0.01s，如现在男子田径100m世界纪录为9.58s，这个成绩的测量精度比以前用机械秒表的精度提高了10倍。电子计时器之所以有这么高的计时精度，原因之一就是它在测量过程中使用了数字信号。

（3）便于记录保存。由于数字信号中只有“1”和“0”两个值，可以很方便地用（具有记忆功能的）电路输出电压的高和低、电容器上电荷的有和无、磁性物质的极化方向等方式记录保存，也可用打孔的方法，如穿孔卡利用孔的有和无、光盘利用有无凹坑记录“1”和“0”，还可以直接将“1”和“0”打印在纸上记录保存。但这些方法很少能用来保存模拟信号。

三、模拟信号与数字信号的转换

如图4-8（a）所示，连续取值无穷多个信号就得到模拟信号波形；如图4-8（b）所示，取值有限个离散的信号就得到数字信号波形。

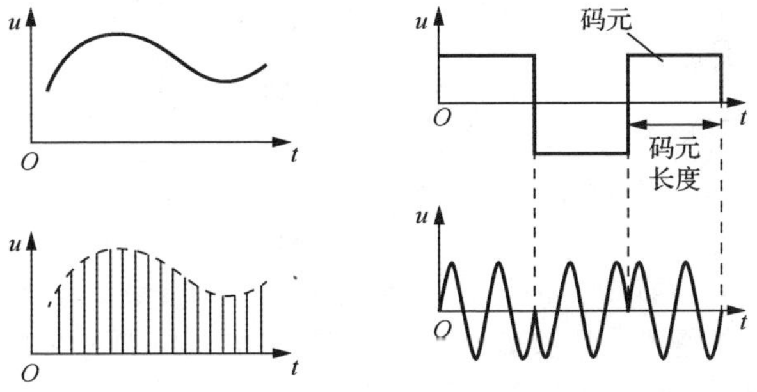

（a）模拟波形　　（b）数字波形

图4-8　模拟信号与数字信号的转换原理

模拟信号通常使用脉冲编码调制（pulse code modulation，PCM）方法，经过采样、量化并转换为数字信号，不同范围的模拟信号对应不同的二进制值，反过来不同的二进制值对应不同范围的模拟信号。因此，模拟信号和数字信号可以实现相互转换。

模拟信号与数字信号典型例题

例1　电子控制系统由各类电子元器件相互作用、相互依赖，形成一个具有特定功能的有机整体。有的器件负责获取外界信息，有的器件负责对获取的信息进行分析、处理，下列元器件不同于其他3项的是（　　）。

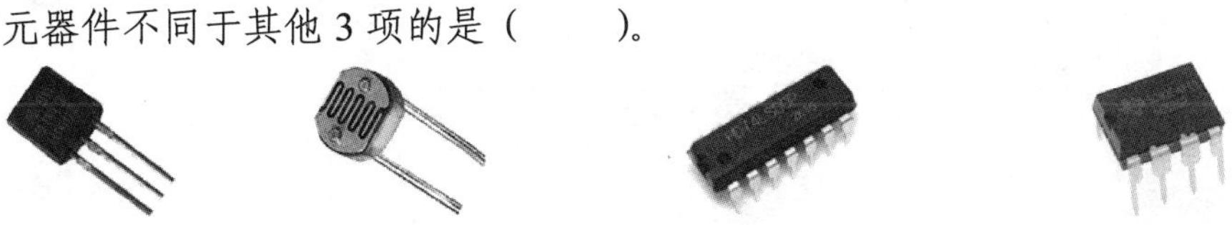

A. 三极管　　B. 光敏电阻　　C. 与非门集成电路　　D. 555集成电路

【解析】选项 B 光敏电阻分析、处理连续变化的模拟信号，选项 A 三极管工作在开关状态时与选项 C、D 同样分析、处理的是数字信号。因此，选项 B 符合题意。

例 2 小明设计了如下 4 个电路，通过传感器检测外界信号控制发光二极管工作。其中发光二极管发出的光信号属于模拟信号的是（　　）。

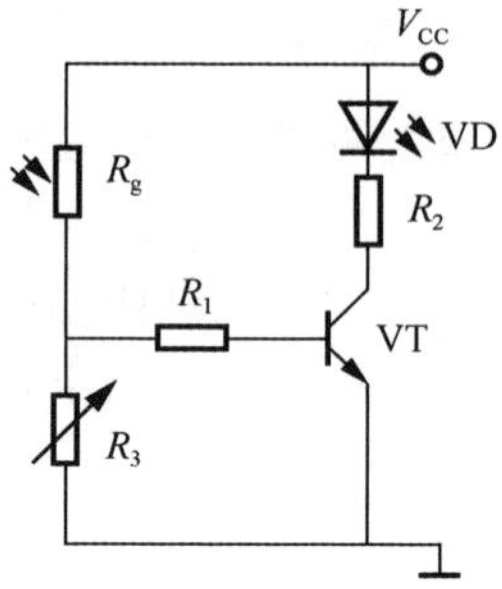

A.

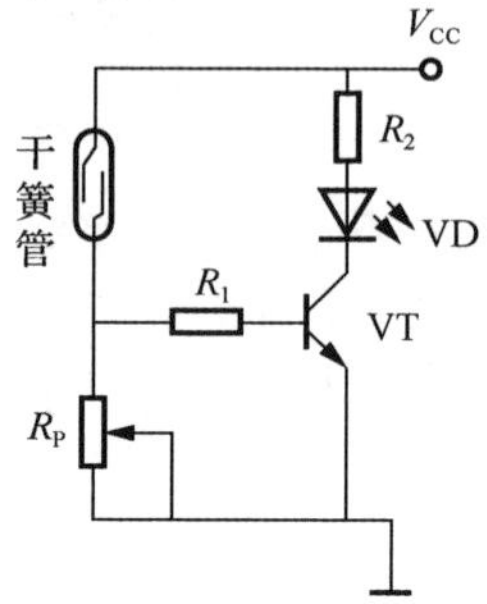

B.

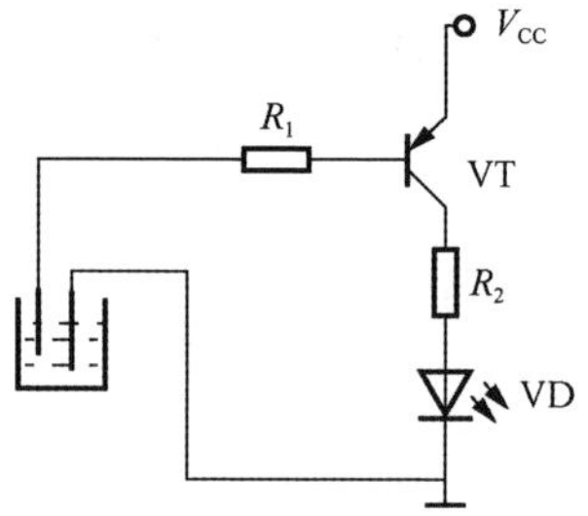

C.

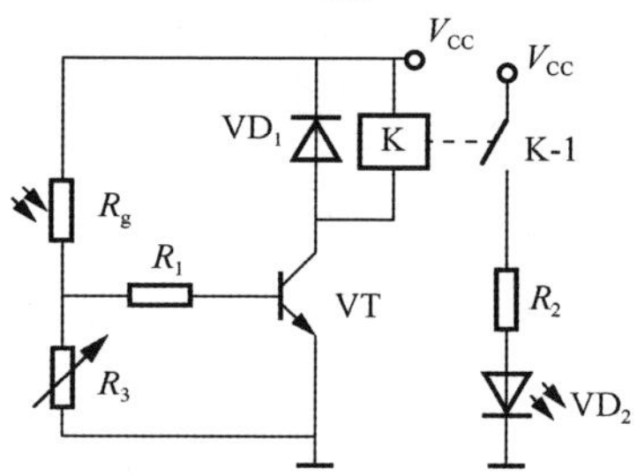

D.

【解析】模拟信号是连续变化的，选项 A 随光信号的变化，发光二极管的亮度发生改变。因此，选项 A 符合题意；选项 B、C、D 都是只有通断两种状态的数字信号。

例 3 下列传感器使用时能够输出模拟信号的有（　　）。

①　②　③　④　⑤

A. ②③④⑤　B. ①③④⑤　C. ②③⑤　D. ①②④⑤

【解析】①是干簧管，②是光敏电阻，③是湿敏电阻器，④是气敏电阻器，⑤是负温度系数热敏电阻，其中干簧管只能输出通断两种状态的数字信号，其他传感器使用时均能输出模拟信号。因此，选项 A 符合题意。

第二节　基本放大电路

经过传感器转换的模拟信号往往十分微弱，不方便人们对其进行有效观察、测量、控制或调节，所以，需要利用放大电路对模拟信号进行放大。

如图 4-9 所示，人们利用驻极体传声器把声音转换成微弱的电信号，然后通过放大电路的放大作用驱动扬声器，把电信号还原成声音，实现声音的放大。

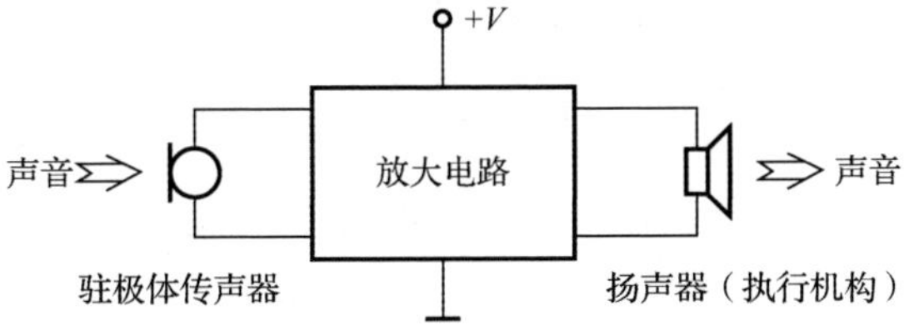

图 4-9 功放工作原理

从图 4-9 中可以看出，放大电路就是一个有源的二端口电路单元，包含一个输入端口和一个输出端口。

常见的放大电路通常利用三极管的放大特性来实现放大的功能。图 4-10 所示为 3 种基本三极管放大电路。

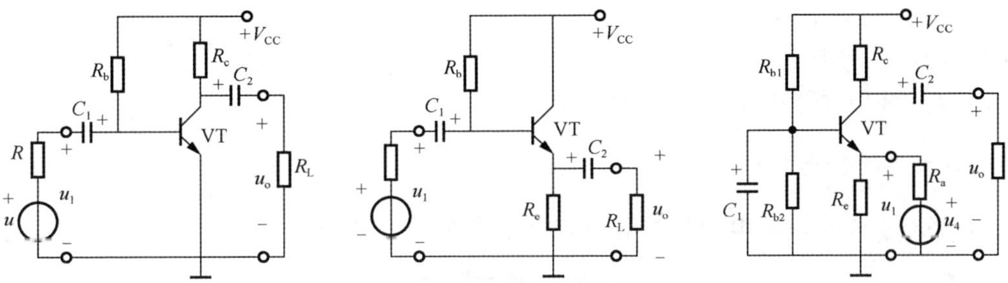

图 4-10 基本三极管放大电路

（1）共发射极放大电路的电压、电流、功率放大倍数都较大，所以应用在多级放大器的中间级。

（2）共集电极放大电路只有电流放大作用，无电压放大作用。它的输入电阻大，输出电阻小，常用于实现阻抗匹配和作为缓冲电路，也可作为多级放大器的输入级和输出级。

（3）共基极放大电路主要是频率特性好，因此多用作高频放大器、高频振荡器及宽频带放大器。

本节重点讨论共发射极放大电路。

一、共发射极放大电路

1. 三极管共发射极放大电路的基本组成

三极管共发射极放大电路如图 4-11 所示。

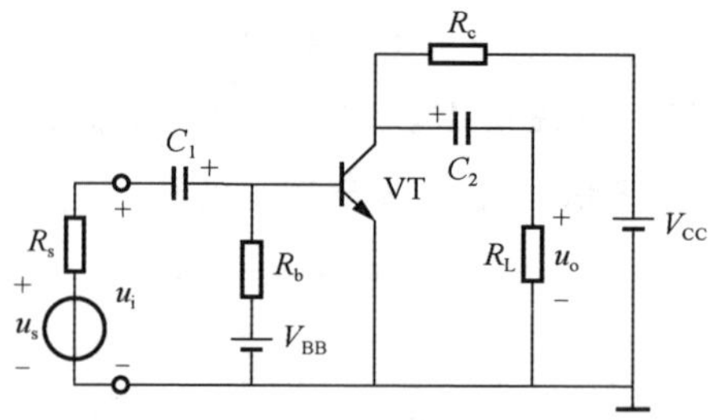

图 4-11　三极管共发射极放大电路

电路中字母含义如下。

（1）VT：三极管，起电流放大作用。

（2）V_{BB}：基极偏置电源，为发射结提供正向偏压。

（3）R_b：基极偏置电阻，一般为几十千欧至几百千欧。

（4）V_{CC}：集电极直流电源，为集电结提供反向偏压。

（5）R_c：集电极电阻，一般为几百欧至几千欧。

（6）C_1、C_2：输入和输出耦合电容。

（7）R_L：负载电阻。

（8）u_s：信号源电压。

（9）R_s：信号源内阻。

2. 放大器的静态工作点

（1）静态工作点。单电源共发射极放大电路如图 4-12 所示。

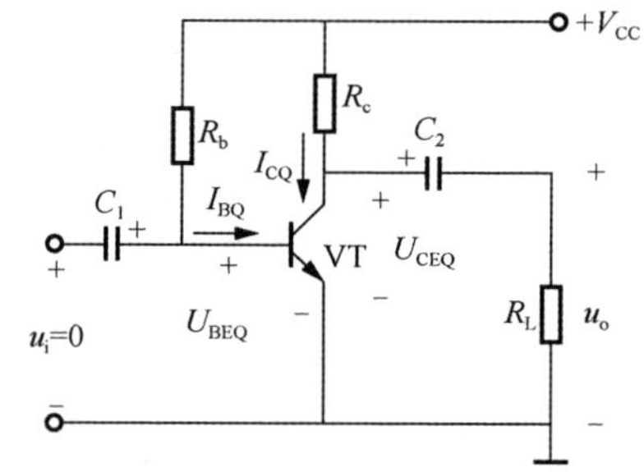

图 4-12　单电源共发射极放大电路

静态：放大器无信号输入时的直流工作状态称为静态。

静态工作点：在静态下，由电流、电压共同确定的点称为静态工作点，用 Q 表示。一般描述静态工作点的量用基极-发射极管压降 U_{BEQ}、基极电流 I_{BQ}、集电极-发射极饱和导通压降 U_{CEQ} 和集电极电流 I_{CQ} 表示。

$$I_{BQ} = \frac{U_{CC} - U_{BEQ}}{R_b}$$

$$I_{CQ} = \beta I_{BQ}$$

$$U_{CEQ} = V_{CC} - I_{CQ}R_c$$

其中，U_{BEQ}：硅三极管一般为0.7V，锗三极管为0.3V；β为直流电流放大系数。

一个放大器的静态工作点的设置是否合适，是放大器能否正常工作的重要条件。

（2）静态工作点对放大器工作状态的影响。若去掉R_b，没有偏置的输入电路如图4-13所示，则$I_{BQ}=0$，输入基极电流i_b随输入电压u_i变化。在信号负半周，$i_b=0$，波形将产生失真。

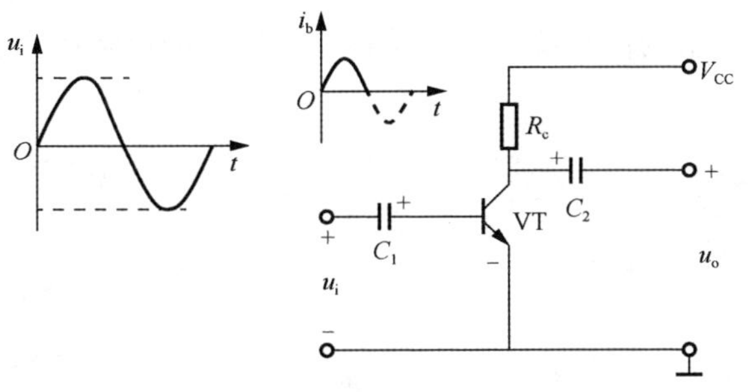

图4-13　没有偏置的输入电路

若保留R_b，且阻值适当，则I_{BQ}将有合适的数值，保证基极的交、直流总量$i_B = I_B + i_b$始终是单方向的电流，即它只有大小的变化，没有正负极性的变化。这样就不会使发射结反向偏置而截止，从而避免了输入电流i_b的波形失真，如图4-14所示。

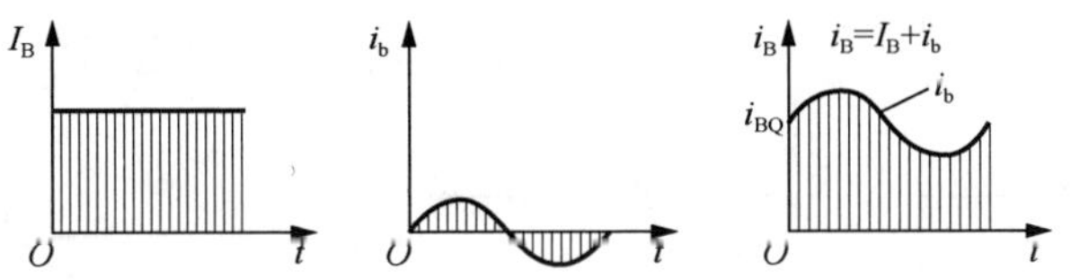

图4-14　输入电流波形

3. 放大原理

（1）放大电路。放大电路与信号波形如图4-15所示。信号从基极和发射极之间输入，从集电极和发射极之间输出。

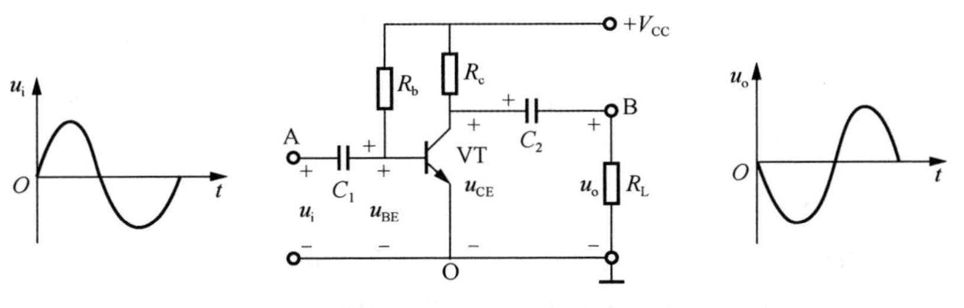

图4-15　放大电路与信号波形

（2）放大原理。u_i 的变化将产生基极电流 i_b 的变化，使基极总电流发生变化，集电极电流 i_c 将在集电极电阻上产生压降，使放大器的 $u_{CE}=V_{CC}-i_C R_c$ 随之变化。通过 C_2 耦合，隔断直流，输出信号电压 u_o 也随之变化。只要电路参数能使三极管工作在放大区，u_o 的变化幅度就将比 u_i 的变化幅度大很多倍。

电路中，u_{BE}、i_B、i_C、u_{CE} 随 u_i 变化，变化作用过程如下：

$$u_i \to u_{BE} \to i_B \to i_C \to u_{CE} \to u_o$$

（3）波形。放大器输入正弦电压 u_i 后，三极管的各极电流、电压波形如图 4-16 所示。输出电压与输入电压相位相反，又称这种共发射极的单管放大电路为反相放大器。

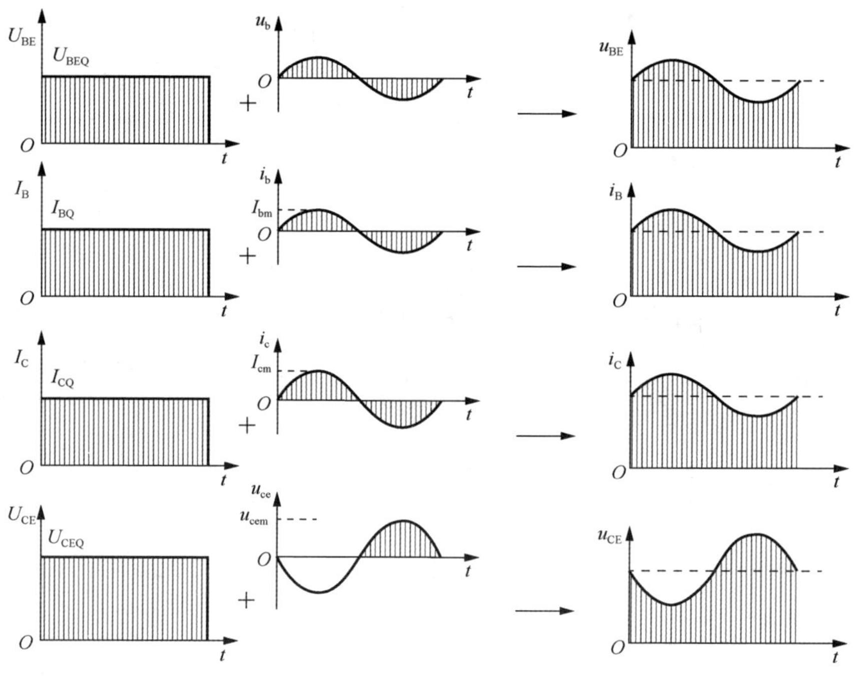

图 4-16　三极管各级电流、电压波形

4. 直流通路与交流通路

在放大信号中，既有直流成分，又有交流成分。

（1）直流通路的画法。

定义：放大器的直流信号电流流通的回路，包括输入直流通路和输出直流通路。

画法：将电容器视为开路，则图 4-17（a）等效为图 4-17（b）。

（2）交流通路的画法。

定义：放大器的交流信号电流流通的回路，包括输入交流通路和输出交流通路。

画法：将容量较大的电容器视为短路；将直流电源视为短路，其他元器件照画。上述电路的交流通路如图 4-17（c）所示。

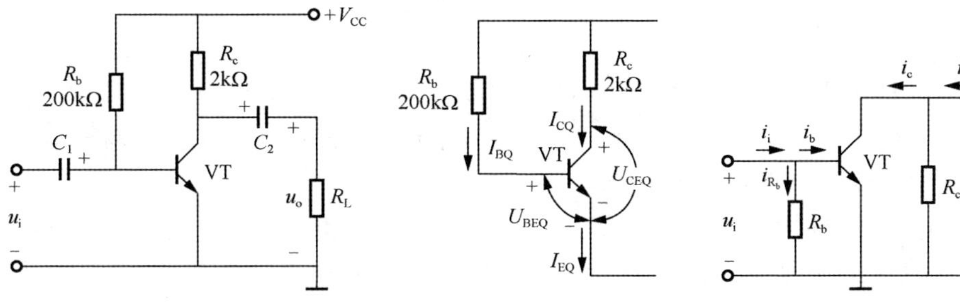

图 4-17　放大电路的交、直流通路

5. 静态工作点对输出波形失真的影响

静态工作点选择不当将会造成失真，静态工作点与波形失真关系图如图 4-18 所示。

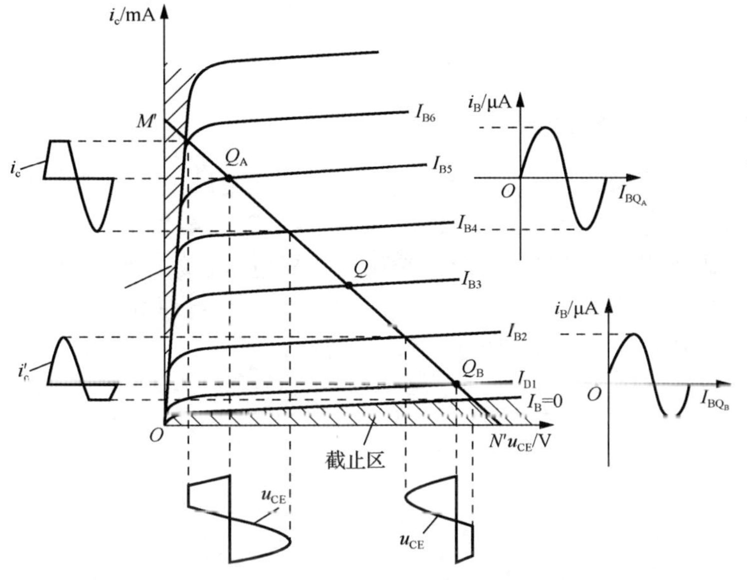

图 4-18　静态工作点与波形失真关系图

（1）饱和失真。如果静态工作点 Q 在交流负载线上的位置过高，如图 4-18 中的 Q_A 点，则在输入信号幅值较大时，三极管将进入饱和区，输出电压波形负半周被部分削除，产生“饱和失真”。

（2）截止失真。如果静态工作点 Q 在交流负载线上的位置过低，如图 4-18 中的 Q_B 点，则在输入信号幅值较大时，三极管将进入截止区，输出电压波形正半周被部分削除，产生“截止失真”。

（3）非线性失真。非线性失真是由于三极管的工作状态离开线性放大区，进入非线性的饱和区和截止区而产生的。

二、分压偏置放大电路

一个良好的放大电路，其静态工作点应该在放大区。在实际应用中，环境温度的变化、电压的波动、三极管老化等原因，使静态工作点发生漂移，若静态工作点上移而靠近饱和区，则容易引起动态工作时的饱和失真。

如图 4-19 所示，环境温度上升，会引起 I_B、β、I_{CEQ} 等变大，从而使静态工作点 Q 上移到 Q'。为了克服上述问题，图 4-20（a）所示的分压式偏置电路是比较常用的静态工作点稳定电路。

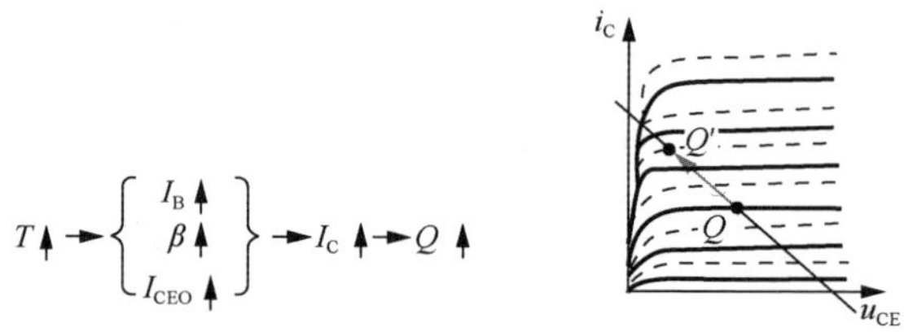

图 4-19　三极管静态工作点漂移原理图

1. 分压偏置放大电路的组成

图 4-20（a）是分压偏置放大电路的基本组成，基极电流由电阻 R_{b1} 和 R_{b2} 分压后提供，故称为分压偏置放大电路，R_e 为发射极负反馈电阻。在图 4-20（b）所示的分压偏置直流等效电路中，利用电阻 R_{b1} 和 R_{b2} 的分压来稳定基极电位 V_{BQ}。设流过 R_{b1}、R_{b2} 的电流为 I_1、I_2，则 $I_2=I_1+I_{BQ}$，一般 I_{BQ} 很小，$I_2>>I_{BQ}$，可以认为 I_1 近似等于 I_2。这时基极电位 V_{BQ} 由 R_{b1}、R_{b2} 分压所决定，不会随温度而变。

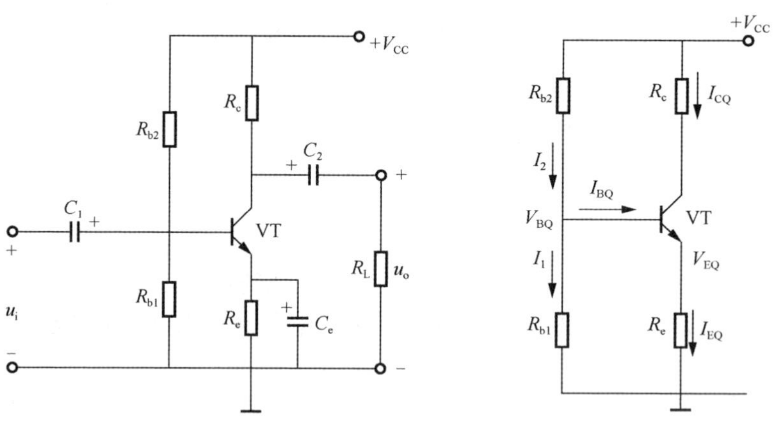

（a）分压偏置放大电路　　（b）分压偏置直流等效电路

图 4-20　分压偏置放大电路

2. 反馈的概念

在电子电路中，将输出量（输出电压或输出电流）的一部分或全部通过一定的电路形式作用到输入回路，用来影响其输入量（放大电路的输入电压或输入电流）的措施称为反馈。

图 4-21 所示为放大电路的反馈电路结构框图。图中 u_i 为输入信号，u_o 为输出信号，u_f 为反馈信号。若反馈信号 u_f 与输入信号 u_i 同相，反馈信号起到增强输入信号的作用，则为正反馈；若反馈信号 u_f 与输入信号 u_i 反相，反馈信号起到削弱输入信号的作用，则为负反馈。

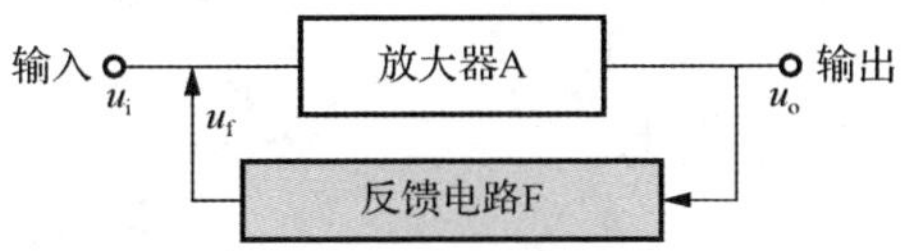

图 4-21　放大电路的反馈电路结构框图

反馈的目的：通过输出对输入的影响来改善系统的运行状况及控制效果。

3. 分压偏置放大电路稳定静态工作点的原理

如图 4-20（a）所示，在发射极串联电阻 R_e 和电容 C_e 组成的反馈网络中，发射极电阻 R_e 可以获得发射极电流 I_E 变化的信息，反馈在输入端来实现稳定静态工作点。

$$T\uparrow \rightarrow I_C\uparrow \rightarrow V_E\uparrow \rightarrow U_{BE}\downarrow \text{（}V_B\text{基本不变）}\rightarrow I_B\downarrow \rightarrow I_C\downarrow$$

基极电压 V_{BQ} 由 R_{b1} 和 R_{b2} 分压后得到，即 $V_{BQ}=\dfrac{R_{b1}}{R_{b1}+R_{b2}}\cdot V_{CC}$ 固定。当环境温度上升时，会引起 I_{CQ} 增大，导致 I_{EQ} 增大，使 $V_{EQ}=I_{EQ}R_e$ 增大。由于 $U_{BEQ}=V_{BQ}-V_{EQ}$，使得 U_{BEQ} 减小，于是基极电流 I_{BQ} 减小，使集电极电流 I_{CQ} 的增大受到限制，从而达到稳定静态工作点的目的。静态工作点估算如下：

$$V_{BQ}=\frac{R_{b1}}{R_{b1}+R_{b2}}\cdot V_{CC}\text{（分压公式）}$$

$$V_{EQ}=V_{BQ}-0.7\text{（射极电位）}$$

$$I_{EQ}=\frac{V_{EQ}}{R_E}\text{（射极电流）}$$

$$I_{CQ}\approx I_{EQ}$$

$$I_{BQ}=I_{CQ}/\beta\text{（基极电流）}$$

$$U_{CEQ}=V_{CC}-I_{CQ}(R_c+R_e)\text{（集-射极电压）}$$

综上所述，分压式共发射极放大电路就是利用基极分压和发射极电阻的负反馈来实现静态工作点的稳定的。

三、复合管放大电路的组成

在实际应用中，一般通过复合管的形式实现电流的放大，如图 4-22 所示。

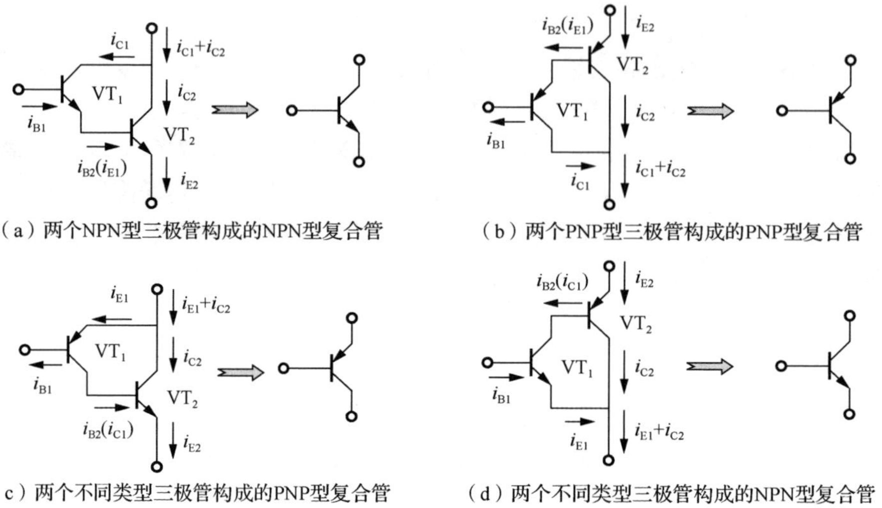

（a）两个NPN型三极管构成的NPN型复合管　（b）两个PNP型三极管构成的PNP型复合管

（c）两个不同类型三极管构成的PNP型复合管　（d）两个不同类型三极管构成的NPN型复合管

图 4-22　常用的 4 种复合管

复合管的组成原则：①每个三极管 3 个电极的电流流向正确；②复合管的类型取决于前一个三极管；③复合后的放大倍数是两个三极管放大倍数的乘积。

四、三极管自锁电路的组成与工作原理

自锁电路指按下开关能自动保持通电的电路。三极管自锁电路的结构特点：一个 PNP 型三极管与一个 NPN 型三极管组合，如图 4-23 所示。

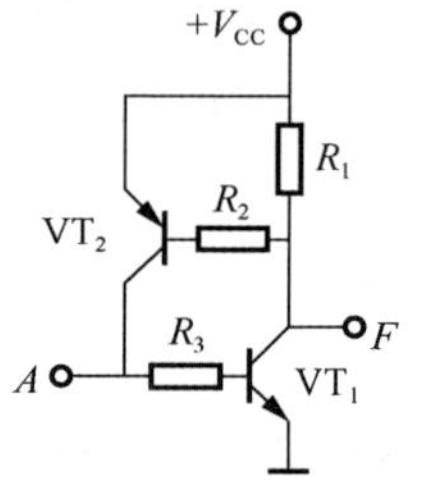

图 4-23　三极管自锁电路

三极管自锁工作过程：两个三极管互锁实现功能控制。*A* 为高电平，VT_1 导通，*F* 为低电平，VT_2 导通，此后 *A* 保持高电平，不受输入影响。

放大电路典型例题

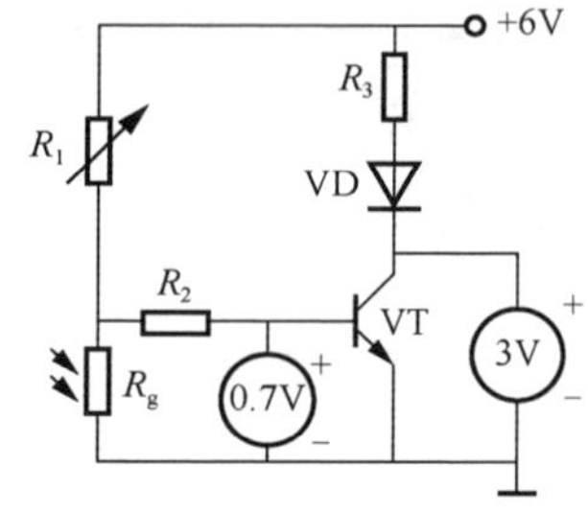

例 1　【2017 年 4 月选考第 11 题】如图所示是小明在电子控制技术实践课上搭建的电路，经测量 VT 的 U_{be}=0.7V，U_{ce}=3V。下列关于 VT 工作状态的判断中，正确的是（　　）。

A. 饱和状态　　　　B. 放大状态

C. 截止状态　　　　　　　D. 条件不足，无法判断

【解析】测量 VT 的 U_{be}=0.7V，U_{ce}=3V，说明三极管的发射结正向偏置，集电结反向偏置，处于放大状态，选项 B 正确。也可以用排除法，三极管处于饱和状态时 $U_{ce}\approx 0$V，三极管处于截止状态时 U_{ce}=6V，排除这两种状态，说明三极管处于放大状态。

例 2　【2018 年 4 月选考第 13 题】如图所示是小明设计的泥土湿度检测电路。把两个探头插入花盆的泥土中，当泥土潮湿时，两探头间的电阻值较小；当泥土干燥时，两探头间的电阻值较大，泥土非常潮湿和非常干燥时，VD_1 和 VD_2 中只有一个发光。下列分析中不恰当的是（　　）。

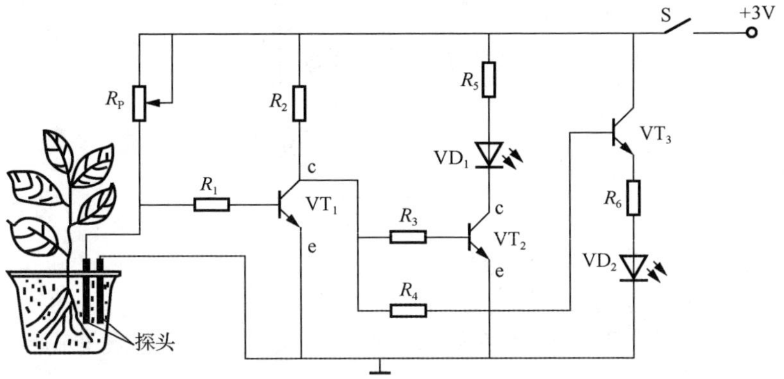

A. 泥土非常潮湿时，VD_1 发光、VD_2 不发光

B. 调节 R_P，可以改变 VD_1、VD_2 发光状态变化时的湿度设定值

C. 当泥土非常干燥时，VT_1、VT_2 的 U_{CC} 都约为 3V

D. 当 VD_1、VD_2 都发光时，VT_1 工作在放大状态

【解析】当泥土非常潮湿时，VT_1 截止，VT_2 导通，VT_3 截止，所以 VD_1 发光、VD_2 不发光；调节 R_P，湿度设定值改变，VT_1 集电极电位改变，从而控制 VD_1、VD_2 发光状态改变；当泥土非常干燥时，VT_1 导通，U_{CC} 约为 0V，VT_2 截止，U_{CC} 约为 3V；VT_1 工作在放大状态时，VD_1、VD_2 可能都发光。因此，选项 C 不恰当。

例 3　【2018 年 11 月选考第 11 题】如图所示的两个电路，三极管为硅管。下列关于 VD 发光时，M、N 点电位分析正确的是（　　）。

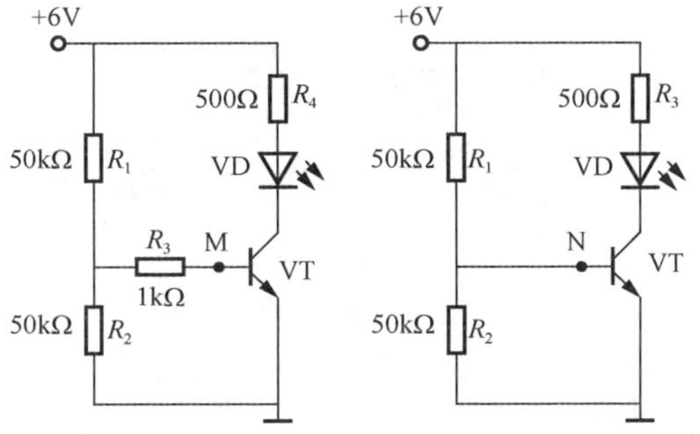

A. M 点约为 0.7V，N 点约为 0.7V

B. M 点约为 0.7V，N 点约为 3V

C. M 点约为 2.7V，N 点约为 3V

D. M 点约为 2.7V，N 点约为 0.7V

【解析】VD 发光说明三极管处于饱和导通或放大状态，两个三极管的发射结一定正向偏置，因为是硅三极管，所以，M、N 点电位约为 0.7V。因此，选项 A 正确。

例 4 【2018 年 11 月选考第 13 题】如图所示是小明设计的电路，当温度低于设定值时 VD 发光。已知三极管工作在开关状态，R_t为热敏电阻。下列分析中不正确的是（ ）。

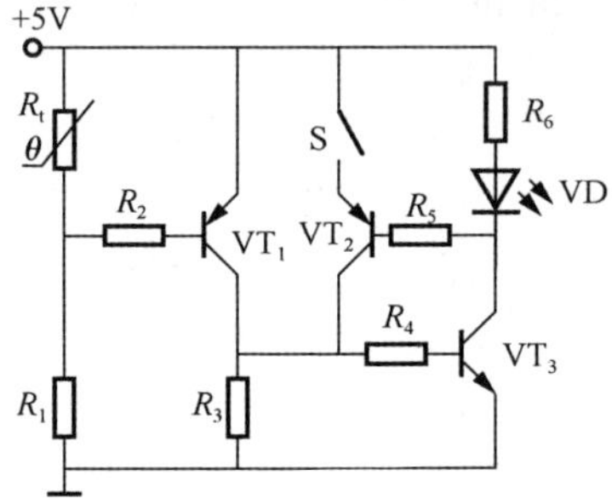

A. R_t应选用负温度系数热敏电阻

B. S 闭合时，VT_3导通后，VT_2导通

C. 闭合 S 后，温度下降到设定值以下时 VD 发光，然后温度升高到设定值以上时 VD 熄灭

D. S 断开，当 VT_1截止时，VT_3截止

【解析】由设计的电路可知，闭合 S 时，当温度下降到设定值时，VD 要发光，VT_3必须导通，从而 VT_1必须导通，VT_3导通后 VT_2即可导通，由于 VT_2的导通会为 VT_3提供基极电流，VT_3基极保持高电平，这时不管 VT_1是否导通，VT_3都导通，闭合 S 后，温度下降到设定值以下时 VD 发光，VT_2、VT_3实现了自锁，温度升高到设定值以上时 VD 仍然发光。因此，选项 C 不正确。

例 5 【2019 年 4 月选考第 11 题】如图所示的对称电路，三极管 VT_1、VT_2工作在放大状态。下列分析中不正确的是（ ）。

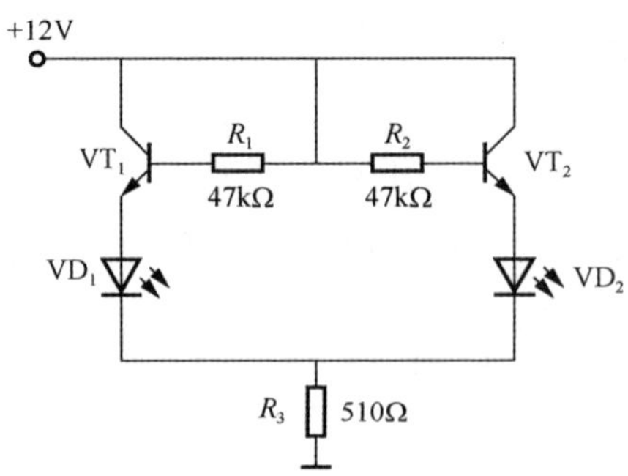

A. 流过 VD_1、VD_2的电流相同

B. 增大 R_3的阻值后，流过 VD_1、VD_2的电流变小

C. 增大 R_1 的阻值后，流过 VD_1 的电流变小，流过 VD_2 的电流变大

D. 减小 R_1 的阻值后，流过 VD_1 的电流变大，流过 VD_2 的电流不变

【解析】由于三极管工作在放大状态，R_1 减小，I_{b3} 增大，I_{e3} 增大，流经 R_3 的电流增大，$I_{R3}=I_{e3}+I_{e4}$，U_{R3} 增大。对于 VT_2 来说，基极电流减小，$I_b=(12V-0.7-U_d-U_{R3})/R_2$，所以 I_{e4} 减小。可以更加简洁地推理分析如下：R_1 减小→I_{b3} 增大→I_{e3} 增大→R_3 电流增大（$I_{R3}=I_{e3}+I_{e4}$）→U_{R3} 增大。所以，U_{e4}↑→U_{b4}↑→I_{b4}↓电流$[I_{b4}=(12V-U_{b4})/R_2]$减小，所以 I_{e4} 减小，流过 VD_2 的电流变小。因此，选项 D 不正确。

例 6　【2020 年 1 月选考第 13 题】如图所示的低温报警电路，当数字万用表显示为 −3V 时开始报警。下列分析中正确的是（　　）。

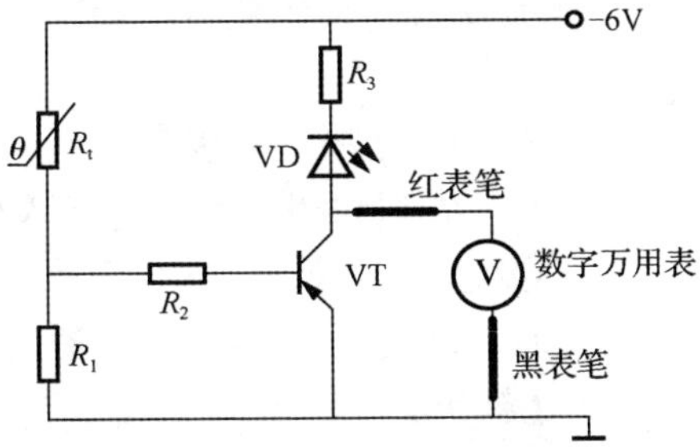

A. R_t 是负温度系数热敏电阻

B. 开始报警时，若 R_3 阻值减小一半，VD 发光亮度增大一倍

C. 开始报警时，VT 一定工作在放大状态

D. 减小 R_1 的阻值，报警的设定温度变高

【解析】因为是低温报警，即随着温度下降时 VT 的基极电位下降，VT 导通，VD 发光，所以 R_t 是正温度系数热敏电阻，选项 A 错误；由于 VT 处于放大状态，所以 $I_C=\beta I_b$，R_3 阻值减小时，流过 VD 的电流不变，光亮度几乎不变，选项 B 错误；开始报警时，$U_e=0V$，$U_b=-0.7V$，$U_c=-3V$，发射结正向偏置，集电结反向偏置，所以 VT 处于放大状态，选项 C 正确；减小 R_1 阻值时，VT 基极电位升高，根据分压时基极的电位要求，则需要 R_t 增大，即温度降低，所以设定的温度是变低，选项 D 错误。

例 7　【2021 年 1 月选考第 12 题】如图所示是小明搭建的三极管实验电路，电压表读数为 3V。下列关于该电路的分析中正确的是（　　）。

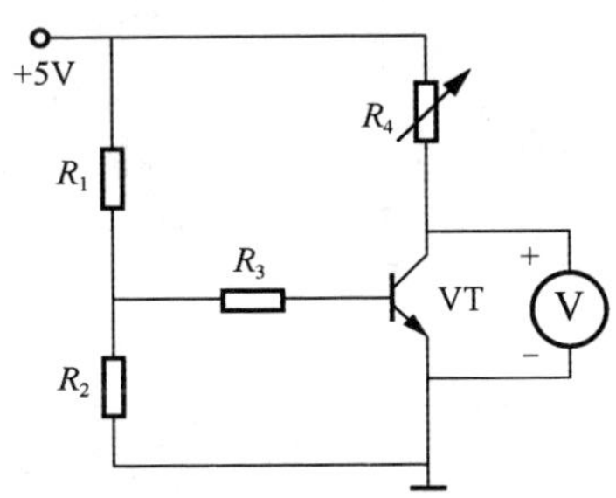

A. R_1 阻值变小，电压表读数变大

B. 逐渐调大 R_4 的阻值，三极管会进入饱和状态

C. 逐渐调小 R_4 的阻值，电压表读数变小

D. 改变 R_4 的阻值，集电极电流不变

【解析】电压表读数为 3V 说明三极管处于放大状态，当 R_1 变小时，三极管的基极电流变大，若三极管仍然处于放大状态，则集电极电流也变大，R_4 分担的电压变大，电压表读数变小，选项 A 错误；逐渐调大 R_4 的阻值，若三极管仍然处于放大状态，则 R_4 分担的电压变大，电压表读数变小，当电压表的读数小于 0.6V 时，三极管进入饱和状态，当三极管进入饱和状态后，再改变 R_4 的阻值，电压表的读数几乎不变，但集电极电流会变。因此，选项 B 正确，而选项 C、D 错误。

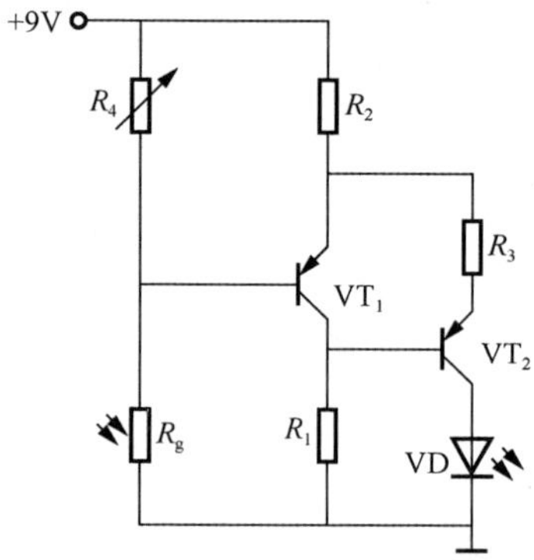

例 8 【2022 年 1 月选考第 11 题】如图所示电路，当环境亮度低于设定值时，VD 发光。下列分析中不正确的是（　　）。

A. 调大 R_4，环境亮度设定值变小

B. R_3 取值过大，会导致 VD 一直不发光

C. VT_1 饱和时，VD 不发光

D. 增大 R_1，环境亮度设定值变大

【解析】调大 R_4，环境亮度设定值变小，选项 A 正确；R_3 取值过大，即使 VT_2 饱和导通，通过 VD 的电流很小，导致 VD 一直不发光，选项 B 正确；VT_1 饱和时，VT_2 截止，VD 不发光，选项 C 正确；增大 R_1，三极管 VT_1 趋于饱和，VT_2 的基极电流趋于减小，需要 R_g 的阻值更大才能使 VT_2 的基极电流维持在 R_1 增大之前的值，即环境亮度设定值趋于变小。若把三极管 VT_1 视为工作在开关状态，则增大 R_1，仅仅是增大了 VT_2 的基极电阻，减小了基极电流，VD 发光的亮度变小，而三极管 VT_1 何时截止则仅与 R_P、R_g 有关，与环境亮度设定值基本无关，选项 D 错误。

例 9 【2022 年 6 月选考第 11 题】小明搭建了如图所示的光控电路，断开 S 后，用指针式万用电表的合适挡位测量相关点位间的电阻值，来判断元器件的好坏。考虑周围电路对测量结果的影响，下列判断中正确的是（　　）。

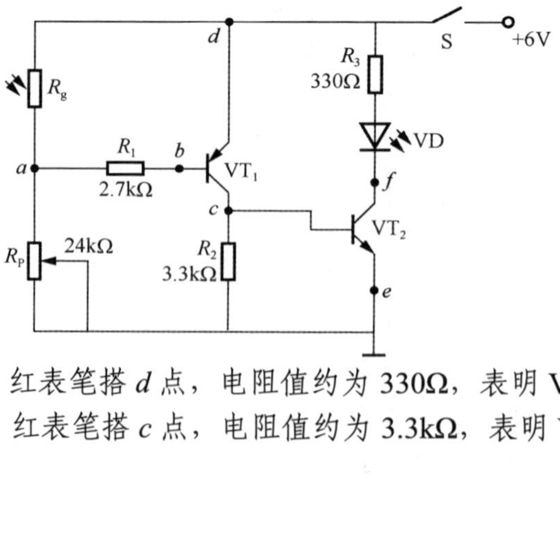

A. 黑表笔搭 f 点，红表笔搭 d 点，电阻值约为 330Ω，表明 VD 损坏

B. 黑表笔搭 e 点，红表笔搭 c 点，电阻值约为 3.3kΩ，表明 VT_2 损坏

C. 黑表笔搭 b 点，红表笔搭 d 点，光线变化时指针摆动，表明 VT_1 损坏

D. 黑表笔搭 a 点，红表笔搭 d 点，光线变化时指针摆动，表明 R_g 损坏

【解析】断开 S，用指针式万用电表测电阻，黑表笔搭 f 点，红表笔搭 d 点，测的是 R_3 和 VD 的电阻，阻值约 330Ω，说明 VD 击穿。因此，选项 A 正确；黑表笔搭 e 点，红表笔搭 c 点，VT_2 发射结反向截止，因此测的是 R_2 的电阻，阻值为 3.3kΩ，说明 VT_2 发射结反向偏置正常，不能说明 VT_2 损坏，选项 B 错误；黑表笔搭 b 点，红表笔搭 d 点，VT_1 发射结反向偏置，因此测的是 R_g 和 R_1 的阻值，光线变化时指针摆动，说明光敏电阻正常，VT_1 发射结反向偏置正常，不能说明 VT_1 损坏，选项 C 错误；黑表笔搭 a 点，红表笔搭 d 点，测的是 R_g 的阻值，VT_1 反向偏置截止，光线变化时指针摆动，说明 R_g 正常，选项 D 错误。

例 10　【2023 年 1 月选考第 12 题】如图所示是小明设计的台灯模型电路，工作时 VT_1、VT_2 均导通。下列分析中不合理的是（　　）。

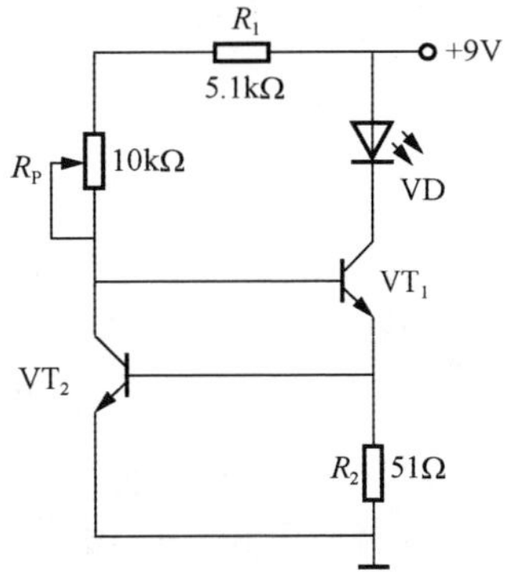

A. VT_1、VT_2 均工作于放大状态

B. 调大 R_P 的阻值，VD 亮度变化不明显

C. 电源电压改为 12V，VD 亮度基本不变

D. VT_1 放大倍数增加 1 倍，VD 亮度明显变化

【解析】电流分配标注如图所示，在三极管 VT_1、VT_2 放大情况下，有 $I_1 = I_2 + I_3$，$I_2(\beta_1+1) = I_5 + I_6$（$I_6$ 基本不变），$I_3 = \beta_2 I_5$，$I_4 = \beta_1 I_2$。

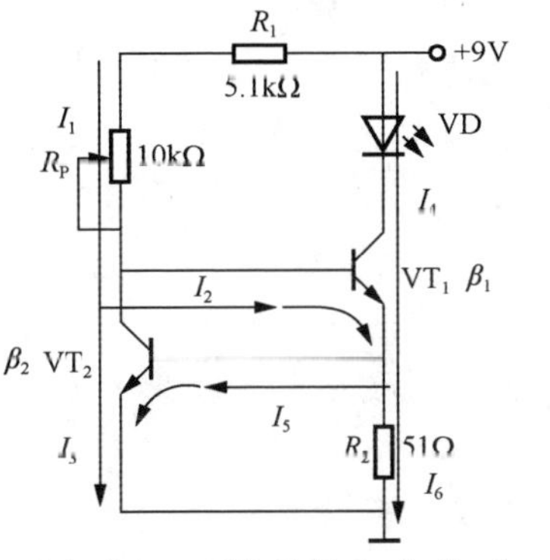

调节 R_P 或改变电源电压将影响 I_1，若 I_1 变化 ΔI_1，则有 $\Delta I_1 = \Delta I_2 + \Delta I_3$，$\Delta I_2(\beta_1+1) = \Delta I_5$，$\Delta I_3 = \beta_2 \Delta I_5$，$\Delta I_4 = \beta_1 \Delta I_2$，计算可得

$$\Delta I_2 = \frac{\Delta I_1}{1+\beta_1\beta_2+\beta_2}，\quad \Delta I_4 = \frac{\Delta I_1 \beta_1}{1+\beta_1\beta_2+\beta_2}$$

$$\Delta I_5 = \frac{\Delta I_1(\beta_1+1)}{1+\beta_1\beta_2+\beta_2}，\quad \Delta I_3 = \frac{\Delta I_1(\beta_1+1)\beta_2}{1+\beta_1\beta_2+\beta_2}$$

因为一般 β_1、β_2 为几十到几百，$\dfrac{\beta_1}{1+\beta_1\beta_2+\beta_2}$ 就只有几百分之一，所以当 I_1 变化时，I_4 变化很小，故增大 R_P 或增大电源 V_{CC} 改变 I_1，对 I_4 的影响很小，VD 亮度基本不变，故选项 B、C 正确。

$\Delta I_4 = \dfrac{\Delta I_1 \beta_1}{1+\beta_1\beta_2+\beta_2} = \Delta I_1 \dfrac{1}{\dfrac{1}{\beta_1}+\beta_2+\dfrac{\beta_2}{\beta_1}}$，当只有 β_1、β_2 对 I_4 有影响时，β_1 变化影响小，β_2 影响相对大些，故 β_1 增大一倍，VD 亮度也基本不变。

综上所述，VT_1 和 VT_2 的集电结都反向偏置，故均工作在放大状态，所以选项 A 正确；三极管处于放大状态时，发射极、集电极电流远大于基极电流，R_2 电压被 VT_2 的发射结钳位在 0.7V，VT_2 输入电流恒定，由于 VT_2 对输出电流的反馈作用，VT_1 的基极电流

恒定，集电极电流也恒定，几乎不受温度、放大倍数等因素的影响。所以在选项 B、C、D 三种情况下，VD 的亮度基本不变。因此，选项 D 不合理。

例 11 【2023 年 6 月选考第 12 题】小明设计了如图所示的温度控制电路，温度低于下限时继电器吸合开始加热，温度高于上限时继电器释放停止加热。下列分析中正确的是（　　）。

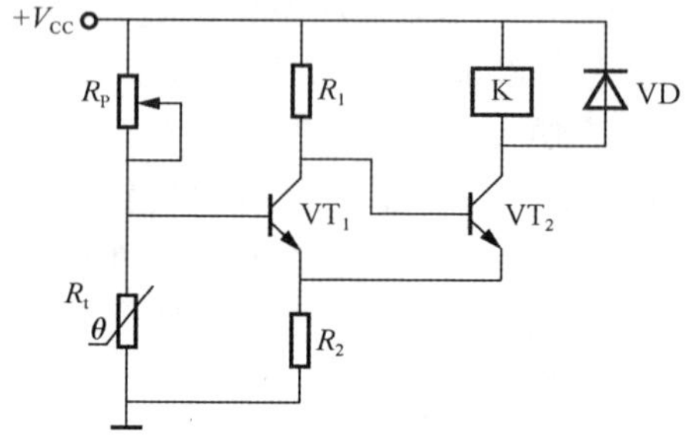

A. R_t 为负温度系数热敏电阻

B. 调大 R_P 的阻值，温度上、下限设定值同时降低

C. 适当增加 R_1 的阻值，温度上限设定值升高

D. 适当增加 R_2 的阻值，温度下限设定值升高

【解析】由电路图可知，VT_2 的发射结接在 VT_1 的 c、e 两极，温度高于上限停止加热时，VT_1 应当处于饱和状态，使 VT_2 截止或趋向截止，从而使继电器释放，此时 VT_1 的基极电位应当偏高，保证其基极电流较大，故 R_t 的阻值大，为正温度系数热敏电阻，因此选项 A 错误。R_P 调大，则设定温度时的 R_t 阻值也变大，R_t 为正温度系数热敏电阻，故上下限温度均调高，因此选项 B 错误。R_1 适当增大，会导致 VT_1 集电极电位下降，更易饱和，VT_2 趋向于截止，导致继电器更易释放，相当于上限调低，因此选项 C 错误。R_2 适当增大，会导致 VT_1 发射极电位上升，基极电流减小，集电极电流减小，集电极电位上升，其中发射极电位先上升，负反馈后又下降，变化量较小，集电极电位上升较为明显，故 VT_1 的 CE 压降增大，VT_2 更易导通，继电器更易吸合，相当于下限升高，因此选项 D 正确。

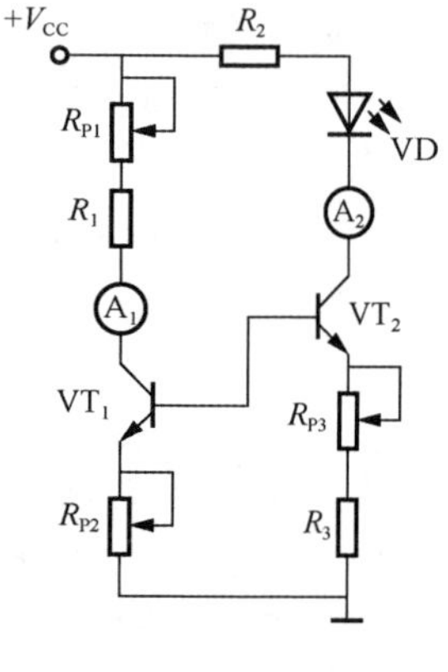

例 12 【2024 年 1 月选考第 12 题】小明设计的台灯模型电路如图所示，VT_1、VT_2 型号相同，工作时 VT_1 导通，VT_2 处于放大状态。下列分析中不正确的是（　　）。

A. 调大 R_{P1}，A_1 和 A_2 读数均减小

B. 调小 R_{P2}，A_1 和 A_2 读数均增大

C. 调大 R_{P3}，A_1 读数基本不变，A_2 读数减小

D. 调小 R_{P1}，VT_1 的 U_{ce} 不变

【解析】根据题干描述，VT_1 和 VT_2 型号相同，工作时 VT_1 导通，VT_2 处于放大状态；电路中 VT_1 和 VT_2 的基极相连，且 VT_1 的集电极和基极通过导线短接，所以 VT_1 的集电极和基极电位相

等，因为导通的三极管 U_{be} 基本保持不变，所以 VT_1 的 U_{ce} 基本保持不变，VT_1 工作于放大与饱和临界状态点，改变电路中的电阻，只要 VT_1 导通，VT_1 的 U_{ce} 基本保持不变，选项 D 正确。调大 R_{P1}，R_{P1} 是 VT_1 和 VT_2 两个三极管基极回路上的电阻，R_{P1} 阻值增大，VT_1 和 VT_2 的 I_b 电流均减小，三极管趋于截止状态，集电极 I_c 电流减小，A_1 和 A_2 读数减小，选项 A 正确；调小 R_{P2}，R_{P2} 是 VT_1 发射极电阻，R_{P2} 调小，VT_1 的 I_b 电流增大，最大 I_c 电流会变大，集电极电流 A_1 的读数应增大，VT_1 的集电极电位应减小。VT_1 的集电极和基极电位等于 VT_2 的基极电位，VT_2 的 I_b 电流减小，I_c 电流变小，A_2 读数减小，选项 B 错误。R_{P3} 是 VT_2 发射极电阻，R_{P3} 调大，VT_2 的 I_b 电流减小，I_c 电流变小，A_2 读数减小（趋于截止状态），同时最大 I_c 电流也变小（趋于饱和状态），R_{P3} 的阻值变化对 VT_2 的工作状态变化比较小，基极电位基本不变，反馈给 VT_1 的基极电位基本不变，所以 A_1 的读数基本保持不变，选项 C 正确。因此，不正确的是选项 B。

第三节　逻　辑　门

数字信号用数字电路处理。实现各种逻辑关系的电路称为数字电路（或逻辑电路），数字电路中最基本的单元是门电路。

数字电路就是依据输出信号与输入信号之间的逻辑关系（因果关系）来处理的，为处理方便，将逻辑前提和逻辑结论均用字母 A、B、C 等表示。显然，这些字母只有“真”和“假”两个状态，且非真即假。在数字电路中，“真”用高电平“1”表示，“假”用低电平“0”表示。“1”和“0”称为数字电路的真值或逻辑值。

基本的逻辑关系有与逻辑、或逻辑和非逻辑。各种逻辑门电路是组成数字电路的基本单元。先认识关于逻辑电路的几个规定。

1. 逻辑状态的表示方法

用数字符号“0”和“1”表示相互对立的逻辑状态，称为逻辑“0”和逻辑“1”，见表 4-1。

表 4-1　常见的对立逻辑状态示例

一种逻辑状态	高电位	有脉冲	闭合	真	上	是	…	1
另一种逻辑状态	低电位	无脉冲	断开	假	下	非	…	0

2. 高、低电平规定

用高电平、低电平来描述电位的高、低。

高、低电平不是一个固定值，而是一个电平变化范围，正逻辑和负逻辑高、低电平范围如图 4-24 所示。

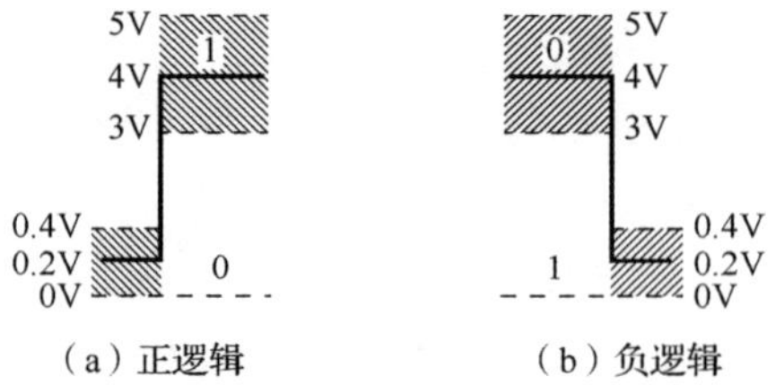

图 4-24　正逻辑和负逻辑高、低电平范围

在集成逻辑门电路中有如下规定：

标准高电平 V_{SH}——高电平的下限值：TTL 电路为 2.3V，CMOS 电路为 V_{DD}（电路电源电压）。

标准低电平 V_{SL}——低电平的上限值：TTL 电路为 0.3V，CMOS 电路为 0V。

应用时，高电平应大于或等于 V_{SH}，低电平应小于或等于 V_{SL}。

3. 正、负逻辑规定

正逻辑：用“1”表示高电平，用“0”表示低电平的逻辑体制。

负逻辑：用“1”表示低电平，用“0”表示高电平的逻辑体制。

一、基本逻辑门电路

（一）与门电路

1. “与”逻辑关系

“与”逻辑关系如图 4-25 所示。当决定一件事情的几个条件全部具备后，这件事情才能发生，否则不发生。

2. 与门电路

与门电路如图 4-26（a）所示，*A*、*B* 为输入端，*F* 为输出端，工作原理如下：

$A = 0V$，$B = 0V$，VD_1、VD_2 均导通，$F = 0V$。

$A = 6V$，$B = 0V$，VD_1 截止，VD_2 导通，$F = 0V$。

$A = 0V$，$B = 6V$，VD_1 导通，VD_2 截止，$F = 0V$。

$A = 6V$，$B = 6V$，VD_1、VD_2 均导通，$F = 6V$。

3. 图形符号

图形符号如图 4-26（b）所示。

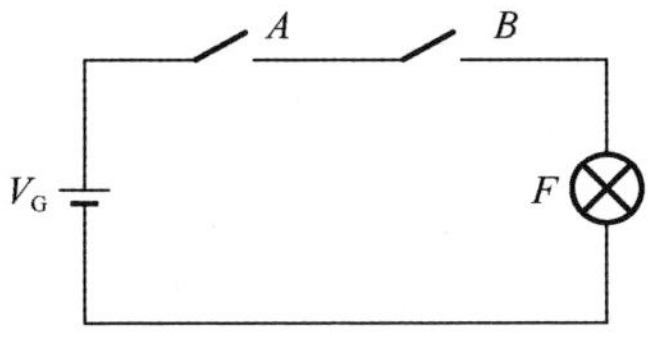

图 4-25　用串联开关说明“与”逻辑关系

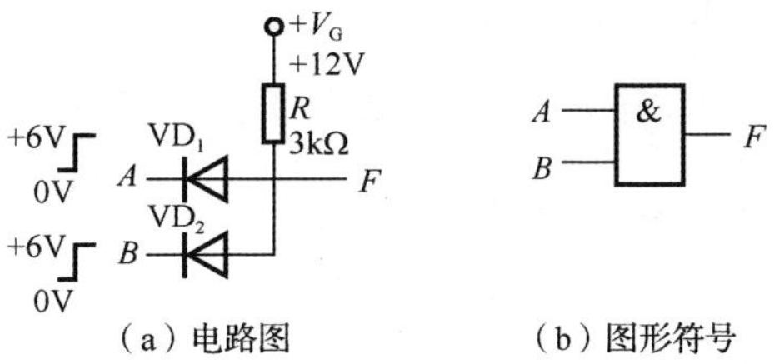

图 4-26　与门

4. 逻辑函数式

与门电路的逻辑函数式为 $F=A\cdot B$ 或 $F=AB$。

5. 真值表

真值表是表明逻辑门电路输入端状态和输出端状态逻辑对应关系的表。与门真值表见表 4-2。

表 4-2　与门真值表

输入		输出
A	*B*	*F*
0	0	0
0	1	0
1	0	0
1	1	1

6. 逻辑功能

与门逻辑功能为“有 0 出 0，全 1 出 1”。

（二）或门电路

1.“或”逻辑关系

“或”逻辑关系如图 4-27 所示。当决定一件事情的几个条件中只要有一个条件得到满足，这件事情就会发生。

2. 或门电路

或门电路如图 4-28（a）所示，工作原理如下：

$A=0V$，$B=0V$，VD_1、VD_2 均截止，$F=-12V$。

$A=6V$，$B=0V$，VD_1 导通，VD_2 截止，$F=6V$。

$A=0V$，$B=6V$，VD_1 截止，VD_2 导通，$F=6V$。

$A=6V$，$B=6V$，VD_1、VD_2 均导通，$F=6V$。

3. 图形符号

或门的图形符号如图 4-28（b）所示。

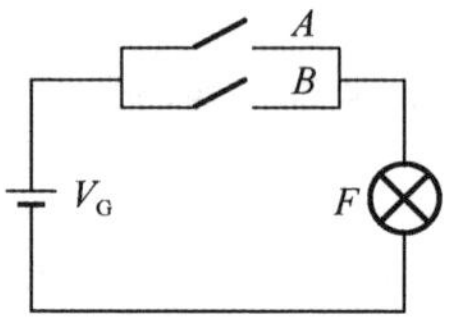

图 4-27　用并联开关说明“或”逻辑关系

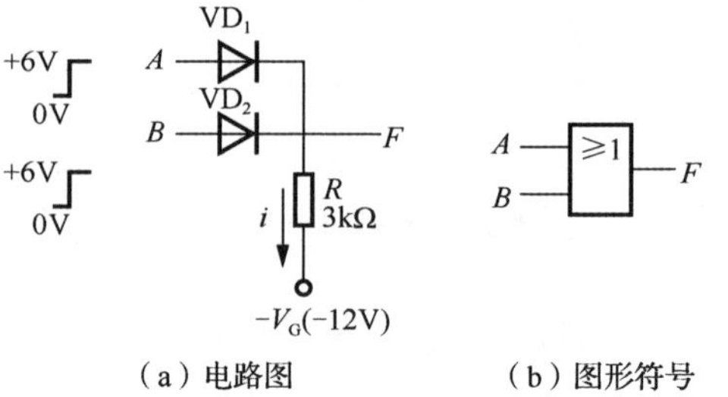

图 4-28　或门

4. 逻辑函数式

或门的逻辑函数式为 $F=A+B$。

5. 真值表

或门真值表见表 4-3。

表 4-3　或门真值表

输入		输出
A	B	F
0	0	0
0	1	1
1	0	1
1	1	1

6. 逻辑功能

或门的逻辑功能为“全 0 出 0，有 1 出 1”。

（三）非门电路

1. “非”逻辑关系

“非”逻辑关系如图 4-29 所示，事情和条件总是呈相反状态的逻辑关系。

2. 非门电路

非门电路如图 4-30（a）所示。工作原理如下：
$A=6V$，VT 导通，$F=0$。
$A=0V$，VT 截止，$F=V_G$。

3. 图形符号

非门图形符号如图 4-30（b）所示。

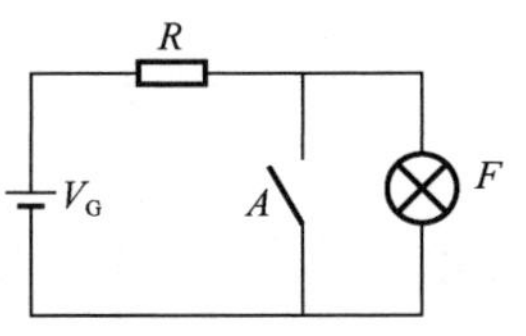

图 4-29　开关并联短接说明“非”逻辑关系

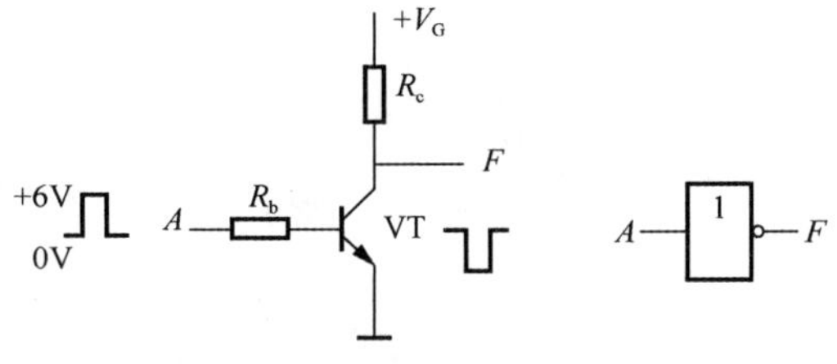

（a）电路图　　（b）图形符号

图 4-30　非门

4. 逻辑函数式

非门的逻辑函数式为 $F = \overline{A}$。

5. 真值表

非门真值表见表 4-4。

表 4-4　非门真值表

输入	输出
A	*F*
0	1
1	0

6. 逻辑功能

非门的逻辑功能为“有 0 出 1，有 1 出 0”。

二、组合逻辑门电路

实际中常把与门、或门和非门组合起来使用，常见的简单组合门电路介绍如下。

（一）与非门

1. 电路组成

在与门后面接一个非门，就构成了与非门，电路如图 4-31（a）所示。

2. 图形符号

在与门输出端加上一个小圆圈，就构成了与非门的图形符号，如图 4-31（b）所示。

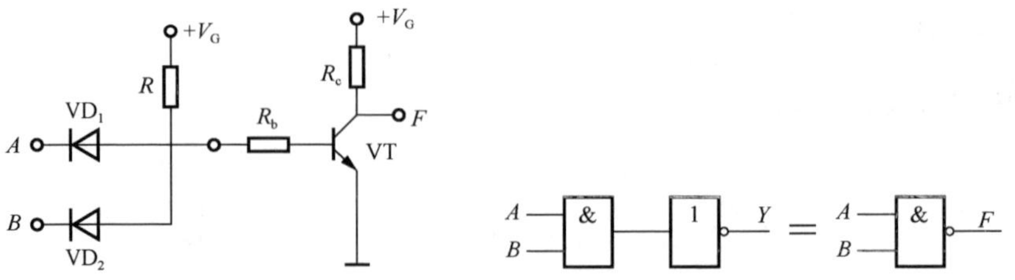

（a）电路图　　（b）图形符号

图 4-31　与非门

3. 函数表达式

与非门的函数逻辑式为 $F=\overline{A\cdot B}$。

4. 真值表

与非门真值表见表 4-5。

表 4-5　与非门真值表

输入		输出
A	B	F
0	0	1
0	1	1
1	0	1
1	1	0

5. 逻辑功能

与非门的逻辑功能为“全 1 出 0，有 0 出 1”。

（二）或非门

1. 电路组成

在或门后面接一个非门就构成了或非门，电路如图 4-32（a）所示。

2. 图形符号

在或门输出端加一个小圆圈就构成了或非门的图形符号，如图 4-32（b）所示。

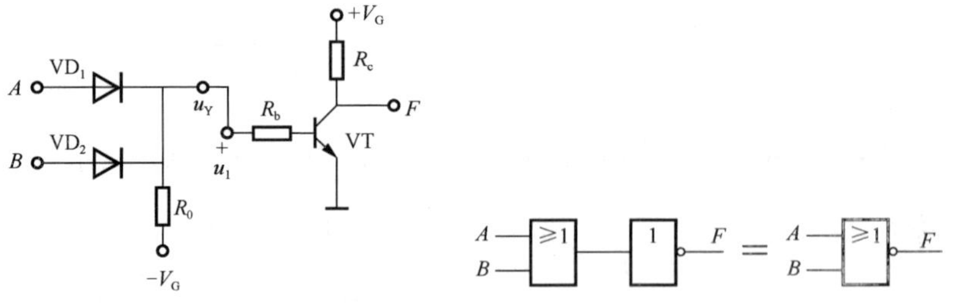

（a）电路图　　（b）图形符号

图 4-32　或非门

3. 逻辑函数式

或非门的逻辑函数式为$F=\overline{A+B}$。

4. 真值表

或非门真值表见表 4-6。

表 4-6　或非门真值表

输入		输出
A	B	F
0	0	1
0	1	0
1	0	0
1	1	0

5. 逻辑功能

或非门的逻辑功能为“全 0 出 1，有 1 出 0”。

（三）与或非门

1. 电路组成

把两个（或两个以上）与门的输出端接到一个或非门的各个输入端，就构成了与或非门。与或非门的电路如图 4-33（a）所示。

2. 图形符号

与或非门的图形符号如图 4-33（b）所示。

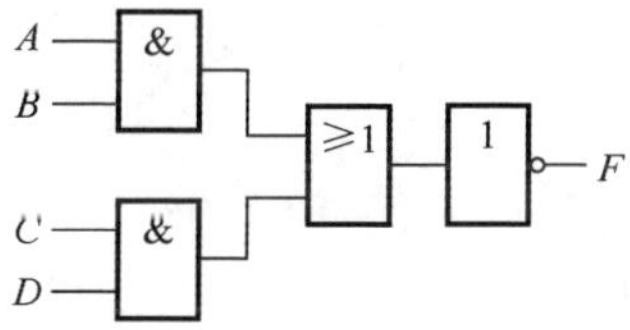

（a）电路图

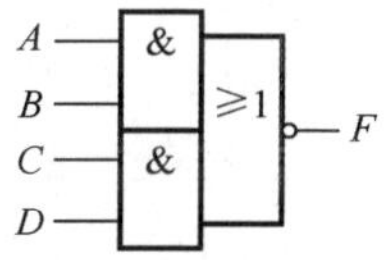

（b）图形符号

图 4-33　与或非门

3. 逻辑函数式

与或非门的逻辑函数式为$F=\overline{AB+CD}$。

4. 真值表

与或非门真值表见表 4-7。

表 4-7　与或非门真值表

输入				输出
A	B	C	D	F
0	0	0	0	1
0	0	0	1	1
0	0	1	0	1
0	0	1	1	0
0	1	0	0	1
0	1	0	1	1
0	1	1	0	1
0	1	1	1	0
1	0	0	0	1
1	0	0	1	1
1	0	1	0	1
1	0	1	1	0
1	1	0	0	0
1	1	0	1	0
1	1	1	0	0
1	1	1	1	0

5. 逻辑功能

与或非门的逻辑功能：当输入端中任何一组全为 1 时，输出即为 0；只有各组输入都至少有一个为 0 时，输出才为 1。

（四）异或门

1. 电路组成

异或门的电路如图 4-34（a）所示。

2. 图形符号

异或门的图形符号如图 4-34（b）所示。

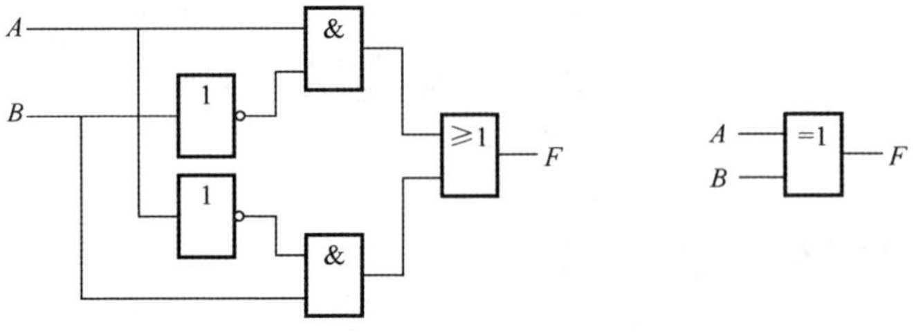

（a）电路图　　（b）图形符号

图 4-34　异或门

3. 逻辑函数式

异或门的逻辑函数式为 $F=\overline{A}B+A\overline{B}$，通常也写成 $F=A\oplus B$。

4. 真值表

异或门真值表见表 4-8。

表 4-8　异或门真值表

输入		输出
A	B	F
0	0	0
0	1	1
1	0	1
1	1	0

5. 逻辑功能

当两个输入端的状态相同（都为 0 或都为 1）时，输出为 0；反之，当两个输入端的状态不同（一个为 0，另一个为 1）时，输出为 1。

6. 应用

判断两个输入信号是否不同。

（五）同或门

1. 电路组成

在异或门的基础上，最后加上一个非门就构成了同或门，其电路如图 4-35（a）所示。

2. 图形符号

同或门的图形符号如图 4-35（b）所示。

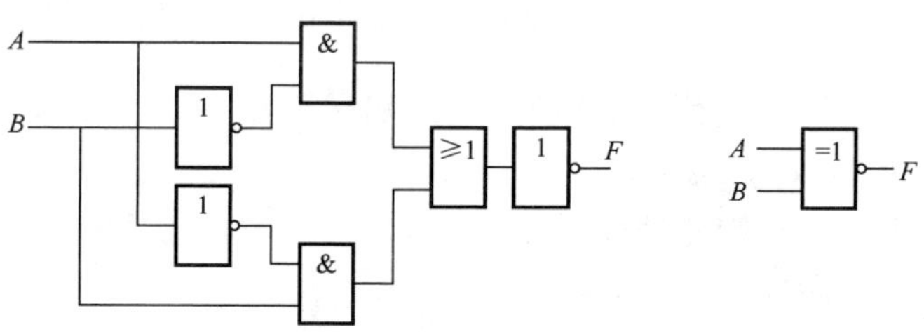

（a）电路图　　（b）图形符号

图 4-35　同或门

3. 逻辑函数式

同或门的逻辑函数式为 $F=AB+\overline{A}\overline{B}$，通常也写成 $F=A\odot B$。

4. 真值表

同或门真值表见表 4-9。

表 4-9　同或门真值表

输入		输出
A	B	F
0	0	1
0	1	0
1	0	0
1	1	1

5. 逻辑功能

当两个输入端的状态相同（都为 0 或都为 1）时，输出为 1；反之，当两个输入端的状态不同（一个为 0，另一个为 1）时，输出为 0。

6. 应用

判断两个输入信号是否相同。

三、逻辑代数及其在逻辑电路中的应用

（一）逻辑代数概述

逻辑代数是研究逻辑电路的数学工具。

逻辑变量：逻辑代数的变量。在逻辑电路中，输入、输出状态相当于逻辑变量。

逻辑变量的表示：用大写字母 A、B、C 等标记。

逻辑变量特征：只有 0 和 1 两种取值。

（二）逻辑函数式与组合逻辑电路

1. 逻辑函数式

逻辑函数式：逻辑变量用逻辑运算符号连接起来，就成为逻辑函数式，如 $F=\overline{A}+B+\overline{A\cdot B}\cdot\overline{A+B}$； $F=(\overline{A}B+A\overline{B})\cdot(A+B)$。

运算的次序：若有括号则先进行括号里的运算，若没有括号则先运算非号下的内容，取非后，再按乘、加的顺序依次运算。

2. 组合逻辑电路

组合逻辑电路：仅由基本门电路（在不加反馈的情况下）组成的逻辑电路称为组合逻辑电路。组合逻辑电路的功能特点如下：

（1）任何时刻的输出状态直接由当时的输入状态决定。

（2）电路没有记忆功能。

3. 逻辑函数与组合逻辑电路的转换

【例 4-1】 把图 4-36 所示逻辑电路的输出 F 和输入 A、B 的逻辑关系写成逻辑函数式。

解：（1）$F_1 = \overline{A \cdot B}$

（2）$F_2 = A \cdot F_1$

（3）$F_3 = F_1 \cdot B$

（4）$F_4 = F_2 + F_3$

（5）$F = A + F_4$

$= A + (A \cdot \overline{A \cdot B} + \overline{A \cdot B} \cdot B)$

【例 4-2】 根据逻辑函数式 $F = (A+B) \cdot \overline{A \cdot B}$，画出电路图。

解： 由逻辑函数画出电路图，如图 4-37 所示。

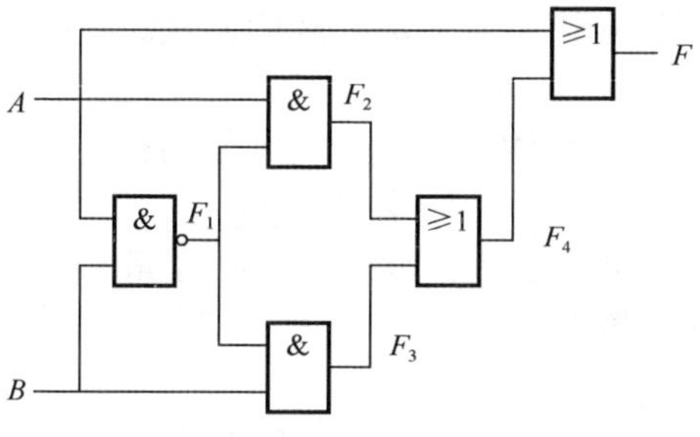

图 4-36　例 4-1 电路图

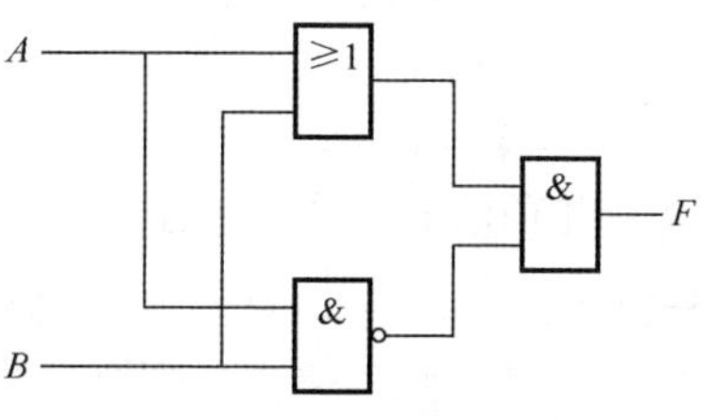

图 4-37　例 4-2 电路图

（三）逻辑代数的基本公式、定律及其应用

逻辑代数具有基本运算公式和基本运算定律，运用这些定律可以把复杂的逻辑函数式化简。

1. 逻辑代数的基本公式

逻辑代数的基本公式见表 4-10。

表 4-10　逻辑代数基本公式

序号	逻辑代数基本运算	逻辑代数基本运算公式	
1	常量和变量的逻辑加	$A+0=A$	$A+1=1$
2	变量和常量的逻辑乘	$A \cdot 0=0$	$A \cdot 1=A$
3	变量和反变量的逻辑加	$A+\overline{A}=1$	
4	变量和反变量的逻辑乘	$A \cdot \overline{A}=0$	

2. 逻辑代数基本定律

逻辑代数基本定律见表 4-11。

表 4-11　逻辑代数基本定律

序号	逻辑代数基本定律	逻辑代数基本定律表达式
1	重叠律	$A\cdot A\cdot A=A$；$A+A+A=A$
2	还原律	$\overline{\overline{A}}=A$
3	交换律	$A+B=B+A$；$A\cdot B=B\cdot A$
4	结合律	$A+(B+C)=(A+B)+C$；$A\cdot(B\cdot C)=(A\cdot B)\cdot C$
5	分配律	$A+B\cdot C=(A+B)\cdot(A+C)$
6	互补律	$A+\overline{A}=1$；$A\cdot\overline{A}=0$
7	吸收律	$(A+B)(A+\overline{B})=A$；$A\cdot B+A\overline{B}=A$；$A+\overline{A}B=A+B$
8	反演律（摩根定律）	$\overline{A+B}=\overline{A}\cdot\overline{B}$；$\overline{A\cdot B}=\overline{A}+\overline{B}$ $\overline{A+B+C+\cdots}=\overline{A}\cdot\overline{B}\cdot\overline{C}\cdots$；$\overline{A\cdot B\cdot C\cdots}=\overline{A}+\overline{B}+\overline{C}+\cdots$

3. 逻辑函数的化简（代数法）

代数法：运用逻辑代数的基本定律和一些恒等式化简逻辑函数式的方法。

化简的目的：使表达式成为最简式。

最简式的含义：乘积项的项目是最少的；每个乘积项中，变量的个数为最少。

化简方法：

（1）并项法。利用 $A+\overline{A}=1$ 的关系，将两项合并为一项，并消去一个变量。

（2）吸收法。利用 $A+AB=A$ 的关系，消去多余的项。

（3）消去法。利用 $A+\overline{A}B=A+B$ 的关系，消去多余的因子。

（4）配项法。利用 $A=A(B+\overline{B})$ 的关系，将其配项，然后消去多余的项。

【例 4-3】　求证 $\overline{A\overline{B}+\overline{A}B}=AB+\overline{A}\overline{B}$。

解： $\overline{A\overline{B}+\overline{A}B}=\overline{A\overline{B}}\cdot\overline{\overline{A}B}=(\overline{A}+\overline{\overline{B}})(\overline{\overline{A}}+\overline{B})=(\overline{A}+B)(A+\overline{B})=AB+\overline{A}\overline{B}$

【例 4-4】　求证 $\overline{AB+\overline{A}C}=A\overline{B}+\overline{A}\overline{C}$。

解： $\overline{AB+\overline{A}C}=(\overline{AB})(\overline{\overline{A}C})=(\overline{A}+\overline{B})(A+\overline{C})=A\overline{B}+\overline{A}\overline{C}+\overline{B}\overline{C}$

$=A\overline{B}+\overline{A}\overline{C}+(A+\overline{A})\overline{B}\overline{C}=A\overline{B}+\overline{A}\overline{C}$

【例 4-5】　化简 $AD+A\overline{D}+AB+\overline{A}C+BD$。

解： $AD+A\overline{D}+AB+\overline{A}C+BD=(AD+A\overline{D})+AB+\overline{A}C+BD$

$=(A+AB)+\overline{A}C+BD=(A+\overline{A}C)+BD=A+C+BD$

4. 逻辑代数在逻辑电路中的应用

实现一定逻辑功能的逻辑电路有简有繁，利用逻辑代数化简，可以得到简单合理的电路。

【例 4-6】　设计一个体现函数式 $F=AB+AC$ 的逻辑电路。

解： 根据题意，可画出图 4-38（a）所示的电路，但函数式化简后得 $F=AB+AC=A(B+C)$，可简化成图 4-38（b）所示的电路。

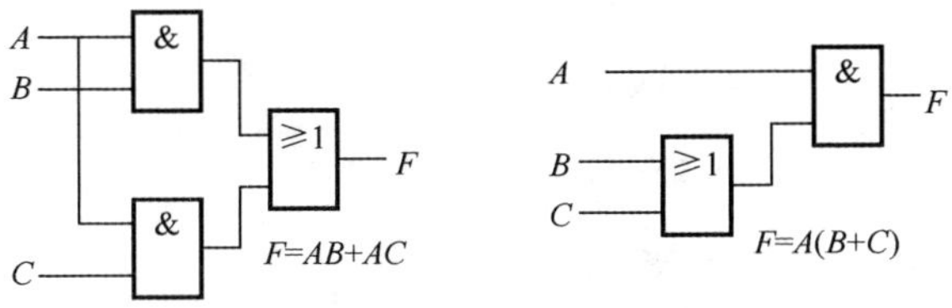

（a）化简前　　　　（b）化简后

图 4-38　逻辑电路图的简化

【例 4-7】　设计一个 $F=A\overline{B}+C+\overline{A}\overline{C}D+B\overline{C}D$ 的逻辑电路。

解： $F=A\overline{B}+C+\overline{A}\overline{C}D+B\overline{C}D=A\overline{B}+C+\overline{C}(\overline{A}D+BD)$

$=A\overline{B}+C+(\overline{A}D+BD)=A\overline{B}+C+D(\overline{A}+B)$

$=A\overline{B}+C+D(\overline{\overline{\overline{A}+B}})=A\overline{B}+C+D(\overline{A\cdot\overline{B}})$

$=A\overline{B}+C+D$

化简前后的逻辑电路分别如图 4-39 和图 4-40 所示。

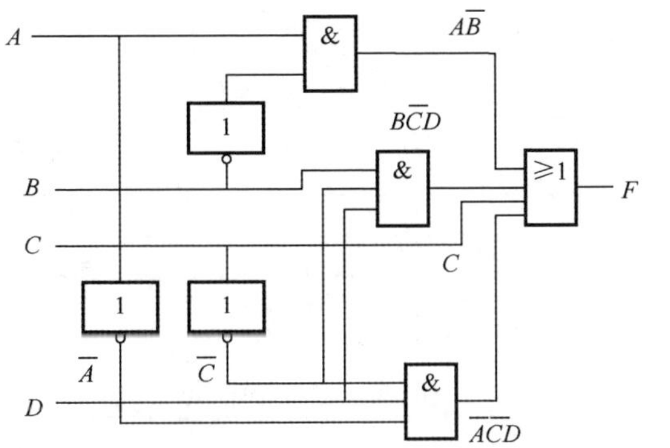

图 4-39　化简前的电路

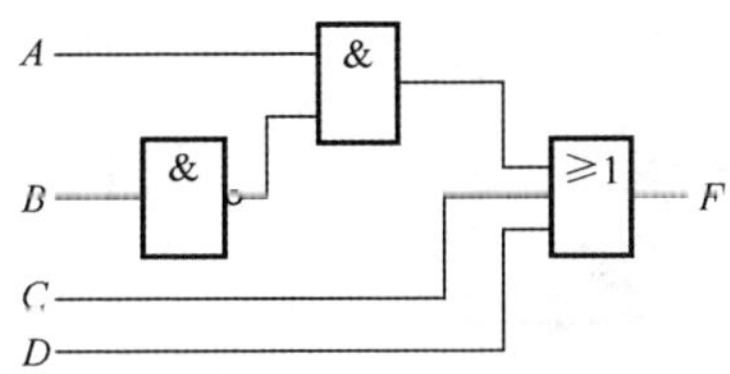

图 4-40　化简后的电路

【例 4-8】　变换 $A\overline{B}+A\overline{C}+A\overline{D}$ 为与非-与非表达式，并画出对应的电路图。

解： $A\overline{B}+A\overline{C}+A\overline{D}=A(\overline{B}+\overline{C}+\overline{D})$

$=A\cdot\overline{B\cdot C\cdot D}=\overline{\overline{A\cdot\overline{B\cdot C\cdot D}}}$

电路图如图 4-41 所示。

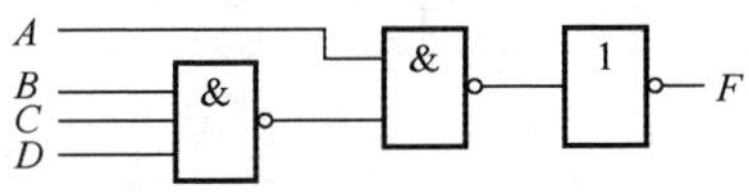

图 4-41　电路图

逻辑函数表达式的形式如下：

$$
\begin{aligned}
F &= (A+\bar{C})(C+D) && \text{或-与表达式} \\
&= AC+\bar{C}D && \text{与-或表达式} \\
&= \overline{\overline{AC}\cdot\overline{\bar{C}D}} && \text{与非-与非表达式} \\
&= \overline{\overline{(A+\bar{C})}+\overline{(C+D)}} && \text{或非-或非表达式} \\
&= \overline{\bar{A}C+\bar{C}\bar{D}} && \text{与-或-非表达式}
\end{aligned}
$$

（四）逻辑电路与真值表的互换

1. 由逻辑函数式列真值表

（1）若输入变量数为 n，则输入变量不同状态的组合数目为 2^n 。

（2）列表时，输入状态按 n 列 2^n 行画好表格，然后从右到左，在第 1 列中填入 0、1、0、1、…；在第 2 列中填入 0、0、1、1、0、0、1、1、…；在第 3 列中填入 0、0、0、0、1、1、1、1、…；以此类推，直到填满表格。然后，把每一行中的各输入变量状态代入函数式，计算并记下输出状态列入表中。

【例 4-9】 列出逻辑函数式 $F=\bar{A}B+A\bar{B}$ 的真值表。

解：真值表见表 4-12。

表 4-12 真值表

输入		输出
A	B	F
0	0	0
0	1	1
1	0	1
1	1	0

2. 由真值表列出逻辑函数式

（1）从真值表上找出输出为 1 的各行，把每行的输入变量写成乘积形式；遇到 0 的输入变量加非号。

（2）把各乘积项相加。

【例 4-10】 试由真值表（表 4-13）列出相应的逻辑函数式。

表 4-13 真值表

输入			输出
A	B	C	F
0	0	0	0
0	0	1	0
0	1	0	0
1	0	0	1
0	1	1	1
1	0	1	0
1	1	0	0
1	1	1	1

解： $F = A\overline{B}\overline{C} + \overline{A}BC + ABC$

3. 由波形图列出逻辑函数式

【例 4-11】 已知某逻辑电路的输入、输出相应波形如图 4-42 所示，试写出它的真值表和逻辑函数式。

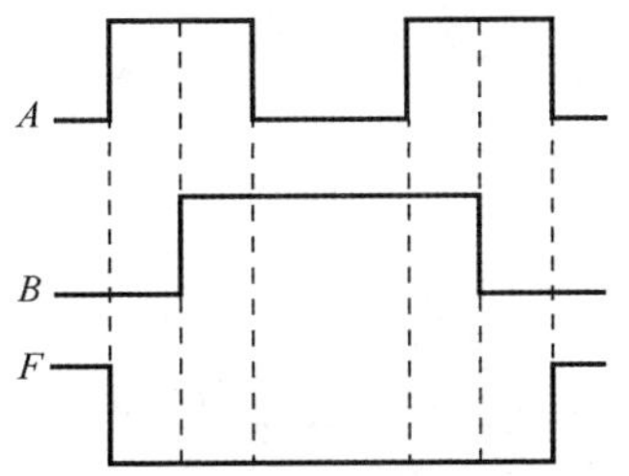

图 4-42　某逻辑电路输入、输出相应波形

解： 由波形对应关系，列出真值表（表 4-14）。

表 4-14　真值表

输入		输出
A	B	F
0	0	1
1	0	0
1	1	0
0	1	0

逻辑函数式为

$$F = \overline{A + B}$$

四、组合逻辑电路的识读与设计

组合逻辑电路的基本特点是任何时刻的输出状态，直接由当时的输入状态所决定。组合逻辑电路有给出具体电路进行功能识读和根据情境设计电路两种分析方法。

（一）组合逻辑电路的识读

1. 识读步骤

（1）根据组合逻辑电路写出表达式，即由输入到输出逐级写出输出表达式。
（2）化简表达式。
（3）由化简后的表达式写出真值表。

2. 实例分析

如图 4-43（a）所示组合逻辑电路图，分析方法如下。

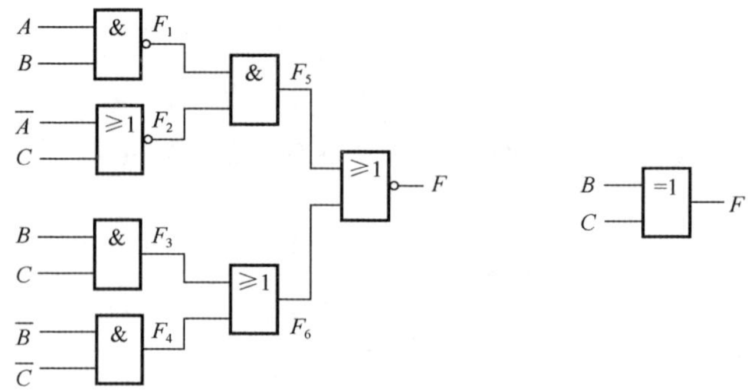

（a）电路图　　（b）等效电路

图 4-43　组合逻辑电路

（1）逐级写出输出表达式。

$$F_1=\overline{AB}，\ F_2=\overline{\overline{A}+C}$$

由 F_1、F_2 得

$$F_5=\overline{AB}\cdot\overline{\overline{A}+C}$$

$$F_3=BC，\ F_4=\overline{B}\cdot\overline{C}$$

由 F_3、F_4 得

$$F_6=BC+\overline{B}\cdot\overline{C}$$

由 F_5、F_6 得

$$F=\overline{\overline{AB}\cdot\overline{\overline{A}+C}+(BC+\overline{B}\overline{C})}$$

（2）化简。

$$F=\overline{\overline{AB}\cdot\overline{\overline{A}+C}+(BC+\overline{B}\overline{C})}=(AB+\overline{A}+C)\cdot\overline{BC+\overline{B}\overline{C}}=(AB+\overline{A}+C)\cdot\overline{BC}\cdot\overline{\overline{B}\overline{C}}$$
$$=(AB+\overline{A}+C)\cdot(\overline{B}+\overline{C})\cdot(B+C)=(B+C)\cdot(\overline{B}+\overline{C})=B\oplus C$$

（3）逻辑功能分析。

根据真值表（表 4-15）分析逻辑功能，图 4-43（a）所示组合电路与异或门的逻辑功能一致，因此，逻辑电路可以等效为图 4-43（b）所示逻辑电路。

表 4-15　真值表

输入		输出
B	C	F
0	0	0
0	1	1
1	0	1
1	1	0

【例 4-12】　分析图 4-44（a）所示逻辑电路图。

解：（1）根据图 4-44（a），写出逻辑函数式为

$$F=\overline{A}\overline{B}C+\overline{A}B\overline{C}+\overline{A}BC+ABC$$

（2）化简逻辑函数式，得

$$F=\overline{A}B+\overline{A}C+BC$$

（3）根据化简后的逻辑函数式，画出图 4-44（b）所示的逻辑图。

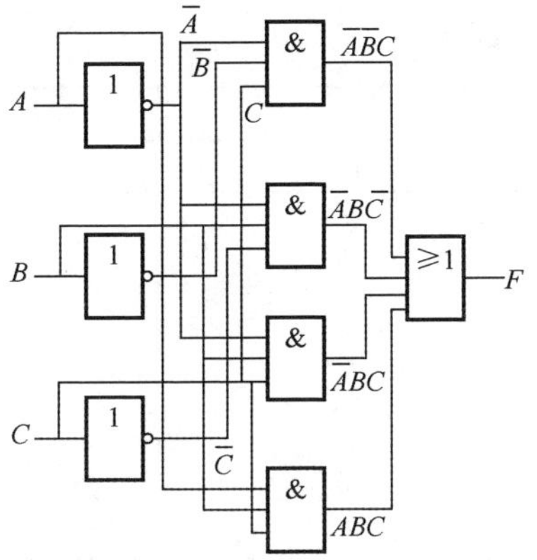

（a）电路图

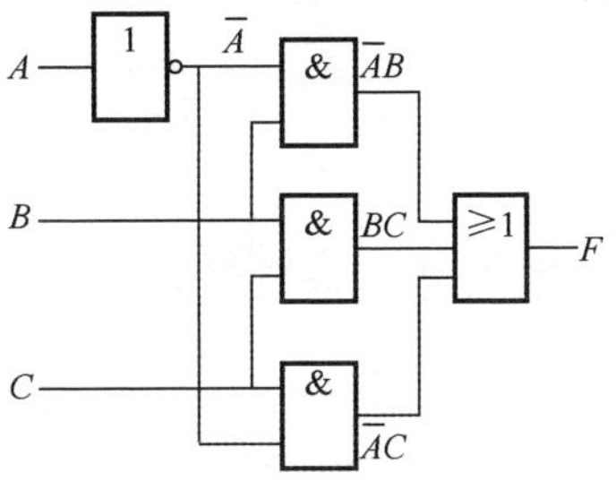

（b）化简后电路图

图 4-44　例 4-12 电路图

（4）列出真值表，见表 4-16。

表 4-16　真值表

输入			输出
A	B	C	F
0	0	0	0
0	0	1	1
0	1	0	1
0	1	1	1
1	0	0	0
1	0	1	0
1	1	0	0
1	1	1	1

（二）组合逻辑电路的设计

1. 设计步骤

（1）根据实际问题的逻辑关系，列出相应的真值表。
（2）由真值表写出逻辑函数式。
（3）化简逻辑函数式。
（4）根据化简得到的最简表达式，画出组合电路图。

2. 举例说明

举重比赛有 3 名裁判：1 名主裁判 A，2 名副裁判 B、C。杠铃举起的裁决，由每名裁判按一下自己面前的按钮来决定。只有当主裁判和至少 1 名副裁判判明成功时，表明“成功”的灯才亮。试设计这个逻辑电路。

（1）设 F 表示灯，1 表示灯亮，0 表示灯不亮。

A 表示主裁判，B、C 表示副裁判，列出真值表（表 4-17）。

表 4-17　真值表

输入			输出
A	B	C	F
0	0	0	0
0	0	1	0
0	1	0	0
0	1	1	0
1	0	0	0
1	0	1	1
1	1	0	1
1	1	1	1

（2）由真值表写出逻辑函数式。

$$F = A\overline{B}C + AB\overline{C} + ABC$$

（3）化简逻辑函数式。

$$F = A(B + C)$$

（4）根据化简得到的最简表达式画出电路图，如图 4-45 所示。

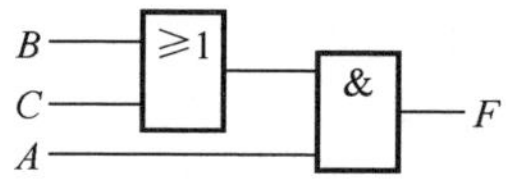

图 4-45　电路图

【例 4-13】　设计一个楼梯开关的控制逻辑电路，以控制楼梯电灯，上楼前，用楼下开关打开电灯；上楼后，用楼上开关关灭电灯。或者在下楼前，用楼上开关打开电灯；下楼后，再用楼下开关关灭电灯。

解：（1）设 A 表示楼上开关，B 表示楼下开关，F 表示灯泡，1 表示 A、B 闭合，0 表示断开。F=1 表示灯亮，F=0 表示灯灭。列出真值表（表 4-18）。

表 4-18　真值表

输入		输出
A	B	F
0	0	0
0	1	1
1	0	1
1	1	0

（2）由真值表写出逻辑函数式。

$$F = A\overline{B} + \overline{A}B = A \oplus B$$

（3）根据化简得到的最简表达式画出逻辑电路，如图 4-46（a）所示，等效于如图 4-46（b）所示的电工接线电路。

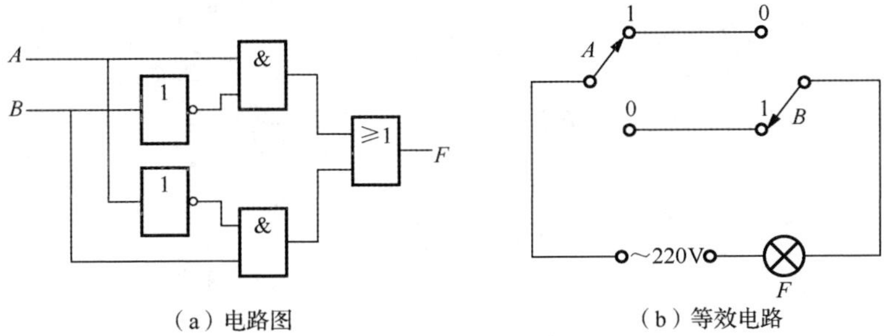

图 4-46　例 4-13 电路与等效电路

逻辑门电路典型例题

例 1　【2017 年 11 月选考第 13 题】如图所示是一种 2 位二进制译码器的电路图，X、Y 表示输入，F_1、F_2、F_3、F_4 表示输出。当 X 为 1、Y 为 0 时，F_1、F_2、F_3、F_4 为（　　）。

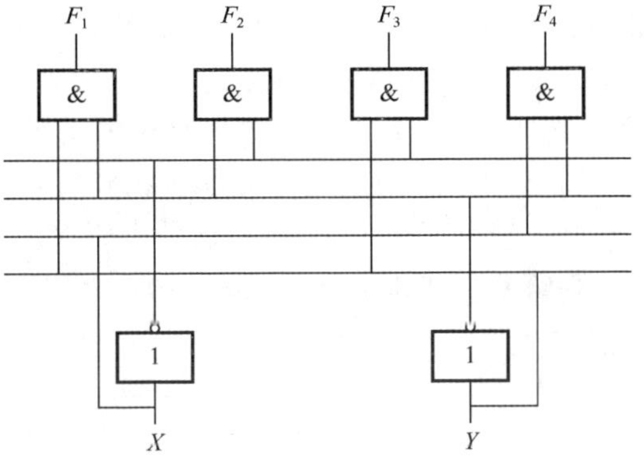

A. 0000　　B. 0100　　C. 0010　　D. 0001

【解析】把 X=1、Y=0 逐一代入，F_1=0，F_2=0，F_3=0，F_4=1，因此，选项 D 正确。

例 2　【2018 年 4 月选考第 12 题】如图所示电路，下列分析正确的是（　　）。

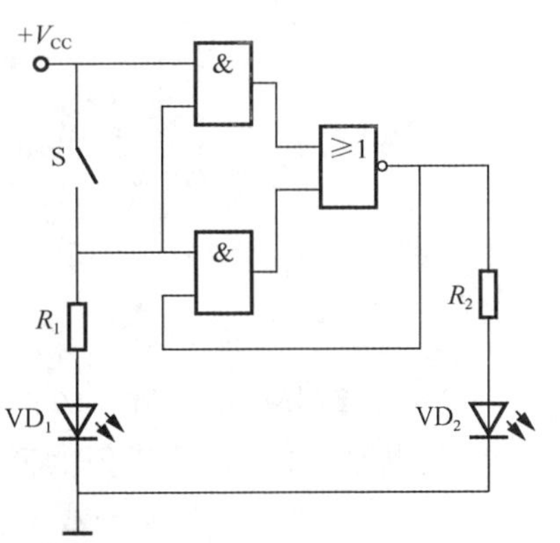

A. VD_2 始终不发光

B. S 断开时，VD_1 不发光，VD_2 发光

C. S 断开时，VD_1 不发光，VD_2 不发光

D. S 闭合时，VD_1 发光，VD_2 发光

【解析】本题就两种情况，S 断开时，VD_1 不发光，VD_2 发光；S 闭合时，VD_1 发光，VD_2 不发光。因此，选项 B 正确。

例 3 【2018 年 11 月选考第 12 题】如图所示电路，下列分析中不正确的是（　　）。

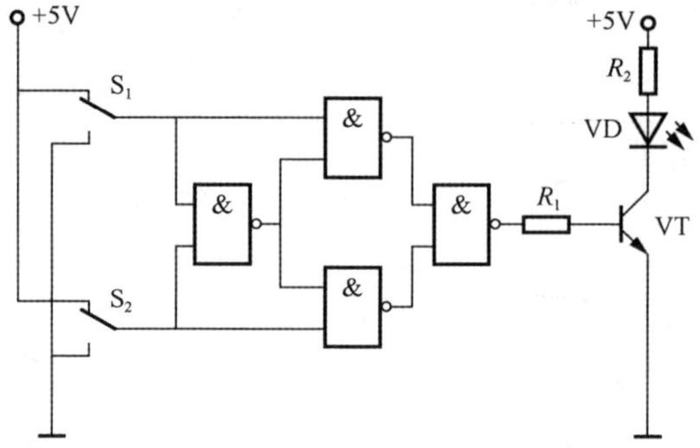

A. S_1 接地，S_2 接电源，VD 发光

B. S_1 接地，S_2 接地，VD 不发光

C. S_1 接电源，S_2 接地，VD 发光

D. S_1 接电源，S_2 接电源，VD 发光

【解析】当 S_1 接地输入低电平，S_2 接电源输入高电平时，VT 基极为高电平，VD 发光，选项 A 正确；当 S_1 接地、S_2 接地时相当于 S_1、S_2 都输入低电平，VT 基极为低电平，VD 不发光，选项 B 正确；当 S_1 接电源输入高电平，S_2 接地输入低电平，VT 基极为高电平，VD 发光，选项 C 正确；当 S_1 接电源、S_2 接电源时相当于 S_1、S_2 都输入高电平，VT 基极为低电平，VD 不发光，因此选项 D 不正确。

例 4 【2020 年 1 月选考第 11 题】小明为鸡蛋孵化室（正常工作温度为 37～39℃）设计了如图所示的温度监测指示电路，用 VD_1、VD_2、VD_3 的发光状态指示孵化室的温度状况。其中 R_t 为负温度系数热敏电阻；A_1、A_2 为电压比较器，当 $V_+>V_-$时输出高电平，当 $V_+<V_-$时输出低电平。鸡蛋孵化室温度介于 37℃和 39℃之间时，VD_2 发光，VD_1 和 VD_3 不发光，题图虚线框位置应选用的逻辑门是（　　）。

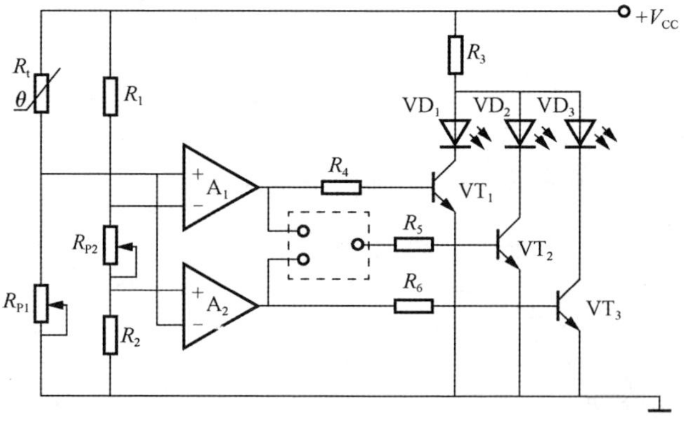

A. 与非门　　B. 或非门　　C. 与门　　D. 或门

【解析】由题意可知，VD_1、VD_3 不发光，即 VT_1 的基极为低电平“0”，VT_3 的基极也为低电平“0”，即逻辑门的两个输入均为“0”；VD_2 发光，则 VT_2 的基极为高电平“1”，全“0”出“1”，所以它为或非门，选项 B 正确。

例 5　【2020 年 7 月选考第 13 题】如图所示的光控灯实验电路，当 S 被按下时电路接通，当 S 被松开后电路断开。下列分析中正确的是（　　）。

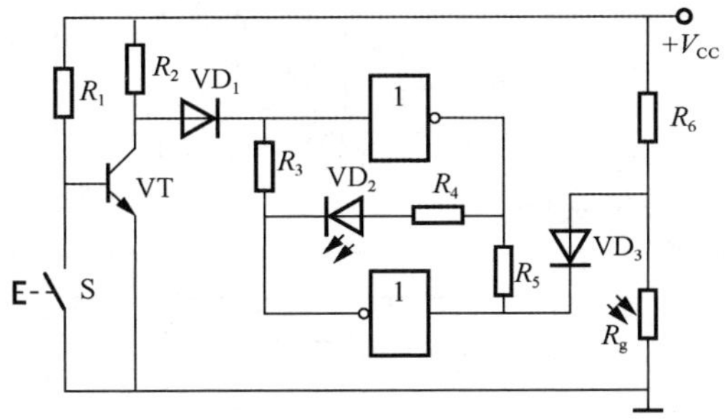

A. 光线足够强，按下 S 时 VD_2 发光，松开 S 时 VD_2 不发光

B. 光线足够暗，按下 S 时 VD_2 不发光，松开 S 时 VD_2 发光

C. S 松开且 VD_2 不发光时，光线变化不会改变 VD_2 的发光情况

D. VD_2 发光时，按下 S 不会改变 VD_2 的发光情况

【解析】为了便于描述，电路标注如下图所示，并用数字“1”表示高电平，“0”表示低电平，A=0 表示 A 点输出低电平，B=1 表示 B 点输出高电平，余同。

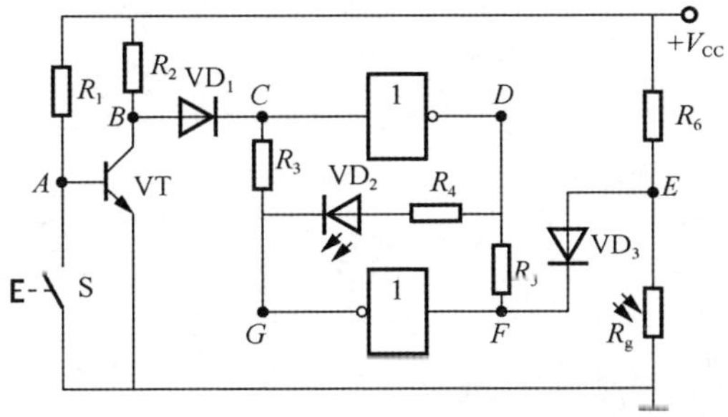

当光线足够强，按下 S 时，A=0、E=0，可以推出 B=1、F=0，又可推知 C=1、D=0、F=0、G=1，VD_2 不发光，选项 A 错误；光线足够暗，E=1→F=1→G=0，按下 S 时，A=0→B=1→C=1→D=0，VD_2 不发光，松开 S 时，A=1→B=0→C=0→D=1，VD_2 发光，选项 B 正确；S 松开时，D 为高电平，而 VD_2 不发光，可能是因为 G 也为高电平，当光线变暗时，G 变成低电平时，VD_2 就可以发光了，选项 C 错误；VD_2 发光时，即 D 为高电平，G 为低电平，当闭合 S 时，D 可以变为低电平，此时，VD_2 不发光，选项 D 错误。

例 6　【2021 年 1 月选考第 11 题】某等级考试中，有 A、B、C 三个考核项目，要求 A 必须通过，同时 B、C 中至少有一项通过，等级考试（F）才能通过。用高电平表示通过，低电平表示不通过，下列选项中能实现上述逻辑关系的是（　　）。

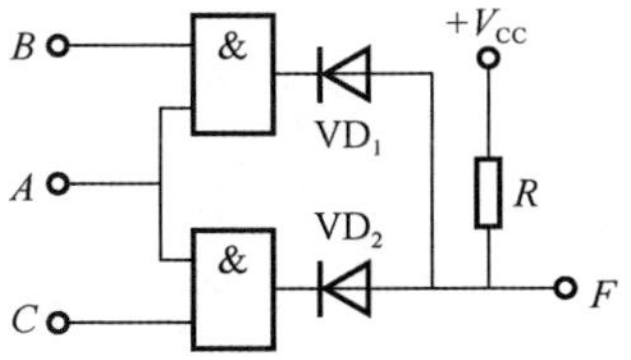

A.

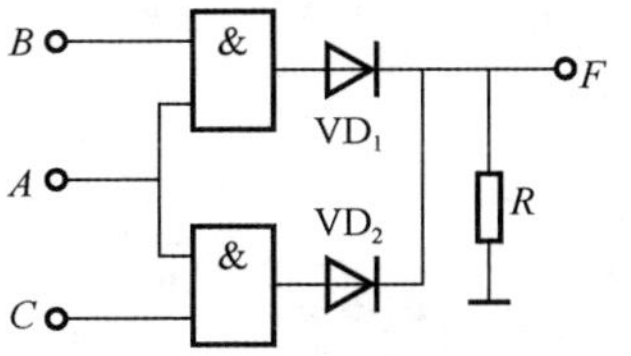

B.

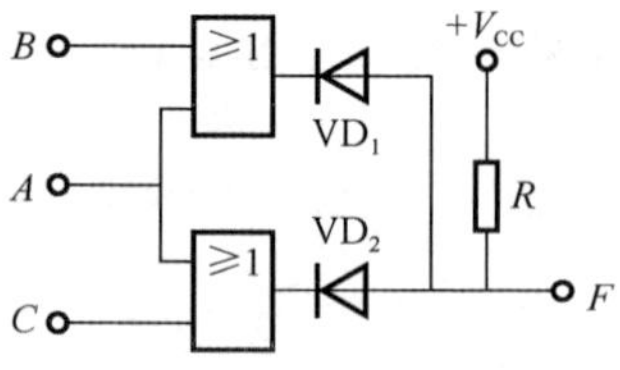

C.

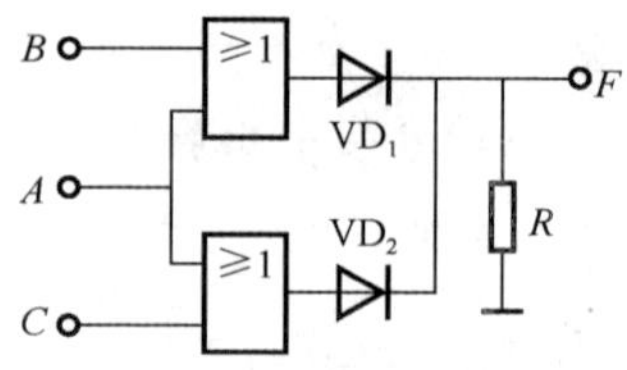

D.

【解析】（1）根据题意列出真值表。

输入			输出
A	B	C	F
0	0	0	0
0	0	1	0
0	1	0	0
0	1	1	0
1	0	0	0
1	0	1	1
1	1	0	1
1	1	1	1

（2）根据真值表写出逻辑函数式。

$$F = A\overline{B}C + AB\overline{C} + ABC$$
$$= AC + AB$$

（3）结合二极管构成的与门、或门电路形式，列出逻辑函数式。

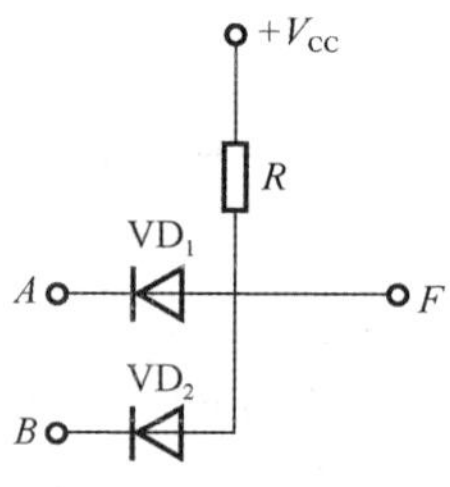

与门

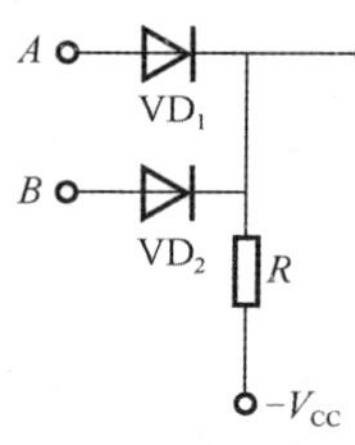

或门

选项 A 的逻辑函数式为 $AB \cdot AC$，选项 B 的逻辑函数式为 $AB + AC$，选项 C 的逻辑函数式为 $(A+B)\cdot(A+C)$，选项 D 的逻辑函数式为 $(A+B)+(A+C)$。

综上所述，选项 B 能实现题中的逻辑关系。

例 7　【2021 年 6 月选考第 12 题】如图所示电路，R_t 为负温度系数热敏电阻。温度在设定范围内时，A 点为高电位，B 点为低电位。下列分析中正确的是（　　）。

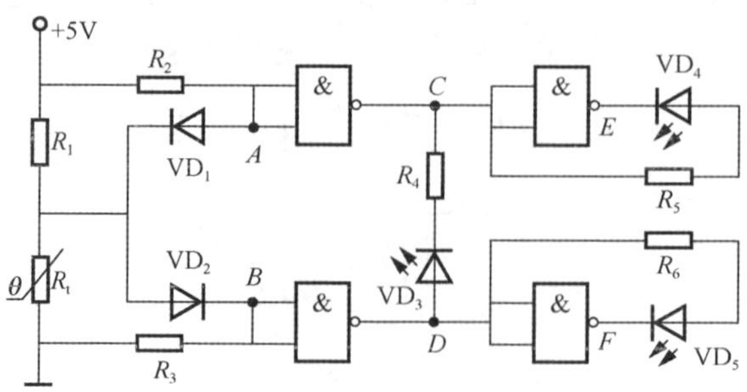

A. 温度低于设定范围下限时，VD_5不发光
B. 温度在设定范围内时，VD_3不发光
C. 温度高于设定范围上限时，VD_4不发光
D. 温度在设定范围内时，VD_4、VD_5都不发光

【解析】温度在设定范围内时，A 点为高电位，B 点为低电位，对应的与非门输出 C 为低电平、D 为高电平，VD_3发光，选项 B 错误；E 为高电平、F 为低电平，VD_4、VD_5都不发光，选项 D 正确；温度低于设定范围下限时，B 点为高电位，D 为低电平，F 为高电平，VD_5发光，选项 A 错误；温度高于设定范围上限时，A 点为低电位，C 为高电平，E 点为低电平，VD_4发光，因此，选项 C 错误。

例 8　【2022 年 1 月选考第 12 题】如图所示逻辑电路，为了实现 S=1 时 F=A，S=0 时 F=B，图中虚线框处应当选用（　　）。

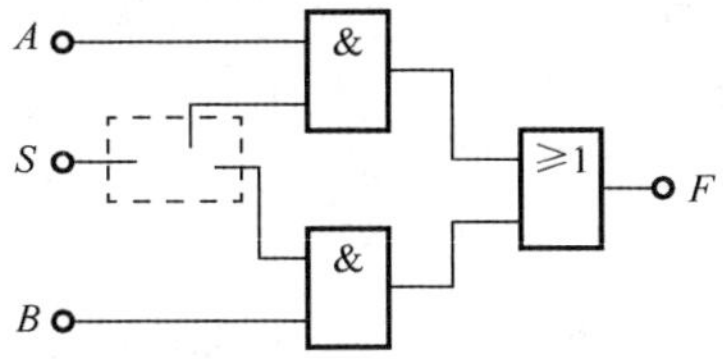

A. 2 个与门　　B. 1 个或门　　C. 1 个非门　　D. 2 个或门

【解析】根据题意可列如下真值表。

输入			输出
A	B	S	F
1	×	1	1
0	×	1	0
×	1	0	1
×	0	0	0

表中“×”表示任意值，由真值表可得 $F = AS + B\overline{S}$，逻辑电路设计如图所示，因此，选项 C 正确。

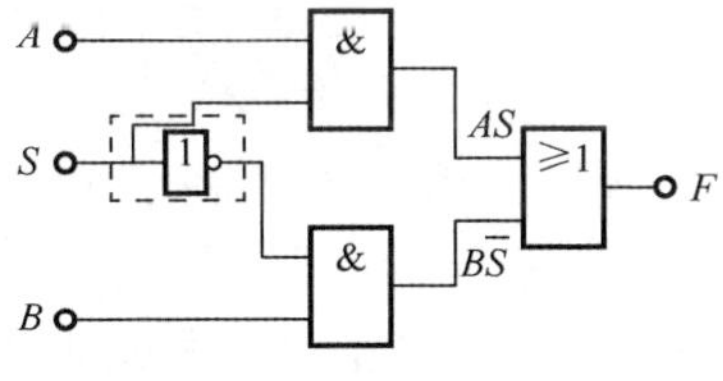

例 9　【2022 年 6 月选考第 12 题】如图所示是光线检测报警电路。光线正常时不报警；光线过暗时，VD_1发光，蜂鸣器发声；光线过强时，VD_2发光，蜂鸣器发声。下列分析中不正确的是（　　）。

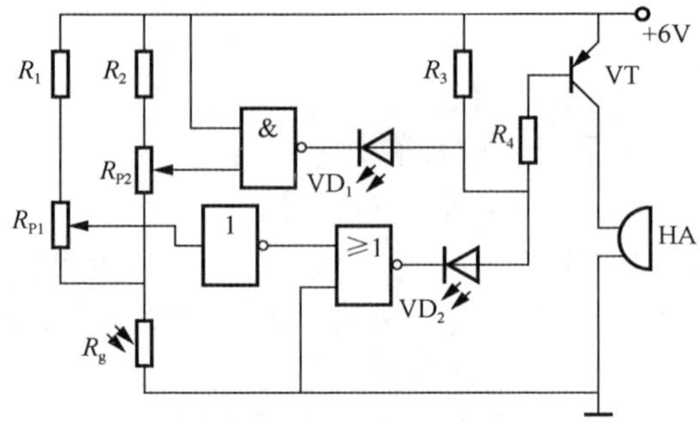

A. 蜂鸣器发声过程中，通过 R_4 的电流基本不变

B. 电路中三个逻辑门均起到逻辑非的作用

C. R_{P1} 滑动端信号是模拟信号，VD_2 正极是数字信号

D. 光线过强时，R_{P1} 滑动端电位低于 R_{P2} 滑动端电位

【解析】根据题意，蜂鸣器响时 VD_1 或 VD_2 亮，发光二极管导通压降一样，因此 R_4 两端电压一致，流过 R_4 的电流基本不变。与非门一个输入为 1，作为非门使用；或非门一个输入为 0，也作为非门使用，故 3 个逻辑门均作为非门使用。逻辑门的输入端光敏电阻线性变化，因此是模拟信号，逻辑门的输出为数字信号。光线正常时不报警，意味着 VD_1、VD_2 不亮，与非门和或非门都输出高电平。R_{P2} 滑动端为低电平，R_{P1} 滑动端为高电平，因此 R_{P1} 的电位高于 R_{P2}，因此，选项 D 不正确。

第四节　触　发　器

在数字电路中，单一的门电路只能实现较简单的逻辑功能，因此在实际的电子控制电路中，经常把门电路进行适当的组合，以完成较复杂的逻辑功能，从而满足实际控制中的各种逻辑功能要求。

在三人表决器案例中，若 A、B、C 是用按钮产生的，由于按钮按下的时间通常较短，使得 A、B、C 输入的电平保持时间较短，Y 输出信号保持的时间也就较短。这样表决的结果便一闪而过，无法观察清楚。因此，在一个控制系统中，必须包含能将这些信号记住的记忆元件。

基本触发器就是一种非常经典的由门电路组合而成的基本单元电路。

触发器是一种具有记忆功能并且其状态能在触发脉冲作用下迅速翻转的逻辑电路。基本 RS 触发器是各种触发器的基础。

一、与非门组成的基本 RS 触发器

将两个集成与非门的输出端和输入端交叉反馈相接，就组成了基本 RS 触发器，如图 4-47 所示。

1. 电路组成

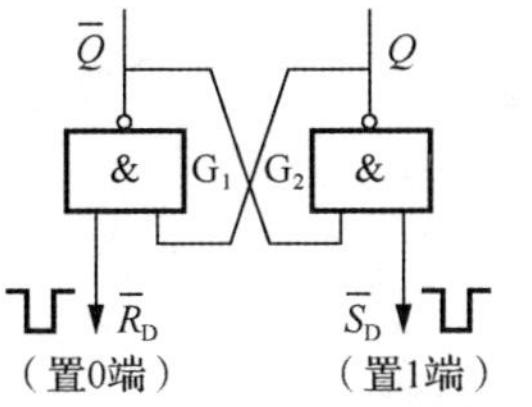

图 4-47　与非门组成的基本 RS 触发器

与非门组成的基本RS触发器包括两个与非门 G_1、G_2；两个输入端 $\overline{R}_D$、$\overline{S}_D$；两个输出端 Q、$\overline{Q}$，逻辑状态是互补的。

2. 工作原理

触发器的翻转：触发器在外加信号作用下，状态转换的过程。

触发脉冲：能使触发器发生翻转的外加信号。

工作状态：Q 端的状态为触发器的状态。当 $Q=0$，$\overline{Q}=1$ 时，触发器处于“0”态（稳定状态）；当 $Q=1$，$\overline{Q}=0$ 时触发器处于“1”态（稳定状态）。

3. 逻辑功能

与非门组成的基本 RS 触发器的逻辑功能如下：

当 $\overline{R}_D=0$，$\overline{S}_D=1$ 时，$Q=0$（$\overline{Q}=1$）。

当 $\overline{R}_D=1$，$\overline{S}_D=0$ 时，$Q=1$（$\overline{Q}=0$）。

当 $\overline{R}_D=1$，$\overline{S}_D=1$ 时，Q 不变（$\overline{Q}$ 不变）。

当 $\overline{R}_D=0$，$\overline{S}_D=0$ 时，Q 不定（$\overline{Q}$ 不定），这是不允许的。

4. 真值表

与非门组成的基本 RS 触发器的真值表见表 4-19。

表 4-19　与非门组成的基本 RS 触发器的真值表

输入		输出
$\overline{R}_D$	$\overline{S}_D$	Q
0	0	不定（禁用）
0	1	0
1	0	1
1	1	不变

$\overline{R}_D$ 为置 0 端、$\overline{S}_D$ 为置 1 端，均由负脉冲触发；符号 R_D、S_D 上加了非号，表示低电平有效。

二、或非门组成的基本 RS 触发器

将两个集成或非门的输出端和输入端交叉反馈相接，就组成了高电平触发的基本 RS 触发器，如图 4-48 所示。

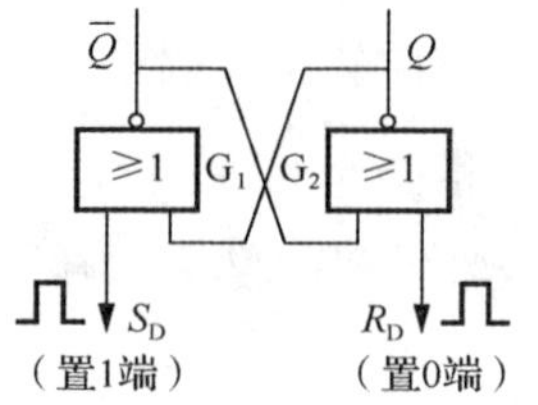

图 4-48　或非门组成的基本 RS 触发器

1．电路组成

或非门组成的基本 RS 触发器包括两个或非门 G_1、G_2；两个输入端 R_D、S_D；两个输出端 Q、$\overline{Q}$，逻辑状态是互补的。

2．逻辑功能

或非门组成的基本 RS 触发器的逻辑功能如下：
当 $R_D=1$，$S_D=1$ 时，则 Q 不定（$\overline{Q}$ 不定），这是不允许的。
当 $R_D=0$，$S_D=1$ 时，则 $Q=1$（$\overline{Q}=0$）。
当 $R_D=1$，$S_D=0$ 时，则 $Q=0$（$\overline{Q}=1$）。
当 $R_D=0$，$S_D=0$ 时，则 Q 不变（$\overline{Q}$ 不变）。

3．真值表

或非门组成的基本 RS 触发器的真值表见表 4-20。

表 4-20　或非门组成的基本 RS 触发器的真值表

输入		输出
R_D	S_D	Q
0	0	不变
0	1	1
1	0	0
1	1	不定（禁用）

R_D 为置 0 端、S_D 为置 1 端，均由正脉冲触发；符号 R_D、S_D 上没有非号，表示高电平有效。

三、两种基本触发器的异同

1．对比分析

两种基本 RS 触发器对照见表 4-21，S_D 称为置位端或置 1 端，R_D 称为复位端或置 0 端。因与非门组成的基本触发器输入端为低电平触发（或称低电平有效），故与非门组成的基本触发器两个输入端分别记作 $\overline{S}_D$ 和 $\overline{R}_D$，区别或非门组成的基本触发器输入端为高电平触发（或称高电平有效，后同）。两个输入端都无效时保持不变；两个输入端都有效时禁用。

表 4-21　两种基本 RS 触发器对照

<table>
<tr><th>类型</th><th>逻辑图</th><th>功能表</th><th>逻辑功能</th></tr>
<tr><td>两个与非门构成的
基本 RS 触发器</td><td>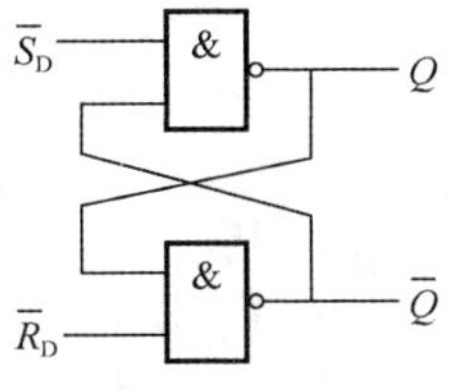</td><td>$\overline{S}_D$ | $\overline{R}_D$ | Q | $\overline{Q}$
0 | 0 | 不使用
0 | 1 | 1 | 0
1 | 0 | 0 | 1
1 | 1 | 不变</td><td rowspan="2">保持
置 1
置 0</td></tr>
<tr><td>两个或非门构成的
基本 RS 触发器</td><td>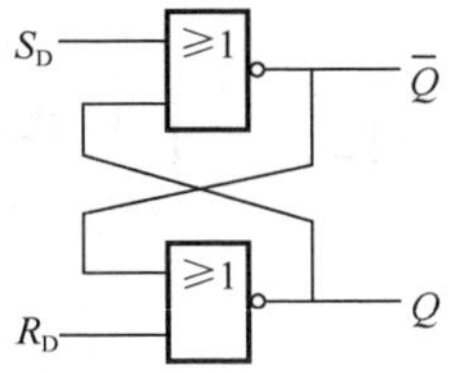</td><td>S_D | R_D | Q | $\overline{Q}$
0 | 0 | 不变
0 | 1 | 0 | 1
1 | 0 | 1 | 0
1 | 1 | 不使用</td></tr>
</table>

2. 共同点

（1）两种触发器都有两个输入端，都有两个输出端 Q 和 $\overline{Q}$，正常情况下 Q 和 $\overline{Q}$ 总是反相的，即不是 Q=0、$\overline{Q}$=1 就是 Q=1、$\overline{Q}$=0。都是“置位端（S_D 端）”有效时“置 1（Q=1，$\overline{Q}$=0）”；“复位端（R_D 端）”有效时“置 0（Q=0，$\overline{Q}$=1）”。

（2）无论置 1 还是置 0，当触发信号结束后，即输入端均加无效信号（前者低电平 S_D=0，R_D=0；后者高电平 $\overline{S}_D$=1，$\overline{R}_D$=1），基本触发器的状态保持不变。由此可见，基本触发器具有记忆作用（也称存储作用），能存储 1 位二进制信息（能存储一个“1”或“0”）。

3. 不同点

（1）两种基本触发器的电阻组成有区别。

（2）或非门组成的触发器是高电平输入有效，而与非门组成的触发器是低电平输入有效。如果置位端加无效信号，复位端加有效信号（前者输入 S_D=0，R_D=1；后者输入 $\overline{S}_D$=1，$\overline{R}_D$=0），则基本触发器被置于 0 状态，此过程称为置 0。

基本触发器典型例题

例 1　【2017 年 4 月选考第 13 题】下列关于如图所示电路的分析中，正确的是（　　）。

A. S 断开时 VD 不发光，S 闭合时 VD 发光

B. S 断开时 VD 发光，S 闭合时 VD 不发光

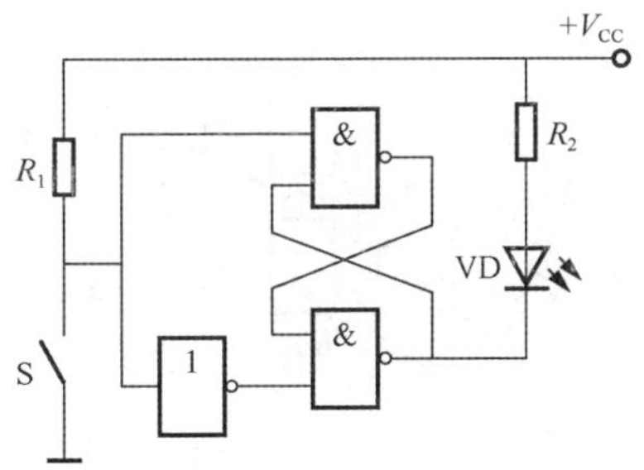

C. 不管 S 闭合还是断开，VD 都发光

D. 因为电路的初始状态未知，所以不能确定 VD 是否发光

【解析】S 断开时，电路输入高电平，触发器输出高电平，VD 不发光；S 闭合时，电路输入低电平，触发器输出低电平，VD 发光，因此，选项 A 正确。

例 2　【2019 年 4 月选考第 12 题】如图所示电路，初始时 S_1、S_2 都处于断开状态，下列分析中正确的是（　　）。

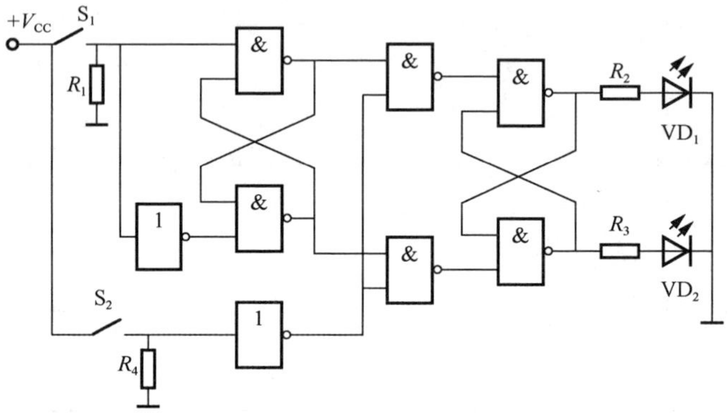

A. 初始状态，VD_1、VD_2 不发光

B. S_2 闭合后，S_1 对 VD_1、VD_2 不起作用

C. S_1 闭合，S_2 断开后，VD_1 发光，VD_2 不发光

D. S_1、S_2 都闭合后，VD_1、VD_2 发光

【解析】S_2 闭合后，与非门的状态被锁定，S_1 对 VD_1、VD_2 不起作用，因此，选项 B 正确。

例 3　如图所示的温控电路，可将温度保持在 70～80℃，其中 R_{t1} 和 R_{t2} 均为负温度系数热敏电阻。组装时若仅有与非门芯片，则虚线框内的替换方案可行的是（　　）。

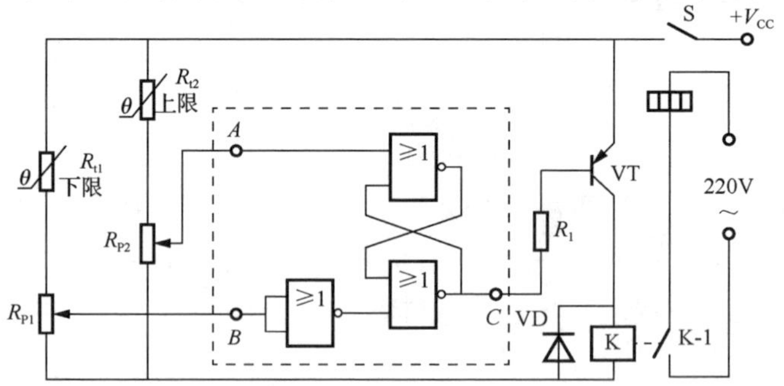

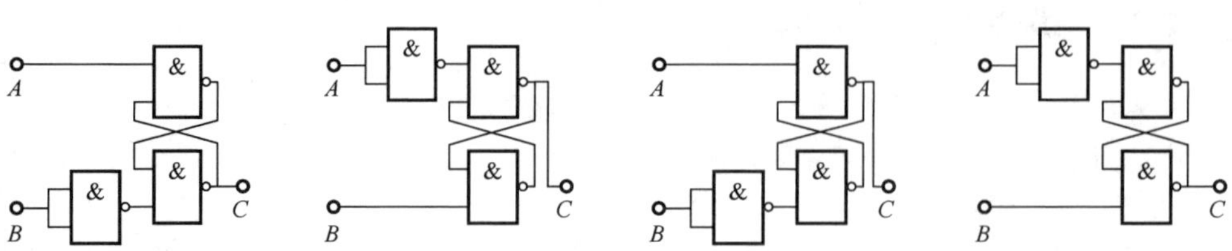

A.　　B.　　C.　　D.

【解析】原控制电路采用或非门触发器，低温时 R_{P1} 输出低电平，经过逻辑非变成高电平，触发后输出低电平，实现低温加热功能。用与非门触发器替换后，是低电平触发有效，因此，选项 B 方案正确。

例 4　如图所示是某家庭防盗报警电路。当家中无人值守时，按下设防开关 S，报警电路发挥报警作用。当有人从窗户闯入，安装在窗户上的干簧管断开（窗户关闭时干簧管闭合），蜂鸣器发出报警声。此时只有按下复位开关 R，蜂鸣器才停止报警；当家中有人值守时，按下不设防开关 R，窗户打开，蜂鸣器不报警。

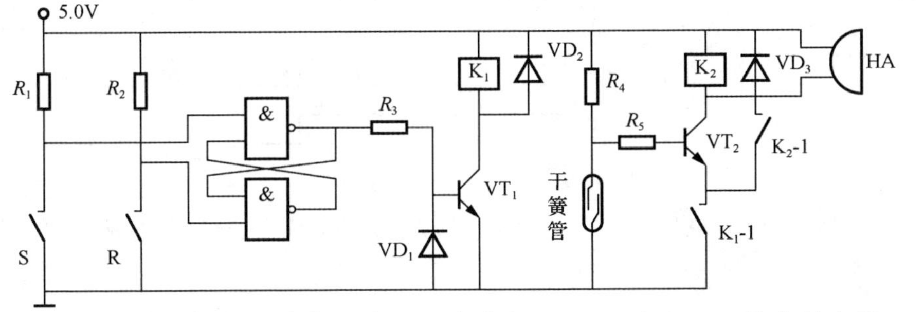

小王在安装电路时发现，手上只有两只或非门，K_1-1 和 K_2-1 是由继电器 K_1 和继电器 K_2 控制的常开触点，请帮助小王重新设计电路，并在虚线框内连线。

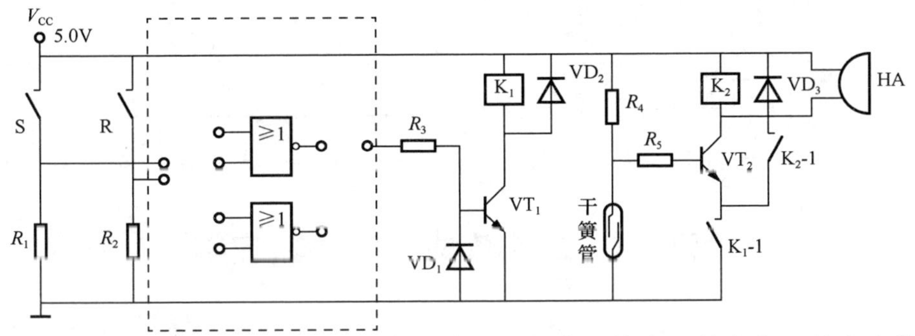

【解析】与非门触发器是低电平触发有效，而或非门触发器是高电平触发有效，为保持功能不变，按下设防开关 S，触发器输入高电平，触发器输出高电平端连接 VT_1 基极，使报警电路发挥报警作用，触发器剩下输入端连接开关 R。

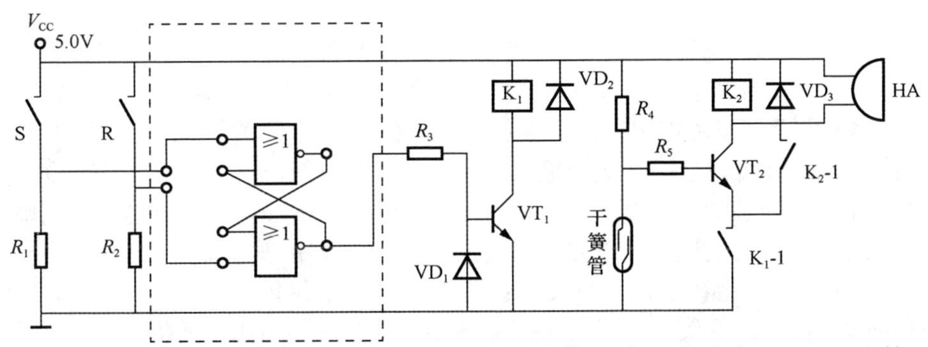

例 5　【2023 年 6 月选考第 11 题】如图所示的信号处理电路中，A、B 为输入信号，

F 为输出信号。下列输出波形与输入波形关系中正确的是（　　）。

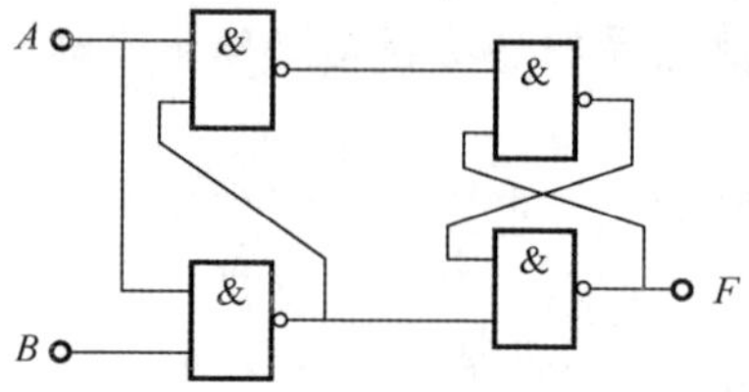

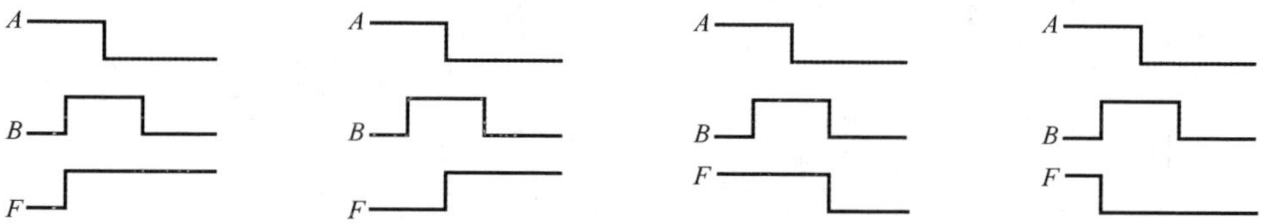

A.　　　　B.　　　　C.　　　　D.

【解析】根据逻辑门电路、触发器功能，列出真值表如下表所示，从前两行即可看出选项 A 符合题意。

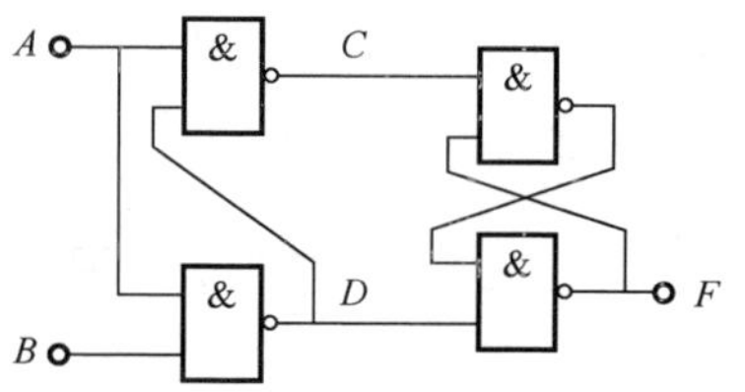

真值表

输入				输出
A	*B*	*C*	*D*	*F*
1	0	0	1	0
1	1	1	0	1
0	1	1	1	1
0	0	1	1	1

第五节　数字集成电路及其应用

门电路是用三极管或 MOS 场效应晶体管构成的电路，现在都已集成化，是一种数字集成电路。

一、三极管的开关特性及其在数字电路中的应用

在数字电路中，用电平的高和低来表示逻辑“1”和逻辑“0”。

不同类型的逻辑电路，其高、低电平的电压值有不同的界定规则。

如图 4-49 所示，在由电阻器和开关构成的电路中，当开关闭合时，开关所呈现的电阻为 0，使得开关两端的电压也就是输出电压为 0，输出低电平。反之，若开关断开，因为电阻器 *R* 上没有电流流过，*R* 上的电压为 0，所以输出电压等于电源电压，即输出高电平。因此，用开关可以实现高、低电平，这是构成门电路的基础。

门电路中的开关不能使用机械开关，因为机械开关不仅体积大、寿命短、操作不方便，而且开关的速度低。在现代高速电子控制系统中，开关每秒可能要开合上亿次，机械开关是绝对无法胜任的，必须使用电子开关，即用三极管或 MOS 场效应晶体管做成的开关。

例如，用三极管代替图 4-49 中的开关得到的电路如图 4-50 所示。

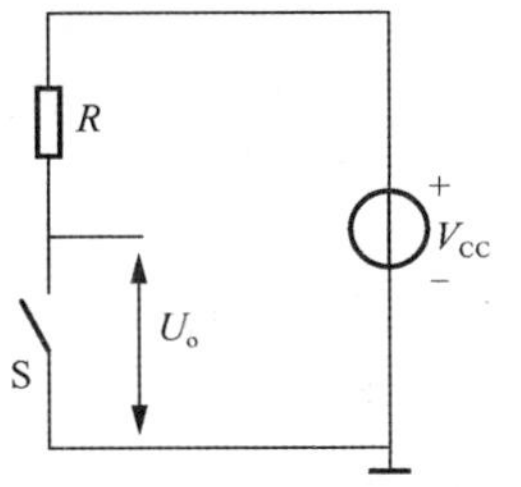

图 4-49　机械开关电路

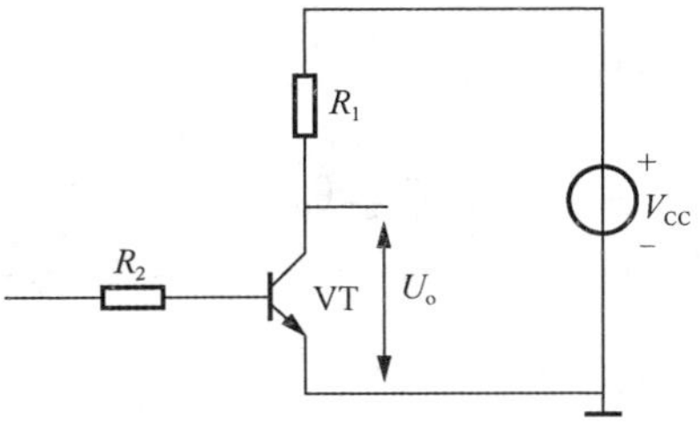

图 4-50　电子开关电路

三极管存在截止和饱和两种状态，截止状态相当于开关断开，饱和状态相当于开关闭合，因而可以作为开关使用，其条件和现象如下。

饱和：条件——输入信号足够大（高电平）；现象——三极管流过的电流较大，而集电极与发射极之间的电压只有 0.2V 左右（低电平）。

截止：条件——输入信号足够小（低电平）；现象——三极管没有电流流过，集电极与发射极之间的电压与电源电压相近（高电平）。

加到三极管基极的信号不是高电平就是低电平，因此三极管工作处于开关状态，即不是工作处于饱和状态就是工作处于截止状态。通常称这种信号为开关信号（数字信号）。

二、常见数字集成电路的类型

数字电路现在都已集成化，基本门电路属于小规模集成电路。由若干门电路组成，能完成某个逻辑功能，如编码、译码等的集成电路通常属于中规模集成电路。由于集成技术的发展，中、小规模的数字集成电路已较少使用，代之以将数百、数千个门电路集成在一个硅片上的大规模、超大规模数字集成电路，将 1 万个以上的门电路集成在一个硅片上，可实现一个较复杂系统功能的片上系统（system on chip，SoC）也已出现。此外，还涌现出各种新型的数字集成电路，如用户可以改变片内电路之间逻辑关系的可编程逻辑器件（programmable logic device，PLD）和现场可编程门阵列（field programmable gate array，FPGA）等，为电子控制系统的实现提供了极为有利的条件。

数字集成电路有多种类型，最常用的有 TTL（三极管-三极管逻辑）电路和 CMOS（互补 MOS）电路两种。

TTL 电路是由普通三极管构成的集成电路，与 CMOS 电路相比，其运行速度较快，允许负载流过的电流较大，但消耗功率较大。

CMOS 电路是由 MOS 管构成的集成电路，在工作时消耗的功率最低，但工作速度较 TTL 电路的低，允许负载流过的电流较 TTL 电路的小。

CMOS 器件与 TTL 器件的逻辑电平和电路的输出能力不一样，因此两种类型的集成电路通常不能在同一个电路中使用，如果同时使用，应在它们之间加上电平转换电路。

CMOS 器件较容易损坏，使用时要注意保护，如电源的极性不能接反，焊接时最好将电烙铁的电源切断等。

三、常见数字集成电路简介

1. 分类

（1）三极管型数字集成电路（简称 TTL 电路）。
（2）场效应三极管数字集成电路（简称 MOS 电路）。

2. 主要产品系列

数字集成电路的主要产品系列参见表 4-22，TTL 与 CMOS 集成电路部分常用参数对照见表 4-23。

表 4-22　数字集成电路的主要产品系列

系列	子系列	名称	国际型号
TTL	TTL	基本型中速 TTL	CT54/74
	HTTL	高速 TTL	CT54/74H
	STTL	超高速 TTL	CT54/74S
	LSTTL	低功耗 TTL	CT54/74LS
	ALSTTL	先进低功耗 TTL	CT54/74ALS
MOS	CMOS	互补金属氧化物半导体	CC4000
	HCMOS	高速 CMOS	CT54/74HC
	HCMOST	与 TTL 兼容的高速 CMOS	CT54/74HCT

表 4-23　TTL 与 CMOS 集成电路部分常用参数对照表

参数名称	TTL 集成电路	CMOS 集成电路
电源电压/V	5	3～18
高电平（标称值）/V	2.3	V_{DD}
低电平（标称值）/V	0.3	0
门平均功耗/mW	2～22	50nW ($1nW=10^{-9}W$)
最高工作频率/MHz	35～125	25
最大输出电流/mA	20～100	3.5

注：①不同型号的器件的参数有区别，使用时必须查阅手册；②此表仅为小规模集成电路的参数。

3. 数字集成电路外形举例

数字集成电路目前大量采用双列直插式外形封装，如图 4-51～图 4-54 所示。

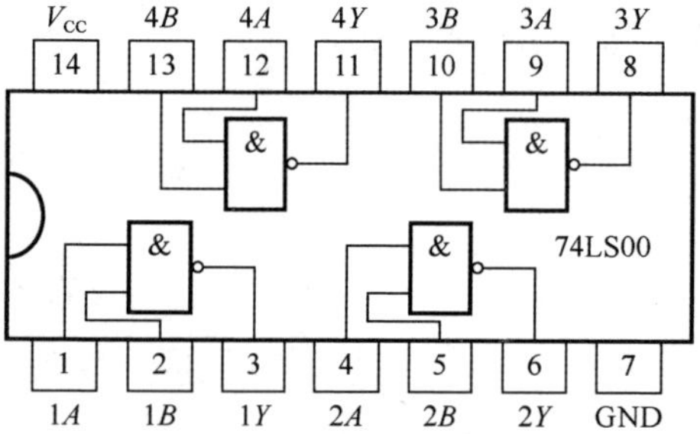

图 4-51　74LS00 外引脚排列

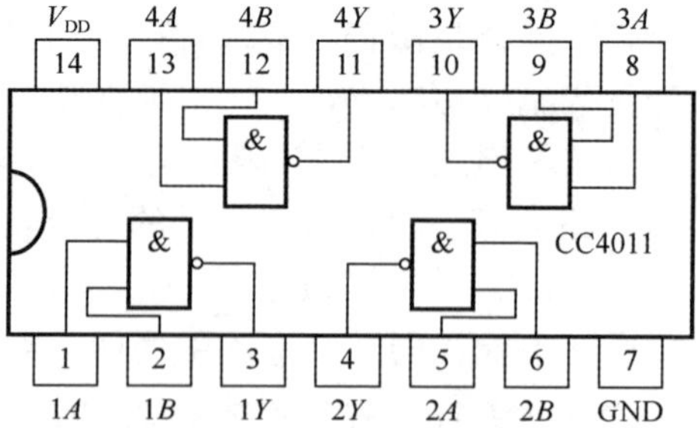

图 4-52　CC4011 外引脚排列

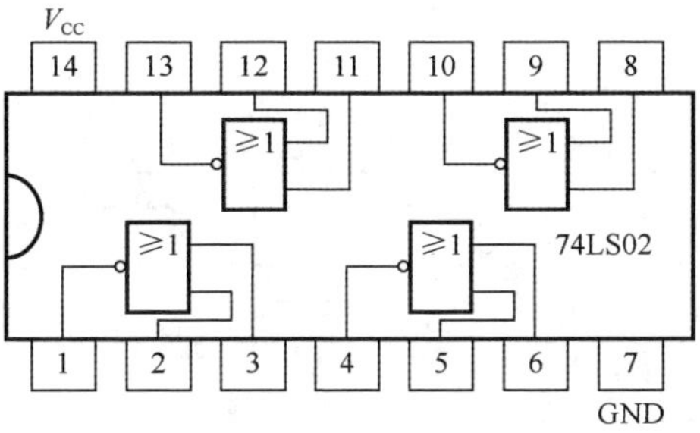

图 4-53　74LS02 外引脚排列

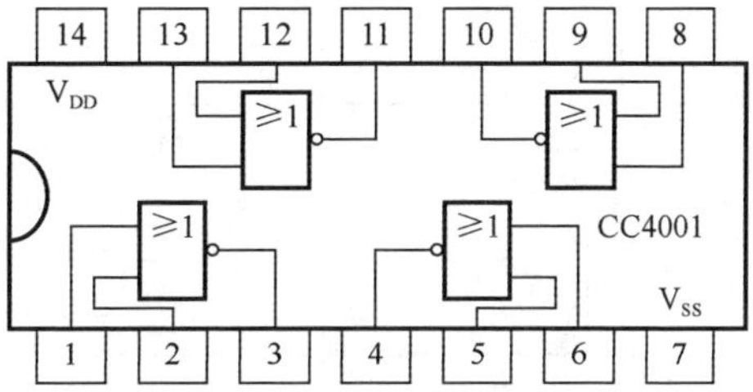

图 4-54　CC4001 外引脚排列

以 74LS00 集成电路为例，其外形如图 4-55 所示，外引脚分布规律如图 4-56 所示。外引脚的编号判读方法：把标志（凹槽、小圆点等）置于左方，左下方为第 1 脚，逆时针自下而上依次读出其他外引脚编号。此规律一般也适用于其他集成电路。

图 4-55　74LS00 集成电路外形

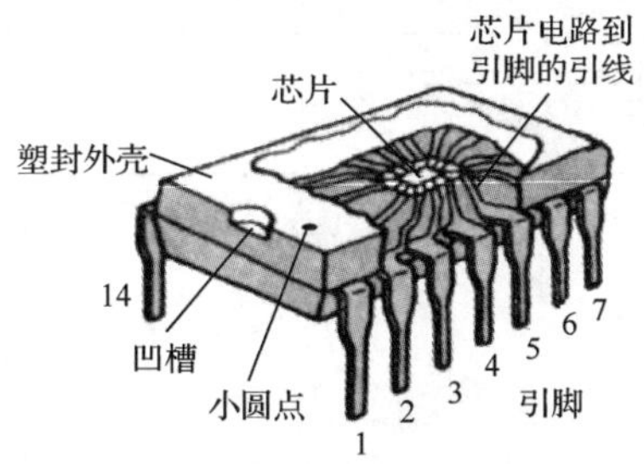

图 4-56　74LS00 集成电路外引脚分布规律

数字集成电路主要参数如下。

（1）输出高电平 V_{OH} 和输出低电平 V_{OL}。

（2）输入高电平 V_{IH} 和输入低电平 V_{IL}，有时把这两个值的中间值称为输入的阈值电压 V_{IT}。

（3）输出高电平电流 I_{OH} 和输出低电平电流 I_{OL}。

（4）传输延迟时间 t_{PHL} 和 t_{PLH} 的平均值称为平均传输延迟时间 t_{pd}。

（5）扇出系数 N：与非门输出端能驱动同类门的数目。

常用的集成逻辑器件有 TTL 和 CMOS 两大类。它们各有优点、缺点，实际应用时要根据对电子控制系统的要求合理地选用。其他常见集成逻辑电路引脚功能如图 4-57 所示。

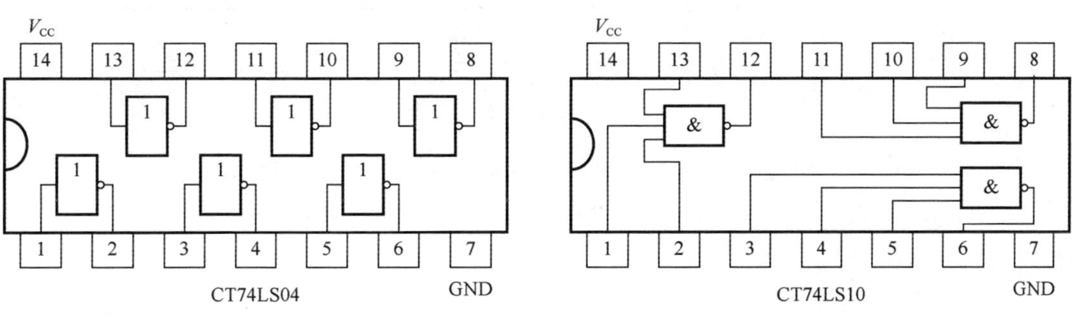

图 4-57　常见集成逻辑电路引脚排列

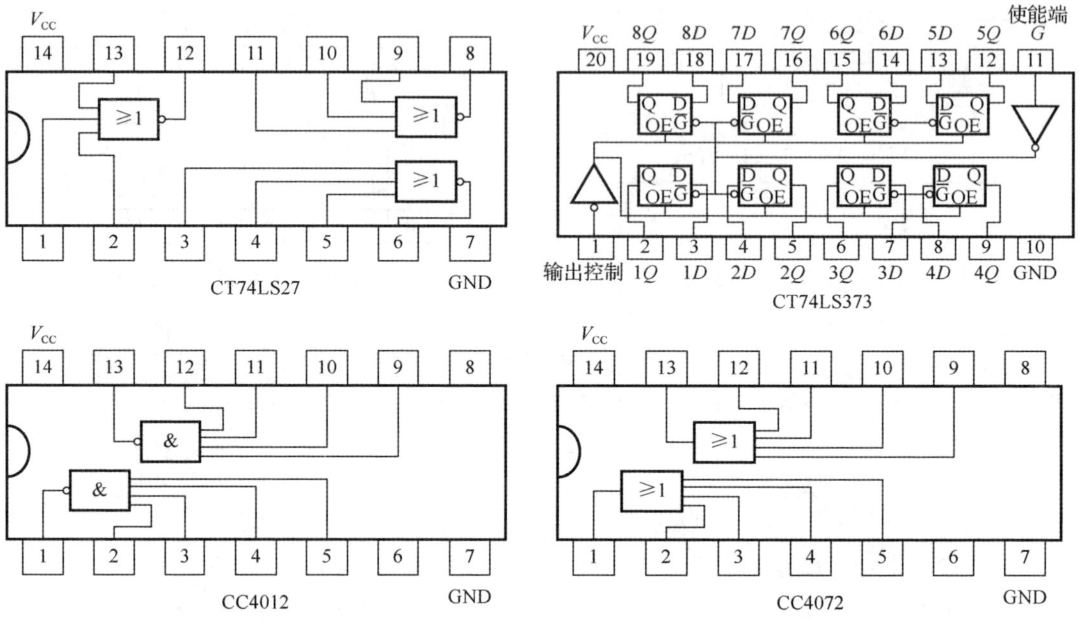

图 4-57（续）

常见的逻辑电路及触发器，通常都可以采用集成逻辑电路来实现。如图 4-58 所示，通过将集成电路中的与非门当作非门使用实现控制蜂鸣器高水位报警。

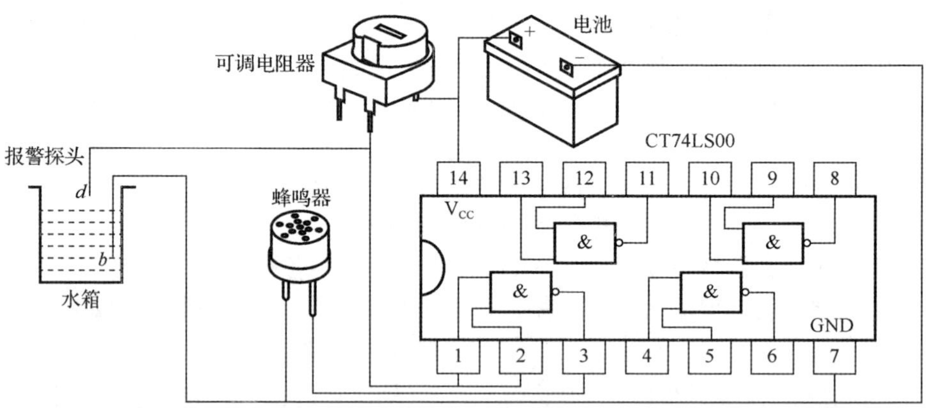

图 4-58　水位报警电路图

如图 4-59 所示，通过集成电路中的与非门实现压力过大或温度过高报警。

如图 4-60 所示为通过集成电路中的或非门连接成或非门触发器，控制灯的亮灭，日常应用广泛。

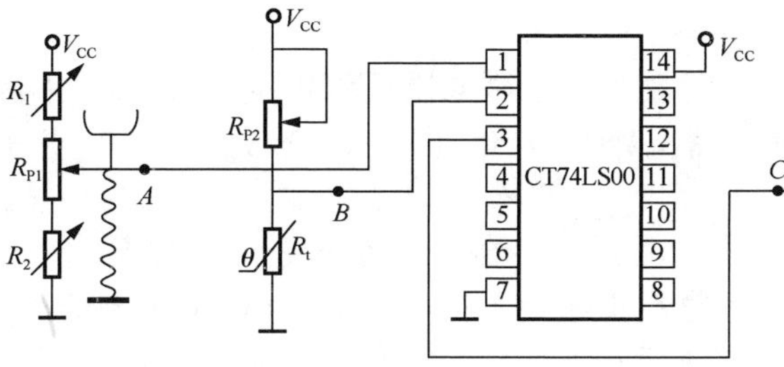

图 4-59　压力过大或温度过高报警电路图

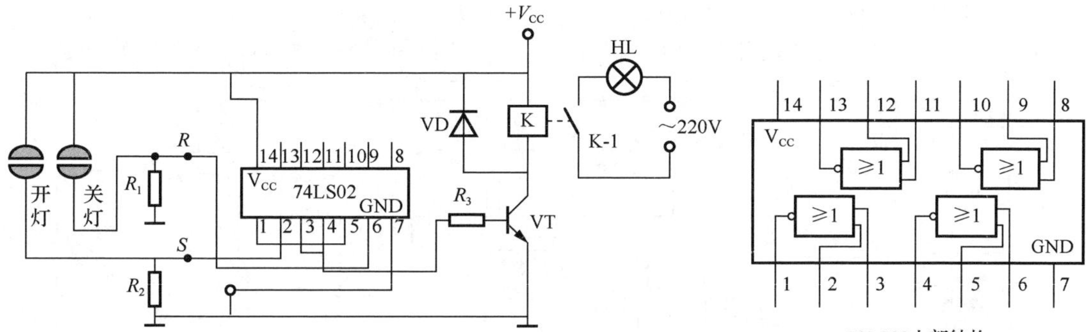

74LS02内部结构

图 4-60　触发器控制灯的亮灭电路图

数字集成电路典型例题

例 1　如图（a）所示为自动转向小车，小车碰到磁电限位桩，该侧干簧管吸合，电动机运转方向改变，从而使小车的运动方向改变，如此往复。当电流从电动机“+”极流入，小车自左向右行驶；当电流从电动机“-”极流入，小车自右向左行驶。图（b）为自动转向小车控制电路图。

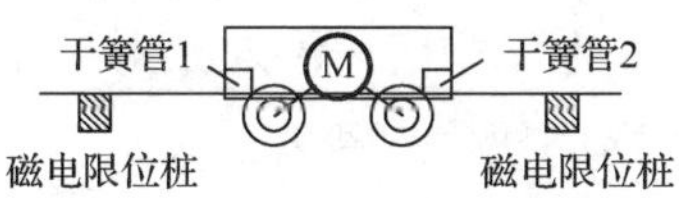

（a）

输入		输出
2脚	6脚	3脚
0	0	1
1	1	0
1	0	保持

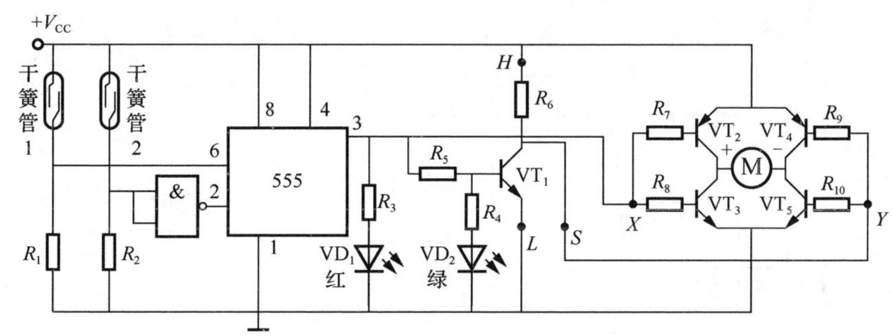

（b）

请你回答下列问题:

（1）当小车以自左向右方向行驶到两个磁电限位桩中央位置时，图（b）中 X、Y 电位状态组合正确的是______（在“①X=1，Y=0；②X=1，Y=1；③X=0，Y=1；④X=0，Y=0”中选择合适的选项，将序号填入“______”处）。

（2）红、绿 VD 起指示方向作用。在小车正常行驶中，绿色 VD_2 始终不亮，经检查是 VD_2 与 R_4 连接位置错误，现希望能正常指示小车方向，应将 VD_2 与 R_4 改接在______（在“①H 点与接地点间；②L 点与接地点间；③S 点与接地点间”中选择合适的选项，将序号填入“______”处）；且当 VD_1 亮时，指示的方向是______（在“①自左向右；②自右向左”中选择合适的选项，将序号填入“______”处）。

（3）请在下图虚线框内连接合理的导线，完成符合题目描述的自动小车行驶功能。

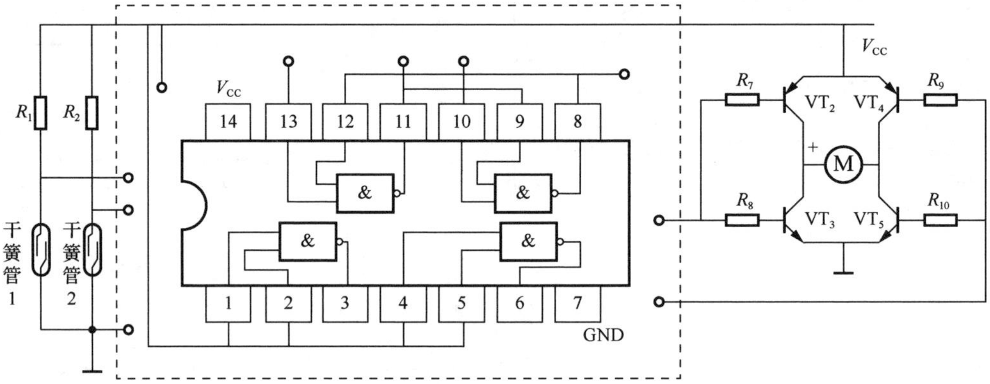

【解析】（1）采用逆推法，当小车以自左向右方向行驶时，说明电流从电动机“+”极流入，左上与右下两个三极管导通，得出 X=0，Y=1，因此选项③正确。

（2）假设红色 VD_1 起指示方向作用，当 555 的 3 脚输出高电平时，X=1，Y=0，电流从电动机“+”极流入，指示小车自右向左行驶，由此，绿色 VD_2 应该指示小车自左向右方向行驶，此时 X=0，Y=1，S 点也为高电平，将 VD_2 与 R_4 改接在 S 点与接地之间能正常指示。所以对应分别为③和②。

（3）假设小车以自左向右方向行驶，则 X=0，Y=1，连接好触发器的输出端，根据电路原理判断 RS_1 输入 0，RS_2 输入 1，组成触发器的与非门，输入 0 对应 Y=1，输入 1 对应 X=0，再连接好电源 14 脚与 7 脚，即可完成连线，如图所示。

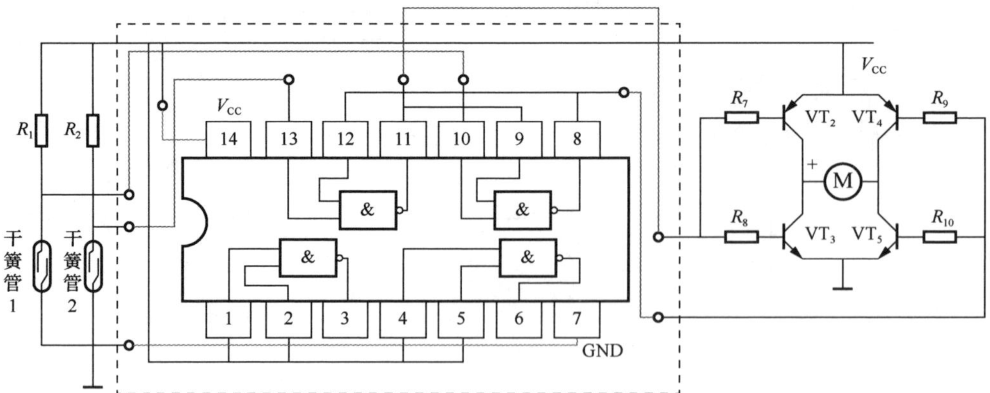

把组成触发器的与非门的输出端对调，则对应输入端的连接端也要对调，再连接好电源 14 脚与 7 脚。完成连线如图所示。

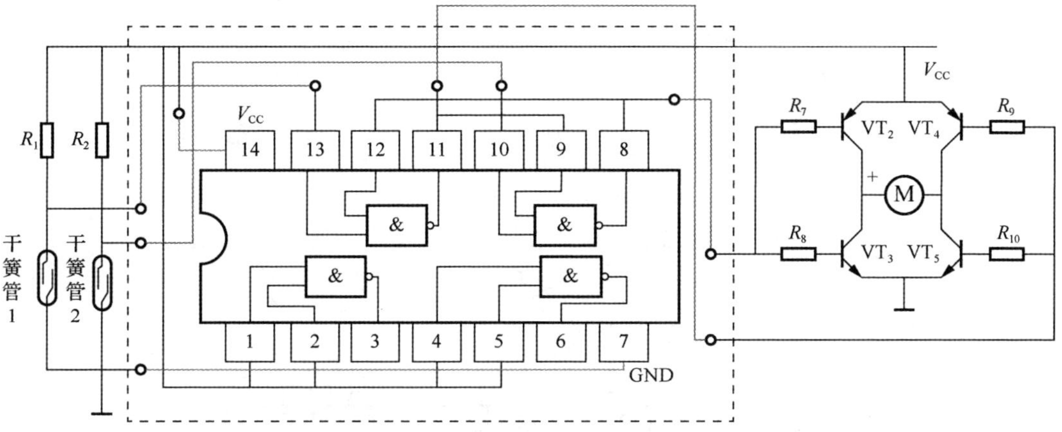

例 2　如图所示的声光控电路，白天时 R_g 阻值非常小，无论有无声音，灯 HL 均不发光；夜晚光线较暗时，R_g 阻值较大，此时若有声音，则灯 HL 发光，并能持续一定时间再熄灭。请分析该电路，回答下列问题。

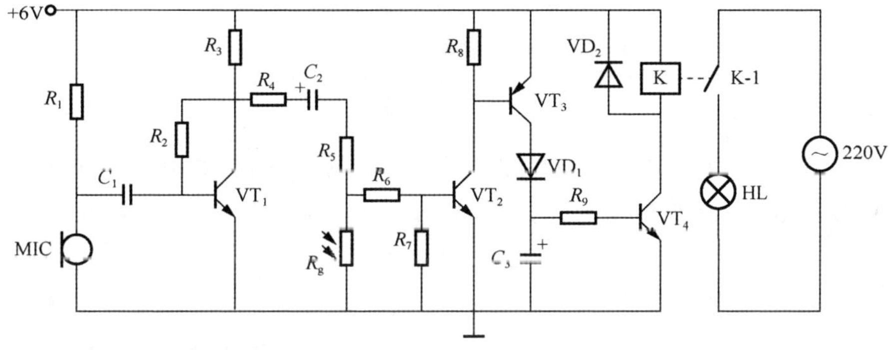

（1）本系统的控制方式与被控对象分别是______（在“A. 闭环、继电器；B. 开环、麦克风；C. 开环、灯泡”中选择正确的一项，将序号填在______处）。

（2）有声音时，VT_1 的工作状态为______（在“A. 截止；B. 放大；C. 饱和”中选择正确的一项，将序号填在______处）。

（3）若 HL 一直不亮，则不可能的原因是______（在“A. VD_1 接反；B. VD_2 接反；C. 灯 HL 误接到常闭触点；D. 继电器的额定工作电压是 12V”中选择正确的一项，将序号填在______处）。

（4）若希望延长亮灯时间，则最合理的措施是______（在“A. 增大电容 C_2 容量；B. 增大电容 C_3 容量；C. 增大电阻 R_9 阻值”中选择正确的一项，将序号填在______处）。

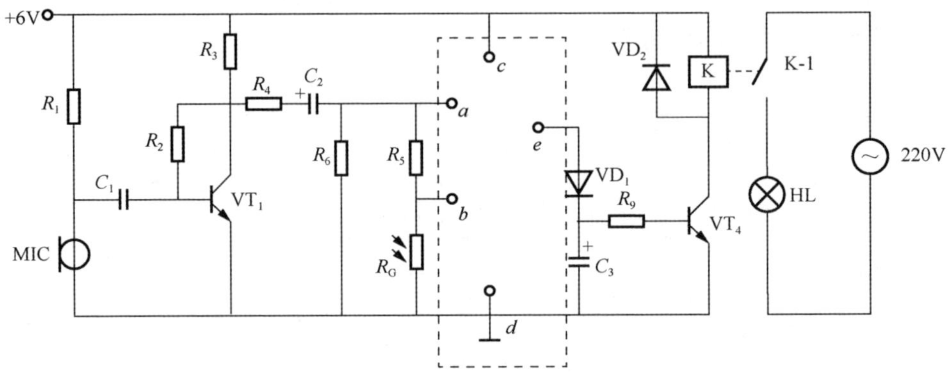

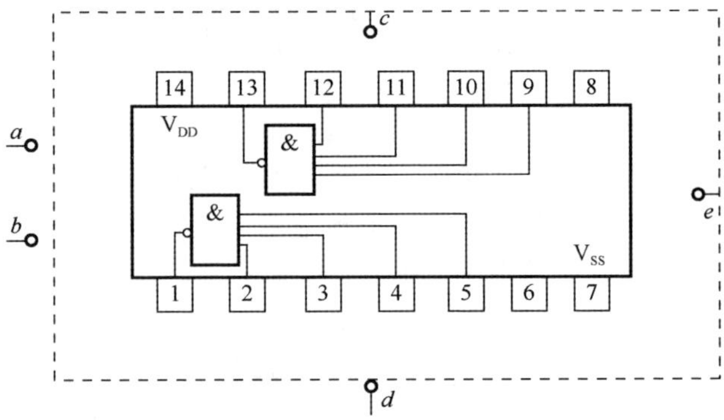

放大图

（5）在电路制作过程中 VT_2 和 VT_3 出现故障，手头正好有 CC4012（2 四输入与非门）芯片，请在放大图的虚线框中连线，使电路仍能实现白天 HL 不发光，夜晚光线较暗且有声音时，灯 HL 亮起并能持续一定时间的电路功能。

【解析】（1）声光控电路是开环控制方式，被控对象是灯泡，选项 C 正确。

（2）有声音时跟无声音时一样，VT_1 发射结正向偏置、集电结反向偏置，三极管工作在放大状态，选项 B 正确。

（3）灯 HL 误接到常闭触点时，夜晚光线较暗且没有声音时，灯 HL 发光，因此，选项 C 不可能。

（4）增大 R_9 和 C_3 可以延长亮灯时间，但是增大 R_9 会影响输出电流，不利于继电器集合，选项 B 最合理。

（5）要使电路仍能实现白天灯 HL 不发光，夜晚光线较暗且有声音时，灯 HL 亮起并能持续一定时间的电路功能，应该用 CC4012 芯片与非门替代 VT_2 和 VT_3 组成的逻辑非功能。把 2 四输入与非门分别当作两输入一输出的与非门连成非逻辑，然后多余的输入引脚全部接高电平，再连接好电源 14 脚与 7 脚。完成连线如图所示。

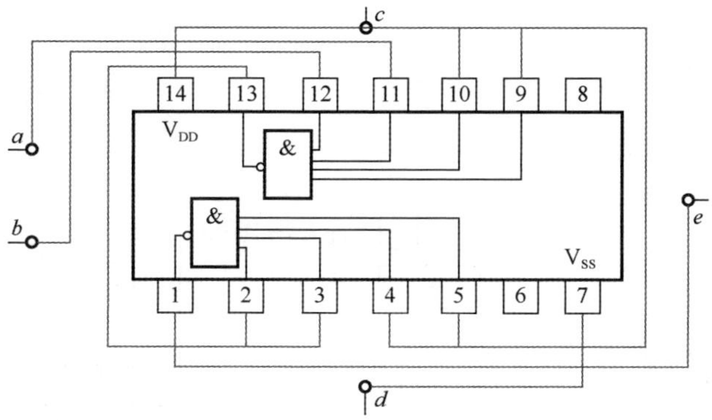

例 3　江南的天气忽冷忽热，为了提供家里的热带鱼正常的水温 20～30℃，小明设计了如图所示的电路，请完成以下任务。

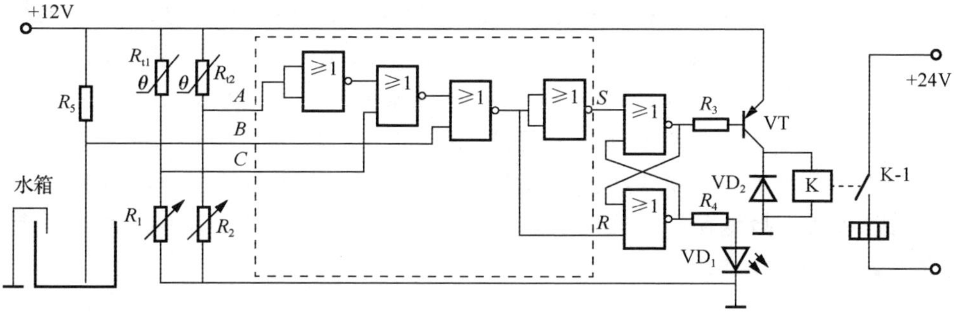

（1）水箱内水位低时始终不加热，VD_1 发光提示加水，热敏电阻检测水温，温度低于 20℃开始加热，到 30℃停止加热，请你帮小明选择合适的热敏电阻，R_{t1}、R_{t2} 分别检测下限、上限温度，合适的传感器类型分别是______（在“①PTC、PTC；②NTC、NTC；③PTC、NTC；④NTC、PTC”中选择合适的选项，将序号填入“______”处）。

（2）小明通过使用发现电路不能实现上、下限的调节，一经加热到上限后就在上限范围频繁跳动。总结问题后确定了如图所示逻辑关系，请你帮助小明重新设计逻辑电路的连接。

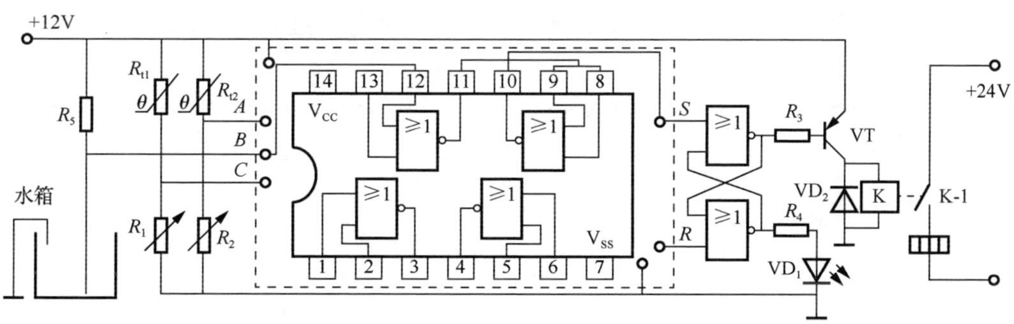

（3）安装完成进行调试，发现加热器停止加热的温度超过 30℃，小明应该______（在“①将 R_1 调大；②将 R_2 调大；③将 R_1 调小；④将 R_2 调小”中选择合适选项，将序号填

入“______”处)。

【解析】为方便叙述，把原电路图标注如下：

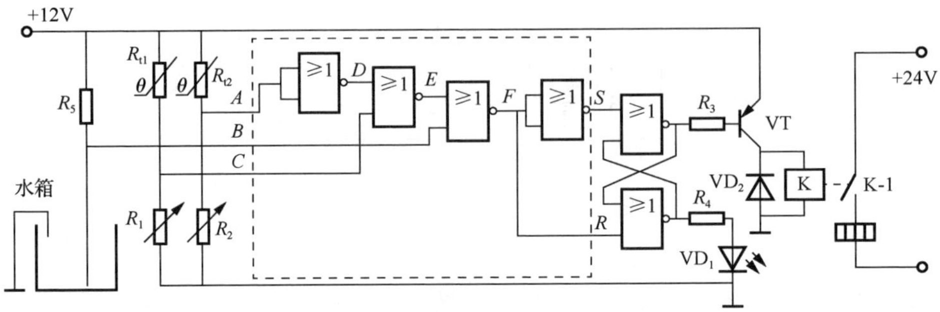

（1）当水箱水位低时，B=1、R=0、S=1、Q=1，VD_1 发光，VT 导通，停止加热。水箱有水且温度低于下限时，S=0、F=1、E=0、D=1、C=1，所以 R_{t1} 阻值小，为 PTC。温度高于上限，S=1、F=0、E=1、D=0、A=1，所以 R_{t2} 阻值小，为 NTC。因此，选项③合适。

（2）电路中当温度高于上限时，A=1；低于下限时，C=1，所以 A、C 作为或非门触发器输入端，A 连 1 脚，C 连 6 脚，并将 3、5 脚相连，2、4 脚相连。高于上限时，3 脚为低电平，4 脚为高电平。低于下限时，3 脚为高电平，4 脚为低电平，同时只有水箱有水才能加热，B=0，此时 S 应为低电平，全 0 出 0，所以 B 和 4 脚组成或逻辑连接 S 端，3 脚连 R 端。完成连线如图所示。

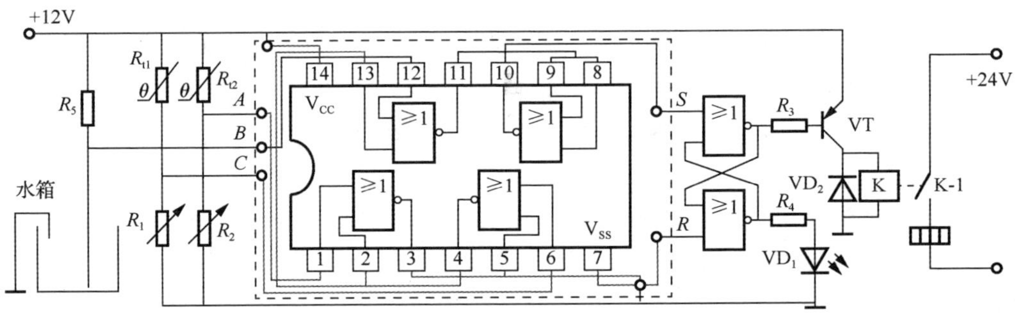

（3）根据题意，上限超过了 30℃，所以要把上限调低，触发时 R_{t2} 会变大，所以要把 R_2 调大，选项②合适。

第五章　继　电　器

第一节　继电器的作用和类型

继电器是一种常用的执行部件，是当输入量（电、磁、声、光、热）达到一定值时，输出量将发生跳跃式变化的自动控制器件。例如，在电冰箱中，输出部分中的继电器执行控制器的命令，接通电动机、压缩机的工作电路，使制冷剂在管道中循环，降低冷藏室中的温度。这里的被控对象是冷藏室，执行部件包括继电器、电动机、压缩机等。

一、继电器的作用

继电器是具有隔离功能的自动电路开关元件。在日常生活中，经常用到电路开关，但在现实的生产和生活中，有很多情况不能用手去直接控制电路，如高电压、大电流、远距离、危险环境等。在这些情况下，只有有选择地使用各类继电器，才能保证工作设备的正常运行。

继电器作为一个开关元件实现普通开关的功能，还可以通过研究电磁继电器驱动电灯及电动机的过程，了解继电器的其他功能。按照图 5-1 所示连接电路，接通电源，当开关闭合或断开时，观察会出现什么现象，电磁继电器在电路中起什么作用。

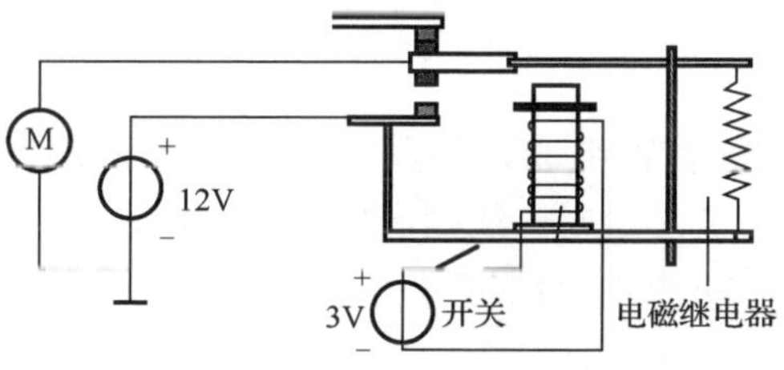

图 5-1　电磁继电器控制电动机电路

实验表明，继电器能接收并执行控制（处理）电路发出的命令，用弱电（低电压、小电流）信号控制强电（高电压、大电流）工作设备的正常运行，这就是继电器“以低控高”“以小控大”的作用，如图 5-2 所示。

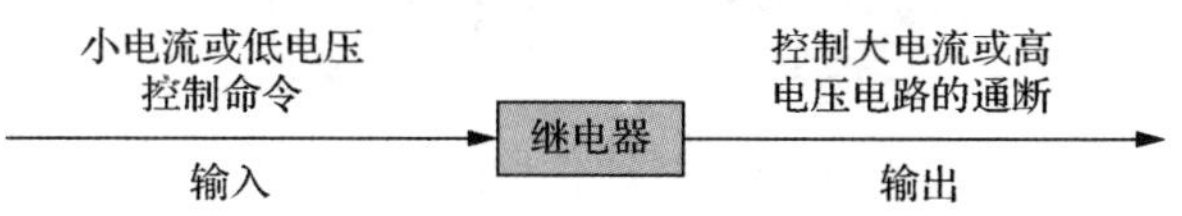

图 5-2　继电器的作用

继电器是一种用小电流控制大电流的断路器。作为开关元件，继电器的输入与输出电路之间是完全隔离的，抗干扰能力很强，给人们带来方便和安全。因此，它广泛应用于家用电器、工业控制等各种电子设备中。

二、继电器的类型

继电器的种类繁多，从不同的角度可以把继电器划分为不同种类。

（1）按输入物理量的不同，继电器可分为电磁继电器、温度继电器、时间继电器、压力继电器、干簧继电器等，如图 5-3 所示，其中常见的是电磁继电器。

（a）电磁继电器

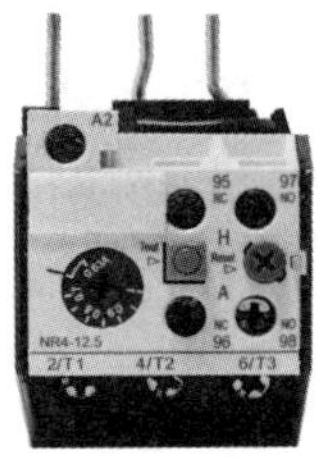

（b）温度继电器

（c）时间继电器

（d）压力继电器

（e）干簧继电器

图 5-3　继电器

干簧继电器由线圈和干簧管组成，是用电磁线圈来控制其开关动作的，其结构如图 5-4 所示。当线圈中有电流通过时，线圈产生磁场，使舌簧片磁化而吸合；当线圈中没有电流时，舌簧片断开。干簧继电器结构简单，工作可靠，质量小，价格低廉，吸合功率小，灵敏度高，但触点负荷小。

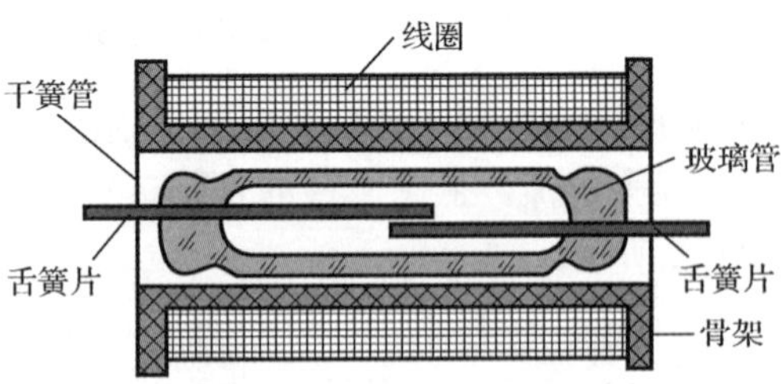

图 5-4　干簧继电器的结构

（2）按执行机构特征的不同，继电器可分为触点继电器（图 5-5）和无触点继电器

（图 5-6）。

图 5-5 触点继电器

图 5-6 无触点继电器

随着半导体技术的发展，人们开发出了无触点全固态的半导体开关元器件。无触点继电器与电磁继电器的开关功能，以及输入与输出电路相隔离程度都是相当的。无触点继电器由于没有可动触点，不产生电火花，因此它的可靠性高、寿命长、无干扰，又因其体积小、易与电子电路集成，因此广泛应用于计算机外围接口装置、电炉加热恒温系统、医疗器械、遥控系统、工业自动化装置等场合中。目前，在一些应用场合，无触点继电器已逐步替代电磁继电器。晶闸管就是一种无触点继电器，主要用于以直流弱电信号控制大功率负载电路的场合。

（3）按输入电路的控制电流的不同，继电器可分为直流电磁继电器和交流电磁继电器。

电磁继电器具有工作可靠、体积小、结构简单、制作方便、灵敏度高、输入与输出电路相互隔离等优点。电磁继电器的缺点是触点频繁地接通、断开，影响寿命。由于工作在高电压、大电流条件下，触点通断瞬间会产生电火花造成干扰，如果周围有易燃物，还可能引发事故。电磁继电器用于自动控制系统、遥控遥测系统、通信系统的控制设备或保护装置中。

如图 5-7 所示，磁保持继电器是近几年发展起来的一种新型继电器，也是一种自动开关。它与其他电磁继电器一样，对电路起着自动接通和切断作用。所不同的是，磁保持继电器的常闭或常开状态完全依赖永久磁铁的作用，其开关状态的转换是靠一定宽度的脉冲电信号触发而完成的。磁保持继电器的主要优点是节能、绿色环保。双线圈磁保持继电器的一个线圈专门加正向电压吸合，另一个线圈专门加反向电压释放。其优点在于具有保持功能，一旦置位或复位，即使线圈断电，继电器仍保持原状态。

图 5-7 磁保持继电器

第二节　直流电磁继电器的构造、规格和工作原理

一、直流电磁继电器的构造

电磁继电器一般由一个电磁铁和一组或几组带触点（接点）的簧片组成。

直流电磁继电器线圈与触点符号如图 5-8 所示。继电器用字母 J 表示。它的基本组成部分是电磁铁，其线圈接输入电路以接收控制信号，由一对或数对动、静触点组成执行机构。该结构中的动触点焊在触点弹簧片上，触点系统成对地接入输出电路，以控制输出电路的通与断。

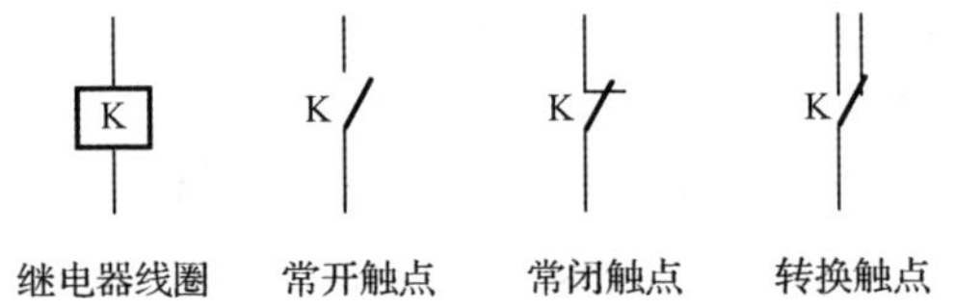

图 5-8　直流电磁继电器线圈与触点符号

直流电磁继电器的结构如图 5-9 所示。其触点有常开、常闭和转换触点 3 种类型。线圈不通电时，动、静触点处于断开状态的称为常开触点，处于闭合状态的称为常闭触点。直流电磁继电器外部引脚与符号对照图如图 5-10 所示。

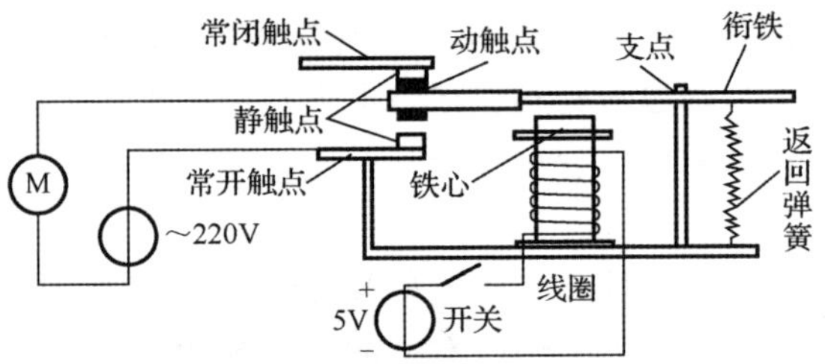

图 5-9　直流电磁继电器的结构

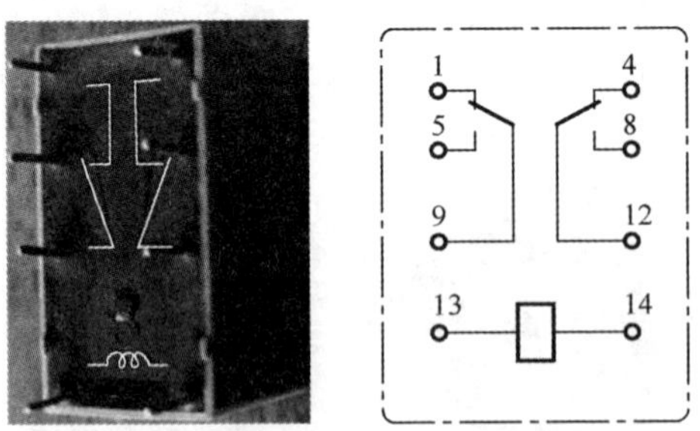

图 5-10　直流电磁继电器外部引脚与符号对照

二、直流电磁继电器的工作原理

如图 5-11 所示，当工作电路线圈两端施加电压，且达到一定值时，线圈中流过的电流就会使电磁铁产生足够大的电磁力，克服返回弹簧的拉力，将动铁心吸向静铁心，于是工作电路中动触点与常开触点闭合，接通输出电路，从而继续增大线圈中的输入电流，输出量不变。如果此时减小输入电流，电磁力减小，当降低到一定值时，可使电磁铁和动触点在返回弹簧的作用下回到原位，此时输出电路断开。因此，电磁继电器是一种根据外界输入信号来控制输出电路中电流通、断的器件。这样就可以利用继电器来实现对输出电路中的电机设备进行控制。

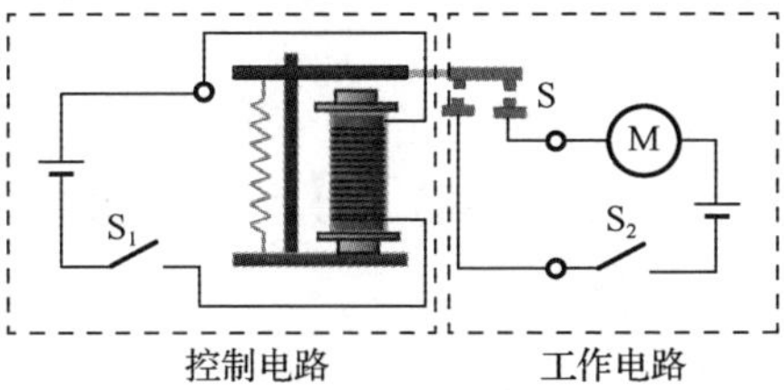

图 5-11 直流电磁继电器的工作原理

三、直流电磁继电器的参数

直流电磁继电器的参数标示与含义如图 5-12 所示。为了保证各种规格的直流电磁继电器都能安全、可靠地工作，其参数必须符合标准，如图 5-13 所示。

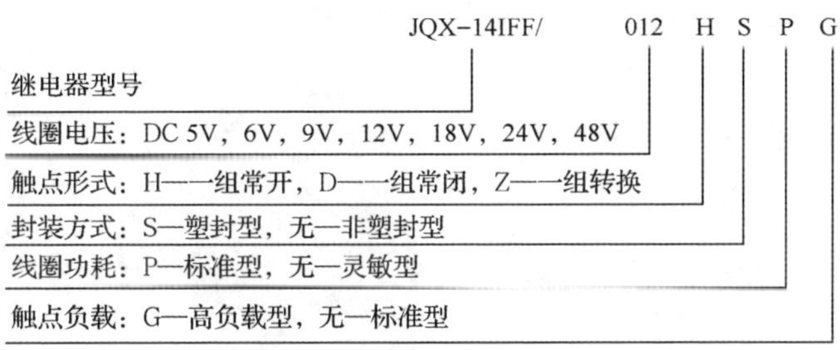

图 5-12 直流电磁继电器的参数标示与含义

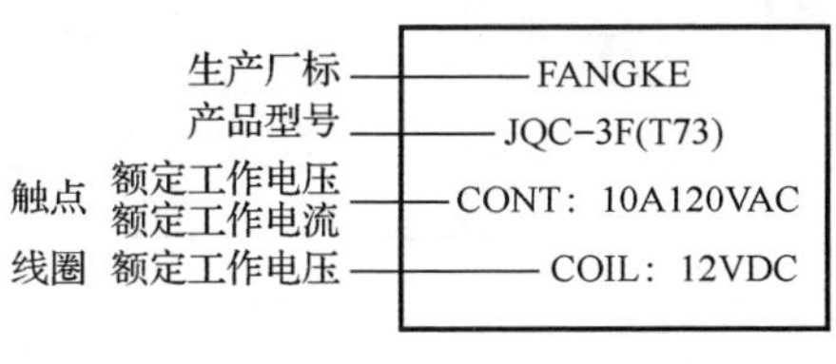

图 5-13 直流电磁继电器的参数符合标准

1. 额定工作电压

额定工作电压是指继电器正常工作时线圈所需要的电压。继电器的型号不同，对工作电压的要求也不同，常见的工作电压有 6V、9V、12V、18V、24V 等。继电器线圈所加的工作电压，一般不要超过额定工作电压的 1.5 倍。

2. 吸合电流

吸合电流是指继电器能够产生吸合动作的最小电流。在正常使用时，通过线圈的电流必须略大于吸合电流，这样继电器才能稳定地工作。

3. 释放电流

释放电流是指继电器产生释放动作的最大电流。当继电器线圈的电流减小到释放电流值时，继电器就会恢复到释放状态。释放电流远小于吸合电流。

4. 直流电阻

直流电阻是指继电器中线圈的直流电阻。直流电阻的大小可以用万用表来测量。

5. 触点电压和电流

触点电压和电流又称触点负荷，是指继电器触点允许承受的电压和电流。在使用时，不能超过此值，否则继电器的触点容易损坏。

四、直流电磁继电器的选用

不同直流电磁继电器的参数不一样，表 5-1 是几种常用直流电磁继电器的参数。

表 5-1　几种常用直流电磁继电器的参数

外形图			
线圈电压/V	6～24	5～48	6～24
线圈功耗/W	1.2～1.6	0.9	0.9
接头规格	DC 14A　40V	AC 250A　30V DC 30A　20V	DC 12A　40V
触点对数	3 对	3 对	1 对

选用直流电磁继电器时，一般要注意以下几点。

（1）先了解必要条件：①电路的电源电压、能提供的最大电流；②输出电路中的电压和电流；③被控电路需要几组、什么形式的触点。

（2）查找相关资料，找出所需要的继电器的型号和规格。若手中已有继电器，可依据资料核对是否可以利用，并考虑尺寸是否合适。

（3）注意根据装置容积的大小，选择合适的继电器。例如，对于玩具、遥控装置等，应选用超小型继电器产品。

（4）注意三极管驱动方式的选择。常见的三极管与继电器的连接方式如图 5-14 所示，继电器接在集电极上，线圈与普通二极管反向连接（通常状态下二极管是不通的）。二极管 VD 的作用是保护三极管 VT（当三极管 VT 的工作状态从饱和导通转变为截止时，继电器线圈瞬间断电会产生一个反向自感电动势，对三极管的集电极产生冲击，为保护三极管不受损坏，在继电器线圈两端反向并联了一只二极管，产生的反向自感电动势就会经过二极管消耗掉）。

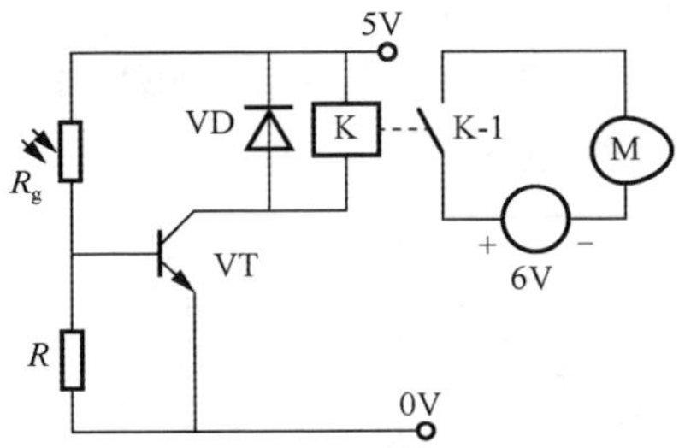

图 5-14 常见的三极管与继电器的连接方式

三极管驱动继电器的常规接法见表 5-2。

表 5-2 三极管驱动继电器的常规接法

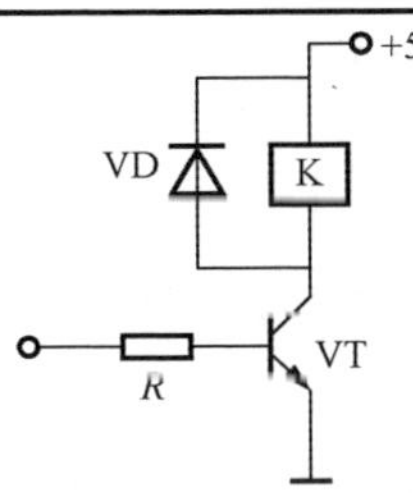	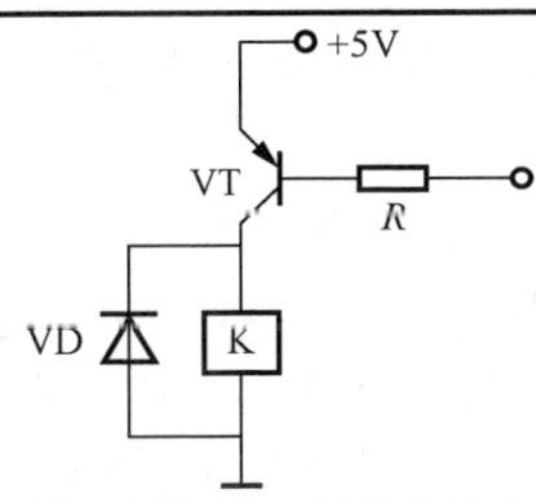
NPN 型三极管驱动继电器	PNP 型三极管驱动继电器

直流电磁继电器典型例题

例 1 如图所示为继电器功能电路图。关于该电路，下列说法中正确的是（　　）。

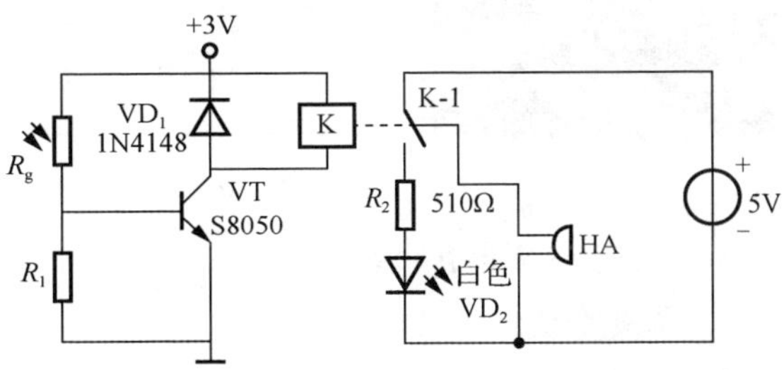

A. 继电器线圈未通电时，蜂鸣器不会发出声音

B. 图中所用继电器的额定电压为直流 5V

C. 安装二极管 1N4148，是为了保护三极管 S8050

D. 继电器线圈通电后，VD_2 不会亮

【解析】蜂鸣器接在常闭触点上，继电器线圈未通电时，常闭触点闭合，蜂鸣器会响，所以选项 A 错误。继电器线圈接在 3V 电源上，额定工作电压为 3V，所以选项 B 错误。VD_2 接在常开触点上，线圈通电后，常开触点闭合，灯亮，所以选项 D 错误。因此，选项 C 正确。

例 2 如图所示是一个继电器的正面视图和底部视图，已知 1、2 脚连接的是继电器的动触点，用多用电表欧姆挡测得 3、4 脚电阻为 100Ω，1、5 脚电阻为 0Ω，2、6 脚电阻为∞，据此推断，下列说法中错误的是（　　）。

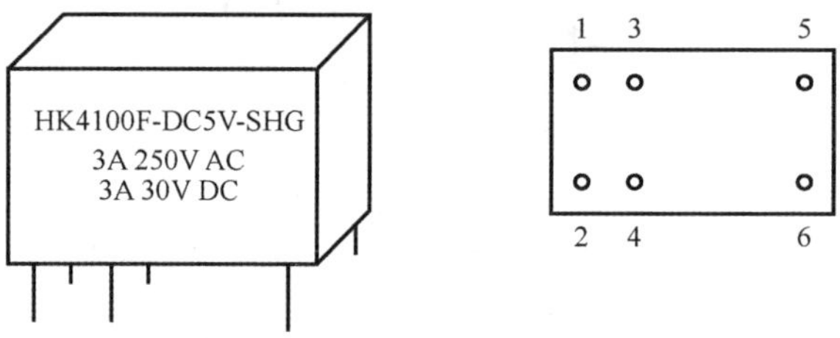

A. 3、4 脚应接控制电路输出部分，电压应小于 5V

B. 1、5 脚是常闭触点

C. 利用 2、6 脚控制 220V 交流电器时电流不能大于 3A

D. 2、6 脚是常开触点

【解析】用多用电表欧姆挡测得 3、4 脚电阻为 100Ω，可知 3、4 是线圈；1、5 脚电阻为 0Ω，可知 1、5 是常闭触点，2、6 是常开触点。3、4 脚接控制电路的输入部分，电压应等于额定工作电压 5V。因此，选项 A 说法错误。

例 3 如图所示是某品牌继电器的正面参数标识及用该继电器设计的光控电路，则①和②处的电压设计合理的是（　　）。

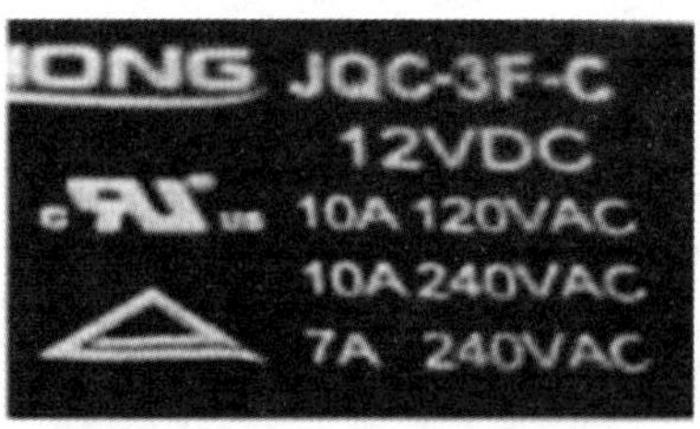

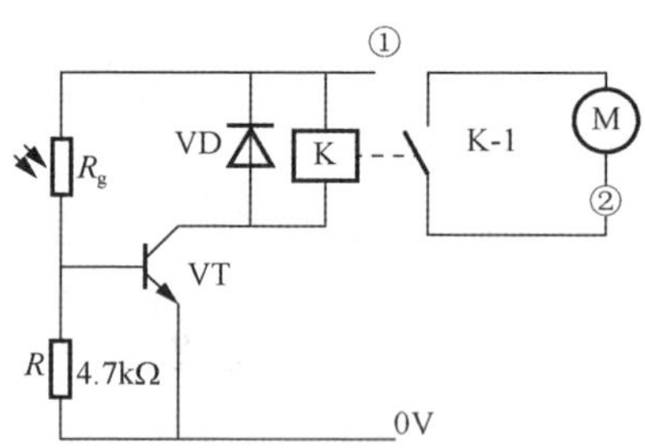

A. ①处直流电压 12V，②处交流电压 110V

B. ①处直流电压 12V，②处交流电压 250V

C. ①处直流电压 9V，②处交流电压 110V

D. ①处直流电压 9V，②处交流电压 250V

【解析】图①处为继电器线圈所接电压，即为继电器的额定工作电压直流 12V，排除选项 C、D；②为触点所接的输出电压，最大只能接在交流 240V 以下，所以选项 B 错误。因此，选项 A 设计合理。

例 4 观察如图所示的直流电磁继电器，读出主要参数，下列描述中正确的是(　　)。

A. 线圈额定工作电压是交流 24V

B. 该继电器有 8 只引脚，内有一个线圈、一组转换触点

C. 直流 30V 电压下允许流经触点的最大电流为 2A

D. 工作在交流 125V 电压下允许流经线圈的最大电流为 1A

【解析】线圈额定工作电压是直流 24V，所以选项 A 错误。继电器有 2 组转换触点，所以选项 B 错误。工作在交流 125V 电压下时，负载（触点）允许的最大电流为 1A，而不是线圈流过最大的电流为 1A。因此，选项 C 正确。

如图所示电路，M 是电动机。请完成例 5～6 题。

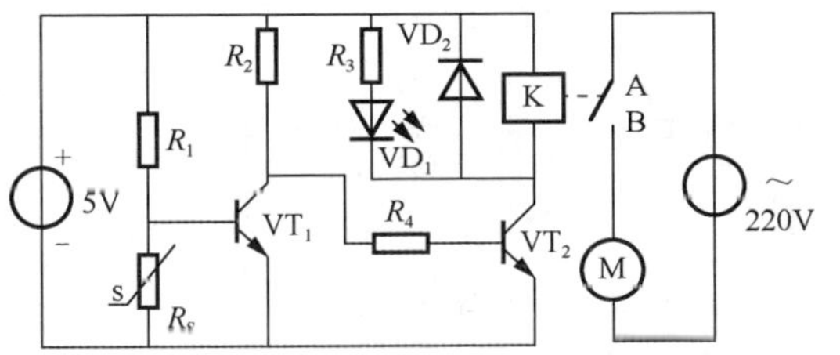

（a）

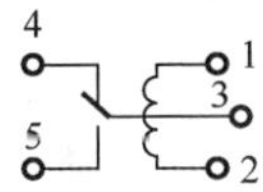

（b）

例 5 图（a）中的 A 和 B 两点对应图（b）中的（　　）。

A. 1 和 2　　B. 4 和 5　　C. 3 和 5　　D. 3 和 4

【解析】图（a）中的 A 和 B 两点是继电器的常闭触点，对应图（b）中的 3 和 5 两点，因此选项 C 正确。

例 6 该电路图实现的功能可能是（　　）。

A. 温度升高，自动将衣物晒到窗外

B. 光线充足，自动将衣物晒到窗外

C. 下雨时，自动将衣物收回室内

D. 有人靠近时，自动开门

【解析】R_S 是湿敏电阻器，下雨时湿度高，湿敏电阻器阻值小，VT_1 截止，VT_2 导通，继电器触点 A 和 B 吸合，自动将衣物收回室内合理，因此选项 C 正确。

例 7 如图所示为楼上楼下两个地方控制一盏灯的开关电路，这种开关可以用电磁继电器的（　　）。

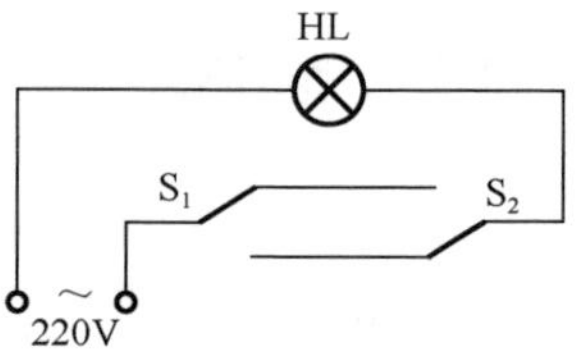

A. 常开触点代替　　B. 常闭触点代替

C. 转换触点代替　　D. 以上都可以

【解析】继电器的转换触点可以代替电路中楼上楼下的控制开关，因此，选项C正确。

例 8 【2021年6月选考第11题】如图所示电路，开关S控制灯HL是否发光。下列分析中正确的是（　　）。

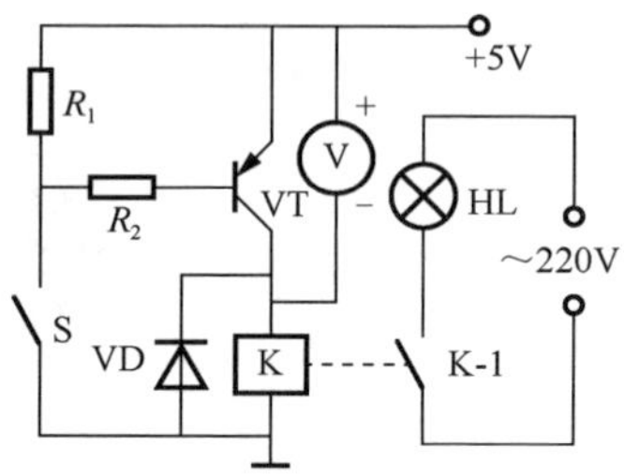

A. 灯HL发光时减小 R_1 的阻值，电压表V读数增大

B. S断开时减小 R_2 的阻值，电压表V读数减小

C. S闭合的瞬间，VD有保护VT的作用

D. S断开的瞬间，VD有保护VT的作用

【解析】S闭合，VT导通，继电器吸合，灯HL发光。减小 R_1 的阻值，不影响 I_b、I_c，电压表V的读数不变；S断开时，VT截止，电压表V的读数为 V_{CC}，减小 R_2 的阻值，电压表V的读数不变；S闭合的瞬间，自感电流被VD反向截止，没有保护作用；S断开的瞬间，产生的反向自感电动势经过VD释放，有保护VT的作用。因此，选项D正确。

例 9 【2021年6月选考第13题】如图所示是小明设计的继电器控制电路。S_1、S_2 是按钮开关，按下时接通，松开时断开。比较器功能：$V_+>V_-$ 时输出高电平，$V_+<V_-$ 时输出低电平。下列分析中不正确的是（　　）。

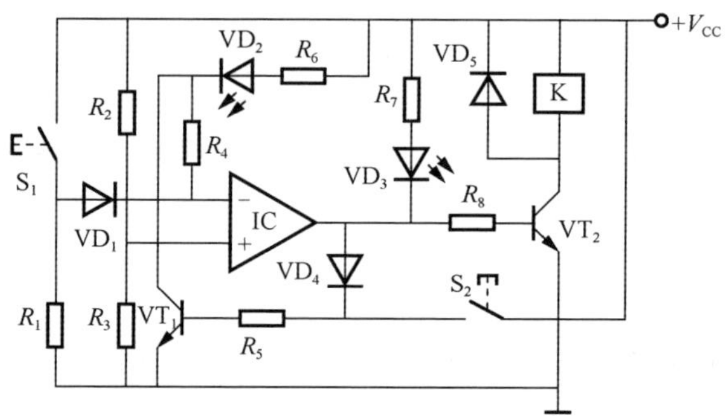

A. VD_3 发光表示继电器K释放

B. S_2 按下后松开，VD_2 发光

C. S_1 按下后松开，继电器K吸合

D. 同时按下 S_1 和 S_2，不能使继电器K吸合

【解析】VD_3 发光，比较器输出为0，VT_2 截止，继电器K释放，所以选项A正确。S_2 按下，VT_1 导通，集电极为低电平，运算放大器输出为高电平；S_2 松开后 VT_1 还是导通，VD_2 发光，所以选项B正确；S_1 按下，比较器输出为0，VT_2 截止，继电器K释放，VT_1 截止，集电极为高电平；S_1 松开，VT_1 还是截止，集电极仍为高电平，比较器输出仍为0，继电器K仍释放，所以选项C不正确。同时按下 S_1 和 S_2，比较器输出为0，不能使继电器K吸合，所以选项D正确。综上所述，选项C不正确。

例 10 如图（a）所示为水位提示电路图，其中发光二极管 VD_1、VD_2 为指示灯，A、

B 为水位探头，水箱中为盐水。集成电路 CC4011 引脚如图（b）所示，用于控制和输出逻辑电平。

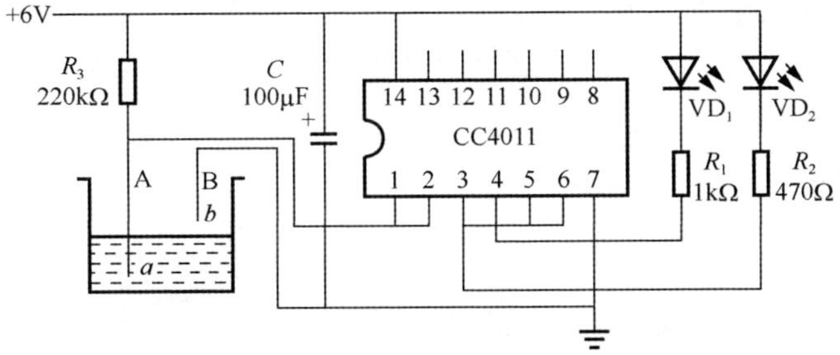

（a）水位提示电路图

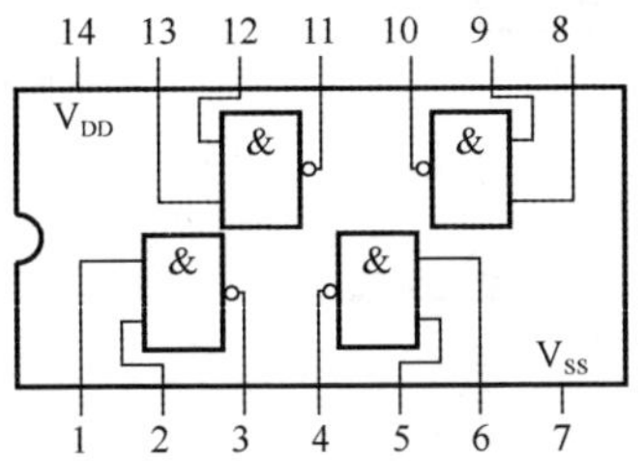

（b）CC4011引脚

请完成以下任务:

（1）集成电路 CC4011 的逻辑电路属于______（在“①与门；②与非门；③或非门”中选择一项，将序号填写在“______”处）;

（2）图（a）中，当水箱水位高于 b 点时，集成电路输入端 1 脚为______（在“①高电平；②低电平”中选择一项，将序号填写在“______”处）;

（3）图（a）中，当水箱水位高于 b 点时，指示灯 VD_1、VD_2 的工作状态为______（在“①VD_1 发光、VD_2 不发光；②VD_1 不发光、VD_2 发光；③VD_1、VD_2 都发光”中选择一项，将序号填写在“______”处）;

（4）若用直流电磁继电器和灯泡实现水位提示功能，当水箱水位高于 b 点时，红灯亮，绿灯灭；低于 b 点时，绿灯亮，红灯灭。其中 1、2、3 处分别表示动触点、常闭触点、常开触点。请用导线连接以下元器件完成电路。

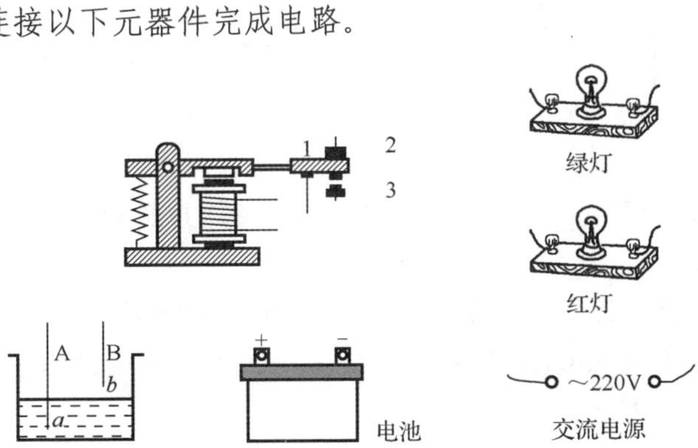

【解析】(1) 集成电路 CC4011 的逻辑电路内含 4 个两输入一输出的与非门，所以选项②正确；

(2) 当水箱水位高于 b 点时，集成电路输入端 1 脚为低电平，所以选项②正确；

(3) 当水箱水位高于 b 点时，3 脚输出高电平，4 脚输出低电平，VD_1 发光、VD_2 不发光，所以选项①正确；

(4) 连接电路如下：

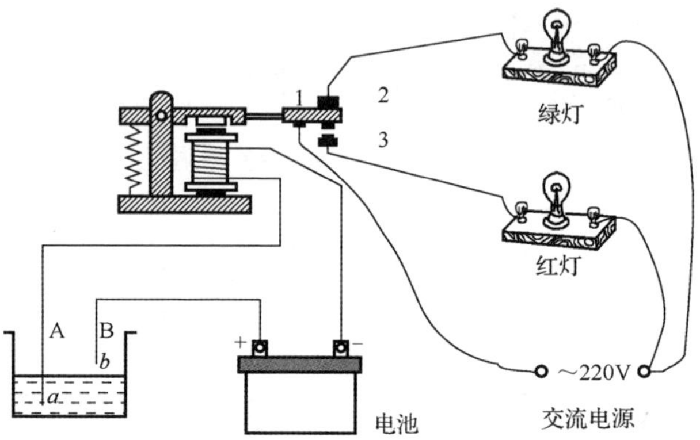

例 11 如图所示是小李为某农场的湿度控制系统设计的电路图。当湿度高于上限或低于下限时都会发出声、光报警，电路中 CB7555 与 R_8、R_9、C_1 构成一个振荡电路，在 Z 点为高电平时可以振荡驱动蜂鸣器发声。分析电路并回答：

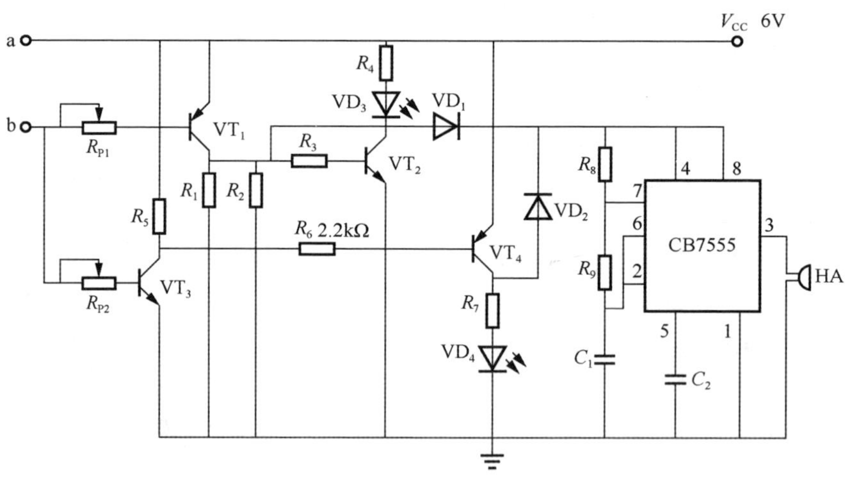

(1) 当湿度超过上限时______灯会发光（在“①VD_3；②VD_4；③VD_1；④VD_2”中选择合适的选项序号填在“______”处）；

(2) 电路在报警时声音过于尖锐（即周期太短），如果想调平缓一些，下列说法中正确的是______（在“①增大 C_1；②减小 C_1；③增大 C_2；④减小 C_2”中选择合适的选项序号填在“______”处）；

(3) 小李想把电路中的输出部分用直流电磁继电器来实现，请补全以下电路图。

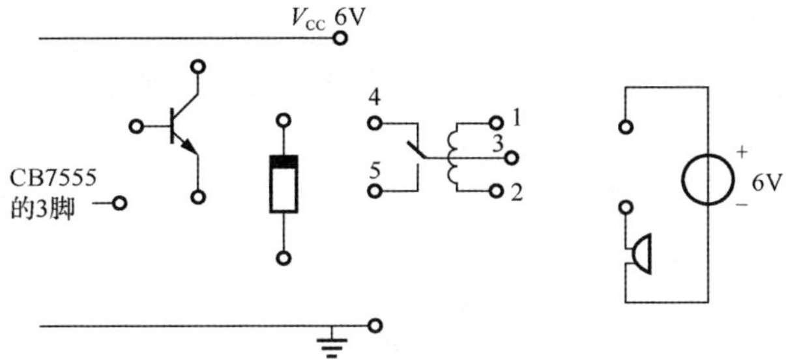

【解析】(1) 根据题意，电路中 a、b 两点间要能检测湿度的变化，当湿度超过上限时，VT_1 截止，VT_3 导通，从而 VT_4 导通，VD_4 发光，所以选项②正确。

(2) 如果想调平缓一些，要调大报警振荡周期，可调大 R_8、R_9、C_1 的值，所以选项①正确。

(3) 电路中的输出部分用直流电磁继电器来实现，补全电路图如下。

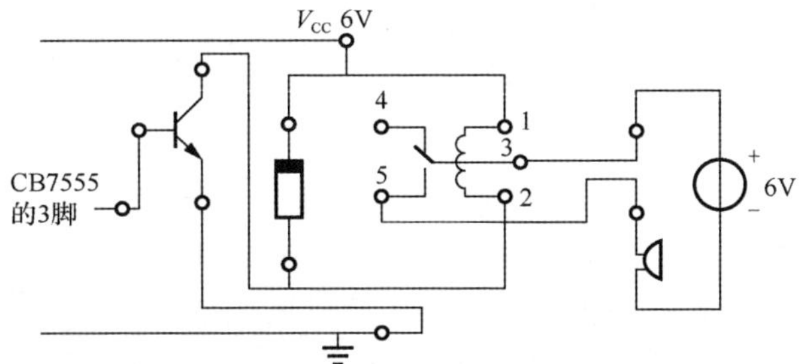

例 12 如图所示是小明在通用实践课上设计的水位控制电路，通过拨动选择器开关 S_1 选择合适的连接端口（A 端或 B 端）用于水池注水或排水控制。当用于注水时，若水位低于 b 点，则 CB7555 的 2 脚输入电位低于 $V_{CC}/3$，使 3 脚输出高电平，继电器 K 通电，抽水机 M 起动开始注水；水位上升至 a 点时，6 脚输入电位高于 $2V_{CC}/3$，使 3 脚输出低电平，继电器 K 断电，抽水机 M 停转不再注水。当用于排水时，应使水池水位不高于 a 点。请根据描述和电路图完成下列任务。

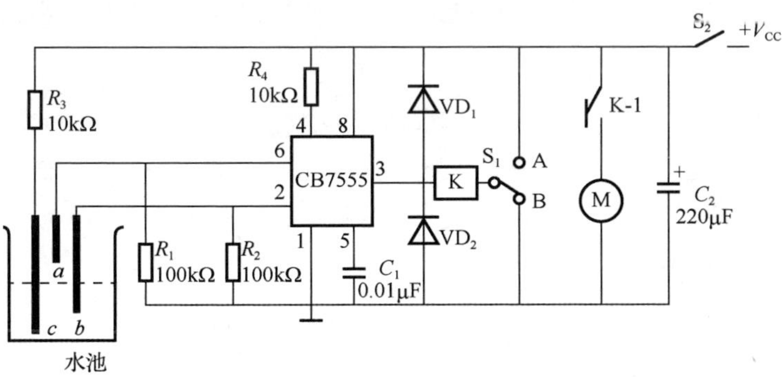

CB7555电路输入输出逻辑关系表

输入		输出
2脚	6脚	3脚
$<V_{CC}/3$	$<2V_{CC}/3$	高电平
$>V_{CC}/3$	$<2V_{CC}/3$	保持
$>V_{CC}/3$	$>2V_{CC}/3$	低电平

(1) 电路图中继电器 K 的触点类型是______（从“①常开触点；②常闭触点；③转换触点”中选择合适的选项，将序号填在“______”处）;

（2）根据控制要求分析电路，选择器开关 S_1 的作用是______（从“①注水控制时拨至 A 端，排水控制时拨至 B 端；②注水控制时拨至 B 端，排水控制时拨至 A 端”中选择合适的选项，将序号填在“______”处）；

（3）当用于排水控制时，若水池水位低于 *b* 点，CB7555 引脚 3 的输出电平为______（从“①高电平；②低电平；③保持”中选择合适的选项，将序号填在“______”处）；

（4）如图所示为小明所采用的直流继电器的底部引脚图［图（b）］，请根据功能要求选择合适端子并完成虚线框内［图（a）］电路部分的连接。

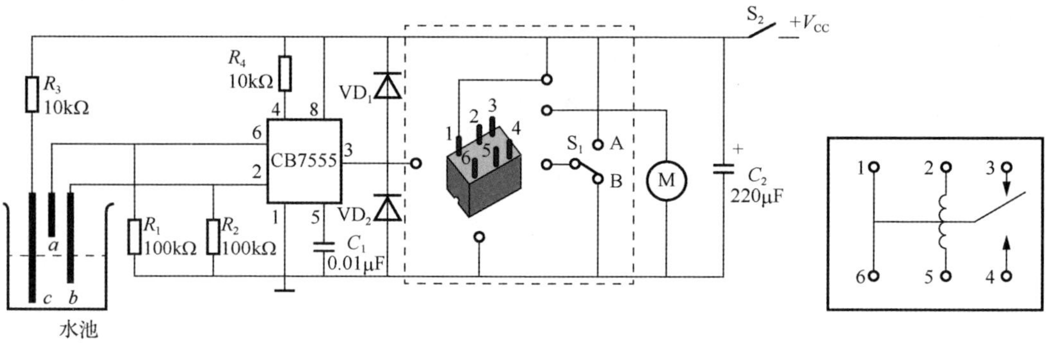

（a）　　　　　　　　　　　（b）

（5）小明搭建好电路，在测试中发现：用于水池注水控制时工作正常，但是用于排水控制时，继电器始终不工作。下列原因中可能造成该现象的是______（在“①CB7555 集成电路 2 脚和 6 脚接反；②选择器开关 S_1 与 A 端虚焊；③VD_2 正负极接反；④继电器 1 脚和 6 脚短接”中选择合适的选项，将序号填在“______”处）。

【解析】（1）触点类型为转换触点。因此选项③正确。

（2）注水时，*a*、*b* 悬空，2、6 脚低电位，3 脚高电位，B 点接 GND，接 B 端形成通路。因此选项②正确。

（3）水位低于 *b* 点，*a*、*b* 悬空，2、6 脚低电位，3 脚高电位。因此选项①正确。

（4）继电器线圈 K 一端接 3 脚，一端接 B，实物图中的 2、5 为线圈，2 脚或 5 脚接 3 脚，5 脚或 2 脚接 B。常开触点接抽水机，1 脚或 6 脚接 V_{CC}，4 脚接抽水机，抽水机接地。2 脚和 5 脚可调换。

电路连线设计一：

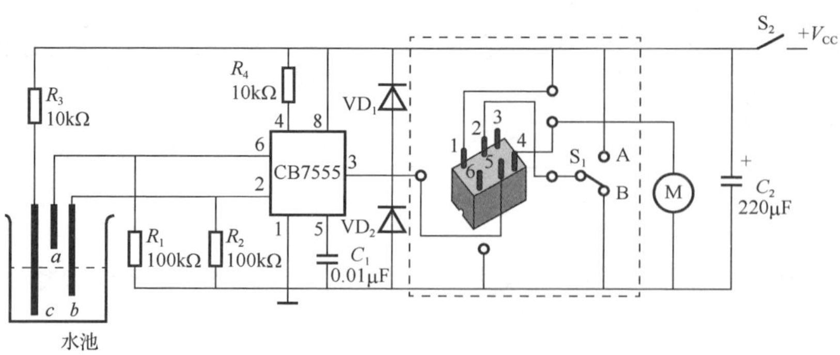

电路连线设计二:

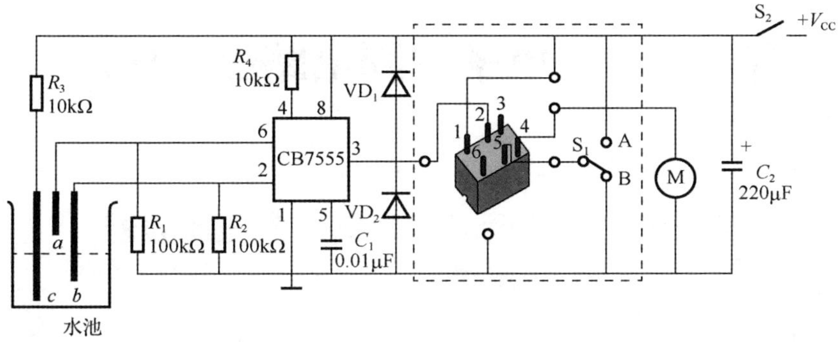

（5）注水时正常，排水时继电器始终不工作。说明 3 脚能正常输出高低电位，且 3 脚到继电器 K、到 V_{CC} 的通路正常，所以只有 S_1 与 A 虚焊，继电器 K 始终不吸合，抽水机始终不工作。选项②正确。

第六章　电子控制电路综合应用

第一节　集成运算放大器与电压比较器

一、集成运算放大器

集成运算放大器（简称集成运放）是电子控制技术中常用的模拟集成电路。其封装形式有很多种，常见的有圆壳式外形和双列直插式外形等，如图 6-1 所示。目前使用较多的是后者，而后者又有 8 脚、10 脚、12 脚、14 脚、16 脚等多个种类，各厂家对引脚的定义略有不同，所以在使用和焊接电路时一定要认真查阅手册，认清引脚。集成运放的引脚功能如图 6-2 所示。

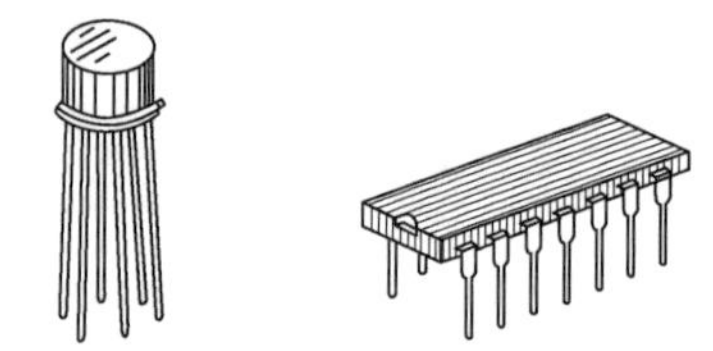

圆壳式外形　　双列直插式外形

图 6-1　集成运放的外形

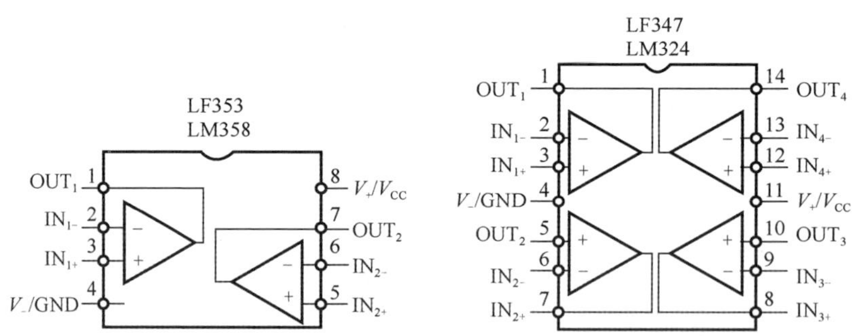

8引脚双运放　　14引脚四运放

图 6-2　集成运放的引脚功能

在电路图中，人们通常用图 6-3 和图 6-4 其中一个图形符号来表示集成运放。

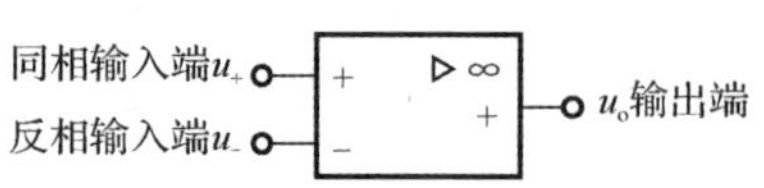

图 6-3　集成运放的标准图形符号

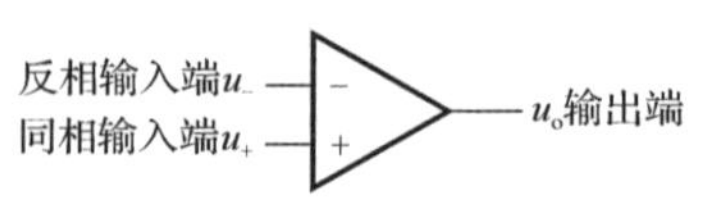

图 6-4　集成运放的常见图形符号

二、电压比较器

1. 电压比较器的电路构成

当集成运放开环或引入正反馈使电路工作在非线性状态时就构成电压比较器，电压比较器就是放大倍数接近“无穷大”的运算放大器。

集成运放主要由输入级、中间级、输出级和偏置电路 4 个部分组成，如图 6-5 所示。运算放大器的内部电路如图 6-6 所示。一个运算放大器至少有两个输入端、一个输出端和一对正负电压源 5 个引脚。

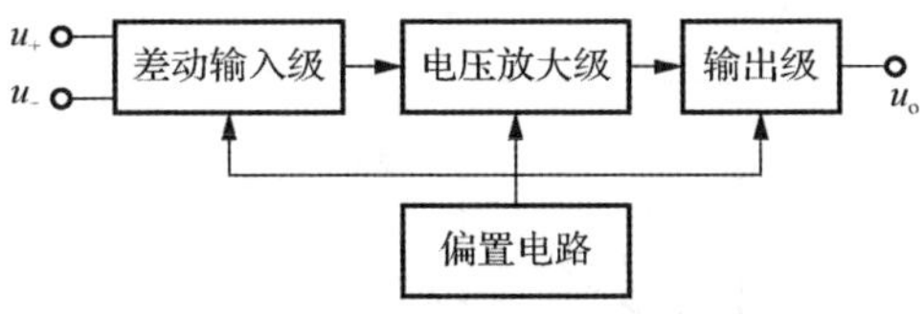

图 6-5　运算放大器的内部组成

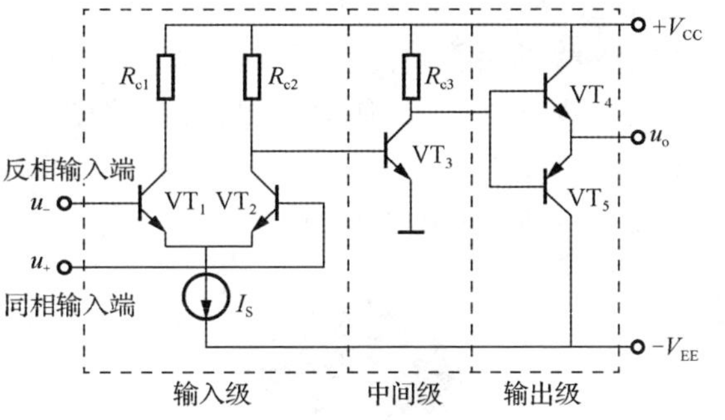

图 6-6　运算放大器的内部电路

2. 电压比较器的输入/输出特性

反相输入端电压为参考基准电压。当同相输入端电压大于反相输入端电压，即 $u_+>u_-$ 时，输出端电压 $u_o=+V_{CC}$，即高电平；当同相输入端电压小于反相输入端电压，即 $u_+<u_-$ 时，输出端电压 $u_o=-V_{EE}$，即低电平；当同相输入端电压等于反相输入端电压，即 $u_+=u_-$ 时，输出端电压 $u_o=(V_{CC}-V_{EE})/2$。

可见，电压比较器的功能就是将一个模拟电压信号与一参考基准电压相比较，输出一定的高、低电平。电压比较器的输出特性如图 6-7 所示。

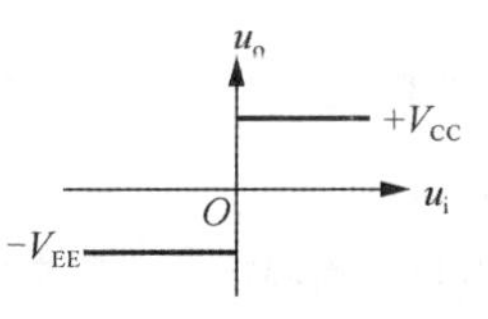

图 6-7　电压比较器的输出特性

三、电压比较器的应用

1. 电压比较器在开环控制系统中的应用

高温报警装置就是常见的开环电子控制系统。高温报警装置作为一个电子控制系统，其蜂鸣器是被控对象，发出的声音是被控量，控制器是一个以 UA741 为核心的集成电路装置，用框图对其进行分析，工作过程如图 6-8 所示。

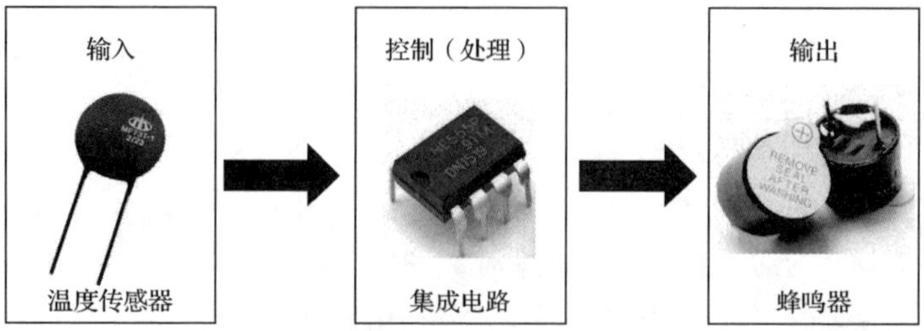

图 6-8　高温报警开环电子控制系统

UA741 是高增益运算放大器，用于军事、工业和商业应用，是硅集成电路器件，提供输出短路保护和闭锁自由运作。

UA741 的引脚功能：1 脚和 5 脚为偏置（调零端），2 脚为反相输入端，3 脚为同相输入端，4 脚为接地，6 脚为输出，7 脚为接电源端，8 脚为空脚。UA741 的外观如图 6-9 所示，UA741 的内部引脚如图 6-10 所示，图中，Offset Null 是调零端，NC 为空脚。高温报警装置电路图如图 6-11 所示。

图 6-9　UA741 外观

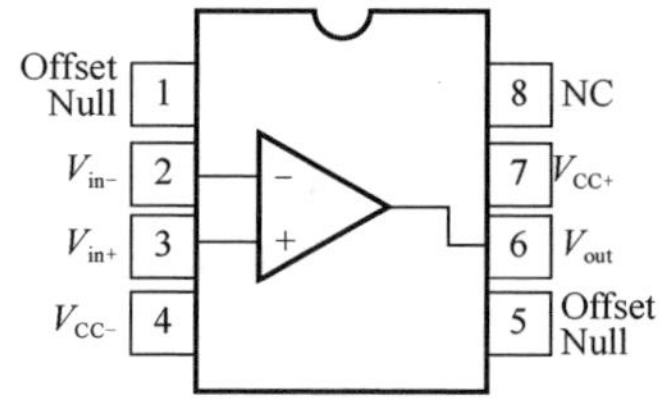

图 6-10　UA741 的内部引脚

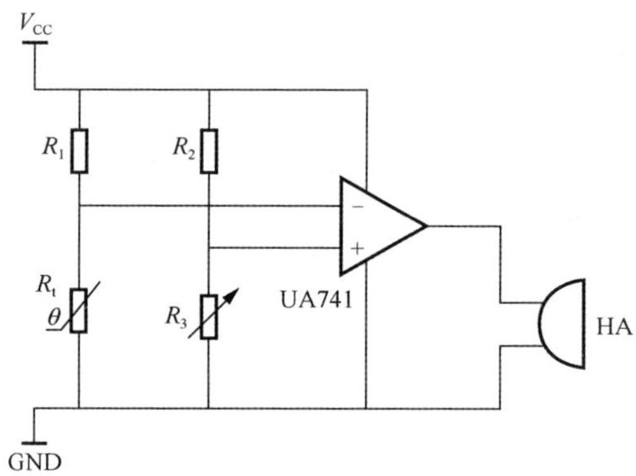

图 6-11　高温报警装置电路图

如图 6-11 所示，高温报警装置的工作过程如下：当环境温度低于 50℃时，蜂鸣器无声音；当环境温度高于 50℃时，蜂鸣器发出声音报警。准备好器材以后，首先逐一对元器件进行质量检测；然后按照电路图，在印制电路板上正确插装元件并进行焊接。检查无虚焊和搭焊后，接通电源，将 R_t 放入 50℃热水中，调节 R_3 的阻值，恰好使蜂鸣器发出声音。

2. 电压比较器在闭环控制系统中的应用

随着技术的进步，人们的生活质量越来越高。在家里养盆花可以陶冶情操、丰富生活。

但是，在生活中，人们总是会有无暇顾及的时候，如工作太忙、出差、旅游等。花草生长问题80%以上由浇灌问题引起;好不容易种植几个月的花草,因为浇水不及时而长势不好。虽然目前市面上有卖花盆自动浇水器的，但价格昂贵，并且大多只能设定一个定时浇水的时间，很难做到给花盆适时、适量浇水。也有较经济的花盆缺水报警器，可以提醒人们及时给花浇水。可是这种报警器只能报警，浇水还需要手动完成。当家里无人时，即使报警器报警也无人浇水，就起不到应有的作用了。因此，可以设计一种集花盆土壤湿度检测和自动浇水于一体的花盆自动浇水系统，让花在人们无暇照顾时也能得到及时的浇灌。

花盆自动浇水控制电路图如图6-12所示，工作过程如下：①当花盆中土壤的湿度低于下限值时（干燥），VT_1集电极电位降低，集成运放A_1输出高电位，A_2输出低电位，RS触发器处于置“1”状态，Q为高电平，VT_2导通，起动水泵浇水；②湿度上升后，VT_1集电极电位升高，A_1输出低电位，A_2输出低电位，RS触发器处于保持状态，继续浇水；③当湿度高于上限值（潮湿）时，VT_1集电极电位升高后，A_1输出低电位，A_2输出高电位，RS触发器处于置“0”状态，Q为低电平，VT_2截止，水泵关闭，停止浇水。

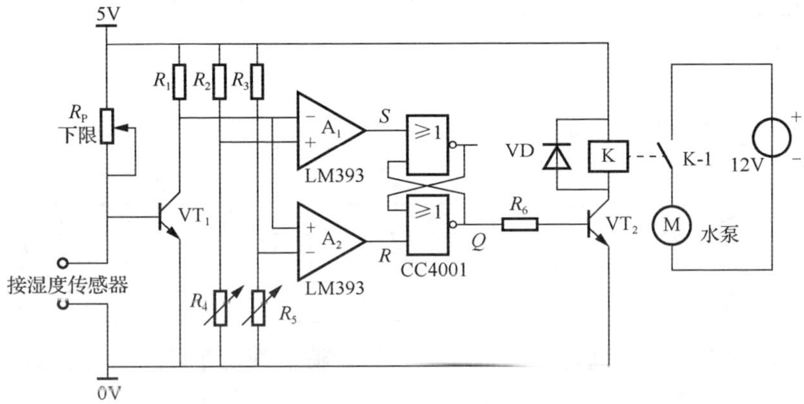

图6-12　花盆自动浇水控制电路图

LM393是高增益、宽频带电压比较器，内部有两个相同功能的电压比较器。LM393的外观如图6-13所示，LM393的内部引脚如图6-14所示。

图6-13　LM393的外观

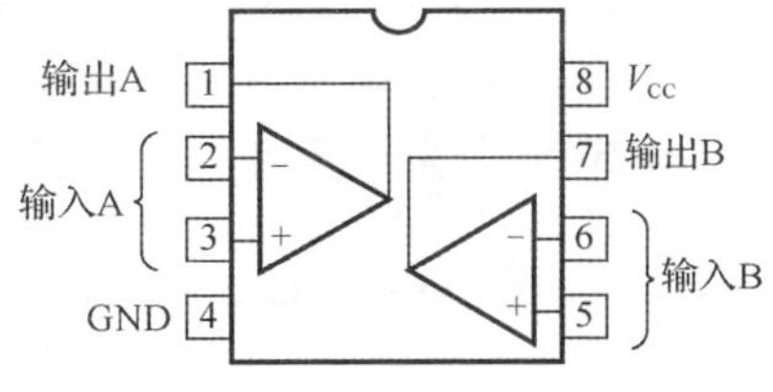

图6-14　LM393的内部引脚

电压比较器典型例题

例1　如图所示是小明设计的光控窗帘实验电路。R_g检测环境光线强度，R_1、R_2、R_{P1}、R_{P2}设置光线强度的上限和下限，窗帘根据环境光线的强度打开或关闭，VD_1和VD_2指示窗帘的状态。下列分析中不正确的是（　　）。

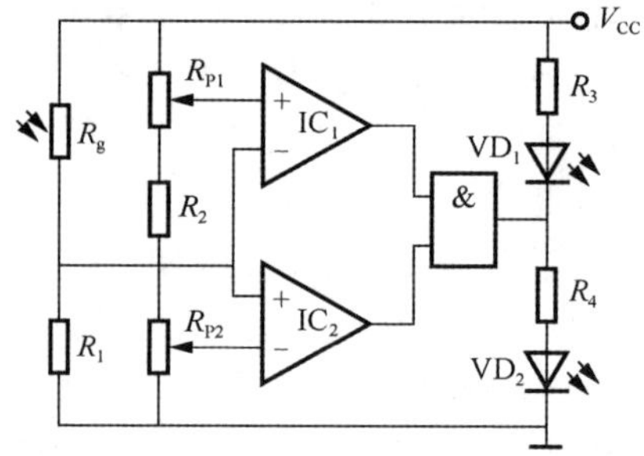

A. 光线强度低于下限时，VD_1 亮

B. 光线强度高于上限时，VD_1 亮

C. 光线强度介于上限和下限之间时，VD_2 亮

D. 增大 R_1，光线强度的下限变低，上限变高

【解析】为方便叙述，把电路图标注如下，并列出分析表。

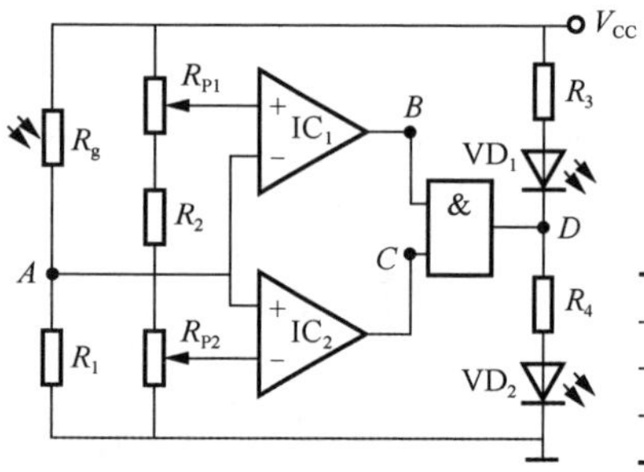

光线强度	B点输出	C点输出	VD_1	VD_2
>上限	0	1	亮	灭
上下限之间	1	1	灭	亮
<下限	1	0	亮	灭

当光线强度在上下限之间时，*B* 点和 *C* 点同时输出高电平，*D* 点输出高电平“1”。因此当光线强度在范围外的时候，*B* 点或 *C* 点肯定有 1 个为低电平，*D* 点输出低电平，VD_1 亮，所以选项 A、B 正确。当光线强度在上下限之间时，*B* 点或 *C* 点输出都为高电平，*D* 点输出高电平，VD_2 亮，所以选项 C 正确。若增大 R_1，则 R_g 阻值也要相应变大，上下限都变低，因此选项 D 不正确。

例 2 如图所示是小明设计的发光二极管控制电路。S_1 是按钮开关，按下时接通，松开时断开。电压比较器功能如下：当 $V_+>V_-$ 时输出高电平，当 $V_+<V_-$ 时输出低电平。初始状态，S_1 断开，VD_1 发光。下列分析中正确的是（　　）。

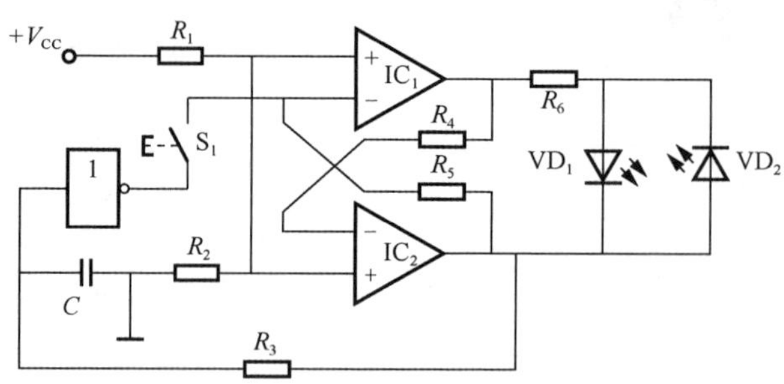

A. 按下 S_1 后不松开，VD_1 和 VD_2 交替发光

B. VD_2 发光时，按下 S_1 后松开，VD_2 仍保持发光

C. 初始状态下，按下 S_1 后立即松开，VD_2 一定不发光

D. 两个电压比较器可能都输出高电平或低电平，VD_1、VD_2 均不发光

【解析】为方便叙述，把电路原理图标注如下。

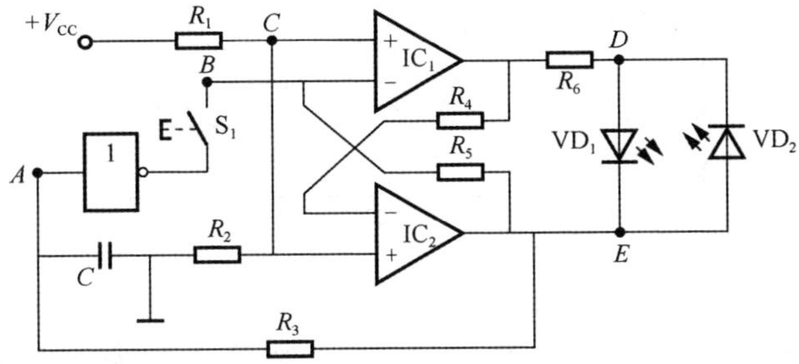

选项 A 中，长时间按下 S_1 不松开，电容 C 会不断充放电，从而影响电压比较器输入端的高低变化，见到的现象即是 VD_1 和 VD_2 交替发光。因此，选项 A 正确。选项 B 中，VD_2 发光时，E 点为高电平，D 点为低电平。按下 S_1，B 点为低电平，D 点输出高电平，VD_2 不发光。选项 C 中，初始状态 VD_1 发光，D 点为高电平，E 点为低电平，按下 S_1，B 点为高电平，D 点输出低电平，VD_2 发光。选项 D 中，电压比较器 V_-输入端由电压比较器输出端电压减去 R_4 的分压，既然能交替发光，那么两个电压比较器不可同时输出高电平或低电平。

例 3　如图（a）所示为水塔水位控制电路。用干簧管检测上、下限水位，如图（b）所示，干簧管在磁性浮子靠近时导通。当水位降至下限时，VD_3 发光（代表水泵抽水）；当水位升至上限时，VD_3 不发光（代表水泵停止抽水）。按钮开关 S 按下时接通，松开后断开。电压比较器功能如下：当 $V_+>V_-$时输出高电平，当 $V_+<V_-$时输出低电平。下列分析中不正确的是（　　）。

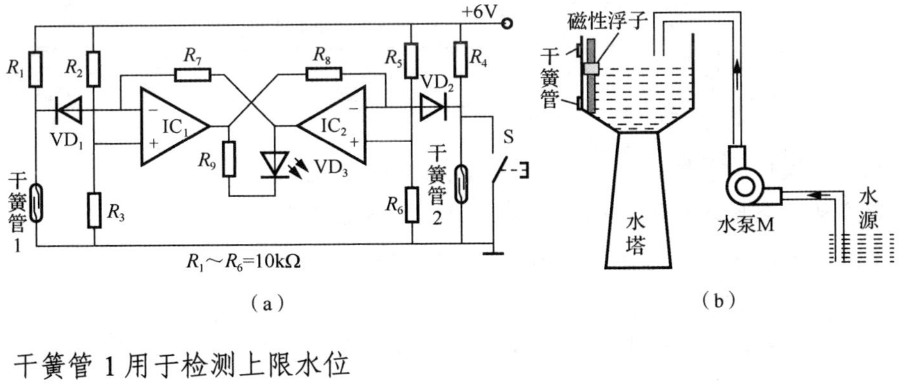

（a）　　　　　　　　　　　　（b）

A. 干簧管 1 用于检测上限水位

B. 水位在图（b）所示位置时，VD_3 的发光情况不能确定

C. 水位在图（b）所示位置时，按下 S 后松开，VD_3 发光

D. 水位在上限位置附近波动，可能是 VD_2 击穿

【解析】为方便叙述，把电路图标注如下。

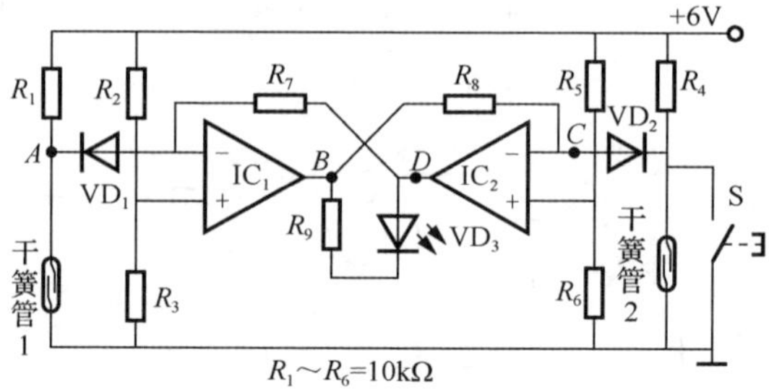

水位低于下限时，VD_3 发光，故 D=1，C=0，干簧管 2 吸合，故干簧管 2 用于检测下限水位，自然，干簧管 1 用于检测上限水位，因此选项 A 正确。水位在上下限之间时，保持上一个状态，VD_3 发光情况不能确定，因此选项 B 正确。水位在上下限之间时，按下 S 后，C=0，D=1，VD_3 发光；D=1，左边电压比较器 V_-=1，B=0，C=0；S 松开后，VD_3 发光，因此选项 C 正确。如果 VD_2 击穿，只有当水位降到下限时，C=0，VD_3 发光；高于下限时，C=1，VD_3 不发光，水位在下限位置附近波动，因此选项 D 不正确。

例 4 如图所示电路，R_g 为光敏电阻，下列分析中正确的是（　　）。

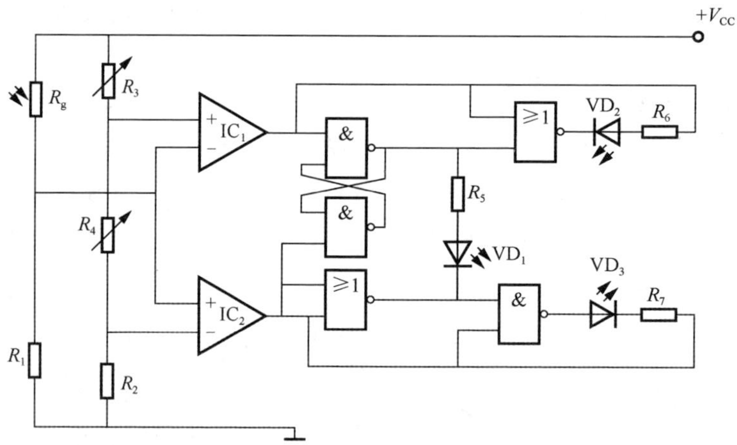

A. 光照强度低于设定范围下限时，VD_1、VD_3 都发光

B. 光照强度在设定范围内时，VD_1、VD_3 都不发光

C. 光照强度高于设定范围上限时，VD_1、VD_3 都不发光

D. VD_1 亮时，VD_2 可能会亮

【解析】为方便叙述，把电路图标注如下，并列出分析表。

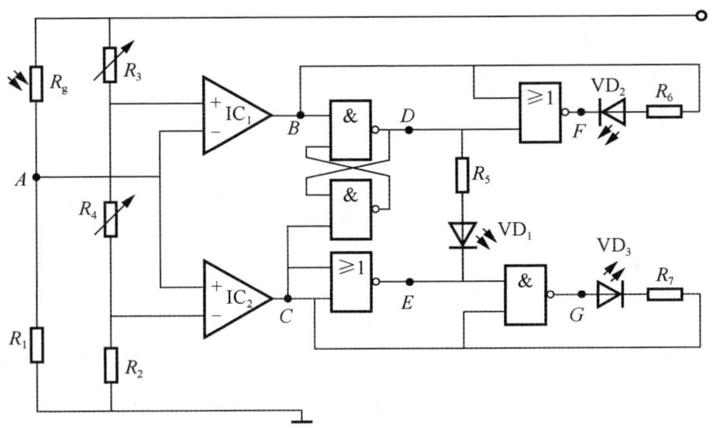

	A	B	C	D	E	F	G	VD_1	VD_2	VD_3
光照强度高于上限	1	0	1	1	0	0	1	发光	不发光	不发光
光照强度低于下限	0	1	0	0	1	0	1	不发光	发光	发光
介于二者之间	对于上限 IC_1：0 对于下限 IC_2：1	1	1	保持	0	0	1	保持	发光	不发光

光照强度低于设定范围下限时，*A* 点为低电平，*B* 点为高电平，*C* 点为低电平，*D* 点为低电平，*E* 点为高电平，*G* 点为高电平，VD_1 不发光，VD_3 发光，因此选项 A 错误。IC_1 同相输入端电平高于 IC_2 反相输入端电平，光照强度在范围内时，*A* 点电平高于 IC_2 反相输入端电平，但低于 IC_1 同相输入端电平；*B* 点为高电平，*C* 点为高电平，*D* 点保持原电平，*E* 点为低电平，*G* 点为高电平，VD_1 有可能发光，VD_3 不发光，因此选项 B 错误。光照强度高于设定范围上限时，*A* 点为高电平，*B* 点为低电平，*C* 点为高电平，*D* 点为高电平，*E* 点为低电平，*G* 点为高电平，VD_1 发光，VD_3 不发光，因此选项 C 错误。VD_1 发光，*D* 点为高电平，*E* 点为低电平，*F* 点为低电平，*B*、*C* 点电位可以为低电平、高电平（上限），或者高电平、高电平（范围内），因此选项 D 正确。

例 5　如图所示电路，当温度超过 60℃时，蜂鸣器发声报警，二极管、三极管均为硅管，IC 为电压比较器，当 $V_+>V_-$ 时，输出高电平；当 $V_+<V_-$ 时，输出低电平。下列说法中正确的是（　　）。

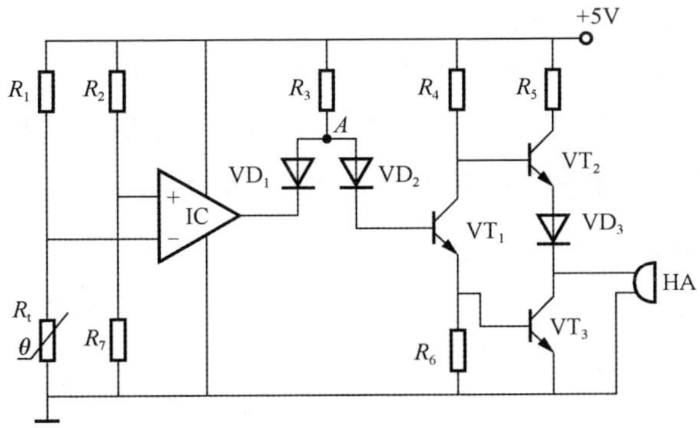

A. R_t为负温度系数热敏电阻

B. 报警后，温度下降到60℃以下保持报警

C. 温度低于60℃时，A点电位为5V

D. 调试时发现蜂鸣器始终不报警，可能是由于VD_1虚焊

【解析】采用逆推法分析：蜂鸣器发声报警时应该是VT_3截止，VT_2导通，由此可推断报警时VT_1截止，IC输出低电平，即当温度超过60℃时，IC的$V_+<V_-$，所以R_t为正温度系数热敏电阻，因此选项A错误；报警后，当温度下降到60℃以下时，IC的$V_+>V_-$，输出高电平，VD_1截止，VD_2导通，VT_3导通，VT_1导通，蜂鸣器停止报警，此时A点电位为2.1V，因此选项B和C错误；VD_1虚焊时，VD_2导通，VT_3导通，VT_1导通，蜂鸣器不会报警，因此选项D正确。

例6 如图所示是小明设计的电子电路，其中负载R_H正常工作的电流须在一定的范围内，调整负载R_H的阻值，当流过R_H的电流超过上限值时，R_H立即停止工作，只有按一次按钮SB后，R_H才能重新工作，SB按下时闭合，松开时断开，IC_1和IC_2的功能如下：当$V_+>V_-$时，输出高电平；当$V_+<V_-$时，输出低电平。下列有关电路的分析中不合理的是(　　)。

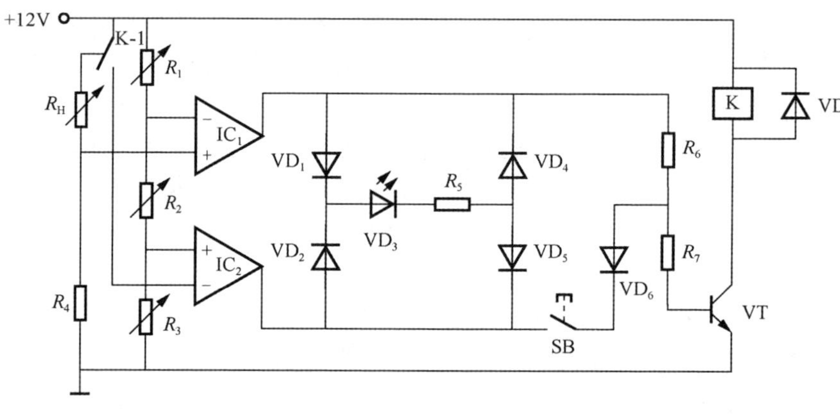

A. 流过R_H的电流过大或过小时，VD_3都会发光提示

B. IC_1控制上限值，IC_2控制下限值

C. 同时调大R_2和R_3，电路设置的上限电流值变大，下限电流值不变

D. R_H停止工作后，按一次按钮SB，仍不工作，可能是VD_6接反造成的

【解析】为方便叙述，把电路图标注如下，并列出分析表。

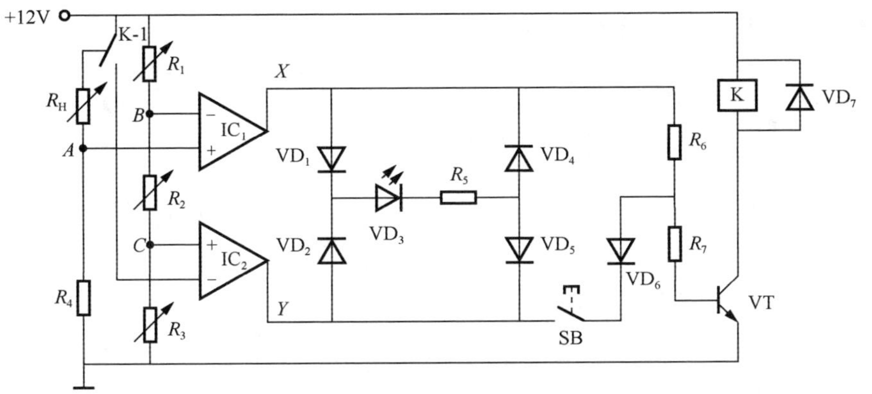

状态	电位比较	X	Y	VD_3
流过R_H的电流过小时	$V_A<V_C<V_B$	0	1	亮
范围内	$V_C<V_A<V_B$	0	0	灭
流过R_H的电流过大时	$V_C<V_B<V_A$	1	0	亮

由分析表可知，IC_1控制上限值，IC_2控制下限值；流过R_H的电流过大时，VT导通，触点转换，按一次按钮SB，VT截止，R_H重新工作；若VD_6接反，VT依然导通，按一次按钮SB，仍不工作。同时调大R_1和R_2，在不影响C点电位的情况下，电路设置的下限电流值不变，因此，选项C不合理。

例7　小明家的中央空调需要人工遥控开关，想设计一个智能开关电路，如图所示，用热敏电阻R_t检测房间温度，电阻器R_2、R_3、R_4的阻值相等。当房间的温度低于设定的下限或高于设定的上限时，继电器K吸合，空调系统启动工作。房间温度在设定范围内空调系统不工作。电压比较器IC的功能如下：当$V_+>V_-$时输出电位为V_{CC}，当$V_+<V_-$时输出电位为0。分析电路图，以下正确的是（　　）。

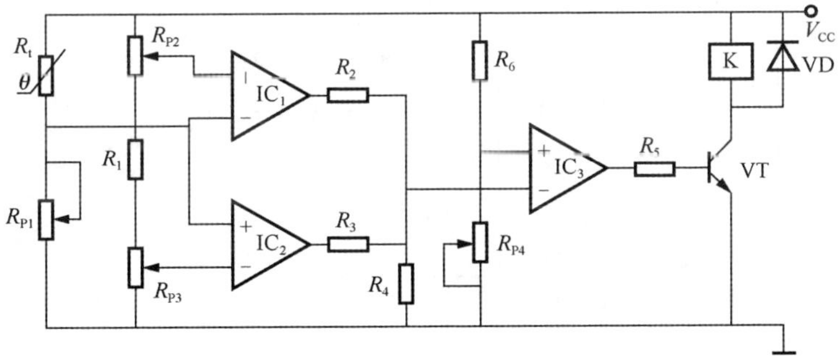

A. 图中的热敏电阻R_t一定是负温度系数热敏电阻

B. 把R_{P1}触头向上滑，可以调高设定温度的上限，调低设定温度的下限

C. 把R_{P4}触头向上滑，如果R_t为正温度系数热敏电阻，可以使设定温度的上限提高，下限提高；如果R_t为负温度系数热敏电阻，可以使设定温度的上限降低，下限降低

D. 若使R_6的阻值大于R_{P4}最大阻值的两倍，则房间温度超出上下限范围时继电器也不会吸合

【解析】为方便叙述，把电路图标注如下。

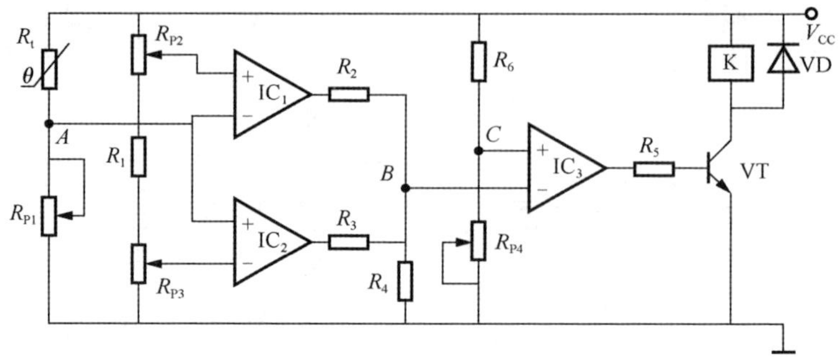

在设定范围外，电压比较器 IC_1、IC_2 分别输出高电平和低电平，B 点电位等于 $V_{CC}/3$，IC_3 输出高电平。因此，R_t 为正负温度系数热敏电阻都可以实现功能，所以选项 A 错误。如果 R_t 是负温度系数热敏电阻，R_{P1} 增大，A 点电位升高，上限降低，下限降低；正温度系数热敏电阻与此相反，所以选项 B 错误。比较器 IC_3 输出的是数字信号，与 R_{P4} 阻值变化无关，所以选项 C 错误。若使 R_6 的阻值大于 R_{P4} 最大阻值的两倍，C 点电位最大为 $V_{CC}/3$，一定小于设定范围外时 B 点的电位，IC_3 输出低电平，继电器不工作，所以选项 D 正确。

例 8 如图所示是蒸汽电熨斗温度控制电路，它除能对蒸汽电熨斗进行自动温度控制外，还能在电熨斗内缺水时及时切断其工作电源，防止电加热器无水干烧。下列分析中不正确的是（　　）。

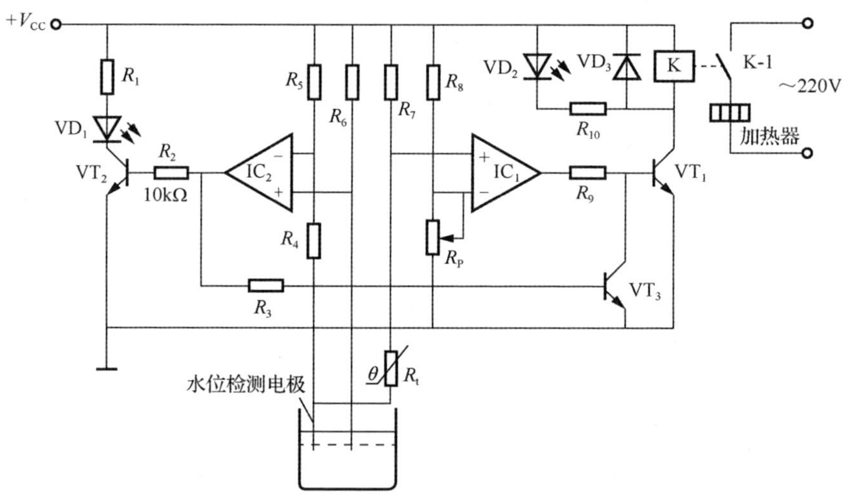

A. R_t 为负温度系数热敏电阻器

B. 要调高电熨斗的温度，可调小 R_P 的阻值

C. 当电加热器处于加热时，VD_1、VD_2 同时发光

D. 调试时发现电熨斗始终不加热，可能是电阻 R_6 连焊

【解析】当 IC_2 输出高电平，VT_2、VT_3 导通，VT_1 截止，加热器不加热；缺水时，IC_2

的 V_+=1，IC_2 输出高电平，温度低于下限，加热器加热，有水，IC_1 输出高电平，IC_1 的 V_+=1，R_t 为负温度系数热敏电阻，因此选项 A 正确。调高电熨斗的温度，R_t 阻值减小，IC_1 的 V_+电位降低，需调低 IC_1 的 V_-电位，故将 R_P 的阻值调小，因此选项 B 正确。当电加热器处于加热时，IC_1 导通，VD_2 发光，但 VT_2 截止，VD_1 不发光，因此选项 C 不正确。电阻 R_6 连焊，IC_2 的 V_+=1，VT_2、VT_3 导通，VT_1 截止，加热器不加热，因此选项 D 正确。

例 9　【2022 年 6 月选考第 13 题】如图所示的控制电路，当温度低于下限时，继电器 K 吸合，加热器开始加热；当温度高于上限时，继电器 K 释放，加热器停止加热；R_t 短路或断路时，加热器均不加热。下列分析中不正确的是（　　）。

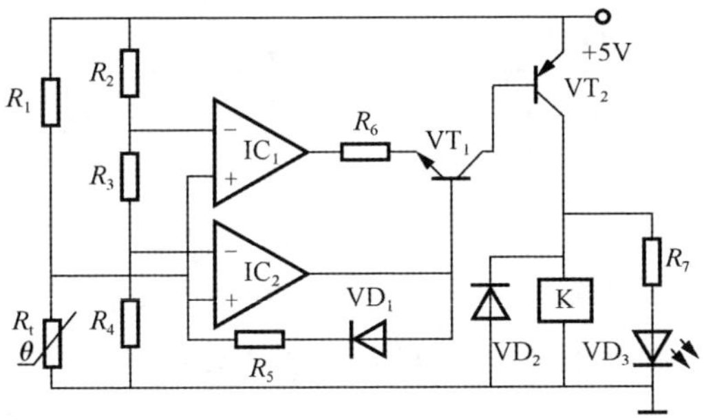

A. R_6 断路且温度低于下限时，VD_3 发光

B. R_3 短路时，加热器不会加热

C. 加热器加热时，IC_1 输出低电平

D. R_t 断路时，IC_2 输出高电平

【解析】加热时继电器 K 吸合，那么 VT_1 和 VT_2 要导通，则 IC_1 输出 0，IC_2 输出 1。若 R_6 断路，则 VT_2 基极没有电流，VT_2 无法导通，VD_3 无法亮，因此，选项 A 不正确。低温时，IC_2 要输出高电平，V_+要为高电平，R_t 为负温度系数热敏电阻。IC_1 的 V_-大于 IC_2 的 V_-，温度降低时，V_+由小变大直到达到下限 IC_2 输出 1，IC_1 仍输出 0 时继电器 K 吸合，开始加热。此时由于 VD_1 导通，R_1 和 R_5 并联，IC_1 和 IC_2 的 V_+电位升高，形成区间，由此形成上下限控制。R_3 短路，低于下限时，IC_1 和 IC_2 均输出 1，VT_1 和 VT_2 截止，不会加热，因此选项 B 正确。IC_1 输出低电平，VT_2 才可能导通，因此加热器加热时，IC_1 输出低电平，选项 C 正确。R_t 断路，IC_1 和 IC_2 的 V_+为高电平，IC_1 和 IC_2 均输出高电平，因此选项 D 正确。

例 10　【2024 年 1 月选考第 11 题】如图所示的信号处理电路，u_i 为输入信号，U_{REF} 为基准信号，u_o 为输出信号。下列信号波形关系中不正确的是（　　）。

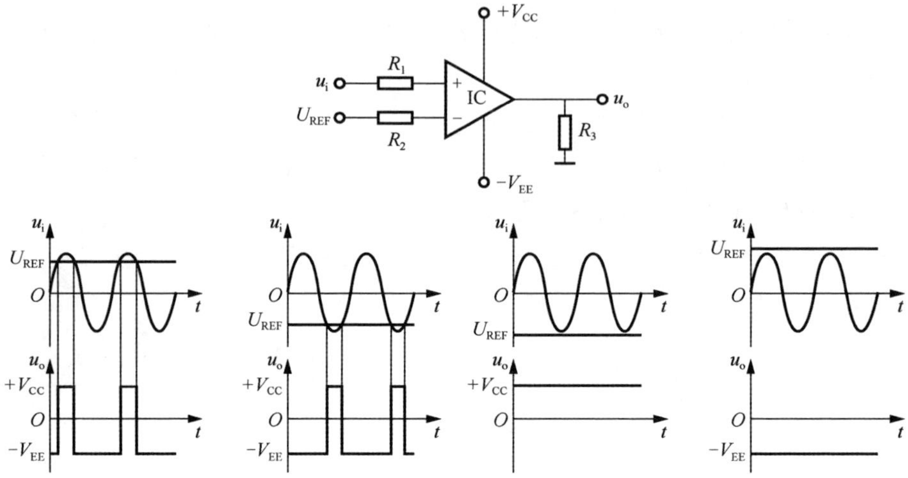

A. B. C. D.

【解析】根据比较器的输入输出特点，当输入信号 u_i 大于基准电压时，输出高电平 V_{CC}，反之输出低电平 $-V_{EE}$，当 $V_+=V_-$ 时是输出出现跳变的转折点，所以，选项 A 输出信号正确；选项 B 输出信号反了，波形图关系不正确；选项 C 输入信号一直大于基准信号，所以输出一直为高电平；选项 D 输入信号一直小于基准信号，所以输出一直为低电平。综上所述，选项 B 不正确。

第二节　555 集成电路的应用

一、555 集成电路的组成与功能

NE555 是一种广泛使用的时基电路，它是一种芯片，常被用于定时器、脉冲产生器和振荡电路。NE555 可作为电路中的延时器件、触发器或起振元器件，具有体积小、质量小、稳定可靠、操作电源范围大、输出端的供给电流强、计时精确度高、温度稳定、价格低廉等特点。NE555 的内部引脚如图 6-15 所示，NE555 的外观如图 6-16 所示。NE555 的引脚功能见表 6-1 和表 6-2。

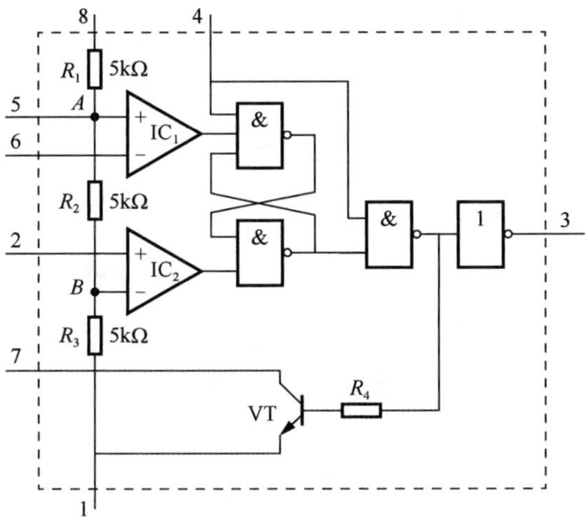

图 6-15　NE555 的内部引脚

图 6-16　NE555 的外观

表 6-1　NE555 引脚功能（1）

引脚	名称	功能
1	GND（地）	接地，作为低电平（0V）
2	TRIG（触发）	当此引脚电压降至 $V_{CC}/3$（或由控制端决定的阈值电压）时输出端给出高电平
3	OUT（输出）	输出高电平（$+V_{CC}$）或低电平
4	RST（复位）	当此引脚接高电平时定时器工作；当此引脚接地时芯片复位，输出低电平
5	CTRL（控制）	控制芯片的阈值电压（当此引脚接空时，默认两阈值电压为 $V_{CC}/3$ 与 $2V_{CC}/3$）
6	THR（阈值）	当此引脚电压升至 $2V_{CC}/3$（或由控制端决定的阈值电压）时，输出端给出低电平
7	DIS（放电）	内接集电极开路（OC）门，用于给电容放电
8	V_+，V_{CC}（供电）	提供高电平并给芯片供电

表 6-2　NE555 引脚功能（2）

引脚 4（RST）	引脚 2（TRIG）	引脚 6（THR）	引脚 3（OUT）	引脚 7（DIS）
0	—	—	0	接地
1	$<V_{CC}/3$	—	1	开路
1	$>V_{CC}/3$	$<2V_{CC}/3$	保持	保持
1	$>V_{CC}/3$	$>2V_{CC}/3$	0	接地

二、555 集成电路的常见应用

1. 555 单稳态触发器

（1）555 单稳态触发器电路的组成与工作过程。将图 6-17（a）所示的 555 集成电路的引脚 6、7 并接起来接在 RC 定时电路上，引脚 2 输入脉冲信号，形成单稳态触发器。

输入、输出波形变化如图 6-17（b）所示。

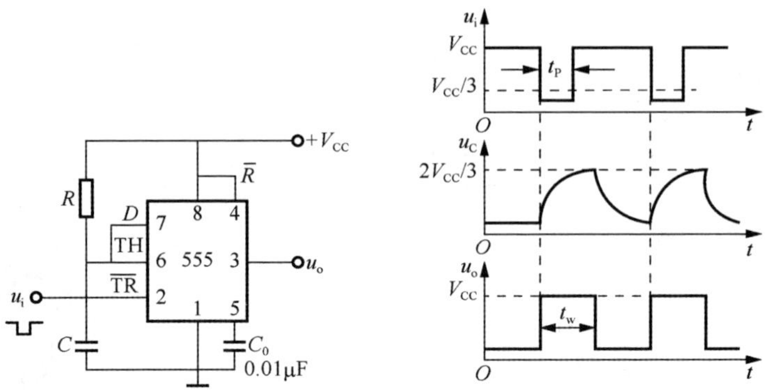

（a）　　　　（b）

图 6-17　555 单稳态触发器电路（部分）与工作过程

① 接通电源后 $\overline{\text{TR}}$ 未加触发脉冲，是高电平，$u_i>V_{CC}/3$，电源通过电阻器 R 向电容器 C 充电至 $2V_{CC}/3$ 时，RS 触发器置 0，此时输出 $u_o=0$，三极管 VT 导通，电容器 C 通过引脚 7 向地放电，此时电路处于稳定状态。

② 当引脚 2 加入 $u_i<V_{CC}/3$ 时，RS 触发器置 1，输出 $u_o=1$，使三极管 VT 截止。此时电容器 C 又开始充电，引脚 6 电压按指数规律上升。

③ 当电容器 C 充电（即引脚 6 电压）到 $2V_{CC}/3$ 时，RS 触发器翻转，使输出 $u_o=0$。此时 VT 又重新导通，电容器 C 很快放电，暂稳态结束，恢复稳态，为下一个触发脉冲的到来做好准备。

④ 输出电压 u_o 脉冲的持续时间 $t_W=1.1RC$，一般取 $R=1\text{k}\Omega\sim10\text{M}\Omega$，$C>1000\text{pF}$。

⑤ 当一个触发脉冲使单稳态触发器进入暂稳态后，t_W 时间内的其他触发脉冲对触发器就不起作用；只有当触发器处于稳定状态时，输入的触发脉冲才起作用。

（2）单稳态触发器的特点。单稳态触发器在数字电路中一般用于定时、整形及延时等。单稳态触发器具有以下特点：

① 电路有一个稳态和一个暂稳态。

② 在外来触发脉冲作用下，电路由稳态翻转到暂稳态。

③ 暂稳态是一个不能长久保持的状态，经过一段时间后，电路会自动返回稳态。暂稳态的持续时间与触发脉冲无关，仅决定于电路本身的参数。

2. 555 多谐振荡器（无稳态振荡器）

（1）555 多谐振荡器电路的组成与工作过程。将图 6-18（a）555 集成电路引脚 2 和 6 直接相连，与外接元件 R_1、R_2、C 构成多谐振荡器，电路无稳态，仅存在两个暂稳态，无须外加触发信号，即可产生振荡。输入、输出波形变化如图 6-18（b）所示。

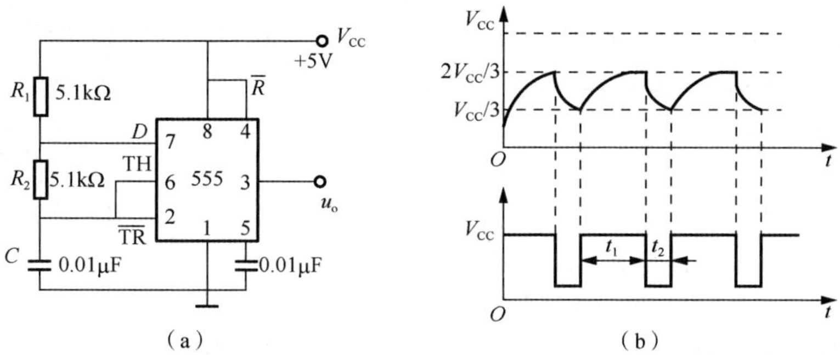

图 6-18　555 多谐振荡器电路（部分）与工作过程

① 电源接通后，V_{CC} 通过电阻器 R_1、R_2 向电容器 C 充电。当电容器上的电压等于 $2V_{CC}/3$ 时，阈值输入端引脚 6 受到触发，RS 触发器翻转，输出电压 $u_o=0$，同时放电三极管 VT 导通，电容器 C 通过 R_2 放电。

② 在放电过程中，当电容器上的电压等于 $V_{CC}/3$ 时，RS 触发器翻转，输出电压 u_o 变为高电平。电容器 C 放电终止，又重新开始充电，周而复始，形成振荡。

③ 电容器 C 在 $V_{CC}/3$ 至 $2V_{CC}/3$ 之间充电和放电，形成脉冲波形。

④ 振荡周期 $T=t_1+t_2\approx0.7(R_1+2R_2)C$［其中充电时间 $t_1\approx0.7(R_1+R_2)C$，放电时间 $t_2\approx0.7R_2C$］。

（2）多谐振荡器的特点。多谐振荡器的功能是产生一定频率和一定幅度的矩形波信号。其输出状态不断在“1”和“0”之间变换，所以它又称为无稳态电路。其特点如下：

① 多谐振荡器是一种自激振荡器，无须外加触发信号。

② 多谐振荡器无稳态，只有两个暂稳态。

③ 多谐振荡器输出的是含有丰富的高次谐波分量的矩形波，是一种典型的矩形波发生器。触发器和时序逻辑电路的脉冲一般由多谐振荡器产生。

3. 施密特触发器（双稳态振荡器）

（1）施密特触发器电路的组成与工作过程。只要将图 6-19（a）555 集成电路引脚 2、6 连在一起作为信号输入端，即得到施密特触发器。输入、输出波形变化如图 6-19（b）所示。

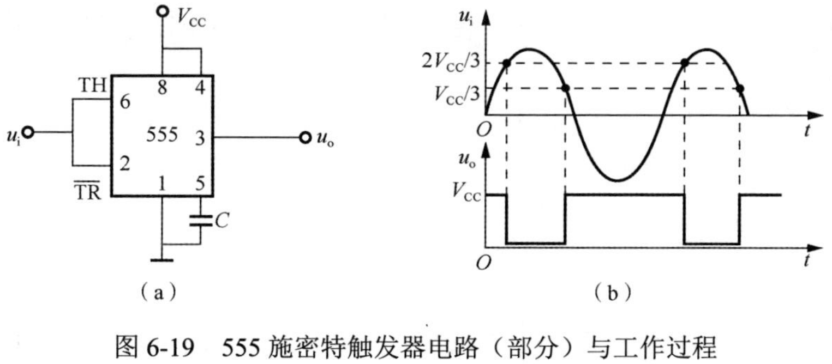

图 6-19　555 施密特触发器电路（部分）与工作过程

输入信号 u_i 为正弦波，正弦波幅度大于 555 集成电路的参考上限阈值电压 $U_{R1}=2V_{CC}/3$［控制端（5 脚）通过滤波电容接地］，电路输入、输出波形如图 6-19（b）所示。根据 555 集成电路的功能可知：

① 当 u_i 处于 $0<u_i<V_{CC}/3$ 上升区间时，$u_o=1$。

② 当 u_i 处于 $V_{CC}/3<u_i<2V_{CC}/3$ 上升区间时，u_o 仍保持原状态“1”不变。

③ 当 u_i 处于 $u_i\geqslant 2V_{CC}/3$ 区间时，u_o 将由“1”状态变为“0”状态，此刻对应的 u_i 值称为复位电平或上限阈值电压（可写作 U_{T+}）。

④ 当 u_i 处于 $V_{CC}/3<u_i<2V_{CC}/3$ 下降区间时，u_o 保持原状态“0”不变。

⑤ 当 u_i 处于 $u_i\leqslant V_{CC}/3$ 区间时，u_o 又将由“0”状态变为“1”状态，此刻对应的 u_i 值称为置位电平或下限阈值电压（可写作 U_{T-}）。

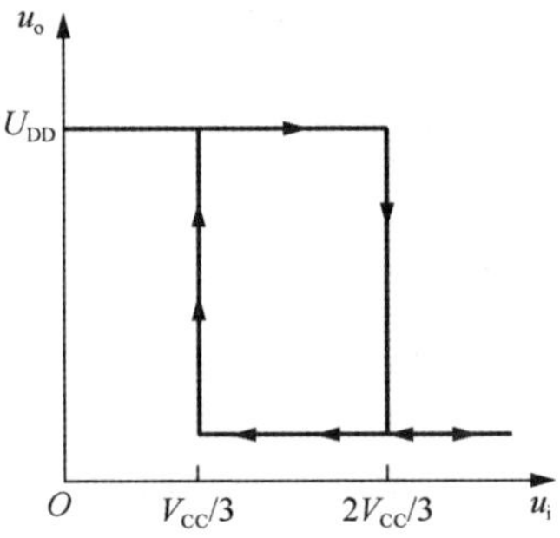

图 6-20　回差电压

（2）施密特触发器的回差电压。

① 由输入、输出波形可知，置位电平和复位电平二者是不等的，二者之间的电压差称为回差电压，用 ΔU_T 表示，$\Delta U_T=U_{T+}-U_{T-}$。控制端（5 脚）悬空或通过电容接地，$U_{T+}=2V_{CC}/3$，而 $U_{T-}=V_{CC}/3$，则 $\Delta U_T=U_{T+}-U_{T-}=V_{CC}/3$。回差电压的形成如图 6-20 所示。

② 若控制端（5 脚）外接控制电压 U_S，$U_{R1}=U_S$，而下限阈值电压 $U_{R2}=U_S/2$，则

$$\Delta U_T=U_{R1}-U_{R2}=U_S/2$$

控制端（5 脚）悬空或通过电容接地的施密特触发器的电压传输特性，同时也反映了回差电压的存在，这种现象称为电路传输滞后特性。回差电压越大，施密特触发器的抗干扰性越强，但其灵敏度会相应降低。

施密特触发器广泛应用于波形变换与整形，在电子技术中有着重要的作用，在实际电路中其有特定的图形符号，如图 6-21 所示。

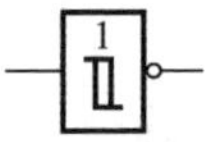

图 6-21　施密特触发器的图形符号

（3）施密特触发器的特点。施密特触发器是一种特殊的双稳态时序电路，与一般双稳态电路相比，它具有以下两个明显的特点：

① 施密特触发器是一种优良的波形整形电路，只要输入信号电平达到触发电平，输出信号就会从一个稳态转换到另一个稳态，且通过电路内部的正反馈过程可使输出电压的波形变得很陡。

② 对正向和负向增长的输入信号，电路有不同的阈值电平，这是施密特触发器的滞后特性或回差特性，提高了抗干扰能力，可有效滤除噪声。

4. 555 集成电路的常见应用举例

【例 6-1】路灯自动控制器。

路灯自动控制器如图 6-22 所示。白天因光线亮，光电 VT 的 c、e 间电阻下降，高触发端引脚 6 电压将大于 $2V_{CC}/3$，定时器的输出端引脚 3 为低电平，所以灯 HL 不亮；天黑

时，VT 的 c、e 间电阻增大，使低触发端引脚 2 电压小于 $V_{CC}/3$，于是引脚 3 为高电平，灯发光。

【例 6-2】 60s 定时电路。

60s 定时电路如图 6-23 所示。当按下定时按钮 SB 时，低触发端引脚 2 就输入了一个小于 $V_{CC}/3$ 的负脉冲，输出端引脚 3 输出高电平，VD 亮。定时器中的放电管 VT 则截止，电源对电容器 C 充电。当电容器上电压升高到 $2V_{CC}/3$ 时，定时器翻转，引脚 3 输出低电平，VD 灭，表示定时结束。

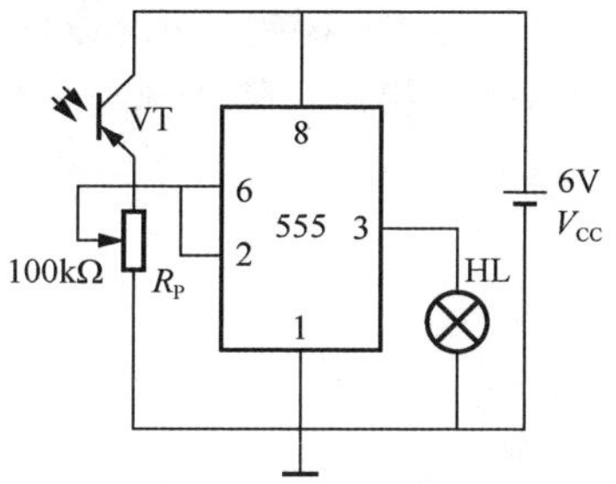

图 6-22　路灯自动控制器

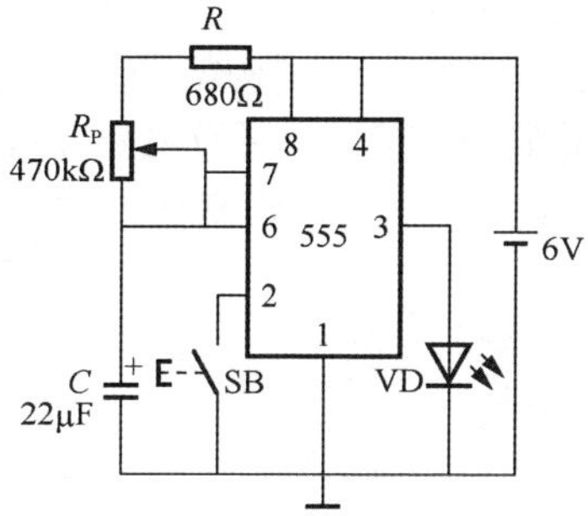

图 6-23　60s 定时电路

【例 6-3】 延时熄灭照明灯电路。

居民住宅的门口都安装有照明灯，需要具有点亮一段时间后自动熄灭的功能，可以用 555 集成电路实现，电路如图 6-24 所示。

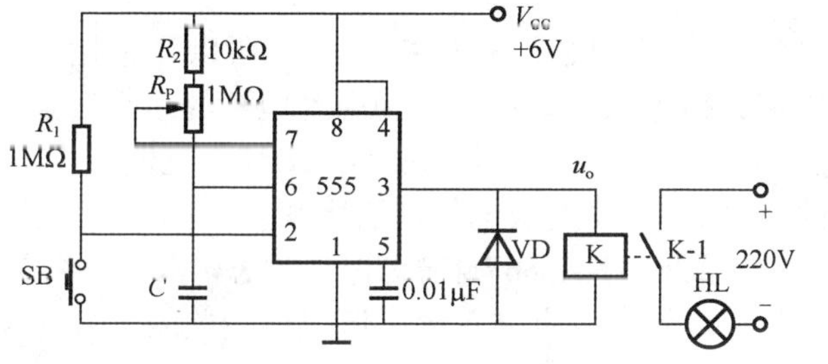

图 6-24　延时熄灭照明灯电路

当电路接通+6V 电源后，经过一段时间进入稳定状态，定时器输出为低电平，继电器 K 没有动作，灯泡 HL 不亮。当按下按钮 SB 时，低电平触发端 TR 由接+6V 电源变为接地，使电路由稳态转入暂稳态，输出为高电平，继电器 K 动作，其触点闭合，灯泡 HL 发亮。

暂稳态的出现时刻是由按钮 SB 何时被按下决定的，它的持续时间（也是灯亮时间）则是由电路参数决定的，改变电路中的电阻或电容均可改变灯亮时间。电路中的二极管的作用是释放继电器线圈能量，保证其可靠关断。

【例 6-4】 鱼缸自动加水控制电路设计。

小明家新装修后买了个鱼缸，用于养观赏鱼，但是鱼缸每隔一段时间就要换水，人工换水非常吃力且麻烦。因此小明打算利用已学的电子控制技术设计一个鱼缸自动加水装置。接通电源后，当水位低于下限位置后，起动水泵为鱼缸加水；当鱼缸的水加注至上限水位后，关闭水泵停止加水。设计分析如下。

（1）根据对设计要求的分析，被控量是鱼缸中水位的高度，被控对象是鱼缸中的水。

（2）由于对鱼缸中水位的高度变化有严格要求，不能低于低水位，也不能超过高水位，因此必须对被控量进行检测，并反馈所测的结果。为实现这一控制需要采用闭环电子控制系统。

（3）要实现水位控制要求，可采用浮球检测实际水位。

液位开关的外部结构如图 6-25 所示，外部采用浮球包裹环状磁铁，内部为干簧管；液位开关的内部结构如图 6-26 所示，当水位上升后，浮球浮起，干簧管闭合。图中 NO 表示常开触点，NC 表示常闭触点。

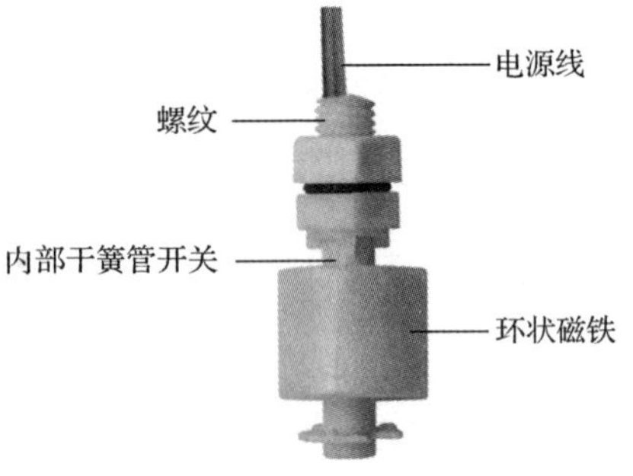

图 6-25　液位开关的外部结构

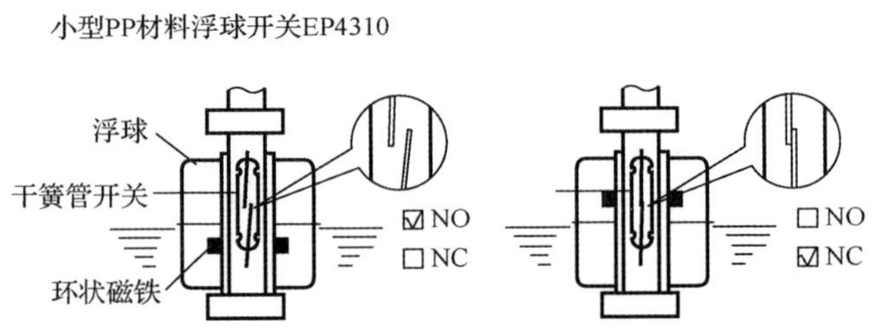

图 6-26　液位开关的内部结构

（4）要实现水位的范围控制必须有保持功能，所以可采用具有相关功能的集成电路——NE555 集成电路、RS 触发器，也可以利用继电器的多个触点来实现自锁保持功能。

设计电路图如图 6-27 所示，工作过程如下：①当水位低于下限水位时，两个液位开关均断开，NE555 的引脚 2、6 均为低电位，引脚 3 输出高电位，水泵加水；②当水位高于下限水位且低于上限水位时，NE555 输出为保持状态，水泵继续加水；③当水位高于上限水位后，两个液位开关均闭合，引脚 3 输出低电平，关闭水泵，停止加水。

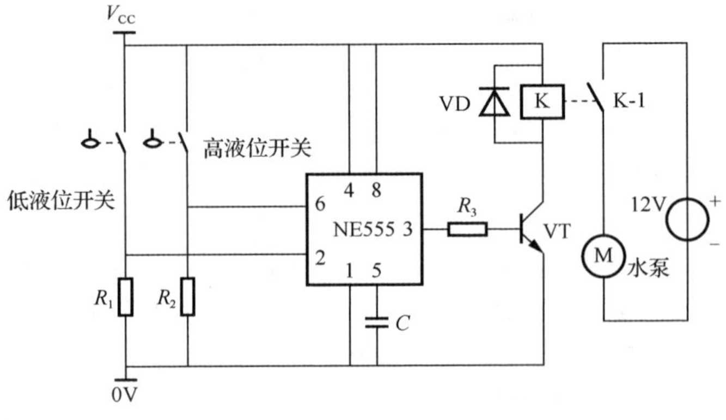

图 6-27　鱼缸自动加水控制方案电路图

555 集成电路典型例题分析

例 1　【2017 年 11 月选考第 12 题】如图所示的光控电路，当光线暗到一定程度时，继电器 K 吸合，VD_1 亮。555 集成电路 6 脚电位升至电源电压的 2/3 时，3 脚输出低电平；2 脚电位降至电源电压的 1/3 时，3 脚输出高电平。调试中发现 VD_1 始终不亮，下列故障原因分析中合理的是（　　）。

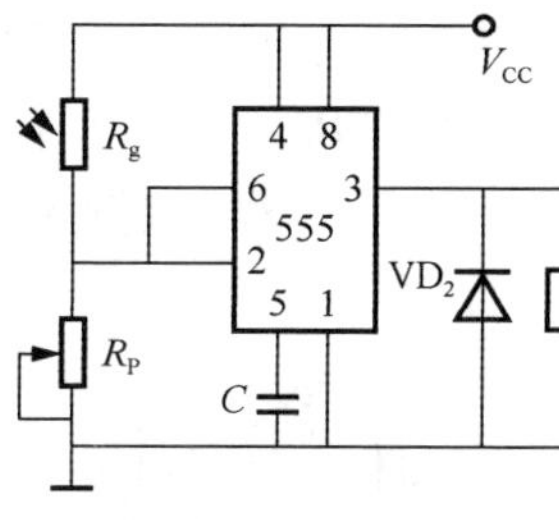

A. R_P 虚焊　　　　B. R_g 与 R_P 位置接反了

C. R 阻值偏小　　　D. 继电器 K 额定电压偏大

【解析】调试中发现 VD_1 始终不亮，可能有两种不同情况；一种是 555 集成电路 6 脚电位始终大于电源电压的 2/3 时，3 脚输出低电平，VD_1 始终不亮；另一种是 555 集成电路 2 脚电位始终小于电源电压的 1/3 时，3 脚输出高电平，但是 R 断路或 VD_1 本身故障。R_P 虚焊使 555 集成电路 6 脚电位始终大于电源电压的 2/3 时，3 脚输出低电平，VD_1 始终不亮。因此，选项 A 合理。R_g 与 R_P 位置接反，当光线亮到一定程度时，继电器 K 吸合，VD_1 亮。R_1 阻值偏小，VD_1 会亮，但时间长可能会被烧毁。继电器 K 额定电压偏大，有可能继电器 K 不吸合，但 3 脚输出高电平不影响 VD_1 亮。

例 2　【2019 年 4 月选考第 13 题】如图所示的温控电路，用 R_P 设定 555 集成电路 5 脚的电位 V_{ct}。当温度超过 60℃时散热风扇电动机起动。下列分析中不正确的是（　　）。

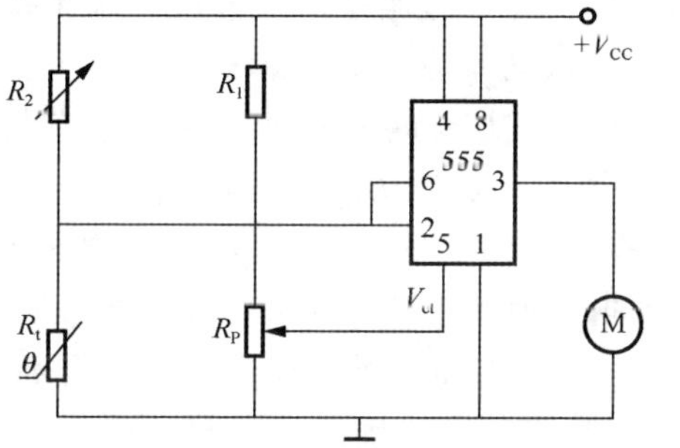

555集成电路使用5脚时的特性

2脚	6脚	3脚
$<V_{ct}/2$	$<V_{ct}$	高电平
$>V_{ct}/2$	$>V_{ct}$	低电平
$>V_{ct}/2$	$<V_{ct}$	保持

A. R_t 应采用负温度系数热敏电阻

B. 调大 R_2 的阻值，电动机起动时的温度低于 60℃

C. R_P 的滑动触点向下移，电动机起动时的温度高于 60℃

D. 温度从 60℃以上降到 60℃以下，电动机立即断电

【解析】根据 555 集成电路功能表控制系统具体保持阶段的功能，温度是有控制范围的。由题意知，温度超过 60℃时散热风扇起动，则 3 脚输出高电平，2 脚电压小于 $V_{ct}/2$，即 R_t 分压降低，R_t 的阻值应降低，而此时对应的温度超过 60℃，R_t 采用负温度系数热敏电阻，因此选项 A 正确。调大 R_2 的阻值，则 R_t 的分压比未调整时要低，此时温度不用达到 60℃即可使 R_t 分压满足小于 $V_{ct}/2$，即 2 脚电压小于 $V_{ct}/2$，3 脚输出高电平，电动机起动，因此选项 B 正确。R_P 的滑动触点向下移，则 5 脚电位 V_{ct} 变小，对应的 $V_{ct}/2$ 也变小，

此时需要温度升高到 60℃以上才能满足 R_t 的阻值变大，R_t 的分压变小且当小于变小后的 $V_{ct}/2$ 时，电动机才能起动。故电动机起动时的温度要高于 60℃，因此选项 C 正确。温度从 60℃以上降低到 60℃以下时，R_t 的分压从小于 $V_{ct}/2$ 变为大于 $V_{ct}/2$，此时 3 脚输出为保持状态，即输出高电平，电动机保持转动，因此选项 D 不正确。

例 3 【2020 年 7 月选考第 12 题】如图所示是小明设计的自动关窗电路，下雨或傍晚时电动机转动，带动窗扇移动。窗户完全关闭时，干簧管闭合。下列分析中正确的是（　　）。

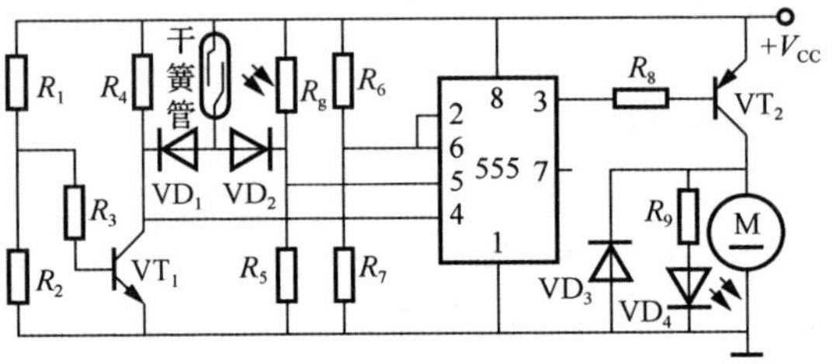

555 功能表

4脚	5脚	2脚	6脚	3脚
低电平	任意	任意	任意	低电平
高电平	V_{ct}	$<V_{ct}/2$	任意	高电平
高电平	V_{ct}	$>V_{ct}/2$	$>V_{ct}$	低电平
高电平	V_{ct}	$>V_{ct}/2$	$<V_{ct}$	保持

A. 干簧管闭合时，VT_2 导通

B. 增大 R_6，减小下雨时关窗信号的设定值

C. 傍晚 VD_4 始终不发光，应增大 R_8

D. R_1 是湿敏电阻器，阻值随湿度的增大而减小

【解析】从题干分析可知，窗户关闭，干簧管闭合，则 555 集成电路的 5 脚引入控制电压，必定要使 2、6 脚的电位小于 $V_{ct}/2$，555 集成电路的 3 脚为高电平，VT_2 截止，电动机停止转动，因此选项 A 错误。R_6 和 R_7 分压电位给 2 脚和 6 脚，与 5 脚 V_{ct} 比较，5 脚 V_{ct} 输入的是干簧管和光敏电阻的信号，所以只与窗户关闭和光照强度变化有关联，与雨水信号无关，因此选项 B 错误。三极管 VT_2 的基极电阻 R_8 增大更会令基极电流减少，会令发光二极管 VD_4 不发光，因此选项 C 错误。R_1 和 R_2 是采集雨水信号的分压电路，555 集成电路 4 脚为低电平的时候，强制 3 脚输出低电平，M 工作。4 脚要为低电平，则 VT_1 的 U_c 应降低，VT_1 的 I_c 增大，VT_1 的 I_b 电流增大，VT_1 基极电位变高，若 R_1 为湿敏电阻器，则电阻要减小，此时逻辑前提是下雨，则 R_1 为湿敏电阻器，湿度增加，电阻值减小，这样才可以令 4 脚为低电平，与控制电路要求符合，因此选项 D 正确。

例 4 【2021 年 1 月选考第 13 题】如图所示的电池充电电路，利用 555 集成电路的 3 脚对电池充电。当电池电压低于下限时开始充电，超过上限时停止充电。下列关于该电路的分析中不正确的是（　　）。

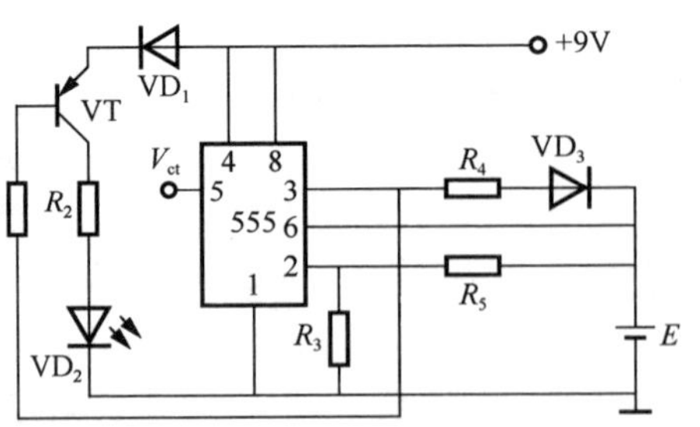

555 功能表

2脚	6脚	3脚
$>V_{ct}/2$	$>V_{ct}$	低电平
$>V_{ct}/2$	$<V_{ct}$	保持
$<V_{ct}/2$	任意	高电平

A. R_3的阻值大于R_5的阻值

B. 电池电压超过上限时VD_2发光

C. 适当增大R_3阻值，可降低充电下限电压

D. 适当减小R_4阻值，可提高充电上限电压

【解析】根据555集成电路功能表，当电池电压大于5脚电位V_{ct}时，停止充电，此时，2脚电压大于$V_{ct}/2$，所以R_3大于R_5，选项A正确；当电池电压超过上限时，停止充电，3脚输出低电平，此时，VT导通，VD_2发光，因此选项B正确；设下限电压为$E_下$，则$\frac{R_3}{R_3+R_5}E_下=\frac{1}{2}V_{ct}$，可见适当增大$R_3$阻值，可降低充电下限电压，因此选项C正确；上限电压由5脚电位V_{ct}控制，与R_4无关，因此选项D不正确。

例5　【2022年1月选考第13题】如图所示的电流过载提醒电路，R_L是负载电阻器，R_4是阻值较小的电阻器。VD不发光时，如果R_L的阻值减小，导致流过的电流增大，超过设定值时VD发光。下列分析中不正确的是（　　）。

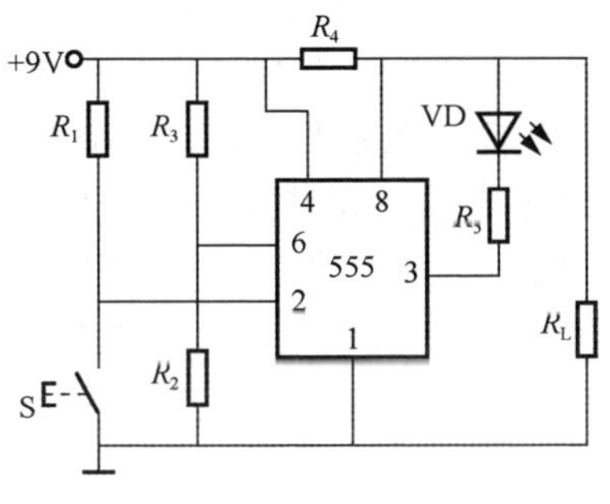

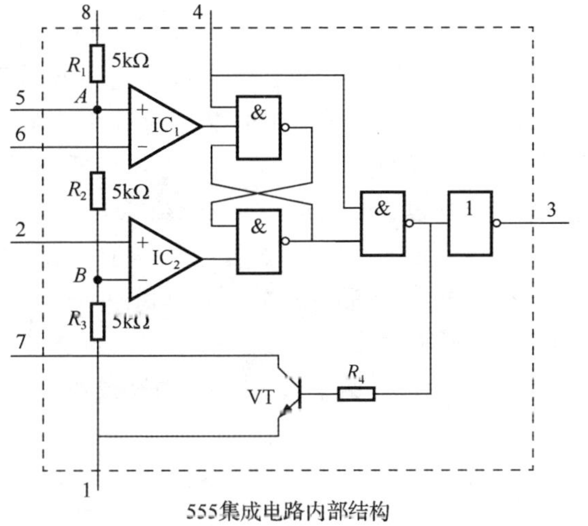

555集成电路内部结构

A. 电流过载，VD发光，电流减小到设定值以下时VD仍然发光

B. 适当增大R_3，可以降低电流设定值

C. 适当增大R_4，可以降低电流设定值

D. 电流过载时，按下S则VD熄灭，松开S后VD重新发光

【解析】根据555集成电路的内部结构可知，电流过载，VD发光→V_3=0→V_2=1，V_6=1，当电流减小到设定值以下时→V_2=1，V_8↑，V_5↑→V_6=0，即电流减小到设定值以下时，555集成电路进入保持状态，所以VD仍然发光，选项A正确。适当增大R_3，相当于减小了6脚的电位，需要8脚电位降低更多，电路才会翻转（3脚由高电平变为低电平），即提高了电流设定值，因此选项B不正确。适当增大R_4，则R_L中通过更小的电流时，电路就会发生翻转（3脚由高电平变为低电平），即降低了电流设定值，因此选项C正确。电流过载时按下S→V_2=0→V_3=1→VD熄灭，再松开S→V_2=1，此时V_6=1→V_3=0→VD重新发光，

因此选项 D 正确。

例 6 小明设计了如图所示的电池充电电路。当电池电压低于下限时，可利用 555 集成电路的 3 脚进行充电，超过上限时停止充电。已知稳压二极管 VD_1 反向击穿后的稳压值为 6V，当外加电压小于 6V 时不能导通，555 集成电路的 5 脚电位记作 V_{ct}，下列说法中正确的是（　　）。

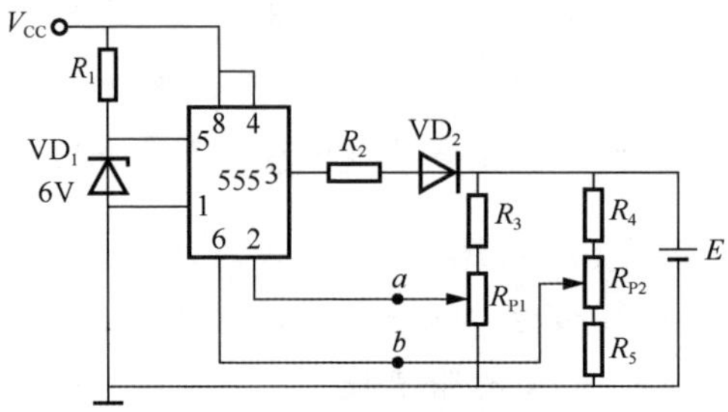

555功能表

2脚	6脚	3脚
$>V_{ct}/2$	$>V_{ct}$	低电平
$>V_{ct}/2$	$<V_{ct}$	保持
$<V_{ct}/2$	任意	高电平

A. 为实现电路功能，a 点电位必须低于 b 点

B. 将 R_1 阻值变小，可提高充电电池电压上限

C. R_5 虚焊会导致充电电池电压超过上限时仍继续被充电

D. VD_2 的作用是防止充电电池通过 555 集成电路进行放电

【解析】为实现电路功能，2 脚电位大于 $V_{ct}/2$，6 脚电位小于 V_{ct}，即 b 点电位要能低于 2 倍的 a 点电位，因此选项 A 错误；VD_1 的使用，使得 5 脚电位为 6V，R_1 不影响上限，因此选项 B 错误；R_5 虚焊，6 脚电位等于 V_{CC}，到达下限就停止充电，因此选项 C 错误；VD_2 的单向导电性，可防止充电电池通过 555 放电，因此选项 D 正确。

例 7 如图所示为小明设计的水温控制电路。为了实现将水温控制在 60 ~ 70℃，小明先接通开关 S，将 R_1 调至最大，R_2 调至最小，接下来的操作合理的是（　　）。

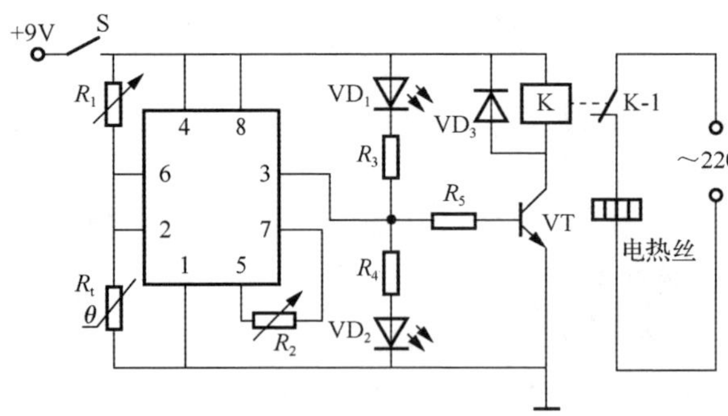

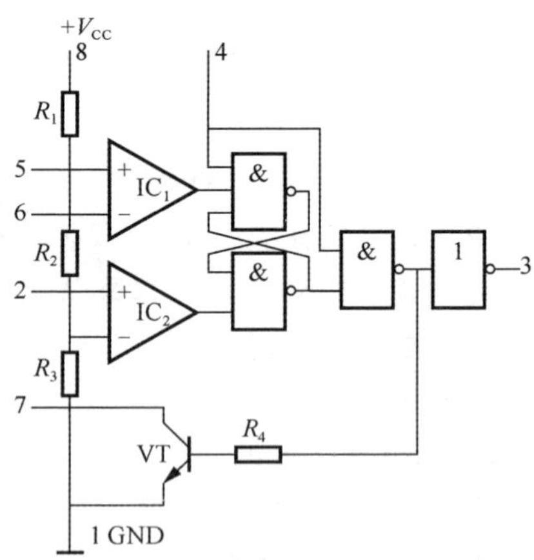

555集成电路内部电路

A. 将 R_t 放入 60℃水中，调小 R_1 直到 VD_1 亮；将水升温到 70℃，调大 R_2 直到 VD_2 亮

B. 将 R_t 放入 60℃水中，调小 R_2 直到 VD_1 亮；将水升温到 70℃，调大 R_1 直到 VD_2 亮

C．将 R_t 放入 70℃水中，调大 R_1 直到 VD_2 亮；将水降温到 60℃，调小 R_2 直到 VD_1 亮

D．将 R_t 放入 70℃水中，调大 R_2 直到 VD_2 亮；将水降温到 60℃，调小 R_1 直到 VD_1 亮

【解析】温度低于 60℃时，555 集成电路 2、6 脚输出高电平，3 脚输出低电平，开始加热；3 脚输出低电平，555 集成电路的内部三极管导通，并联 R_2 之后，5 脚电位降低，继续加热，所以 R_2 只影响上限，而 R_1 影响上、下限。R_t 为负温度系数热敏电阻，因此要对 R_1 调小阻值，在 60℃时让 VD_1 发光。然后在 60～70℃时，2 脚电位降低；在 70～60℃时，2 脚电位升高。在 7 脚接地的情况下，调小 R_2，5 脚电位降低，因此只能先放入 60℃水中，再放入 70℃水中。因此，选项 A 合理。

例 8　如图所示是李雷设计的水箱恒温控制电路，用负温度系数热敏电阻检测温度。当温度低于下限温度时电热丝加热，高于上限温度时电热丝停止加热。以下关于电路分析正确的是（　　）。

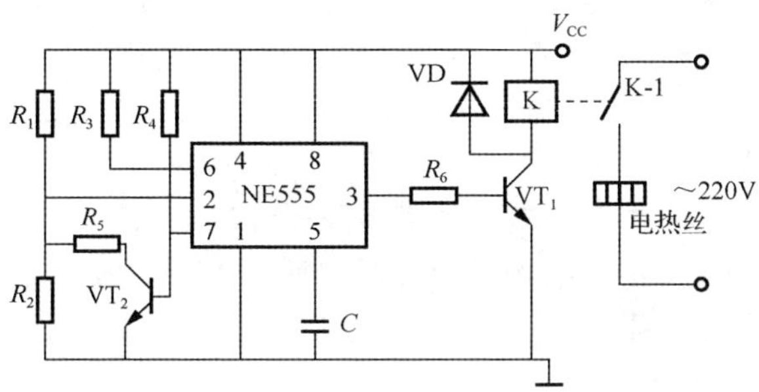

555集成电路功能表

2脚	6脚	3脚	7脚
$>V_{CC}/3$	$>2V_{CC}/3$	低电平	接地
$>V_{CC}/3$	$<2V_{CC}/3$	保持	
$<V_{CC}/3$	任意	高电平	悬空

A．电路中 R_2 为热敏电阻

B．VT_2 损坏可能导致继电器触点频繁闭合、断开

C．增大 R_5，仅调高上限温度

D．减小 R_3，水箱水温控制区间变大

【解析】根据电路图结合 555 集成电路功能表，低温加热，3 脚输出高电平，2 脚输出低电平，负温度系数，R_1 是热敏电阻，因此选项 A 错误。VT_2 损坏，6 脚电位为定值，不能实现区间控制，继电器触点频繁闭合、断开，因此选项 B 正确。3 脚输出低电平，VT_2 截止，2 脚电位不受 R_5 的影响，即 R_5 不影响下限；3 脚输出高电平，影响加热过程；当 3 脚输出高电平，7 脚悬空，VT_2 导通，R_5 与 R_2 并联；增大 R_5，R_5 与 R_2 并联电阻增大，R_1 增大，负温度系数，上限温度减小，因此选项 C 错误。6 脚接 R_3 再接 V_{CC}，减小 R_3，不影响温度区间，因此选项 D 错误。

例 9　如图所示是小明设计的高温报警控制系统。当温度超过设定值时，扬声器 BP 发出铃声，同时 VD_2 点亮，其中 R_1、R_2、R_3、R_4 的阻值相同，IC_1、IC_2 均为 NE555 集成电路。下列说法中不正确的是（　　）。

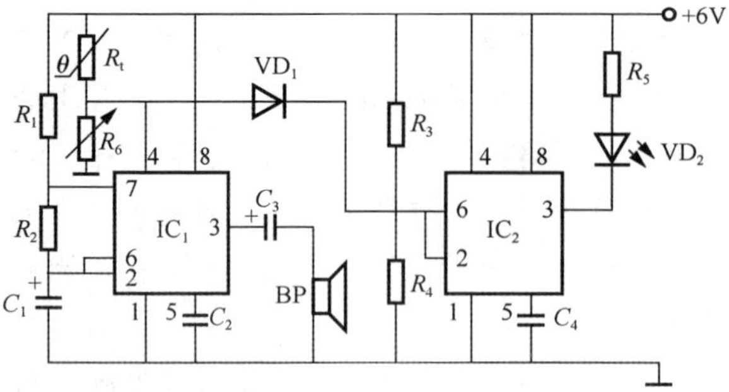

NE555集成电路功能表

4脚	2脚	6脚	3脚	7脚
1	$<V_{CC}/3$	$<2V_{CC}/3$	1	断开
1	$>V_{CC}/3$	$<2V_{CC}/3$	保持	保持
1	$>V_{CC}/3$	$>2V_{CC}/3$	0	接地
0	无关		0	接地

A. R_t为负温度系数热敏电阻

B. 要想调低警报声的频率，可增大C_1的容量

C. 温度下降到设定值以下，扬声器BP停止报警，VD$_2$熄灭

D. 从功能表中可以看出当IC$_1$的2、6脚为5V时，3脚输出低电平

【解析】根据电路图结合NE555集成电路功能表，当温度超过设定值时，扬声器BP发出铃声，同时VD$_2$点亮，IC$_1$的4脚输出高电平。R_6分到的电压多，R_t阻值小，因此是负温度系数，选项A正确。BP是无源蜂鸣器，需要3脚输出振荡信号。根据电容器充电时间常数$\tau=RC$，可增大C_1的容量来延长电容充电时间，让2、6脚有更长时间升高或降低电位，从而调低警报声的频率，因此选项B正确。温度下降到设定值以下，IC$_1$的4脚输出低电平，扬声器BP停止报警。因为R_3、R_4的阻值相同，所以IC$_2$的2、6脚电位为$V_{CC}/2$，3脚保持，VD$_2$亮，因此选项C不正确。IC$_1$的2、6脚为5V时，2脚大于$V_{CC}/3$，6脚大于$2V_{CC}/3$，3脚输出低电平，因此选项D正确。

第三节　电路连线设计

如图6-28所示，在电子控制技术中，每个功能电路都由输入、控制和输出3个部分组成。输入部分获取外部信息；控制部分对输入信号进行处理，并发出控制指令给输出部件；输出部分接收控制部件发出的指令，并做出相应动作。因此，电路连线设计也可以分为输入、控制和输出3个部分电路的连线设计。

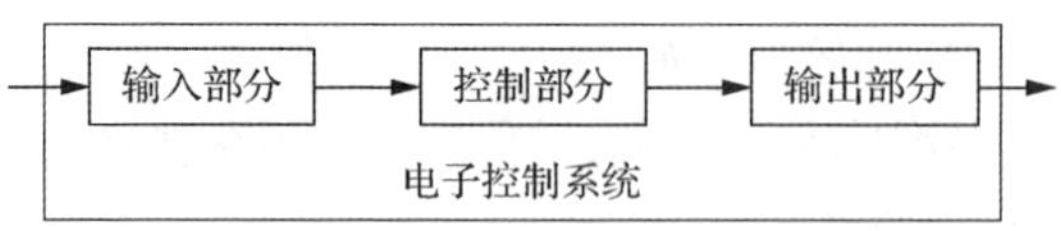

图6-28　电子控制系统的组成框图

一、输入电路连线设计

1. 输入电路的常见种类

输入电路的输入方式不同，传感器的种类不同，输入信号种类也不同。图6-29所示

是常见的数字信号输入电路，其中图 6-29（a）所示为把按钮信号转换为高低电平信号，图 6-29（b）所示为根据有无强磁场信号输出高低电平信号，图 6-29（c）所示为判断水位信号输出高低电平信号。

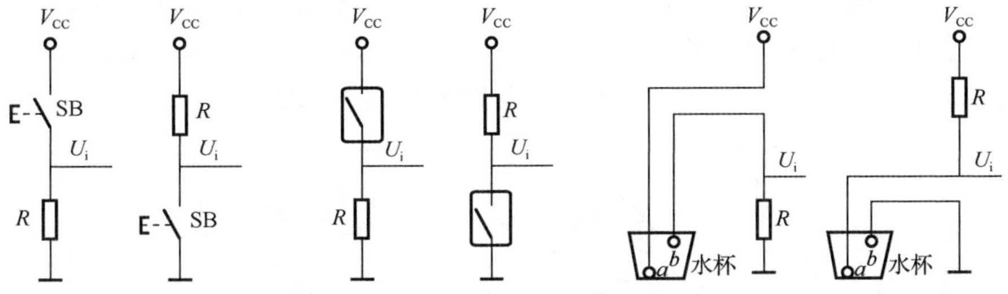

（a）转换按钮信号　（b）判断磁场信号　（c）判断水位信号

图 6-29　常见的数字信号输入电路

图 6-30 所示是常见的模拟信号输入电路，其中图 6-30（a）所示为随温度变化输出变大或变小的电信号，图 6-30（b）所示为随光照强弱输出变大或变小的电信号，图 6-30（c）所示为随湿度变化输出变大或变小的电信号，变化规律要满足电路的控制要求。

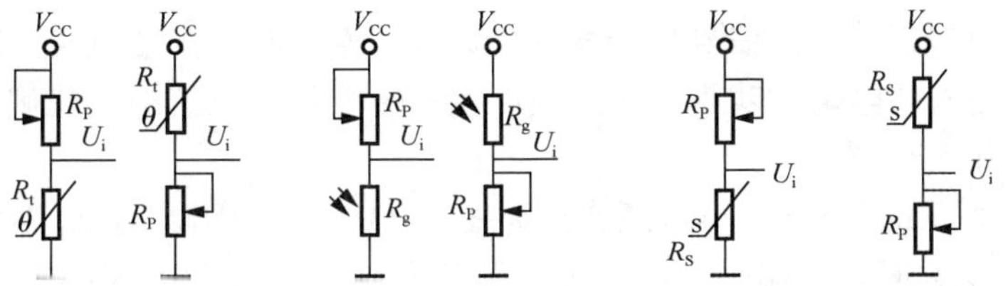

（a）随温度变化　（b）随光照强弱　（c）随温度变化

图 6-30　常见的模拟信号输入电路

2. 输入电路设计分析法

一般采用逆向分析法，从给出题目的信息逆向推导出输入信号的性质与变化趋势，从而确定输入电路的连接形式。以图 6-31 所示的常见输入电路为例来说明。

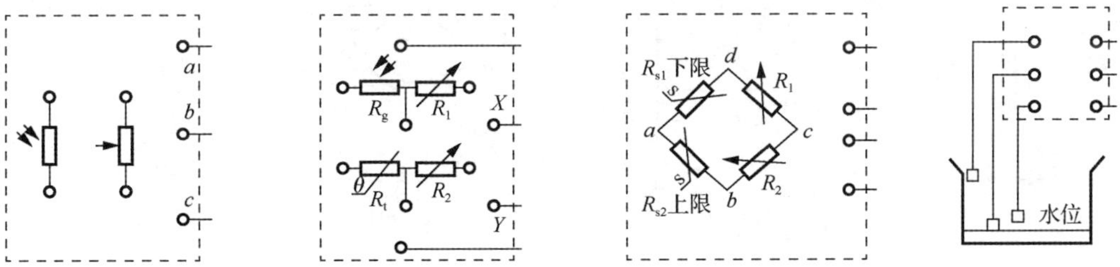

（a）电路一　（b）电路二　（c）电路三　（d）电路四

图 6-31　常见的输入电路

第一步：连接控制端点。

① 只有一个输入端，如图 6-32（a）所示，输入端肯定接在输入部分传感器与电阻器

的中间，此点通常称为“控制端点”。

② 有两个输入端，需要对输入端所接输入电路进行选择，输入端肯定接在传感器与电阻器的中间。若已知 X 点输入光照强度信号，Y 点输入温度信号，根据光照强度信号和温度信号的不同，输入信号连接如图 6-32（b）所示。若根据题意可确定 e 为上限、f 为下限，为满足上下限湿度调节需要，输入信号连接如图 6-32（c）所示。同样，若根据题意确定 X 为高水位、Y 为低水位，则输入连接如图 6-32（d）所示。

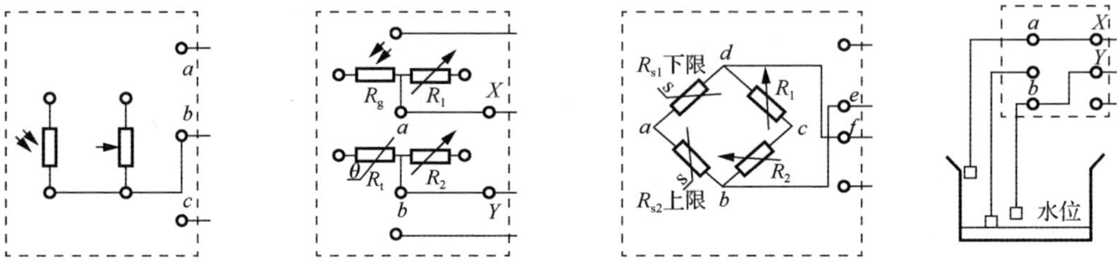

（a）电路一　（b）电路二　（c）电路三　（d）电路四

图 6-32　常见输入电路控制端点连接

第二步：连接电源端点。

连接控制端点以后，根据信号控制变化的趋势，连接好电源端点。在某一具体控制环境下，结合需要输入的电位，以及在该控制环境中传感器电阻值的变化规律，判断电阻器和传感器所接的相对位置。

光照强度变大，U_{bc} 变小，与电源连接如图 6-33（a）所示。若 R_t 为负温度系数热敏电阻，光照强度变大时，X 端输出高电平；温度低时，Y 端输出高电平，与电源连接如图 6-33（b）所示。湿度下限要求 f 端输出低电平，湿度上限要求 e 端输出高电平，与电源连接如图 6-33（c）所示。若 a 端控制水位上限，b 端控制水位下限，电源连接如图 6-33（d）所示，一般来说，水位控制电路中的电源地端接最低的探头，控制水位上限的输入端接最高的探头，控制水位下限的输入端接中间的探头。

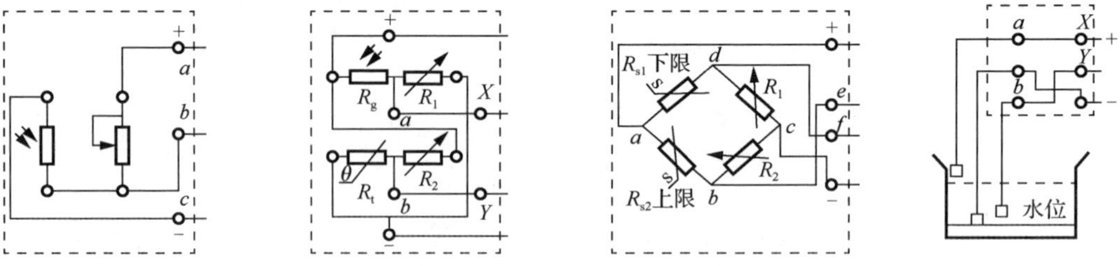

（a）电路一　（b）电路二　（c）电路三　（d）电路四

图 6-33　常见输入电路电源端点连接

【例 6-5】 如图 6-34 所示电路，能将温度控制在 30～40℃范围内，已知图中的 R_{t1} 和 R_{t2} 都是正温度系数热敏电阻。R_{t1} 控制温度下限，R_{t2} 控制温度上限。请将虚线框内的电路根据要求正确连接。

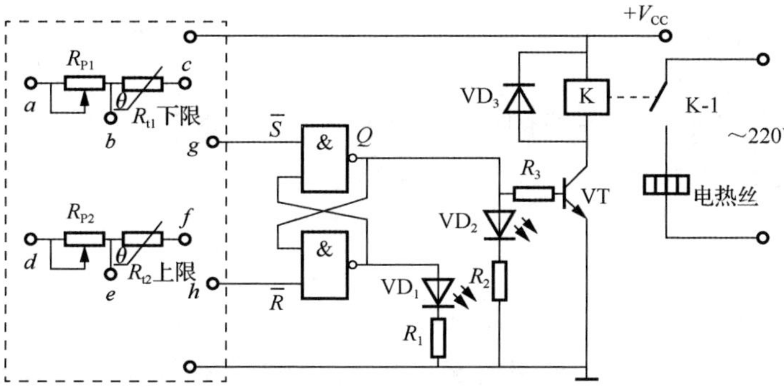

图 6-34　温度控制电路

第一步：根据电路功能，当温度为 40℃时，电热器一定不加热，Q 端必须输出低电平，与非门触发器 R 为置 0 端，因此 R 端控制上限，h 与 e 连接。当温度为 30℃时，电热器必须加热，Q 端必须输出高电平，与非门触发器 S 为置 1 端，因此 S 端控制下限，g 与 b 连接，如图 6-35 所示。

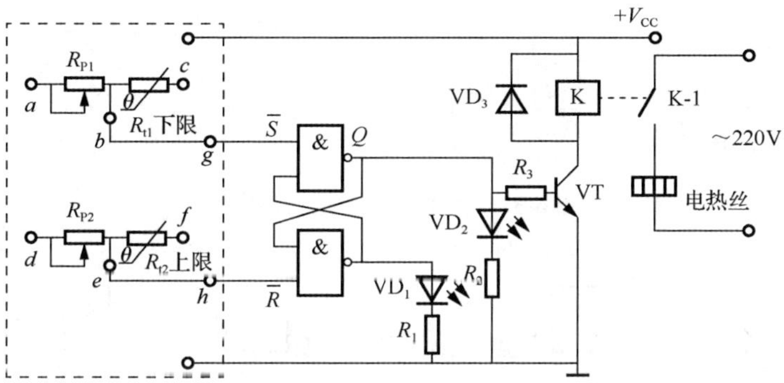

图 6-35　温度控制电路控制端点连接

第二步：当温度到达 40℃时，Q 端输出低电平，R(e)必须输入低电平 0，同时热敏电阻 R_{t2} 阻值大，f 接电源+，d 接地。当温度到达 30℃时，Q 端输出高电平，S(g)必须输入低电平 0，同时热敏电阻 R_{t1} 阻值小，a 接电源+，c 接地，如图 6-36 所示。

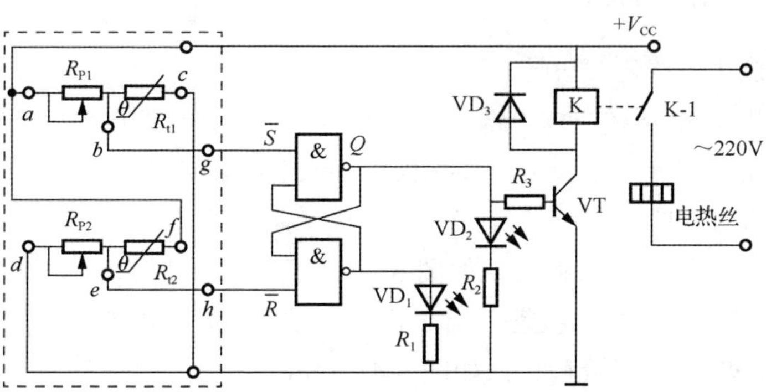

图 6-36　温度控制电路电源端点连接

二、控制电路连线设计

控制部分需要设计的电路常见的有三极管放大电路、基本逻辑电路、简单组合逻辑电路、基本 RS 触发器、由比较器或 555 集成电路组成的其他电路。

1. 双向分析法

由于控制电路在中间部分，可以采用双向分析法。如果给定电路控制情境输入信号的变化是明确的，就先进行与输入电路的连线设计，如图 6-37 所示。知道图 6-37（a）或非门触发器的输入情况，就能判断图 6-37（b）或非门触发器的输出情况。如果给定电路控制情境输出负载的变化是明确的，则从后往前逆推进行电路连线设计，如图 6-38 所示。知道图 6-38（a）与非门触发器的输出状态，就能判断图 6-38（b）与非门触发器的输入情况。

（a）输入　　（b）输出

图 6-37　由输入判断输出的电路

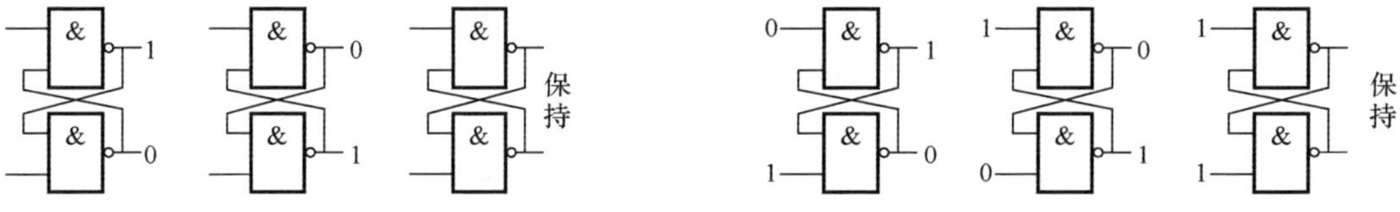

（a）输出　　（b）输入

图 6-38　由输出判断输入的电路

2. 控制部分常见连线设计

（1）三极管放大电路连线设计。

请为图 6-39 所示电路虚线框内选择正确的三极管，让放大电路能正常驱动。

判断方法：结合三极管 b 极电位和三极管导通情况，判断三极管的类型。

若虚线框内选择 NPN 型三极管，当 b 极输入高电平时，NPN 型三极管导通；当 b 极输入低电平时，NPN 型三极管截止，如图 6-40 所示。

若虚线框内选择 PNP 型三极管，当 b 极输入低电平时，PNP 型三极管导通；当 b 极输入高电平时，PNP 型三极管截止，如图 6-41 所示。

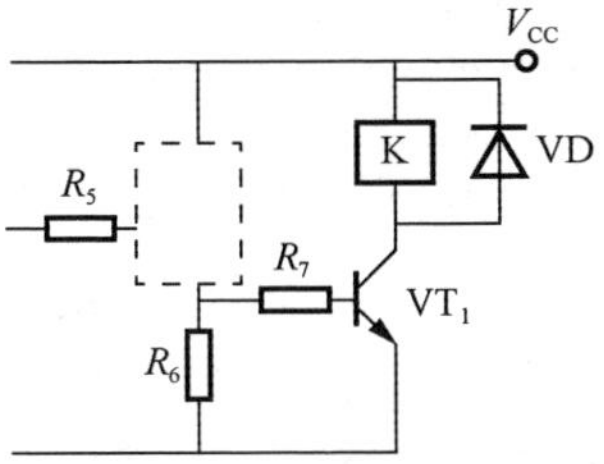

图 6-39　三极管驱动电路

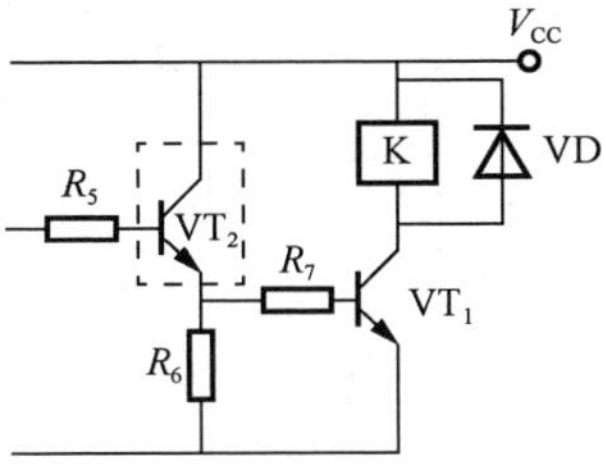

图 6-40　NPN 型三极管驱动电路

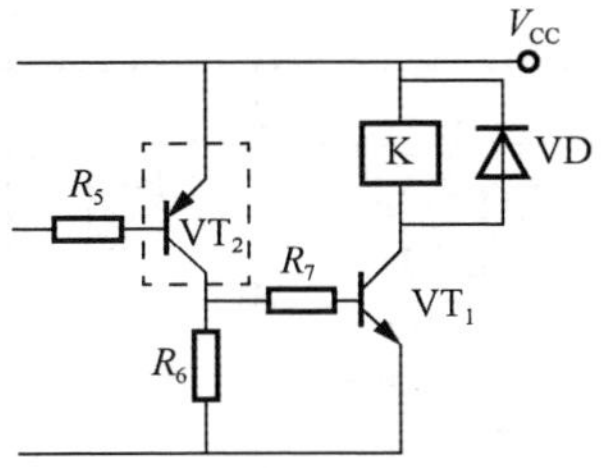

图 6-41　PNP 型三极管驱动电路

（2）基本逻辑电路与组合逻辑电路连线设计。

逻辑控制三极管驱动电路如图 6-42 所示。若结合输入逻辑关系确定，见真值表（表 6-3）。

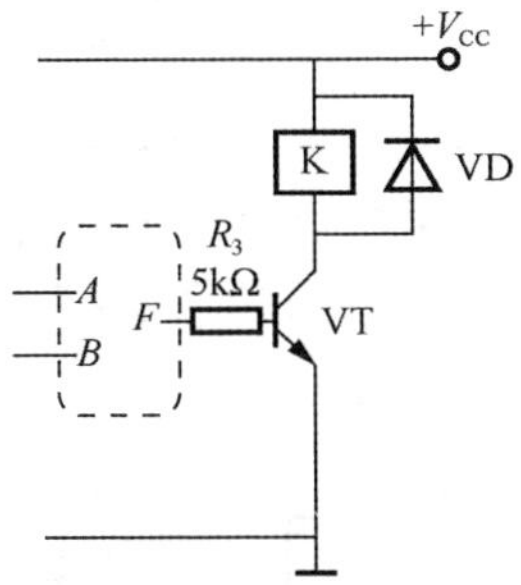

图 6-42　逻辑控制三极管驱动电路（1）

表 6-3　真值表

输入		输出	输入		输出
A	*B*	*Y*	*A*	*B*	*Y*
0	0	1	1	0	1
0	1	1	1	1	0

根据真值表可以确定虚线框内应该连入与非门，如图 6-43 所示。

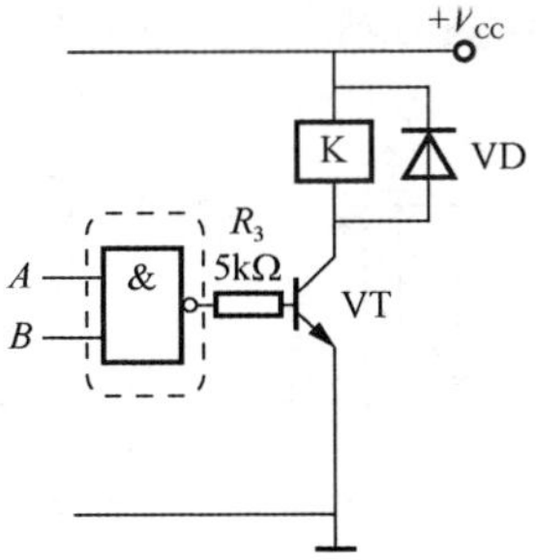

图 6-43　逻辑控制三极管驱动电路（2）

（3）用二极管、三极管分立元器件设计逻辑电路。

常见逻辑电路用二极管、三极管分立元器件设计的对照电路见表 6-4。

表 6-4　常见逻辑电路用二极管、三极管分立元器件设计的对照电路

与门	或门	非门	与非门	或非门
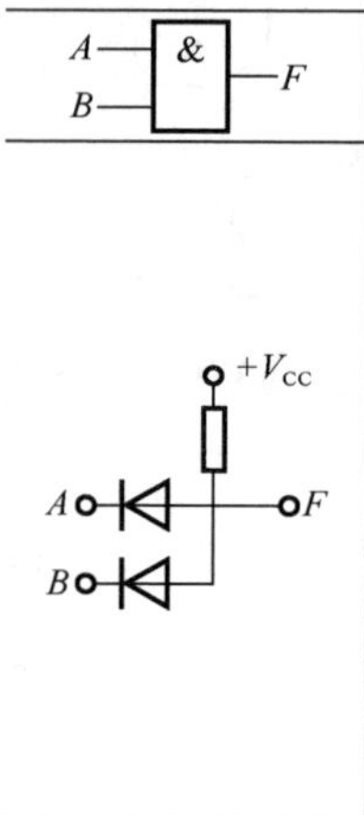	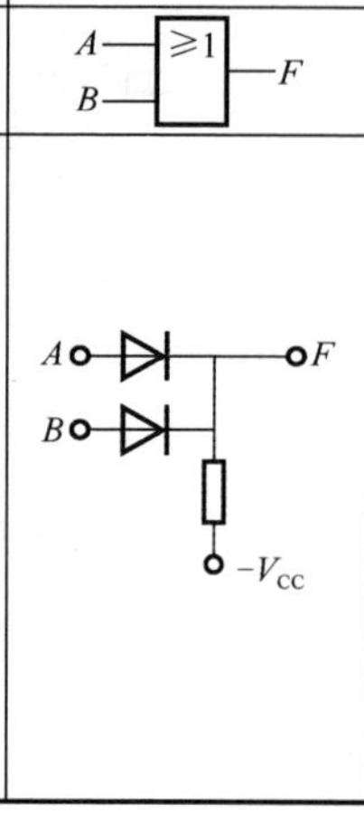	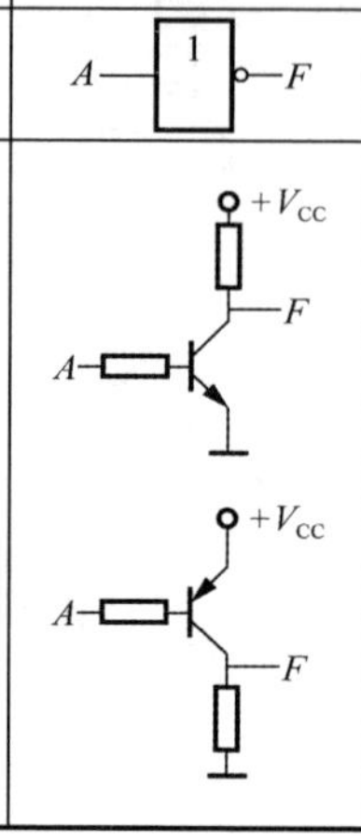	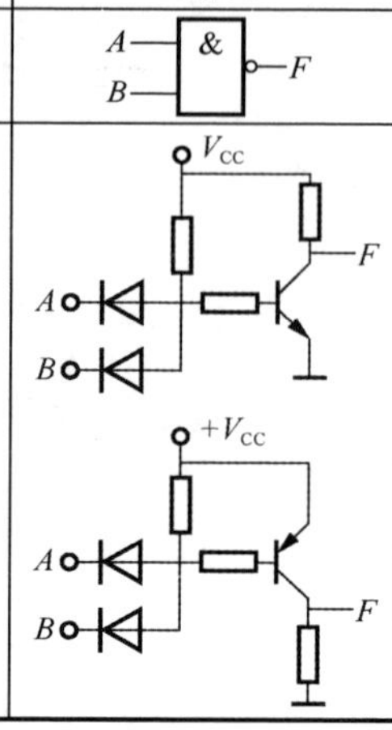	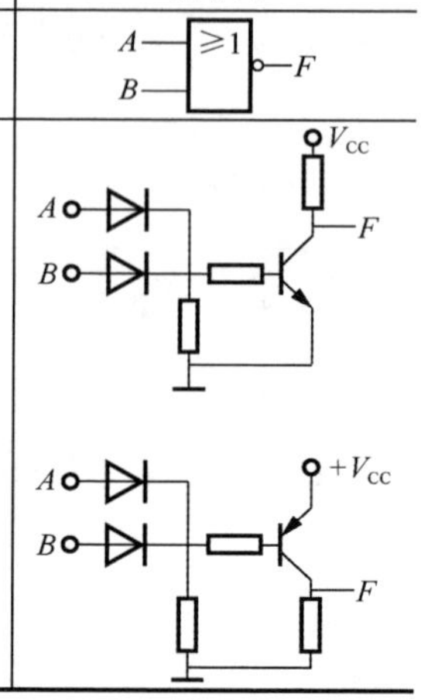

【例 6-6】图 6-44 所示为水箱水位指示电路，水位低于 b 点时 VD_1 亮，高于 c 点时 VD_2 亮，VD_3 亮指示水位在 b、c 间，请用分立元器件设计虚线框内的逻辑电路，以实现区间控制指示。

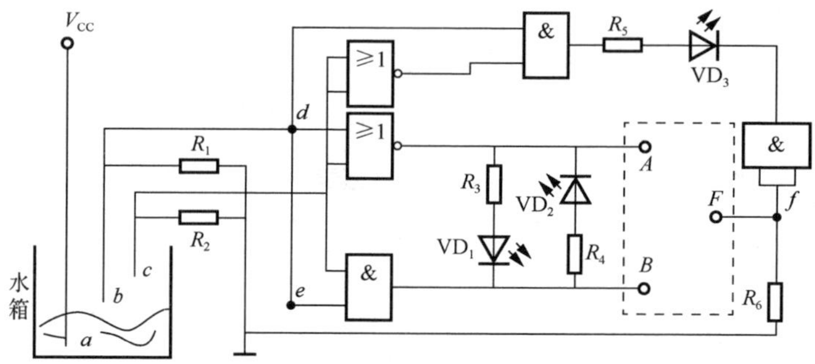

图 6-44　水箱水位指示电路

由题意可得，仅当水位处于 b、c 之间时，b=1，c=0，此时 d=1，e=1，A=0，B=0；要使 VD_3 发光，f=0，即 F=0，因此其逻辑关系为全 0 出 0，合理的逻辑关系是 $F=A\cdot B$，虚线框内逻辑电路连线设计，如图 6-45 所示。

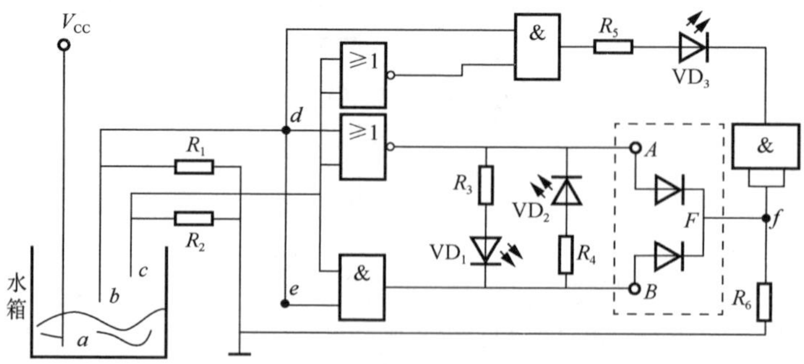

图 6-45　连线后的水箱水位指示电路

（4）集成逻辑电路连线设计。

【例 6-7】 在图 6-46 所示的电路中，要求在光强或低湿时，发光二极管发光。请在虚线框中利用一块与非门集成电路连线设计实现上述功能。

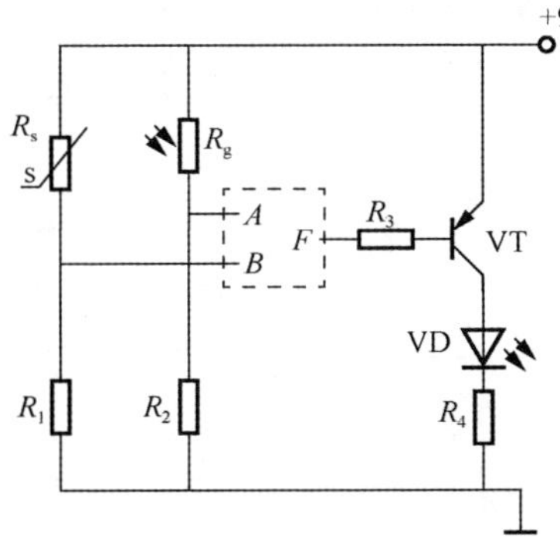

图 6-46　二极管发光指示电路

按题意，要满足 A=1 或 B=0 时，F=0，逻辑表达式为 $F=\overline{A}\cdot B$，再转换成与非表达形式 $F=\overline{\overline{\overline{A}\cdot B}}$，还要把集成电路 14 脚接电源+，7 脚接地，如图 6-47 所示。

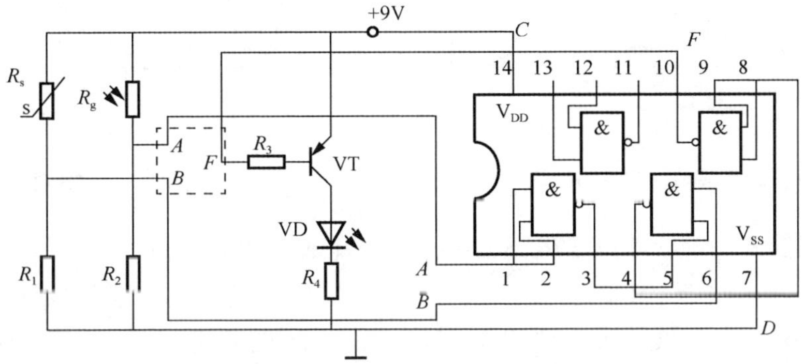

图 6-47　集成电路连线设计的二极管发光指示电路

在实践中，基本逻辑电路、组合逻辑电路往往采用集成逻辑电路连线设计来实现。可以用图 6-48 所示的 CT74LS00 或 CC4011 集成逻辑电路实现非门、与门、或门、或非门。

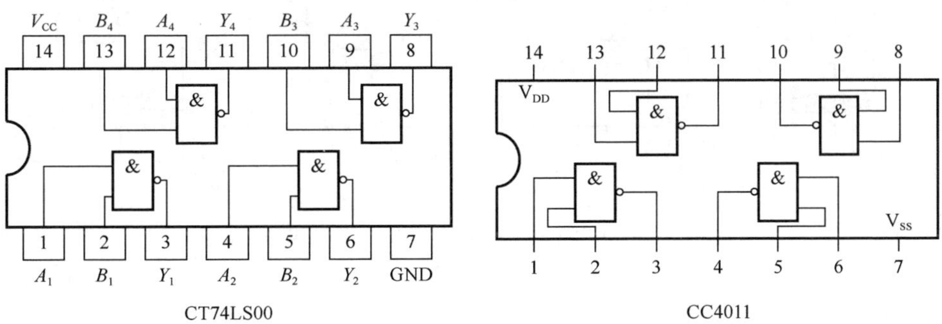

图 6-48　CT74LS00 与 CC4011 集成逻辑电路功能框图

用 CC4011 实现非门、与门、或门、或非门的连线设计图分别如图 6-49～图 6-52 所示。其中，图 6-51 连线之前先要完成 $F = \overline{\overline{A} \cdot \overline{B}} = A + B$ 的逻辑转换，再接一个非逻辑门就是图 6-52 所示的或非逻辑电路。

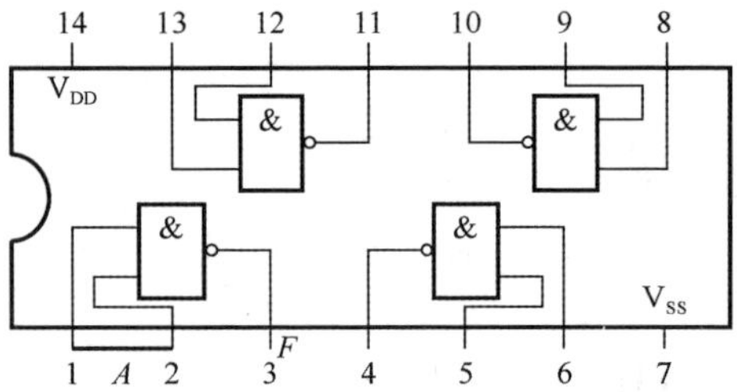

图 6-49　非门连线设计

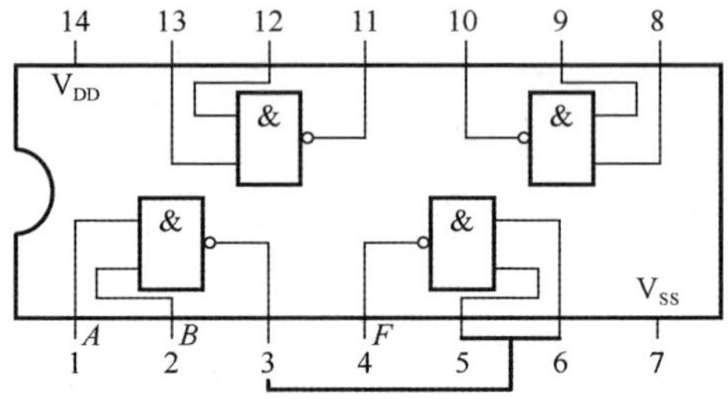

图 6-50　与门连线设计

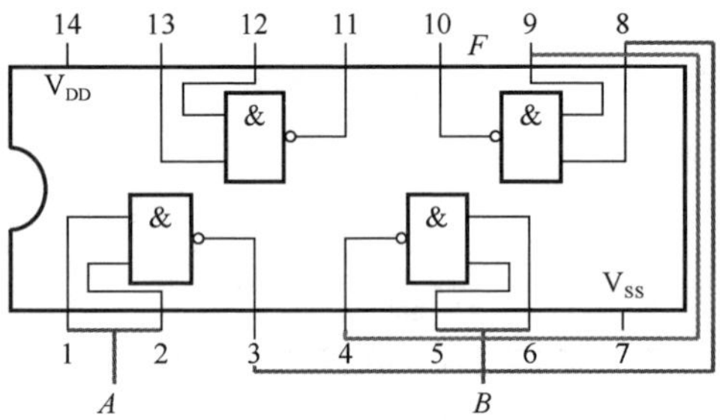

图 6-51　或门连线设计

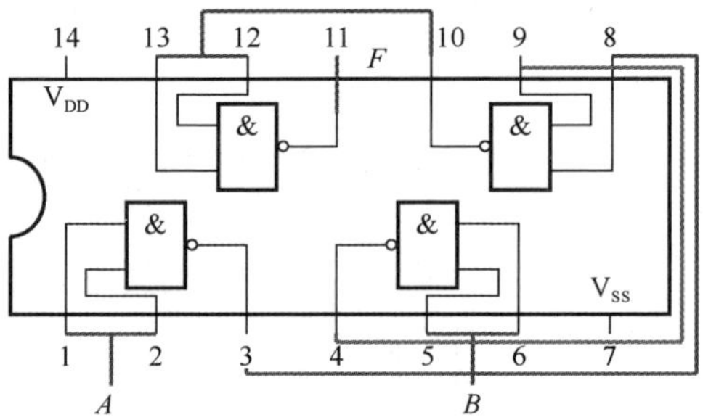

图 6-52　或非门连线设计

也可以用图 6-53 所示的 CT74LS02 或 CC4001 集成逻辑电路实现非门、或门、与门、与非门。用 CC4001 实现的非门、或门、与门、与非门连线设计图分别如图 6-54～图 6-57 所示。其中，图 6-56 连线之前先要完成 $F = \overline{\overline{A} + \overline{B}} = AB$ 的逻辑转换，再接一个非逻辑门就是图 6-57 所示的与非逻辑电路。

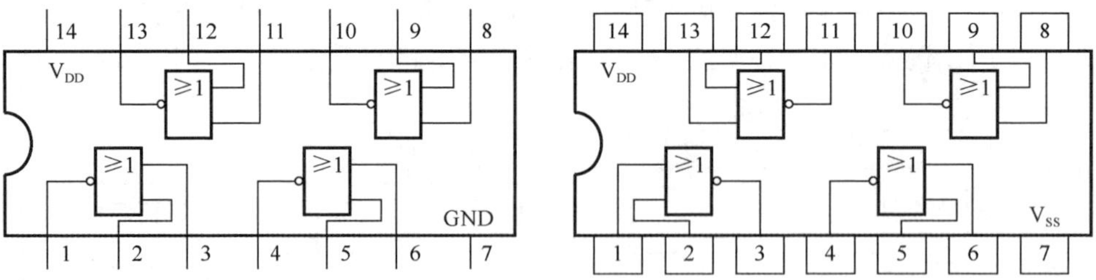

CT74LS02　　CC4001

图 6-53　CT74LS02 与 CC4001 集成逻辑电路功能框图

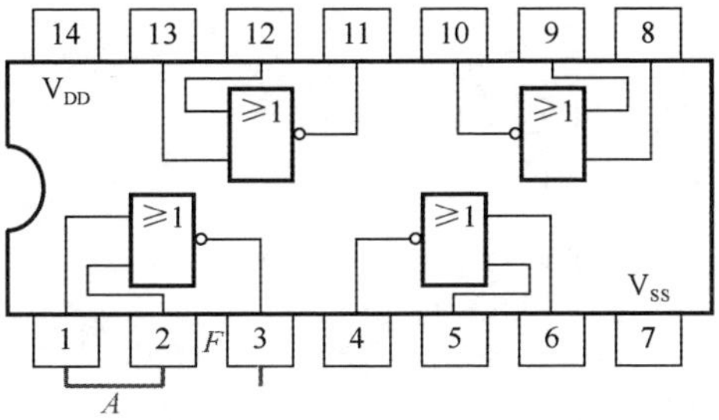

图 6-54　非门连线设计

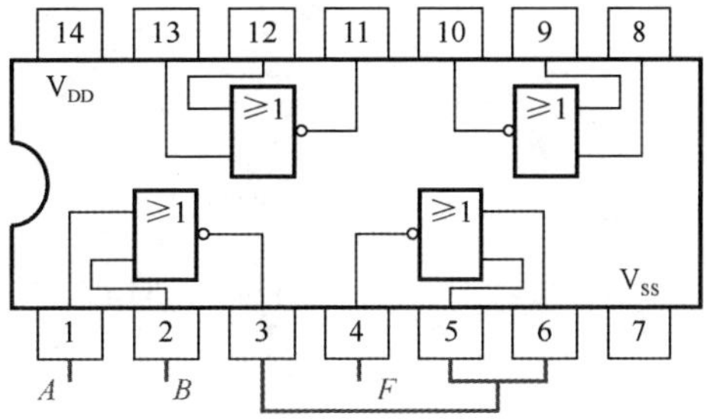

图 6-55　或门连线设计

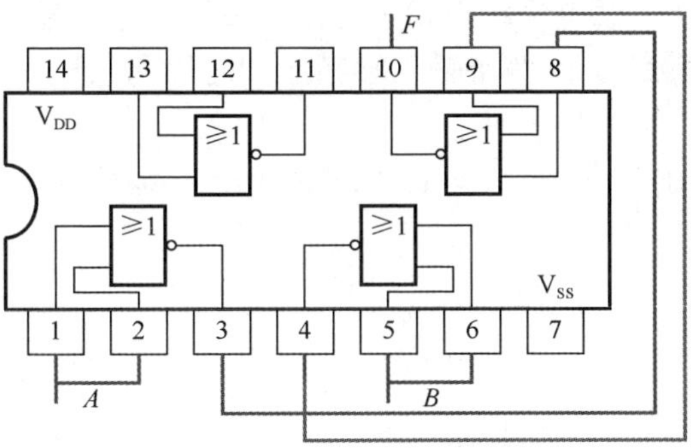

图 6-56　与门连线设计

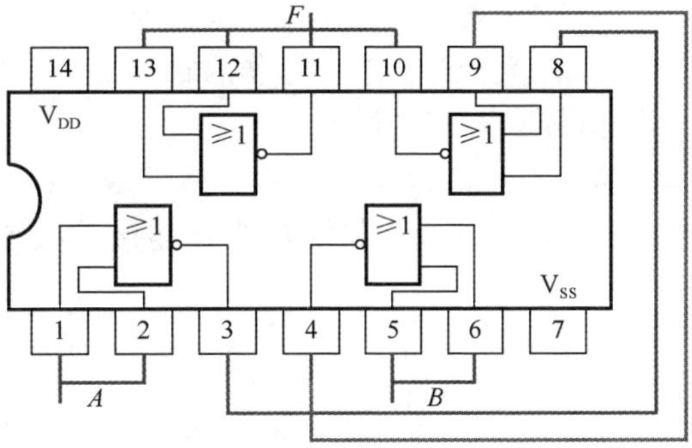

图 6-57　与非门连线设计

（5）基本触发器连线设计。

需要基本触发器的电路都有一个共同点，电路必须有记忆功能，一般解题方法如下。

第一步：判断触发器类型（即触发器置“0”、置“1”时，*S* 和 *R* 端输入的信号），如图 6-58 所示的或非门触发器输入端的触发信号是高电平“1”，如图 6-59 所示的与非门触发器输入端的触发信号是低电平“0”。

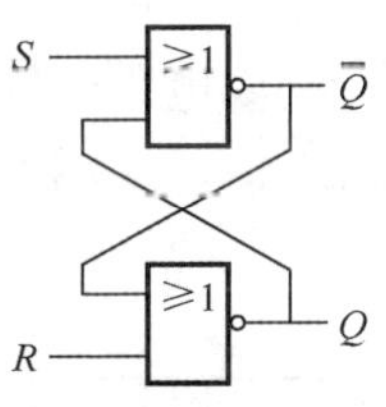

图 6-58　或非门触发器

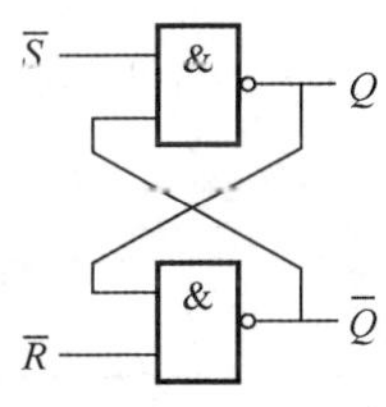

图 6-59　与非门触发器

第二步：选择触发器的任意一个输出端与电路输出相连，然后根据电路需求将两个输入端与触发器进行连接。

【例 6-8】如图 6-60 所示的触发器功能电路中，要求按下按钮 S_1，VT 导通，S_1 释放后，VT 依旧导通，直到按下按钮 S_2，VT 截止，S_2 释放后，VT 依旧截止。请在虚线框中连线设计实现上述功能。

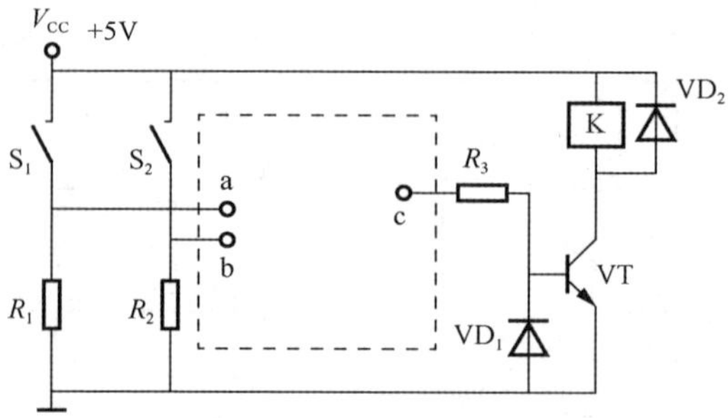

图 6-60　触发器功能电路

第一步：根据电路描述，两个输入端长期处于低电平状态，只有按下按钮时才会输入高电平，是高电平触发，与非门触发器是低电平触发的，两个输入端禁止同时输入低电平，因此选择或非门触发器。

第二步：将 Q 与 c 连接，按下 S_1，Q 须输出高电平，a 与置 1 端 S 连接；按下 S_2，Q 端须输出低电平，b 与置 0 端 R 连接，如图 6-61 所示。

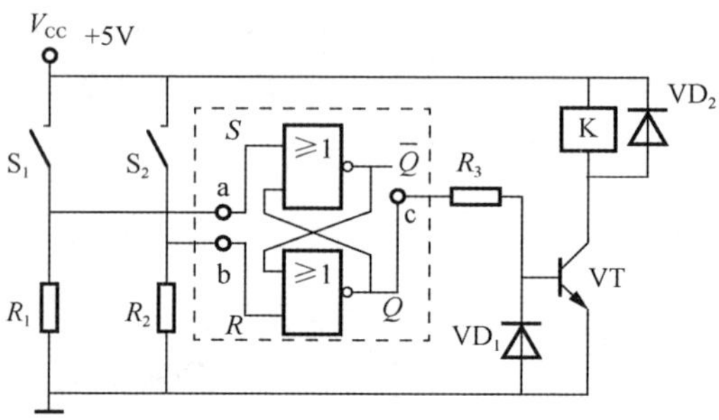

图 6-61　连线后的触发器功能电路

实践中通常采用 CT74LS00 或 CC4011 集成电路来实现与非门基本触发器的连线设计。如图 6-62 所示，采用 CC4011 集成电路连成触发器，先在要组成的触发器输入、输出端做好标注，如图 6-62（a）所示；然后在 CC4011 集成电路中任选两个与非门，做好相应的标注，如图 6-62（b）所示；最后完成交叉反馈连接，如图 6-62（c）所示。

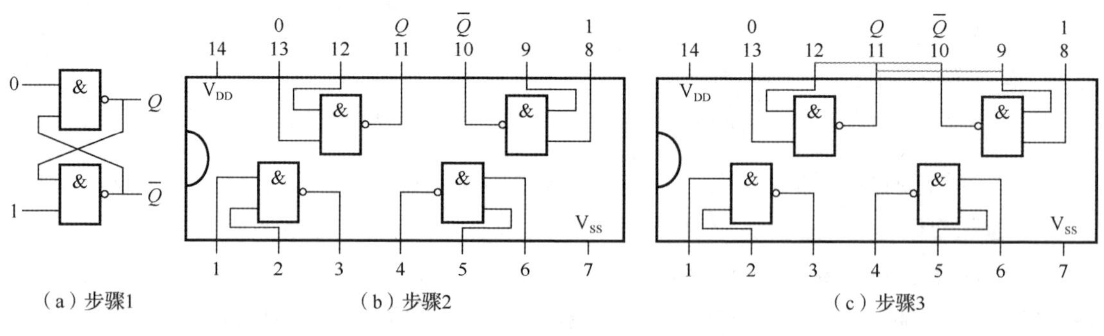

图 6-62　采用 CC4011 集成电路连成触发器

同样，实践中通常采用 CT74LS02 或 CC4001 集成电路来实现或非门基本触发器的连线设计。如图 6-63 所示，采用 CC4001 集成电路连成触发器，先在要组成的触发器输入、输出端做好标注，如图 6-63（a）所示；然后在 CC4001 集成电路中任选两个或非门，做好相应的标注，如图 6-63（b）所示；最后完成交叉反馈连接，如图 6-63（c）所示。

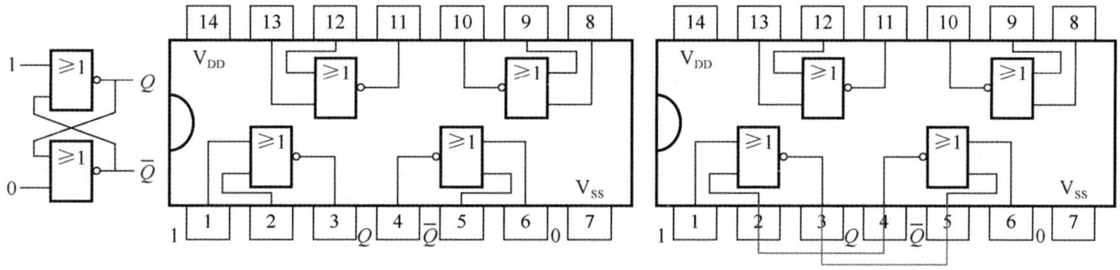

（a）步骤1　（b）步骤2　（c）步骤3

图 6-63　采用 CC4001 集成电路连成触发器

（6）比较器连线设计。

【例 6-9】 图 6-64 所示为温度报警电路，R_t 为负温度系数热敏电阻，要求通过比较器来控制，高温时 VD 发光报警。比较器的功能为当同相输入端（+）的电位高于反相输入端（−）的电位时，输出端（O）输出高电平，反之输出低电平。

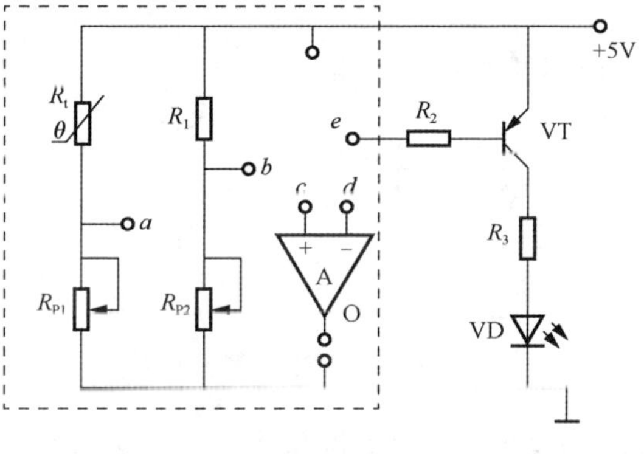

图 6-64　温度报警电路

先将输出端（O）与 *e* 相连（固定接法），当温度高于报警温度时，热敏电阻 R_t 阻值小，输入端 *a* 电位升高，*a* 电位将高于 *b* 电位，同时输出端（O）要输出低电平，使三极管 VT 导通，因此 *a* 与 *d* 连接，*b* 与 *c* 连接，如图 6-65 所示。

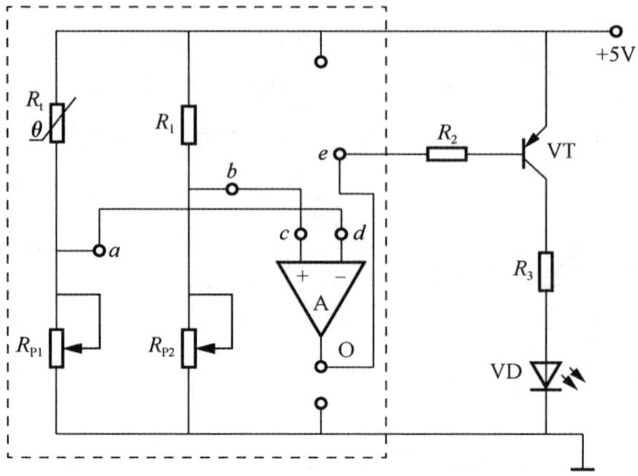

图 6-65　连线后的温度报警电路

（7）555 电路连线设计。

【例 6-10】 如图 6-66 所示的温控电路，当温度过高时，风扇电机 M 起动进行散热，直到温度低于某个值时，M 停止工作。请根据 555 集成电路功能，在虚线框中连线设计实现上述功能。

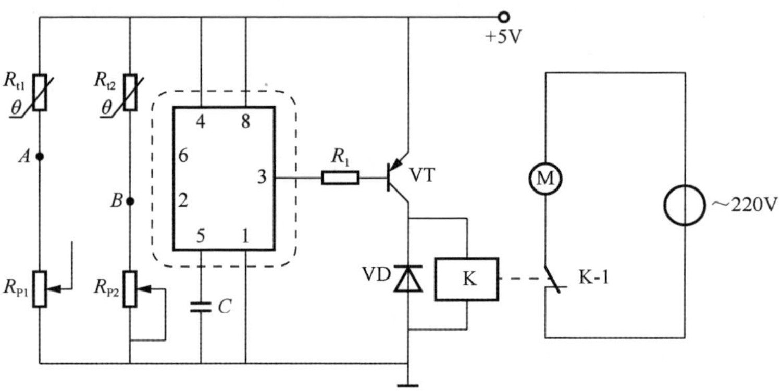

555集成电路功能表

输入2脚	输入6脚	输入3脚
$<V_{CC}/3$	$<2V_{CC}/3$	高电平
$>V_{CC}/3$	$<2V_{CC}/3$	保持
$>V_{CC}/3$	$>2V_{CC}/3$	低电平
$<V_{CC}/3$	$>2V_{CC}/3$	不使用

图 6-66　555 集成温控电路

K-1 常闭开关，当温度过高时，风扇电机 M 起动，3 脚输出“1”，B 点电位小于 $V_{CC}/3$，当温度下降到某个值时，A 点电位大于 $2V_{CC}/3$，3 脚输出“0”，继电器工作，K-1 断开，M 停止工作。R_{P2} 调节温度上限，R_{P1} 调节温度下限，555 集成电路 2 脚连接 B 点，6 脚连接 R_{P1} 可调触点，3 脚连输出端，如图 6-67 所示。

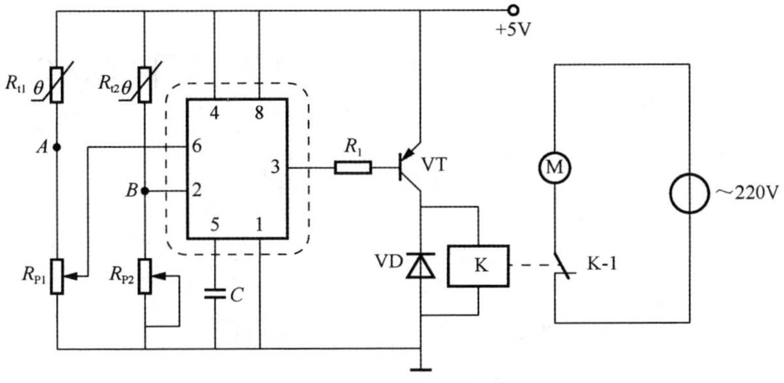

图 6-67　连线后的 555 集成温控电路

三、输出电路连线设计

电路经过控制处理以后一般会输出光、声、动作等信号，动作信号往往由电磁继电器、电子开关等执行器控制电动机来实现，要求输出信号足够大的时候还需要用 PNP 或 NPN 型三极管放大电路进行驱动。

1. 输出电路的常见种类

常见带驱动的输出电路有两种：一种是低电平驱动输出电路，一般采用 PNP 型三极管电路，如图 6-68 所示，图 6-68（a）为驱动发光电路，图 6-68（b）为驱动发声电路，图 6-68（c）为驱动电动机转动电路；另一种是高电平驱动电路，一般采用 NPN 型三极管电路，如图 6-69 所示，图 6-69（a）为驱动发光电路，图 6-69（b）为驱动发声电路，图 6-69（c）为驱动电动机转动电路。

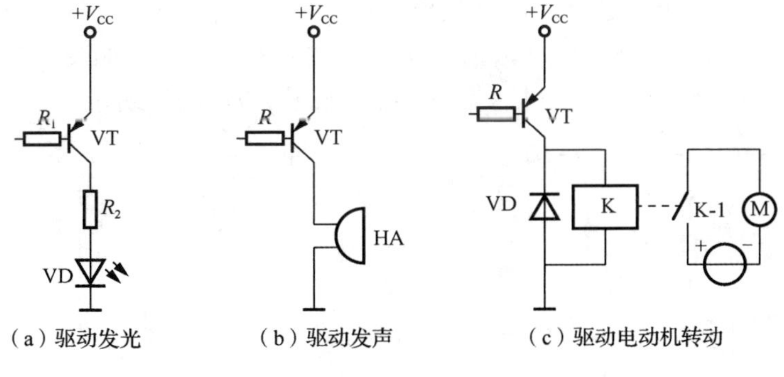

图 6-68　低电平驱动输出电路

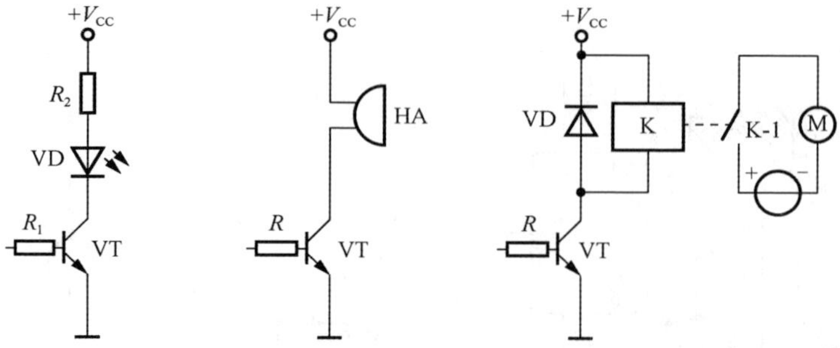

（a）驱动发光　　（b）驱动发声　　（c）驱动电动机转动

图 6-69　高电平驱动输出电路

2. 输出电路常见连线设计

（1）输出端直接接发光二极管、继电器、蜂鸣器等，以发光二极管为例，如图 6-70 所示。

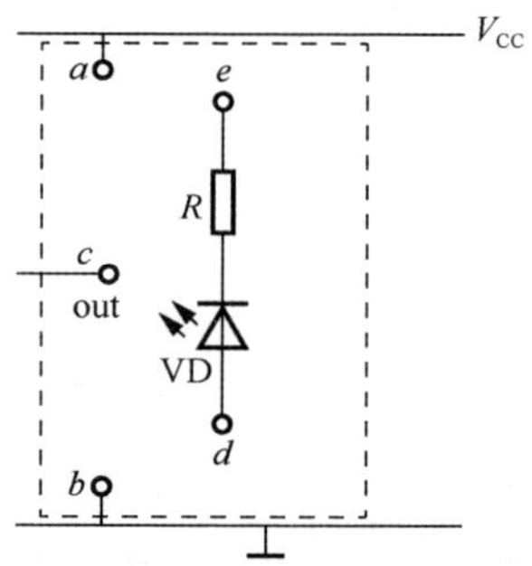

图 6-70　发光二极管电路

连线时注意发光二极管必须串联电阻，且发光二极管不能与其他负载（如电机、蜂鸣器、继电器等）串联。继电器使用时一般要反向并联二极管，连接时可先对继电器和二极管进行连接。若要求 c 输出高电平，则 VD 亮，c 接 d，e 接 b，如图 6-71（a）所示；若要求 c 输出低电平，则 VD 亮，c 接 e，d 接 a，如图 6-71（b）所示。

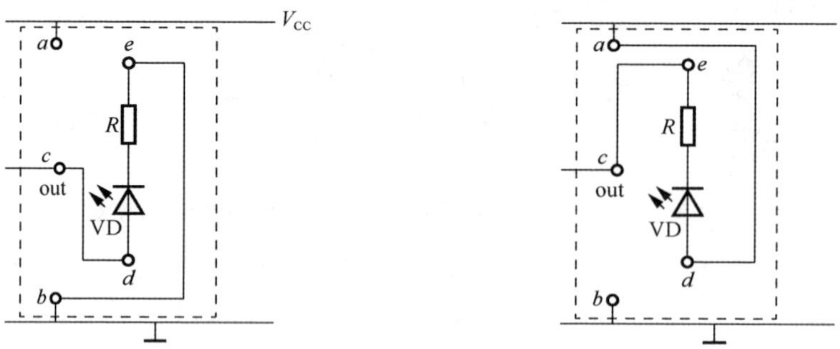

（a）　　（b）

图 6-71　连线后的发光二极管电路

（2）输出端通过三极管驱动发光二极管、继电器等，以三极管驱动继电器和发光二极管为例，电路如图 6-72 所示。

若采用 NPN 型三极管，连接为共发射极接法，发射极 e 一定要接地，基极 b 一定要接控制电路的输出端 *F*，集电极一定要在接负载后再接电源，如图 6-72（a）所示。若采用 PNP 型三极管，连接为共发射极接法，发射极 e 一定要接电源，基极 b 一定要接控制电路的输出端 *F*，集电极一定要在接负载后再接地，如图 6-72（b）所示。

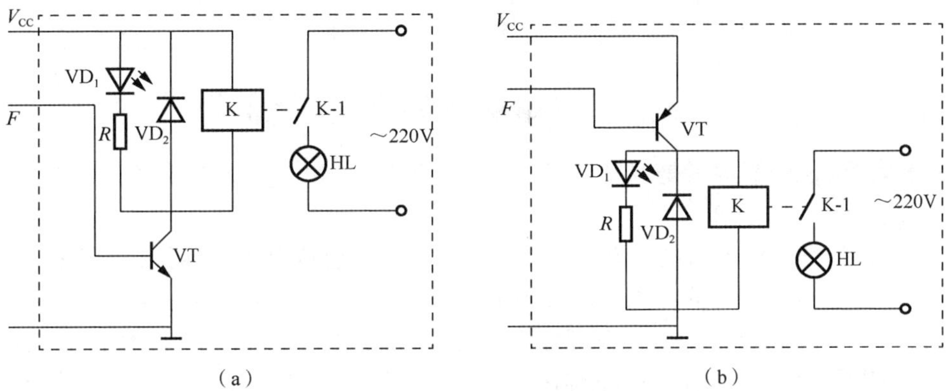

图 6-72　三极管驱动继电器和发光二极管的电路

电路连线设计中实际要设计的可能是输入电路、控制电路和输出电路之一，也可能是其中两者，还可能是三部分都要设计，但是，万变不离其宗，连线设计完成以后，都要求能实现具体情境下的功能。

第四节　调节电路的应用

调节电路习题是指根据电路工作要求，需要通过正确选择元器件，并做出相应调节的题目。

常见调节题类型包括以下两类。①开环调节：根据输出需要调节输入参数，主要有工作电流、电压调节，频率、周期调节。②闭环调节：输出量固定在上下限之间的调节，主要有温度、湿度、光照强度、水位高低等被控量的调节，电路往往需要保持功能。

调节电路习题的解题方法与步骤具体如下。

第一步：确定调节参量，明确输入参量、输出参量及其对应关系。

电路中有变量也有不变的量，控制元器件工作状态对应的参量在电路中是一定的，不变的。

第二步：找到需要调节的元器件。可能是电位器，也可能是电容器，还可以是电感器。

第三步：做出合理调节。根据输出变换逆推得到输入量调大还是调小。

【例 6-11】以 CF741 比较器为核心的温控电路如图 6-73 所示。R_t 为负温度系数热敏电阻，要输出适当范围的温度，应怎样调节？

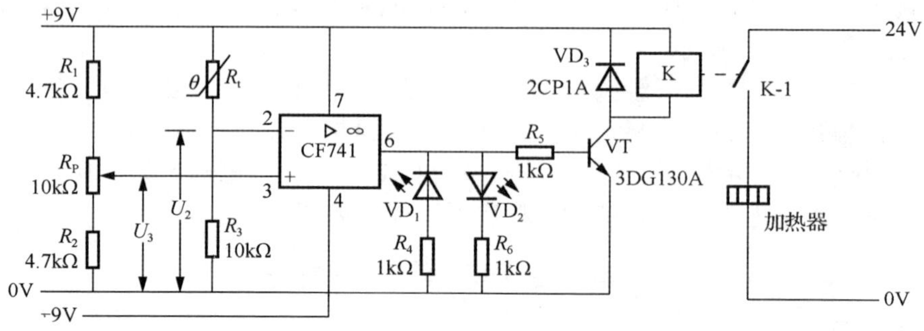

图 6-73　以 CF741 比较器为核心的温控电路

第一步：确定调节参量是温度，明确输入参量是 U_3 和 U_2，输出参量是触点吸合释放决定的温度。

第二步：找到需要调节的元器件。R_t 随温度变化，电位器 R_P 可调，可改变设定温度。

第三步：做出合理调节。调节电位器 R_P（上下调、左右调，对应阻值变化）。

【例 6-12】以 CB7555 集成电路为核心的温控电路如图 6-74 所示。R_{t1} 和 R_{t2} 都是负温度系数热敏电阻，该装置能将温度控制在 37～39℃范围内，现将电路控制温度调节到 35～42℃。

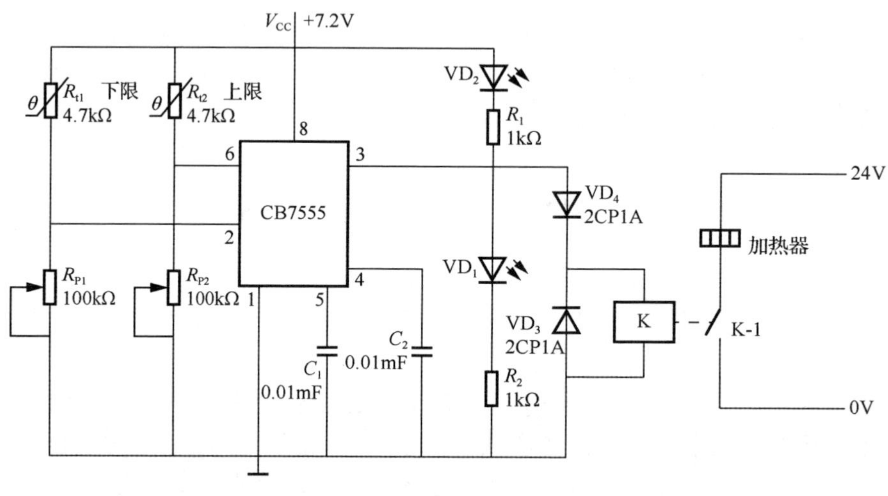

图 6-74　以 555 集成电路为核心的温控电路

（1）电路工作过程。

① 温度低于 37℃时，R_{t1} 和 R_{t2} 的阻值较大，2 脚的电位低于 $V_{CC}/3$，6 脚的电位低于 $2V_{CC}/3$。此时 3 脚输出高电平，VD$_1$ 亮，继电器触点 K-1 闭合，电热器开始加热。设定 R_{P2} 大于 R_{P1}。

② 温度在 37～39℃时，R_{t1} 和 R_{t2} 阻值减小，2 脚的电位会先高于 $V_{CC}/3$，6 脚的电位继续低于 $2V_{CC}/3$，3 脚输出保持高电平，电热器继续加热。

③ 加热至 39℃时，R_{t1} 和 R_{t2} 继续减小，2 脚的电位仍高于 $V_{CC}/3$，6 脚的电位刚好大于 $2V_{CC}/3$，此时，3 脚输出低电平，VD_1 灭、VD_2 发光，继电器触点 K-1 断开，电热器停止加热。

④ 当温度降至 39～37℃时，2 脚的电位高于 $V_{CC}/3$，6 脚的电位低于 $2V_{CC}/3$，3 脚保持之前的低电平，直至降温至 37℃，2 脚电位低于 $V_{CC}/3$，3 脚输出高电平，电热器再一次开始加热。

（2）电路调节分析。

第一步：确定调节参量是温度，明确输入参量是 U_2 和 U_6，输出参量是触点吸合释放决定的温度。

第二步：找到需要调节的元器件。R_t 随温度变化，电位器 R_{P1} 调节下限，电位器 R_{P2} 调节上限，可改变设定温度。

第三步：做出合理调节。下限变低，R_{t1} 变大；上限变高，R_{t2} 变小，为使 555 集成电路 2、6 脚工作电压不变，因此，电位器 R_{P1} 调大，电位器 R_{P2} 调小。

调节电路典型应用例题

例 1　如图所示是小明设计的温度报警装置部分电路，其中 IC 是运算放大器，输入、输出逻辑关系见图中表格，R_t 是负温度系数热敏电阻。当温度达到或超过 40℃时，要求该报警装置发出蜂鸣声、光报警信号。在测试中发现温度超过 40℃还没有报警，现要对电路重新调试，调试步骤如下：①将 R_t 放入盛有冷水的烧杯，插入温度计，加入热水使水温等于 40℃；②（　　），直至报警装置发出蜂鸣声、光报警信号为止。

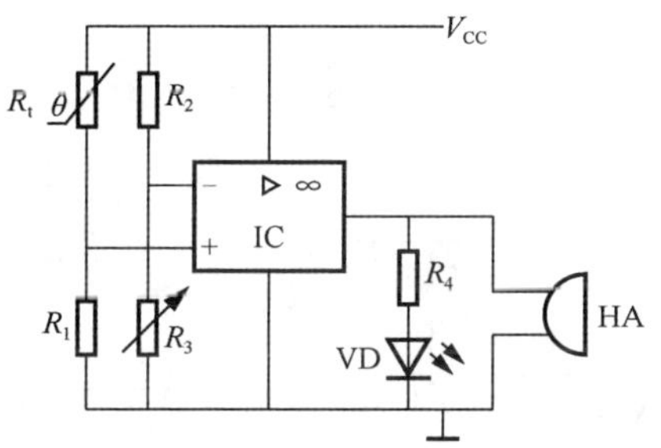

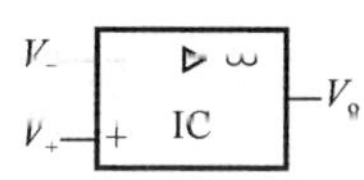

输入	输出
$V_+>V_-$	V_o高电平
$V_+=V_-$	$V_o=0.5V_{CC}$
$V_+<V_-$	V_o低电平

A. 减小 R_3　　B. 增大 R_3　　C. 减小 R_t　　D. 增大 R_t

【解析】当温度达到或超过 40℃时，要求该报警装置发出声、光报警信号。由于 R_t 是负温度系数热敏电阻，此时比较器 V_+已经最大，要使比较器输出高电平，比较器 V_-的值应降低。因此，选项 A 正确。

例 2　小明设计了如图所示的夜间警示电路。白天灯泡不亮，晚上环境光线暗时，灯泡会一闪一闪，对飞行物起警示作用，根据电路，回答下面两题。

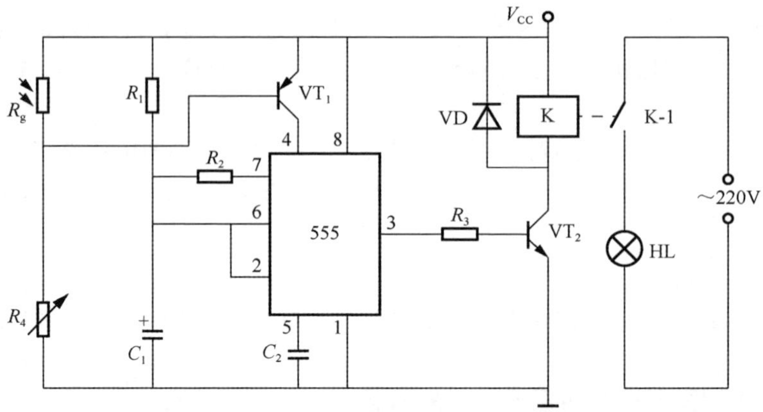

（1）想让灯泡在晚上环境光线更暗时才开始闪亮，下列调试方案中合理的是（　　）。

A. 调大 R_4　　B. 调小 R_4　　C. 调大 C_1　　D. 将 R_g 和 R_4 对调

（2）发现灯光闪烁过快，为适当减慢其闪烁速度，下列调试方案中合理的是（　　）。

A. 调大 R_4　　B. 调小 R_1　　C. 调大 C_1　　D. 调大 C_2

【解析】（1）想让灯泡在晚上环境光线更暗时才开始闪亮，说明 R_g 变大，要保持 VT_1 基极电位不变，必须调大 R_4，因此，选项 A 合理。

（2）为适当减慢其闪烁速度，就要提高 555 集成电路振荡电路的周期，调大 R_1、R_2、C_1 均可，因此，选项 C 合理。

例 3　如图所示是小明设计的温度自动控制电路，能将温度控制在设定值附近。温控器由 IC_1 电压比较器、IC_2 集成电路 NE555 和继电器等组成，其中 VD_1 可作为电源指示灯，导通压降约为 1.8V，NE555 集成电路的功能如表所示。分析电路完成下列各题。

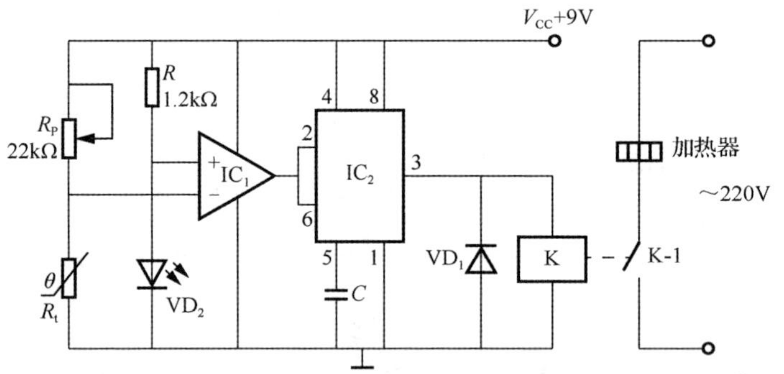

比较器特征

输入	输出
$V_+>V_-$	高电平
$V_+<V_-$	低电平

NE555集成电路功能表

4脚	2脚	6脚	3脚
1	$<V_{CC}/3$	$<2V_{CC}/3$	1
1	$>V_{CC}/3$	$<2V_{CC}/3$	保持
1	$>V_{CC}/3$	$>2V_{CC}/3$	0
0	无关		0

（1）电路中 R_t 为（　　）热敏电阻（在“A. 正温度系数；B. 负温度系数”中选择合适的选项）。

（2）电路在使用一段时间后 VD_2 损坏了，小明准备用两个硅材料的二极管（导通压降均为 0.7V）来代替 VD_2，电路如图所示。电路经过改造后，控制的温度将（　　）原设定温度（在“A.高于；B.低于”中选择合适的选项）；为了使控制温度接近原设定温度，R_P 的滑动触点应该（　　）（在“A. 往上调；B. 往下调”中选择合适选项）。

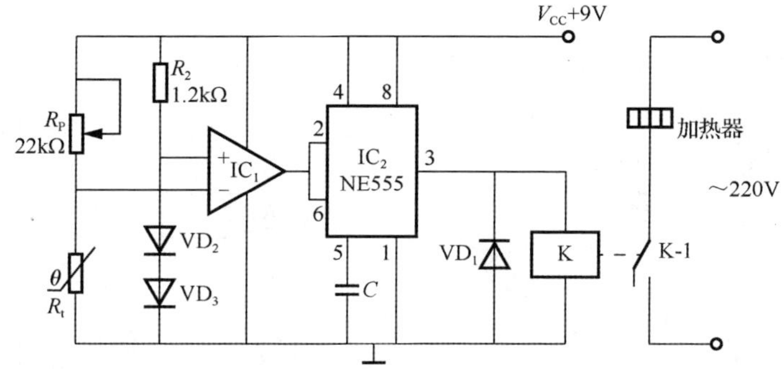

【解析】（1）采用逆推法，温度自动控制电路能将温度控制在设定值附近，低温时 555 集成电路 3 脚必须输出高电平，2 脚、6 脚输入低电平，比较器 V_- 的电位应该变大，说明 R_t 阻值变大，以此推断 R_t 为负温度系数热敏电阻，因此选项 B 正确。

（2）用两个导通压降均为 0.7V 的硅材料二极管来代替 VD_2，比较器 V_+ 电位降低，比较器 V_- 电位也要降低，说明 R_t 阻值变小，因为 R_t 是负温度系数热敏电阻，可以推断电路经过改造后控制的温度高于原设定温度，因此选项 A 正确。为了使控制温度接近原设定温度，要同步降低比较器 V_- 的电位，R_P 的滑动触点应该往上调，因此选项 A 正确。

例 4　如图所示的温控电路，其中 R_t 是负温度系数热敏电阻，运算放大器的输入、输出关系见图中表格。能把温度控制在 37～39℃，现在若要调高上限温度应（　　）。

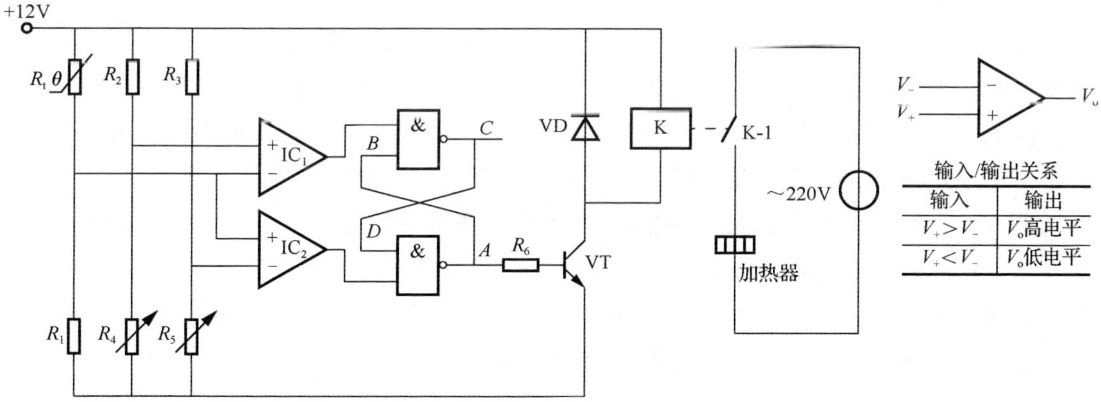

输入/输出关系

输入	输出
$V_+>V_-$	V_o高电平
$V_+<V_-$	V_o低电平

A. 增大 R_4　　B. 增大 R_5　　C. 减小 R_4　　D. 减小 R_5

【解析】采用逆推法，温度到下限 37℃时，A 点输出高电平，与非门组成的触发器是电平触发的，所以 R_5 对应下限调节，R_4 对应上限调节，现在若要调高上限温度，R_t 阻值变小，图中比较器 V_- 的电位上升，比较器 V_+ 的电位也要调高，即增大 R_4，因此选项 A 正确。

例 5　如图所示为区间温度控制电路。IC 是电压比较器，当输入电位 $V_+>V_-$ 时，输出高电平；当输入电位 $V_+<V_-$ 时，输出低电平。温度低于下限时，电热丝加热；温度高于上限时，停止加热。下列分析正确的是（　　）。

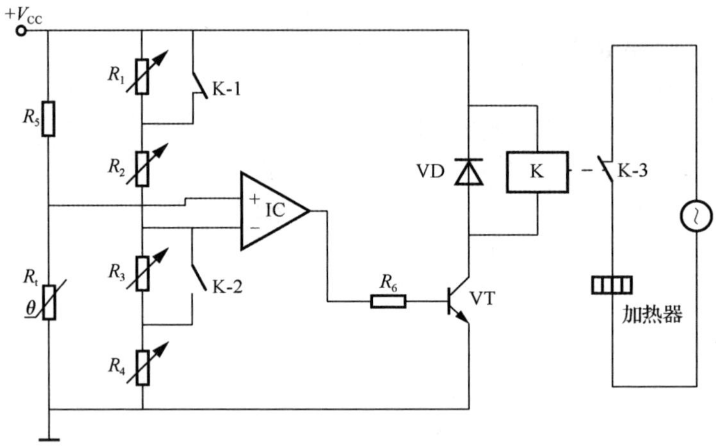

A. R_t 为负温度系数热敏电阻

B. 调小 R_1，上限温度不变，下限温度降低

C. 调大 R_2，上限温度提高，下限温度降低

D. 调小 R_3，上限温度降低，下限温度不变

【解析】采用逆推法，温度低于下限时，电热丝加热，比较器输出低电平，比较器 V_+ 的值要小，说明低温时 R_t 阻值小，R_t 为正温度系数热敏电阻。继电器 K-1、K-3 触点为常闭触点，加热过程中 R_1 被短路，所以 R_1 与上限温度无关，只影响下限，调小 R_1，R_t 的阻值要增加，下限温度上升。R_2 与上限、下限温度均有关，调大 R_2，上限温度降低，下限温度降低。从上限温度到下限温度，电热丝不加热，R_3 被短路，所以 R_3 与下限温度无关，只影响上限，调小 R_3，上限温度降低，下限温度不变。因此，选项 D 正确。

例 6　如图所示是孵化箱温控电路，R_t 为负温度系数热敏电阻，用发光二极管和光敏电阻来检测箱内是否有鸡蛋，箱内有鸡蛋时，R_g 光照变弱，箱内温度低于 36℃，加热器加热，箱内温度达到 39℃，加热器停止加热；箱内无鸡蛋时，加热器不加热。现要求调整下限温度为 37℃，上限温度为 38℃，555 集成电路功能表如表所示。下面调整方案正确的是（　　）。

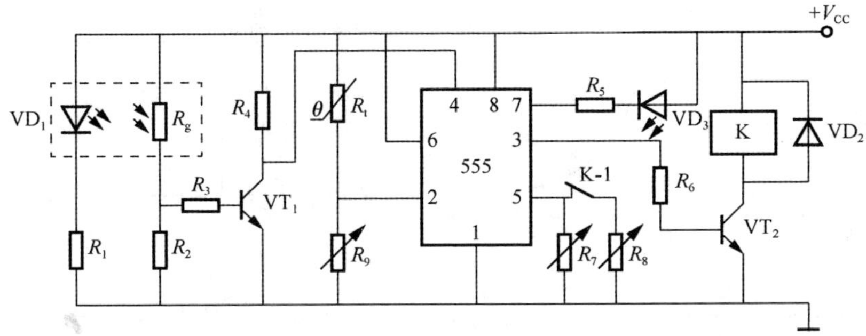

555集成电路功能表

2脚	6脚	3脚
$>V_{ct}/2$	$>V_{ct}$	低电平
$>V_{ct}/2$	$<V_{ct}$	保持
$<V_{ct}/2$	任意	高电平

A. 调大 R_7，调小 R_8　　B. 调大 R_7，调大 R_8

C. 调小 R_7，调大 R_8　　D. 调小 R_7，调小 R_8

【解析】箱内有鸡蛋时，R_g 光照变弱，VT_1 截止，555 集成电路 4 脚为高电平，这时 3 脚输出与 2 脚、5 脚有关，设 5 脚电位为 V_{ct}。采用逆推法，加热时，常闭触点 K-1 断开，R_8 不连电路，与温度上限无关，只影响下限，而 R_7 影响温度上限。R_t 是负温度系数热敏电阻，结合 555 集成电路功能表，需要调低上限，即调低 V_{ct}，可调小 R_7；需要调高下限，即调高 V_{ct}，可调大 R_8。因此，选项 C 正确。

第五节　选考综合应用题分析

浙江省选考技术学科的压轴题往往是电子控制综合应用题，这类题目考核学生电路分析运用能力和根据情境要求进行电路设计能力两个方面，综合程度相对比较高，是学习中需要重点突破的地方。

电路分析运用能力是通过选择、填空的形式来考核的，主要是电路故障原因分析，温度、湿度、光照强度和水位高低等物理量的上、下限调节应用，电路中电压、电流、周期、频率等电量变化分析，元器件的作用与合理选用，电路故障原因分析等。这类题目可以采用电路原理分析法，根据题目已知条件或结果，从电路工作原理视角分析因果逻辑关系，从而得出所需要的结论。

电路设计能力是通过部分功能电路连线设计的形式来考核的，从电路组成来看，可以分为输入、控制和输出 3 个部分来设计。设计中，一般输入电路采用逆推法，控制电路采用双向分析法，输出电路采用正推法。

选考真题举例分析

例 1　【2017 年 4 月选考第 17 题】在电子控制技术实践课上，小明准备设计一个遮光、通风控制系统，选择光敏电阻和正温度系数热敏电阻作为传感器。请完成以下各题。

（1）光敏电阻的阻值随光照强度变化的规律与______相似（从 A、B、C 中选择合适的选项，将序号填在“______”处）。

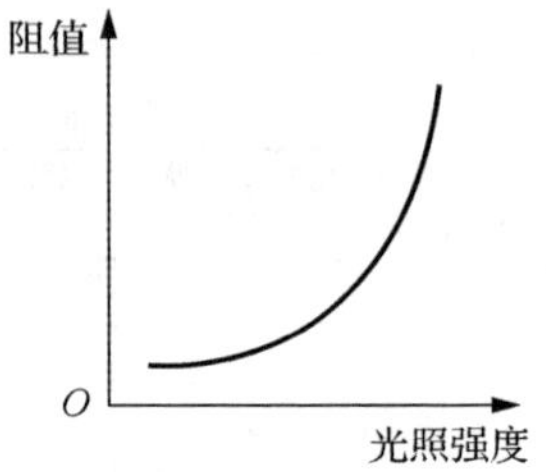

A.

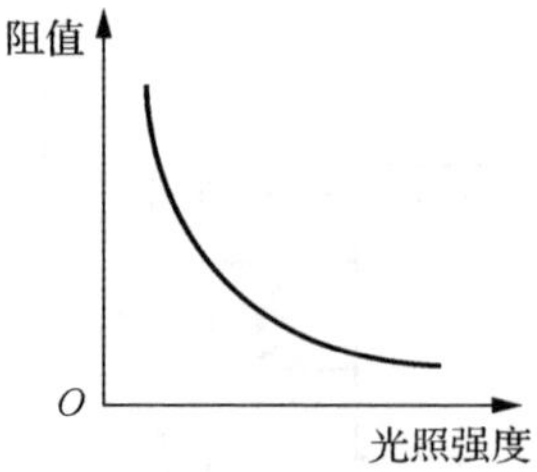

B.

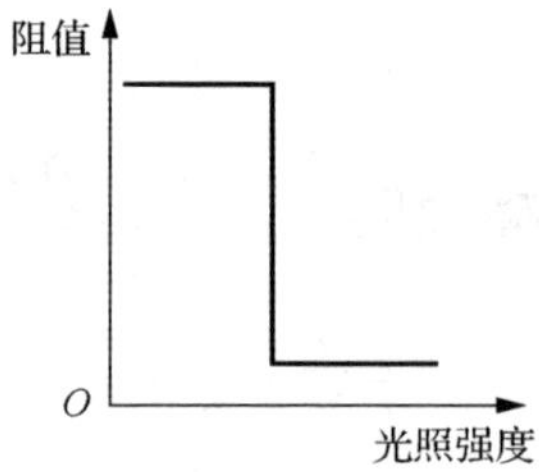

C.

（2）小明提出的控制要求和设计的控制电路如图所示，其中 X 点输入光照强度信号，Y 点输入温度信号。根据控制要求分析电路，K_1、K_2 的作用是______（从“A. K_1 用作遮光控制、K_2 用作通风控制；B. K_1 用作通风控制、K_2 用作遮光控制”中选择合适的选项，将序号填在“______”处）。

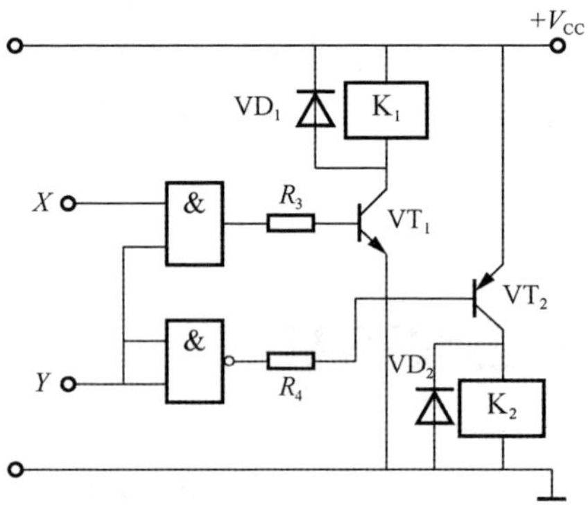

控制要求

输入		输出	
光照	温度	遮光继电器	通风继电器
弱	≤26℃	释放	释放
强	≤26℃	释放	释放
弱	＞26℃	释放	吸合
强	＞26℃	吸合	吸合

（3）小明在测试电路时发现，R_3 和 R_4 的阻值不符合电路要求，导致 K_1 和 K_2 始终都不能吸合，合理的调整措施是______、______（在“A. 增大 R_3；B. 减小 R_3；C. 增大 R_4；D. 减小 R_4”中选择合适的选项，将序号填在“______”处）。

（4）请根据控制要求，在虚线框内将传感器和电阻器正确地连接到电路中。

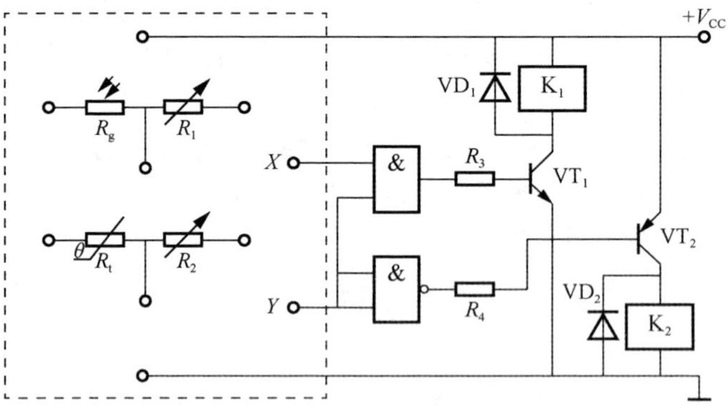

【解析】（1）光敏电阻的阻值随光照强度的增大而减小，而且是非线性的，所以选项 B 正确。

（2）X 点输入光照强度信号，Y 点输入温度信号，对应 K_1 用作遮光控制、K_2 用作通风控制，所以选项 A 正确。

（3）测试电路时，发现 R_3 和 R_4 的阻值不符合电路要求，导致 K_1 和 K_2 始终都不能吸合，说明故障是由 R_3 和 R_4 的阻值偏大引起的，所以选项 B、D 正确。

（4）控制要求光照强、温度高时 K_1 和 K_2 均吸合，逆推 X 和 Y 均为高电平，连接电路如下，然后验证其他控制情况，发现完全符合控制要求。

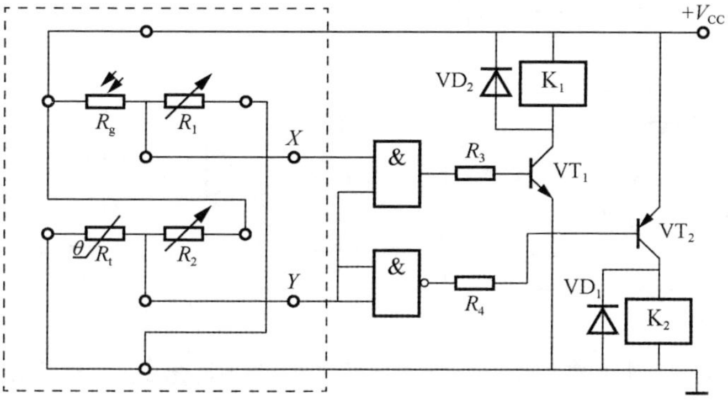

例 2 【2017 年 11 月选考第 17 题】小明设计了如图所示的温度报警电路。当检测到的温度高于设定值后，VD_1 随温度升高逐渐变亮，如果温度继续上升到一定值后，VD_2、VD_3 开始变亮，最后蜂鸣器 HA 发出报警声。根据电路图和功能要求完成下列任务。

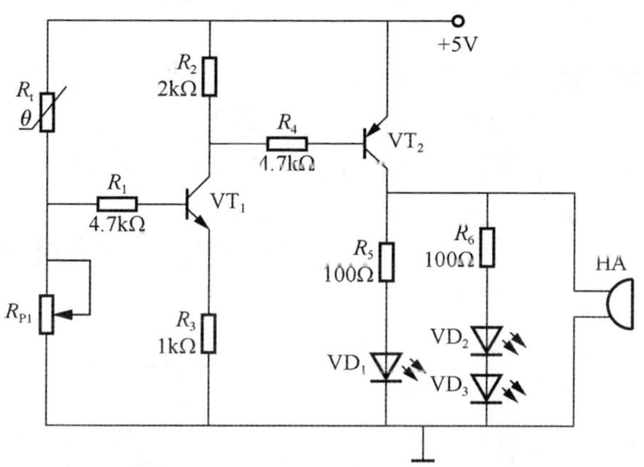

（1）R_t 应选择______（在“A. 正温度系数热敏电阻；B. 负温度系数热敏电阻；C. 可调电阻；D. 定值电阻”中选择合适的选项，将序号填在“______”处）。

（2）从 VD_1 变亮到 VD_2、VD_3 变亮的过程中，VT_1 集电极 c 和发射极 e 之间的电压______（在“A. 降低；B. 升高；C. 保持不变”中选择合适的选项，将序号填在“______”处）。

（3）小明搭建了测试电路，测试中，先固定 R_{P1}，然后改变温度，发现 VD_1、VD_2、VD_3 温度高时不亮，温度低时反而亮。造成该现象的不可能的原因是______（在“A. VT_1 误用了 PNP 型；B. R_t 与 R_{P1} 位置接反了；C. R_{P1} 阻值偏小”中选择合适的选项，将序号填在“______”处）。

（4）小明在调试电路时，不小心损坏了 VT_1，准备用电压比较器代替 VT_1 来实现温度过高报警，请你帮助小明在电路图虚线框中将比较器连接好。

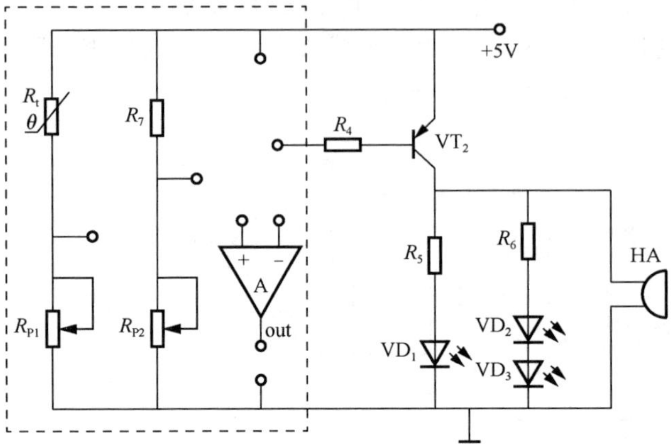

比较器特征

输入	输出
$V_+>V_-$	高电平
$V_+<V_-$	低电平

（5）修改后的电路相比原电路______（在“A. 功能完全一样；B. VD_1、VD_2、VD_3 同时亮灭；C. R_{P1} 和 R_{P2} 能分别设定报警温度的上限和下限”中选择合适的选项，将序号填在“______”处）。

【解析】（1）检测到的温度高于设定值后，VD_1 随温度的升高逐渐变亮，逆推 VT_2 基极电位变低，VT_1 集电极电位变低，VT_1 输入电位升高，说明温度升高，R_t 阻值变小，因此，选项 B 正确。

（2）从 VD_1 变亮到 VD_2、VD_3 变亮的过程中，VT_1 集电极和发射极电流增加，而总电压不变，所以 VT_1 集电极 c 和发射极 e 之间的电压变小，因此，选项 A 正确。

（3）温度低时反而亮说明输入量变化相反了，VT_1 误用 PNP 型及 R_t 与 R_{P1} 位置接反都会使输入量变化相反，而选项 C 不会。

（4）根据功能要求，先连接比较器的输入、输出端，再连接电源（考卷上没有电源接线端点，电源可以不连），如图所示。

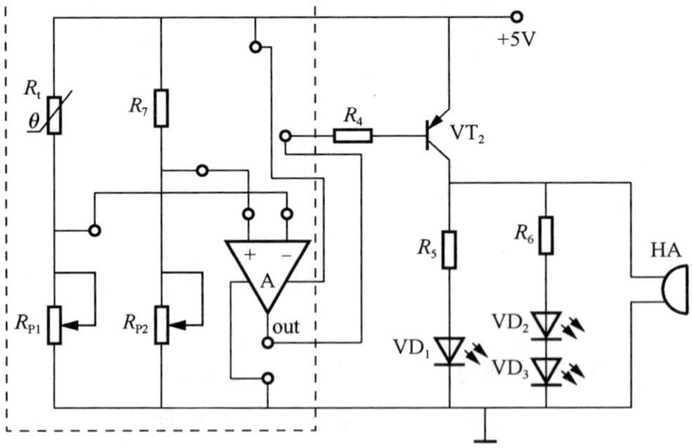

（5）电压比较器是非线性的集成运算放大器，电压比较器代替 VT_1 来实现温度过高报警，发光二极管只有亮和灭两种状态，因此，选项 B 正确。

例 3　【2018 年 4 月选考第 17 题】如图所示是小明设计的暗室报警电路。当暗室门被打开，光线强度达到一定时，蜂鸣器发出报警声。IC_1是电压比较器的特性：当 $V_+>V_-$时，U_o为高电平；当 $V_+<V_-$时，U_o为低电平。IC_2是 555 集成电路的特性：2 脚电位低于 V_{CC}的三分之一时，3 脚输出高电平；6 脚电位高于 V_{CC}的三分之二时，3 脚输出低电平。请根据描述和电路图完成下列任务。

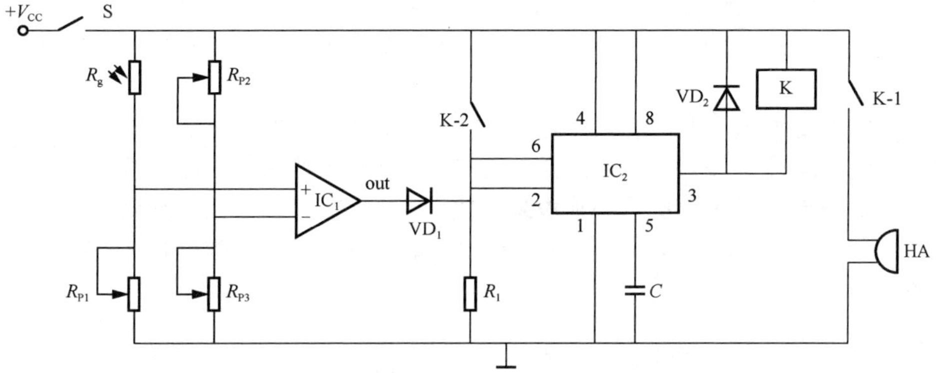

（1）当光线由弱变强时，光敏电阻 R_g 的阻值______（在“A. 增大；B. 减小；C. 不变”中选择合适的选项，将序号填在“______”处）。

（2）继电器 K-2 触点闭合时的作用是______（在“A. 使 VD_1反向截止；B. 使 555 集成电路 3 脚保持高电平输入；C. 使蜂鸣器在暗室门关闭后继续报警”中选择合适的选项，将序号填在“______”处）。

（3）小明搭建了测试电路，发现蜂鸣器始终不响，下列原因中可能造成该现象的是______（在“A. 555 集成电路 3 脚被接地；B. VD_2虚焊；C. 电阻器 R_1短路”中选择合适的选项，将序号填在“______”处）。

（4）小明搭建电路后，发现光线很强时才会报警，现在需要实现光线较弱时能报警，以下调节方法中不恰当的是______（在“A. 增大 R_{P1}；B. 增大 R_{P2}；C. 增大 R_{P3}”中选择合适的选项，将序号填在“______”处）。

（5）在测试过程中，小明将 555 集成电路损坏，准备用三极管来代替。请你帮助小明选择合适的三极管（NPN 型或 PNP 型）。在虚线框中画出所选择的三极管，并采用共发射极接法完成电路的连接。要求保持电路原有的功能。

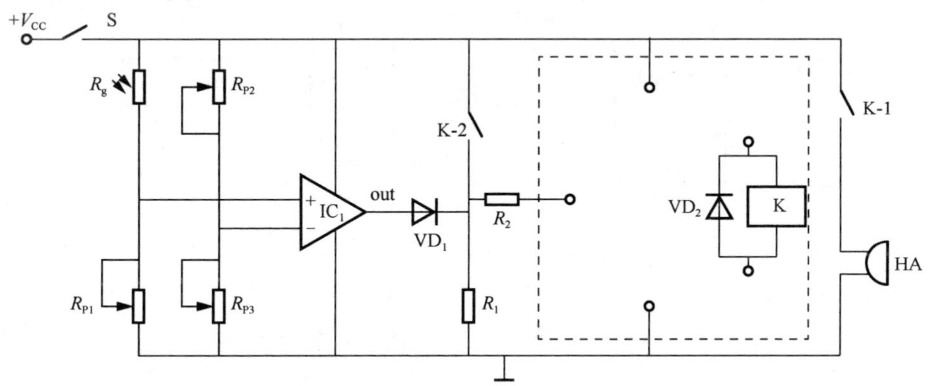

【解析】（1）当光线由弱变强时，光敏电阻 R_g 的阻值减小，因此选项 B 正确。

（2）继电器 K-2 触点闭合，555 集成电路 2 脚、6 脚保持高电平输入，使蜂鸣器在暗室门关闭后继续报警，因此选项 C 正确。

（3）蜂鸣器之前电路任意故障都会导致蜂鸣器不能正常供电，使蜂鸣器始终不响。选项 A，555 集成电路 3 脚接地，继电器一直吸合，蜂鸣器会响；选项 B，VD_2 虚焊，不影响继电器正常吸合，蜂鸣器会响；选项 C，电阻器 R_1 短路，555 集成电路 2 脚、6 脚保持低电平输入，555 集成电路 3 脚输出高电平，继电器触点释放，蜂鸣器始终不响。因此，选项 C 正确。

（4）发现光线很强时才会报警，说明比较器反向输入端电位太高，要实现光线较弱时能报警，比较器反向输入端电位要降低，而增大 R_{P3} 则刚好相反，因此选项 C 正确。

（5）要实现电路原有功能，需要用到 NPN 型三极管，当三极管基极为高电平时，三极管导通，电磁继电器的线圈保持有电流通过，触点 K-1 闭合，蜂鸣器响。电路连线设计如图所示。

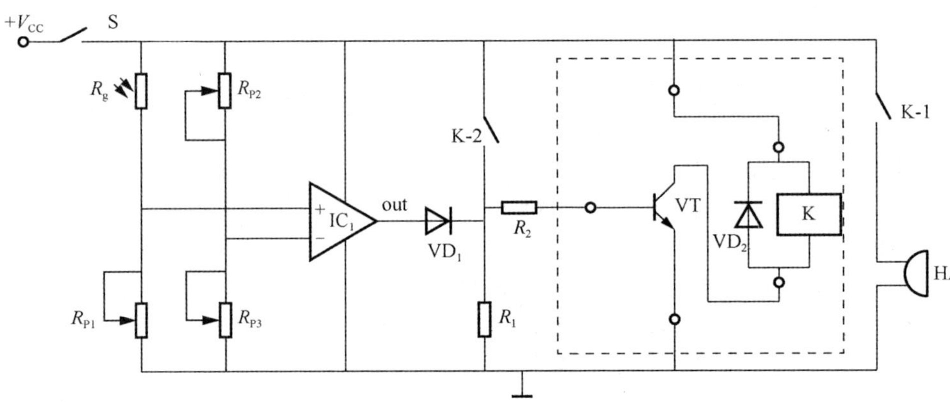

例 4　【2018 年 11 月选考第 17 题】小明在科技实践活动中，设计了如图所示的电路，用数字信号控制小电动机正反转和停止。规定电流流向为 $X \to Y$ 时，电动机 M 正转；电流流向为 $Y \to X$ 时，电动机 M 反转。IC_1 和 IC_2 均为 555 集成电路，其功能表如表所示。请完成下列各题。

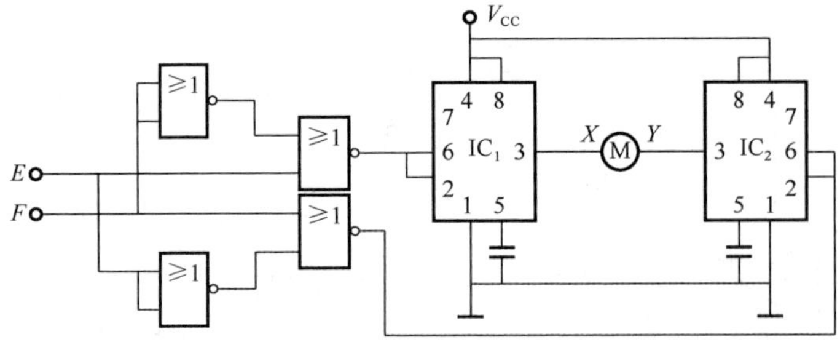

555集成电路的特性表

2脚	6脚	3脚
$<V_{CC}/3$	$<2V_{CC}/3$	高电平
$>V_{CC}/3$	$>2V_{CC}/3$	低电平
$>V_{CC}/3$	$<2V_{CC}/3$	保持
$<V_{CC}/3$	$>2V_{CC}/3$	不使用

（1）用 0 代表低电平，1 代表高电平，E 端和 F 端的信号为______时电动机反转（在“A. 00；B. 01；C. 11；D. 10”中选择合适的选项，将序号填在“______”处）。

（2）现在准备用发光二极管表示电动机运转的状态，正转时绿色发光二极管发光，反转时红色发光二极管发光，停止时两个发光二极管都不发光，以下发光二极管连接正确的是______（在下列选项中选择合适的选项，将序号填在“______”处）。

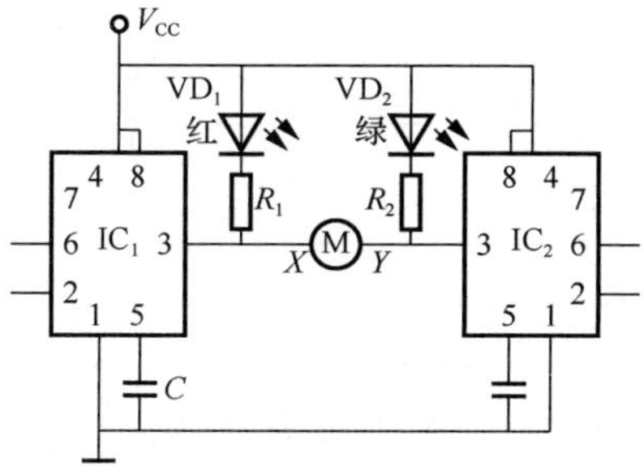

A.

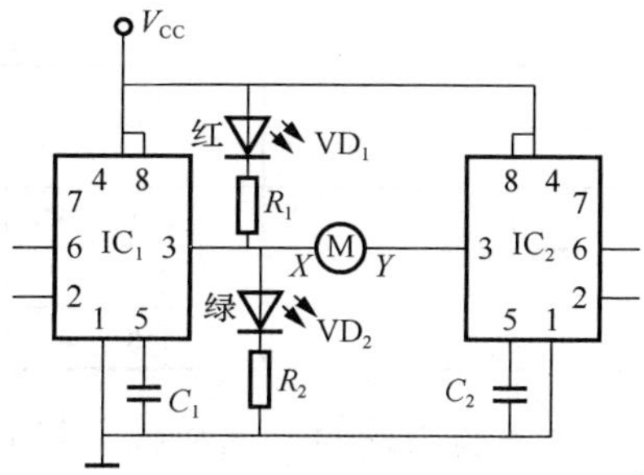

B.

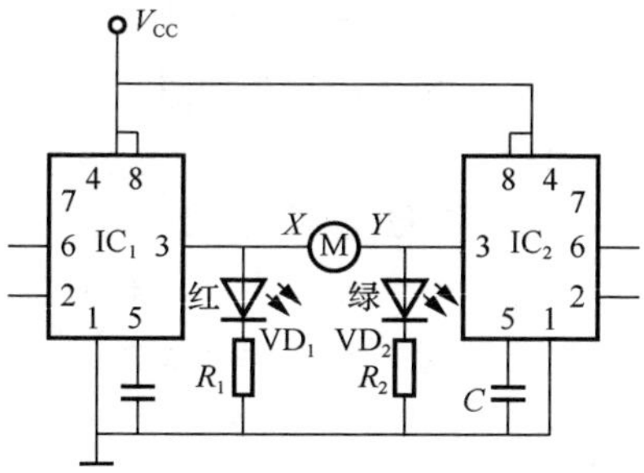

C.

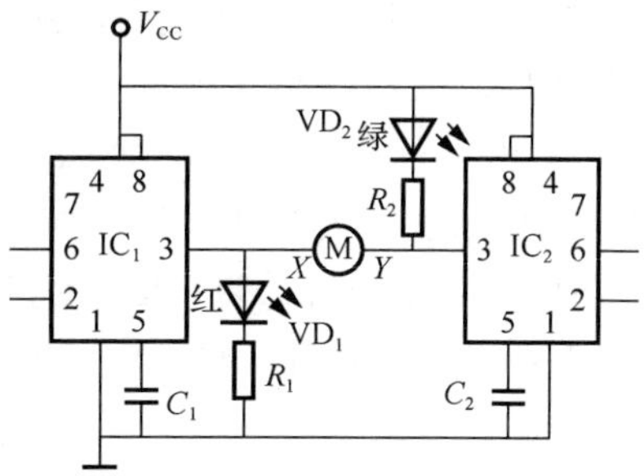

D.

（3）小明尝试用三极管驱动继电器，用继电器来控制电动机。要求按原有的逻辑关系控制电动机的正反转及停止，请在虚线框中画出三极管、继电器、二极管，并采用共发射极接法正确地连接电路。

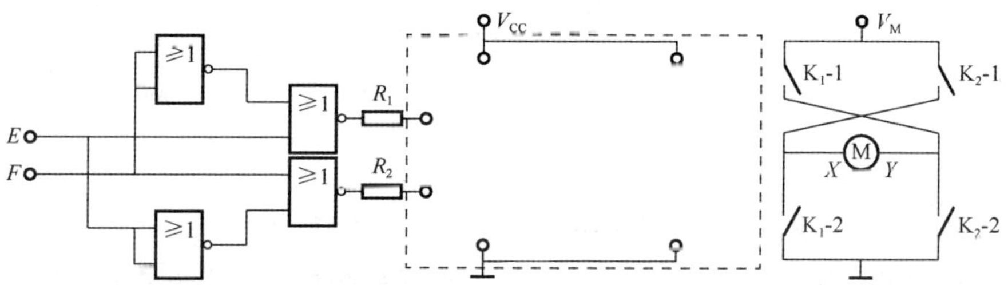

（4）小明根据下面的集成电路引脚图和题（3）的电路图，对集成电路部分引脚进行了连接（如下图所示），请完成其余引脚的连接。

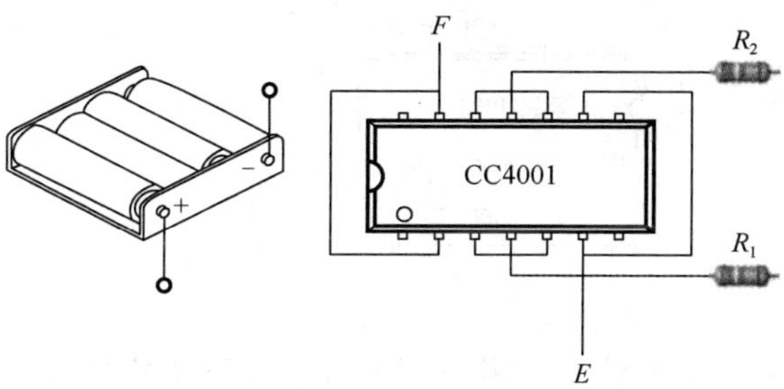

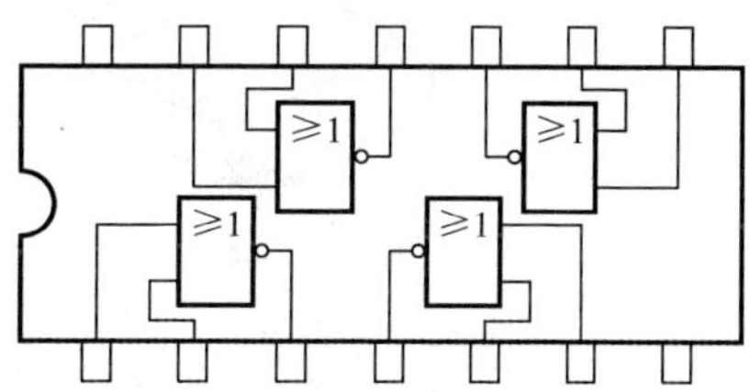

CC4001集成电路引脚图

【解析】电动机正转，X流向Y，可知X为1，Y为0；电动机反转，Y流向X，可知X为0，Y为1。据此列出E、F（IC_1的2脚、6脚输入端）、M、N（IC_2的2脚、6脚输入端）、X、Y的真值表。

E	F	M	N	X	Y	电动机运转
0	0	0	0	1	1	停转
0	1	1	0	0	1	反转
1	0	0	1	1	0	正转
1	1	0	0	1	1	停转

（1）由真值表得知，电动机反转时，E为0，F为1，因此选项B正确。

（2）选项A：正转绿灯亮，反转红灯亮，不转灯不亮，符合题意，因此选项A正确。选项B：停转时，若X、Y都为1，则绿灯亮，不符合要求。选项C：停转时，若X、Y都为1，则绿灯、红灯都亮，不符合要求。选项D：停转时，若X、Y都为1，则红灯亮，不符合要求。

（3）分析触点开关电路，结合电动机正反转要求，推出继电器K_1吸合，电动机反转；继电器K_2吸合，电动机正转；K_1、K_2都释放，电动机不转。结合真值表，正转时，N为1；反转时，M为1；不转时，M、N为0，应该选用NPN型三极管。电路连线设计如图所示。

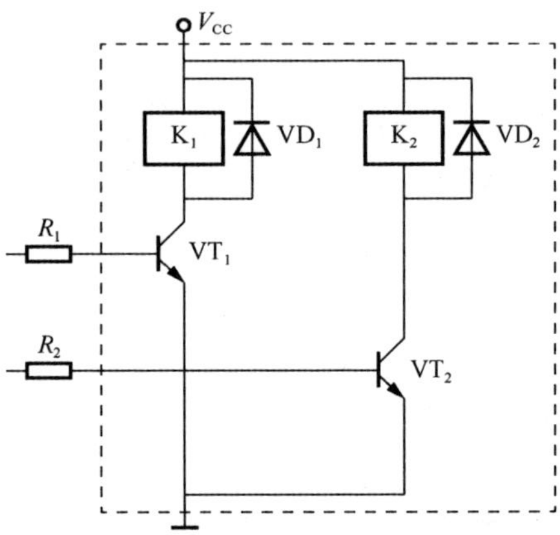

（4）集成电路半圆的下方第1个引脚为1，逆时针编号，14脚接电源，7脚接地，剩余接地，结合原有电路，在实物图上连线。电路连线设计如图所示。

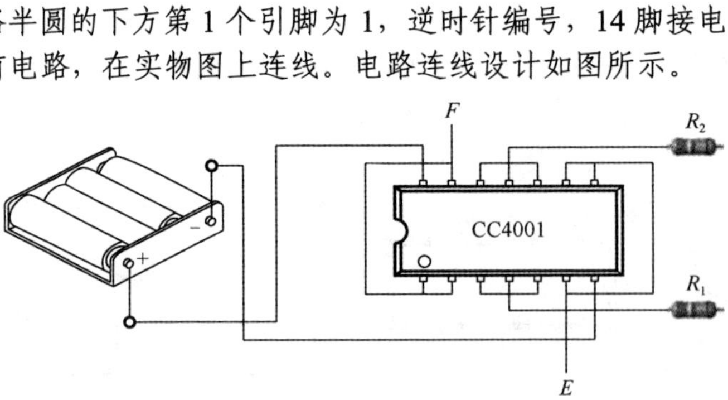

例5　【2019年4月选考第17题】小明设计了如图所示的过载保护实验电路，调整

负载电阻 R_H 的阻值，当流过 R_H 的电流超过允许值时自动断开负载电源，并保持在断开状态。请根据电路图及其描述完成以下任务。

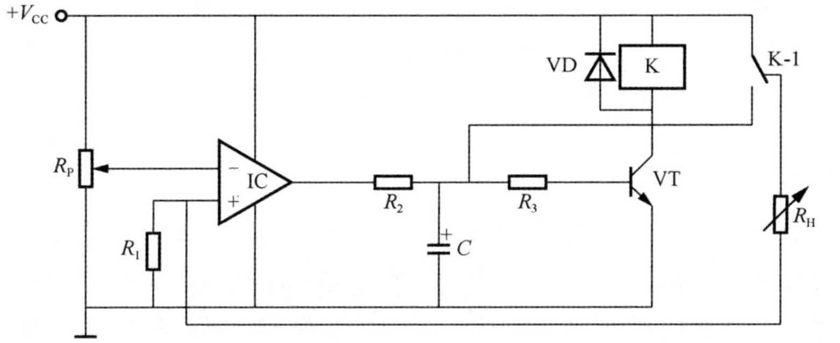

比较器特性表

输入	输出
$V_+ > V_-$	高电平
$V_+ < V_-$	低电平

（1）要增大流过 R_H 的电流允许值，以下调整可行的是______、______（在“A. R_P 的滑动触点向上移；B. R_P 的滑动触点向下移；C. 减小 R_1 的阻值；D. 增大 R_1 的阻值；E. 减小 R_2 的阻值”中选择合适的选项，将序号填在“______”处）。

（2）小明准备搭建测试电路，请你帮他完成比较器的连接。

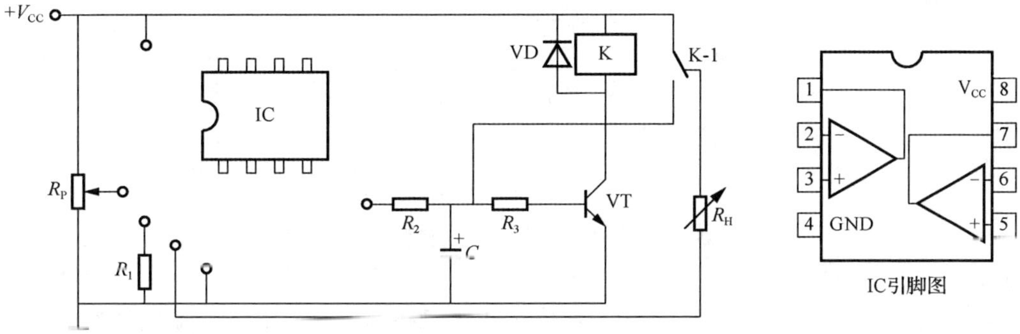

IC引脚图

（3）小明搭建电路后进行测试，发现电流超过允许值时，继电器不能保持在吸合状态，出现反复吸合、释放，不能稳定地将负载电源断开。故障的原因可能是______（在“A. K-1 的常开触点和常闭触点接反；B. R_3 阻值过小；C. K-1 的常开触点和 R_3 之间断路”中选择合适的选项，将序号填在“______”处）。

（4）小明对电路做了部分调整，改用一个三极管和一个电阻器来维持过载后负载电源的断开状态。请你帮助小明设计该部分电路，并在虚线框内画出。

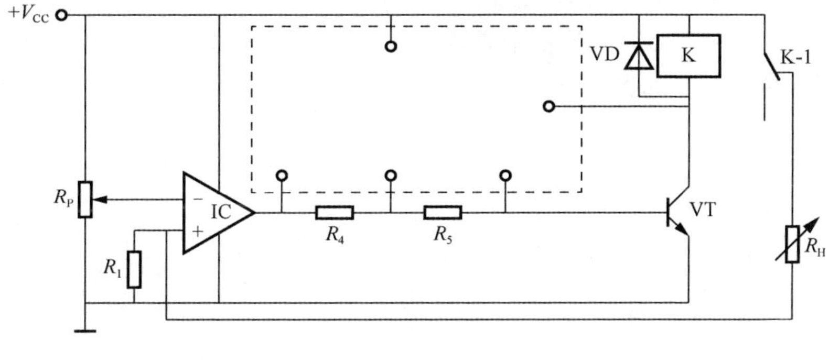

【解析】(1) 电压比较器的反相输入端输入的是基准电压值，调试主要的手段是调整电路的基准电压，继而跟反馈电压进行比较，要增大过电流的允许值，那么首先判断电路中 R_1 上面的电位如何变化，根据题意增大电流则 R_1 上的电位上升，那么势必要提高比较器反相端 V_- 电位，才能使输出状态不发生改变。选项 A，将 R_P 的滑动触点向上移动，增大 R_P 的值提高了基准电压值，相应 R_1 上的电位上升，说明流过 R_1 的电流上升，增大流过 R_H 的电流允许值。因此，选项 A 正确。同理，也可以不改变比较器 V_- 电位，通过减小 R_1 的阻值来保持原来的平衡触发状态，所以选项 C 也正确。

(2) 根据题中右侧的 IC 引脚图，知道 IC 芯片中有 2 个比较器，注意对应的引脚功能，其中 8 脚是 V_{CC}，应接高电平；4 脚是 GND，应接低电平，这两个引脚必须连接到电路中，集成电路才能工作。IC 里有 2 个独立的比较器，任选一个都可以，输入与输出关系符合电路原理即可。电路连线设计之一如图所示。

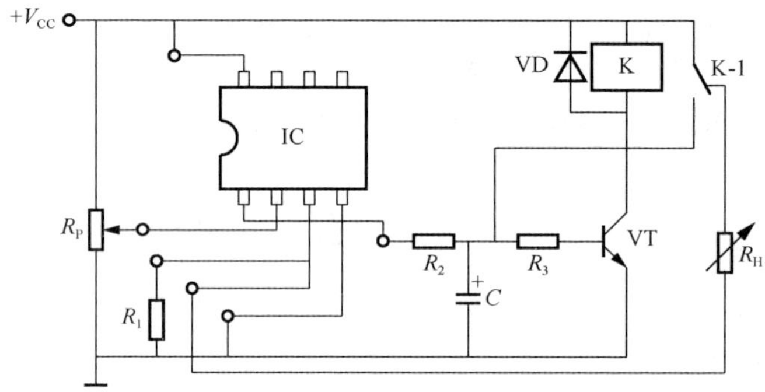

(3) 电流过载后，比较器输出高电平 1，VT 饱和导通、继电器吸合、转换触点转换到常开闭合状态，使得 VT 基极锁定在高电平，VT 始终处于导通，即保持断开状态。现继电器不能保持正常吸合状态，即 VT 基极不能保持在高电平状态，只有选项 C 是可能的原因，即不能锁定 VT 基极的高电平状态。也可以用排除法来分析。选项 A，常开触点与常闭触点接反，那么 R_H 上没有电流流过，电压比较器输出低电平，VT 的基极维持在低电平，继电器不会工作，也就没有吸合、释放的重复过程，负载 R_H 上也永远不会有电流流过。选项 B，R_3 是 VT 基极的偏置电阻，其目的是让三极管的基极获得合适的基极电流让发射极正偏。R_3 阻值过小，只是令流过三极管的电流过大而已。选项 C，常开触点与 R_3 断开后，当 R_H 上流过的电流超过允许值时，电压比较器输出高电平，继电器吸合工作，转换触点与常开触点闭合，负载电源断开，负载电源断开后，电压比较器输出为低电平，VT 截止，继电器释放不工作，转换触点恢复刚才状态，负载电源闭合，此时过电流现象仍然存在，那么电压比较器又输出高电平，VT 导通，如此重复造成反复吸合、释放的故障现象。因此，选项 C 正确。

(4) 从电路的保持功能分析，只要在负载电源断开后，VT 继续导通即可，那么 VT 基极需要高电平维持，理清输入与输出的关系后，继而寻找输入端会发现，负载断开其实就是 VT 导通，VT 导通后集电极电压会降低到 0.2V 左右，属于低电平。此时如果引入 PNP 型三极管就可以使 PNP 型三极管导通，继而引入 V_{CC}，使 VT 的基极在负载电源断开后维持高电平，当然当负载没有过电流的时候，VT 的集电极电压等于 V_{CC}，呈现高电平，则 PNP 型三极管截止。因此，采用 PNP 型三极管与 NPN 型三极管自锁电路就可以实现。电路连线设计之一如图所示。

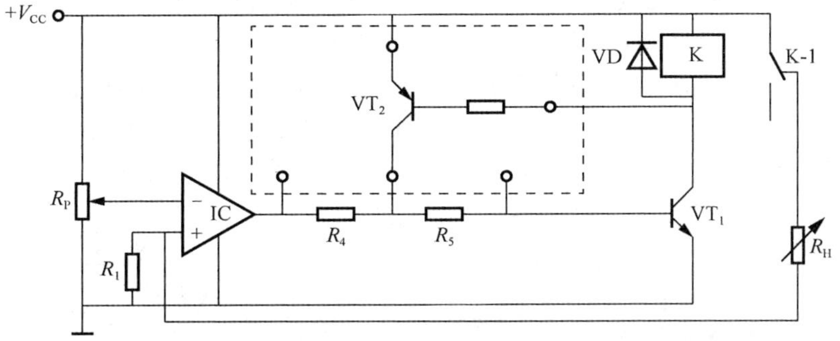

例 6　【2020 年 1 月选考第 17 题】小明去大田港旁边的东方湖游玩，看到当大田港水位明显高于东方湖水位时，管理人员就将进水闸门打开，让大田港的清水注入东方湖；当东方湖的水位上涨到与大田港水位相同或大田港的水变浑时，就关闭闸门。回来后小明设计了如图所示的进水闸门控制实验电路，用发光二极管 VD_1 和光敏电阻 R_g 来检测水的清澈程度，用水位差检测传感器的触点 d_1 与 d_2、d_3 的接触状态反映大田港水位与东方湖水位的变化状态。普通二极管和三极管均为硅管。IC 为电压比较器，$V_+>V_-$ 时输出高电平，$V_+<V_-$ 时输出低电平。请完成以下任务。

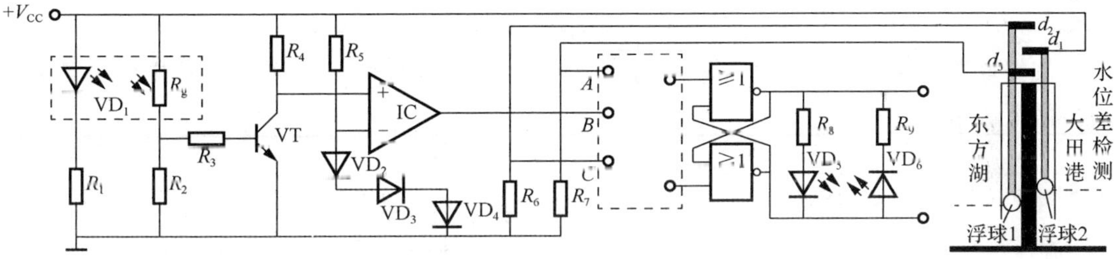

（1）当水的清澈度下降时，VT 集电极电位______（在“A. 下降；B. 上升；C. 不变”中选择合适的选项，将序号填在“______”处）。

（2）当水清澈时，水位差检测传感器触点 d_1 与 d_2 接触，VD_5 发光；触点 d_1 与 d_3 接触，VD_6 发光；触点 d_1 与 d_2、d_3 均不接触，VD_5、VD_6 保持原来的发光状态。当水变浑时，无论 d_1 处于什么位置，都是 VD_6 发光。请用不超过 4 个二输入或非门设计虚线框位置的电路，实现上述功能。

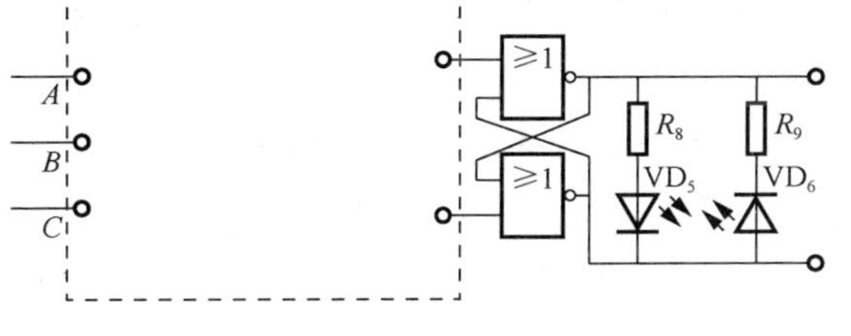

（3）小明对设计好的电路进行调试，发现水变浑时 VD_5 没有熄灭，VD_6 也不发光。以下调整措施中不起作用的是______（在“A. 减小 R_5；B. 减小 R_4；C. 减小 R_2”中选择合适的选项，将序号填在“______”处）。

（4）小明准备用两个继电器来控制电动机的正转和反转，当 VD_5 发光时，电动机正转（流过电动机的电流由“+”到“−”）；当 VD_6 发光时，电动机反转（流过电动机的电流由“−”到“+”）。请在虚线框位置设计电动机的控制电路，并标明 K_1、K_2，要求三极管采用共发射极接法。提供的元件有：1 个 NPN 型三极管和 1 个 PNP 型三极管、2 个电阻器、2 个普通二极管、2 个继电器（每个继电器只有 2 个常开触点）。

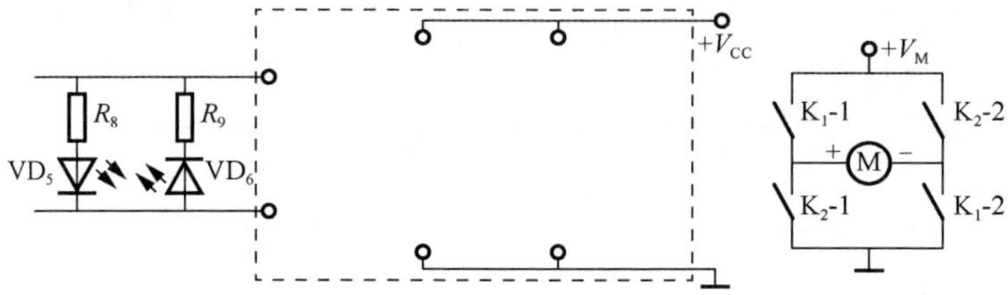

【解析】（1）当水的清澈度下降时→R_g 阻值增大→VT 基极电位下降→VT 基极电流 I_b 减小→VT 集电极电流 I_c 减小→$U_c=V_{CC}-I_cR_4$，所以 U_c 上升。因此，选项 B 正确。

（2）根据题意，分析输入、输出电路的逻辑关系，列出输入和输出变量，如下表：

输入			输出	
d_1+d_3	水（清、浑）	d_1+d_2	VD_5 亮	VD_6 亮
A	B	C	R	S

依据电路控制目的，对输入和输出变量赋值（×表示任意值），并且对给定的因果关系列出如下真值表。

输入			输出	
d_1+d_3	水（清、浑）	d_1+d_2	VD_5 亮	VD_6 亮
A	B	C	R	S
×	0	1	1	0
1	0	×	0	1
0	0	0	0	1
×	1	×	0	1

根据真值表列出如下逻辑表达式：

$$S = A\cdot\overline{B}+B$$

$$R = \overline{B}\cdot C$$

题目要求只允许用不超过 4 个二输入或非门实现功能，根据给定器件的限制将逻辑函数式变换，即进行逻辑函数式化简，得

$$S = A\cdot\overline{B}+B = A+B = \overline{\overline{A+B}}$$

$$R = \overline{B}\cdot C = \overline{\overline{\overline{B}\cdot C}} = \overline{B+\overline{C}}$$

因此，虚线框位置中逻辑电路连线设计如下图所示。

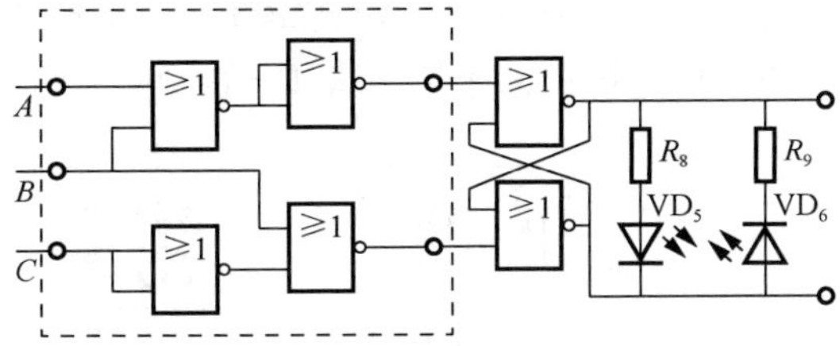

（3）由题意可知：水变浑时，B 点应该输出高电平 1，但因为 VD_5 没有熄灭，VD_6 也不发光，即 B 点输出仍然为低电平 0，即 $V_+>V_-$，减小 R_5 时，由于 VD_2、VD_3、VD_4 二极管的限幅作用 $V_-=2.1V$ 基本不变，所以减小 R_5 不起作用；减小 R_4 时，VT 集电极电位升高（$U_c=V_{CC}-I_cR_4$），即 V_+ 升高，可以使 $V_+>V_-$，满足条件；减小 R_2 时，U_b 降低→I_b 减小→I_c 减小→U_c 升高，即 V_+ 升高，可以使 $V_+>V_-$，满足条件。因此，选项 A 符合题意。

（4）根据题意：当 VD_5 发光时，即上端为高电平“1”，下端为低电平“0”时，电动机正转；当 VD_6 发光时，即上端电平为 0，下端电平为 1 时，电动机反转；根据提供的电子器件 NPN 型三极管高电平触发、PNP 型三极管低电平触发，为避免短路故障，两个三极管的基极都要串一个限流电阻。电路连线设计如下图所示。

方案一：

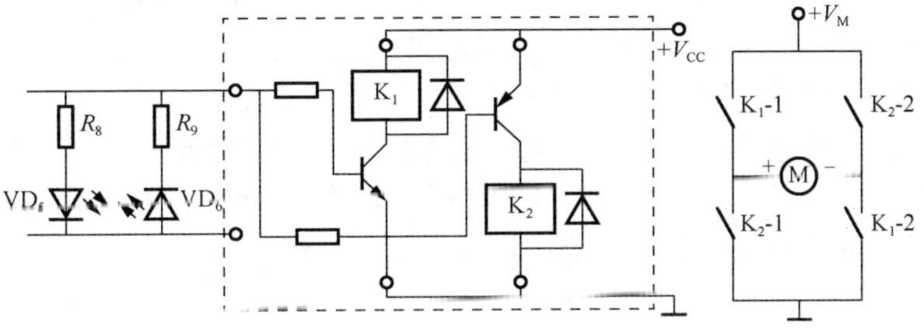

方案二：

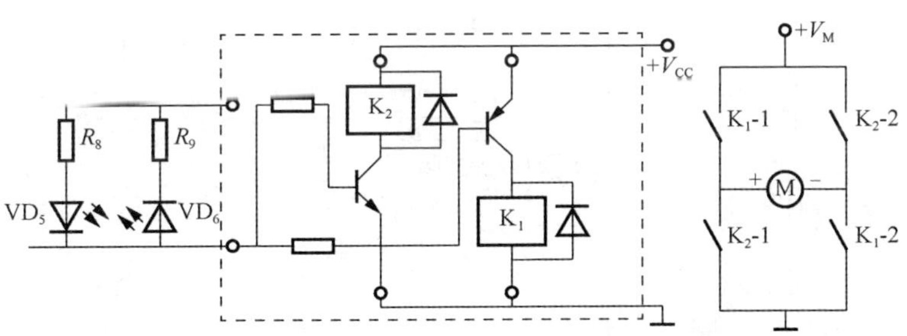

例 7 【2020 年 7 月选考第 17 题】如图（a）所示是希罗自动门的控制原理示意图。小明应用通用技术书中的知识，对该自动门的控制装置进行改造。用光敏电阻检测是白天还是晚上，用热敏电阻检测祭坛是否点火，用电动机驱动轴 3 正转或反转实现庙门的开启与关闭，用干簧管检测开门和关门的极限位置。如图（b）所示是小明设计的部分电路，其控制要求：仅在白天祭坛点火时开门，其他情况关门；VD_3是电路运行指示灯，只要通电就一直发光；VD_2发光代表开门过程（电动机正转），VD_1发光代表关门过程（电动机反转）。比较器的功能：当$V_+>V_-$时输出高电平，当$V_+<V_-$时输出低电平。请完成以下任务。

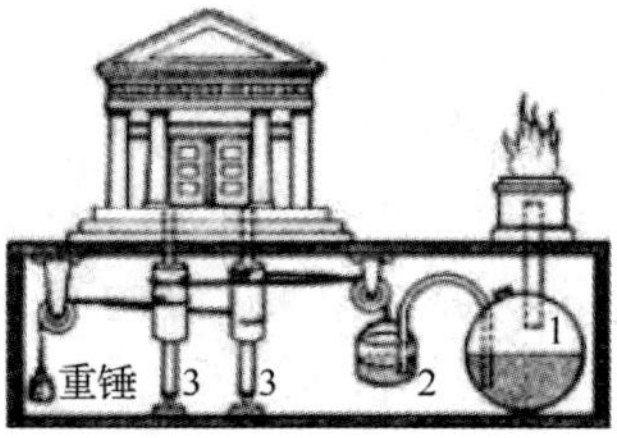

（a）

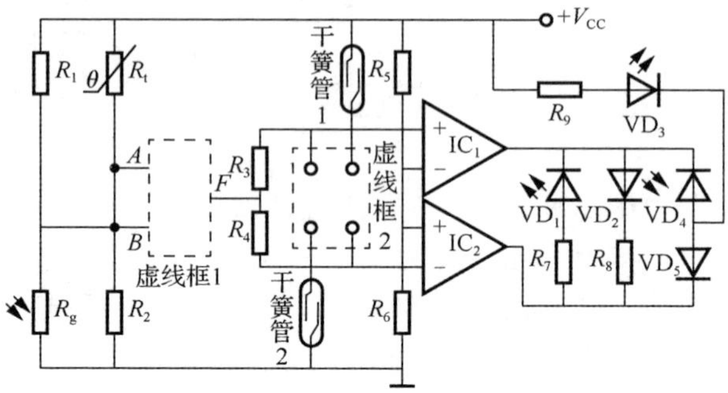

（b）

（1）热敏电阻应该选用______（在“A. 正温度系数热敏电阻；B. 负温度系数热敏电阻”中选择合适的选项，将序号填在“______”处）。

（2）虚线框1处缺少一个逻辑门，请用学过的逻辑门中选择一个符合控制要求的，将逻辑符号画在虚线框1中。

（3）门完全打开或完全关闭时，相应的干簧管闭合，VD_1、VD_2均不发光，只有VD_3发光。请完成虚线框2中的电路连线，以实现该功能。

（4）为了防止因意外熄火或点火导致误动作，小明修改了控制要求：白天点火后VD_2发光，意外熄火，VD_2仍然发光；晚上熄火后VD_1发光，意外点火，VD_1仍然发光。小明重新设计了控制电路（不考虑接通电源时VD_1、VD_2的发光状态和门开、关到位时电动机如何停止），请完成虚线框中的电路连线，实现上述功能。

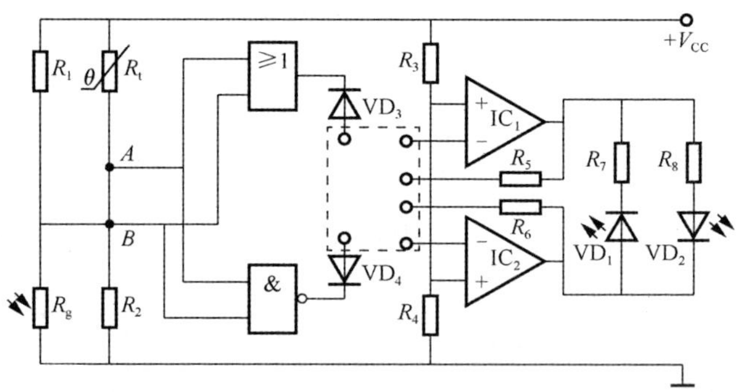

【解析】（1）为方便叙述，假设电路中上面的比较器为IC_1，下面的比较器为IC_2；根据题意“仅在白天祭坛点火时开门，其他情况关门”“VD_2发光代表开门过程（电动机正转）”，因此，有且仅有一种情况可以让VD_2发光。白天时，光照增强，因此R_g电阻减小，B点电位为0；再反向分析：VD_2发光，IC_1出1，IC_2出0，IC_1的V_+为1，IC_2的V_-为0，F为1。虚线框1中什么门电路合适，推理如下。

先假设它是一个或门，那么就不满足题干“仅在白天祭坛点火时开门，其他情况关门”的要求，一晚上不点火也一定能开门，因此排除或门。

再看与（非）门，已经有一端（B 端）为 0，因此事实上只需满足“白天”条件即可触发希罗门工作，扩大了题干范围，因此不满足题意，排除与（非）门。

采用或非门，很好地满足了 0、0 出 1 的功能，“点火”使“温度上升”，且 A 点为 0，因此，R_t 为正温度系数热敏电阻，选项 A 正确。

（2）根据上面的分析，电路连线设计如下图所示。

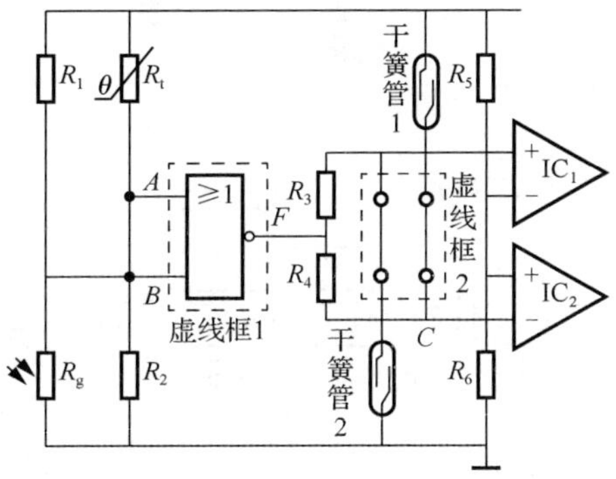

（3）“门完全打开或完全关闭时，VD_1、VD_2 均不发光，只有 VD_3 发光”，因此，门完全打开或完全关闭时，IC_1、IC_2 均出“0”（VD_3 要发光）。门完全打开时，IC_1 输出高电平“1”，IC_2 输出低电平“0”，此时需要将 IC_1 变为“0”，因此只需要将干簧管 1 的连接点连至 C 点即可，同理可得另外两个端口的连接。电路连线设计如上图所示。

（4）由题意可得，电路需要满足一个自锁功能，因此首先想到输出端需要与比较器的输入端相连，但是输入端本身不能悬空，需要有一个给定值，因此 VD_3、VD_4 的端口与比较器 V_- 相连。电路连线设计如下图所示。

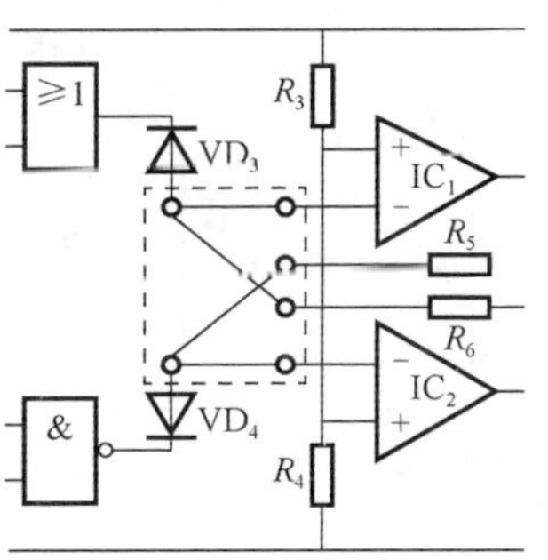

例 8　【2021 年 1 月选考第 17 题】如图（a）所示是某学校的防疫通道闸机，小明为其设计了如图（b）所示的实验电路。人脸识别正确时 A 点（或 B 点）为高电平，体温检测正常时 E 点为高电平。当 A 点和 E 点同时为高电平，或者 B 点为高电平时，VD_3 发光，代表闸门打开；人在规定的时间内通过进校（或出校）检测传感器时，VD_1（或 VD_2）发出的光被遮挡，VD_4 发光，代表闸门关闭。人离开人脸识别检测区时，A 点（或 B 点）为低电平；延时器输出的高电平比 A 点（或 B 点）高电平的持续时间长 5s。请完成以下任务。

（a）

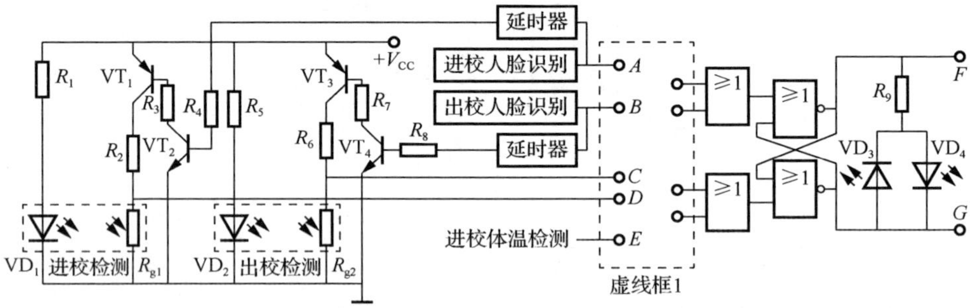

（b）

（1）进校时人脸识别不正确，D 点的电平为______（在“A. 高电平；B. 低电平；C. 不能确定”中选择合适的选项，将序号填在“______”处）。

（2）如图所示，电动机（M）电流从“+”到“−”，电动机正转，打开闸门；电动机电流从“−”到“+”，电动机反转，关闭闸门。请在虚线框内设计继电器控制电动机正反转的电路，并标明 K_1、K_2，要求三极管采用共发射极接法。提供的元器件有 2 个 NPN 型三极管、2 个普通二极管、2 个电阻器、2 个继电器。

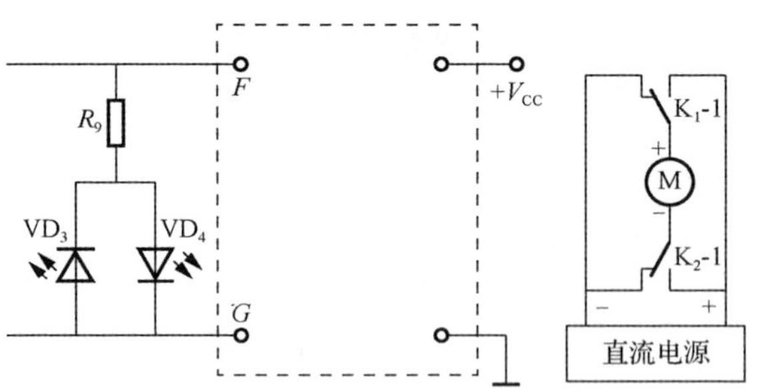

（3）请使用合适的逻辑门，补全题图（b）虚线框 1 中的电路，要求电路简单。

（4）小明调试闸机时发现实验电路存在问题，当出校人脸识别正确时，______（在“A. 人未出校，闸门的打开与关闭间隔 5s 交替进行；B. 闸门打开又立刻关闭；C. 闸门打开后人离开闸机返回校内，门保持开启；D. 人在闸门打开 5s 内已出校，闸门仍延时至 5s 关闭”中选择合适的选项，将序号填在“______”处）。

【解析】（1）根据题干，进校时人脸识别不正确时，A 为 0，VT_2 截止，VT_1 截止，D 为低电平；选项 B 正确。

（2）VD_3 发光正转，电动机（M）电流从“+”到“−”，代表闸门打开，G 为 1，F 为 0，K_1 吸合，VD_4 发光反转，电动机电流从“−”到“+”代表闸门关闭，G 为 0，F 为 1，K_2 吸合。这里采用 2 个 NPN 型三极管，K_1 控制正转，K_2 控制反转，设计电路时需要注意采用共发射极接法，电阻器起基极的限流作用，二极管反接在线圈两端，电路连线设计如下图所示。

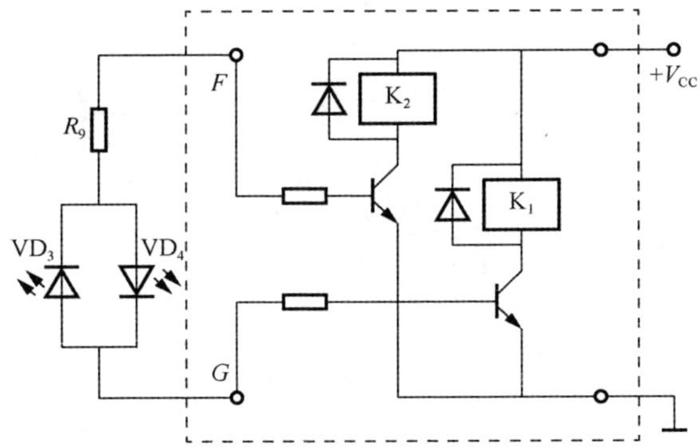

（3）根据题意，人脸识别正确时 A 点（或 B 点）为高电平，体温检测正常时 E 点为高电平。当 A 点和 E 点同时为高电平，或者 B 点为高电平时，VD_3 发光，代表闸门打开；人在规定的时间内通过进校（或出校）检测传感器时，VD_1（或 VD_2）发出的光被遮挡，VD_4 发光，代表闸门关闭。采用逆推法，VD_3 发光，代表闸门打开，G 为 1，F 为 0，根据交叉相等原则，所以下面的或门的输入端是 0、0，上面的或门有 1 出 1。进校时，人脸识别正确和体温检测正常时，A 点和 E 点同时为高电平。而 A 为 1 时，VT_2 导通，VT_1 导通，光线没有遮挡，D=0，这时 B=0，C=0；同理，出校时，B=1，C=0，这时 A=0，D=0。所以 C 和 D 连在下面的或门，A 点和 E 点同时为高电平或 B 点为高电平时，连在上面的或门。VD_4 发光，代表闸门关闭。进校时，人脸识别正确，A 为 1，走到闸门口，A 为 0，延时 5s，VT_1、VT_2 还是导通，然后光线被遮挡，D 为 1，所以 VD_4 发光。出校类似，因此，电路连线设计如下图所示。

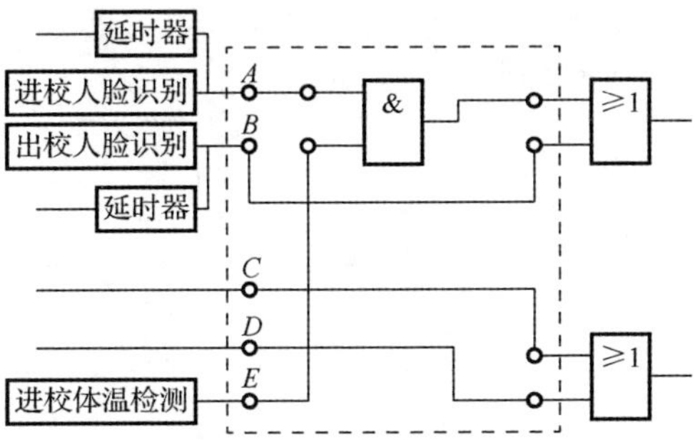

（4）选项A、选项C中，在出校人脸识别正确时，闸门打开，而人未出校时，A、B、C、D都为0，0、0为保持，还是闸门打开。因此，选项C正确。选项B，要光线被遮挡时才关闭闸门，而选项D只要光线遮挡，C为1，闸门就关闭。

例9 【2021年6月选考第17题】如图所示是小明设计的窗帘自动控制电路（暂不考虑电动机如何自动停止）。当环境光照强度介于上限和下限之间时打开窗帘（通过电动机的电流从“+”到“−”），当环境光照强度高于上限或低于下限时关闭窗帘（通过电动机的电流从“−”到“+”）。比较器功能：$V_+>V_-$时输出高电平，$V_+<V_-$时输出低电平。请完成以下任务。

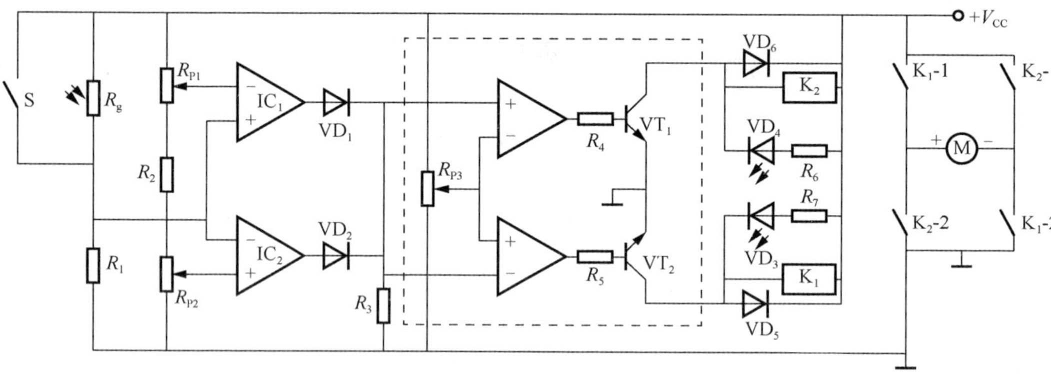

（1）打开窗帘时，关于VD_3、VD_4的状态分析正确的是______（在“A. VD_3发光；B. VD_4发光；C. VD_3和VD_4同时发光；D. VD_3和VD_4交替发光”中选择合适的选项，将序号填在“______”处）。

（2）在环境光照强度介于上限和下限之间时，关于开关S功能分析正确的是______（在“A. S接通时打开窗帘，断开时不确定是否关闭窗帘；B. S接通时关闭窗帘，断开时不确定是否打开窗帘；C. S接通时关闭窗帘，断开时打开窗帘；D. S接通时打开窗帘，断开时关闭窗帘”中选择合适的选项，将序号填在“______”处）。

（3）若要使控制窗帘的环境光照强度上限不变、下限更低，合理的措施是______（在“A. 增大R_1的阻值；B. 增大R_2的阻值；C. R_{P1}触点下移；D. R_{P2}触点下移”中选择合适的选项，将序号填在“______”处）。

（4）小明准备用555集成电路来代替题图虚线框中的电路，555集成电路的功能如表所示。请在下图虚线框中完成电路连线，实现原有的控制功能，要求A点与B点不能直接相连。

555集成电路功能表

1脚	2脚	6脚	3脚	7脚	8脚
GND	$<V_{CC}/3$	任意	高电平	断开	V_{CC}
	$>V_{CC}/3$	$<2V_{CC}/3$	保持	保持	
	$>V_{CC}/3$	$>2V_{CC}/3$	低电平	接地	

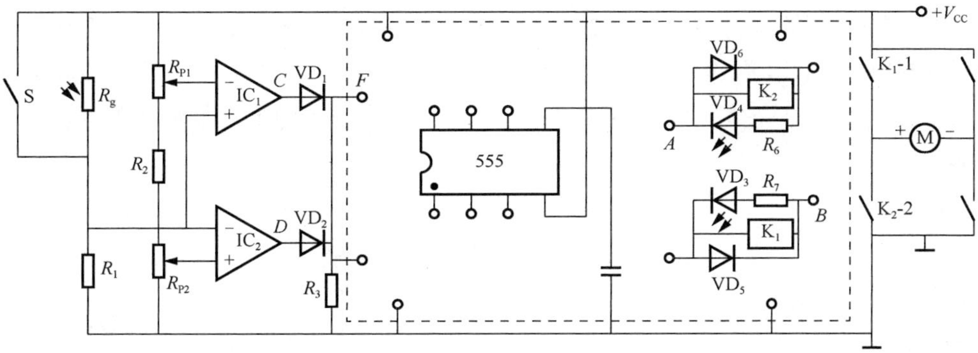

【解析】(1) 当窗帘打开时，电动机的电流从“+”到“−”，触点 K_1-1 和 K_1-2 接通，继电器 K_1 吸合，K_2 释放，所以 VT_2 饱和导通，VD_3 发光。因此，选项 A 正确。

(2) 在环境光线强度介于上限和下限之间时，S 接通，C 将输出高电平，D 将输出低电平，VD_1、VD_2 与 R_3 组成或门，所以 F 点为高电平，推出 VT_1 饱和导通，K_2 吸合，窗帘关闭；接着将 S 断开，此时环境光线强度介于上限和下限之间，按照题意，窗帘应该打开。因此，选项 C 正确。

(3) 见下表，当 F 出高电平时，窗帘关闭。存在两种情况：第一种，C 出高电平，D 出低电平，此时光线过强；第二种，C 出低电平，D 出高电平，此时光线过弱。若光线介于上下限之间，F 出低电平，此时 C 出低电平，D 也出低电平。根据以上的分析推断，C 出高电平时光线过强，C 与上限有关；D 出高电平时光线过弱，D 与下限有关，且单独调节 R_{P1} 或 R_{P2} 时，只能影响上限或下限。因此，选项中只有调节 R_{P2} 的选项 D 成立。

光线强度	过强	过弱	上下限之间
C	1	0	0
D	0	1	0
F	1	1	0
K_2（关闭窗帘）	1	1	0
K_1（打开窗帘）	0	0	1

(4) 555 集成电路的 3 脚能输出高电平和低电平，但题目要求 A 和 B 不能直接相连，所以不能将它们都接在 3 脚上。当 3 脚输出低电平时，7 脚也接地，相当于低电平，所以可以将 A 接 7 脚，B 接 3 脚。输入部分 F 的电位相同，所以它们可同时连 2 脚和 6 脚。

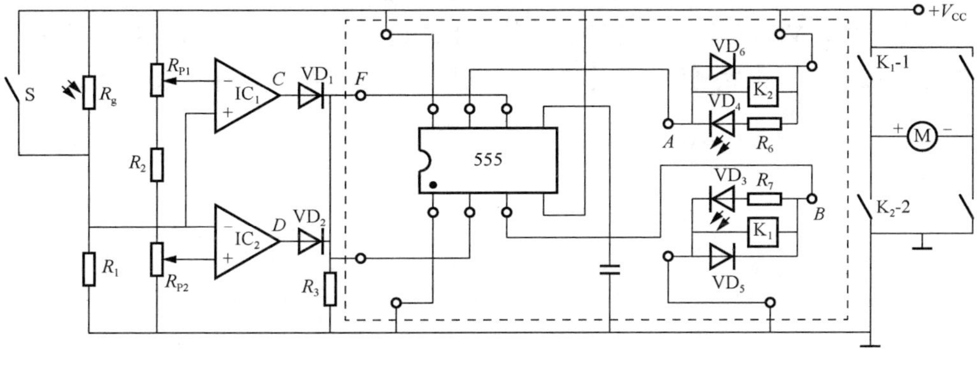

例 10　【2022 年 1 月选考第 17 题】小明针对伸缩晾衣架［图（a）］设计了实验电路［图（b）］，要求当传感器检测到光线较弱或下雨时，VD_1 发光，表示将晾衣架移入阳台；当传感器检测到光线较强且不下雨时，VD_2 发光，表示将晾衣架移出阳台。请完成以下任务。

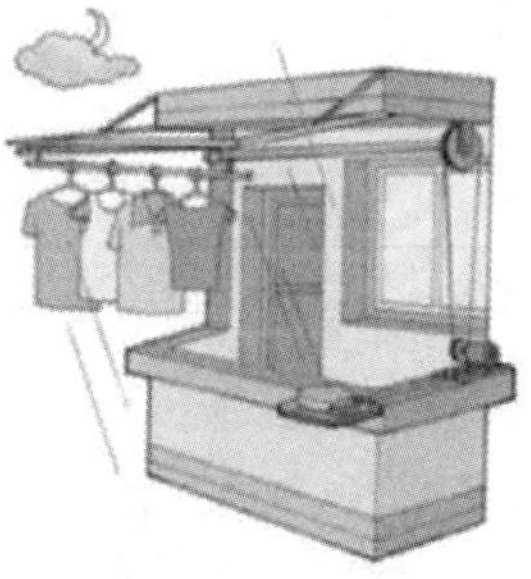

（a）

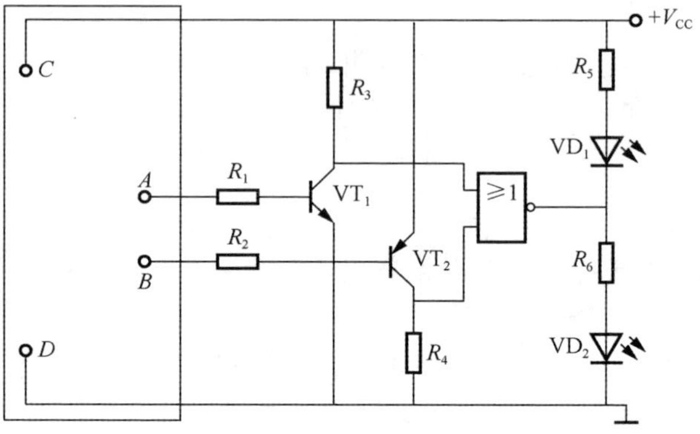

（b）

（1）小明设计的实验电路的控制方式属于______（A. 开环电子控制；B. 闭环电子控制）。

（2）用光敏电阻 R_g 检测光照强度，用湿敏电阻器 R_s 检测潮湿程度（湿度增大，阻值减小），要实现上述控制功能，图（b）虚线框处正确的输入回路是______。

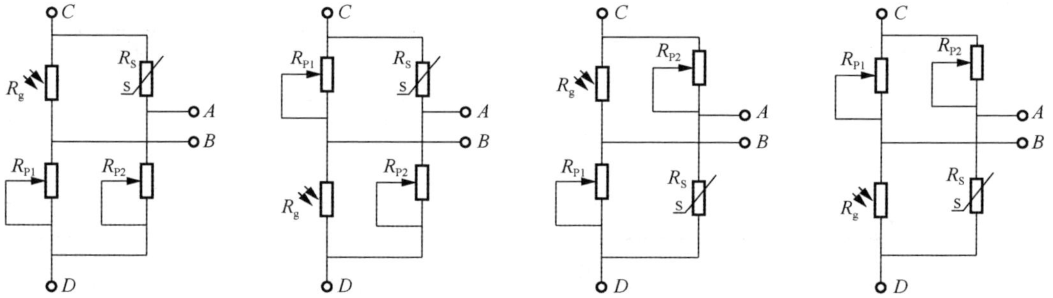

A.　　B.　　C.　　D.

（3）小明准备用继电器来控制电动机的正反转，要求 VD_1 发光时，电动机正转（电流由“+”到“−”）；VD_2 发光时，电动机反转（电流由“−”到“+”）。请你在虚线框内画出三极管驱动继电器工作的电路，要求三极管采用共发射极接法，标注 K_1、K_2。

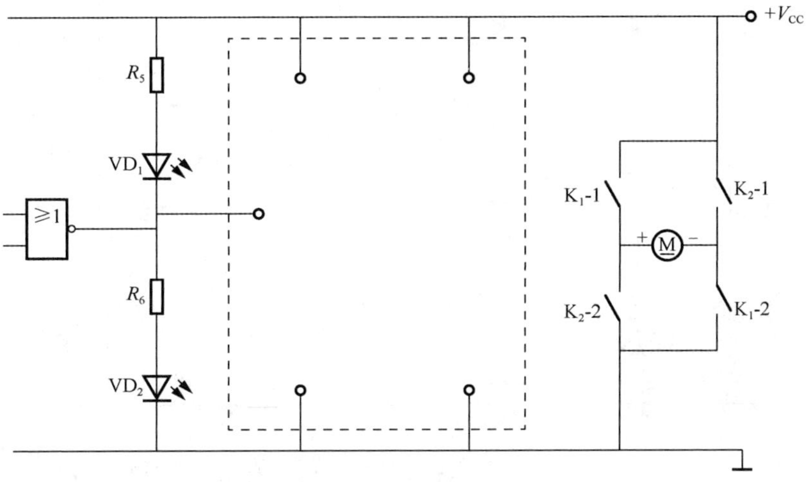

（4）小明在活动室搭建实验电路时发现没有或非门芯片，准备用二极管、电阻器和比较器重新设计电路，实现同样的功能。小明画出了部分电路，请你在虚线框内用 1 个比较器和 2 个电阻器补全电路。

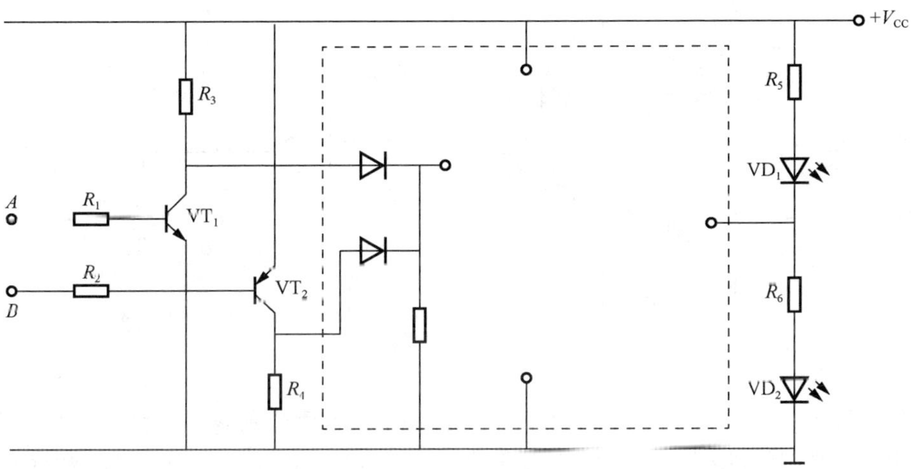

【解析】（1）输入量为光线信号和雨水信号，输出量为 VD_1 和 VD_2 的亮灭状态，没有反馈，所以是开环电子控制。因此，选项 A 正确。

（2）按照功能要求，光线较弱或下雨时 VD_1 发光，即 A、B 皆为低电平，考虑 R_g 和 R_s 均为负系数元件。因此，选项 C 正确。

（3）考虑或非门输出信号为 0 时 K_1 工作，输出信号为 1 时 K_2 工作，且要求采用共发射极接法，电路连线设计如图所示。

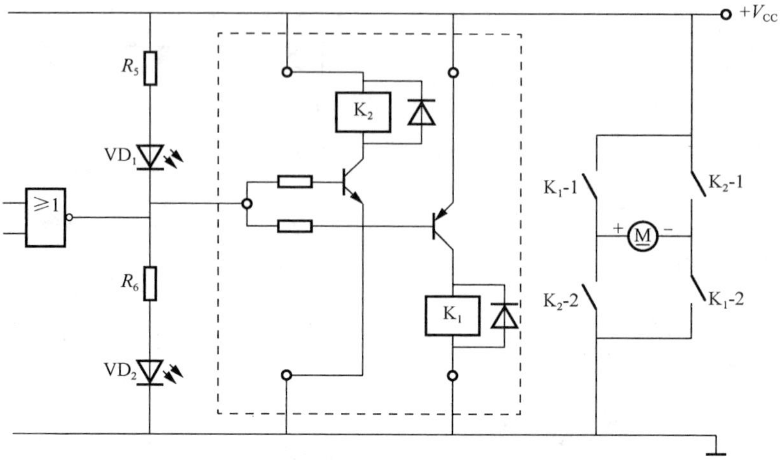

（4）考虑图中两个二极管和下方电阻器构成了或门关系，故虚线框内应该搭建一个非门电路，即将或门输出信号接入比较器的反相输入端，另外两个电阻器用来提供参考电平，接入同相输入端，电路连线设计如图所示。

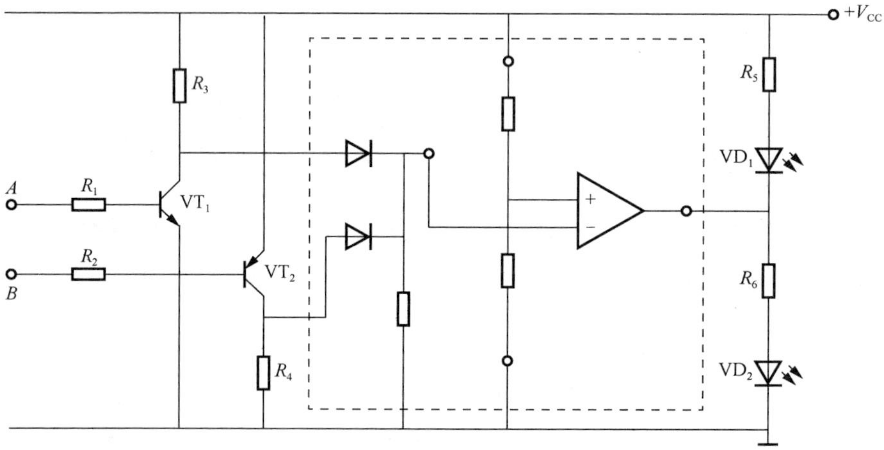

例 11 【2022 年 6 月选考第 17 题】图（a）、（b）所示分别是车间降温原理示意图及小明设计的温度控制试验电路。当车间温度高于上限时，VD 发光，表示风机和水泵运行，水泵工作产生水帘，风机排出热空气，吸入经水帘冷却的空气，使车间降温；当车间温度低于下限时，VD 熄灭，表示风机和水泵停止运行。请完成以下任务。

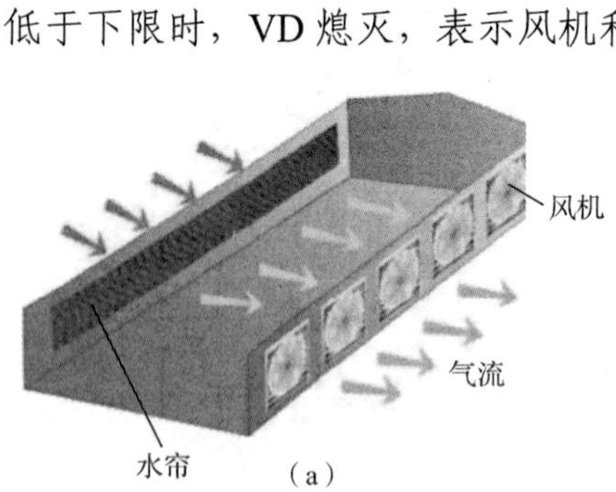

（a）

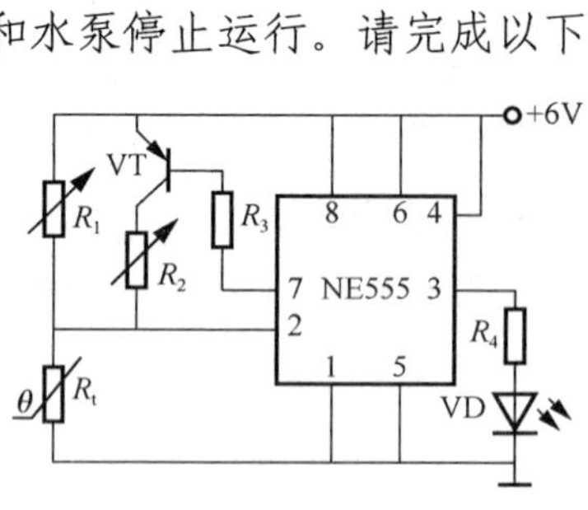

（b）

555电路功能表

2脚	6脚	3脚	7脚
$<V_{CC}/3$	任意	高电平	断开
$>V_{CC}/3$	$<2V_{CC}/3$	保持	保持
$>V_{CC}/3$	$>2V_{CC}/3$	低电平	接地

（1）电路中的 R_t 应采用______（A. 正温度系数热敏电阻；B. 负温度系数热敏电阻）。

（2）设定温度上限和温度下限，合理的调试手段是______（A. 上限调 R_1、下限调 R_2；B. 上限调 R_2、下限调 R_1）。

（3）小明准备用 1 个继电器同时控制风机和水泵工作，用 555 集成电路 3 脚的输出信号通过三极管驱动继电器，当继电器吸合时风机和水泵运行。现有继电器 K_1（线圈额定电压 3V）、继电器 K_2（线圈额定电压 6V）、继电器 K_3（线圈额定电压 9V）、电阻器、二极管、NPN 型三极管、PNP 型三极管各 1 个，请选择 4 个合适的元器件在图（c）虚线框内完成电路设计，要求三极管采用共发射极接法，并标出所选继电器的编号。

（4）小明想用逻辑门代替 555 集成电路实现原有电路功能，请用学过的逻辑门相关知识，在图（d）虚线框中画出电路，要求电路简单。

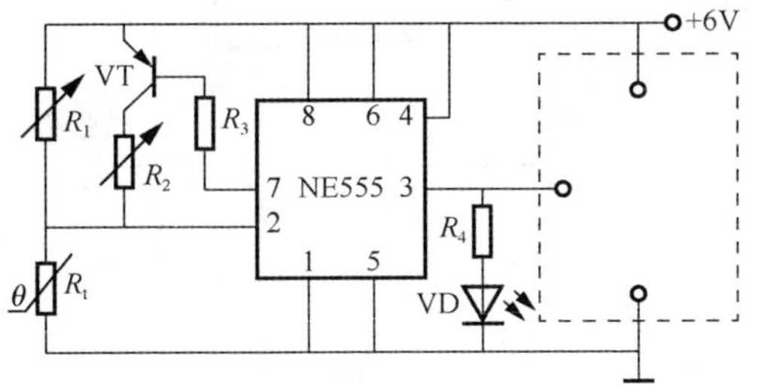

（c）

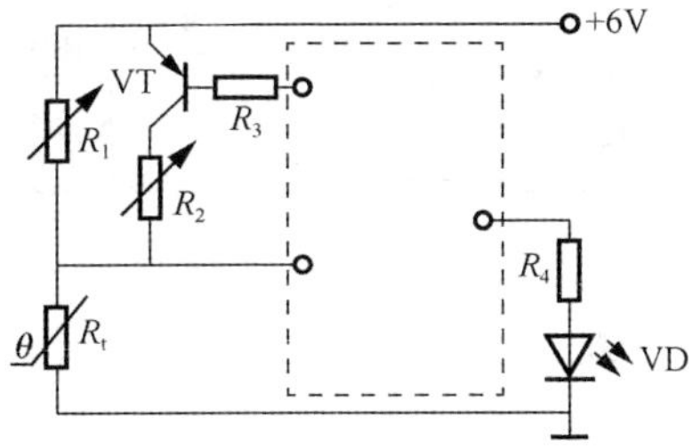

（d）

【解析】（1）当车间温度高于上限时，VD 发光，3 脚输出 1，2 脚输入 0，R_t 为低值，所以应为负温度系数热敏电阻。因此，选项 B 正确。

（2）VD 发光时，风机和水泵运行，为下限电路。此时 3 脚输出 1，7 脚悬空，R_1 接入电路，R_2 未接入电路。故 R_1 与下限有关，R_2 与下限无关。

VD 不发光时，风机和水泵关停，为上限电路。此时 3 脚输出 0，7 脚接地，R_1 与 R_2 均接入电路，故 R_1 与 R_2 均与上限有关。

综上所述，上限调 R_2，下限调 R_1。因此，选项 B 正确。

（3）考虑 5 个方面："当继电器吸合时风机和水泵运行"，应选用 NPN 型三极管；三极管应该接入基极保护电阻；考虑电源为 6V，继电器应选用额定电压为 6V 的 K_2；"共发射极接法"的继电器应该接在 NPN 型三极管的集电极；为了保护三极管，应在继电器两端并联反接的二极管。电路连线设计如图所示。

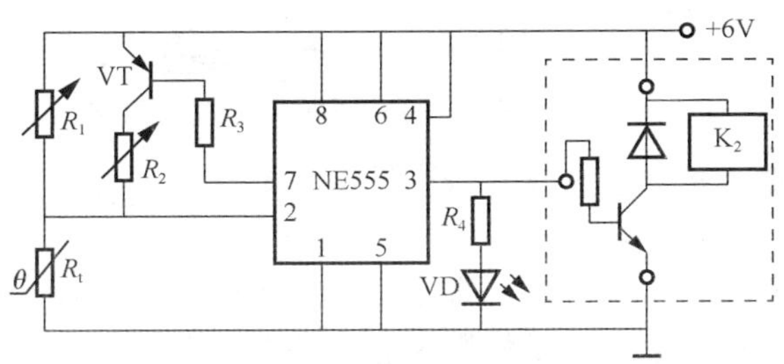

（4）2 脚、3 脚、7 脚之间的关系是：当 2 脚为 0 时，3 脚为 1，7 脚悬空；当 2 脚为

1 脚时，3 脚为 0，7 脚接地。考虑到 VT 为 PNP 型三极管，所以 7 脚悬空与逻辑 1 等效，上述逻辑可以简化为

2 脚	3 脚	7 脚
0	1	1
1	0	0

得 $F_3=\overline{F_2}$，$F_7=F_3$，电路连线设计如图所示。

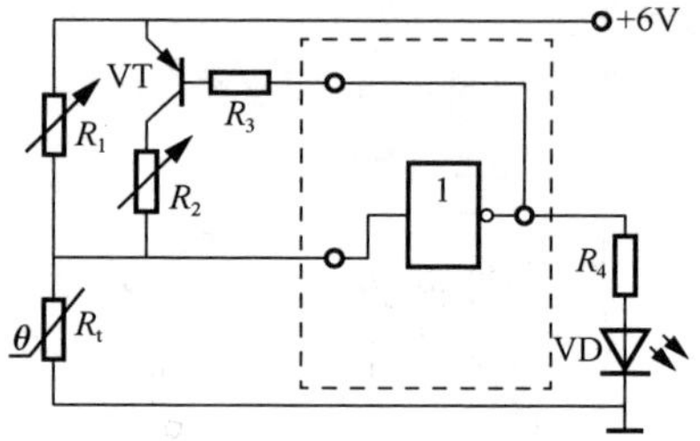

或

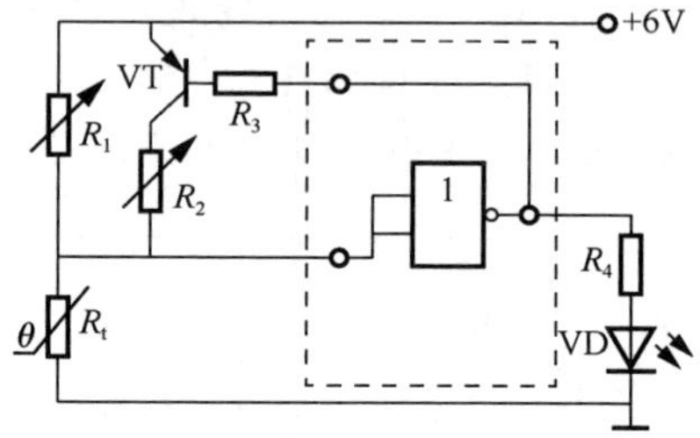

或

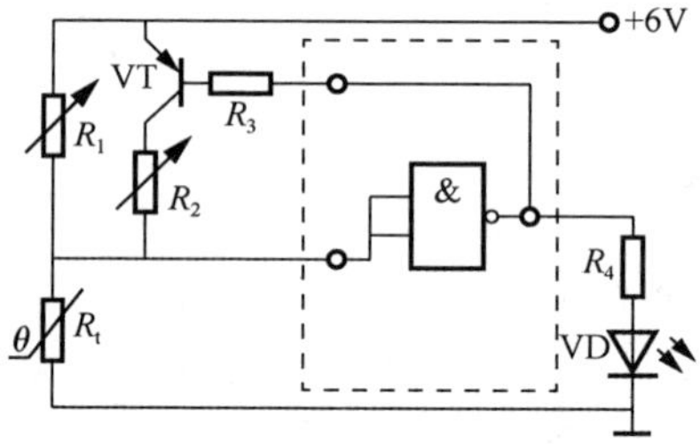

例 12 【2023 年 1 月选考第 15 题】如图所示是小明设计的具有快慢充功能的电池充电电路。E 是充满电压为 1.5V 的充电电池，快慢充转换的基准电压设定为 1.42V。当电池快充到 1.42V 后，转换为慢充；两个发光二极管分别指示快充和慢充状态。请完成以下任务。

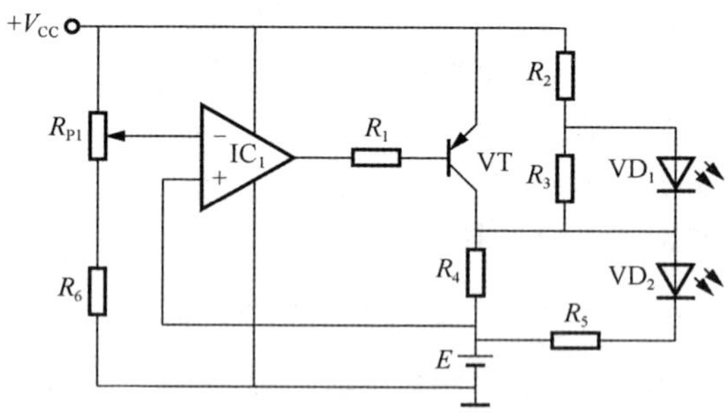

（1）根据电路原理分析，快充状态指示灯是（单选）_______。

A. VD_1　　B. VD_2

（2）小明搭建了电路并通电测试，当 IC_1 的输出为低电平时，VD_1、VD_2 同时发光，无法正确指示快充与慢充状态，可能的原因有（多选）_______。

A. R_1 阻值偏大　B. R_1 阻值偏小　C. R_4 阻值偏小　D. R_4 阻值偏大

（3）小明在对题图电路的测试中发现电池充满后还保持充电状态，可能会造成安全隐

患，于是决定改进电路，使电池充到 1.5V 后能自动停止充电。小明画出了部分电路，请在虚线框中连接给定的元器件，将电路补充完整。

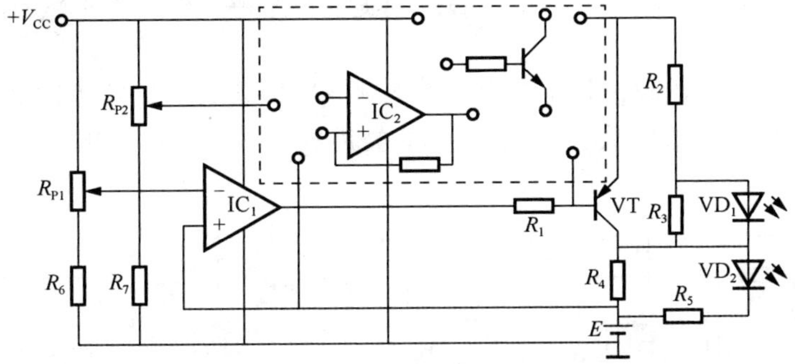

（4）小明还发现电源电压波动时，会导致快慢充转换的基准电压也发生波动。为了稳定基准电压，需要在题图的基础上进行改进，请在虚线框中连接给定的元器件（二极管为硅管），将电路补充完整。

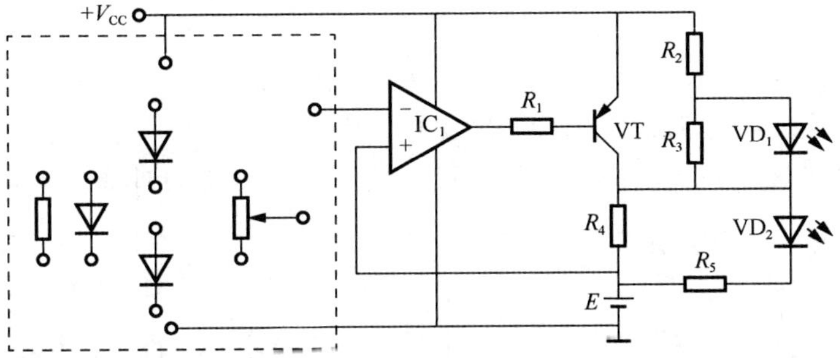

【解析】（1）在快充电路中，充电电流如图所示，电流较大，R_2、R_3 和 VD_1 被短路；R_4 两端电压足够，VD_2 发光。在慢充电路中，充电电流如图所示，电流较小，R_4 两端电压不足，VD_2 不发光，R_3 两端电压足够，VD_1 发光。

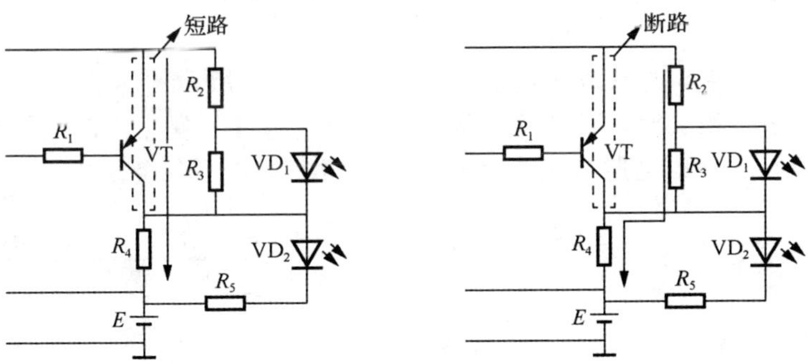

因此，快充状态指示灯为 VD_2，慢充状态指示灯为 VD_1，选项 B 符合题意。

（2）当 IC_1 的输出为低电平时，R_2、R_3 和 VD_1 应被短路，但出现了“VD_1、VD_2 同时发光”的现象，原因是 VT_1 的压降 U_{ce} 太大，可能是由 R_1 太大或者 R_4 太小所致，选项 A、

C 符合题意。

（3）充电状态下，NPN 型三极管应是导通状态；停止充电状态下，NPN 型三极管应是截止状态。因此，充电状态下，比较器应该提供高电平；停止充电状态下，比较器应该提供低电平。

电池电压较低时，比较器输出高电平；电池电压较高时，比较器输出低电平，因此电池电压反馈线应接比较器的反相输入端，R_{P2} 提供的参考电平应接比较器的同相输入端。

具体接法如下：

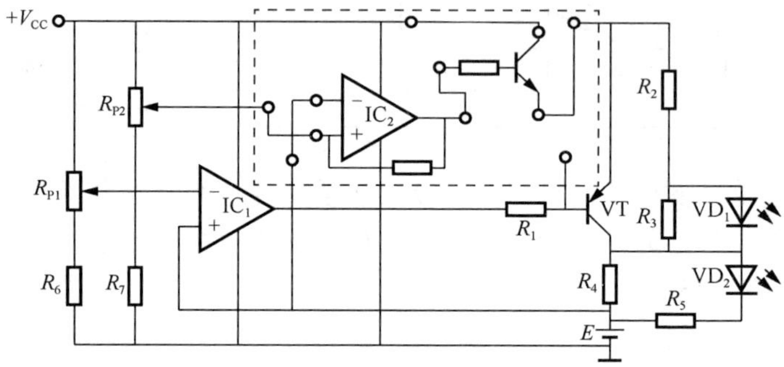

（4）设计稳压电路时，考虑电池反馈电平在 1.5V 之内，所以应选择 3 个二极管串联且位于下偏，以获得超过 1.42V（大约 2.1V）的稳定电平；设计分压电路时，将电位器的两个定值端跨接两端，调试滑动端，以获得合适的参考电平。可靠接法如下：

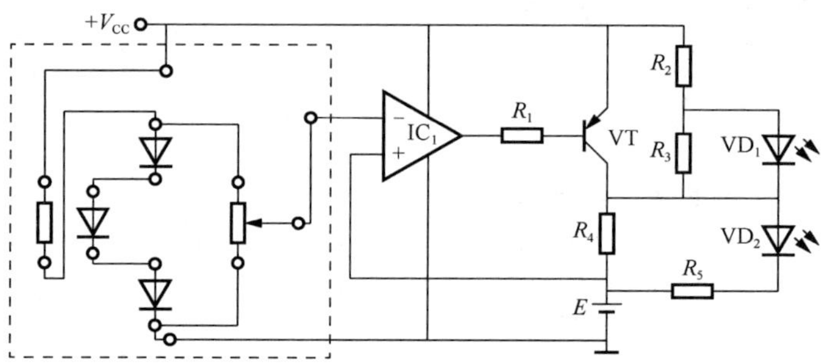

例 13　【2023 年 6 月选考 15 题】小明设计了如图所示的测试电路，用于测试二极管的功能是否正常。测试时，将待测二极管连接到 P1、P2 端口，VD_1 用于指示待测二极管是否正常。NE555 集成电路功能表如表所示。请完成以下任务。

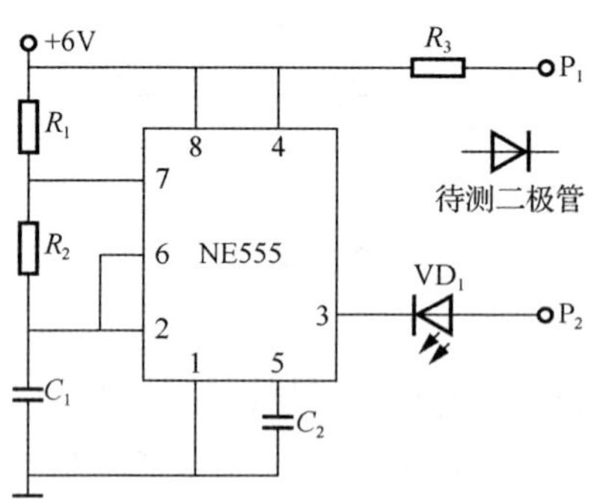

NE555集成电路功能表

2脚	6脚	3脚	7脚
$<V_{CC}/3$	任意	高电平	断开
$>V_{CC}/3$	$<2V_{CC}/3$	保持	保持
$>V_{CC}/3$	$>2V_{CC}/3$	低电平	接地

（1）将待测二极管的两端与 P_1、P_2 分别进行正向和反向连接，进行正接测试和反接测试。表示待测二极管功能正常的现象为（单选）______。

A. 正接和反接时 VD_1 均闪烁　　　　B. 正接时 VD_1 闪烁，反接时不发光

（2）测试电路中能决定 VD_1 闪烁频率的元件有（多选）______。

A. R_1　　　　B. R_2　　　　C. C_1　　　　D. C_2

（3）小明在二极管测试电路的启发下，又设计了如图所示的比较器测试电路，图中 $R_4=R_5$。当图中双刀双掷开关 S 切换时，将 1、2 端的信号或 2、3 端的信号分别输入比较器进行测试。在比较器功能正常的情况下，开关 S 切换到 1、2 端时出现（单选）______的现象，开关 S 切换到 2、3 端时出现（单选）______的现象。

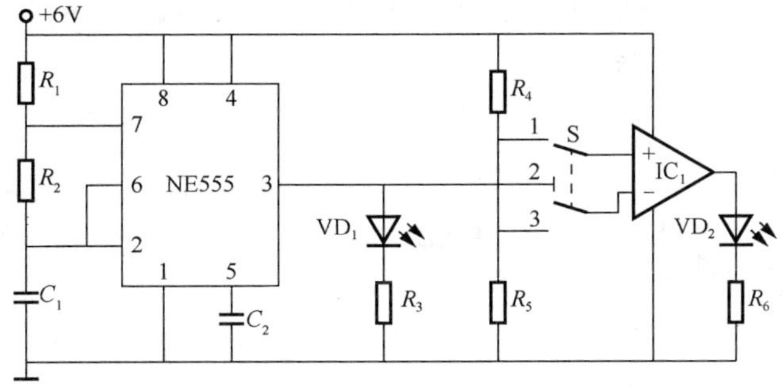

A. VD_1、VD_2 交替闪烁　　　　B. VD_1 不闪烁、VD_2 闪烁

C. VD_1、VD_2 同步闪烁　　　　D. VD_1 闪烁、VD_2 不闪烁

（4）小明想用（3）中已测试功能正常的 IC_1 构成电路，实现原有电路的测试功能。请在虚线框中连接给定的元器件，将电路补充完整。

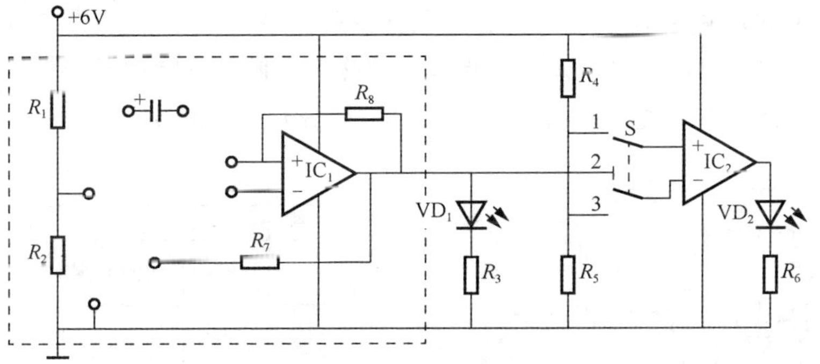

【解析】（1）如图所示的 555 集成电路是振荡电路，3 脚输出高低变化的振荡信号。正接时，3 脚输出低电平，VD_1 发光；3 脚输出高电平，VD_1 不发光，因此 VD_1 闪烁。反接时，无论 3 脚输出高电平还是低电平，电流都无法从 P_1 经过反接的二极管流向 3 脚，因此 VD_1 不发光。综上所述，选项 B 正确。

（2）VD_1 的闪烁频率取决于电容器 C_1 的充放电时间，而电容器充放电时间不仅取决于电容器 C_1 的容量，而且与充放电回路中的电阻有关，R_1、R_2 是充电回路上的电阻，R_2 是放电回路上的电阻，与 R_1、R_2 均有关。因此，选项 A、B、C 均符合题意。

（3）开关 S 切换到 1、2 端时，1 脚电位为 3V，而 2 脚电位约在高、低之间变化。当 555 集成电路的 3 脚输出高电平时，VD_1 发光，而 VD_2 不发光。当 3 脚输出低电平时，VD_1 不发光，VD_2 发光。因此，选项 A 正确。若开关 S 切换到 2、3 端，比较器的输出结果刚好相反，现象也与之相反，因此，选项 C 正确。

（4）此题是利用比较器、电容构成的振荡电路来代替 555 构成的振荡电路。连线如图所示，电路工作如下：考虑初始状态电容器 C 未充电，当比较器 IC_1 输出高电平时，比较器的 V_- 电位是 0V，电流经过 R_7 向电容器充电，V_- 端电位逐渐升高，当 $V_->V_+$ [此时 $V_+=(V_{CC}R_2)/(R_1//R_8+R_2)$]（$R_1//R_8$ 表示 R_1、R_8 的并联阻值，下同）时，IC_1 输出低电平，此时电容器放电，V_- 电位降低；当 $V_-<V_+$ [此时 $V_+=(V_{CC}\times R_2//R_8)/(R_1+R_2//R_8$] 时，$IC_1$ 又输出高电平，如此循环，使得 IC_1 输出振荡信号。

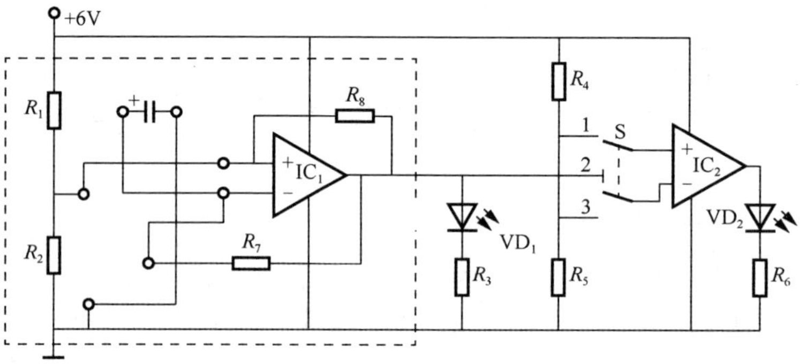

例 14 【2024 年 1 月选考第 15 题】小明设计了如图所示的台灯调光模型电路，其工作原理如下：通过调节 R_P 滑动端的位置来改变振荡电路中 NE555 集成电路输出高电平的持续时间，从而改变灯的亮度。高电平持续时间变长、低电平持续时间变短时，台灯变亮，反之变暗。NE555 集成电路功能表如表所示。请完成以下任务。

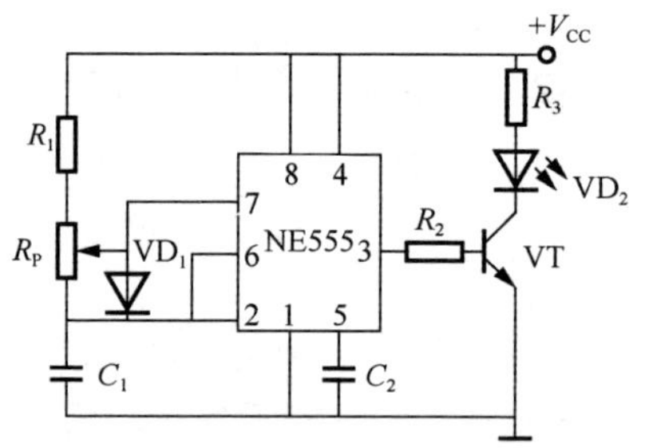

555集成电路功能表

2脚	6脚	3脚	7脚
$<V_{CC}/3$	任意	高电平	断开
$>V_{CC}/3$	$<2V_{CC}/3$	保持	保持
$>V_{CC}/3$	$>2V_{CC}/3$	低电平	接地

（1）电路通电后正常工作，R_P 向下调节时 VD_2 将______（A. 变亮，B. 变暗）。

（2）下列关于振荡频率的分析中正确的是（单选）______。

A. 减小 C_1 的值，振荡频率变低

B. R_P 的调节不会改变振荡频率

C. 减小 C_2 的值，振荡频率变高

D. 增大 R_1 的值，振荡频率变高

（3）为了驱动更大功率的灯，小明针对虚线框中缺少的电路，设计了下列方案，其中可行的是______（多选）______（全选对得分）。

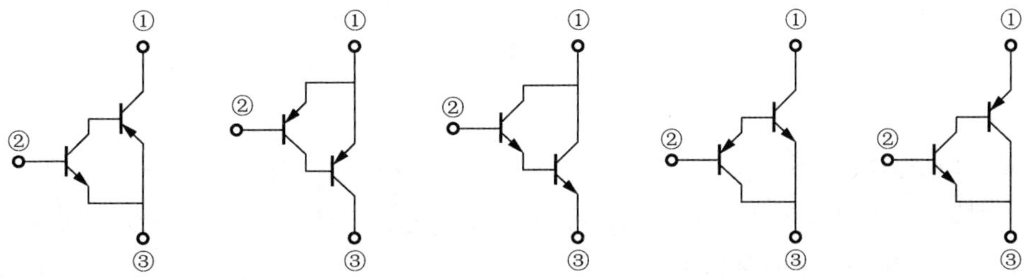

A.　　B.　　C.　　D.　　E.

（4）小明想用门电路代替 555 集成电路设计振荡电路，实现原有电路功能。请在虚线框中用 1 个电位器和 2 个二极管将电路补充完整。

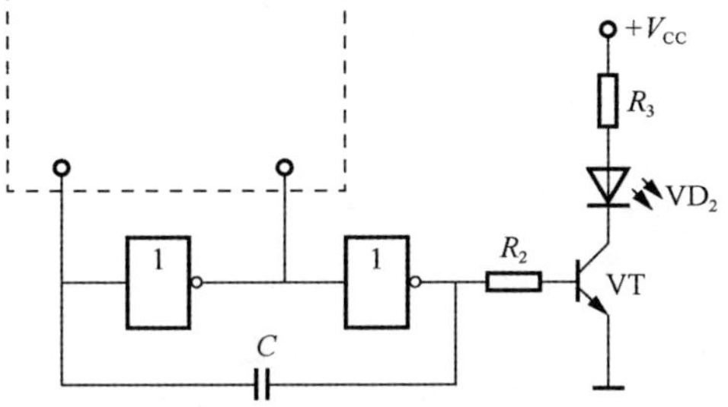

【解析】（1）R_P 向下调节时，电容器充电，回路电阻增大，充电时间延长，电容器充电时 NE555 的 3 脚输出为高电平，发光二极管 VD_2 变亮。因此，选项 A 正确。

（2）选项 A，减小 C_1 将减少充放电时间，增加了振荡频率；选项 B，调节 R_P 可改变充电和放电时间，但是 R_P 总阻值不变，振荡周期、频率不会改变；选项 C，5 脚接电容器是为了增加电路的稳定性，C_2 减小不会对振荡频率造成影响；选项 D，增大 R_1 将增加充电时长，对放电时长没有影响，充放电总时长会增加，振荡频率会降低。因此，选项 B 正确。

（3）复合管组合的原则是三极管三极电流流向正确，复合以后的管型由第一个三极管决定。因此，选项 C、E 符合题意。

（4）非门输出提供一条充电回路和一条放电回路就能组成一个振荡电路，因此，以下几种连线设计均符合题意。

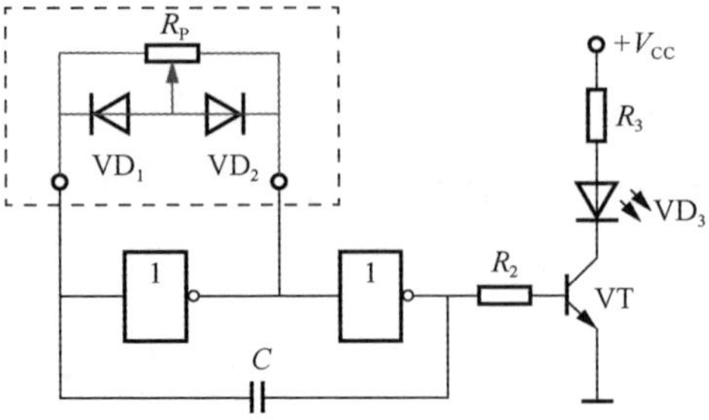
R_P
VD1
VD2
1
1
R2
+VCC
R3
VD3
VT
C

或

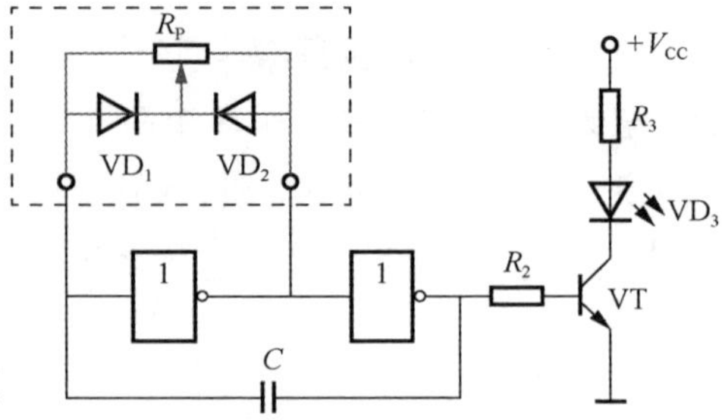
R_P
VD1
VD2
1
1
R2
+VCC
R3
VD3
VT
C

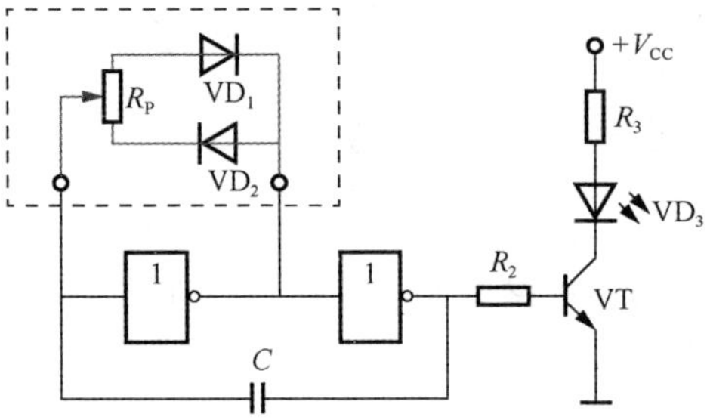
R_P
VD1
VD2
1
1
R2
+VCC
R3
VD3
VT
C

或

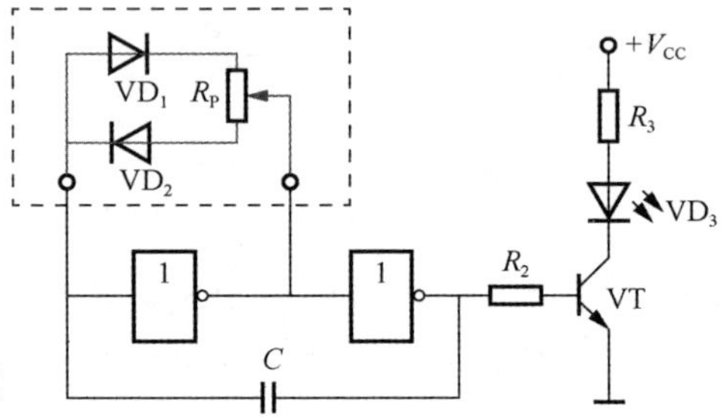
VD1
R_P
VD2
1
1
R2
+VCC
R3
VD3
VT
C

参 考 文 献

陈其纯，2001．电子线路[M]．北京：高等教育出版社．

顾建军，2020．高中通用技术教学参考书[M]．南京：江苏凤凰教育出版社．

学业水平考试导引编写组，2019．浙江省普通高中学业水平考试导引技术（新学考）[M]．杭州：浙江大学出版社．

张友汉，2000．电子线路设计应用手册[M]．福州：福建科学技术出版社．